Manfred Becker-Huberti

Feiern – Feste – Jahreszeiten

MANFRED BECKER-HUBERTI

Feiern – Feste – Jahreszeiten

Lebendige Bräuche im ganzen Jahr –

Geschichte und Geschichten,
Lieder und Legenden

HERDER
FREIBURG · BASEL · WIEN

Umschlaggestaltung: Hermann Bausch
Umschlagmotive: Bildarchiv Claus und Liselotte Hansmann (l.o.) –
© Mauritius Bildagentur (r.o. und l.u.) –
Landesbildstelle Baden, Karlsruhe (r.u.)

Für die freundliche Genehmigung zum Abdruck der Bilder
danken wir den Fotograph(inn)en, Archiven und Museen.
Es war uns leider nicht in jedem Fall möglich, die Quelle
bzw. den Urheber ausfindig zu machen, und sind daher gern
bereit, im nachhinein ein Honorar zu entrichten

Herstellung: Franz Spiegel Buch, Ulm

ISBN 3-451-26035-2

Inhalt

5

6

7

9

Vorwort

»Es muß feste Bräuche geben«, erklärt der Fuchs dem kleinen Prinzen (Antoine de Saint-Exupéry: Der kleine Prinz. Düsseldorf 1978, 51), als dieser sich beim Versuch der Fuchszähmung unbeholfen anstellt. »Es wäre besser gewesen, du wärst zur selben Stunde wiedergekommen«, sagte der Fuchs. »Wenn du zum Beispiel um vier Uhr nachmittags kommst, kann ich um drei Uhr anfangen, glücklich zu sein. Je mehr die Zeit vergeht, um so glücklicher werde ich mich fühlen. Um vier Uhr werde ich mich schon aufregen und beunruhigen; ich werde erfahren, wie teuer das Glück ist. Wenn du aber irgendwann kommst, kann ich nicht wissen, wann mein Herz da sein soll. Es muß feste Bräuche geben.«

Und als der kleine Prinz fragt: »Was heißt ›fester Brauch‹?«, antwortet der Fuchs: »Auch etwas in Vergessenheit Geratenes. Es ist das, was einen Tag vom anderen unterscheidet, eine Stunde von den anderen. Sonst wären die Tage alle gleich.«

Der Hinweis »Es muß feste Bräuche geben« scheint vordergründig nur wegen der Schnellebigkeit unserer Zeit notwendig zu sein. Aber es gibt noch einen wichtigeren Grund, einen, der zutiefst mit der menschlichen Existenz verbunden ist: Wahrscheinlich ist der Mensch das einzige Geschöpf, das sich seiner selbst bewußt ist. Wahrscheinlich weiß allein der Mensch, daß er nur »auf Zeit« existiert, daß Geburt und Tod den Anfang und das Ende seiner irdischen Existenz markieren. Eben deshalb kennt der Mensch auch »Zeit«, lernt, sie zu messen, und fragt nach dem Sinn seines Lebens. Nur der Mensch fragt: Wer, was, wie, wann, wo – und hoffentlich auch warum.

Man muß nicht die deutsche Klassik und ihre Klassiker lieben, um Johann Wolfgang von Goethe (1749–1832) in eben diesem Sinne zu verstehen:

> Wer nicht von dreitausend Jahren
> Sich weiß Rechenschaft zu geben,
> Bleibt im Dunkel unerfahren,
> Mag von Tag zu Tage leben.

10

Die wichtigste Frage des Menschen lautet: »Warum?« Sie geht nicht einzelnen Fakten nach und fragt nicht nach begrenzten Vorgängen. »Warum« erfragt immer das, was hinter den Fakten steckt. »Warum« erforscht komplexe Zusammenhänge und Gründe. Dieses Geflecht von Erkenntnissen und Grundhaltungen, die menschliche Existenz tragfähig und erträglich machen, nennen wir »Sinn«.

Sinndeutung menschlichen Lebens geschieht vielfältig und auf verschiedenen Ebenen. Eine der bedeutendsten Sinndeutungen menschlicher Existenz erfolgt durch die Gliederung des Jahres: Mit dem biologischen Kreislauf, der sich nach dem Lauf der Gestirne richtet, haben die Menschen einen sich stets wiederholenden Festkreis verbunden, in dem sich das ganze menschliche Leben und – in unseren Landen – das komplette christliche Erlösungsangebot wiederfindet: Geburt, Leben, Tod, Auferstehung und Himmelfahrt Christi und das Leben der vorbildlichen Nachfolger(-innen), die als Heilige verehrt werden.

Christlicher Sinn, das Heilsangebot Gottes, findet sich im Jahresfestkreis, dem Kirchenjahr, bis hin zu den arbeitsfreien Feiertagen. Jener Sinn ist lebendig, wenn er in das Gedächtnis gerufen und gelebt wird, sich in Festen und Liturgie thematisiert, durch Riten und Brauchtum stabilisiert und erlebbar werden kann. Die Sinndeutung und das Heilsangebot werden so immer wieder theoretisch und praktisch-pragmatisch, spirituell und affektiv vollzogen und eingeübt. Auch wenn sich Gehalt und Inhalt der Bräuche am christlichen Kirchenjahr orientieren, sind oft auch noch vorchristliche, römische und germanisch-fränkische Elemente integriert.

»Prodit imago minor, quod sit substantia major«, lautet der Titel in einem Kodex Kaiser Heinrichs II. (1014–1024). Sinngemäß könnte man übersetzen: Das kleine Bild kündet vom größeren Wesen, das Endliche weitet sich in das Unendliche. Bilder, Symbole, Geschichten und Handlungen sollen transzendenten Sinn und unsichtbares Heil vergegenwärtigen: So berührt der Himmel die Erde – Zeit und Ewigkeit geben sich die Hände. Der Sinn christlicher Feiern und Festzeiten wird lebendig in der Vielfalt und den Formen der Festbräuche. Bräuche, die sich von den Bezugsfesten abgekoppelt haben, werden – im ursprünglichen Worte – sinnlos. Wie eine Pflanze, die ihre Wurzeln verliert und nicht mehr lebenswichtige Nahrung aus dem Boden ziehen kann, verdorren abgekapselte Bräuche zur bloßen Folklore, die nur noch so lange praktiziert werden, wie irgendwer, und das ist meist der Fremdenverkehr, davon Nutzen hat. Lebendiger Brauch aber lebt vom Zusammenhang von Religion und Welt, von »fanum« (das Heilige) und »profanum« (Vorraum des Heiligen). Liturgie und Brauch sind Fest und Feier und damit zwei Seiten der einen Münze; Religion und Religiosität wollen nicht nur Heil, sondern auch Heilung, Seelsorge umfaßt immer auch Leibsorge. Geradezu manifest wird dies sichtbar, wenn neben jeder Wallfahrtskirche auch ein Gasthaus steht!

Feste sind immer – im ursprünglichen Sinn des Wortes – sinnliche Feste: Man kann jedes Fest sehen, hören, riechen, schmecken, anfassen. Und jedes

11

Fest riecht anders, schmeckt anders, sieht anders aus. Feste im abendländischen Jahreskreis – sie haben durchweg christliche Wurzeln – sind wirkliche Feste erst dann, wenn sie Seele und Herz, Glauben und Verstand ansprechen. Bräuche ersetzen keine Liturgie, sondern pflanzen die Festaussage in den Alltag.

Mit Recht sagt der Fuchs dem kleinen Prinzen, Bräuche seien in Vergessenheit geraten. So richtig dies in unseren Tagen ist, so froh darf man gleichzeitig darüber sein, daß Bräuche religiösen Ursprungs sind und religiöses Brauchtum nicht mehr das Odium des bloß Gestrigen umhüllt. Die Menschen sind auf der Suche nach ihrer Geschichte wieder auf alte, d. h. ursprüngliche Lebensformen gestoßen und fragen nach: Warum feiert man gerade so Karneval? Was hat Fastnacht mit dem Christentum zu tun? Warum feiern wir Weihnachten vielfach noch als gefühlsseliges Familienfest? Woher kommt das Osterei? Hat der Gartenzwerg wirklich etwas mit dem Weihnachtsmann zu tun?

Dieses Buch beschränkt sich nicht auf eine Revue der Kulturgeschichte, auf die Belichtung einzelner Fakten des Brauchtums. Eben weil christlich gewachsene Feste sinnlich sind, soll dies immer wieder angesprochen werden. Das Gesamte eines Festes soll dabei in den Blickwinkel geraten, sozusagen der Sinn der sinndeutenden Feste und Bräuche.

Das christliche Heilsgeschehen – um der Menschen willen – ist eingefügt in einen Jahreskreis von Festen, die sich Jahr um Jahr zu neuem Erleben wiederholen. Die Feste zu ganz bestimmten Terminen und auch die terminlich beweglichen Feste sind im Laufe von Jahrhunderten ausgestaltet worden. Ihre Entstehung und die mit ihnen verbundenen Bräuche stellt dieses Buch dar, spiegelt sie durch ihre vielfältigen Erscheinungsformen und hilft, sie wieder verstehen zu lernen. Den Auftakt der Darstellung bildet das Martinsbrauchtum, mit dem in früheren Jahrhunderten die Adventzeit begann und das auch heute als Auftakt der Advents- und Weihnachtszeit gilt, auch wenn das christlich geformte Festjahr offiziell mit dem ersten Adventssonntag startet. Vorangestellt ist eine kurzgefaßte Erläuterung über das Wesen religiösen Brauchtums und über die Entstehung unserer Zeitgliederung.

Wenn wir oft darüber stöhnen, daß ein Tag dem anderen gleicht und jeder mit Hetze vergeht, dann kann dieses Buch dabei helfen, die Zeit neu zu gliedern und neu zu gewichten: Damit nicht alle Tage gleich sind und sich ein Tag vom anderen unterscheidet, käme es darauf an, wieder zu lernen, was feste Bräuche sind. Lassen Sie sich dazu einladen. Gehen Sie mit auf eine facettenreiche, sinnliche Erkundungstour. Ich lade Sie dazu ein.

Ostern 1998
Manfred Becker-Huberti

13

Monatsbild Januar –
»Les Tres Riches Heures«
des Jean de Berry (15. Jh.).
Chantilly, Musée Condé

Bräuche, religiöses Brauchtum – Was ist das?

Simone Martini: Martin sagt sich
los vom Waffendienst (1320/25)
– Assisi: San Francesco, Unter-
kirche, Martinskapelle. Florenz,
Kunsthistorisches Institut.
Foto: Verlagsarchiv

Kein Buch über das Brauchtum kann geschrieben werden, ohne daß wenigstens eine knappe und geraffte Einführung in das gegeben wird, was eigentlich »Brauch« oder »Brauchtum« genannt wird. Hier steht das, was »religiöses« Brauchtum, Bräuche christlichen Ursprungs heißt, im Vordergrund der Suche, und deshalb wird auch – ebenso aufschlußreich wie kurz – berichtet, welches Verhältnis die Christen zu dem Phänomen haben. Daß Brauchtum für den einen den Anstrich ewiger Gestrigkeit und für manch anderen den Geruch von hoffnungsloser Heimattümelei hat, ist bekannt. Dagegen soll man sich nicht verteidigen müssen. Wenn ein Buch solche Positionen nicht als Vor-Urteil entlarven kann, wird wenig gegen solches Vorurteil helfen; am wenigsten hilft Polemik gegen Unwissenheit und Borniertheit.

Mindestens ebenso knapp sollen einige unumgängliche Begriffe klargelegt werden, die durchgängig gebraucht werden: Allegorie, Metapher, Symbol und Zeichen werden in der Umgangssprache oft gleichbedeutend gebraucht, weshalb sie hier präzisiert werden müssen.

VON »SITTE« UND »BRAUCH«

Nach Walter Hartinger ist ein Brauch rituell gestaltetes »Verhalten, spontanes und bestimmtes Reagieren auf ein singuläres Ereignis in einer sozialen Situation«. Unter Hinweis auf Ferdinand Tönnies wird oft eine Trennung nach dem Modell »äußere Schale – verpflichtender Kern« angenommen: »Bräuche werden ausgeübt, vollzogen, sie können unterlassen werden, ohne daß die Volksordnung im wesentlichen gestört wird. Brauch liegt in der Sphäre des kultischen oder festlichen Handelns, ist ein erhöhendes Tun und Handeln, eine Ausdrucksform. Sitte aber wird beachtet, kann verletzt werden; man kann gegen die Sitte verstoßen. ... Sitte ist soziales Gebot. ... Was Sitte und Brauch verbindet, ist, daß Sitte zur Ausübung des Brauches verpflichtet. Sitte ist in diesem Sinne die Voraussetzung des Brauches, das, was ihn fordert.«

Der einzelne Mensch hat Gewohnheiten, aber keine Bräuche. Brauchtum setzt Gemeinschaftsbezug voraus. »Brauchtum ist gemeinschaftliches Handeln, durch Tradition bewahrt, von der Sitte gefordert, in Formen geprägt, mit Formen gesteigert, ein Inneres sinnbildlich ausdrückend, funktionell an Zeit oder Situation gebunden« (Josef Dünninger).

Die idealtypischen Elemente des Brauchs lassen sich am Beispiel des Sankt-Martins-Festes erläutern:

16

- *Gemeinschaftliches Handeln:* Die Martinsfeiern (-züge, -feuer etc.) werden von Kindergärten, Schulen, Brauchtumsvereinen, Kirchengemeinden etc. organisiert.
- *Tradition:* Nach dem Zweiten Weltkrieg wurden die Festformen wieder aufgenommen, die im 19. Jahrhundert bei der Wiederbelebung des Martinsbrauches erst begründet wurden. Die mittelalterlichen Formen waren untergegangen.
- *Von der Sitte gefordert:* Die Erwartungshaltung der Kinder und Erwachsenen, das Bejahen des hinter der Martinsfeier stehenden Gedankens »fordern« die jährliche Feier.
- *In Formen geprägt, mit Formen gesteigert:* Das Tun zu St. Martin dokumentiert »Unalltäglichkeit«; Martinsfackeln, Martinslieder, Martinszug, Mantelteilung, Martinsfeuer und das Gripschen belegen dies.
- *Ein Inneres sinnbildlich darstellend:* Das äußere Zeichen ist das Tragen von »Licht« in die Nacht, der Nachvollzug des Teilens beim »Gripschen« und oft auch bei der Aufteilung der erworbenen Gaben. Die sinnbildliche »Nachfolge«, die der einzelne Teilnehmer beim Martinszug dem Heiligen leistet, wie dieser sie Christus geleistet hat, die Verinnerlichung des Tuns durch Lieder und Erzählungen vervollständigen dies.
- *Funktionell an Zeit und Situation gebunden:* Alle Erscheinungsformen des Martinsbrauchtums sind typisch und unverwechselbar.

(1) *Bräuche sind geschichtlich gewachsen,* sie unterliegen den Gesetzen der Entwicklung und ändern sich mit der Zeit. Paradoxerweise ist ein Brauch um so lebendiger, je stärker er sich wandelt, also einzelne Brauchelemente (Träger/Akteure, phänomenologische Elemente, Funktionen) ausgetauscht werden. Man spricht von einer Biologie des Brauchtums: Der Auftritt des Nikolaus war vor 100 Jahren für Kinder noch der reale Auftritt eines Heiligen, während die Eltern damit versteckte pädagogische Ziele verfolgten. Heute ist der volksfromme Brauch des Nikolausbesuchs in der Regel kein familiäres Ereignis mehr, sondern ein Gruppenereignis (z. B. im Kindergarten), wobei sich die meisten Erzieherinnen Mühe geben, den Kindern zu erklären, daß die Rolle des Nikolaus *gespielt* wird.

(2) *Bräuche geben Sicherheit.* »Weint man bei euch vom Haus an oder erst auf dem Friedhof?« lautet die immer wieder erheiternde Frage eines Trauergastes. Diese Frage macht aber auch deutlich: An verschiedenen Orten gelten verschiedene Bräuche. Am fremden Ort entsteht Verlust an Sicherheit, weil nicht mehr bekannt ist, was dort Brauch ist. Was an dem einen Ort gerade schicklich und gut ist, kann eben andernorts das genaue Gegenteil sein. In unserem Kulturkreis ist beispielsweise der unbedeckte Kopf einer Frau in einer katholischen Kirche kein

17

Sakrileg. In südlichen Ländern wäre er unschicklich. Der unbedeckte Kopf eines Mannes in einer jüdischen Synagoge ist weltweit undenkbar. Als Junge oder Mann mit bedecktem Kopf eine katholische Kirche zu betreten gilt dagegen als völlig unschicklich. Habitualisiertes, (regional geprägtes und unterschiedliches) sittengemäßes Verhalten ist eine bedeutende Kulturleistung. Sie befreit den einzelnen von der permanenten Improvisation und konstant notwendiger Eigenmotivation. Die Bedeutung des Brauchs im Bereich des Sozialverhaltens erklärt sich selbst. Wer nicht weiß, was Brauch ist, hat keine Sicherheit, beleidigt unwissentlich andere oder macht sich selbst vielleicht lächerlich.

(3) *Brauchtum paßt sich an*, d. h.: Jeder Brauch setzt sich aus verschiedenen Einzelelementen zusammen; die einzelnen Faktoren verschieben sich nach den Notwendigkeiten ihrer Träger. Gerade dadurch ist sichergestellt, daß Bräuche ihren Sinn behalten. Lebendiges Brauchtum setzt Wandelbarkeit voraus. Die Notwendigkeit angemessenen Verhaltens auf religiösem Terrain ergibt sich durch den ständigen Versuch, Gotteserfahrungen auf verträgliche und angemessene Weise jedem zugänglich zu machen. Nicht nur in kirchlichem Kult oder bei religiösen Bräuchen werden von den an ihnen Teilnehmenden Sinnzusammenhänge und ethische Normen akzeptiert und sich zu eigen gemacht. Die soziale Kontrolle – im Dorf stärker als in der Stadt – sorgt zumindest für den formalen Brauchvollzug, die Verinnerlichung von Vorstellungen und die Einhaltung von Normen.

(4) *Die religiöse Dimension der Bräuche:* Zwar ist weder alles Brauchtum per se religiös fundiert, dennoch – unterstellt man, daß »Sitte« den »Brauch« erfordert – hat Brauchtum einen Bezug zum Religiösen, weil bei der »Sittlichkeit« die Religion nicht weit absteht. Mit Sicherheit ist die Beziehung des Brauchs zur Religion oft eng, vielfach das entscheidende Motiv, dennoch gab und gibt es andere Motive: etwa den Vorteil gemeinschaftlich verrichteter Arbeit, die Etablierung von Rechtsbeziehungen, die Berechenbarkeit fremden Verhaltens, die Freude an Spiel und Unterhaltung, die Fähigkeit zum Symboldenken und Symbolhandeln, die Herstellung sichtbarer sozialer Beziehungen (nach Walter Hartinger).

(5) *Religiöses Brauchtum gibt es in vielen Varianten:* Es reicht von der Beziehung eines Brauchs zu einem sehr allgemeinen Geheimnisvollen auf der einen Seite bis zu kirchlich liturgienahem Brauchtum auf der anderen Seite. Dazwischen sind das Brauchtum im Jahreslauf und zu bestimmten allgemeinen und persönlichen Festtagen sowie das Brauchtum bei Lebenswenden (wie Geburt, Taufe, Erstkommunion, Firmung, Konfirmation, Hochzeit, Priesterweihe, Ordination, Krankheit, Tod) angesiedelt.

(6) *Fehlentwicklungen:* So positiv die Vermittlung religiösen Wissens, ethischer Normen und Formen volksnaher Frömmigkeit sind, so negativ können

aber auch Fehlentwicklungen sein: das unerbittliche Festhalten an überholten Positionen, die Zementierung von Fehlinterpretationen und der Transport fraglicher ethischer Normen. Für das Brauchtum im allgemeinen und das religiöse Brauchtum im besonderen gilt, was für fast alles im Leben gilt: Man muß darüber nachdenken, was man eigentlich warum und wie tut.

SYMBOL – ALLEGORIE – ZEICHEN – METAPHER

Im Brauchtum gibt es zahlreiche Formen der Vergegenwärtigung: Ob Erzählung oder Bild, Schauspiel oder Prozession – in vielen Formvarianten wird der Inhalt eines Festes oder einer Festzeit in die Gegenwart geholt. Einige Begriffe kommen in diesem Zusammenhang immer wieder vor, werden gerne miteinander verwechselt und seien deshalb kurz vorgestellt:

(1) Das Wort *Symbol* (gr.: symbolon) heißt schlicht: Erkennungszeichen. Das griechische Substantiv »symbolon« stammt von dem Verb »symbállein«, was »zusammenwerfen« bedeutet. Gemeint ist das Zusammenfügen der zwei Teile eines zerbrochenen Tontäfelchens, das zwei Freunde vor ihrer Trennung als sicheres Wiedererkennungszeichen benutzt haben. Lassen sich beide Teile später wieder zusammenfügen, läßt sich damit belegen, daß beide Eigentümer die früheren Freunde oder ihre Abgesandten sind. In diesem Sinne bezeichnet Symbol etwas Sichtbares, wie die beiden Tontäfelchen, für etwas Unsichtbares, die konkrete Freundschaft von zwei Männern.

Zwei Teile einer Münze, an denen sich Freunde oder Vertragspartner wiedererkannten – Foto Verlagsarchiv

(2) Gern wird das Symbol mit der *Allegorie* verwechselt, bei der auch durch Sichtbares eine unsichtbare Wirklichkeit aufgezeigt werden soll. Die Allegorie erschließt immer etwas Abstraktes, eine Idee, und kleidet sie in ein Bild. Die »Gerechtigkeit« (lat.: iustitia) wird allegorisch als Frau mit verbundenen Augen dargestellt, die in ihren Händen eine Waage und ein Schwert hält. Die Allegorie besteht also aus mehreren interpretationsfähigen Einzelelementen, die der Erläuterung bedürfen: verbundene Augen, Waage, Schwert, die – zusammengenommen – einen abstrakten Begriff darstellen.

Während das Symbol in der Regel alleine und ohne Interpretationsaufwand eine Sache vergegenwärtigt, bedarf eine Allegorie mindestens zweier Symbole. Ein Symbol allein kann deshalb nie eine Allegorie sein.

Eine allegorische Erzählung kann eine Personifikation beinhalten, wie z. B. die Figur der Iustitia, oder aber insgesamt für einen Sachverhalt stehen, wie

19

z. B. die biblische Erzählung von der Arbeit im Weinberg (Matthäus 20,1–16), die die unbegreifliche Gerechtigkeit Gottes bei der Bewertung des menschlichen Lebens lebendig erhält.

(3) Nicht selten werden auch Symbol und *Zeichen* verwechselt. Die Zeichen, die in einer Landkarte Verwendung finden, werden gerne fälschlich als Symbole bezeichnet. Während aber ein Symbol dadurch definiert ist, daß sich der Zusammenhang zwischen Sichtbarem und Unsichtbarem fast von allein ergibt, weil immer ein innerer Zusammenhang besteht, so ist er beim Zeichen willkürlich festgelegt. Die Bedeutung eines Notenschlüssels oder eines mathematischen Zeichens ist frei vereinbart und festgelegt. Zeichen vergegenwärtigen zudem keine unsichtbaren Wirklichkeiten, sie sind Handlungsanweisungen und austauschbar.

(4) Symbol, Allegorie oder Zeichen dürfen ferner nicht mit der *Metapher* verwechselt werden. Metapher meint eine bildhafte Übertragung in Form eines sprachlichen Ausdrucks, bei dem ein Wort oder eine Wortgruppe aus seinem eigentlichen Bedeutungszusammenhang in einen anderen übertragen wird, ohne daß ein direkter Vergleich die Beziehung zwischen dem Bezeichnenden und dem Bezeichneten verdeutlicht. Dies gilt z. B. für »Meerstern« als Metapher für Maria, die Mutter Jesu, oder für »Herr des Alls« als Metapher für Gott. Die Metapher wird vor allem als Stilmittel gebraucht.

KIRCHE UND BRÄUCHE

Das »typisch« Christliche ist Ergebnis der Auseinandersetzung der Anhänger Jesu Christi mit dem Judentum und – nach Überschreitung der Landesgrenzen Palästina – mit den religiösen Traditionen, Ideen und Praktiken anderer Völker und Religionen der Antike. Ob Festform oder Totenkult, Dämonenglaube oder Heilsvorstellung – unsere heutigen Vorstellungen und Handlungsweisen sind verwoben mit christlichen und vorchristlichen Mustern. Wenn auch die Herren des verflossenen, tausendjährigen symbolbraunen Reiches das germanische Erbe als prägend für das Christentum, seinen Kult und sein Brauchtum ansahen, kann ihnen heute die Forschung beweisen, daß dies nur in wenigen Ausnahmefällen beweisbar ist. Ausschlaggebend und prägend war vielmehr überwiegend antik-mediterranes Erbe.

Während sich die christliche Kirche in den ersten Jahrhunderten eher gegen Brauchtum wandte, weil es mit Sicherheit nichtchristliches Brauchtum war, verhielt sie sich später einheitlich mehr positiv dazu. Irritationen gab es

20

beim »Bilderstreit«, als die Frage nach der Funktion von Bildern im Christentum zu klären war. Ein klarer Bruch in dieser Frage tritt aber während und nach der Reformation zutage. Die Heiligenverehrung und das damit zusammenhängende Fest- und Patronatswesen, Wallfahrts-, Bilderkult und die zugehörigen Bräuche waren den Radikalreformern John Wycliff (um 1330–1384) und Jan Hus (1370–1415) ein Dorn im Auge. Sie standen mit ihrer Sicht nicht allein, denn auch innerkirchliche Reformer wie Nikolaus von Clémanges (um 1360–1437), Pierre d'Ailly (1352–1420) und Nikolaus von Kues (1401–1464) übten die gleiche Kritik.

Die Predigt des hl. Petrus im Beisein des hl. Markus – Fra Angelico: Predella des Tabernakels der Linaiuoli, linke Tafel (1433-1435). Foto: Verlagsarchiv

Die Brauchkritik Martin Luthers (1483–1546), die sich im Lauf seines Lebens verstärkte, schloß hier an. 1538 schrieb er gegen die altkirchliche Frömmigkeit: »Zuletzt ist noch der Geuckelsack des Bapstes dahinden [= übrig] von nerrischen und kindischen Artikeln, als von Kirchweihe ... darnach von Lichtweihen, Palmen, Fladenweihen, Würtz, Hafern etc. ... welches doch eitel Spott und Betrug ist ... wir wollen damit unverworren sein.« Die Versinnlichungen religiöser Gehalte innerhalb der Kirche – außer der Taufe und dem Abendmahl – waren Luther ein Greuel. Alle Bräuche, »die nicht durch Gottes Wort gesetzt« waren, wurde in der Reformation abgeschafft. Die Entsinnlichung des christlichen Festjahres führte zu einer Festarmut und kalter Nüchternheit oder positiv for-

21

muliert: »Gegen die zahlreichen gottesdienstlichen Handlungen setzt er [= Martin Luther] die freudige Arbeit als Wert für die Gemeinschaft« (Erika Köhler).

Auch die anderen Reformatoren gingen nicht eben zimperlich mit tradierten Frömmigkeitsformen und Brauchtum um. Huldrych Zwingli (1484–1531) warf die Orgel als »des Tyfels Sackhphyffen« aus der Kirche. Johannes Calvin (1509–1564) ging noch rigoroser vor: Würfel- und Kartenspiel, Theater und Tanzen wurden bei Strafe untersagt. Zeitweise waren sogar die Wirtshäuser abgeschafft und durch Erbauungslokale ersetzt, in denen die Wirte fromme Gespräche initiieren mußten. Wer fluchte, mußte zur Strafe den Fußboden küssen. Im Zusammenhang dieser Entwicklung wurde das volksfromme Brauchtum der »Papisten«, d. h. der römischen Kirche, als »heidnisch« und »abergläubisch« abgestempelt.

Auch wenn es heutzutage fast trotzig und ganz im Sinne Zwinglis wirkt, wenn es in einer modernen Kirchenkunde der reformierten Kirche Zürichs heißt: »Weil Gott, dem Heiligen Gott, allein Ehre gebührt, kennen wir weder heilige Zeichen noch heilige Orte oder Zeiten«, kann das nicht darüber hinwegtäuschen, daß auch die Kirche der Reformation in ihrer Radikalität gegenüber dem Brauchtum nachgelassen hat. Die Taufe ist nicht mehr ein unfeierlicher Akt, den die Hebamme unmittelbar nach der Geburt vornimmt, sondern ein Sakrament, das die Kirche feiert, ein Familienfest mit Erlebnisqualität. Eine eigene Konfirmationsfeier hat sich etabliert. Die Orgel hat wieder Eingang in die Kirche gefunden, nachdem bis in das 19. Jahrhundert darüber ein Kampf entbrannt war.

Die Katholische Reform dagegen hielt die sinnenfrohe Praxis bei, entfaltete neue Formen und suchte Mißstände einzudämmen. Heiligen- und Marienverehrung, Wallfahrten, Bruderschaftswesen, Fronleichnamsprozession, Rosenkranz und geistliches Schauspiel blühten neu auf, oft besonders von den Orden gefördert – vor allem den Jesuiten, Franziskanern, Kapuzinern, Dominikanern.

Als im 18. Jahrhundert die geistlichen Oberbehörden in der katholischen Kirche aufklärerisch gegen tradierte Volksfrömmigkeiten aktiv wurden und Gottesdienst, Predigt und Katechese gegen die althergebrachten Wallfahrten und die Heiligenverehrung setzten, kam es auch innerhalb der katholischen Kirche zu einer Bruchlinie. Ziel der Kirchenführung war es, die Volksfrömmigkeit umzupolen: »von emotionalen, sensitiven Formen des körperlichen Mitvollzugs hin zu einer spirituellen Aneignung von theologischem Wissen« (Walter Hartinger). In der kollektiven Erinnerung ist aber nicht so sehr die kirchliche Urheberschaft dieses Prozesses hängengeblieben, sondern die Inanspruchnahme staatlicher Instanzen bei der Durchsetzung der neuen Prinzipien. Untrennbar mit den brauchtumsfeindlichen Aktivitäten sind die Namen von Kaiser Joseph II. von Österreich (1741–1790) und Ministerpräsident Maximilian von Mongelas in

22

Bayern (1759–1838) verbunden. In ihrer Zeit wurde das religiöse Brauchtum schwer geschädigt oder vernichtet wie z. B. das Geistliche Schauspiel. Endgültig zerstört wurde das religiöse Brauchtum aber nicht. Die innerkirchliche Restauration im 19. Jahrhundert pflegte wieder die Laienfrömmigkeit neu, die offizielle Kirche nahm wieder mit Wohlwollen tradierte Frömmigkeitsformen wahr.

Im 20. Jahrhundert entwickelte sich auch in der evangelischen Kirche wieder religiöses Brauchtum zum Thema. Der großherzogliche sächsische Kirchenrat in Weimar verfügte 1903 die Aufzeichnung kirchlicher Sitten und Bräuche. 1901 prägte Pfarrer Paul Drews den Standardbegriff für diese Art wissenschaftlicher Betätigung: Religiöse Volkskunde. Dieses Interesse an volksfrommem Brauchtum, seiner Erforschung und Dokumentation ist auch ein Kennzeichen des stattfindenden gesellschaftlichen Wandels: eine zunehmende Distanzierung bürgerlicher Schichten, die kirchlichen Kerngemeinden beginnen zu schrumpfen, die Zahl der »Lebenswende-Christen« oder »treuen Kirchenfernen« (Medard Kehl) beginnt zu wachsen. In diesen Jahren des Umbruchs empfiehlt Kardinal Bertram, 1928 Vorsitzender der Freisinger Bischofskonferenz, den »Oberhirten der Diözesen die tiefgründige Erforschung der kirchlichen Volkskunde«. Die Priester wurden angewiesen, den alten Bräuchen ihre Aufmerksamkeit zuzuwenden und sie möglichst zu erhalten; sie sollten im Religionsunterricht, in Predigt und Vorträgen erläutert und – falls sie sich nicht erhalten ließen – aufgezeichnet werden. Das angeschwollene Nationalbewußtsein dieser Jahrzehnte hat sicherlich seinen Teil zu diesem Bewußtsein beigetragen.

Seesturm-Legende (um 1480) – Budapest, Ungarische Nationalgalerie. Foto: Verlagsarchiv

23

Doch die brauchtumsfreundliche Grundhaltung ist nicht nur ein Kennzeichen der katholischen Kirche hierzulande, sie gilt in der gesamten Weltkirche. Ihre Haltung zu religiösem Brauchtum hat die katholische Kirche ja auch in den

Texten des Zweiten Vatikanischen Konzils (1962–1965) festgeschrieben. Dort heißt es: »In den Dingen, die den Glauben oder das Allgemeinwohl nicht betreffen, wünscht die Kirche nicht, eine starre Einheitlichkeit der Form zur Pflicht zu machen, nicht einmal in ihrem Gottesdienst; im Gegenteil pflegt und fördert sie das glanzvolle geistige Erbe der verschiedenen Stämme und Völker; was im Brauchtum der Völker nicht unlöslich mit Aberglauben und Irrtum verflochten ist, das wägt sie wohlwollend ab, und wenn sie kann, sucht sie es voll und ganz zu erhalten. Ja, zuweilen gewährt sie ihm Einlaß in die Liturgie selbst, sofern es grundsätzlich mit dem wahren und echten Geist der Liturgie vereinbar ist« (SC 37). Im gleichen Sinn hat auch die Würzburger Synode (1971–1975) für Deutschland in den »religiösen Bräuchen Zeichen des Handelns Gottes und der Antwort des Menschen« (im Beschluß »Gottesdienst«: 6.1.4 Sakramentalien und Bräuche) gesehen.

Gegenüber diesen ausgesprochen freundlichen Aussagen zu religiösem Brauchtum hat die – zur Wiederherstellung eines christuszentrierten Festkalenders sicherlich notwendige – Reform des römischen Kalenders wie ein Flächenbrand gewirkt: Der Fortfall einzelner Heiligenfeste im römischen Generalkalender (z. B. Barbara, Christophorus, Georg u. a.), die Verlegung etlicher Festtermine und die Umbenennung von Festtagen zeigen nach wie vor für das Brauchtum hemmende Wirkung.

Die Gegenwart ist durch eine eher ambivalente Situation gekennzeichnet: Einerseits ist gesamtgesellschaftlich ein Zeitgeist festzustellen, der von Geschichte, Tradition und Brauch nichts wissen will und das Interesse daran mit ewiger Gestrigkeit verwechselt, was auch binnenkirchlich nicht ohne Folgen geblieben ist; andererseits gibt es ein neues, wachsendes Interesse an religiösem Brauchtum, das bei der Suche nach der eigenen Identität entsteht. Hinter glatten Fassaden familiärer Geschäftigkeit mit ihren Oberflächlichkeiten in Fest und Feier entstehen neu die Fragen nach Sinn und Form, losgelöst von falschem nationalem Pathos. »Es muß mehr als alles geben«, formulierte in den sechziger Jahren ein Grafitto in der Dortmunder Fußgängerzone. In einer Zeit, in der die meisten alles zu haben scheinen, entpuppt sich das Nur-Haben als Schein, denn Sein kann man nicht haben, man muß es erleben im Sinne von erwerben. Gerade religiös geprägtes Brauchtum kann dies leisten: Es kann Gott und das Wissen um ihn in unsere Welt holen. Es ist die sinnliche Vergegenwärtigung Gottes im Alltag. Religiöses Brauchtum ist die eine der Seite der Münze, deren andere Seite die Liturgie ist. So wie das Fanum (= Heiligtum) ein Pro-fanum (= Vorplatz des Heiligtums) besitzt, die aufeinander verwiesen sind, so sind es religiöses Brauchtum und die Religion: Löst sich das »fanum« auf, verliert das »profanum« seinen Sinn und seine Funktion. »Kultur« leitet sich eben von »Kultus« ab, nicht umgekehrt.

24

Sankt Martin

Mantelteilung –
Oberschwäbischer Meister
(um 1440), Diözesanmuseum
Rottenburg.
Foto: P. Rainer Mozer,
Rottenburg

Nur wenige Persönlichkeiten der menschlichen Geschichte können sich mit der zeitübergreifenden Popularität von Sankt Martin (316/17–397) messen: Nach mehr als 1600 Jahren ist die Erinnerung an ihn bei Klein und Groß noch lebendig. Mit Recht kann der Bischof von Tours heutzutage formulieren: »Martin de Tours, Martin de tous« (Martin von Tour, Martin für alle). Das Kernstück seiner Legende, die »Mantelteilung«, kennt jedes Kind. Diese symbolhafte Tat, nicht aber das Lebenswerk des Heiligen, ist verbunden mit einem weitreichenden Brauchtum, das heute – zumindest in Westeuropa – Christen und Nichtchristen verbindet. Den Namen »Martin« tragen zahlreiche Männer und Frauen als Vor-, Familien- oder auch als Wahlnamen; Bistümer, Kirchen, Altäre, Städte, Bruderschaften, ein See und eine Insel sind nach ihm benannt. Bis in die Gegenwart wird der Heilige in der Kunst vielfältig dargestellt: Die Zahl der Martinsbilder und Martinsplastiken hat noch niemand zählen können.

Der Festtag des hl. Martin eröffnet die weihnachtliche Vorbereitungszeit. Bei uns zulande wird am Vortag nach Sonnenuntergang durch einen »Martinszug« mit Sankt Martin als Soldat oder Bischof zu Pferd und zahlreichen Kindern mit – meist selbstgebastelten – »Martinslampen« oder »Martinsfackeln« der Martinsabend gefeiert. Oft gehören die »Mantelteilung« und/oder das »Martinsfeuer« mit zu den Festlichkeiten. Im Rheinland vor allem ist das »Gripschen« (auch: »gribbschen«, »schnörzen«) der Kinder größte Freude, ein – oft wilder – Heischegang durch die nähere und weitere Nachbarschaft. Zum Martinsumzug und zum Gripschen kann jeder Teilnehmer unter vielen Martins-, Heische- und Rügeliedern wählen.

Der Karneval startet offiziell – und nicht ohne Grund – am Martinstag, dem 11.11.. Der 11.11. als Narren- und Schnapszahl hat hier seinen Ursprung. Noch bis in die jüngere Vergangenheit war der Martinstag als Beginn eines neuen Pachtjahres und als Tag des Gesindewechsels wichtiger als der offizielle Jahresbeginn.

Kein Fest und keine Feier beschränkt sich auf Sehen und Hören – je mehr Sinne ein Ereignis anspricht, desto intensiver ist der hinterlassene Eindruck. Neben Hören, Sehen und Mittun gehören vor allem der leibliche Genuß zur Feier: Martinsgebäck und Martini-Speisen krönen – natürlich neben den einschlägigen Getränken – jede Festlichkeit. Auch in diesem Punkt kann Sankt Martin mithalten: Die Martinsgans oder der Düppekuchen, die Martinsküchlein oder der Weckmann bieten sich neben vielen anderen Schmankerln und natürlich der Martinsminne an.

Der hl. Martin und das Martinsbrauchtum haben tiefe Spuren in Kult und Kultur, Fest und Feier, Kirche und Küche und – natürlich – in vielen Kinderherzen hinterlassen. Es zeigt sich aber auch, daß manches, was heute als Martinsbrauchtum gilt, auf ältere oder andere Ursachen zurückgeführt werden kann. Nachfolgend werden die Spuren Martins in Geschichte und Legende, in Kult und Brauchtum, in Kunst und Kirche verfolgt.

LEBEN – LEGENDEN – BRÄUCHE

Über das Leben des hl. Martin werden wir durch seinen Freund Sulpicius Severus (um 363 – um 420), einen gebildeten aquitanischen Aristokraten, unterrichtet, der um 395 in lateinischer Sprache die »Vita Sancti Martini« schrieb.

Jugend und Militärdienst

Um 316/317 wurde Martin in Sabaria, Hauptstadt der römischen Provinz Pannonien, dem heutigen Steinamanger oder Szombathely in Ungarn, als Sohn eines römischen Offiziers geboren. In Pavia erzogen, wohin der Vater als Militärtribun versetzt worden war, trat er mit 15 Jahren in die römische Armee ein. Für die Söhne von Berufssoldaten war der Fahneneid in diesem Alter obligatorisch. Er diente in einer Eliteeinheit, der berittenen kaiserlichen Leibgarde, den »scholares alae«, nach Angaben des Biographen zunächst unter Constantius und später unter Julian (Apostata).

Es ist nicht geklärt, ob die Kaisernamen durch spätere Kopisten der Biographie verändert wurden oder – was weniger wahrscheinlich ist – sich Sulpicius Severus geirrt hat: Kaiser Constantius wurde zwar 337 Kaiser, aber nur in Ostrom. Weströmischer Kaiser wurde er erst im Jahr 350. Julian, der durch die Christen den Beinamen »Apostata« erhielt, ist noch unwahrscheinlicher als Feldherr des Martin: Julian wurde erst 331 geboren und 355 Mitregent in Gallien. Keiner der beiden Genannten kann zur Militärzeit Martins oberster Befehlshaber der römischen Truppen gewesen sein. Constantius käme nur in Frage, wenn Martin in Ostrom gedient hätte, was seine Biographie weder angibt, noch vermuten läßt. Es scheint, daß Martin unter Kaiser Konstantin I. d. Gr. (306 Kaiser in Ostrom, 324 zugleich Kaiser in Westrom, † 337) und eventuell noch unter Konstantin II. (von 337–340 Kaiser in Westrom) als Soldat gedient hat.

Während seiner Dienstzeit bereitete sich Martin drei Jahre lang auf die christliche Taufe vor. Sein Biograph berichtet, daß Martin sich nach Kräften um gute Werke mühte: Er stand Kranken bei, brachte Notleidenden Hilfe, gab Hungernden Nahrung, bekleidete Nackte und behielt von seinem Sold nur das zurück, was für das tägliche Leben unverzichtbar war.

Bei seinen Kameraden war Martin beliebt, nicht weil er wegen rauher Soldatenmanieren andere beeindruckte, sondern wegen seiner Hilfsbereitschaft und Bescheidenheit. Als Soldat scheint er nicht unfähig gewesen zu sein: Er wurde bereits nach kurzer Dienstzeit Offizier.

27

Der achtzehnjährige Gardeoffizier war um 334 im (französischen) Amiens stationiert. Neben Châlons und Reims war Amiens seit den Tagen Cäsars von strategischer Bedeutung. Es ist bekannt, daß dort eine Reitertruppe unter dem Namen »equites catafractarii Ambianenses« aufgestellt wurde. In eben jene Zeit fällt das Ereignis, das bis heute das Andenken an Martin wachhält:

Die Mantelteilung

Eines Tages, mitten im Winter, der derart hart regierte, daß viele Menschen der strengen Kälte zum Opfer fielen, begegnete Martin am Stadttor von Amiens (civitas Ambianensium) einem armen, unbekleideten Mann. Martin selbst trug außer seinen Waffen und seinem Militärmantel nichts bei sich. Als der Bedauernswerte nun die Vorübergehenden bat, sie möchten sich seiner erbarmen, diese jedoch an dem armen Mann vorübergingen, verstand Martin, vom Geist Gottes erfüllt, daß der Bettler ihm zugewiesen sei, da die anderen Menschen kein Erbarmen zeigten. Aber was sollte er tun? Außer seinem Militärmantel, den er trug, besaß er nichts, hatte er doch schon, was er sonst besessen hatte, für eine

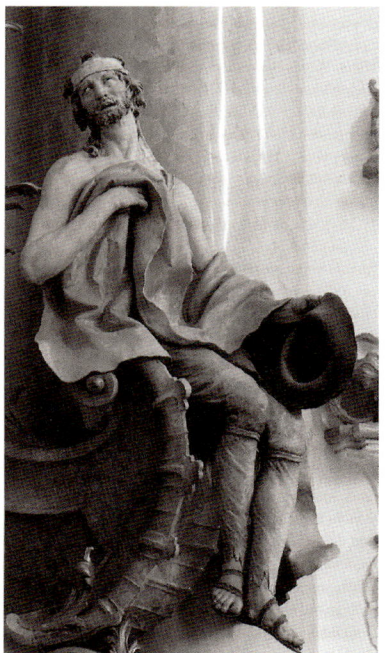

Der Bettler – St. Martinsaltar im Münster Unserer Lieben Frau, Zwiefalten. Foto: Winfried Aßfalg, Riedlingen

ähnliche barmherzige Tat verwendet. Deshalb faßte er sein Schwert, mit dem er gegürtet war, teilte seinen Mantel in der Mitte entzwei und gab die eine Hälfte dem Armen, mit der anderen Hälfte bekleidete er sich. Einige der Umstehenden machten sich über ihn lustig, da ihn der abgerissene Mantel entstellte.

Eine spätere Quelle berichtet zusätzlich, Martin habe außer dem Spott seiner Mitmenschen auch noch eine Arreststrafe seitens seiner Vorgesetzten hinnehmen müssen: drei Tage Haft wegen mutwilliger Beschädigung von Militäreigentum.

In der Nacht, die auf die Mantelteilung folgte, erschien Martin im Traum Jesus Christus, bekleidet mit Martins halbem Militärmantel. Zu den ihn umgebenden Engeln sprach Christus: »Martinus, der noch nicht getauft ist, hat mich mit diesem Mantel bekleidet!«

In diesem Traum sah der junge Offizier eine erneute Aufforderung, den Militärdienst aufzugeben, um in den Dienst des höheren, göttlichen Herrn zu treten. Nach mehrjähriger Vorbereitungszeit ließ sich Martin in Amiens, damals schon Bischofssitz (346 nahm ein Bischof von

Amiens am Konzil in Köln teil), taufen. Seinen Militärdienst gab er aber noch nicht auf, weil sein Hauptmann, mit dem er befreundet war, ihn gebeten hatte, erst nach zwei Jahren um die Entlassung aus dem Militärdienst zu bitten.

Abschied als Soldat

Nachdem die Germanen erneut in Gallien einfielen, zogen die Römer am Rhein ein Heer zusammen. Im Heerlager bei Worms kam es zu der entscheidenden Begegnung zwischen dem christlichen Garde-Offizier und Kaiser Julian, dem die Geschichte den Beinamen »Apostata« (d. h. der Abtrünnige) gegeben hat, weil er selbst das Christentum ablehnte und auch seine Soldaten abspenstig zu machen suchte. Wie in jenen Zeiten üblich rief der Imperator vor dem Kampfeinsatz seine Soldaten einzeln zu sich, um ihnen das »donativum«, eine Prämie, zu übergeben. Als Martin aufgerufen wurde, nahm er kurzentschlossen diese Gelegenheit wahr, um seine Entlassung aus dem Militär zu erbitten. Weil er sich als Christ nicht berechtigt sah, mit der Waffe zu kämpfen und Blut zu vergießen, wollte er folgerichtig auch keine Prämie annehmen. Deshalb sprach er zum Kaiser: »Bis heute habe ich dir als Soldat gedient; erlaube, daß ich in Zukunft für Gott streite. Deine Prämie möge annehmen, wer kämpfen will. Ich bin ein Soldat Christi. Mir ist es nicht erlaubt, mit der Waffe zu kämpfen.« Dieser Satz: »Christi ego miles sum: pugnare mihi non licet« ist im Lauf der Geschichte oft so interpretiert worden, als sei Martin der Auffassung gewesen, ein Christ dürfe keinen Kriegsdienst leisten. Zum einen aber scheint diese Textstelle der Biographie nach älteren Mustern komponiert worden zu sein, zum anderen bedeutet sie keine Relativierung des Militärdienstes, sondern bezeichnet für Martin den vollzogenen Rollentausch.

Der Kaiser erzürnte – laut Biographie – wegen dieser Rede und herrschte Martin an: »Aus Furcht vor der Schlacht verweigerst du den Dienst, aber nicht aus religiösen Gründen!« Martin aber erwiderte unerschrocken und bestimmt: »Wenn man meine Haltung der Feigheit, nicht aber der Glaubenstreue zuschreibt, werde ich morgen unbewaffnet vor die Schlachtreihe treten, und im Namen des Herrn Jesus werde ich unter dem Schutz des Kreuzes, ohne Schild und Helm, sicher durch die Reihen der Feinde gehen.« Der Kaiser ließ ihn aber gefangennehmen, um ihn am folgenden Tag den Feinden gegenüberzustellen. Ehe es jedoch dazu kam, sandten die Germanen eine Botschaft und ergaben sich dem Kaiser.

29

Martin wird Priester und Bischof

Nach seiner Entlassung aus dem Militärdienst begab sich Martin nach Poitiers, um Schüler des dortigen Bischofs Hilarius zu werden und die Priesterweihe anzustreben. Anschließend drängte es ihn, seine Eltern, die noch nicht Christen waren, wiederzusehen und zum christlichen Glauben zu bekehren. Aber in seiner Heimat Pannonien hatte sich zwischenzeitlich der Arianismus (der Jesu Göttlichkeit leugnete) ausgebreitet, der sich dem Christentum widersetzte. Martins Missionsversuche scheiterten zwar; dennoch hatte er seine Mutter für das Christentum gewinnen können. Vor der Verfolgung durch die Arianer zog sich Martin als Einsiedler auf die Insel Gallinaria an der Riviera zurück.

Bischof Hilarius, der in diesen bewegten Jahren ins Exil hatte gehen müssen, kehrte um 360 nach Poitiers zurück, ebenso Martin. Im nahe gelegenen Ligugé gründete er ein Kloster, wo sich bald Gleichgesinnte einfanden.

Als Ratgeber und Nothelfer wurde Martin schnell in der gesamten Touraine bekannt. Nach etwa zehn Jahren, als ein neuer Bischof für Tours gesucht wurde, erkoren ihn die Menschen zu ihrem Favoriten. Diese Popularität – in Martins Vita haben die etwa zehn Jahre klösterlicher Aktivität kaum Niederschlag gefunden – kann nur durch öffentliche und wirkungsvolle Tätigkeit erklärt werden. Martin suchte sich zunächst dem Drängen der Bevölkerung zu entziehen. Jüngere Quellen erzählen, Martin habe sich in einem Gänsestall vor den Menschen versteckt, sei aber durch das aufgeregte Geschnatter der Gänse verraten worden. Gegen den Widerstand einiger Bischöfe setzte die Bevölkerung Martin als Bischof von Tours durch. Am 4. Juli 371 wurde Martin zum Bischof geweiht.

Höhlengang in den Felsen am Loire-Ufer in Marmutier.

Bischof geworden, wandte Martin alle Kraft auf, um seine Aufgabe mit großem Ernst und Nachdruck zu verwirklichen. Auch als Bischof lebte er Demut und Bescheidenheit. Er weigerte sich, beim Gottesdienst auf einem eigens für ihn errichteten Thron zu sitzen, und benutzte einen kleinen Hocker, wie er für jedermann üblich war. Für aufwendigere Kleidung nahm er weder für sich noch für seine Brüder, in deren Gemeinschaft er lebte, Geld an. Zu seiner Residenz erkor er eine Klosterzelle; als Bischof wollte er nicht auf Besinnung, Askese und Distanz zur weltlichen Geschäftigkeit verzichten. Auf steilem Felsen über der Loire stiftete er das Kloster Marmoutier (Maius Monasterium), in dem die Askese blühte und das zahlreiche Missionare und Bischöfe hervorbrachte. Diese Ausrichtung seines Klosters, asketisches Leben, verbunden mit kulturellem Engagement und weltzugewandtem Missionsapostolat, prägte für viele Jahrhunderte die abendländischen Klöster zutiefst. Mit Recht hat ihn Walter Nigg darum auch den »Stifter der monastischen Lebensweise im Abendland« genannt.

Von seinem Stützpunkt aus führten Martin zahlreiche Missionsreisen durch das Land, über seine eigene Diözese hinaus in das Gebiet der mittleren Loire (Chartres, Amboise, Levroux). Er kam auch nach Paris (Heilung eines Leprakranken) und nach Vienne. Martin suchte die Getauften zu stärken und die Nichtchristen von Jesus Christus zu überzeugen. Zustatten kamen ihm bei diesen Reisen seine Wortmächtigkeit, seine Wundertaten und Wunderheilungen (z. B. 386 in Trier) und ein über alle Verdächtigungen erhabener Gerechtigkeitssinn. Martin verkörperte ein Ideal: der Mönch als Priester, Arzt und Nothelfer. Es wird von ihm berichtet, daß er auch durch persönlichen Einsatz die Ausführung schwerer Strafen, die für geringe Vergehen verhängt wurden, verhinderte. In einem Fall soll er eine ganze Winternacht vor dem Tor einer Burg gekauert haben, um für einige arme Sünder Leben und Freiheit zu erlangen.

Martins Biograph schildert in vier beispielhaften Episoden, wie der Bischof unerbittlich gegen nichtchristliche Kultstätten, insbesondere keltische Baumheiligtümer, vorging. Geschickt verstand es Martin, die heidnischen Kultstätten, Kulte, Feste und Bräuche christlich neu zu beleben.

Im Rahmen seiner bischöflichen Tätigkeiten traf er mit den Großen seiner Zeit zusammen, unter anderem auch mit den Kaisern Valentinian I. und Maximus. Letzteren suchte er 386 in Trier auf, weil er für Priscillian, der vor dem kaiserlichen Gericht angeklagt war, Partei ergriff. Priscillian, ein vornehmer und gebildeter spanischer Laie, war der Leiter einer nach ihm benannten asketischen Gruppe. Von seinem Gegner, Bischof Ithacius, war Priscillians Bewegung 380 auf einer Synode zu Cäsaraugusta, dem heutigen Saragossa, als Sekte verdammt worden. Bischof Ithacius gewann dadurch zwar das Interesse von Kaiser Maximus; unter den Bischöfen aber kam es zu Spannungen, weil erstmals im Fall vermeintlicher Ketzerei ein Todesurteil ausgesprochen worden war. Martin war entschieden gegen dieses Urteil.

Im Gegensatz zu anderen Bischöfen hatte er bislang dem in Trier residierenden Kaiser Maximus die Reverenz verweigert, weil er nicht mit einem Mann an einem Tisch sitzen wollte, der durch Gewalt und Mord an die Macht gekommen war (Maximus hatte seinen Vorgänger Gratian ermordet). Um Priscillians Leben zu retten, suchte er aber den Kaiser auf, protestierte gegen das Todesurteil für Häretiker und gegen die Einmischung des Staates in kirchliche Angelegenheiten. Martins mutiges Auftreten in Trier erwarb ihm zwar die Achtung des Kaisers, ersparte aber Priscillian nicht den Tod: Er wurde mit sechs Gefährten in Trier lebendig verbrannt.

Der Tod erreichte Martin auf einer seiner Seelsorgsreisen. Am 8. November 397, im Alter von etwa 81 Jahren, starb Martin in Candes. Er wurde am 11. November in Tours unter größter Anteilnahme der Bevölkerung beigesetzt.

Zur Bedeutung des heiligen Martin

Die große Bedeutung Martins verdeutlicht eine in der »Legenda aurea« berichtete Begebenheit: An einem Sonntag hörte der Kölner Bischof Severus (um 397) die Engel im Himmel singen. Er rief seinen Erzdiakon und fragte ihn, ob er etwas höre. Doch dieser verneinte. Darauf drängte ihn der Bischof, noch einmal genau hinzuhören. Dann bestätigte der Erzdiakon, er höre Stimmen im Himmel. Darauf sagte Bischof Severus: Es ist der Herr Martin, der aus der Welt geschieden ist, und die Engel tragen ihn jetzt zum Himmel. Der Erzdiakon aber merkte sich Tag und Stunde und erfuhr tatsächlich später, daß Sankt Martin zu dieser Stunde aus der Welt verschieden war.

Nicht Martins Todestag – wie sonst üblich – wurde schon bald in der ganzen Kirche als hoher Festtag begangen, sondern der Tag seiner Beisetzung. Die Begründung liefert das Datum: Der 11. November war später der Beginn der vorweihnachtlichen Bußzeit, der Vortag ein »Schwellenfest« wie Fastnacht vor der Fastenzeit. Auf den gleichen Tag fiel aber vor allem ein bäuerlicher Stichtag, an dem das Personal wechselte und Pacht fällig war. Der hl. Martin erwarb in der Meinung des breiten Kirchenvolkes als einer der ersten Heiligen die »sanctitas« durch das unblutige Martyrium der Askese (»martyrium sine cruore«) und durch charismatische Wunderkraft und wurde im offiziellen Kult der Kirche verehrt. Nicht mehr ein Märtyrertod, sondern sein Leben und Wirken begründeten seine Verehrung als Bekenner (das Leben eines Glaubensbekenners galt als unblutiges Martyrium, der Bekenner als »martyr ex voto«). Weil in nachkonstantinischer Zeit das Blutzeugnis für Christus nicht mehr erforderlich war, wurde die durch Martin geprägte Verbindung von asketischem Mönchsideal, Gerechtigkeitssinn und apostolischer Weltzugewandtheit zum Ideal eines lebenslänglichen christlichen Totaleinsatzes.

Das überlieferte letzte Gebet – fast ein Rapport – des hl. Martin läßt diese disziplinierte Grundhaltung und Pflichterfüllung eines ehemaligen Soldaten er-

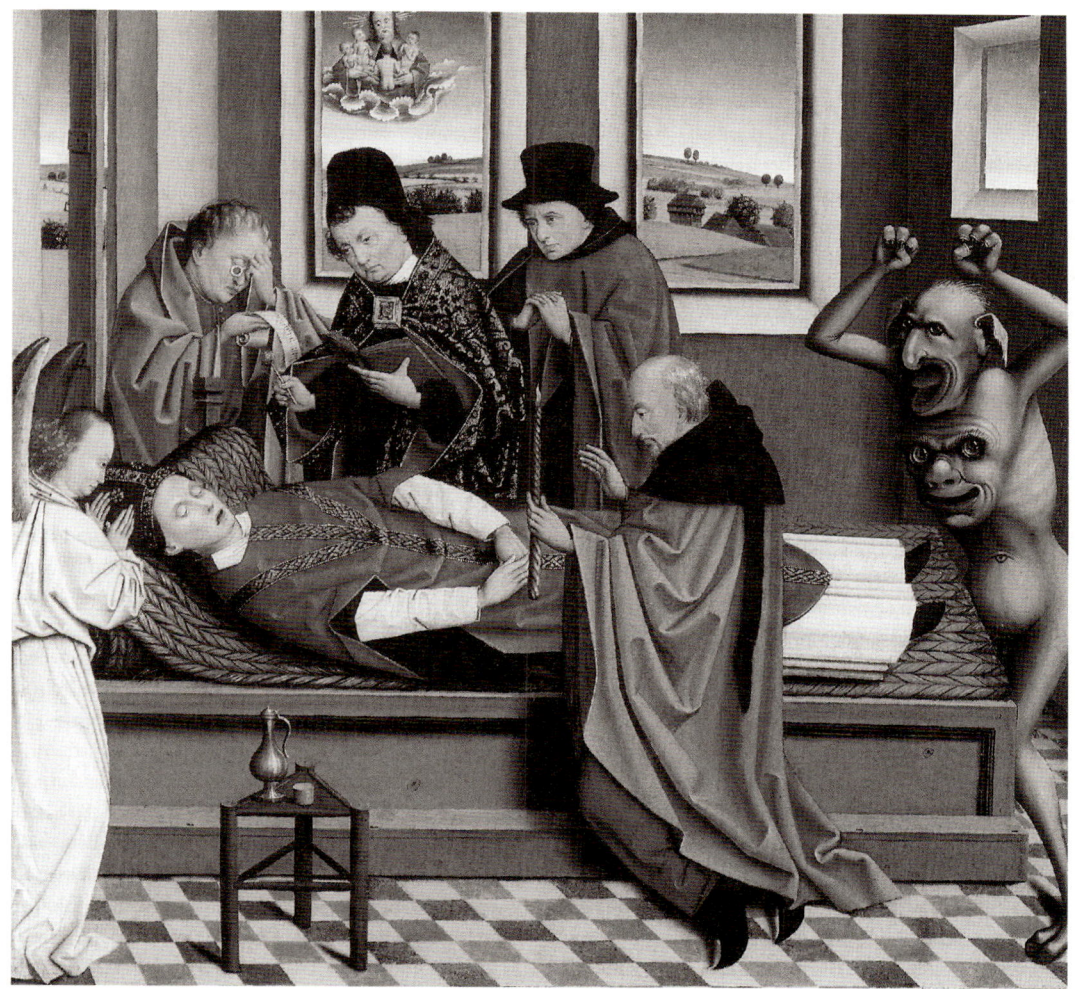

Tod des hl. Martin – Altarflügel von Derick Baegert (um 1440-1515). Westf. Landesmuseum für Kunst und Kulturgeschichte, Münster. Foto: Sabine Ahlbrand-Dornseif

kennen: »Mein Herr, es ist ein harter Kampf, den wir in deinem Dienste in diesem Dasein führen. Nun aber habe ich genug gestritten. Wenn du aber gebietest, weiterhin für deine Sache im Felde zu stehen, so soll die nachlassende Kraft des Alters kein Hindernis sein. Ich werde die Mission, die du mir anvertraust, getreu erfüllen. Solange du befiehlst, werde ich streiten. Und so willkommen dem Veteranen nach erfüllter Dienstzeit die Entlassung ist, so bleibt mein Geist doch Sieger über die Jahre, unnachgiebig gegenüber dem Alter.«

Das Grab, über dem sich im 5. Jahrhundert zunächst eine Kapelle, dann eine prächtige Basilika mit klösterlicher Cella (die Abtei St. Martin entstand daraus) erhob, wurde das von Pilgern bis ins späte Mittelalter angenommene fränkische Nationalheiligtum, die – nach Rom – meistbesuchte Wallfahrtsstätte. Der Frankenkönig Chlodwig (482–511) erhob Martin schließlich zum Nationalheili-

33

gen und Schutzherrn der fränkischen Könige, die seitdem Martins Mantel in Schlachten (Reichskleinod) mitführten.

Popularität im gesamten christlichen Abendland gewann Martin durch die über ihn verfaßten Schriften. Die älteste und wichtigste Schrift, die »Vita S. Martini« (um 395), stammt von Sulpicius Severus (um 363 – um 420), einem aquitanischen Adligen und Freund des Heiligen. Diese Biographie wurde zum Muster christlicher Hagiographie: die Beschreibung der Nachfolge Christi durch das Beispiel des Bischofs Martin. Andere Autoren setzten andere Akzente: Paulinus von Périgneux (Petricordia) mit seiner »Vita S. Martini episcopi« (um 470), Venantius Fortunatus mit der »Vita S. Martini Turoniensis« und vor allem Gregor von Tours (538–594) mit »De virtutibus S. Martini« (Über die Tugenden des hl. Martin). [Jürgen Küster merkt – wenig sachlich, ungeschichtlich und in der Sache verfälschend – dazu an, daß Gregors »Schilderung des Aufstiegs der Seele Martins in den Himmel seine Kanonisation ersetzte«. Eine förmliche Kanonisation (Heiligsprechung) durch den Papst in Rom hat es zu dieser Zeit gar nicht gegeben].

Die Legenden und die örtliche Verehrung des hl. Martin strahlten in die gesamte Kirche aus: Schon bald entstanden die ersten Martinskirchen: in Rom (S. Martino ai Monti), auf dem Monte Cassino und in Linz/Donau. Bis zum Ausgang des Mittelalters sollen allein in Frankreich 3667 Martinskirchen gezählt worden sein. Zur Besonderheit dieser Kirchen gehörte ihre Lage »extra muros« (vgl. in Deutschland: Trier, Köln, Bonn, Zülpich, Dillingen, Fürth, Bamberg, Freiburg i. Br. etc.). Chlodwigs Gemahlin Chlotilde stiftete an allen fränkischen Königshöfen Martinskirchen. Fünf Päpste haben für sich den Namen Martin gewählt.

DAS MARTINSBRAUCHTUM

Das alte Martinsbrauchtum hatte bis in das 19. Jahrhundert außer dem Festtermin wenig inhaltlichen Bezug zum Heiligen. Die große pastorale Popularität des Heiligen ergibt sich aber aus Zweierlei: Zum einen bildete Sankt Martin einen neuen »bischöflichen Prototypen«, das Ideal eines Bischofs nach der Zeit der Christenverfolgung: ein asketischer Mönchsbischof, der missionierend und predigend seine Epoche prägte und durch zeichenhafte Wunder aufrüttelte. Zum anderen bekam die Erinnerung an Sankt Martin durch die Terminierung seines Gedenktages einen nicht nachlassenden Schwung: Am Vorabend des Gedenktages, der den Beginn des Adventfastens bot, konnte man Sommer und Herbst verabschieden und die Ergebnisse der Ernte genießen. Der erste Wein

34

wurde probiert, die »Martinsminne«. Essen und Trinken, meist mehr als guttat, waren im gesamten Mittelalter an diesem Tag üblich, wie zahlreiche Quellen belegen. Im Französischen bezeichnet »martiner« oder »faire la Saint Martin« nicht ohne Grund: gut essen und trinken. Das Ende des bäuerlichen Wirtschaftsjahres war auch Termin für den Gesindewechsel und Termin zur Pachtzahlung: »Sankt Martin ist ein harter Mann für den, der nicht bezahlen kann«, heißt es noch heute auf dem Lande, wo noch am 11. November die jährliche Pachtzahlung ansteht.

Die »Martinsgans«, schlachtreif zum Festtermin, bot sich als Naturalie nicht nur zur Begleichung der Pacht an, sondern konnte flugs zur Krönung der Festtafel ein Festbraten werden. Der rheinisch-fröhliche Glaube hat diese Erkenntnis in einen flotten Spruch eingearbeitet: »›ne jut jebratene Jans is‹ ›ne jute Jabe Jottes.« Weitere Pacht-Gänse blieben lebend von alleine frisch und boten sich zu späteren Anlässen als Festbraten an. Aber die Gans, meist ja eine Abgabe der niederen Stände an die höheren – Adel und Klerus –, war unersetzlich als Lieferant für Gänsekiele, die man zum Schreiben benötigte. Auch die Daunen und der Flaum waren den »besseren Leuten« willkommen für ihre Federbetten, während der untere Stand auf einem Strohlager schlief. Für alle, die sich die »jute Jabe Jottes«, nämlich die Martinsgans, aber nicht leisten konnten, bürgerte sich nach der Einführung der Kartoffel in Deutschland ein Ersatzgericht ein: der Düppekuchen. Das ehemalige Armeleute-Essen, eine deftige Mahlzeit, gilt heute im Bereich des Neuwieder Beckens und Teilen der Eifel als Delikatesse.

»Gansabhauet« – Sursee,
Kanton Luzern,
am 11. November 1996.
Foto: Werner Mezger

In Sursee in der Schweiz hat sich bis heute ein wettkampfähnliches Spiel mit Gänsen zu Martini erhalten, das Gansabhauet. Mit einem Säbel und mit verbundenen Augen muß ein verkleideter Mann eine (tote) Gans, die mit dem Hals an einer gespannten Leine hängt, abschlagen. Spiele dieser Art – Gansschlagen, Gansreißen, Ganswürgen – waren vor dem 19. Jahrhundert verbreitet. Die Martinsgänse wird's nicht trösten: Aber ihr Schicksal, zu einem bestimmten Termin sterben zu müssen, teilen sie mit den Fastnachtshühnern, die früher vor der Fastenzeit geschlachtet wurden, damit der unerwünschte Eieranfall in der Fastenzeit klein gehalten wurde.

Unter den Martinslegenden gibt es auch mehrere, die das Verhältnis der Gänse zu Martin zu erklären versuchen: Gänse, in deren Stall sich Martin ver-

35

krochen hatte, um seiner Wahl zum Bischof zu entgehen, verrieten ihn durch ihr lautes Geschnatter, berichtet eine Legende. Eine andere Legende behauptet, Gänse hätten den heiligen Bischof beim Predigen gestört. Zur Strafe seien sie nun die Krönung der Festtafel am Martinstag. In einer Fabel preist die Gans, die dem Wolf entkommt, Sankt Martin als Retter. Alle Legenden erklären nur im nachhinein den Gänsebraten zu St. Martin. Sie sind nachträglich erklärende Sekundärlegenden, erst seit dem 16. Jahrhundert bekannt. Gegenüber anderen Legenden sind sie ein Sonderfall, als hier nicht eine schon lange vorhandene Legende brauchbildend wirkt, vgl. die Parallele zur Pökelfaßlegende des hl. Nikolaus. Die Bindung der Gänse an diesen Termin ist älter.

Das Martinischlachten am Vorabend zu Martini hatte mehre Gründe: Das Martinsfest war ein »Schwellentag« vor der Fastenzeit, die anbrechende Fastenzeit begründete die Notwendigkeit der Reduktion des Tierbestandes, der nicht insgesamt durch den Winter gefüttert werden konnte. Die vorhandenen Lebensmittel, die nicht »fastenzeittauglich« waren, mußten verbraucht werden, wollte man sie – was in diesen Zeiten völlig undenkbar war – nicht wegwerfen. Fleisch, Fett, Schmalz, Eier, Laktizinien (Milch, Butter, Käse) mußten aufgebraucht werden. Dies ließ sich am leichtesten und am vergnüglichsten durch Fest und Feier mit entsprechenden Eß- und Trinksitten und den dazugehörigen Speisen erreichen. Die tagestypischen Speisen erhalten reichlich das, was in der kommenden Fastenzeit verboten war. Schmalzgebackenes und Pfannkuchen – landschaftlich mit unterschiedlichen Namen versehen – standen (wie zur Fastnacht!) im Mittelpunkt: Krapfen, Martinshörnchen, Martinsschiffchen (im Hohenlohischen Märtesschifflich).

Der zahlreichen Kirchen wegen, die den hl. Martin zum Patron hatten, gab es gegen Ende des bäuerlichen Jahres neben den allerorts üblichen Martinifeiern zahlreiche Martinikirchweihen, meist verbunden mit einem Martini(jahr)markt (»Martins-Chilbi« in der Schweiz). Die Aufklärung, der der »ganzjährige Kirchweihtourismus« ein Dorn im Auge war, legte unter Joseph II. alle Kirmestermine auf das dritte Oktoberwochenende zusammen. Der Volksmund würdigte diese Anordnung entsprechend mit der Bezeichnung »Kaiser-« bzw. »Allerweltskirmes«.

Die heutige Form des Martinsfestes hat sich aus alter Tradition entwickelt, die sich in einzelnen Gegenden bis gegen 1800 erhalten hat. Diese ältere Schicht der Martinsbräuche ist ökonomisch bedingt, d. h. ist durch den Zeitpunkt im Wirtschaftsjahr bestimmt: Der 11. November war das Ende des bäuerlichen Jahres, Vorabend zur Fastenzeit. Man feierte das Fest zu Hause oder in einer Schenke mit Freunden durch Speis und Trank. In den Pfarrgemeinden zogen Kindergruppen auf Heischegängen. Die Martinsfeuer loderten sogar in den Stadtvierteln.

36

Um 1900 wurde das Martinsbrauchtum neu belebt. Vom Niederrhein und von Düsseldorf, wo das Martinsbrauchtum lebendig geblieben war, entstand ein neu akzentuiertes Martinsbrauchtum: überpfarrlich, schulorientiert, katechetisch ausgerichtet. Zentrum der Feiern dieser jüngeren Schicht sind die Mantelteilung, die Legende, das Leben Martins. Ein Martinszug wurde ausgerichtet, Martinslaternen mitgeführt, die Mantelteilung nachgespielt, ein Martinsfeuer abgebrannt. Während des Nazi-Terrors und des Zweiten Weltkrieges endete dieser Traditionsstrang. Erst nach 1945 gab es einen Neubeginn: Überpfarrlich, schulübergreifend, stadtteilbezogen wurden nun die Martinszüge organisiert, die – religiös und sozial orientiert – das mitmenschliche Helfen stärker in den Vordergrund rückten. Die individuellen Heischegänge einzelner wurden teilweise durch das systematische Verschenken von Martinstüten abgelöst. Das niederrheinische Martinsbrauchtum kennt auch den »Stillen Martinszug der Caritas«: Viele Gemeindemitglieder legen in der Zeit vom 11. bis 19. November Lebensmittel- und Geldspenden zu Füßen einer Martinsstatue nieder, die dann für Bedürftige verwendet werden.

In Martinsliedern wird das Andenken des Heiligen – mindestens seit dem 14. Jahrhundert – gepflegt. Es sind zahlreiche Martinslieder erhalten, die Leben und Wirken des Heiligen zum Thema haben. Die meisten dieser Lieder sind um die Jahrhundertwende bei der Wiederbelebung der Martinsfeiern entstanden.

37

Einige dieser Lieder greifen altbekannte Melodien auf. Die alten Martinslieder stammen jedoch aus der Vagantenpoesie des Mittelalters. Sie sind »Stimmungslieder«, wie wir heute sagen würden: Lobgesänge auf Essen und Trinken im allgemeinen und auf die Martinsgänse und die Martinsminne im besonderen. Das Beispiel aus dem ausgehenden 16. Jahrhundert bietet einen Beleg für die Vagantenlyrik, die Formeln des Kirchenlateins in einer Art verwenden, die durchaus als frivol empfunden wurde:

> Den besten Vogel, den ich waiß,
> Dz ist ein gans,
> Sie hat zween preyte füß
> Dar zu ein lange halß,
> Ir füß sein gel,
> Ir stimm is hell,
> Sie ist nit schnell,
> Das best gesang,
> Das sie kann: da, da, da, da
> Dz ist gick gack, gick gack, gick gack,
> Da, da, da, da,
> Das ist gick gack, gick gack, gick gack.
> Singen wir zu sant Mertens tag.
>
> Ein gans, ein gans gesotten, gebraten
> Bey dem feuer ist,
> Ein guten wein, dar zu
> Ein guten frölichen mut;
> Den selbigen vogel sollen wir loben,
> Der do schnattert vnd dattert
> Im haberstro.
> So singen wir: Benedicamus Domino,
> So singen wir: Benedicamus Domino.

Solche Lieder, die bis vor kurzem noch in der Altmark gesungen wurden, werden auf 750 Jahre alt geschätzt.

Die Lieder jüngeren Typs aus dem 19. und 20. Jahrhundert stehen unter hagiographischem oder katechetischem Auftrag: Sie memorieren die Martinslegende. Ein bekanntes Beispiel:

Sankt Martin ritt durch Schnee und Wind,
Sein Roß, das trug ihn fort geschwind,
Sankt Martin ritt mit leichtem Mut,
Sein Mantel deckt ihn warm und gut.

Im Schnee, da saß ein armer Mann,
Hat Kleider nicht, hat Lumpen an;
»O helft mir doch in meiner Not,
Sonst ist der bittre Frost mein Tod.«

Sankt Martin zieht die Zügel an,
Das Roß steht still beim armen Mann,
Sankt Martin mit dem Schwerte teilt
Den warmen Mantel unverteilt.

Sankt Martin gibt den halben still,
Der Bettler rasch ihm danken will,
Sankt Martin aber ritt in Eil
Hinweg mit seinem Mantelteil.

Sankt Martin legt sich müd' zur Ruh,
Da tritt im Traum der Herr dazu.
Er trägt des Mantels Stück als Kleid,
Sein Antlitz strahlet Lieblichkeit.

Sankt Martin sieht ihn staunend an,
Der Herr zeigt ihm die Wege an.
Er führt in seine Kirch' ihn ein
Und Martin will sein Jünger sein.

Sankt Martin wurde Priester gar
Und dient fromm an dem Altar,
Das ziert ihn wohl bis an das Grab,
Zuletzt trug er den Bischofsstab.

Sankt Martin macht ein Feuer groß
Aus schlechter Bücher hohem Stoß
Und hütet treu die Herde sein,
Das lohnt der Herr mit Heil'genschein.

Sankt Martin, o du Gottesmann,
Nun höre unser Flehen an,
O bitt für uns in dieser Zeit
Und führe uns zur Seligkeit.

Jüngste Lieder zu Martin, konzipiert für Kindergarten- und Grundschul-
kinder (»Laterne, Laterne, Sonne, Mond und Sterne ...«), sind keine eigentlichen
Martinslieder mehr, sondern beschreiben nur noch das Licht in
der Dunkelheit, ohne eine bildhafte Deutung. Die meisten Martinslieder kommen im Rheinland und am Niederrhein, den Niederlanden und in Flandern vor.

Ökumenisches Martinsfest am
Vorabend des 11. November auf
dem Domplatz von Erfurt –
Foto: Barbara Neumann

Die Eröffnung der Licht- und Spinnstubenzeit am Martinstag gründete nicht nur in den langen Abenden der dunklen Jahreszeit, die – weil sie keine Feldarbeit mehr zuließen – in anderer Form wirtschaftlich genutzt wurden. Man ging zwar »z' Licht«, um nur eine Licht- und Wärmequelle für viele zu nutzen, aber wohl auch, weil die Spinnstube – Lichtstube, Kunkelstube, Lichtkarz, Nachtkarz – zugleich ein Ort war, wo sich beim lockeren Miteinander trotz sozialer Kontrolle diskret Partnerschaften anbahnen, eben kunkeln, ließen. Nach der Arbeit boten Spiel, Gesang und Tanz genügend Anlässe zum Kennenlernen, das sich durch ein Heimgeleit im Dunkeln vertiefen ließ. Der Volksmund formulierte nicht ohne Grund: Im Dunkeln läßt sich gut munkeln. In Schwaben wußte man: Weit heim – lang schee! Traditionstermine, an denen in der Spinnstube gefeiert wurde, waren die Andreasnacht am 30. November, früher der Übergang zum neuen Jahr, weshalb Orakelbräuche üblich waren, und die Thomasnacht am 21. Dezember, die als längste Nacht des Jahres gleichfalls Wendecharakter hatte. Der leicht zu erahnende Inhalt der Nächte ergibt sich auch durch ihre Bezeichnung als »Durchsitz-« oder »Durchspinn-Nacht«, der Getränkekonsum durch die im Schwarzwald verbreitete Bezeichnung des Morgens danach: Kotzmorgen! Martini als Beginn der Spinnstubenzeit korrespondiert mit Lichtmeß. Redewendungen lauten entsprechend: »Sanct Martin macht Feuer ins Kamin; dann, o Mädel, greif zum Rädl« oder: »Lichtmeß, ›s Spinne‹ vergeß«. Etwas deftiger formulierte man am Niederrhein: »Um Martin schlachtet der Bauer sein Schwein, das muß bis zu Lichtmeß gefressen sein.« Lichtmeß endete nicht nur die zu Michaeli begonnene Kunstlichtzeit, die Zeit, in der man bei Kunstlicht arbeitete, auch die Spinnstubenzeit war zu Ende.

Die acht letzten Tage des bäuerlichen Arbeitjahres – im übertragenen Sinn »Martini-Oktav« genannt – galten für die Mägde und Knechte als Freiraum, in denen nur noch das Nötigste getan werden mußte. In dieser Schlamperwoche oder Schlumwoche trug man das Sonntagsgewand, aß und trank und besuchte Freunde und Verwandte. Die Mägde durften auch für sich in der Spinnstube arbeiten.

Die romantische Annahme des letzten Jahrhunderts, im Martinsbrauchtum seien germanische Brauchformen ungebrochen überliefert (»germanische Kontinuitätsprämisse«), kann heute nicht mehr akzeptiert werden.

41

Sankt Nikolaus

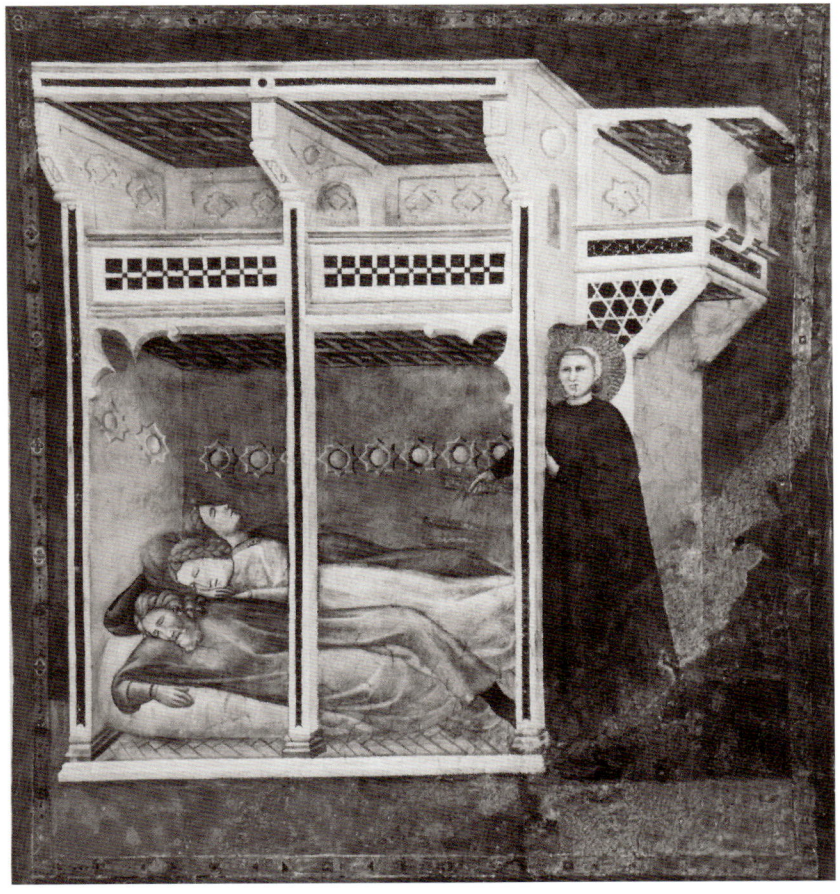

Nikolaus wirft Goldbarren
durchs Fenster der drei
Jungfrauen – Giottoschule
(um 1300/05),
Assisi: San Francesco,
Unterkirche, Nikolauskapelle.
Florenz, Kunsthistorisches
Institut. Foto: Verlagsarchiv

Der hl. Nikolaus gilt wie der heilige Martin als »apostelgleich«. Ebenso wie der hl. Martin ist Nikolaus einer der ersten Nichtmärtyrer, die als heilig gelten. Aber anders als Sankt Martin wurde und wird der heilige Nikolaus sowohl in der lateinischen als auch in der griechischen Kirche hoch verehrt. Während Nikolaus im Westen durch die kritische Wissenschaft an pastoral-theologischer Brisanz verloren hat, ist sein volkstümlicher Stellenwert eher gestiegen und hat Ableger bis in die säkularen und profanen Bereiche gebildet. Im Osten dagegen hat sich die kirchliche Bedeutung des Heiligen ungebrochen bis heute bewahrt.

Nach wie vor zum festen Bestand christlich geprägter Kulturen gehört – in Vorbereitung auf Weihnachten – in der ersten Zeit des Advents das Nikolausfest, heute oft ein Rückfall in ein wohlig rotwarmes, goldschimmerndes Kinderparadies, wo gütige Gerechtigkeit gilt und unverdient Geschenke verteilt werden. Dieses Glücksgefühl ist personifiziert und hat einen Namen: Sankt Nikolaus.

Nur Kinder müssen an ihn glauben, nicht einmal im konfessionellen Sinne. Für die meisten ist die historische Figur gleichgültig, die religiöse Idee überholt. Sankt Nikolaus reduziert sich auf das Erkennungszeichen der Vorweihnacht; Nikolaus ist Geschenkebringer, vielleicht noch »Kinderschreck« oder personifizierter »pädagogischer Zeigefinger«, in allen Fällen aber ein sentimentales Relikt, Ikone einer unwiederbringlich verlorenen Vergangenheit.

Da die Augen des Betrachters darüber entscheiden, was er in dem Betrachteten zu sehen vermag, mögen einige in der Figur des Sankt Nikolaus noch den Heiligen sehen, dessen als geglückt anerkanntes Leben anderen zum Vorbild dienen kann. Für sie ist es gleichgültig, ob diese Figur tatsächlich so gelebt hat. Das in den Legenden überlieferte Ideal ist ihnen bedeutsamer als die ungreifbare historische Person. Für die Entschlüsselung der Nikolauslegenden und des Nikolausbrauchtums stehen – neben einer unüberschaubaren Fülle von Publikationen – vor allem vier Namen von Autoren, die sich wegweisende Verdienste erworben haben und ohne die es nur schwer möglich wäre, heute ein Nikolausbuch zu schreiben: insbesondere Gustav Anrich, Karl Meisen, Dietz-Rüdiger Moser und jüngst Werner Mezger.

Sei's drum. 1500 Jahre Tradition, legendäre Überhöhung, frömmste Inbrunst, kitschigste Verniedlichung und gnadenloseste Vermarktung, alljährlicher millionenfacher Aufmarsch von Schoko-Nikoläusen in Supermarkt-Regalen, pädagogische Instrumentalisierung, folkloristische Einvernahme und werbemäßige Trivialisierung hat der große alte Mann erstaunlich gut überstanden. Trotz allem gibt es ihn noch, und wer Augen hat zu sehen, entdeckt hinter den Nikoläusen und hinter dem oft nur formal lebendigen Brauchtum ein Stück der Botschaft des alten Bischofs, die in Legende und Brauchtum erhalten wurde. Vieles, was heute »up to date« oder »en vogue« ist, geht genauso schnell, wie es gekommen ist. Die in Legenden und Bräuchen enthaltenen Wahrheiten haben längeren, wenn auch keinen ewigen Bestand. Zeitgemäß ist es deshalb, sich mit dem Zeitlosen zu beschäftigen.

44

LEBEN – LEGENDEN – BEDEUTUNG – BRÄUCHE

Sankt Nikolaus – allein die Nennung des Heiligen zaubert bei vielen Menschen unseres Kulturraumes ein Lächeln auf das Gesicht: Lebendig wird die Erinnerung an eine unbegrenzte, kindliche Geborgenheit, ein rotwarmes Wohlgefühl an ein Paradies auf Erden, eine unwirkliche Wirklichkeit – gerade so, als ob der Himmel die Erde zu küssen schien. Diese »nikolausige« Mischung aus Mythos und Märchen, diese Verschwisterung von Fiktion und Realität mag wenigen anderen nur sentimentales Memento an eine infantile Lebensphase sein. Geprägt hat sie fast alle Menschen des westlichen und auch des östlichen Kulturkreises. Unzweifelhaft ist Sankt Nikolaus ein elementarer Standard unserer Kultur. Er ist Objekt kultischer Verehrung, Fixpunkt zahlreicher, unterschiedlicher und widersprüchlicher Bräuche. Losgelöst von jeder konfessionell-religiösen Bindung, vielleicht noch mit märchenhaften Zügen versehen, ist Sankt Nikolaus außerdem zur Gallionsfigur einer Winterzeit geworden, in der Geschäftstüchtige die säkularisierte Heiligengestalt zum Logo ihrer Konsuminteressen gemacht haben.

Bischof Nikolaus von Myra und Abt Nikolaus von Sion

Auslöser dieses Kultes und Brauchtums ist die Figur jenes hl. Nikolaus, der seit dem 6. Jahrhundert in Legenden auftaucht. Aufgrund kritischer Textanalysen wissen wir heute, daß diese legendäre Figur fiktiv ist; der legendäre Nikolaus ist eine Kompilation aus zwei historischen Personen: dem Bischof Nikolaus von Myra im kleinasiatischen Lykien, der wahrscheinlich im 4. Jahrhundert gelebt hat, und dem gleichnamigen Abt von Sion, der Bischof von Pinora war und am 10. Dezember 564 in Lykien starb. Aus diesen beiden historischen Personen entwickelte sich die ab dem 6. Jahrhundert in Legenden faßbare, fiktive Figur des wundertätigen, übermächtigen Bischofs von Myra.

Kompilationen von Heiligen, also die Verschmelzung von mindestens zwei Personen zu einer neuen fiktiven Figur, sind in der Hagiographie, der Lebensbeschreibung von Heiligen, keine Seltenheit. Das bekannteste Beispiel dürfte sicher die Figur der Maria Magdalena sein, in der sich gleich drei biblische Personen zusammengefaßt finden: Maria von Magdala, Maria von Betanien und die namenlose Büßerin, die Jesu Füße mit Tränen benetzte und mit ihren Haaren trocknete (vgl. Lukas 7,36ff). Aber auch das genaue Gegenteil einer Kompilation gibt es, das Differenzieren einer Person zu einer Mehrzahl von Gestalten. Die Legende der hl. Ursula liefert hierzu ein Beispiel.

45

Der Versuch, sich mit wissenschaftlich gesicherten Methoden dem historischen Nikolaus zu nähern, hat zu einem ernüchternden Ergebnis geführt. Gustav Anrich formulierte: »Die Geschichtlichkeit eines Myrensischen Bischofs Nikolaus ... in Abrede stellen zu wollen wäre ein methodischer Fehler. Es kann einen Bischof dieses Namens gegeben, es kann derselbe sogar große Bedeutung für seine Heimat gehabt haben. Es kann auch der 6. Dezember der Tag seines Todes oder seiner Beisetzung gewesen sein. Das alles sind Möglichkeiten, denen man sogar eine gewisse Wahrscheinlichkeit wird zugestehen können. Weiter ist nicht zu kommen.«

Alle Datierungsversuche und Datumsangaben im Zusammenhang mit Nikolaus von Myra sind reine Spekulation. Seine Geburt im kleinasiatischen Patras, die an verschiedenen Stellen behauptete Teilnahme am Konzil von Nizäa 325, wo Nikolaus die Irrlehre des Arius bekämpft haben soll, sind ebensowenig zu belegen wie die Terminierung seines Todes auf das Jahr 343.

Die Stratelatenlegende und ihre Wirkung (5./6. Jh.)

Der erste historisch sichere Anhaltspunkt, die »Keimzelle der Nikolauslegende« (Werner Mezger), ist die »praxis de stratelatis«, die »Stratelatenlegende« (gr.: praxis = Tat, gr.: stratelatos = Feldherr), die Legende von der wunderbaren Rettung dreier unschuldig zum Tode verurteilter Feldherren durch den Bischof Nikolaus von Myra. Diese Legende läßt sich auf das Ende des 5. bzw. den Verlauf des 6. Jahrhunderts datieren. Das Außerordentliche dieses Wunders sah die Antike darin, daß Nikolaus dieses Wunder zu Lebzeiten wirkte und dabei, in Myra anwesend, dem Kaiser in Konstantinopel im Traum erschien. Diese Tat machte Nikolaus nicht nur zu einem »Thaumaturgos« (gr.: Wundertäter), sondern zum »Hyperhagios«, einem »Überheiligen«, einer Gestalt, die »normale« Heilige überragte. Der nach legendarischer Auffassung schon zu Lebzeiten unter die Engel versetzte Nikolaus starb einen normalen Tod, also nicht mehr den gewaltsamen Tod eines Blutzeugen oder Märtyrers. So wie Martin von Tours in der Westkirche wurde Nikolaus in der Ostkirche der erste »confessor«, ein Bekenner, der durch sein lebenslanges Bekenntnis Zeugnis für Gott abgelegt hatte. Der »Hagios Nikolaos«, wie er in der Ostkirche heißt, gewann eine derart überragende Bedeutung, daß ihm die »Apostelgleichheit« zuerkannt wurde.

46 Die griechisch-orthodoxe Kirche hat bis heute die Wochentage bestimmten Heilsereignissen gewidmet: Am Sonntag wird der Auferstehung Christi gedacht. Am Montag gedenkt man der Engel. Am Dienstag steht Johannes der Täufer im Mittelpunkt, am Mittwoch die Gottesmutter Maria. Der Donnerstag ist

den Aposteln und dem Gedächtnis an den hl. Nikolaus gewidmet, während am Freitag und Samstag des Sterbens und der Grabesruhe Christi und aller Verstorbenen gedacht wird.

Die Popularität des hl. Nikolaus besteht in der Orthodoxie bis zum heutigen Tag ungebrochen fort. Seine enorme Hochschätzung ist in einem bulgarischen Scherzwort gut erkennbar: Wenn Gott stirbt, dann wählen wir den hl. Nikolaus zu seinem Nachfolger!

Während für den modernen Menschen die legendarische Ebene des hl. Nikolaus, wo der Heilige für eine Glaubenshaltung steht und – letztlich – losgelöst von seiner irdisch-realen Existenz, nicht notwendig verbunden sein muß mit seiner historisch-realen Existenz, unterschieden Menschen in der Antike und im Mittelalter solche »Feinheiten« nicht. Sie konnten sich den Heiligen real vorstellen, wie zahllose Abbildungen noch heute beweisen. Nikolaus, eine fiktive Figur, gewann ein klares optisches Profil, ikonographisch klar abgegrenzt von anderen Heiligen. Seine klassische idealtypische Darstellung gilt sogar bis in unsere Tage.

Nikolaus rettet drei unschuldig Verurteilte (Stratelatenlegende). Fresko der Brixener Malerschule (um 1475). St. Nikolaus in Klerant/Südtirol.
Foto: Archiv des Autors

Bemerkenswert und geradezu eine hagiographische Gesetzmäßigkeit ist der Umstand, daß, je mehr eine historische Person im Dunkel der Vergangenheit historische Präzision verliert, sie ein Profil im Legendarischen erst entfaltet. Der Fortfall konkreter historischer Bezüge scheint geradezu der Nährboden der Legende zu sein. Die verschlungenen Stränge der legendarischen Überlieferung des hl. Nikolaus sind so außerordentlich kompliziert miteinander verknüpft, daß sie nur von geschulten Experten entwirrt werden können. Die älteste erhaltene Aufzeichnung der Legende wird in die Zeit zwischen 460 und 580 datiert; es ist natürlich keineswegs ausgeschlossen, daß noch eine ältere Fassung entdeckt werden könnte.

Diese Stratelatenlegende, ältester Kern der bald weltumspannenden Nikolausverehrung, hatte im Altertum einen so hohen Stellenwert, daß von ihr heute noch mehr als fünfzig verschiedene Handschriften erhalten sind. Die älteste bekannte Biographie des heiligen Nikolaus, die »Vita per Michaelem«, scheint zwischen 750 und 850 in Konstantinopel entstanden zu sein. Sie wurde zur Vorlage

47

für die nur wenig jüngere Biographie des »Methodius ad Theodorum«, die in die erste Hälfte des 9. Jahrhunderts datiert wird.

Der hagiographische Befund zum heiligen Nikolaus wäre einigermaßen überschaubar geblieben, hätte es nicht einen zweiten Nikolaus gegeben, den Archimandriten (gr.: Abt) Nikólaos des Klosters von Sion und späteren Bischof von Pinora, dessen Vita etwa zur Zeit der Entstehung der Stratelatenlegende entstanden ist. Von ihm wissen wir, daß er mit großer Wahrscheinlichkeit am 10. Dezember 564 in Lykien gestorben ist. Die Namensgleichheit und wohl auch der Tod in einer Landschaft, in der auch der Bischof von Myra gewirkt hat, haben dazu geführt, daß die Lebensbeschreibungen des Abtes Nikólaos und des Myrensischen Bischofs Nikolaus miteinander verschmolzen: Simeon Metaphrastes, der in der zweiten Hälfte des 10. Jahrhunderts arbeitete, führte die Stratelatenlegende mit der Vita des Myrensers zusammen, fügte aber – und das war eben sein Irrtum – Begebenheiten aus dem Leben des Archimandriten Nikólaos hinzu. Diese kompilierte Vita war die Vorlage für alle folgenden Lebensbeschreibungen.

Wie im Osten so scheint auch im Westen die Stratelatenlegende Auslöser und Kern der Nikolauslegenden und Nikolausverehrung zu sein. In einem Reichenauer Kodex aus der ersten Hälfte des 9. Jahrhunderts taucht die »praxis de stratelatis« erstmals auf weströmischem Boden auf. Nur wenig später, zwischen 840 und 854, findet sich die Legende etwas gekürzt im Martyrologium des Abtes und nachmaligen Mainzer Erzbischofs Hrabanus Maurus wieder. Wie im Osten so folgt im Westen die Nikolaus-Biographie seiner Legende nach. Zwei griechische Biographien haben vor allem als Vorlagen gedient: die Vita des Simeon Metaphrastes und die Schrift des »Methodius ad Theodorum«. Nachweisbar ist um 880 die in Neapel verfaßte »Vita s. Nicolai episcopi« von Johannes Diaconus, die wohl älteste Nikolausbiographie in lateinischer Sprache. Während sich Johannes Diaconus wesentlich auf den Text des Methodius stützt, übernahmen jüngere lateinische Autoren ihren Stoff von Simeon Metaphrastes. Auf diese Weise verschmolzen auch im Westen die historischen Personen des Nikolaus von Myra und des Abtes Nikolaus von Sion zur heute noch bekannten fiktiven Nikolausgestalt.

Im Hochmittelalter entstanden allmählich auch volkstümliche und volkssprachliche Nikolaus-Lebensbeschreibungen. Die älteste bekannte Vita stammt von dem Anglonormannen Robert Wace. Mit seinem Text »St. Nicolas« fußt er auf Johannes Diaconus und somit auf Methodius, aber auch noch auf zusätzlichen, möglicherweise mündlichen Quellen. Diese altfranzösische Vita existiert auch noch in Form einer jüngeren, mittelenglischen Variante. Die erste deutsche Nikolausbiographie kann für das 13. Jahrhundert nachgewiesen werden. Leider ist der Text in Form eines Gedichtes in hoher sprachlicher Qualität nur fragmentarisch erhalten.

Die »Legenda aurea« (13. Jh.) und weitere Legenden- und Vitensammlungen

Den »Renner« unter den Nikolaus-Viten im lateinischen Abendland schrieb in der zweiten Hälfte des 13. Jahrhunderts der Dominikaner Jacobus de Voragine, späterer Erzbischof von Genua. Seine berühmte »Legenda aurea«, zuerst latei-

nisch abgefaßt, ordnet die Heiligen nach dem kirchlichen Festjahr an und behandelt den heiligen Nikolaus gleich nach dem heiligen Andreas. In zahlreichen Handschriften und ab dem Ende des 15. Jahrhunderts auch im Buchdruck trat die »Legenda aurea« einen unvergleichlichen Siegeszug an, der bis in das 20. Jahrhundert anhielt. Die Popularität des hl. Nikolaus im Hoch- und Spätmittelalter, aber auch die Nachwirkungen bis in unsere Zeit haben ihre Quelle in diesem sensationell erfolgreichen Buch, dessen Texte sich im Laufe der Jahrhunderte durch Ergänzungen beachtlich ausweitete: Aus den 170 Texten im 13. Jahrhundert waren 1470 bereits 448 Texte geworden.

Auf der Textvorlage des Genueser Erzbischofs wiederum basiert das kurz vor 1300 vollendete sogenannte »Passional«, mit etwa 110 000 Versen

Nikolausfest – Holzschnitt (19. Jh.).
Foto: Archiv des Autors

die bedeutendste Legendensammlung des Mittelalters. Nikolaus ist in dieser Textsammlung im dritten Buch nicht nur an die erste Stelle von 75 behandelten Heiligen der 66 400 Verse umfassenden »Legenda sanctorum« gerückt: Mit etwa 1780 Versen ist das Kapitel von »Sante Nicolao einem bischove« doppelt so lang, wie andere Texte im Durchschnitt sind.

Die frühen Buchdrucke, die vor 1500 entstandenen »Inkunabeln«, sind nicht nur typographisch aufwendig gestaltet, sondern auch reich bebildert. Die populärste Vitensammlung, heute als »Der Heiligen Leben« bezeichnet, erstmals 1471/72 in Augsburg ediert, enthält für jeden Heiligen einen Holzschnitt. Das 1488 in Nürnberg edierte Buch von Anton Koberger, eine der aufwendigsten

49

Inkunabeln, präsentiert für Nikolaus einen zweiteiligen – meist sogar handkolorierten – Holzschnitt. Dargestellt werden die Ausstattung der drei Jungfrauen mit Gold und die Erwählung von Nikolaus zum Bischof, mit Heiligennimbus, Mitra und Chormantel, bei der Jungfrauenlegende zusätzlich mit Bischofsstab dargestellt. Die Jungfrauenlegende wenigstens handelt nach der Legende vor der Bischofswahl; aber der Illustrator kann deswegen nicht gleich als unwissend oder Fälscher bezeichnet werden: Durch seine Tat erweist sich Nikolaus schon vor seiner Bischofswahl als dem Bischofsamte würdig und wird deshalb als heiliger Bischof wiedererkennbar selbst in »vorbischöflicher« Zeit gezeigt.

Die wichtigste Innovation des lateinischen Abendlandes hinsichtlich der Weiterentwicklung der Grundlegenden des hl. Nikolaus ist die Wundererzählung von der Auferweckung der getöteten Schüler. Die älteste Fassung liegt im 12. Jahrhundert in dramatisierter Form in der Hildesheimer Handschrift »Liber sancti Godehardi« vor. Eine der ältesten epischen Fassungen bietet der schon genannte Robert Wace mit seinem »St. Nicholas«. Weil sich die Schülerlegende schon vor 1200 im nordfranzösischen Bereich finden läßt, aber eine Generation später in der südlich der Alpen verfaßten »Legenda aurea« und anderen südeuropäischen Nikolausbiographien nicht vorkommt, vermutet die Forschung die Entstehung dieser Schülerlegende in Nordfrankreich. Die Schülerlegende ergänzt nicht nur die im Mittelmeerraum entstandenen Legenden, sondern prägt den Typ von Nikolaus, der als himmlischer Kinderfreund und Geschenkebringer in zahlreichen zeitabhängigen Metamorphosen bis in die Gegenwart fortlebt. Kult, Hagiographie, Ikonographie und Brauchentwicklung erfuhren von hier eine nach wie vor ungebrochene Vitalität, die sich im Gegensatz zur in Frage gestellten kanonischen Unantastbarkeit erhalten hat.

Die Nikolausverehrung im Osten und ihre Übertragung in den Westen

Im Osten scheint sich der Kult des Hagios Nikolaos wahrscheinlich schon im 5. Jahrhundert entwickelt zu haben. Dafür spricht die Häufigkeit des Namens »Nikolaos«. Stimmt diese Annahme, dann reicht die Nikolausverehrung bis 450 oder sogar 400 zurück. Im 6. Jahrhundert muß eine weitverbreitete Verehrung angenommen werden, weil die beginnende schriftliche Verbreitung der Stratelatenlegende sonst keinen Sinn macht. Bis zur Jahrtausendwende wird mit großer Wahrscheinlichkeit der historische Nikolaos von Myra Objekt der Verehrung gewesen sein, denn die Kompilation der beiden Nikoläuse durch Simeon Metaphrastes geschah erst kurz vor dem Jahr 1000.

50

Seine unvergleichliche und singuläre Heiligenposition hatte Nikolaus in der Ostkirche bereits im 9. Jahrhundert erreicht. Noch bevor Nikolaus in der Ostkirche auf dem Gipfel der kultischen Verehrung angekommen war, sprang der Nikolauskult vom Osten auf den Westen über. Aufgrund der engen Verbindung des Ostreiches mit dem Westreich bestand in Rom eine einflußreiche byzantinische Kultgemeinde und seit dem 6. Jahrhundert ein starker byzantinischer Einfluß.

Wann genau die Akzeptanz von Nikolaus im Westen erfolgte, wissen wir nicht, zumal wir nicht einen offiziellen Zeitpunkt der Aufnahme des Nikolauskultes annehmen können. Die Nikolausforschung geht davon aus, daß der Nikolauskult im Westen im 7./8. Jahrhundert fest etabliert war. Als Beweise für die Annahme gelten bislang die Übernahme der Stratelatenlegende in einen Reichenauer Kodex vor 842 und die Erwähnung des hl. Nikolaus in einem zwischen 755 und 770 erstellten Reliquienverzeichnis in der römischen Kirche Sant'Angelo in Pescheria. In den bekannten Nikolausabhandlungen nicht aufgenommen ist ein besonders eindrucksvoller älterer Beleg: Liudger, der Gründerbischof des Bistums Münster, wurde 784 durch einen Aufstand der Friesen vertrieben und pilgerte nach Rom, von wo aus er nach Monte Cassino weiterzog und dort zweieinhalb Jahre im Konvent lebte. Der Benediktinerorden scheint Nikolaus als einen der »Mönchsväter« besonders gefördert zu haben: Das Kloster Fulda besitzt 818 die ersten Nikolaus-Reliquien in Deutschland, die Abtei Kempten im Allgäu weiht 973 die erste Nikolaus-Kapelle. Auch in Bari werden 1087 die Benediktiner mit der Obhut der Nikolaus-Reliquien beauftragt. Liudger muß in Italien, wahrscheinlich bei den Benediktinern, mit der Nikolaus-Verehrung bekannt gemacht worden sein. Als ihm 792 König Karl die Sachsenmission übertrug, gab er seiner bedeutsamen Eigengründung Billerbeck, gegründet noch vor dem Jahr 800, das Nikolaus-Patrozinium. In Billerbeck wird also schon im 8. Jahrhundert die erste nördlich der Alpen gelegene Kultstätte des Nikolaus begründet. Solange nicht nachgewiesen wird, daß die römische Kirche San Nicola in Carcere älter ist, kann Billerbeck für sich sogar in Anspruch nehmen, die älteste Nikolauskirche des Abendlandes besessen zu haben – »zu haben«, weil diese Kirche bereits um 1074 durch einen Nachfolgebau ersetzt wurde. Die genaue Datierung von San Nicola in Carcere steht noch aus:

Hl. Nikolaus – Vorlage: Gemälde von Johann Schraudolph, Stecher: Heinrich Nüsser. Privatbesitz, Nr. 76/1851

Durch eine Inschrift wird das Jahr 1088 belegt, aber es gibt auch Hinweise, die ein um bis zu drei oder vier Jahrhunderte älteres Datum nicht unwahrscheinlich machen.

In Neapel, wo Johannes Diaconus um 880 die »Vita s. Nicolai episcopi« in Latein schrieb, wurde 1742 in der Kirche S. Giovanni Maggiore ein Marmorkalender aus der Zeit zwischen 821 und 841 gefunden. Hier findet sich nicht nur der Eintrag des Festtages des hl. Nikolaus, sondern auch die Zuordnung des »Natalis S. Nicolai« zum 6. Dezember – der älteste Hinweis auf diesen Festtag, der nur eine Generation später auch in Frankreich und England nachzuweisen ist.

Die wahrscheinlich älteste erhaltene Darstellung des hl. Nikolaus im Westen befindet sich unter den Fresken der Kirche S. Maria Antiqua auf dem Forum Romanum. Zur Linken Christi, zwischen Athanasius und Erasmus, steht an zweiter Stelle der als »Hagios Nikolaos« bezeichnete Heilige, dargestellt in einer römischen Dalmatik und dem Omophorion, einem bischöflichen Hoheitszeichen der griechischen Kirche, vergleichbar dem westlichen Pallium. Die Fresken werden datiert zwischen 750 und 850. Um diese Zeit amtiert in Rom der erste von fünf Päpsten (und zusätzlich gibt es noch einen Gegenpapst), die den Namen Nikolaus angenommen haben: Papst Nikolaus I. (858–867). Das Avancieren des Heiligennamens zum Papstnamen darf als ein Zeichen für die breite Akzeptanz der Nikolausverehrung verstanden werden.

Vor 1000 begann sich Süditalien als besondere Region der Nikolausverehrung auszubilden. Hier entstanden die frühen Nikolaushymnen; Apulien wird zu einem Zentrum des Nikolauskultes; in Bari werden gleich mehrere Kirchen zu Ehren des Heiligen errichtet. Gründe für diese überstarke Akzeptanz des Nikolauskultes sind sicherlich nicht nur die gemeinsame Anrainerschaft am Mittelmeer und das Schifferpatronat des Heiligen. Mit großer Wahrscheinlichkeit dürfte auch die Griechenlandverbundenheit dieser Kultur, die als Kolonie griechischer Bürger in Süditalien entstanden war, und die der damaligen Menschen eine Rolle gespielt haben, die dadurch, daß zu dieser Zeit Kleinasien von den »Ungläubigen«, muslimischen Eroberern, überrollt wurde, noch gesteigert wurde. Nicht ohne diesen Hintergrund reifte auch gerade hier der Plan, die Gebeine des Heiligen in Myra zu erheben und nach Bari zu verbringen.

Jenseits der Alpen setzte der Boom der Nikolaus-Verehrung natürlich später als im Süden der Alpen ein. Auch wenn der Beginn der Nikolaus-Verehrung durch den Bau der ersten Nikolaus-Kirche in Billerbeck noch vor 800 als gesichert anzunehmen ist, setzt der große Verehrungsschub erst mit dem Ende des 10. und Anfang des 11. Jahrhunderts ein: Geradezu sprunghaft steigt die Zahl der Nikolaus-Patrozinien bei Kirchen, Kapellen und Klöstern flächendeckend an.

Die Rolle der Kaiserin Theophanu

Als Ursache dieses Phänomens benennt die Forschung eine Person: die byzantinische Prinzessin und nachmalige Kaiserin Theophanu (959/60–991), 972 eingeheiratet in das ottonische Kaiserhaus, Gemahlin Kaiser Ottos II. (967–983) und Mutter Ottos III. (983–1002). Für diese Annahme, daß Theophanu den Nikolauskult gefördert hat, daß die Ottonen Nikolaus förderten wie die Franken Martin, gibt es Beweise. Aus der Umgebung Theophanus, angeblich aus ihrem Brautschatz, nach anderer Tradition (Cäsarius von Heisterbach) aus dem Besitz des ersten Burtscheider Abtes Gregorius, der wahrscheinlich mit Theophanu aus Griechenland gekommen sei, soll die älteste noch erhaltene Darstellung des hl. Nikolaus diesseits der Alpen stammen: eine byzantinische Mosaik-Ikone des 9. oder 10. Jahrhunderts, die – ursprünglich der Burtscheider Benediktinerabtei zugehörig – heute in der Pfarrkirche St. Johann Baptist in Aachen-Burtscheid aufbewahrt wird. Die Benediktinerabtei war von Kaiser Otto III. 997 als Memoriale für Theophanu unter dem Patronat der Heiligen Apollinaris und Nikolaus gegründet worden. Dargestellt ist Nikolaus auf dieser Ikone nach streng byzantinischer Weise wie auf dem Fresko in der römischen Kirche S. Maria Antiqua: ein unbedecktes Haupt mit Stirnglatze und Bart, umgeben von einem Heiligenschein (lat.: nimbus), angetan mit einem Meßgewand, über das er das weiße Omophorion trägt. In seiner mit dem Meßgewand verhüllten linken Hand hält er ein Buch, die Heilige Schrift; die rechte Hand ist zur byzantinischen Segensgeste erhoben – der Ringfinger ist gegen den Daumen gebeugt. Dieser östliche Bildtypus scheint südlich und nördlich der Alpen die bildliche Darstellung des Heiligen eingeleitet zu haben, bis sich ein neuer Darstellungstyp durchzusetzen begann.

Wir wissen heute, daß die Aachener Nikolaus-Ikone wahrscheinlich weder aus dem Brautschatz der Theophanu stammte, noch von dem legendären Gründerabt Gregor, angeblich ein griechischer Kaisersohn, stammt, sondern als »Import-Ikone« um 1220 nach Aachen kam, vielleicht aber auch früher. Eine gewisse Wahrscheinlichkeit spricht dafür, daß dies im Zusammenhang mit der Übergabe des Klosters von den Benediktinern an die Zisterzienserinnen geschah, weil der im rheinischen Raum angefertigte Rahmen der Ikone auf dieses Ereignis Bezug nimmt. Wenn auch die Annahme, die Aachener Nikolaus-Ikone stamme aus Theophanus Brautschatz, eher nicht stimmt, so ist in der Behauptung aber die Verbindung zwischen Theophanu und Nikolaus über Generationen transportiert worden, während der von Cäsarius von Heisterbach in seiner Legende behauptete Ursprung der Ikone bei einem griechischen Gründerabt nur auf Griechenland als Ursprungsort der Ikone verweist.

53

Aber nicht nur die Burtscheider (heute Aachen-Burtscheider) Stiftung belegt die Förderung der Nikolausverehrung durch Theophanu und ihre Familie. Das 1005 zu Aachen gegründete Nikolaus-Kollegiatstift, das 1024 ebenfalls als Memoriale für Theophanu gegründete Nikolaus-Kloster Brauweiler, das Nikolaus-Patrozinium des Bamberger Domes bei seiner Weihe am 6. Mai 1012, aber auch die ottonischen Klostergründungen in Traben an der Mosel, Quedlinburg und Magdeburg benennen stets Nikolaus als Patron. Im Valkhof zu Nijmwegen, wo Kaiserin Theophanu 991 starb, errichteten die Ottonen zwischen 1002 und 1039 eine oktogonale Nikolauskapelle als Theophanu-Memoriale. Möglicherweise waren hier, am Sterbeort der Kaiserin, ihre »viscera« (lat. = Eingeweide) beigesetzt worden, während ihr »corpus« in St. Pantaleon in Köln beigesetzt wurde, wo er bis heute ruht.

Nikolaus-Briefmarke aus dem Jemen

Während der ottonischen Herrschaft wurde die Kenntnis von Nikolaus von Myra zum gesamteuropäischen Gemeingut. So wie südlich der Alpen Apulien und der Großraum Neapel zu Zentren der Nikolaus-Verehrung wurden, so nördlich der Alpen das Rheinland, die Maasregion, Lothringen und die Normandie. Im 11. Jahrhundert war Nikolaus und seine Stratelatenlegende im Osten und Westen gleichermaßen bekannt und die kultische Verehrung am 6. Dezember allgemein verbreitet. Die volkstümliche Verehrung des Heiligen durch unterschiedliche Brauchformen setzte aber erst nach der Reliquientranslation (wahrheitsgemäßer wird man aus heutiger Sicht sicher von »Reliquienraub« sprechen müssen) vom kleinasiatischen Myra nach dem italienischen Bari ein.

Der »Reliquienraub« von Myra und das »Nikolaus-Manna« von Bari

Der als Schifferheilige am gesamten Mittelmeer berühmte Heilige drohte nach 1000 der westlichen Christenheit »verlorenzugehen«. Als die muslimischen Eroberer ihren Siegeszug durch Kleinasien erfolgreich fortsetzten, reifte in Süditalien die Idee, die Gebeine des übermächtigen Schutzheiligen vor den »Ungläubigen« zu »retten«. Die seit dem 3. Jahrhundert als Reaktion auf die gnostische Akzentuierung der »Ungeistigkeit« alles Leiblichen entstandene Reliquienverehrung ging von der antignostischen Betonung der Annäherung von himmlischem und irdischem Leib aus: Die ursprünglichere Auffassung, daß der sinnlich faßbare irdische Leib und der übersinnlich himmlische Leib des Menschen nach dem Tod nichts miteinander zu tun haben, wurde wieder zurückgeführt auf eine Identität von irdischem und himmlischem Leib. Wenn aber, so

54

schloß der mittelalterliche Mensch daraus, sich ein Verstorbener als Heiliger erwiesen hat, so war seine Heiligkeit in seinen sterblichen Überresten real präsent; spätestens bei der Auferstehung würden die Gebeine von den Heiligen wieder in Gebrauch genommen werden. Bis dahin konnten die Reliquien den Christen dienen: Ihre Aura durchdrang alles Tote und Lebendige. Nicht nur die Altartische wurden deshalb über Heiligengräbern errichtet oder wenigstens Heiligenreliquien in sie implantiert, man ließ sich in unmittelbarer Nähe von Heiligen beerdigen, Gegenstände in der Nähe heiliger Reliquien wurden zu Berührungsreliquien (vgl. z. B. das Pallium). Von diesem Denken ausgehend, entwickelte sich nicht nur die Reliquienverehrung. Solches Denken muß auch für die Menschen in Bari und in Venedig den Ausschlag gegeben haben, die Reliquien eines so übermächtigen und unvergleichlichen Heiligen zu retten und zu erhalten.

1071 hatten die Muslime den Byzantinern eine schwere Niederlage zugefügt, waren in Kleinasien eingedrungen und zogen plündernd durch Lykien. Die Bevölkerung von Myra war in das Gebirge geflüchtet. Kaufleuten von Bari gelang es in dieser Situation, sich in Myra in den Besitz der Reliquien des hl. Nikolaus zu bringen und diese am 8. Mai 1087 nach Hause zu bringen. Am 9. Mai 1087 verehrten die Bareser zum ersten Mal die heiligen Gebeine. Bis auf den heutigen Tag wird deshalb in Bari der Translation der Reliquien des hl. Nikolaus am 9. Mai gedacht; bis 1969 hatte dieses Fest in der gesamten Weltkirche Geltung.

Aus heutigem Blickwinkel und unter Nichtbeachtung zeitgebundener Denkweisen erscheinen sowohl die Reliquienbegehrlichkeit der Bareser wie das »laute Schweigen« der Ostkirche nach dem Raub absonderlich. Hat das eine, wie zuvor hergeleitet, etwas mit dem Glauben an die Realpräsenz des Heiligen in seinen Gebeinen zu tun, so kann das Schweigen der Ostkirche zum Reliquienraub zweifach erklärt werden: Zum einen schätzt die Ostkirche bis heute Reliquien gering. Nach orthodoxer Auffassung ist das Bild eines Heiligen, die Ikone, Teil des Verklärten. Dem Osten ist die Ikone eines Heiligen so wertvoll wie dem Westen seine Reliquien. Im übrigen dürfte der myrensischen Bevölkerung nach dem Reliquienraub der Erhalt des eigenen Lebens angesichts der fundamentalen Bedrohung durch die feindlichen Eindringlinge wichtiger gewesen sein als die – vermutlich vergebliche – Bemühung um Rückerstattung geraubter Knochen.

Überführung der Nikolaus-Reliquie von Myra nach Bari – Foto: Archiv des Autors

Bari jedenfalls triumphierte und begann noch 1087 mit dem Bau einer neuen Kirche für die Gebeine des Heiligen; schon zwei Jahre später, am 1. Oktober 1089, weihte Papst Urban II. (1088–1099) in eigener Person den Altar des Heiligen in seiner neuen Grabeskirche. Die überragende Bedeutung dieser Reliquien in der abendländischen Kirche zeigten sich in zwei besonderen Vorgängen. 1098 berief Papst Urban II. ein allgemeines Konzil nach Bari ein, das in der Krypta der Grabeskirche tagte, um dem Heiligen nahe zu sein. Nur wenige Jahre später, 1105, entzog Papst Paschalis II. (1099–1118) die Nikolauskirche in Bari der Zuständigkeit des Bischofs von Bari; er unterstellte die Grabeskirche des Heiligen direkt dem Heiligen Stuhl.

Die Venezianer, die bereits 250 Jahre zuvor die Gebeine des Evangelisten Markus durch eine ähnlich spektakuläre Aktion wie die der Bareser »requiriert« hatten, zeigten sich vom Triumph der Bareser unbeeindruckt. Flugs rüsteten sie eine neue Expedition nach Myra aus, erhoben neue Reliquien gleich von mehreren Toten und behaupteten, untrügliche Beweise dafür zu besitzen, daß sie die richtigen Gebeine des hl. Nikolaus besaßen, die Bareser aber die falschen. Weder diese neue Reliquienerhebung noch die leicht zu durchschauende Zweckpropaganda, man habe eine Inschrift gefunden, die beweise, daß die echten Gebeine nun in Venedig aufbewahrt würden, entschieden den Streit zugunsten der Venezianer.

Bis zum heutigen Tage wird der heilige Nikolaus in Bari kultisch verehrt, sind zahllose Wunder berichtet worden, fließt aus dem Schrein des Heiligen das »Nikolaus-Manna«. Bis heute aber läßt sich auch nicht naturwissenschaftlich eindeutig beweisen, wessen Gebeine nun wirklich in Myra geraubt und nach Bari gebracht wurden. Der 1957 geöffnete Nikolaus-Schrein hat sein Geheimnis nicht preisgegeben. Zwar gehören die Skelettreste zu einem Mann, der im 4./5. Jahrhundert gelebt haben kann, aber selbst Rekonstruktionsversuche des Gesichtes anhand des Schädelfragments sind kein überzeugender Beweis dafür, daß in Bari tatsächlich die Gebeine des Heiligen aus Myra bewahrt werden.

Das »Nikolaus-Manna« in Bari setzt eine schon aus Myra bekannte Tradition fort: Aus dem Sarkophag des Heiligen tritt eine Flüssigkeit aus, die Wunder wirken soll. Dieses »Myron-Wunder« bewies und beweist natürlich aus dem Blickwinkel der Bareser, daß sie den »richtigen« Nikolaus besitzen. Das »Myron« (sowohl abzuleiten von der Stadt »Myra« als auch in der Bedeutung von »Salbe« und »wohlriechendes Öl«) begründete nicht nur einen schwunghaften Handel und damit einen kontinuierlichen Export der Nikolaus-Idee, sondern auch das Nikolaus-Patronat der Spezereihändler und Salbenkrämer. Die jährlich 7–8 Liter »Oleum Sancti Nicolai«, die mit Hilfe eines Schwammes durch eine Öffnung des Sarkophages entnommen werden – nach einer Untersuchung von 1925 fast reines destilliertes Wasser –, verwandelt sich in bis zu 20 000 Ampullen »Nikolaus-Manna«. Da letztere etwa 500 Liter »Oleum Sancti Nicolai« entsprechen, läßt sich das Mischungsverhältnis der Flüssigkeit namens »Nikolaus-Manna« leicht erkennen. Die wundersame Ölvermehrung scheint die Wirksam-

56

keit jedoch nicht zu behindern: Gerühmt wird das Nikolausöl als Hilfe gegen Zahnschmerzen; helfen soll es sogar beim Einrenken von Rippenbrüchen (!) und bei Augenkrankheiten.

Die Nikolaus-Reliquien

Die ersten Reliquien des hl. Nikolaus tauchen im Abendland erheblich vor dem Reliquienraub der Bareser auf: In der zweiten Hälfte des 8. Jahrhunderts wird das Vorhandensein schon verzeichnet (Inventarverzeichnis von S. Angelo in Pescheria, Rom). Die Zahl der Nikolaus-Reliquien steigt gegen das Jahr 1000 an und erreicht den Höhepunkt in der ersten Hälfte des 11. Jahrhunderts: 1018 Sankt Maximin, Trier; 1028 Abtei Brauweiler, bei Köln (1061 wird die Reliquie als Zahn des Heiligen benannt); 1046 Stavelot, Belgien; 1048 Lüneburg; 1049 Altdorf (bei Molsheim), Elsaß; vor 1050 Echternach, Luxemburg; 1063 Benediktbeuren; 1064 Minden; 1065, 1068, 1077 Gorze in Lothringen.

Im Einflußbereich der Benediktinerabtei Gorze, 15 Kilometer von Metz entfernt gelegen, bildete sich das – nördlich der Alpen – wichtigste Kultzentrum des hl. Nikolaus aus. Einer fabulösen Gründungsurkunde nach soll ein lothringischer Ritter bei der Reliquientranslation von Myra nach Bari in der süditalienischen Hafenstadt ein Fingerglied des Heiligen in seinen Besitz gebracht haben. Nach Beratung mit dem Abt von Gorze wurde beschlossen, im Bereich von Gorze, in dem völlig unbedeutenden Marktflecken Port an der Meurthe den Bau einer repräsentativen Nikolauskirche zu errichten. Innerhalb von kürzester Zeit wurde Port zu einem bedeutenden Wallfahrtsort, hießen die sich in Port kreuzenden Handelswege »Pilgerwege zum hl. Nikolaus«, war die Wallfahrt ein regionaler Wirtschaftsschwerpunkt geworden und nannte sich Port um: Saint-Nicolas-du-Port lautet bis zum heutigen Tag der stolze Name.

Entsprechend der Ortslage, mitten im Binnenland gelegen, bot sich nicht gerade das Schifferpatronat des Nikolaus zur Verehrung an. Aber aus dem griechischen Legendenbestand, dem Stratelatenwunder der Befreiung der drei zum Tode verurteilten Feldherren, entwickelte sich eine neue Legende: Nikolaus als Beschützer der Eingekerkerten und als Befreier der zu Unrecht Gefangengehaltenen. Als sekundäre lothringische Lokallegende wurde das Stratelatenwunder in Form einer neuen Legende fortgeschrieben: Die im 16. Jahrhundert auftauchende Legende läßt sich einen fiktiven, von den »Ungläubigen« (= Muslimen) in einem Kerker angeketteten Kreuzritter des 13. Jahrhunderts nach inständigem Flehen zu Nikolaus mit seinen Ketten vor der Nikolauskirche in Lothringen wiederfinden. Aus Dankbarkeit stiftet jener eine Figuralprozession seiner Erret-

57

Merck gebiet dir daz du fill fteft

tung, die am Vorabend des Nikolaustages theatralisch die Rettungstat in Szene setzte.

Wenn der Kult wirklich Legenden schafft, so liefert diese lothringische Legende nach, was in Saint-Nicolas-du-Port lange schon üblich war. Bereits aus dem Jahr 1464 wird glaubhaft überliefert, daß die Kirche derart voller Ketten angeblich befreiter Gefangener hing, daß wohl fünfzig Wagen nicht ausgereicht hätten, diese Ketten abzutransportieren. Ursächlich für diese große Kettenzahl mögen aber nicht nur die damaligen rauhen Zeitverhältnisse gewesen sein, auch im übertragenen Sinn kann sich der Mensch verketten und versklavt in seinem Dasein befinden und – erfolgreich – um Befreiung flehen. Allegorische Befreiungsakte und symbolische Kettenübergaben sind sicherlich in Lothringen nicht ausgeschlossen gewesen.

Aber auch Abertausende von Wallfahrern, Figuralprozessionen, Votivgaben und ökonomische Geschäftstüchtigkeit können den Auslöser und Transmissionsriemen der lothringischen Nikolausverehrung nicht aus dem Zentrum rücken: die Fingerreliquie des Heiligen. Das 1471 gestiftete kostbare Armreliquiar ist zwar der Goldgier der Französischen Revolution zum Opfer gefallen. Die neugotische Replik des Reliquiars aus dem 19. Jahrhundert ist zwar nur ein schwacher Trost für diesen Verlust, sie enthält aber dafür die alte Reliquie.

58

Europaweite Popularität als Namensgeber und Patron

Seine große Blüte erlebte der abendländische Nikolauskult im 13. bis zum 16. Jahrhundert. Ob Ursache oder Auswirkung für die Ausfaltung: 1222, als das Konzil von Oxford den kirchlichen Festkalender neu strukturierte und die Feste in drei Klassen einteilte, wurde der Nikolaustag ein Fest der ersten Klasse. Belege für den dem Heiligen zugewiesenen außerordentlichen Rang liefern die Heiligenkataloge, die mit Nikolaus im Advent das Kirchenjahr eröffnen sowie die europaweite Popularität des Namens Nikolaus und Klaus, die riesige Zahl der Altäre, Kirchen und Klöster, Benefizien und Bruderschaften, Zünfte und Gilden, Berufsgruppen und Schicksalsgenossen, die den Heiligen zum Patron gewählt hatten. Allein die Gesamtzahl der Nikolaus-Kirchenpatrozinien dürfte sich nach Schätzungen von Fachleuten im Mittelalter mindestens zwischen 4000 und 5000 bewegt haben.

Dem Patron der Seefahrer und Binnenschiffer wurden in vielen Küsten- und Binnenhafenstädte Nikolauskirchen geweiht. Noch heute grüßt eine Nikolausstatue an der Kölner Hafeneinfahrt, sind die jährlichen Wallfahrten der Rheinschiffer nach Maria Lyskirchen in Köln und die Festoktav in Brauweiler bei Köln unvergessen. Nicht ohne Grund wird die damalige Gaststätte in der Nähe der Brauweiler Wallfahrtsstätte im Binnenland den Namen »Zum Anker« geführt haben! Das Schifferpatronat hat jedenfalls erheblich zur Ausbreitung des Nikolauskultes beigetragen: Mit der Hanse drang der Nikolauskult zum Norden und Osten vor, mit den Bootsleuten und ihrer Angewiesenheit auf Hilfe in der Not kam Nikolaus sprichwörtlich in alle Welt.

Diese Weltläufigkeit führte auch dazu, daß sich der hl. Nikolaus in zwei verschiedenen Gestalten selbst begegnete: Der westliche Nikolaustyp, den die Hanse in ihren Niederlassungen auch im Osten Europas mit sich führte, stieß hier auf den Hagios Nikolaos der Ostkirche.

Das Spektrum derer, die sich den »Allround-Heiligen« zum Fürsprecher und Helfer wählten, ist schier unüberschaubar. Als Einzelpersonen wurde er für Säuglinge und Kleinkinder, von Liebenden, Heiratswilligen, Gebärenden, Gefangenen und – man höre und staune – von Dieben angerufen. Ob es ein skurril-kölscher Einfall war oder ein Beleg für ein echtes Gruppenpatrozinium: Auf dem Oberarm eines 1933 in Köln Inhaftierten war jedenfalls die Bitte tätowiert: »Heiliger Nikolaus, schütze uns vor Polizei und Arbeitshaus!« Auch ehrenwerte Berufsgruppen haben den Heiligen zum Beschützer und Fürsprecher gewählt: Kaufleute, Getreidehändler, Pfandleiher, Anwälte, Juristen, Apotheker, Spezereiverkäufer, Salbenkrämer, Tuchscherer, Schneider, Färber, Drechsler, Stuhlflechter, Küfer, Fuhrleute, Kohleträger, Kalkbrenner, Salz-

59

sieder, Drechsler, Metzger, Gefängniswärter und wahrscheinlich noch andere. Bevor der verschwiegene Prager Beichtvater Johannes Nepomuk im 17. Jahrhundert als »Brückenheiliger« Karriere machte, nahm Nikolaus diese Aufgabe auf vielen Brücken wahr. Noch heute hält er auf einigen wenigen Brücken treue Wacht.

Was für Brücken nicht schlecht war, konnte Ländern und Städten schon einmal gar nicht schaden. Das orthodoxe Rußland hatte Nikolaus zum Patron, die beiden letzten Zaren trugen seinen Namen ebenso wie fünf Päpste und ein Gegenpapst. Zahlreiche Städte hatten den hl. Nikolaus zum Patron gewählt, zum Beispiel auch Amsterdam. Das neue Amsterdam in der neuen Welt Nordamerikas, Neu-Amsterdam, übernahm natürlich dieses Patronat – und behielt es bei, als es den Besitzer wechselte und zu New York mutierte.

NIKOLAUS IN DER BILDLICHEN UND PLASTISCHEN DARSTELLUNG

Die breite Verehrung, die Nikolaus in liturgischen Festen und weltlicher Feier als Patron und Namensgeber fand, hat seine Entsprechung in seiner bildlichen und plastischen Darstellung. Seit Papst Gregor d. Gr. (590–604) besaß die Darstellung von Glaubenswahrheiten und Heiligen im Kirchenraum für Analphabeten den gleichen Rang wie das Buch für einen Lesekundigen. Bilder und Plastiken waren »biblia paupera«, Buch und Heilige Schrift für arme Leseunkundige. Johannes Balbi von Genua († um 1298) faltete im 13. Jahrhundert diese Lehre aus, indem er der sakralen Darstellung drei Funktionen zuwies: 1. die Unterweisung der Schriftunkundigen, 2. um die Inkarnation und die Heiligenbeispiele stärker wirken zu lassen, und 3. um Empfindungen der Frömmigkeit auszulösen, die eben durch Augen leichter zu erreichen sind als durch die Ohren. – Die geradezu prophetische Weit- und Einsicht dieses Gelehrten überrascht uns heute, die wir die Wahrheit und die ihr innewohnende Gefahr der dritten Erkenntnis in einer fernsehbewegten Zeit tagtäglich erleben.

Der byzantinische Darstellungstyp des Nikolaus wurde durch einen westlichen abgelöst, der dem östlichen nachgebildet war. Dargestellt wurde bis in das 14. Jahrhundert ein idealtypischer Bischof in Pontifikalgewändern, mit einem Buch in seiner Linken und der rechten Hand zum Segensgruß nach westlicher Art: Daumen, Zeigefinger und Mittelfinger gestreckt, Ringfinger und kleiner Finger gebeugt. Gelegentlich wird das Buch in der Linken durch den Bischofsstab ersetzt, oft trägt der Heilige auch eine Mitra. Seit dem 15. Jahrhundert erscheint Nikolaus – wie allgemein üblich – im Philonion. Die ältesten Darstel-

60

lungen stehen unter byzantinischem Einfluß und zeigen den Heiligen mit einem an das östliche Omophorion angelehnten Pallium.

Alle Darstellungen des hl. Nikolaus beziehen sich auf seine Funktion als Nothelfer; sie lassen sich deshalb fast alle anhand der beigegebenen Attribute einer der drei Rollen zuordnen: 1. Nikolaus als Retter in der Not, 2. Nikolaus als Beschützer und 3. Nikolaus als Gnadenmittler, Gebender, Helfer.

Das häufigste Attribut, mit dem Nikolaus dargestellt wird, sind die drei goldenen Kugeln auf einem Buch, gebildet nach der Jungfrauenlegende. Nur selten wurden diese drei Kugeln ersetzt durch drei Goldbarren, Goldäpfel, Geldbeutel, Geldsäckchen oder drei Brote.

Eine weitere, außerordentlich häufige Darstellungsform ist die mit drei Scholaren (Scholarenlegende), wobei Nikolaus immer ohne die drei Goldkugeln, aber mit Segensgeste auftritt. Die Scholaren befinden sich zu Füßen des Bischofs, oft in zeittypisch verkleinertem Maßstab wiedergegeben, selten kniend, meist in einem Bottich stehend oder aus ihm steigend. Relativ selten wird Nikolaus als Bischof mit den drei Jungfrauen oder den drei Jungfrauen und den drei Scholaren gemeinsam dargestellt. Als Patron der Seeleute zeigt sich Nikolaus mit einem Anker oder einem Schiff. Falls Nikolaus überhaupt in einer Heiligengruppe dargestellt wird, rechnet er zu den Vierzehn Nothelfern.

Auferweckung der drei getöteten Schüler – Aus dem sog. Tulenhauptfenster (um 1320/30). Münster Unserer Lieben Frau in Freiburg/Br. Foto: Verlagsarchiv

Nach dem (nur szenisch auftretenden) Motiv des auserwählten Kindes – ein seine Heiligkeit begründender Bezug – sind die wichtigsten Szenen der Vita und Legende im Westen:

1. Geburt; am Tage (oder 3 Tage) nach der Geburt kann Nikolaus bereits im Badezuber stehen, verweigert die Annahme der Mutterbrust am Freitag.
2. Er wird von einem Bischof erzogen.
3. Nikolaus wirft drei goldene Kugeln (Geldbeutel) in das Zimmer der drei Jungfrauen.
4. Als der Bischof von Myra stirbt, soll der erste, der am nächsten Morgen die Kirche betritt, sein Nachfolger werden; das ist Nikolaus.

61

5. Bischofsweihe.

6. Nikolaus erscheint Seeleuten und errettet sie aus Seenot (während er gleichzeitig am Konzil von Nizäa teilnimmt); die Seeleute erreichen Myra und erkennen Nikolaus als Retter.

7. Nikolaus errettet ein Kleinkind aus kochendem Badewasser.

8. Nikolaus erweckt drei Scholaren, die von einem Wirt umgebracht und in Fässern eingepökelt worden waren.

9. Nikolaus fällt einen Baum, der dem Kult der Diana (gr.: Artemis) geweiht ist.

10. Pilgern, die eine Phiole mit Öl von Diana in Gestalt einer Nonne erhielten, um es in der Kirche des hl. Nikolaus auszugießen, erscheint er und läßt es ins Meer schütten, worauf es in Flammen aufgeht.

11. Nikolaus verhindert die Hinrichtung dreier Unschuldiger.

12. Nikolaus befreit drei Feldherren (Ursus, Nepotian, Apilion) aus dem Gefängnis, indem er Kaiser Konstantin im Traum erscheint, worauf dieser die Feldherren freiläßt und mit Geschenken zu Nikolaus sendet.

13. Während einer Hungersnot in seiner Diözese schickt er Kornschiffe in eine Stadt und läßt das Korn verteilen; als die Schiffe weiterfahren, fehlt nichts an der Ladung.

14. Tod des Nikolaus; Engel führen seine Seele zum Himmel.

15. Ein Jude hat sein Geld dem Schutz des Heiligen anvertraut; es wird gestohlen, und er schlägt die Statue des Heiligen; Nikolaus erscheint den Dieben; sie geben das Geld zurück, und der Jude läßt sich taufen.

16. Ein Mann wünscht sich einen Sohn und gelobt Nikolaus dafür einen goldenen Becher (oder Schale); sein Wunsch wird erfüllt, aber der Becher gefällt ihm so gut, daß er Nikolaus einen anderen anfertigen läßt; er bittet seinen Sohn, ihm Wasser in dem Becher zu holen; der Sohn ertrinkt dabei.

17. Ein vornehmer Jüngling (lat.: Adeodatus, d. h.: »von Gott geschenkt«) wird von einem heidnischen Fürsten gefangen und zu dessen Mundschenk ernannt; er trauert über sein Los und ruft Nikolaus an, der ihn an den Haaren ergreift und seinem Vater zurückbringt.

18. Ein Knabe wird vom Teufel, in Gestalt eines Bettlers, erwürgt; Nikolaus erweckt ihn wieder zum Leben.

19. Bürgschaft des Nikolaus für einen betrügerischen Christen, der von einem Wagen überrollt wird und auf Verlangen des betrogenen Juden von Nikolaus wieder erweckt wird.

20. Öl fließt aus dem Kopfende des Nikolaus-Grabes.

21. Heilung von Lahmen am Grab des Nikolaus.

62

Der Übergang von der sakralen zur profanen Ikonographie, die nur noch an das Brauchtum des Nikolaustages – und meist auch nur an deren äußere Erscheinungsformen – gebunden ist, läßt sich bis in das 16./17. Jahrhundert zurückverfolgen, z. B. anhand der Sitzfigur des Heiligen mit seinem schwarzen Diener, zu seinen Füßen der Esel und drei Kinder (St. Niklaasgang, Brügge). Von hier aus differenzieren sich die Darstellungen des beschenkenden Nikolaus, der

zum Warenzeichen des kommerzialisierten Nikolausfestes wurde. Im Zusammenhang von Nikolaus und seinem schwarzen Knecht, der das Nikolausbrauchtum zu einer pädagogischen Aktion mit erhobenem Zeigefinger ummünzt, entsteht auch der »drohende« Nikolaus, ein Motiv, das in der sakralen Ikonographie völlig fehlt: In Hoffmanns »Struwwelpeter« steckt der Ex-Heilige 1845 die bösen Buben in ein Tintenfaß (s. S. 422),

Nikolaus und Krampus – Aquarell von Franz-Xaver von Paumgarten (1820). Wien, Museen der Stadt Wien. Foto: Archiv des Autors

statt sie aus einem Pökelfaß zu befreien und zum Leben wiederzuerwecken. Der hier nur noch dem hl. Nikolaus äußerlich ähnliche, profane Nikolaus handelt auch nach völlig profanen Prinzipien. Hoffmanns Nikolaus ist der Prototyp der säkularisierten, profanisierten und »modernen« Nikoläuse, die zwar noch »irgendwie« die äußere Form des heiligen Nikolaus übernehmen, aber anderen Interessen dienen. Wer einen solchen Nikolaus warum und für wen einsetzt, sind nun die Fragen, die bei jedem neuen Nikolaustyp neu geklärt werden müssen.

Der »arbeitslose« Nikolaus bleibt in Diensten

Die Ausfaltung der profanen auf Kosten der sakralen Nikolausverehrung, der Rückgang der religiösen Verehrung des Heiligen und seines kirchlichen Kultes zugunsten volkstümlicher Brauchformen erfolgen ab dem 16./17. Jahrhundert. Sind 1600 noch rund 200 000 Pilger für Saint-Nicolas-du-Port in Lothringen nachzuweisen, wirkt der Ort kaum eine Generation später wie verlassen. Gründe hierfür liefert nicht allein der Dreißigjährige Krieg, sondern auch ein Wandel der kirchlichen Auffassungen. Im Protestantismus verloren die Heiligen ihre Daseinsberechtigung als Gnadenmittler. Wenn allein der Glaube (»sola fide«) Gnade bewirken kann, sind Heilige überflüssig. Nach reformatorischer Lehre

63

braucht der Mensch weder gute Werke (z. B. Almosengeben) noch Heilsmittel (z. B. Heilige), um die Gnade Gottes zu erwerben. Martin Luther scheint dies für seine Familie nicht ganz konsequent durchgehalten zu haben; es läßt sich nachweisen, daß er noch 1535 Nikolaus-Geschenke in der Familie verteilt hat.

In der katholischen Kirche wurde die Heilsmittlertätigkeit der Heiligen zwar nicht aufgegeben, doch begann sich mit dem Konzil von Trient ein neuer »Heiligentyp« durchzusetzen, der durch sein eigenes Leben Beispiel dafür gab, wie man selbst sein Leben in den Griff nehmen muß. Die Heiligen Ignatius von Loyola (1491–1556), der Gründer der Jesuiten, oder Karl Borromäus (1538–1584), reformfreudiger Bischof von Mailand, bieten Beispiele dafür, wie man erfolgreich und tatkräftig in dieser Welt handeln kann, ohne der Illusion zu erliegen, man würde schon in dieser Welt das Paradies verwirklichen können. Renaissance und Aufklärung taten ebenfalls ihren Teil, um die mittelalterliche Heiligenverehrung schon im 16./17. Jahrhundert als gestrig aussehen zu lassen.

Ganz entscheidend hat der Nikolauskult unter der Reformation gelitten. Weil Luther den Heiligenkult bekämpfte, suchte er den heiligen Nikolaus »arbeitslos« zu machen: Er verlegte den Schenktermin auf Weihnachten. Statt des hl. Nikolaus war nun das »Christkind« – eine ikonographische Unperson – die Schenkfigur. Da bekanntlich die Gesetzgebung der Wirklichkeit immer nachhinkt und die Kirche, die ja schließlich in Jahrhunderten denkt, deshalb nicht zu übermäßiger Eile gezwungen ist, hat es einige Zeit gedauert, bis die Entwicklung rechtliche Konsequenzen zeitigte. Am 14. Februar 1969 approbierte Papst Paul VI. (1963–1978) schließlich die Neuordnung des Kirchenjahres. Der Gedenktag für den hl. Nikolaus am 6. Dezember als allgemein gebotener Feiertag wurde im römischen Generalkalender auf einen sog. »nicht gebotenen Gedenktag« reduziert. Hintergrund für diese Rücknahme dürfte sicher einerseits die Anerkenntnis des wissenschaftlichen Befundes über die historische Realität des Heiligen gewesen sein (von dieser Maßnahme waren nämlich auch die vormaligen Festtage der Heiligen Georg und Christophorus beroffen), andererseits hatte das Zweite Vatikanische Konzil eine stärkere christologische Ausrichtung des Kirchenjahres gewünscht. In der Folge wurden die Herrenfeste gestärkt, die Heiligenfeste dezimiert, rückgestuft oder regionalisiert. Aber auch der am 21. September 1972 von der vatikanischen Gottesdienstkongregation konfirmierte Regionalkalender für den deutschen Sprachraum führt einen Nikolaustag als offiziellen, sog. »gebotenen« Gedenktag nicht mehr auf. Jedoch, was nicht mehr geboten ist, ist deshalb noch nicht verboten.

Die katholische Kirche hat die kultische Verehrung des hl. Nikolaus, die nicht verboten wurde, deren weltweite Verpflichtung nur aufgegeben wurde, damit vom Brauchtum am Nikolaustag – wenigstens offiziell – abgekoppelt.

Wer Augen hat zu sehen, kann erkennen, daß sich die Brauchtumspflege den hl. Nikolaus noch dienstbar zu machen sucht, Folklore Nikolaus jedoch schon vereinnahmt, verfremdet und mit den zum Teil merkwürdigsten anderen Bräuchen vermischt. Die Wirtschaft dagegen hat den Nikolaus zum überdimensionalen Warenzeichen einer gigantisch-erfolgreichen, jahreszeitlich gebundenen Absatzstrategie gemacht. Der strategisch geplante, flächendeckende Aufmarsch der Weihnachtsmänner in den Regalen der Supermärkte nach den Herbstferien eröffnet heute für die Kinder gnadenlos die Weihnachtszeit.

Das Schülerpatronat des Heiligen und das Bischofsspiel

Die Entwicklung zur Profanisierung des hl. Nikolaus hat jedoch fromme Wurzeln. Die stärkste Wurzel ist das Schülerpatronat des Heiligen. Nachdem dieser Brauch spätestens seit dem 18. Jahrhundert nicht nur wegen Martin Luthers beißendem Spott untergegangen war, lebt er seit 1994 wieder auf: ausgerechnet im evangelischen Hamburg, initiiert von einer evangelischen Bischöfin (!), tauchen wieder »Kinderbischöfe« auf. Ausgelöst wurden einst nahezu alle adventlichen Nikolausbräuche in den Dom-, Stifts- und Klosterschulen Nordfrankreichs. Nach der Entstehung der Schülerlegende im 12. Jahrhundert verlagerte sich das Knabenbischofsspiel, das viel älter ist und ursprünglich am Fest der Unschuldigen Kinder (28. Dezember) als Narren- und Eselsfest gefeiert wurde und anormale Formen der Ausgelassenheit zuließ, auf Nikolaus. Quellen dieses Spiels sind wahrscheinlich das orientalische Narrenkönigtum, die römischen Saturnalien und keltische Tiervermummungen. Bei den römischen Saturnalien, die vom 17. bis zum 24. Dezember als Fest der »verkehrten Welt« gefeiert wurden, waren die Verhältnisse auf den Kopf gestellt: Die Herren bedienten bei festlichen Gelagen ihre Sklaven und schenkten sich gegenseitig Kerzen und Püppchen aus Ton und Wachs.

Das Schülerbischofsspiel, »ludus episcopi puerorum« (Kinderbischofsspiel bzw. Kinderabtspiel, Knabenbischof, Schülerbischof), läßt sich erstmals im 11. Jahrhundert in Rouen nachweisen und trat seinen Siegeszug durch alle Kloster-, Stifts- und Domschulen an. Der älteste Vorläufer findet sich aber bereits in den »Casus Sancti Galli« des Ekkehard IV. von Sankt Gallen (Weihnachten 912). Die Domkirche von Münster kann für sich in Anspruch nehmen, von 1365 bis 1476 ein dreifaches paralleles Bischofsspiel vorweisen zu können. Sowohl die Chorknaben als auch die Domvikare und selbst die Domherren wählten ihren »Bischof«. Die Domschule praktizierte noch einmal ein eigenes Fest. In Hameln trat der Schülerbischof im 14. Jahrhundert nicht nur einmal, son-

65

dern gleich fünfmal auf: an Nikolaus, Gaudete (= 3. Advent), Thomas, Stephanus, Unschuldige Kinder.

In Deutschland scheint sich das Bischofsspiel seit dem Ende des 13. Jahrhunderts immer mehr auf den Nikolaustag, den 6. Dezember, verlagert zu haben. Oft wurde an diesem Tag der »Bischof« gewählt und inthronisiert und waltete bis zum Fest der Unschuldigen Kinder (28. Dezember) seines Amtes. Die Stadtrechnungen von Geldern verzeichnen von 1492 bis 1594 Kosten für den »klercken bisschop op avent Nicolai«. Das Xantener Stiftskapitel bestimmte 1265, daß der Kinderbischof zwar auf Nikolaus gewählt werden, aber erst an der Vigil (dem Vortag) und während der Oktav des Festes der Unschuldigen Kinder seines Amtes walten durfte: Die Scholaren pflegten hier am Feste des hl. Nikolaus einen Bischof aus ihrer Mitte zu wählen, den sie nach Hause begleiten sollten. Am Tag vor dem Fest der Unschuldigen Kinder und während der Oktav sollten sie den Bischof zum Chor führen, um die Mette zu singen. Seine Eltern sollten nicht verpflichtet sein, Äpfel, Handschuhe oder andere kleine Geschenke zu geben, Mittags- oder Abendmahlzeiten zu veranstal-

ten. Ebenso sollte der Bischof nicht wie bisher gezwungen sein, rund zu reisen, seine Verwandten einzuladen oder ein Gastmahl zu halten. Aber am Fest der Unschuldigen Kinder sollten die Schüler nicht nur die Schulmeister, sondern auch die Scholaren zum Frühstück einladen und ihnen auch am Vorabend dieses Festes und an der Oktav zwölf Krüge Bier und ebenso viele Heringe sowie Obst und die erforderlichen Nüsse zum Besten geben.

An der Martinischule zu Münster reformierte Dechant Everwin von Droste am 2. Dezember 1573 die Nikolausfeier der Scholaren. Der Beschluß legte das Auftreten des Kinderbischofs zur Ersten Vesper von Nikolaus in allen Einzelheiten fest und dürfte in der Geschichte des Bischofsspieles einzigartig sein: Am Vorabend des Nikolausfestes versammelten sich die Schüler zwischen 16 und 17 Uhr in der Schule, um einen Bischof und zwei bischöfliche Kapläne aus ihren Reihen zu wählen. Darauf geleitete die Schar den Erwählten im Bischofsornat mit Lichtern und Fackeln über den Friedhof in die Kirche, wo sie unter den Klängen der Orgel im Mittelschiff Aufstellung nahm. Der Bischof bestieg seinen Thron, stimmte im Festton die Vesper an: »Gott, auf meine Hilfe habe acht!« und der Knabenchor antwortete: »Herr, eile, mir zu helfen.«

Der Lehrer intonierte die Antiphon »O überaus liebenswürdiger Mann« für die drei Psalmen »Lobsingt dem Herrn, ihr seine Diener«, »Ihr Heiden alle, lobt den Herrn« und »Lobsingt dem Herrn, denn gut ist's, ihn zu preisen«. Die Orgel begleitete die Antiphon des Chores: »O überaus liebenswürdiger Mann, durch dessen Verdienst von allem Unglück befreit werden, die ihn aus ganzem Herzen suchen.« Dem Kapitel aus dem Commune »Seht, ein erhabener Priester« folgte das Responsorium »Der selige Nikolaus, schon des Triumphes teilhaftig, weiß seinen Dienern, die aus ganzem Herzen seine Fürsprache erflehen, die himmlischen Güter zu gewähren. Durch unsere Andacht mag er uns verleihen, daß uns durch seine Fürsprache bei Christus geholfen werde«. Nach der Antiphon »Ewiger Hirt, gütiger und guter Wächter« und dem Magnificat rief der Bischof: »Friede euch!«, worauf der Chor antwortete: »Wohl uns.« Der Bischof sprach das Kirchengebet: »Herr, du hast den heiligen Bischof Nikolaus durch zahlreiche Wunder verherrlicht; gib, wir bitten dich, daß wir durch seine Verdienste und Fürbitte von den Flammen der Hölle verschont werden. Von Ewigkeit zu Ewigkeit. Amen.«

Nun sang der Chor zur Orgel das »Te Deum«. Die Erteilung des bischöflichen Segens leitete der Kaplan zur Rechten ein: »Fürst der Kirche, ewiger Hirt, du wollest uns segnen«, dem der Kaplan zur Linken erwiderte: »Neiget eure Häupter vor Gott, und empfanget den Segen.« Mit dem bischöflichen Segen »Auf euch steige herab der Segen Gottes, des Vaters und des Sohnes und des Heiligen Geistes« endete die Feier. Beim Auszug sangen die Schüler die Hymne aus der Komplet des Advents »Komm, Erlöser der Heiden« und kehrten in die Schule zurück. Falls sich die Schüler an diese Ordnung tatsächlich gehalten haben, was selbst im frommen Münster eher nicht die Regel war, erfüllten sie die schönsten Hoffnungen derer, die natürlich aus katechetischen Gründen den liturgischen Mummenschanz zuließen.

An der Domschule von Münster, die 1573 noch drei große Schülerfeste (Maigang, Reifeprüfung und Nikolaus) erwähnt, war das Schülerbischofsspiel bereits 1575 abgeschafft. Hier, wie wohl auch an manchen anderen Schulen, war dem Schülerbischof kein liturgischer Dienst aufgegeben. Schüler und Lehrer hielten aber einen »Schmaus« ab, in den sich »der Pöbel« mischte, weshalb die Feier nie ohne Störung abzulaufen schien. Schon 1305 hatte man in Hamburg durch Senat und Domkapitel einen Vertrag aufstellen müssen, um erbitterte Prestigekämpfe um das Amt des Knabenbischofs zu unterbinden. In Braunschweig

67

zeichneten sich die Schüler des Blasiusstifts zu Beginn des 15. Jahrhunderts durch besonders dubiose Imitation der Liturgie aus, so daß 1407 das Kapitel dem Unfug ein Ende bereitete.

In zunehmendem Maße scheinen die Bischofsumzüge auch in Heischegänge umgeschlagen zu sein, wobei zunehmend das Drohen stärker als das Heischen geworden zu sein scheint. Die zunehmenden Klagen über die Ausartung des Brauches zu Beginn des 15. Jahrhunderts, sicher aber auch der blasphemische Mißbrauch Tür und Tor öffnende »liturgische Dienst« des jeweiligen Knabenbischofs blieben nicht ohne Folgen. 1435 verbot das Basler Konzil das Kinderbischofsspiel, daß »etliche auf gewissen Festtagen mit Mitren, Stab und bischöflicher Kleidung wie die Bischöfe den Segen geben, Tänze, Feiern und andere Lustspiele ausrichten«.

Volkstümliche, profanere Nikolaus-Bräuche

Das Schlachten zu Nikolaus – Nikolausschlachten – war allgemein üblich. Wegen der Fastenzeit konnte außerhalb des Nikolaustages kein Fleisch verzehrt werden. Das Fleisch mußte eingepökelt werden. Dieser Vorgang war Anregung der Sekundärlegende von den drei Knaben im Pökelfaß, die durch den hl. Nikolaus wieder zum Leben erweckt wurden. Nachweisbar existiert diese Nikolauslegende im nordfranzösischen Raum seit dem 12. Jahrhundert.

Wenn auch die kultisch-religiöse Bedeutung des hl. Nikolaus seit dem 16./17. Jahrhundert immer mehr abnahm, wuchs die volkstümliche Bedeutung, und damit nahm die profane Verwendung von Nikolaus immer mehr zu. Der Niedergang des Knabenbischofsspiels seit dem 15. Jahrhundert beschädigte den Nikolaustag als Schenktermin in katholischen Gegenden noch nicht, im Gegenteil: Hatte die Reformation die Knabenbischöfe in Mißkredit gebracht, so entwickelte die Gegenreformation aus dem Grundelement des schenkenden Kinderfreundes ein neues Muster. Die bischöflichen Geschenke, durchaus als Belohnung gedacht, wurden in ein Ritual eingebaut, das zum Ziel hatte, eindrucksvoll unter Beweis zu stellen, daß Gott alles sieht und und die Guten nicht erst im Jenseits, sondern auch schon im Diesseits belohnt. Der katechetisch-pädagogische Einkehrbrauch, der sich in manchen Varianten bis heute gehalten hat, war kreiert. In evangelischen Gegenden wurden die Nikolausbräuche dagegen verboten: Aus Straßburg ist für 1570 ein Ratsbeschluß bekannt, nach dem die Bescherung durch den hl. Nikolaus untersagt wurde.

Der Einkehrbrauch, der sich seit dem 17. Jahrhundert entwickelt, basiert auf dem Einlegebrauch, der auch als Wurf- oder Streuabend bezeichnet wird. So wie

68

Nikolaus den drei Jungfrauen Zuwendungen zukommen ließ, um sie vor einem grausamen Schicksal zu bewahren, so erwies sich Nikolaus auch beim Einlege-brauch als Freund der Kinder: In die vor die Haustür gestellten Schuhe, die Futter für den Esel des Heiligen enthielten, tauschte Nikolaus das Futter gegen »Äp-fel, Nüß und Mandelkern« aus. Später oder auch gleichzeitig wanderte der Ort der Beschenkung in das Hausinnere. In Anlehnung an die Jungfrauenlegende wurden am Kamin Strümpfe aufge-hangen oder Schuhe oder »Gabenteller« aufgestellt. Auf diesem wohl über ganz Europa verbreiteten Brauch baute die gegenreformatorische Strategie auf, die das Knabenbischofsspiel aufgegeben hatte.

Das Nikolausfest wurde jetzt nicht mehr als ein öffentliches Spiel insze-niert, sondern die Inszenierung wurde ins Private, in die einzelnen Familien verlegt. Waren beim »ludus episcopi puerorum« die Erwachsenen gezwungen, vor dem Schülerbischof zu erscheinen und die Bestrafung durch einen Knecht zu erleiden, wurden beim Einkehrbrauch, einem Darstel-lungsspiel, die Verhältnisse umgekehrt: Nikolaus kam zu einem Schuldkapitel über die Kinder. Wie bei der Taufkatechese wurde das religiöse Wissen abge-fragt. Erhalten blieben die Belohnung und die Bestrafung.

Einen bemerkenswerten Einblick in ein solches Kinderexamen mit erho-benem Zeigefinger gewährt eine Predigt des Kanzelredners Abraham a Sancta Clara (1644–1709), die nach seinem Tod 1729 in einer Predigtsammlung her-ausgegeben wurde. Dort führt der berühmte Wiener Hofprediger aus: »Es ist eine uralte Gewohnheit, daß der Nikolaus Geschenke bringt. Er kommt aber eine Nacht vorher, um die Kinder zu prüfen und zu examinieren, ob sie auch durch ihre Herren Lehrmeister, Hofmeister, Schulmeister, Sprachmeister und andere Informationsräte gut unterwiesen sind in Glaubenssachen, im Buch-stabieren, Silbenteilen, Lesen und Schreiben. Im Rechnen? In Sprachen? Ebenso fragt der Nikolaus: Wie sich die Kinder das ganze Jahr hindurch ver-halten haben? Ob sie gern beten? Den Eltern und Lehrern gehorsam sind? Ob zum Beispiel der Hanserl und der Paul nicht zu faul? Ob der Franzerl und der

69

Ignazerl kein schlimmes Fratzerl? Ob der Michel und der Stix vielleicht geler-
net nix? Ob das Kätherl gern beim Räderl? Ob die Sabindl gern bei der Spindl?
Ob das Liserl und Thereserl nicht etwa sind zwei junge Eserl? Das alles fragt der
Nikolaus.«

Der Ablauf eines solchen Nikolausbesuches hat sich bis heute kaum geändert. Die Kinder erwarten am Vorabend des Festtages, also am 5. Dezember, mit
Spannung den Besuch des Heiligen. Wenn der »heilige Nikolaus« erscheint, ex-
aminiert er die Kinder: Er fragt danach, ob die Kinder ihre Gebete gelernt und
verrichtet haben, ob sie zu Hause und in der Schule folgsam waren. Gespickt mit
elterlichen Informationen konnte der Nikolaus auch die von den Kindern nicht
eingestandenen Taten zur Sprache bringen. Im Zweifelsfall erfolgt die Ermahnung. Belohnt wurde früher mit Äpfeln, Nüssen und Weckmann, heute eher mit
Süßigkeiten und kleinen Geschenken.

Seinen Wissensschatz bezieht der hl. Nikolaus aus dem »Goldenen Buch«
(mancherorts hat sich das Buch bereits dualisiert zu einem »Goldenen« und einem »Schwarzen Buch«). Die Idee himmlischer, von Gott oder den Göttern ge-
führter Bücher ist eine orientalische Tradition. Der ägyptische Götterhimmel
hatte in Thot, der babylonische in Nabo eigene Schreibergötter. Die Heilige
Schrift kennt Bücher gleich in fünffacher Bedeutung: Wenn vom »Buch des Lebens« die Rede ist, wird es beim »göttlichen Gericht« aufgeschlagen. Es enthält
das vorgezeichnete Lebensschicksal. Daneben spricht die Schrift von einem ver-
siegelten Buch der »göttlichen Ratschlüsse«. Die Propheten erhalten ihre »Offenbarungen« ebenfalls unter dem Bild eines Buches. Augustinus setzte das
»Buch des Lebens« konsequenterweise gleich mit »Auserwählung« (Summa
theol. I, Quaest. 24, Art. 1). In der Offenbarung des Johannes ist in der Gerichts-
szene noch von anderen Büchern als nur dem »Buch des Lebens« die Rede: »Die
Toten werden nach ihren Werken gerichtet, wie es in den Büchern aufgezeichnet
war« (Offenbarung 20,12; vgl. Daniel 7,10). Das biblische Symbol des Buches für
die Allwissenheit Gottes, der die Menschen nach ihrem Tun individuell richtet,
wurde volkstümlich zu einem realen Buch (bzw. zwei Büchern), in dem gute und
schlechte Taten fein säuberlich verzeichnet sind. Das reale Gericht erfolgt aber
nicht erst am Lebensende, sondern – aus didaktisch leicht erkennbaren Gründen – jährlich am Nikolaustag.

Auch unsere Vorfahren kannten schon die psychologische Regel vor den
positiven Verstärkung, auch wenn sie den einen oder anderen Begriff noch nie
gehört hatten. Daß aus der religionspädagogisch sinnvollen Absicht, durch Lob
zu bestätigen und durch milde Strafe vom bösen Weg abzubringen, mit der Zeit
ein den Kindern oft angstmachendes Spektakel zur Belustigung Erwachsener
wurde, lag nicht im Interesse der Erfinder. Vielleicht liegt auch eine der Schwie-

rigkeiten, die wir heute mit diesem Brauch haben, darin begründet, daß unser Verhältnis zur Schuld weniger eindeutig und die Verhältnisse schwieriger geworden sind, als daß sie sich einfach nur den Kategorien »gut« und »böse« zuordnen ließen.

Nikolaus in Begleitung eines »Dieners«

Die Brauchausgestaltung brachte es mit sich, daß dem hl. Nikolaus beim Einkehrbrauch ein Diener zugesellt wurde. Nicht früh genug kann man lernen, daß in dieser Welt »der Teufel los« ist. Deshalb wurde dem guten Nikolaus ein böser Geselle zugeordnet: Einerseits um vorzuführen, daß der Gute (= Nikolaus) das Böse (= Teufel) fest im Griff hat, und andererseits, um den Bösen als Strafenden handeln zu lassen, damit der Bestrafte von der Notwendigkeit des Guten überzeugt werde. Natürlich durfte Nikolaus selbst nicht strafen!

Das Miterscheinen eines Nikolaus-Begleiters, Knecht Ruprecht alias Hans Muff alias Hans Trapp (alias Düvel, Bock, Beelzebub, böser Klaus, Ascheklas, Bullerklas, Klas Bur, Zwarter Piet, Pietermann, Pulterklas, Ruklas, Rupsack, Pelzebock, Pelzebub, Pelznickel, Butz, Rumpelklas, Schmutzli, Düsseli, Semper, Klaubauf, Krampus, Schiachtperchten, Partl, Bartl, Leutfresser, Père Fouttard, Biggesel, Böser Klaus, Einspeiber, Gangerln, Kläuse, Klosen, Buzebercht, Kehraus, Klausmänneken, Klausenpicker, Klombsack, Spitzbartl, schwarz Käsperchen, Rollebuwe, Battenmänner, Bullkater, Dollochs, Erbsbär, Spitzbartel, Buttmandeln, Treichler), variiert die Inszenierung ins Bedrohliche – oder ins Lächerliche. Knecht Ruprecht ist ursprünglich eine spätmittelalterliche Teufelsmaske aus dem Thüringischen und dürfte den süddeutschen »rauhen Perchten« entsprechen, die ebenfalls Teufel symbolisieren.

In den Niederlanden streitet man darum, ob die Schwärze des schwarzen Piet, der in den Niederlanden traditionell »aus

Sanktklaus mit Pelznikel und Ministrant –Steinzeichnung von Nepomuk Heinemann zu »Lucian Reich: Hieronymus - Lebensbilder aus der Baar und dem Schwarzwald«, Karlsruhe 1852

Spanien« kommt, nicht rassistisch sei, weil sich die Farbigen im Lande düpiert vorkommen könnten. Vergessen ist bei dieser Diskussion der Ursprung des Brauches. »Der Schwarze« verwies nie auf einen Menschen, sondern auf die teuflische Herkunft aus der Hölle. Schon beim Narrenfest und Knabenbischofsspiel traten große Mengen von Teufeln und Teufelchen auf, die – angetan mit dunklen oder schwarzen Ton- und Holzmasken – den Teufel darstellten. Die Darstellung »des Bösen« durch »den Bösen« war bis zur Romantik (Ende 18. Jh. – bis etwa 1830) die Grundfigur im närrischen Mummenschanz. Erst mit der Romantik kam ein neuer Narrentyp auf: »Till Eulenspiegel« löste den alten teuflisch-närrischen Prototypen ab, der noch im Einkehrbrauch überlebte.

Anstatt des Knecht Ruprecht und seiner Namensvetter können auch andere phantasievolle dämonische Gestalten auftreten, die mancherorts den hl. Nikolaus selbst abgelöst haben und sich verselbständigten, in Pelz oder Stroh gehüllt, mit Sack und Rute, Peitsche, Glocken oder Rasseln ausgerüstet. Teilweise ist Nikolaus zum »bösen Klaus« mutiert. Brauchtum dieser Art ist nicht nur aus den Alpen bekannt und wird dort heute werbewirksam von Verkehrsvereinen als »Folklore« gehegt und gepflegt. Auch von der Insel Ameland, die deswegen auch »Dämonen-Insel« genannt wurde, sind solche Brauchformen bekannt. Die bei den Auftritten lautstark vorgeführten Lärmgeräte lassen eher an Dämonenvertreiber denken als an Nikolaustradition.

Für den modernen Menschen der Gegenwart gibt es keinen Grund, sich über die Form der Kombination von Gut und Böse in der Person des hl. Nikolaus und seines »unheiligen« Knechtes lustig zu machen. Spätestens seit Sigmund Freud wissen wir, daß in uns selbst »gut« und »böse« miteinander ringen, wir, mit einer kainistischen Schicksalsform ausgestattet, Kain und Abel gleichzeitig sind. Das Gespaltensein trägt jeder von uns in sich, es speist alle zwischenmenschlichen Konflikte. Der praktisch veranlagte Mensch früherer Jahrhunderte machte an Nikolaus und seinem schwarzen Begleiter klar: Das Böse muß vom Guten in den Dienst genommen werden.

Diese Auffassung vertrat auch die Psychologin Gisela Rohrer vom Bund der Deutschen Psychologen gegenüber der »Katholischen Nachrichten-Agentur«. Frau Rohrer stuft den hl. Nikolaus und seinen Knecht Ruprecht als »pädagogisch wertvoll« ein. Der bedrohliche Ruprecht nehme einen echten Angriff auf die Kinder spielerisch vorweg, er stelle wie der »böse Wolf« im Märchen »die andere Seite« dar, die, anders als der Nikolaus selbst, dem Kind nicht wohlgesonnen sei. Das trage zum Umgang von Kindern mit Aggressionen bei. Eltern müßten deshalb mit ihren Kindern über die Brauch-Inszenierung sprechen. Die Psychologin warnt davor, Nikolaus ohne Knecht Ruprecht auftreten zu lassen. So werde ein falsches Menschenbild in Szene gesetzt. »Aggressionen haben alle

Menschen, die Erwachsenen wie die Kinder.« Kinder verstünden die Bildersprache der Gestalten des christlichen Brauchtums. »Sie holen sich daraus, was sie brauchen.« Knecht Ruprecht komme eine erzieherische Warnfunktion für die Kinder zu. Deswegen sei die Gestalt des Knechts Ruprecht ebensowenig schädlich wie böse Figuren im Märchen. Den Nikolaus selbst benötigten die Menschen als eine lichte Gestalt in der dunklen Jahreszeit, »Lichter helfen gegen Angst«. Altes Brauchtum, so Gisela Rohrer, habe eine »ganz wichtige Grundbedeutung für die Seele«, weil es Botschaften transportiere.

Anderen scheint der Mißbrauch mit einem angsteinflößenden Nikolausauftritt schon Grund genug zu sein, den Brauch selbst abzuschaffen. 1991 rief die damalige Frauenministerin Niedersachsens, Waltraud Schoppe (Die Grünen), zur »feierlichen Entwaffnung« des »Ruten-Mannes« im Hannoverschen Landtag auf. Waltraud Wilken vom Deutschen Kinderschutzbund begrüßte die entschlossene Streichung des »Symbols archaischer Erziehungsgewalt«.

Vielfalt und Wandel der Bräuche

Mancherorts werden »für das Eselchen« des Heiligen Hafer, Stroh und Möhren in einen Schuh vor der Tür gesteckt. Nach dem Besuch des Heiligen sind diese Nahrungsspenden verschwunden und ersetzt durch Naschereien.

Wo der Einkehrbrauch nicht mehr lebt oder nicht zum Leben kam, ist oft der Schenktermin erhalten. Hier beschenkt der Heilige nächtens und unerkannt. In den Niederlanden kommt der Heilige über die Dächer, in Großbritannien und Nordamerika durch die Schornsteine. Transportmittel des Heiligen und der Geschenke sind Esel, Schimmel, Rentiere oder Hirsche mit einem Schlitten.

Mit dem Einkehrbrauch sind weitere Bräuche verbunden. In weiten Teilen Deutschlands ist es noch sprichwörtlich bekannt, daß man einiges »auf dem Kerbholz« haben kann. Der Spruch hat meist keine gute Bedeutung. Gemeint sind hier die Kerbhölzer im Wirtshaus, in die per Kerben die Höhe der noch zu zahlenden Zeche eingetragen wurde. Damit es keine Betrügereien geben konnte, wurden die Kerben in zwei Kernhölzer gleichzeitig eingeritzt, von denen der Zecher ein Exemplar verwahrte. Anhand des zweiten Kerbholzes konnte er sich immer von der Rechtmäßigkeit der Forderung des Wirtes überzeugen. Kerbhölzer dienten aber auch frommen Zwecken, nämlich als Register abgeleisteter Gebete. Die Kerben dokumentierten dabei am Nikolaustag gegenüber dem Heiligen Mann den Gebetseifer. Andere Namen für diese speziellen Kerbhölzer waren »Betholz«, »Vater-unser-Hölzle«, »Sankt-Nikolaus-Beile«, »Bet-Tessle«, »Klausenholz«, »Klosa-Hölzle«, »Samischlaus-Hölzli« oder einfach nur »Hölzle«.

73

Die Forschung hat aufzeigen können, daß – möglicherweise wegen der ur-alten Verbindung mit den römischen Saturnalien im Dezember – Narrenbräuche in das Nikolausbrauchtum und Nikolausbräuche in das Narrenbrauchtum Eingang gefunden haben. Das lustvolle »In-die-Rolle-eines-anderen-Schlüpfen«, was ja mehr ist als bloßes »Verkleiden«, und real-pragmatisch verstandene Anweisungen aus der Tagesliturgie mögen solchen Verbindungen Vorschub geleistet haben.

Die Ablösung des Nikolausta-ges als eigentlichem Schenk-termin erfolgte aus reforma-torischem Gedankengut. Das von Martin Luther propagier-te »Christkind« tritt nach-weislich erstmals und bereits vor Luthers Zeiten im Elsaß mit dem hl. Nikolaus auf.

Die Neuterminierung des Schenktermins auf Weih-nachten sollte dem Heiligen, seinem Fest und seiner Rolle als Geschenkebringer den Garaus machen. Aber in den Niederlanden, das fast insge-samt der Reformation folgte,

Weihnachtsmann und Christ-kind – Holzstich von L. Fröhlich (1849). Berlin, Bildarchiv Preußischer Kulturbesitz. Foto: Archiv des Autors

waren der Nikolaus und sein Tag nicht auszulöschen. Bis zum heutigen Tag ist hier die alte Tradition erhalten, freilich wohl kaum in der traditionellen Bedeutung. Fast in der gesamten west-lichen Welt ist der Nikolaustag ansonsten als Schenktermin durch Weihnachten abgelöst. Nikolaus selber mag dem »Weih-nachtsmann« noch Gestalt gegeben haben, hat aber mit dem Animateur vor-weihnachtlicher, rauschhafter Kauforgien nichts mehr zu tun.

Nikolausverehrung und Nikolauslegenden

74

Nikolauskult und Nikolauslegenden bilden eine untrennbare Verbindung: Gilt einerseits, daß die Kultausbreitung mit dem Entstehen, Ausschmücken und der Verbreitung der Legende(n) zusammenhängt, so weiß man andererseits, daß nicht die Legende den Kult, sondern der Kult die Legende auslöst. Die Le-genden wiederum sind die Voraussetzung der Ausbildung von Brauchtum. Die als originär zu bezeichnenden Nikolauslegenden vermitteln ein ganz spezielles und nur auf Nikolaus zugeschnittenes Bild. Sie zeigen einen Menschen, der sich in seinem Tun und Sein immer mehr Christus angenähert hat, ohne dabei zum Märtyrer geworden zu sein. Nikolaus wird durch die ihm zugeschriebenen Wunder christusähnlich und, spätestens nach seinem Tod, zum Retter und Vermittler göttlicher Gnade.

Der hl. Nikolaus steht in enger Nachfolge Christi: Er rettet Leib und Seele, bringt Heil und Heilung, ist ein unübertroffenes Vorbild. Die Legenden zeigen insbesondere:

- Nikolaus lebt wie Christus: Er wirkt nur Gutes.
- Nikolaus sättigt – auch im übertragenen Sinn – Hungernde, wie Christus es getan hat.
- Nikolaus rettet Menschen vor Sünde und Verderben wie Christus.
- Nikolaus stillt den Sturm auf dem Meer wie Christus.
- Nikolaus erweckt Tote zum Leben wie Christus.
- Nikolaus liebt – wie Christus – besonders die Kinder.
- Nikolaus wirkt über seinen Tod hinaus wie Christus.
- Nikolaus kann, wie Christus, an zwei Orten gleichzeitig anwesend sein.
- Nikolaus wirkt Wunder, wie Christus, bereits während seines Lebens.

Die Besonderheit seines Wirkens drücken die Legenden durch die vielfache Verwendung der Symbolzahl Drei aus, die für das Göttliche, Heilige, Vollkommene steht: Drei Feldherren werden gerettet, drei Verurteilte vor dem Tod bewahrt, dreimal besucht Nikolaus nächtens das Haus der drei Mädchen, die er mit drei Goldklumpen aus ihrer Leib- und Seelengefahr befreit, beim dritten Besuch entdeckt ihn der Vater der Mädchen; drei Schüler werden von Nikolaus wieder zum Leben erweckt; dreifache Hilfe leistet Nikolaus den Schiffsleuten, die im Sturm zu kentern drohen.

Die Verkitschung des hl. Nikolaus hat eine lange Geschichte. Sie beginnt mit immer »niedlicheren« Darstellungen des Heiligen, die Zeugnis von der Sinnentleerung geben und bis heute fortleben. So wie sich die Kultur nur in Verbindung mit dem Kult entwickelt hat und herleiten läßt, haben Bräuche ihren Ursprung im kirchlichen Festjahr und der zugehörigen Liturgie. Geht die Rückbindung verloren, werden Bräuche sinnleer und zu bloß unsinnigen und dann auch unverstandenen Ritualen, die beteiligten Figuren und Bilder bilden eine Verfügungsmasse für beliebige Verwendung. Ist erst die religiöse Botschaft zweitrangig und damit unverbindlich geworden, bleibt auch der äußere Rahmen des Rituals unverstanden.

75

Bereits der Einkehrbrauch steht permanent in Gefahr, von einer appellativen Droh- und Schreckpädagogik mißbraucht zu werden: Zwar wird die äußerliche Inszenierung beibehalten; doch hatte Nikolaus bislang die Aufgabe, den Guten – im doppelten Sinn – das Leben zu retten und die Bösen zu mahnen, so wird der säkularisierte Nikolaus zum Druckmittel einer autoritären Pädagogik, die den Nikolaus für ihre Zwecke instrumentalisiert: Nikolaus ist hier Landesgerichtspräsident, Scharfrichter, Schenkonkel und unwürdige Klamaukfigur zugleich. Der Einkehrbrauch degeneriert zu einer närrischen Hampelmann-Inszenierung, die das Kind, das im Mittelpunkt stehen soll, am wenigsten ernst nimmt.

Begonnen hat die Verkitschung 1845. In der »Geschichte von den schwarzen Buben« im bis heute in über 25 Millionen Exemplaren erschienene »Struwwelpeter« des Arztes Heinrich Hoffmann taucht plötzlich ein Nikolaus bereits im »Weihnachtsmann-Outfit« auf: roter Mantel und rote Mütze. Mit dem eigentlichen Nikolaus hat dies schon nichts mehr zu tun. Im Gegenteil: Der heilige Nikolaus ist hier zum bösen Nikolaus geworden.

Aber auch andere merkwürdige »Karrieren« hat der hl. Nikolaus absolvieren müssen: Um 1900 tauchen die ersten verkitschten Abbildungen auf Postkarten auf, die jene Nikoläuse wiedergaben, die das 18. Jahrhundert in den Gebrauch bürgerlicher Pädagogik genommen hatte.

Einen neuen »Erfolgsgipfel« hatte der entheiligte Mann dann erklommen, als ihn die Werbung in Gebrauch nahm: Die bekannteste Nikolaus-Darstellung dürfte die in den dreißiger Jahren von »Coca-Cola« in der Werbung propagierte Weihnachtsmann-Figur sein, die den Heiligen zur Gallionsfigur des Weihnachtskaufrausches degradiert hat.

Der amerikanische Weihnachtsmann Santa Claus, eine neue Kompilation aus dem bereits kompilierten traditionellen Nikolaus und dem säkularisierten Weihnachtsmann, hat eine deutsche Vorlage und einen deutsch-amerikanischen Vater: den Pfälzer Pelzenickel, den der deutschstämmige Zeichner Thomas Nast zur Vorlage für seinen gezeichneten Weihnachtsmann genommen hat. Dieser recht übergewichtige, rotgekleidete ältere Herr mit Bart besteht aus einer sympathiefördernden Mischung aus freundlicher Schläue und altersmüder Trotteligkeit. Als Leitfigur der Coca-Cola-Werbung hat er die Welt erobert.

Übrigens kann auch der von manchem Mitbürger hochgeschätzte Gartenzwerg für sich in Anspruch nehmen, eine Nikolaus-Mutation darzustellen. Die Verzwergung des Heiligen zum Leitbild der Heile-Welt-Vorstellung »kleiner Leute« entstand erstmals um 1880 in Thüringen und wirkt bis heute nach, in Ton, in Plastik und auf Papier. Auch der amerikanische Santa Claus tritt gelegentlich zusammen mit den en miniature geklonten »Little Helpers« auf.

Und heute?

Bleibt noch die Frage: Können wir heute noch verantwortlich Nikolaus feiern? Natürlich kann man ein Ritual unter folkloristischen Gesichtspunkten weiterführen. Hier wird eine Form fortgeführt, deren Inhalt nicht mehr gültig ist. Auch heute noch bietet die Gestalt des hl. Nikolaus mehr. Entscheidend ist dabei, daß die fiktive Gestalt nicht in Abrede gestellt werden darf, die historische Kult- und Brauchtumsentwicklung – soweit wie jeweils möglich – vermittelt werden muß. Andererseits rechtfertigen die dem hl. Nikolaus zugeschriebenen Taten und die von ihm vertretenen Werte einen Erhalt seiner Tradition.

Unbestritten ist dabei der Einlegebrauch, wonach die Beschenkten meist morgens am 6. Dezember die »Gaben des hl. Nikolaus« vorfinden. Das Knabenbischofsspiel dagegen ist überholt. Der Einkehrbrauch wiederum läßt sich durchaus noch inszenieren, wenn die Spielhandlung als Spiel erkennbar wird: Eine den Kindern möglichst bekannte Person verkleidet sich vor den Kindern in den hl. Nikolaus, eine andere zu Knecht Ruprecht oder Hans Muff. Nikolaus darf – ohne Druck auszuüben – nach der Lebensführung und Pflichterfüllung der Kinder fragen, soll aber auch ihre Klagen anhören. Hans Muff darf den Bösen spielen, aber ohne irgendwem böse mitzuspielen. Das Gute belohnen und das nicht so Gute mahnen, das kann und darf Aufgabe des Nikolaus sein. In einem solchen Sinn kann es Sinn machen, den Einkehrbrauch in Familien zu erhalten. Nikolausauftritte bei Betriebs- und Vereinsfeiern können dagegen in den seltensten Fällen klamaukhafte Züge vermeiden.

Der hl. Nikolaus hat also noch nicht ausgedient. Sein Kult und sein Brauchtum haben auch uns modernen Menschen noch etwas zu sagen.

Advent und Weihnachten

Geburt Christi (Salzburg, um
1400), heute in Kremsmünster –
Foto: Archiv des Autors

Zur Festgeschichte
von Advent und Weihnachten

Das Weihnachtsfest leitet seinen Namen von der alten Festtagsbezeichnung ab: Geburt(stag) unseres Herrn Jesus Christus (lat.: natalis, nativitate domini). In den romanischen Sprachen entwickelte sich daraus »natale«, »navidad« oder »noël«. Das niederländische »kerstmis« und das englisch/amerikanische »Christmas« (neuerdings auch: X-mas) haben die Christmesse, den Gottesdienst zum Tage, als Namensgeber. Das deutsche Wort »Weihnachten« läßt sich frühestens in einem Text von 1190 des bayerischen Spruchdichters Spervogel nachweisen, wo es heißt:

> »Er ist gewaltic unde starc,
> der ze wihen naht geborn wart:
> daz ist der heilige krist.«

Die Formulierung »wihe naht« scheint nicht einzigartig zu sein, denn das Grimmsche Wörterbuch nennt aus der gleichen Zeit eine parallele Formulierung:

> »diu gnade diu anegengete sih an dirre naht,
> von diu heizet si diu wihe naht.«

Die »wihe naht« bezeichnet die geweihte Nacht (Singular!), eine Wortbildung, die mit großer Wahrscheinlichkeit den Versuch darstellt, die »nox sancta« aus der Oration der Christmette zu verdeutschen. Da es vor dem 12. Jahrhundert den Begriff »Weihnacht« nicht gibt, kann also nicht behauptet werden, das Christentum habe einen vorchristlichen Begriff übernommen. Zum anderen läßt sich anhand der Formulierungen des 12. Jahrhunderts und ihrer – vermuteten – Quelle darlegen, daß »Weihnacht« oder »Weihnachten« immer im Singular stehen, einen Plural von Weihnacht(en) gibt es nicht.

Erste Spuren des Weihnachtsfestes

Der historisch exakte Tag der Geburt Christi ist unbekannt. Für die ersten Christengenerationen scheint die historisch genaue Definition dieses Tages eher unbedeutend gewesen zu sein. Dennoch wurde ein Gedächtnisfest begangen: Seit dem 2. Jahrhundert läßt sich in der römischen Katakombenmalerei und in den Reliefskulpturen auf christlichen Sarkophagen nachweisen, daß der neugeborene Christus und seine Mutter, die Geburtsszene und die Anbetung der Magier dargestellt werden. Für etwa 300 läßt sich in Ägypten die Feier eines Weihnachtsgottesdienstes nachweisen, bei dem bereits der Wechselgesang zwischen Chor und Gemeinde üblich ist, über den sich im Mittelalter in Deutschland die Weihnachtslieder ausgebildet haben. Für 336 und 354 läßt sich belegen, daß in Rom am 25. Dezember Weihnachten gefeiert wurde. Für 354 ist die erste Weihnachtspredigt bekannt, die Papst Liberius (352–366) in dem Vorgängerbau von S. Maria Maggiore, der S. Liberiana, gehalten hat. Eben dort wurden auch (unechte) Reliquien aufbewahrt, die man für Bestandteile der Krippe Jesu hielt. In S. Liberiana und ab 420 in der Nachfolgekirche S. Maria Maggiore, der ersten Marienkirche überhaupt, wurde die Sitte gepflegt, zum Weihnachtsgottesdienst neben oder unter den Altar eine Krippe mit einem Jesuskind aufzustellen. Im 3. Jahrhundert hatte in Israel die Suche nach dem Ort der Geburt Jesu begonnen und mit der Entdeckung jener Höhle bei Betlehem geendet, von der bereits der bedeutendste frühe griechische Lehrer Origenes (185–254) gesagt hatte, jeder in Betlehem könne einem diese Höhle zeigen. 325 läßt Kaiser Konstantin I. in Betlehem über dieser Höhle die Kirche »Speluncae Salvatoris« (= Höhle des Erlösers) errichten.

Als Festtermin scheint in Rom überwiegend der 25. Dezember gegolten zu haben, während in Griechenland und in Nordafrika der 6. Januar bevorzugt gewählt wurde. In der Ostkirche feierte man am 6. Januar Epiphanie, also die Erscheinung des Herrn, die die Feier der Geburt Jesu, die Anbetung der Magier, das erste Wunder Jesu zu Kana und – später auch – die Taufe Jesu umfaßte. 379 wird auch in Ostrom am 25. Dezember die Feier des Weihnachtsfestes eingeführt; das Konzil von Konstantinopel legte 381 den 25. Dezember verbindlich als Weihnachtstermin fest. Während im Osten und Westen nun die Geburt Jesu am 25. Dezember gefeiert wurde – mit Ausnahme der Kirchen von Jerusalem, Rußland, Serbien, Polen, Tschechien, der Slowakei, Georgien und der Ukraine sowie der koptischen, äthiopischen und armenischen orthodoxen Kirchen –, übernahm Rom das Fest der Epiphanie am 6. Januar, oft »Kleine Weihnacht« oder zweites Weihnachtsfest genannt. Festinhalt wurden die Anbetung der Magier, die Taufe Jesu und das Wunder zu Kana. Nachdem im Gebiet des heutigen Deutschland großflächige Missionsbemühungen erfolgreich waren, regelte 831 die Mainzer Synode auch hier die Feier des Weihnachtsfestes zum festgelegten Termin. Erst die Reformen nach dem Zweiten Vatikanischen Konzil haben die seit dem 4. Jahrhundert geltenden liturgischen Vorschriften leicht verändert. Das Weihnachtsfest am 25. Dezember war davon nicht betroffen. Das Fest der Erscheinung des Herrn, das alte Epiphanie-Fest, ist auf dem 6. Januar verblieben. Das

81

Evangelium (Matthäus 2,1–12) berichtet von der Anbetung der Magier. Die festliche Feier der Heiligen Drei Könige geschieht aber nur noch dort, wo sie Tradition hat, also besonders in Köln und Mailand. Die Taufe Jesu ist mit dem ersten Sonntag nach dem 6. Januar, dem 1. Sonntag im Jahreskreis, verbunden worden.

Dogmatische Unruhen im 4. Jahrhundert

Das Interesse an Weihnachten im 4. Jahrhundert hängt mit den in dieser Zeit heiß diskutierten christologischen Fragestellungen zusammen. In der Theologie dieser Zeit wird intensiv über die menschliche und die göttliche Natur Christi und über das Verhältnis beider Naturen zueinander gestritten. Auf der einen Seite standen die Arianer, benannt nach dem Theologen und Priester Arius (260–336), der die Ansicht vertrat, Christus sei von Gott geschaffen, keine Person der göttlichen Trinität, Gott nicht ähnlich; Christus sei nur ein Geschöpf, weder Erlöser noch Offenbarer. Die Doketisten (griech.: dokein = so scheinen) nahmen dagegen an, Jesus habe nur scheinbar einen menschlichen Leib besessen und sei deshalb auch nur scheinbar gestorben.

Anbetung der Könige – Nordarm. Giottowerkstatt (um 1315/20). Assisi, San Francesco, Unterkirche. Foto: Verlagsarchiv

Gegen Arius und seine Anhänger formulierte 325 das Konzil von Nizäa, der Sohn sei »wahrhaftiger Gott vom wahrhaftigen Gott, gezeugt, nicht geschaffen, wesensgleich mit dem Vater«. Bis heute formuliert das nizänische Glaubensbekenntnis: »gezeugt aus dem Vater, Gott von Gott, Licht von Licht, wahrer Gott von wahrem Gott, gezeugt, nicht geschaffen«.

Gegen den Arianismus und gegen den Doketismus bekennt das Weihnachtsfest die Gottheit des wahrhaftig Mensch gewordenen Gottessohnes. Die Kirche hat die Inkarnation (lat.: »Einfleischung«, Menschwerdung) Jesu verteidigt, vgl. 1 Johannes 4,2: »Daran erkennt ihr den Geist Gottes: Jeder Geist, der bekennt, Jesus Christus sei im Fleisch gekommen, ist aus Gott.« Wahrer Gott

82

und wahrer Mensch, diese Dualität haben die Christen von Anfang an in ihrem Weihnachtsfest bezeugt. Die Betonung der Menschwerdung Gottes – wahrer Gott und wahrer Mensch – wird im Weihnachtsfest fokussiert.

Chronologie

274	25.12.:	In Rom wird das heidnische Fest »Natalis Solis Invicti« eingeführt.
Ca. 300		In Ägypten wird Weihnachtsgottesdienst gefeiert; aus Faijum ist ein Liedblatt erhalten, das einen weihnachtlichen Wechselgesang von Chor und Gemeinde belegt.
336	25.12.:	Weihnachtsfest wird in Rom gefeiert; Quelle: röm. Kalender (Filocalus).
354	25.12.:	Weihnachtsfest wird in Rom gefeiert; Quelle: röm. Kalender (Chronograph).
354	25.12.:	Erste (belegbare) Weihnachtspredigt in Rom durch Papst Liberius in S. Liberiana (dort wird eine – unechte – Reliquie der Krippe von Betlehem aufbewahrt).
Ca. 360		In Nordafrika wird Weihnachten gefeiert.
379	25.12.:	Gregor von Nyssa führt in Ostrom den 25.12. als Festtermin ein; für den alten Festtermin 6.1. verbleiben: Anbetung der Magier, Taufe Jesu, erstes Wunder in Kana.
380	25.12.:	In Spanien wird Weihnachten gefeiert.
381		Konzil von Konstantinopel: Weihnachten wird am 25.12. gefeiert.
Um 400		In Oberitalien wird am 25.12. Weihnachten gefeiert.
431		Konzil von Ephesus: Maria ist Gottesgebärerin.
432		Am 25.12. erfolgt erste Weihnachtspredigt in Alexandria durch Paul von Emesa; Formen des Helios-Kultes werden adaptiert.
498		Am 25.12. wird Chlodwig getauft.
800		Am 25.12. wird Karl der Große zum Kaiser gekrönt.
831		Mainzer Synode: Weihnachtsfest wird eingeführt.

Warum Weihnachten am 25. Dezember?

Die Frage, warum ausgerechnet der 25. Dezember zum Termin des Weihnachtsfestes gewählt wurde, hat unter Fachleuten immer wieder Diskussionen ausgelöst. Eine allseits akzeptierte Erklärung gibt es bis heute nicht. Unterscheiden kann man fünf verschiedene Denkrichtungen.

(1)   Die Vertreter der *religionsgeschichtlichen Hypothese* gehen davon aus, daß die verschiedenen Termine des Geburtsfestes Jesu mit Festen anderer Religionen zusammenhängen. Entweder sollten heidnische Feste und Vorstellungen von den frühen Christen übernommen werden, oder die Christen hätten ihre Feste aus apologetisch-missionarischer Absicht auf heidnische Termine festgesetzt, um deren Feste und Termine zu verdrängen, zu überdecken und zu adaptieren. Dafür spricht, daß in Rom zum 25. Dezember Feste für verschiedene Götter gefeiert wurden: Der Helios-Kult, die Anhänger des Mithras, die des Sonnenkultes, alle feierten zu diesem Termin. Gegen diese Hypothese spricht aber, daß der gleiche Festtermin verschiedener Kulte weder absichtlich herbeigeführt sein muß noch die Verdrängungsabsicht beweist. Bisher ist nicht nachgewiesen, daß dieser Termin in solcher Absicht gewählt wurde. Zumindest theoretisch könnte es andere Gründe geben.

(2)   Eine Variante der ersten hypothetischen Annahme stellt die *apologetische Hypothese* dar. Nach dieser Annahme reagierten die Christen durch die Festsetzung der Geburt Jesu auf den 25. Dezember auf das 274 durch Kaiser Aurelian (270–275) neu eingeführte Geburtsfest des Sonnenkönigs (Natalis Solis Invicti). Andere Wissenschaftler zweifeln an, ob es dieses Fest überhaupt gegeben hat, ob der angeführte Beleg nicht nur der Hinweis auf den konkreten Geburtstag, aber nicht auf den Festtag des Kaisers ist.

(3)   Eine eher deutsche Variante der religionsgeschichtlichen Hypothese ist die sogenannte *germanische Kontinuitätsprämisse*, die sich seit dem 19. Jahrhundert zunächst aus Nationalbewußtsein, dann aus nationalsozialistischer Ideologie speist. Nach ihr erweisen sich christliche Feste und Brauchtum als christlich übertünchte, germanische Brauchformen. Das Weihnachtsfest sei deshalb auf den 25. Dezember gelegt worden, um das germanische Julfest (Mittwinter) zu verdrängen. Man wird kaum der Annahme widersprechen können, daß das christliche Weihnachtsfest in Mitteleuropa auch von germanischer Symbolik und Bräuchen mitgeprägt ist. Daß aber das christliche Weihnachtsfest ein übertünchtes Julfest ist, hat noch niemand nachweisen können. Im Gegenteil, das –

84

angeblich – vorchristliche Julfest zu Mittwinter wurde zur Januarmitte gefeiert. Erst 940 verlegte Hakon der Gute das Julfest auf den 25. Dezember vor. Gründe dafür sind nicht bekannt. Wenn aber das Julfest erst auf den 25. Dezember verlegt wurde, als zu diesem Termin schon lange das christliche Weihnachtsfest gefeiert wurde, ist diese Hypothese hinfällig.

(4)   Viel interessanter und sicher auch wahrscheinlicher als andere Hypothesen sind die *Berechnungshypothese* und die (5) *alttestamentlich-prophetische Hypothese*. Die hinter der Berechnungshypothese stehende Theorie geht davon aus, daß der 25. Dezember nicht zufällig gewählt wurde, sondern aufgrund innerkirchlicher Berechnung zustande kam.

Die ersten Feste der Christen entfalten sich parallel zum jüdischen Festjahr: Übernommen wird zunächst die Siebentagewoche; allerdings wird der Sabbat zu einem gewöhnlichen Wochentags-Samstag, der Sonntag dagegen zum Festtag und damit zum ersten Tag der Woche: An ihm feiern die Christen Eucharistie, das Fest der Auferstehung Christi. Aber nicht nur die Woche wird christlich geprägt, auch für den Jahreskreislauf bildet sich ein christlicher Festkalender aus: Das jüdische Passahfest mit Passahmahl gedenkt des Auszugs der Juden aus Ägypten und vergegenwärtigt: Auch heute führt Gott in die Freiheit. Der Gedanke der Befreiung aus der Knechtschaft – von Sünde und Tod! – ist von Anfang mit dem christlichen Osterfest, das an die Stelle des Passah tritt, verbunden. Tod und Auferstehung Christi beweisen den Christen eben dies, daß der Alte Bund erneuert wurde, der liebende Gott die Menschen als Töchter und Söhne angenommen hat, Sünde und Tod überwunden sind.

Ostern steht mit Sicherheit am Anfang des christlichen Jahresfestkreises. Es ist das zentrale christliche Fest, die christliche »conditio sine qua non«. Hat nicht Christus selbst zu Marta gesagt: »Ich bin die Auferstehung und das Leben. Wer an mich glaubt, wird leben, auch wenn er stirbt, und jeder, der lebt und an mich glaubt, wird auf ewig nicht sterben« (Johannes 11,25f)? Schreibt nicht Paulus an die Korinther: »Ist aber Christus nicht auferweckt worden, dann ist unsere Verkündigung leer und euer Glaube sinnlos« (1 Korinther 15,14)? An die Stelle des Passah tritt Ostern aber nicht nur inhaltlich, sondern auch terminlich. Die

Maria mit dem Jesuskind – Isenheimer Altar von Matthias Grünewald (1512–1516, Altarflügel). Unterlindenmuseum, Colmar. Foto: Verlagsarchiv

85

Christen feiern Ostern von Anfang an drei Tagen nach dem jüdischen Passahtermin, in der Nacht des 14. auf den 15. Nisan; bereits in der Mitte des 2. Jahrhunderts kommt es zwischen Ost und West zu Ungleichheiten bei der Osterberechnung. Kaiser Konstantin ließ durch das Konzil von Nizäa (325) einen gemeinsamen Ostertermin festlegen: den ersten Sonntag nach dem Vollmond, der auf oder nach dem Frühlingsanfang fällt – ein Termin zwischen dem 22. März und dem 25. April. Ausgehend vom beweglichen Ostertermin werden die übrigen beweglichen Festtage bestimmt, die – wie Ostern – auf 35 verschiedene Tage fallen können.

Nicht nur das erste und höchste christliche Fest richtet sich am jüdischen Kalender aus; auch für ein zweites Fest gilt dies. Sieben Wochen nach Passah feiern die Juden das »Wochenfest«, das an den Bundesschluß am Sinai und die Zehn Gebote erinnert. Sieben Wochen, also sieben mal sieben Tage sind 49 Tage, die durch Aufrundung um eins zu der gebräuchlicheren Zahl 50 wurde. Die Zahl 50 heißt im Griechischen Pentecoste, und dieser Begriff bezeichnet bis heute »Pfingsten«. Statt des »Wochenfestes« folgt nun im Christentum Pfingsten, nach einem durch den jüdischen Festkalender vorgegebenen Rhythmus. An Pfingsten feiern die Christen die Ausgießung des Heiligen Geistes, das Sichtbarwerden des Neuen Bundes. Pfingsten ist sozusagen der »Geburtstag« der Kirche.

Das dritte jüdische Hauptfest, das Laubhüttenfest, übernehmen die Christen nicht. An seiner Stelle hat sich als drittes christliches Hochfest Weihnachten entwickelt. Und doch – wie zu zeigen ist – hat das jüdische Laubhüttenfest das christliche Weihnachten beeinflußt.

Wie im Judentum bleiben Ostern und Pfingsten »bewegliche« Feste, sie sind nicht auf ein bestimmtes Datum fixiert. Dies blieb auch dann so, als die Christen durch Berechnungen herausgefunden haben wollten, an welchem Tag genau Christus gekreuzigt wurde: Vielen galt der 7. April 30 als Tag der Kreuzigung Christi, anderen der 25. oder 28. März, aber auch der 20. Mai und der 18. November wurden genannt. Nach einer judenchristlichen Tradition liegen aber der erste Schöpfungstag, der Geburts- und der Todestag Jesu auf dem gleichen Termin, an dem die Juden des Geburts- und Opferungstages Isaaks gedenken (Isaak und Jesus, die beide zum Opfertod bereit waren, wurden typologisch gleichgestellt!). Der 14. Nisan, der übrigens auf den 7. April 30 fällt, wäre damit als Geburts- und Todestag Jesu angenommen worden. Die allgemein übliche »Lebensalterspekulation« nahm an, daß ein Leben »voll« sein müsse, und darum Geburts- und Todestag auf den gleichen Termin fallen.

Die Anhänger der Berechnungshypothese (4) nehmen nun an, daß die Christen den errechneten Todestag Jesu nicht zugleich zu einem freudigen Geburtsfest stilisieren wollten, zumal drei Tage später auch Ostern gefeiert wurde, sondern daß sie vom jeweiligen Todestag Jesu aus weiterrechneten: Der 14. Nisan im Jahr 29 war der 25. März. Der Tradition nach war dieser Tag der erste Tag der Schöpfung, an dem Gott Licht von der Finsternis schied. Da man weiter annahm, daß der erste Schöpfungstag mit dem Zeugungsdatum Jesu – denkt man menschlich! – übereinstimmt, wurde für diesen Tag die Empfängnis Jesu angenommen. Da einer Empfängnis nach neun Monaten die Geburt folgt, ergibt sich der 25. Dezember als Geburtstermin Jesu. Die Berechnungshypothese erklärt also, wie die Christen aus dem errechneten Todestag Jesu seinen Geburtstermin »berechneten«. Übrigens, falls man statt des 25. März 29 den 7. April 30 zugrundelegt, kommt man auf den 6.1., der außerhalb Roms bis in das 3. Jahrhundert als Geburtstag Jesu gegolten hat! Und auch für die verwirrend anderen genannten Geburtstermine (20.5., 18.11.) haben die Vertreter dieser Theorie eine Erklärung: Alle Termine erweisen sich als der 25. Tag des neunten Monats.

Mariä Heimsuchung – »Les Tres Riches Heures« des Jean de Berry (15. Jh.). Chantilly, Musée Condé

In diese »Berechnungen« paßt eine weitere Feststellung: Nach Lukas 1, 26 wurde der Engel Gabriel »im sechsten Monat« der mit Johannes, dem späteren Täufer, schwangeren Elisabet zu Maria in Nazaret gesandt, also am 25. März. Entsprechend wird das Fest des Johannes drei Monate später gefeiert: am 24. Juni. Daß auch diese Terminfestsetzung nicht zufällig geschah, ergibt sich aus der kosmologisch geprägten, religiösen Vorstellungswelt der christlichen Antike, die sich heute modernem Denken eher entzieht. Im Johannesevangelium sagt Johannes der Täufer: »Ihr selbst könnt mir bezeugen, daß ich gesagt habe: Ich bin nicht der Messias, sondern nur ein Gesandter, der ihm vorausgeht … Er

87

muß wachsen, ich aber muß kleiner werden« (3,28.30). Da für Jesus die Sonne als Metapher stand, bezogen die Christen diese Aussage auf die abnehmende Sonne, d. h. die kürzer werdenden Tage nach dem Fest Johannes des Täufers (24. Juni), und damit zugleich auf die Wintersonnwende am Fest der Geburt Christi, nach der die Tage wieder länger werden, die Kraft der Sonne wieder zunimmt.

Der 6. Januar ist als Weihnachtstermin durch den Philosophen und Kirchenschriftsteller Klemens von Alexandria (†vor 215) schon für die erste Hälfte des 2. Jahrhunderts bezeugt. Ost- und Westrom, heute die römisch-katholische Kirche und die orthodoxen Kirchen, feiern seit 379 gemeinsam am 25. Dezember das Weihnachtsfest. Eine Ausnahme bildet die armenische Kirche, die als einzige christliche Kirche dieser Welt den 6. Januar beibehalten hat. Dafür gibt es eine einleuchtende Erklärung: In Armenien wurde das Christentum 301 zur Staatsreligion erhoben. Während sich auf dem Konzil von Konstantinopel 381 alle Ortskirchen der Welt auf den 25. Dezember einigten, schloß sich Armenien aus. Ein anderer Anschein, nämlich die Sicht, daß die Ostkirchen Weihnachten am 6. Januar feiern, ergibt sich nur daraus, daß einige orthodoxe Kirchen die Zeit noch nach dem Julianischen Kalender berechnen, der inzwischen um etwa 13 Tage nachgeht und so den 25. Dezember auf etwa den 6. Januar fallen läßt!

In Konstantinopel, wo bis 379 am 6. Januar die Geburt Jesu gefeiert wurde, gewann das Weihnachtsfest eine neue Gestalt: Am 25. Dezember feierte man nun die Geburt und Menschwerdung Jesu, am 6.1. dagegen das Fest der Erscheinung des Herrn. Stand der erste Festtermin unter dem Gedanken der Menschwerdung Gottes, betonte der zweite Festtermin das Offenbarwerden der Göttlichkeit des Menschen Jesus. In der Liturgie wird dies ausgedrückt 1. durch die Erinnerung an die Taufe Jesu im Jordan, bei der die Stimme Gottvaters Jesus als Sohn erweist, 2. durch den Hinweis auf das erste öffentliche Auftreten Jesu und das dabei in Kana gewirkte Weinwunder. In späteren Jahrhunderten kommt als drittes Element das Gedächtnis der Magier hinzu, die als erste Heiden den Messias durch solche Geschenke ehren, die ihn als Gottessohn kennzeichnen.

(5) Die Berechnungshypothese wird durch die *alttestamentlich-prophetische Hypothese* gestützt, die die Entstehung des Weihnachtsfestes aus dem alttestamentlich-jüdischen Bezugsrahmen erklärt. In einer berühmten Weihnachtspredigt hat der griechische Kirchenlehrer und Patriarch von Konstantinopel Johannes Chrysostomus (ca. 354–407) die Feststellung getroffen, schon die Propheten hätten die Geburt Jesu am 25. Dezember verkündet. Diese Behauptung des Chrysostomus kann nur auf die Aussage des Propheten Haggai (um 520 v. Chr.) bezogen werden, der von einem Tempelweihefest am Abend des 24. eines neunten Monats spricht: »Gebt acht, was von heute an geschieht, vom vierundzwan-

88

zigsten Tag des neunten Monats an dem Tag, an dem der Grundstein zum Tempel des Herrn gelegt wurde« (Hag 2,18). Prophetisch von einem Schlußstein des Serubbabels (nach Matthäus zwölfter Urahn Jesu; Matthäus 1,12f) spricht auch der Prophet Sacharja (zwischen 520–518 v. Chr. in Jerusalem tätig). Bei ihm heißt es: »So lautet das Wort des Herrn an Serubbabel: Nicht durch Macht, nicht durch Kraft, allein durch meinen Geist! – spricht der Herr der Heere. Wer bist du, großer Berg? Vor Serubbabel wirst du zur Ebene. Er holt den Schlußstein hervor, und man ruft: Wie schön ist er, wie schön! Da erging das Wort des Herrn an mich: Serubbabels Hände haben den Grund zu diesem Haus gelegt, und seine Hände werden es vollenden, damit man erkennt, daß mich der Herr der Heere zu euch gesandt hat. Denn wer gering dachte von der Zeit der kleinen Anfänge, wird sich freuen, wenn er den auserlesenen Stein in Serubbabels Hand sieht« (4,6–10).

Daß die junge christliche Kirche diese alttestamentlichen Zitate auf Jesus bezog, ist offenkundig, zumal Jesus selbst diese Deutung vorträgt. Matthäus berichtet: »Und Jesus sagte zu ihnen: Habt ihr nie in der Schrift gelesen: Der Stein, den die Bauleute verworfen haben, er ist zum Eckstein geworden; das hat der Herr vollbracht, vor unseren Augen geschah dieses Wunder?« (Matthäus 21,42; vgl. Markus 12,10f; Lukas 20,17; Apostelgeschichte 4,11; 1 Petrus 2,6). Jesus, der sich selbst zum Eckstein erklärt, führt Psalm 118,22 als Zitat ein.

Die alttestamentlichen Prophezeiungen vom Grund-, Schluß- und Eckstein stellen den Messias in die Verbindung mit dem Tempel. Und wieder finden wir diese Verbindung bei Jesus selbst. Sich selbst bezeichnet er als Tempel, wenn er sagt: »Reißt diesen Tempel nieder, in drei Tagen werde ich ihn wieder aufrichten« (Johannes 2,19). Vor den Hohenpriestern wird gerade diese Selbstbezeichnung gegen Jesus angeführt (Matthäus 26,61) und folgerichtig als Messiasanspruch verstanden, denn der Hohepriester fragt zurück: »Ich beschwöre dich bei dem lebendigen Gott, sag uns: Bist du der Messias, der Sohn Gottes?« (Matthäus 26,63).

Jesus selbst bezeichnet sich als Tempel Gottes, der nach Haggai am 24. Tag des neunten Monats gegründet ist; die Berechnungshypothese und die alttestamentlich-prophetische Hypothese gehen davon aus, daß die frühen Christen den nicht überlieferten Geburtstermin Jesu aus alttestamentlich-jüdischem Denken heraus »berechnet« haben: Neun Monate nach der Empfängnis, die an seinem Sterbetag stattgefunden haben muß, ist Jesus geboren. Alle in der Tradition genannten Sterbetermine passen in dieses Denkschema: Nimmt man die Empfängnis Jesu (= Maria Verkündigung: der Tag der Aktiv-Konzeption Marias, nicht zu verwechseln mit dem Tag der Empfängnis Marias, conceptio Mariae, am 8. Dezember) am 25. März an, so muß Jesus neun Monate später, am 25. Dezember, geboren sein: am 25. Tag des neunten Monats.

89

Die im alttestamentlichen Buch Haggai beschriebene Tempelfeier, das Chanukkafest, das seit 150 v. Chr. gefeierte makkabäische Tempelweihefest, wurde am 25. Tag des neunten Monats gefeiert. Im jüdischen Jahr werden die Monate vom ersten Neumondtag nach der Tagundnachtgleiche im Frühjahr gezählt. Der erste Monat Nisan fällt somit in den März/April, der neunte Monat Kislew in den November/Dezember. Der Weihetag (Jom Chanukka) oder »Lichtfest« fällt in den jüdischen Winter und ist ein fröhliches Fest, das acht Tage lang gefeiert wird. Zu ihm gehört der achtarmige Chanukkaleuchter (nicht zu verwechseln mit der siebenarmigen Menora), an dem Tag für Tag ein weiteres Licht entzündet wird. Diese Lichter sollen Frauen entzünden. Der Leuchter soll so aufgestellt werden, daß man ihn von draußen sehen kann. »Jüdisches Weihnachtsfest« hat man diese Festtage einvernehmend und wenig sensibel genannt. Aber spricht nicht einiges dafür, daß nicht die Juden Formen dieses Festes von den Christen, sondern die Christen von den Juden übernommen haben?

Die Christen feiern die Errichtung des neuen Tempels in der Person Christi, richten sich aber nach der aus dem Judentum bekannten Zeitangabe (25. Tag des neunten Monats), wählen also erstmals einen festen Festtermin, wie der Jom Chanukka ihn auch hat, übernehmen die Festdauer (acht Tage = Oktav) und die Lichtsymbolik (vgl.: Jesus Christus als aufgehende Sonne, östliche Ausrichtung der Kirchen, der Begriff »Orient-ierung«), die dem Christentum und dem Weihnachtsfest und seinem gesamten Festkreis eigen ist.

Die wie geschildert denkbare Entwicklung des Festtermins Weihnachten zeigt, daß die Christen ihr drittes Hochfest »berechnen« und Christi Geburt als

90

»Tempelfest« feiern. Das Weihnachtsfest ist weder aus dem Heidentum noch aus dem Judentum übernommen und christlich überhöht worden, noch gegen andere Feste gegründet und terminiert worden, sondern ein eigenständig entwickeltes Fest, fundiert in christlich-jüdischem Denken. Der neue Tempel Jesus Christus begründet den Neuen Bund, der den Alten Bund ablöst. Volk Gottes sind jetzt nicht mehr Juden allein, sondern alle, die sich zu Christus bekennen.

Die Weihnachtsoktav, also das 1. Weihnachtsfest am 25. Dezember und die folgenden acht Festtage, bilden den Kern der Weihnachtszeit. Sie wurden in späteren Jahrhunderten erweitert durch eine Vorbereitungszeit (Advent, Adventsquadragese) und durch eine Nachbereitungszeit, die mit Lichtmeß (2. Februar) endet. Die folgende Tabelle stellt den biblischen Ereignissen die liturgischen Feste gegenüber und bezieht die Tagesfeste ein:

Der Weihnachtsfestkreis – Übersicht

Biblische Ereignisse	Liturgische Feste
Mariä Verkündigung	25.3.: Hochfest Verkündigung des Herrn
Geburt Johannes'	24.6.: Hochfest Johannes des Täufers
Mariä Heimsuchung	2.7.: Fest Mariä Heimsuchung [11.11.: Gedenktag St. Martin]
	(Bewegliche Feste:) 1. – 4. Adventssonntag Quatembertage Rorate-Messen
	30.11.: Fest Apostel Andreas 6.12.: Gedenktag St. Nikolaus
	8.12.: Hochfest der ohne Erbsünde empfangenen Jungfrau und Gottesmutter Maria
	13.12.: Gedenktag St. Luzia 21.12.: Fest Apostel Thomas (vor der Kalenderreform)

Herbergssuche	24.12.: Adam und Eva (im Mittelalter) Vigil von Weihnachten Heiliger Abend
Geburt Jesu Christi Verkündigung an die Hirten Anbetung der Hirten	25.12.: Weihnachtsfest Hochfest der Geburt des Herrn
	26.12.: Fest St. Stephanus
	27.12.: Fest Apostel und Ev. Johannes
Betlehemitischer Kindermord	28.12.: Fest Unschuldige Kinder
	30.12.: Fest der heiligen Familie (oder am Sonntag in der Weihnachtsoktav)
	31.12.: Gedenktag St. Silvester
Beschneidung des Herrn	1.1.: Fest der Beschneidung des Herrn, Oktavtag (vor der Kalenderreform) Hochfest der Gottesmutter Maria
Anbetung der Magier	6.1.: Hochfest Erscheinung des Herrn Epiphanie, Dreikönige
Flucht nach Ägypten	
	21.1.: Gedenktag St. Agnes
Darstellung Jesu im Tempel	2.2.: Fest Darstellung des Herrn Mariä Lichtmeß

Wurzeln der Adventszeit

Seit dem Ende des 4. Jahrhunderts läßt sich in Spanien und Gallien eine zunächst dreiwöchige Vorbereitungszeit auf Weihnachten beobachten (lat.: adventus = Ankunft; griech.: epiphaneia, Zeit der Vorbereitung auf das Fest der Menschwerdung), die sich durch eifrigen Gottesdienstbesuch und Askese (Fasten, gute Werke) auszeichnet. Entstanden sein dürfte der Advent unter orientalischem Einfluß als Vorbereitungzeit auf die Taufe. Laut Bischof Gregor von Tours († 594) hat Bischof Perpetuus von Tours († 491) eine vierwöchige Adventsfastenzeit nach dem Vorbild der österlichen Fastenzeit (deshalb statt Ostern- nun Advents- bzw. Winterquadragese) eingeführt, beginnend nach Martini. Martini (Schlachttag, Martinsminne, Heischegänge, Lichterprozession) und der 11.11. als letzter Tag vor der Fastenzeit haben darum närrische Züge angenommen: Der Karneval findet gleichfalls vor dem Fastenbeginn im Frühjahr statt. Seit der zweiten Hälfte des 6. Jahrhunderts galt in der gallischen Liturgie das Adventsfasten allgemein; pastoral akzentuiert waren Buße und Umkehr: Erwartet wurde die Geburt des Erlösers, dessen gegenwärtige Heilswirkung bereits erfahren und die als Beweis der Vollendung der Erlösung bei der Wiederkunft Christi gefeiert wurde. Im 6. Jahrhundert läßt sich das Begehen des Advents auch in Rom nachweisen, hier mehr als Vorbereitungszeit auf Weihnachten, allerdings wohl sechs Sonntage umfassend, was Papst Gregor d. Gr. († 604) zur Kürzung auf vier Sonntage veranlaßte. Doch erst die dem Konzil von Trient (1545–1563) folgenden Liturgiebücher schrieben den Advent gesamtkirchlich vierwöchig vor; Mailand hält bis heute an einem sechswöchigen Advent fest. Die reformatorischen Kirchen stehen in der römischen Tradition. Die Syrer bezeichnen die vier (Ostsyrer) bzw. fünf (Westsyrer) Wochen vor dem Weihnachtsfest als »Wochen der Verkündigung«. Der 4. Adventssonntag galt bis in die jüngste Zeit als einer der vier Goldenen Sonntage, er wurde Goldener Adventssonntag genannt. Entsprechend nach Metall eingestuft waren die übrigen: der 3. Advent war der silberne, der 2. Advent der kupferne, der 1. Advent der eiserne Adventssonntag.

Adventskranzverkauf an der Stephanskirche in München – Aquarell von Ibe (um 1940). München, Stadt Museum. Foto: Archiv des Autors

93

Parallelen zwischen weihnachtlichem und österlichem Festkreis

Der weihnachtliche Festkreis entspricht mit ziemlicher Genauigkeit dem österlichen, Weihnachten scheint geradezu zum »Winter-Ostern« geworden zu sein. Die nachfolgende Gegenüberstellung zeigt dies deutlich:

Weihnachten und Ostern als parallele Festkreise

Weihnachtsfestkreis	Osterfestkreis
VORBEREITUNG	
Adventsquadragese	Fastenquadragese
(früher ab 11.11., deshalb	(Karneval vor
Martins- u. Karnevalsbrauchtum)	Aschermittwoch)
4 Wochen Advent	6 Wochen Fastenzeit
(letzte Woche : Hoher Advent)	(letzte Woche: Heilige Woche)
1. FEIER	
Weihnachten	Ostern
3 Meßfeiern	3 Tage: Ostertriduum:
	Karfreitag, Karsamstag,
	Ostersonntag
OKTAV	
Neujahr	Weißer Sonntag
Hochfest der Gottesmutter	
2. FEIER	
Epiphanie	Christi Himmelfahrt
FESTZEIT	
Früher bis 6 Sonntage nach	7 Wochen (Pentecoste
Epiphanie; heute: 2 Wochen	= 50. Tag = Pfingsten,
	also 7 x 7 Tage
SCHLUSSFEST	Pfingsten

94

Der weihnachtliche Festkreis mit Dreikönige

Die Weihnachtsoktav (= acht Tage), seit karolingischer Zeit belegt, umfaßte das Weihnachtsfest und das Hochfest der Gottesmutter am 1. Januar. Die Oktav wurde 1960 durch den Codex Rubricarum gestrichen, für den Oktavtag wurde das Fest der Taufe Christi eingeführt. Das Missale Romanum verlegte dieses Fest 1970 auf den Sonntag nach Epiphanie, mit dem nun die Weihnachtszeit endet.

Der Zeitraum zwischen dem ersten und dem zweiten Weihnachtsfest mißt zwölf Tage, die zwölf heiligen Nächte oder sogenannten Rauhnächte, die – vor allem in den Alpenländern – mit vorchristlichen Bräuchen vermischt sind. Auch wenn in Deutschland der 6. Januar nicht mehr allgemein als arbeitsfreier Feiertag begangen wird, hat er im Empfinden der Bevölkerung mehr als Dreikönigstag Bedeutung denn als Fest der Erscheinung des Herrn (= Epiphanie). Durch Krippendarstellung und Sternsingerbrauchtum ist dieser Tag im Bewußtsein der meisten Menschen lebendig; viele wissen auch, daß die vermeintlichen Reliquien der drei Magier im Kölner Dom aufbewahrt werden. Im Bewußtsein ist dieser Tag aber auch, weil er meist letzter Tag der Weihnachtsferien ist, die noch ziemlich genau dem engeren Weihnachtsfestkreis (24./25. Dezember bis 6. Januar) entsprechen.

Anbetung der drei Weisen – Fra Angelico: Detail der Tafel für Armadio degli Argentini (1450). Florenz, Museum San Marco. Foto: Verlagsarchiv

Die bei Matthäus (Kap. 2) erwähnten Magier haben seit jeher die Phantasie der Christen spielen lassen. Aus der Erwähnung der drei verschiedenen Geschenke ist die Annahme von drei Magiern entstanden, die später Könige genannt wurden, seit dem 9. Jahrhundert sogar namentlich bekannt sind usw. Ihre Präsenz im Kult beginnt in den Katakomben und Kirchen (S. Apollinare Nuovo, Ravenna; S. Maria Maggiore, Rom). Sie werden stets dargestellt nach spätantikem Bildtypus: Huldigung der siegreichen Feldherren durch Barbaren, Überrei-

95

chung des »aurum coronarium«, des goldenen Kranzes. Andere Darstellungs-
formen – Begegnung mit Herodes, Reise, Traum – sind im Mittelalter beliebt.

Die hohe Bedeutung von Dreikönige in Deutschland hat sich durch den
Raub der Gebeine ergeben, die Kaiser Friedrich Barbarossa nach der Zerstörung
Mailands seinem Kanzler überlassen hat, dem Kölner Erzbischof Rainald von
Dassel (1159–1167). 1164 überführte der Erzbischof die Reliquien nach Köln
(Fest der Überführung in der Erzdiözese am 23. Juli), wo sie nicht nur in einem
mit meisterlicher Kunstfertigkeit hergestellten und größten Reliquienschrein
des Mittelalters (1180/1215 gefertigt) aufbewahrt werden, sondern auch Auslö-
ser des Baues eines gotischen Doms und Anlaß für die Dreikönigsverehrung und
insbesondere der Dreikönigswallfahrt wurden. Die »Realpräsenz« von heiligen
Königen, die bereits in der Bibel als Vorbilder dargestellt werden, machte Köln
nicht nur für gewöhnliche Pilger zum Anziehungspunkt, sondern auch die in
Aachen gekrönten deutschen Könige zogen zuerst als Pilger nach Köln, um sich
Gott durch ihre königlichen »Kollegen« anempfehlen zu lassen.

Während im 3. und 4. Jahrhundert am Tag der Epiphanie die Geburt und
Taufe Jesu (Ägypten und Jerusalem) gefeiert wurden, wird – nach der Einführung
des Weihnachtsfestes am 25. Dezember – die Jordantaufe in den Vordergrund
gerückt. Im 4. Jahrhundert wird der Festinhalt – wenigstens in Norditalien – um
die Anbetung der Magier und das Kana-Wunder ergänzt. Diese »tria miracula«
werden ab dem 7./8. Jahrhundert z. T. durch ein viertes Wunder, die Brotver-
mehrung, ergänzt.

In früheren Jahrhunderten wurde am Festtag Epiphanie der Ostertermin
verkündet (Verkündigung des Ostertermins, Osterbrief). Das Konzil von Nizäa
hatte die Berechnung des Ostertermins der Kirche von Alexandrien übertragen,
die ihn allen Kirchen mitteilte, die wiederum am 6. Januar diesen Termin feierlich in ihren Diözesen bekanntgaben.

Fest Mariä Lichtmeß

Der weihnachtliche Festkreis wird am 2. Februar durch das Fest Mariä
Lichtmeß (Darstellung Jesu im Tempel) abgeschlossen. Dieses Fest taucht unter
dem byzantinische Kaiser Justinianos I. (527–565) als Fest der Begegnung (mit
Simeon und Anna) auf. Es scheint aber älter und ursprünglich ein Herrenfest zu
sein. Es fußt auf Lukas 2,22–39 und wird in Jerusalem begangen, ursprünglich
am 40. Tag nach Epiphanie, nach der Einführung des Weihnachtsfestes am 25.
Dezember 40 Tage nach diesem Termin, also am 2. Februar. Um die Mitte des 5.
Jahrhunderts kann für Jerusalem bereits eine Lichterprozession nachgewiesen

werden, ausgelöst wohl durch Lukas 2,32. In Rom hat sich die Kerzenprozession mit einer bodenständigen, heidnischen Kultsitte verschmolzen. Die Kerzenweihe ist seit dem 10. Jahrhundert nachweisbar.

Solange man den Christbaum noch im eigenen oder Gemeindewald schlug, er also nicht schon monatelang vor Weihnachten abgeholzt wurde, hielt er es auch während des gesamten Festkreises in der guten Stube aus, die – mangels einer Zentralheizung – sowieso nicht so warm war, wie unsere Räume heutzutage sind. Heute haben manche Christbäume Mühe, es bis zum Dreikönigsfest bzw. dem Fest Epiphanie auszuhalten. Trotzdem ist dieser Termin, nach dem dann auch die Schulferien zu Ende sind, für die meisten Menschen das Ende der Weihnachtszeit. Eine Müllabfuhr, die – wenig sensibel für das Brauchtum – die Christbäume vor dem 6. Januar als Sperrgut abholen will, muß – noch immer – mit dem Protest und Widerstand der Bürger rechnen.

Zur Bedeutung von Advent und Weihnachten

Die historische Entwicklung der Ausfaltung der Geburt Christi zeigt, daß die Feier der Geburt deutlich hinter dem Interesse der ersten Christen an Christi Tod und Auferstehung stand. Der konkrete Geburtstermin geriet darüber in Vergessenheit, war vielleicht nicht einmal gewußt und sicher unwichtig, bis sich zwei Rahmenbedingungen änderten: Zum einen stellte sich nach Beendigung der Christenverfolgung, Anfang des 4. Jahrhunderts, für die Christen die Frage nach Christus neu. War er bisher ihr Garant für das ewige Leben nach dem Tod gewesen, wie bestimmte er nun von seiner Seinsweise her ihr Leben in dieser Welt? Wenn er »nicht von dieser Welt« war, d. h. – um die beiden denkbaren Extreme zu bilden – nur »wie« ein Mensch aussah, aber in Wirklichkeit ein Gott war, ergaben sich andere Antworten, als wenn er »nur Mensch«, aber nicht Gott war. Im Rahmen der Klärung der menschlichen und der göttlichen Natur Jesu Christi rückte das Geburtsereignis in den Mittelpunkt des Interesses. Die Kirche definierte Christus als »wahren Gott und wahren Menschen« und stellte dies in der Form der Geburtsfeier heraus: Gott wird Mensch, so lautet das »Motto« des ersten Weihnachtsfestes am 25. Dezember, und dieser Mensch ist Gott, so lautet das »Motto« des zweiten Weihnachtsfestes am 6. Januar. Beide Feste enthalten aber auch latent das jeweils andere Motto.

97

Ein Kind, ein Stall, Engel, Hirten ...

Gottes Sohn, von den Propheten als Messias angekündigt, bricht unglaublich in diese triviale Welt ein. Er kommt nicht als Mächtiger, sondern als Machtloser, nicht als Großer, sondern als Kleiner, nicht mit einem unabweisbaren Herrschaftsanspruch, sondern als Kind einer entthronten Familie. Er baut nicht

PARVVLVS NAT? E NOB? Z FILI? DAT? E NOBIS Z FACT? E PRINCIPAP SVP HVMERV EI? YSA .IX. C.

I MPLETI SVNT DIES VT PARERET Z PEPERIT FILIVM SVVM PRIMOGENITVM. LVCE .II. C.

den realen Tempel wieder auf, sondern er ist der Tempel, der in drei Tagen abgerissen und wieder aufgebaut wird. Verfolgt von Geburt an, vergilt er nicht Gleiches mit Gleichem.

Er wird gezeugt durch den Heiligen Geist, geboren von einer Jungfrau. Er ist der neue Adam, der den alten Adam ablöst: Dieser hat Sünde, Schuld und Tod in diese Welt gebracht, Christus bringt Erlösung und das ewige Leben. Die aus dem Paradies vertriebenen Menschen werden durch Gottes Sohn mit dem Vater sprichwörtlich »versöhnt«, d. h. wieder an Sohnes Statt angenommen.

Das alte »Volk Gottes«, die Israeliten, werden durch die Engel an die Krippe gerufen. Sie werden – nicht ohne Hintersinn – repräsentiert durch Hirten, die damalige Unterschicht. Die überwiegende Zahl der Mitglieder der Oberschicht entwickelt sich zu Christi Todfeinden. Die Heiden werden durch eine Naturerscheinung, den Stern von Betlehem, an die Krippe geführt. Hierhin kommen die Repräsentanten der Oberschicht, Intellektuelle, die den weiten Weg nicht gescheut haben, um Jesus Christus als Messiaskönig zu verehren. An der Krippe steht dann noch die vermeintlich unvernünftige Natur, vertreten durch Ochs und Esel. Sie verdeutlichen, daß »die Seinen« Christus zwar nicht aufgenommen haben, aber die Schöpfung Gott als Gott erkannt hat. Für spätere Christen sind in den Tieren die Nichtchristen repräsentiert: die Juden im Esel, die Heiden im Ochsen.

98

Die Geburt in einer Höhle, die mit einem stallartigen Vorbau gedacht werden kann, erinnert mythologisch Denkende an die Gebärmutter der Mutter Erde, die mit einem Gott neues göttliches Leben zeugt. In der Tat scheint dies ein Interpretationsmuster zu sein, das in der orthodoxen Ikonographie Eingang gefunden hat.

Die Krippe symbolisiert die ganze defizitäre Situation der göttlichen Geburt: Nicht einmal ein Babybettchen ist vorhanden. Der Neugeborene wird in eine Futterkrippe gelegt. In Windeln eingeschnürt (fasciniert), wie Kinder in einigen Teilen der Welt noch heute gewickelt werden, symbolisieren Jesu Windeln bereits sein Leichentuch: Der hier liegt, ist nicht ein niedliches Kindchen, sondern der, der für uns stirbt, um uns das ewige Leben zu erwirken. Kreuz und Krippe bilden eine Einheit, – was in späteren Jahrhunderten immer wieder in Form von Erzählungen ausgedrückt wird, in denen das Holz der Krippe und des Kreuzes identisch sind.

Bei allen Beteiligten scheint Josef die unwichtigste Figur. Er ist nicht der leibliche Vater Jesu, sondern adoptiert ihn gewissermaßen als »Daviden«. Der Witwer Josef, auf merkwürdige Art und Weise Verlobter einer jungen Frau von etwa 16 Jahren geworden, wird als Zweifler dargestellt, als Mann am Rand des Geschehens, jenseits des Rampenlichts. Seine Verabschiedung aus der Handlung verhindern die Engel in seinen Träumen. Mit keinem – in der Bibel zitierten – Wort greift er in die Handlung ein. Aber er ist da, wenn es darauf ankommt. Er bietet Schutz in der Geburtssituation, er flieht mit Frau und Kind nach Ägypten, er erfüllt die religiösen Pflichten, die sich durch eine Geburt im Judentum ergeben. Er bietet Jesus eine Heimat bis zu dessen öffentlichem Auftreten.

Mit der Geburt Jesu ändert sich die reale Geschichte: Der Anfang vom Ende beginnt, das Reich Gottes – das die Juden in ganz anderer, machtvoller Form erwarteten – gewinnt in dieser Welt Gestalt. Es kommt kein Feuersturm, der die Heiden vernichtet und das Judentum zum Sieger ausruft. Der Sohn Gottes bildet das Volk Gottes neu: Wer sich zu ihm bekennt, wer lebt wie er, der darf auf Erlösung hoffen. Umkehr, Nachfolge, Verzicht, das sind Worte aus dem Programm Jesu. Gott, den die Philosophen und die Theologen gerne als »den ganz anderen« definieren, kommt den Menschen wirklich ganz anders: Er wird wie sie, er lebt wie sie, und doch weist er über sich als menschliche Existenz hinaus, ist Mensch und Gott zugleich.

In der Geburtserzählung und ihrer Rahmenhandlung ist die ganze Geschichte der Erlösungstat Christi bereits in nuce vorhanden. Die Geburt Christi ist pars pro toto für sein ganzes Wirken, ein Teil, aus dem Konzept und Sinn des Ganzen erkennbar sind.

99

Es ist natürlich, wenn das theologische Programm dieser göttlichen Geburt immer wieder »vermenschlicht« wurde. Es war trostreich, einem Gott anzuhängen, der unter ebenso unwürdigen Umständen geboren wurde, wie man selber lebte, oder aber es war romantisch, sich die Umstände auszumalen, die diese Geburt begleitet haben, vom vermeintlichen Dialog von Ochs und Esel bis zum Selbstgespräch des Flohs im Ohr des Jesuskindes. Die Geburtsszene hat jeder Epoche das ihre geboten.

Dennoch darf dies nicht davon ablenken, das hinter dem Vordergründigen Befindliche, die theologischen Grundaussagen dieser Geburt zu übersehen. Hier werden nicht frei verfügbare Elemente für eine jahreszeitlich geprägte folkloristische Konsum- und Gemütsorgie geliefert, sondern dahinter steht der ganze Ernst eines einmaligen Heilsangebotes, das zur Entscheidung aufruft: Wenn dies der Sohn Gottes ist, kann das niemanden kalt lassen, hat dies Konsequenzen. Gott wird Mensch, damit der Mensch Gott näher kommt. Menschliches Leben hat damit ein neues Ziel, menschliches Tun neues Gewicht. Gott will, daß der Mensch ihm nahe kommt.

Die Bedeutung, die Weihnachten für die Kirche und die Theologie gewann, spiegelt sich in dem ausgebildeten Festkreis wider und in der Parallelität zum Osterfestkreis. Zahlreich sind die Entsprechungen, die sich zwischen den beiden Festzeiten ergeben. Der Weihnachtsfestkreis ist dem österlichen nachgebildet worden:

Parallelen zwischen Weihnachten und Ostern

WEIHNACHTEN	OSTERN
Parallelaussagen	
Tagesgebet der Festmesse:	*Tagesgebet der Festmesse:*
»Deus, qui hanc sacratissimam noctem«	»Deus, qui hanc sacratissimam noctem«
Lieder:	*Exsultet der Osternacht:*
»Heiligste Nacht«	»Sacratissima nox«
»O selige Nacht«	»O vere beata nox«
Lichtsymbolik:	*Lichtsymbolik:*
Christbaum mit Kerzen	Osterkerze, Osterfeuer

Wirtschaftsbrauchtum

Pacht fällig an Weihnachten   ebenso
(evtl. auch Martini/Lichtmeß)
Gesinde wird entlassen und
eingestellt   ebenso

Jahresbeginn

Zum Teil bis in das 16./17. Jh.:   In vorkonstantinischer Zeit (vor 313)
25. Dezember   begann mit der Weihe der Oster-
                                               kerze das neue Jahr
(Merke: Noch heute werden   (Merke: Noch heute wird in der
Weihnachts- und Neujahrswünsche   Osternacht die neue Jahreszahl an
miteinander verbunden)   der Kerze angebracht, beginnen
                                               Rechnungs- und Steuerjahre am
                                               1. April)

Zeitrechnung

Seit dem 4. Jh. gilt die Geburt   Für die verfolgte Kirche, die noch die
Christi als »Zeitenwende«: Wir   Wiederkehr Christi in ihren Tagen
bezeichnen noch die Jahre als   erwartete, waren Tod und Aufer-
»vor« oder »nach Christi Geburt«   stehung Christi Mittelpunkte der
                                               Weltgeschichte; für diese
                                               Christen bestand nicht die Aufgabe
                                               einer Kalenderreform. Vom Todestag
                                               Jesu (25.3. bzw. 7.4.) her berechne-
                                               ten sie aber den Geburtstermin
                                               Christi, den 25.12. bzw. 6.1.

Benennung

Inkarnationsstil/Weihnachtsstil   Paschalstil/Osterstil

Botschaft und Sinn

Das theologische Programm von Weihnachten entwickelt sich in sieben Stufen bis zur Gegenwart:

(1) Weihnachten wird zum Fest: 3.–5. Jahrhundert

Nach Ende der Christenverfolgung, die die Enderwartung der Christen in den Vordergrund stellte, konzentriert sich das Interesse auf die »Menschwerdung« (= Inkarnation) Christi. Das Konzil von Nizäa definiert 325: Christus ist Gott und Mensch zugleich. Das Konzil von Konstantinopel bestimmt 381 den 25. Dezember zum Termin des Geburtsfestes. Im Rahmen der christologischen Klärungen des 3. und 4. Jahrhunderts wird Maria zur »Gottesgebärerin« (gr.: »Theotokos«; lat.: »Dei genetrix«) erklärt. Der »echte« Geburtstermin Jesu wird »errechnet«. In der Westkirche etabliert sich seit dem 3./4. Jahrhundert der 25. Dezember als Gedächtnistag; die Ostkirche, die bislang am 6. Januar gefeiert hat, geht gleichfalls auf den 25. Dezember über.

(2) Weihnachten wird zum dritten Hochfest: 5./6. Jahrhundert

Die Germanenmission ab dem 5. Jahrhundert fördert das Weihnachtsfest als Fest der Menschwerdung Jesu, denn ein Teil der z. B. in Gallien eingewanderten Stämme sind Arianer. Sie werden »ummissioniert«. Dies verstärkt den nizänischen Weihnachtsgedanken. Die besondere Bedeutung des Festes für den germanischen Raum zeigt sich in der Taufe Chlodwigs (466–511) etwa 496 an Weihnachten und der Krönung Karls des Großen zum Kaiser zu Weihnachten 800. Die Synode von Mainz bestätigt 831 förmlich das Weihnachtsfest als viertägigen Festtag.

(3) Der Weihnachtsfestkreis entwickelt sich: 6.–9. Jahrhundert

Während Ostrom die Menschwerdung Jesu mit der Erscheinung seiner Göttlichkeit verbindet und den 6. Januar als Tauffest feiert, verlagert die Westkirche die Menschwerdung auf den 25. Dezember, die Erscheinung der Göttlichkeit (= Epiphanie) jedoch auf den 6. Januar. Drei inhaltliche Akzente ergeben sich für diesen Tag: das Gedächtnis der drei Magier, die Taufe Jesu im Jordan, das erste Wunder Jesu (= Wein-Wunder zu Kana). Wie um Ostern (mit seiner Dreistufung von Ostern, Himmelfahrt und Pfingsten, sowie der Fastenvorbereitung und dem Nachklang) entsteht der Weihnachtsfestkreis mit seinem Dreischritt: Geburt, Erscheinung und Lichtmeß; die Adventszeit wird zur Zeit der Vorbereitung, die Sonntage nach Epiphanie zum Nachklang. Weihnachten ist »Winterostern«, der christliche Festkreis zweipolig.

102

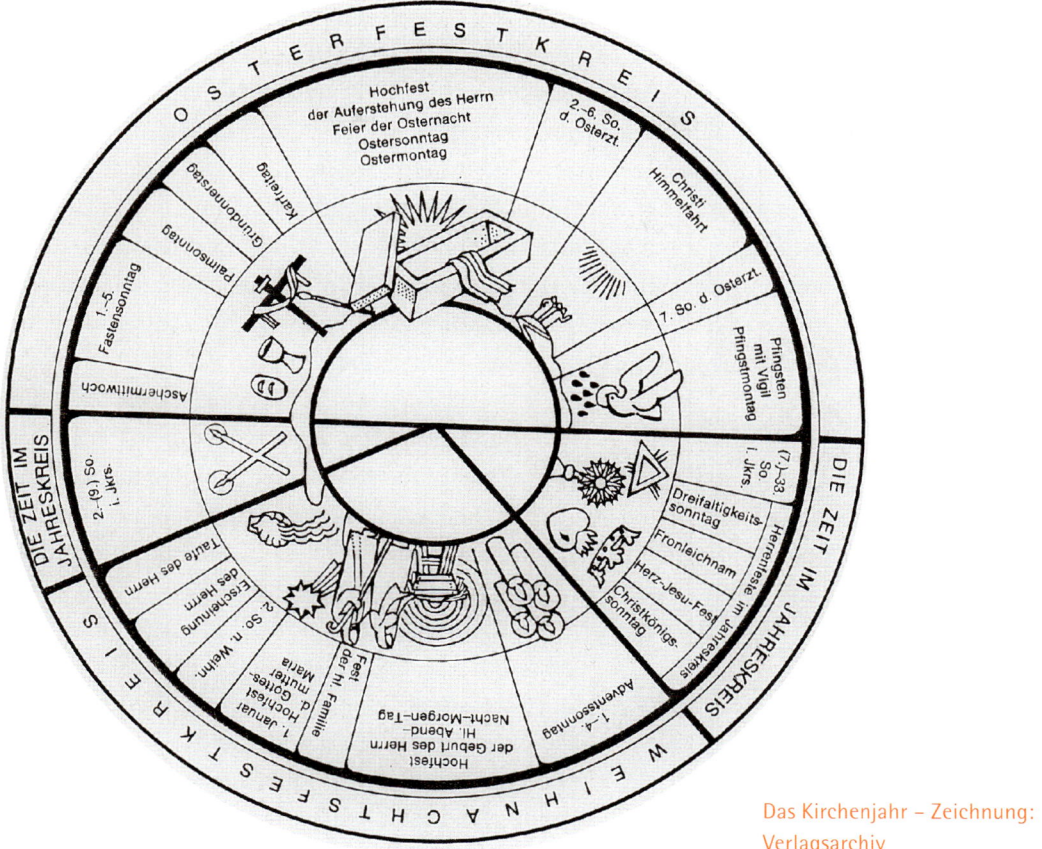

Weil die Erscheinung der Göttlichkeit durch die Verehrung (= Adoration) der drei Magier sichtbar wird, gedenkt man ihrer am 6. Januar. Im deutschsprachigen Raum überdeckt seit dem 13. Jahrhundert das Dreikönigsfest das christologische Anliegen des Festtages.

Seit Papst Gregor d. Gr. († 604) feiert der Papst an Weihnachten drei verschiedene Messen: In S. Maria Maggiore findet nachts eine Betlehemfeier (= »Engelamt«) statt, in der byzantinischen Hofkirche S. Anastasia am Morgen das Patrozinium der hl. Anastasia (= »Hirtenamt«), das Fest der Geburt feiert der Papst dann in St. Peter, in späterer Zeit in S. Maria Maggiore (= »Menschenamt«). Die erste Weihnachtsmesse stellt mit dem Evangelium nach Lukas 2,1–7 die Geburt Jesu in den Mittelpunkt. Die zweite Messe am frühen Morgen thematisiert die Verkündigung an die Hirten und deren Besuch an der Krippe; die dritte Messe am Tag verwendet den Prolog des Johannesevangeliums (Joh 1) und betrachtet so Jesu Geburt grundsätzlich und theologisch.

103

Während sich die Dreizahl der Gottesdienste am Weihnachtstag in der Weltkirche durchsetzte, blieb der Brauch, diese Gottesdienste in drei verschiedenen Kirchen zu feiern, im wesentlichen auf Rom und den Papst beschränkt. Für Köln läßt sich aber nachweisen, daß hier der Erzbischof den römischen Brauch übernahm: Den ersten Gottesdienst feierte der Erzbischof im Hohen Dom, von wo er in der Nacht »zur Heiligen Jungfrau auf dem Kapitol« zog, der Prozessionskirche Sankt Maria im Kapitol, die für Köln die Funktion der Betlehemer Geburtsgrotte übernommen hatte. Nach der dortigen Mitternachtsmette ritt der Bischof auf einem weißen Maultier zur Stiftskirche St. Cäcilien weiter, wo er die »missa in aurora«, d. h. die Messe am frühen Morgen, feierte.

(4) Weihnachten wird emotionsgeladen: 9.–16. Jahrhundert

Marien- und Christusfrömmigkeit führten vor allem durch die Mystik zur Verinnerlichung. Schon seit dem 4. Jahrhundert entstehen besondere Hymnen und Responsorien (Antwortgesänge) innerhalb der Weihnachtsliturgie, immer ausgedehntere Krippenfeiern, Darstellungen der Weihnachtsereignisse in der bildenden Kunst und neue Brauchtumsformen wie Kindleinwiegen und Wiegenlieder. Franziskus von Assisi errichtet 1223 in Greccio erstmals eine dreidimensionale Krippe mit lebenden Figuren. Das Bild von der Krippenszene war schon seit dem 2./3. Jahrhundert bekannt, eine Krippe mit Kind – allerdings ohne alles andere – wurde bereits im 3. Jahrhundert in S. Liberiana und S. Maria Maggiore in Rom aufgestellt. Die Inszenierung der Geburtsszene in Form von aufgestellten Figuren hält langsam Einzug in den Kirchen.

(5) Weihnachten wird zum Kinderbeschenktag: 16.–19. Jahrhundert

Um 1535 schafft der Reformator Martin Luther die Kinderbescherung am Nikolausabend durch Nikolaus ab. Protestantische Kinder erhalten jetzt an Weihnachten Geschenke durch den »heiligen Christ«. Das »Christkind« erobert zuerst das evangelische Deutschland und schließlich auch – konfessionsüberschreitend – das katholische (Rheinland ab 1900). In den protestantischen Niederlanden dagegen bleibt das Schenkfest am Nikolaustag ebenso erhalten wie Nikolaus als Gabenbringer. Der von den Niederlanden in die »Neue Welt« exportierte Nikolaus wird zum Santa Claus, verlegt aber die Bescherung auf den 25. Dezember. Vermischt mit aus Deutschland importierten Vorstellungen eines »Väterchen Winters« verliert Santa Claus die eindeutige Bischofskleidung (Mitra, Stab, Brustkreuz, Chormantel, Stola etc.) und erhält einen mit Pelz besetzten Mantel und eine ebensolche Plümmelmütze. Nur noch die rote Farbe des Mantels erinnert an die bischöfliche Bekleidung, und die Plümmelmütze verdeckt mehr, als daß sie daran erinnert, daß sich hinter ihr die »phrygische« Mütze verbirgt, die typische Kopfbekleidung Kleinasiens und damit auch des Herkunftslandes von Nikolaus. Der hagere, asketische Nikolaus wird »umgestylt« und säkularisiert, die Figur ist ikonographisch und inhaltlich von Nikolaus und Weihnachtsgehalt gelöst. Als »Weihnachtsmann« in Europa reimportiert, löst er in evangelischen Haushalten das »Christkind« weitgehend ab, das dafür in katholische Familien einzieht. Zuerst durch die Coca-Cola-Werbung, dann überhaupt durch die Weihnachtswerbung der Konsumgüterindustrie wird der Weihnachtsmann zum »Logo« eines »Schenkweihnachten«.

(6) Weihnachten wird zum Familienfest: 18.–20. Jahrhundert

Reformation, Gegenreformation, Katholische Reform und der evangelische Pietismus machen Weihnachten zum Familienfest. Ursprünglich mit der Feier in der Kirche verbundene Utensilien und Bräuche (Weihnachtslieder, Krippenspiel) werden von den Familien übernommen und im eigenen Haus nachvollzogen, – erst beim Adel und den Patriziern, dann bei immer weiteren Kreisen. Ehemals evangelisches Brauchtum (Christbaum, Adventskranz, Turmblasen, Quempas-Singen) vermischt sich mit katholischen Bräuchen (Weihnachtskrippe, Sternsingen). Unsere heutige Weihnacht entsteht als eine Mixtur aus nationalromantischen Vorstellungen des Biedermeiers, die im Deutsch-Französischen Krieg 1870/71 eine Verbindung mit nationalem Chauvinismus eingehen. Die Einführung der Eisenbahnen erlaubt die flächendeckende Ausbreitung des Weihnachtsbaumes, die Erfindung von Wachsersatzstoffen gestattet den Einsatz der Christbaumkerzen in allen Bevölkerungsschichten, die sozialen Verhältnisse der städtischen Arbeiterfamilien mit im Haushalt tätigen Frauen und Müttern prägen das Fest als familienzentriert und konsumorientiert. Die Nationalsozialisten lösten das Weihnachtsfest von den christlichen Bezügen und versuchten, es als romantischen Friedenshort zu stilisieren, als Basisstation für Fronthelden. Während in Westdeutschland nach dem Zweiten Weltkrieg das Weihnachtsfest seine Vorbilder wieder im heimelig-romantischen Muster mit zunehmend konsumorientierten Einschlägen suchte, ging Ostdeutschland einen anderen Weg. Wie bei den Nazis suchten die sozialistischen Gewalthaber das Fest seines christlichen Sinnes zu entkleiden. Alle Begriffe, die sich auf

105

christliche Namen beriefen, wurden systematisch ausgetauscht. Im Sozialismus wurde Weihnachten zum reinen Familienfest, weite Kreise haben keine christlichen Bezüge mehr erhalten.

(7) Weihnachten steht in der Gefahr, folkloristisches Konsumfest zu werden: 20. Jahrhundert

Seit dem 19. Jahrhundert kommt es zum Konfessionsgrenzen überschreitenden Brauchaustausch und zur Wiedereinführung von einst Abgelehntem: Martins- und Nikolaustag feiern evangelische und katholische Kinder in konfessionell gemischten Gebieten weitgehend gemeinsam; für das Sternsingerbrauchtum gilt dies wohl noch nicht überall; dagegen hat die evangelische Bischöfin Jepsen (Hamburg) die »Kinderbischöfe« wieder eingeführt, die von der Reformation heftig bekämpft und dann auch im Katholizismus aufgegeben wurden. Im Rahmen des »heimeligen« und romantischen Familienweihnachtsfestes entstehen viele neue Weihnachtslieder.

Weihnachten – Aus: Norman Rockwell, Magazine Covers. New York/London/Paris 1990

Was Aufklärung und Nationalismus im 19. und 20. Jahrhundert nicht geschafft haben, gelingt seit dem Ersten Weltkrieg: In dem Maße, wie der religiöse Inhalt des Weihnachtsfestes sich für viele Menschen verflüchtigt, dirigiert der Handel Form und Ablauf des Weihnachtsfestes, der »Weihnachtssession«. Sie wird Ende September durch den »Aufmarsch der Weihnachtsmänner« in den Supermarkt-Regalen eröffnet und angezeigt. Pflichtpräsente, postalische Weihnachtsgrußsendungen und vieles mehr prägen diese Art von Weihnachten. Der Einzelhandel erledigt durch das Weihnachtsgeschäft zwischen 25 und 33 Prozent seines Jahresumsatzes. Den Ersatz zur konsumorientierten Weihnachtsfolklore stellt für manche junge Leute die »Alternative Weihnacht« dar: Kneipenfeiern mit Party-Charakter und Tanz, Ferienreisen in winterliche Sonnenländer oder Skiferien in den Bergen. Elemente christlicher Weihnacht wie Weihnachtslieder werden ergänzt durch planmäßig produzierte Weihnachtsliedkonsumware; herkömmliche Weihnachtsmusik verliert ihren Sinn durch sinn-, pausen- und gnadenlose Reproduktion in Kaufhäusern und Radioprogrammen.

106

Wer gegen diesen omnipräsenten folkloristischen Konsumweihnachtsmoloch die Chance einer christlichen Weihnachtsfeier durchsetzen möchte, ist darauf verwiesen, zu den Quellen zurückzukehren und einen eigenen Weg zu suchen.

Zum Brauchtum von Advent und Weihnachten

Mit dem 1. Adventssonntag beginnt ein neues Kirchenjahr. Interessanterweise bewahrt das Christentum die Erinnerung an das Judentum, aus dem es hervorgegangen ist, dadurch, daß es sein Festjahr nicht etwa mit der Geburt des Erlösers beginnen läßt. Die vier Wochen des Advents symbolisieren die lange Zeit des Wartens der Juden auf den Erlöser, den Messias, den das Judentum ersehnt hat.

Die Adventszeit, nach dem Muster der österlichen Zeit gebildet, ist als eine Zeit der Vorbereitung ausgestaltet. Im Bereich von Gallien und Spanien war dies ursprünglich eine Zeit der Vorbereitung auf die Taufe, so daß sich Elemente der Taufvorbereitung und Buße mit der Lichtsymbolik der Weihnachtsvorbereitung und des Wartens auf die Ankunft des Herrn untrennbar verbanden. Vorbild der Advents- oder Winterquadragese (-fastenzeit) war das vierzigtägige österliche Fasten. Diese winterliche Fastenzeit begann früher mit Martini.

Damit bestimmte liturgische Zeiten durch weltliche Festlichkeiten in ihrem Bußcharakter keine Störung erfuhren, hatte das Konzil von Trient (1545–1563) einige Zeiten des Kirchenjahres – und hier besonders auch den Advent – als »geschlossene Zeiten« besonders akzentuiert. Das Kirchenrecht von 1917 verbot noch feierliche Trauungen (Brautmesse mit Brautsegen) in der Adventszeit einschließlich des ersten Weihnachtsfeiertages und in der österlichen Fastenzeit. »Aus gerechtem Grund« konnte jedoch der Ortsbischof dispensieren. Das Kirchenrecht von 1983 kennt diese Einschränkungen nicht mehr.

Adventskranz

Die Adventszeit hat eine größere Zahl älterer und ältester Bräuche wachgehalten; aber auch neuere Bräuche haben sich entwickelt und etabliert. Beliebtester Adventsbrauch ist heutzutage das Aufstellen eines Adventskranzes als Zeitmesser mit vier Kerzen für die vier Adventssonntage. Das seit dem 19. Jahrhundert bekannte Aufstellen oder Aufhängen von Adventskränzen, ein Brauch »halbsakralen Charakters«, ist – wenigstens im deutschsprachigen Raum – zu einer flächendeckenden »Bildgebärde« der Adventszeit geworden. Hervorgegangen ist der Adventskranz aus evangelischen Adventsandachten, die der Hamburger Pfarrer und spätere Berliner Oberkonsistorialrat Johann Hinrich Wichern (1808–1881) am »Rauen Haus« in Hamburg-Horn, einer 1833 von ihm

107

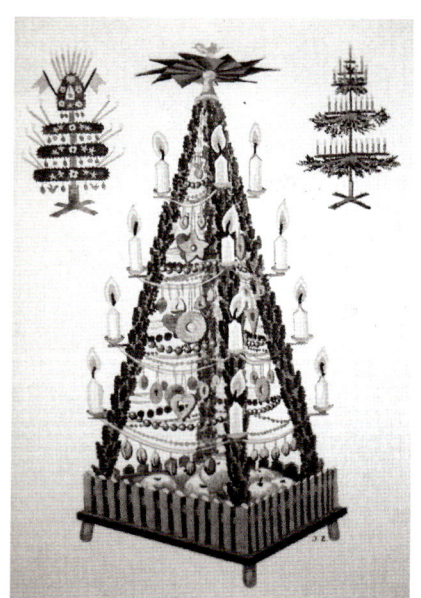

gegründeten Anstalt zur Betreuung gefährdeter Jugendlicher, eingeführt hat. Am 1. Adventssonntag wurde auf einem Tannenkranz eine Kerze entzündet, und dann jeden Tag eine mehr, so daß am Heiligen Abend 24 Kerzen brannten. Mit dieser Symbolik nahm Wichern das Wort vom »Licht, das in der Finsternis leuchtet« (Johannes 1,5) auf, das Christus als das »wahre Licht« kennt, das »Fleisch wurde und unter uns wohnte«. Der Advent sollte durch die Adventskerzen immer mehr Licht geben und in Christus, dem Licht des Weihnachtsfestes, münden.

Die Form des ursprünglichen Adventskranzes mit 24 Kerzen bot allerdings Schwierigkeiten, weil Kränze dieser Größe nicht leicht herzustellen und zu gebrauchen waren. Ihr Vorbild finden wir in den großen kreisrunden Leuchtern romanischer Kirchen (Aachen, Hildesheim). Alternativen, Adventsgestelle oder sogar Adventsbäumchen, wurden von den Menschen nicht angenommen. Erst als man auf die Idee kam, statt einer Kerze pro Tag nur eine Kerze pro Adventssonntag, also insgesamt bloß vier zu nehmen, erhielt der Adventskranz die heutige Form und setzte sich – von Norden nach Süden – als Element für Gruppen (Familie, Gemeinde, Schule) durch.

Nach dem Ersten Weltkrieg begann der Adventskranz überkonfessionell zu werden, denn seine Symbolik vertrug sich durchaus mit den liturgischen Vorgaben der katholischen Kirche: das Licht als Bild für Christus, die Tannenzweige als Hinweis auf Christi Geburt. Zur Verbreitung des Adventskranzes beigetragen hat sicher auch die Tatsache, daß Adventskränze und -gestecke in zahlreichen Varianten durch Gärtnereien und Blumengeschäfte angeboten werden.

Adventskalender

Eine ähnliche Funktion hat der Adventskalender für Kinder, der die Tage des Dezembers bis Weihnachten zählt. Er wurde ebenfalls von evangelischer Seite um 1850 entwickelt und begleitet vom 1. bis zum 24. Dezember. Er nimmt nicht die vier Adventssonntage wie der Adventskranz, sondern den Kalendermonat zur Berechnungsgrundlage. Adventsgliederungen dieser Art scheinen aber älter zu sein, wie ein Bild des Malers Petrus Christus aus Brügge zeigt: Im 15. Jahrhundert zeigt er in einem seiner Bilder die Gliederung des Advents in

24 Tage. Die »modernen« Adventskalender des 19. Jahrhunderts erprobten das »Abstreichen« oder »Abreißen« der 24 Werktage und Sonntage durch Kreidestriche, Abreißkalender, stückweises Abbrennen von Kerzen mit aufgeklebter Tageszählung, Weihnachtsuhren und Weihnachtsleitern (mit Stufen für jeden Tag).

Urheber der gedruckten Adventskalender mit Klapptürchen, die im Gegensatz zum Adventskranz je einem einzelnen Kind gehören, scheint der Münchner Verleger Gerhard Lang zu sein, der 1908 die ersten Exemplare druckte. Diese Adventskalender, die sich vielfach bloß als »Weihnachtskalender« verstanden, gerieten durch die Nazis von der christlichen Symbolik ab und hin zur Darstellung von Märchenmotiven. Die Entdeckung der Adventskalender durch die Süßwarenindustrie hat den Prozeß der Entchristlichung der Adventskalender keineswegs aufgehalten. Evangelische oder katholische Adventskalender, die Kindern helfen wollen, den Advent bewußt als Vorbereitungszeit auf Weihnachten zu erleben, sind zwar in der Minderzahl, aber vielfach von hoher pastoraler und pädagogischer Qualität.

Christkindlmarkt in Nürnberg –
Foto: Stoja Kunstverlag, Nürnberg

Quatembertage

Mittwoch, Freitag und Samstag in den vier Wochen des Jahres, die ungefähr mit dem Beginn der jeweiligen Jahreszeiten zusammenfallen, bezeichnet man in Rom seit dem 8. Jahrhundert als »quattuor tempora« (lat.: vier Jahreszeiten), wovon sich der Name »Quatember« und »Quatembertage« ableitet. Der Winterquatember fällt in die Woche nach Luzia (13. Dezember). Gebet, Fasten und gute Werke sollen die geistliche Erneuerung der christlichen Gemeinde befördern. Nach der römischen Liturgiereform von 1969 haben die deutschen Bischöfe den Winterquatember in die erste Adventswoche gelegt. Innerhalb der Quatemberwoche kann der Termin auf einen Tag konzentriert werden. Während die Quatembertage früher definitiv fleischlos waren und nur eine sättigende Mahlzeit bieten durften, kann das Fasten heutzutage auch in Form eines anderen Verzichts ausgeglichen werden.

Krippe füllen

Fast völlig untergegangen ist ein Brauch, der – ähnlich dem bekannten »Fleißkärtchen« – pädagogisch falsch genutzt wurde: das Strohhalmlegen, auch »Krippe füllen« genannt. Dafür wird die Krippe, die am Heiligen Abend unter dem Weihnachtsbaum steht, bereits am 1. Adventssonntag leer aufgestellt. Jedes Kind im Haus, das im Advent eine gute Tat vollbringt – Streit schlichtet, freiwillig im Haushalt hilft, eine gute Note mit nach Hause bringt usw. –, darf einen Strohhalm in die Krippe legen. Ziel ist es, das Jesuskind zu Weihnachten möglichst weich zu betten, also mit Hilfe vieler guter Taten die Krippe mit Stroh zu füllen. Der alte Brauch vermittelt anschaulich, wird er mit Verstand ausgeführt, daß Verzicht auf Eigennutz und Streit sowie Verwirklichung von Friedfertigkeit und tätiger Nächstenliebe eine tragfähige Basis für den Christen abgeben. Ein gutes Gewissen und gute Taten sind ein sanftes Ruhekissen.

Rorate-Messen

Der Advent wird geprägt durch das Warten auf die Ankunft des Messias. Seinen liturgischen Ausdruck findet das Warten eindrucksvoll in den sogenannten »Rorate-Messen«, die ihren Namen – zurückgehend auf den Propheten Jesaja – vom Text des Eingangsgebetes dieser Messen haben: »Rorate, caeli, desuper, et nubes pluant iustum«. In deutscher Sprache heißt dies: »Tauet, ihr Himmel, von oben! Ihr Wolken, regnet herab den Gerechten« (vgl. Jesaja 45,8) oder – wie es in einem deutschsprachigen Lied heißt: »Tauet, Himmel, den Gerechten, / Wolken, regnet ihn herab ...«. Mit diesen Worten aus dem alttestamentlichen Buch Jesaja beginnt die sogenannte Rorate-Messe, einer Votiv-(Bitt-)messe zu Ehren der Gottesmutter im Advent.

Vor allem in den Alpenländern war dieser Gottesdienst auch unter dem Begriff »Engelamt« bekannt und beliebt, weil das Evangelium von der Verkündigung des Herrn durch den Engel Gabriel berichtet. Bis zur Liturgiereform wurde diese Messe mancherorts vom 17. bis 24. Dezember täglich oder auch an allen Werktagen oder nur an den Samstagen des Advents gefeiert. Dadurch, daß in dem seit 1969 gültigen Meßbuch jeder Tag im Advent eigene Texte erhalten hat, sind die Rorate-Messen als besondere Frömmigkeitsübung stark zurückgegangen. Heute sind sie nur noch an den Werktagen des Advents bis einschließlich 16. Dezember gestattet.

Seit wann es Rorate-Messen gibt, ist unbekannt. Diese besonderen Eucharistiefeiern waren bei den Gläubigen außerordentlich beliebt und wurden meist auf Jahre voraus – in einem bestimmten Anliegen – »bestellt«. Sie wurden am frühen Morgen vor dem ausgesetzten Allerheiligsten gefeiert. Der Kirchenraum wurde nur durch die Kerzen am Altar und die von den Gläubigen mitgebrachten Kerzen erhellt. Mit ganz besonderer Feierlichkeit beging man das Rorate-Amt am Quatember-Mittwoch der Adventszeit, die sogenannte »Goldene Messe«. Die Bedeutung dieser Messe strahlte so sehr aus, daß die Rorate-Messen in manchen Gegenden allgemein »gulden mehs« hießen.

Die Rorate-Messen in der Adventszeit dienten und dienen der Vorbereitung auf das Fest der Geburt Christi. Die ausgeprägte Lichtsymbolik verweist auf Christus, der mit der aufgehenden Sonne verglichen wird. Der Volksglaube schrieb den Rorate-Messen besondere Wirksamkeit zu: für die Familie, die Lebenden, die Toten, aber auch für das Vieh, Haus und Hof. Fruchtbarkeit im kommenden Jahr sollte durch die würdigen Gottesdienste erwirkt werden. Im Mittelalter und im Barock wurden die Gottesdienste durch szenische Darstellungen erweitert. Den meist leseunkundigen Menschen stellte die Kirche die Heilsgeschichte spielerisch vor Augen: Die Erzählung von den klugen und den törichten Jungfrauen (11. Jh.), Teile der Kindheitsgeschichte Jesu wie Verkündigung, Herbergssuche.

Immaculata-Fest

Ein Marienfest fällt in den Advent: Traditionell feiert die Kirche am 8. Dezember das Fest der Unbefleckten Empfängnis Mariens, das heute »Hochfest der ohne Erbsünde empfangenen Jungfrau und Gottesmutter Maria« genannt wird. Eingeführt wurde das Fest 1263 durch Bonaventura für den Franziskanerorden; Festinhalt ist die Zeugung und Empfängnis Mariens. Das ältere Fest der Geburt Mariens findet am 8. September statt. Es leitet sich vom Tag der Weihe einer Kir-

111

che in Jerusalem ab, die der hl. Anna, der Mutter Mariens, geweiht war. Eben dieser Festtermin führte zum 8. Dezember (8. September abzüglich neun Monate = 8. Dezember).

In der Ostkirche wird dieses Fest seit dem 8. Jahrhundert gefeiert, in der Westkirche kam es, von England ausgehend, seit dem 11. Jahrhundert auf, setzte sich aber erst im 14. Jahrhundert durch, als theologisch die Lehre von der unbefleckten Empfängnis geklärt war. Die Aussage: »Maria ist unbefleckt empfangen« steht im Zusammenhang mit der von Augustinus (354–430) ausgearbeiteten Erbsündenlehre. Erbsünde wird als ein Schuldzusammenhang gesehen, in den alle Menschen hineingeboren werden. Heute wird dies auch gesellschaftlich interpretiert: Dem Haß, der Lüge und dem Egoismus in dieser Welt kann sich niemand entziehen. Der Mensch wird im Glauben an Christus von innen her von der Sünde befreit. Von der Verstrickung in die Erbsünde hat Christus die Menschen erlöst. In Maria ist der neue Typ von Mensch von Anfang an Wirklichkeit. Von den Theologen war Marias Befreiung von der Erbsünde nie bestritten worden. Umstritten war jedoch, wann dies geschehen sein soll. Da Maria selbst nicht jungfräulich geboren war, mußte sie zu irgendeinem Zeitpunkt – und das Mittelalter ging z. T. davon aus, dies sei erst durch die Verkündigung des Engels geschehen – von der Erbsünde befreit worden sein. Dann setzte sich die Meinung durch, die Befreiung Mariens von der Erbsünde sei bereits im Augenblick ihrer Empfängnis durch ihre Mutter Anna erfolgt. Erst 1854 wurde durch Papst Pius IX. diese Erkenntnis dogmatisiert. In der lateinischen Kirche ist dieses Marienfest das bedeutendste, beinhaltet es doch die besondere Auserwählung Marias, die über sie hinaus auf Christus verweist. Das Marienfest ist nicht mit eigenem Brauchtum verbunden. Vielerorts war und ist der Festtermin aber Auftakt der Weihnachtsbäckerei. Ab diesem Tag werden Stollen und Plätzchen gebacken.

Heilige der Adventszeit

In die Adventszeit fallen einige Heiligenfeste, die nachhaltig das mit ihnen verbundene Brauchtum prägten. Dazu gehören natürlich die an anderer Stelle behandelten Feste der Heiligen Martin und Nikolaus, aber auch die der Heiligen Andreas, Barbara, Luzia, Thomas und – je nach Datum des 1. Adventssonntags – Katharina.

Katharina – 25. November

Der Gedächtnistag der hl. Katharina von Alexandria wird am 25. November gefeiert. Die Heilige mit dem zerbrochenen Rad als ikonographisches Symbol gehört zu den »Drei heiligen Madln« oder »Drei heiligen Jungfrauen« (mit Margareta und Barbara) und zu den Vierzehn Nothelfern. Über ihr Leben ist fast nur Legendarisches bekannt. Sie soll zu Beginn des 4. Jahrhunderts den Märtyrertod gestorben sein, weil sie nicht bereit war, dem Christentum abzuschwören. Die Katharinenverehrung hat besonders bei Bauern ihren Niederschlag gefunden. Am 25. November endete die Weidezeit, und die Schafschur begann. Auf Kathrein erhielten Mägde und Knechte Lohn und konnten ihre Stelle wechseln. Am Abend des Tages fand der Kathreinstanz statt, einer der Höhepunkte des Jahres.

Andreas – 30. November

Am letzten Tag im November wird des heiligen Apostels Andreas gedacht. Bis ins 9. Jahrhundert endete das Kirchenjahr an diesem Tag. Seit dieser Zeit ist der Andreastag mit Jahresend- und Jahresanfangsbrauchtum verbunden. Andreas, ursprünglich Jünger des Täufers Johannes und älterer Bruder des Simon Petrus, stammte aus Betsaida und lebte als Fischer in Kafarnaum am See Gennesaret. Er gehörte zu den ersten vier von Jesus berufenen Jüngern. Sein griechischer Name (andreios) bedeutet »mannhaft, tapfer«. Nach alten Überlieferungen missionierte Andreas nach Jesu Tod und Auferstehung in Pontus, Bithynien, Gegenden südlich des Schwarzen Meeres, in den unteren Donau-Ländern mit Thrakien und in Griechenland. Nach einer Quelle des 4. Jahrhunderts soll Andreas dort am 30. November 60 am schrägen Kreuz (= Andreaskreuz) den Märtyrertod erlitten haben. Die Reliquien (Translations-[Überführungs-]fest am 9. Mai) befinden sich seit 357 in der Apostelkirche in Konstantinopel, wo ihnen – in Rivalität zum römischen Apostelfürsten Petrus – besondere Verehrung zukommt. Das Andreasfest am 30. November ist schon bei dem Kirchenlehrer Gregor von Nazianz (329/30–390) bezeugt. Der westliche Andreas-Kult geht auf den heiligen Bischof und Kirchenlehrer Ambrosius

113

(um 339–397) zurück. 1462 steigert sich die Andreas-Verehrung durch die Übertragung des Andreas-Hauptes nach Rom; die Rückgabe der Reliquie an Patras erfolgte am 26.9.1964 durch Papst Paul VI. (1963–1978).

In der Kunst wird Andreas meist mit langem und starkem Bart dargestellt; neben den generellen Attributen von Schriftrolle und Buch sind ihm Fisch, Fischernetz, Strick und das Diagonalkreuz (lat.: crux decussata = Andreaskreuz) erst seit dem späten Mittelalter beigestellt. Herzog Philipp der Gute gründete 1429 den Orden vom Goldenen Vlies, dessen Patron Andreas ist, wie er es bereits für das burgundische Herzoghaus und das Land Burgund war; das Andreaskreuz ist Bestandteil des Wappens von Burgund. Andreas ist Schutzpatron von Rußland, Griechenland, Spanien und Schottland (engl.: Andrew; vgl. auch das Andreaskreuz als Bestandteil der britischen Flagge). Stadtpatron ist der Heilige in Neapel, Ravenna, Brescia, Amalfi, Mantua, Manila (Innenstadt), Brügge, Bordeaux und Patras. Andreas ist Patron der Fischer, Fischhändler, Seiler, Metzger, Wasserträger, alten Jungfrauen, Bergwerke. Er wird angerufen um Heirat, Kindersegen, gilt als Helfer bei Halsweh, Gicht, Krämpfen und Rotlauf (= Andreas-Krankheit). Der Heilige hatte solche Bedeutung, daß von 1537 bis 1678 der Dezember auch als »Andreas-Monat« bezeichnet wurde.

Am Andreastag finden abergläubisch-scherzhafte Heirats- und Liebesorakel statt. Die Andreasnacht war Losnacht (Losen = Wahrsage, Vorhersage). Weit verbreitet war das Apfelorakel: Ein Mädchen schälte einen Apfel so, daß die Schale ein unzerschnittenes, langes Band bildete. Dieses warf sie hinter sich. Ließ sich aus dem Apfelschalenband ein Buchstabe erkennen, so war es der erste Buchstabe im Namen des Zukünftigen. In Sachsen pflegte man das Tremmelziehen: Um Mitternacht mußte ein Mädchen schweigend ein Holzscheit aus dem aufgestapelten Holz ziehen. Ein gerades und glattes Scheit kündigte einen jungen, starken Ehemann an, ein Aststück einen alten, krummen. Im Harz genossen die Mädchen zwei Becher Wein als Schlaftrunk und glaubten, im Traum ihrem Liebsten zu begegnen. In Thüringen deckten sie ihm den Tisch und öffneten das Fenster in der Hoffnung, daß er sich zeige. In Böhmen wurde das Lichtelschwimmen praktiziert: Doppelt so viele Walnußschalen, als sich Mädchen versammelten, wurden mit einer kleinen Kerze versehen in einen großen Wasserbottich gesetzt. Jedes Mädchen hatte so sein eigenes Licht und ein weiteres, dem es im stillen den Namen des erwünschten Zukünftigen gab. Die Nußschalen, die sich trafen, symbolisierten nach dem Orakel ein zukünftiges Brautpaar. Andernorts stiegen die Mädchen rückwärts mit dem linken Fuß zuerst ins Bett und sagten dabei:

114

»Heiliger Andreas, ich bitt',
Daß ich mei Bettstatt betritt,
Daß mir erscheint
Der Herzallerliebste mein,
Wie er geht
Und wie er steht
Und wie er mi zum Traualtar führt.«

In Hessen ließen sich die Mädchen von einer unbescholtenen Witwe schweigend und ohne Dank einen Apfel schenken, aßen die erste Hälfte vor und die zweite nach Mitternacht und glaubten so, vom Liebsten zu träumen. Anderswo legte man die zweite Apfelhälfte unter das Kopfkissen. Wieder in anderen Gegenden schlichen die Mädchen heimlich in den Hühnerstall. Gackerte ein Huhn, sollten sie ledig bleiben, krähte der Hahn, so stand die Hochzeit bald vor der Tür. Andere Mädchen umspannten mit den Armen den Gartenzaun; die Anzahl der erfaßten Latten gab die noch zu wartenden Jahre wieder. Auch noch andere Gelegenheiten (z. B. Holzspäne auszählen, um Mitternacht in den Brunnen schauen, mit neuem Besen das Zimmer ausfegen, am Andreasmorgen eine Knospe finden, eine Kerze abbrennen lassen, am Nachbarhaus horchen) dienten dem Auszählen der Wartezeit oder dem Erkennen des Zukünftigen. Der Andreastag war mancherorts auch Schlachttermin. In den Vereinigten Staaten begeht man noch heute diesen Tag in diesem Sinne. Es gibt Rindergulasch oder Brunswick Stew. Als ursprüngliche Nacht des Jahreswechsels hatte die Andreasnacht früher ähnliche Bedeutung wie heute der Silvesterabend. Deshalb fand das heute noch übliche Bleigießen auch zu diesem Zeitpunkt statt: In Oberfranken gehört der Abend den Paretla: mit alten Lumpen verkleidete Kinder, das Gesicht mit Ruß geschwärzt, ein Bart aus Flachs, Kapuze, Sack und Reisigbesen. Wenn sie vor ein Haus kommen, singen sie:

»Heint ist die Paretnocht.
Hot mei Vater an Gasbock gschlocht,
Hot na neina Ufn gschiert,
Is er widder rausmarschiert.«

Äpfel, Plätzchen oder auch Geld sind der Lohn dieses Heischebrauches.

In Süddeutschland und in Österreich beginnen in der Andreasnacht die Klöpfelnächte, in der die Klöpfelgeher mit Hammer und Besen gegen die bösen Mächte hinausziehen, die im Dunkeln alle Häuser umgeistern. Mit Glocken und Knarren wird gelärmt, Wände und Türen abgeklopft, damit alles Böse entfleucht

(Lärmbrauchtum). Natürlich erhalten die Glücksbringer freundliche Gaben. In den Nächten der drei Donnerstage vor Weihnachten (Klöpflitage) ist das Anklöpfeln besonders verbreitet. Dieser Brauch steht in der Tradition der Zukunftsbeschwörung: Glückwunschsprüche, Lärm zur Vertreibung böser Geister, Vermummung, um den Geistern unkenntlich zu sein, verweisen ebenso darauf wie manche Namen. Mancherorts gab es Perchtenläufe, um die Dämonen von den Feldern zu vertreiben, z. T. durch Krampuslaufen mit Teufelsmasken mit Hörnern und Schellen am 5. Dezember ersetzt. Die Anklopfer (= Klöckler) heißen in Kärnten Lisner, d. h. Lauscher = Zukunftslauscher. Am Pfefferlestag (28. Dezember) revanchierten sich die Klöckler, indem sie ein Gegengeschenk in das Haus »pfefferten«.

Anton Bischof: Anklopfen der Kinder am »Klopferstag« (1920) – Foto: Archiv des Autors

Im 16. Jahrhundert wandelte sich das Klöpfeln oder Klöckeln zu einem Heischebrauch. Wurde zunächst noch um Gaben gebettelt, verlangte man sie später fast schon unter Druck, was dazu führte, daß der Brauch von protestantischen Kreisen bekämpft und von katholischen reformiert wurde. Die Kinder übernahmen ab jetzt zunehmend das Klöpfelrecht von den Erwachsenen. Erhalten hat sich der Brauch in Österreich und in einigen Gemeinden Bayerns und Frankens.

Im Schweizer Kanton Thurgau besteht statt des Klöpfelns der Brauch des Bochselns. Angeblich stammt das Bochseln aus der Pestzeit im 17. Jahrhundert, wo man von außen mit kleinen Steinen gegen die Fenster der Häuser warf, um ohne Ansteckungsgefahr festzustellen, ob im Haus Menschen überlebt hatten. Durch die Straßen zieht ein Zug, wobei die Teilnehmer auf Stöcken »Bochseltiere« tragen, von innen erleuchtete Rüben, die als Tierfratzen gestaltet sind. Die Teilnehmer lärmen, »klöpfeln« mit Kieselsteinen an die Fenster und erhalten Gebäck, Äpfel, Nüsse, Wurst und Zwiebelbrot zum Geschenk. Im Kanton Zürich heißt der Brauch Haggeri: Ein Haggeri, ein an einer langen Stange gehaltener, von innen erleuchteter hölzerner Pferdekopf mit klapperndem Kiefer wird von einer Gruppe mit Schellen und Peitschen in der Mitte geführt. Von den Fenstern im ersten Stock der Häuser werden Geldstücke in eine Öffnung des Kopfes gelegt.

An einem der Klöpflitage überreichte der junge Mann in Südtirol dem Mädchen seines Herzens das Klöpflischeit, ein aus dünnen Stäben gebasteltes käfigähnliches Häuschen. Nahm das Mädchen die Werbung an, hing es das Klöpflischeit in seinem Zimmer sichtbar auf.

In ganz alten Zeiten besuchte der Belzemärtel (= Pelzmärtel) am Andreasabend die Kinder, belohnte oder bestrafte sie. Später hat sich dieser Brauch auf Nikolaus verlagert. Die Kinder im Riesengebirge hängen aber noch am Andreasabend ihre Strümpfe vor das Fenster. Am Morgen sind die »Andreasstrümpfe« mit Äpfeln, Nüssen und dem Andreaskranz, einem Hefegebäck mit Rosinen, gefüllt. Schenk- und Kaufbräuche haben sich auch in anderen Gegenden erhalten. In Schweinfurt verschenkte man Andreasbrote an die Armen, und in Schottland backen die Bäcker am Tag ihres Nationalheiligen Andreasbrot, in der Schweiz und anderswo finden Andreasmärkte statt. In Böhmen gehörte alles Garn, das die Mägde am Andreastag gesponnen hatten, den Mädchen (Andreasgarn). Die Bäuerin schenkte den Mägden zusätzlich Flachs und Geld, damit sie die Freundinnen und Freunde bewirten konnten, die sie am Abend des Andreastages in der Spinnstube besuchten.

Das Schneiden von Zweigen an Andreas (Andreasreiser, vgl. Barbarazweige) war im 15./16. Jahrhundert statt am Barbaratag üblich. Damit verbunden waren Orakelbräuche: Frauen, die im Mittelalter am Andreastag einen Weichselzweig schnitten und ihn ins Wasser stellten, konnten mit dessen Hilfe in der Christnacht angeblich erkennen, wer eine Hexe war. Diese trug dann nämlich ein hölzernes Gefäß auf dem Kopf. Am Andreastag geschnittene Zweige mußten nach besonderen Regeln geschnitten und zusammengestellt werden. Grüne Lebensruten bringen besonders Glück, wenn man sie am Andreasabend um sechs, neun oder zwölf Uhr schneidet. Am besten ist es, wenn die Andreasreiser von sieben oder neun verschiedenen Bäumen oder Sträuchern stammen: Apfel, Birne, Kirsche, Pflaume, Roßkastanie, Holunder, Himbeere, Johannisbeere, Stachelbeere. Die Zweige müssen schweigend und ungesehen geschnitten werden. Drei Zweige werden mit je einem farbigen Band gekennzeichnet. Jede Farbe bezeichnet einen Wunsch. Blüht der betreffende Zweig zu Weihnachten, geht der Wunsch in Erfüllung.

An der Art des Wetters an Andreas schloß man auf das Wetter zu Weihnachten: Wenn es an Andreas schneit, der Schnee hundert Tage liegen bleibt.

Barbara – 4. Dezember 117

Die Legende nennt als Zeitpunkt ihres Martyriums und Todes die Regierungszeit des Christenverfolgers und Kaisers Maximian († 310; Mitkaiser Diokletians, 286–305) und Nikomedien als Lebensraum. Die Entstehung der Legende scheint im 7. Jahrhundert im byzantinischen Raum zu liegen. Der heidnische Vater Dioskuros ließ Barbara ihrer Sicherheit wegen in einen Turm sperren, wo sie als Symbol der Trinität ein drittes Fenster brechen ließ. Als Christin verfolgt, wird sie von ihrem eigenen Vater enthauptet, den darauf ein Blitz erschlägt. Vor ihrem Tod hatte Barbara die Verheißung erhalten, daß niemand, der sie anruft, ohne Sakramentenempfang stirbt. In Zeiten, in denen die Menschen von einem strengen Richter-Gott ausgingen, war das tägliche Gebet zur hl. Barbara aus diesem Grund zwingend. Dies erklärt auch die enorme Popularität dieser Heiligen bis in unsere Tage. Nach dem Zweiten Vatikanischen Konzil wird Barbara als historisch nicht gesicherte Heilige nicht mehr im Römischen Heiligenkalender geführt. Ihrer kulturhistorischen Bedeutung wegen wurde ihr Gedenktag aber in den Regionalkalender für das deutsche Sprachgebiet als nichtgebotener Gedenktag (lat.: memoria ad libitum) aufgenommen.

Die zunächst nur in der Ostkirche verehrte hl. Barbara wird um 700 im Westen genannt. Um 1000 sollen ihre Gebeine nach Venedig gekommen und von dort in das Kloster S. Giovanni Evangelista in Torcello gelangt sein. Seit dem 14. Jahrhundert wurden die Bergbaugebiete in Sachsen, Schlesien und Böhmen besondere Kultlandschaften der hl. Barbara. Die Verehrung in den Alpen, mit Ausnahme Tirols, stammt überwiegend aus der Gegenreformation des 17. und 18. Jahrhunderts. Im Ruhrgebiet fand die Barbaraverehrung Einzug mit den Bergarbeitern im neu eröffneten Bergbau.

Schon in vorchristlicher Zeit war der 4. Dezember ein besonderer Tag: Frau Holle, Bertha, Perchta, Holda und andere verzauberte Gestalten erschienen am Vortag und erschreckten die Menschen. In Oberfranken verfolgten mit Fetzen verkleidete junge Burschen, sogenannte »Bärbeli«, nach Einbruch der Dunkelheit die Mädchen, die sich noch außer Haus aufhielten, beschimpften sie und schlugen sie mit Ruten.

Barbara gilt besonders als Patronin der Sterbenden, zugleich aber auch der Bergleute – laut Legende öffnete sich während ihrer Flucht vor dem Vater ein Felsen und verbarg sie –, der Artilleristen, Baumeister, Turmwächter, Feuerwehrleute, Glockengießer und Glöckner. In Basel und St. Gallen feuern die Artilleristen am 4. Dezember beim Barbaraschießen 22 Kanonenschüsse zu Ehren der Heiligen ab. In Niederösterreich finden in Artilleriekasernen die oft ungezügelten Barbarataufen für junge Offiziere statt, und Barbara-Essen veranstalten die ehemaligen Artilleristen. Die Bergleute begingen früher den 4. Dezember als Feiertag mit Hochamt und festlichem Mahl: Bergmanns-Kapellen in Knappenuniformen begleiteten den Tag.

In Niederösterreich tragen die Frauen beim Kirchgang Barbarazweige, die während der Meßfeier geweiht werden. Barbara bildet mit Katharina und Mar-

118

gareta die Gruppe der »drei heiligen Madeln« (Bauernpatroninnen) unter den Vierzehn Nothelfern. Zusätzlich mit der hl. Dorothea bilden die vier Heiligen die »quattuor virgines capitales«, also die vier besonders heiligen Jungfrauen. Die mittelalterliche Verehrung belegen Barbaraspiele ebenso wie weitverbreitete künstlerische Darstellungen meist mit Turm und Kelch, aber auch mit Hammer, Fackel, Schwert als Marterinstrumente, später auch mit Bergmannswerkzeugen und sogar Kanonenkugeln.

Der Barbaratag kurz nach Beginn des Kirchenjahres war Lostag, an dem Zukunftsschau stattfand. Angeblich konnte jener, der um Mitternacht an einer einsamen Kreuzung lauschte, erfahren, was ihm im kommenden Jahr bevorstand. Im Burgenland ist die Tellersaat des Barbara-Weizens als »winterliches Grün« bekannt, andernorts heißt man es Adonisgärtlein. Man streut Weizen- oder Gerstenkörner auf einen flachen Teller, begießt sie mit Wasser und stellt das Ganze an einem geschützten Ort warm. Zu Weihnachten ist die Saat aufgegangen und bildet einen dichten grünen Busch, in den man als Hinweis auf das »Licht der Welt«, eben Christus, eine Kerze stellt. Bis heute werden am Barbaratag von Obstbäumen Zweige geschnitten und ins Wasser gestellt. Sie sollen zu Weihnachten blühen und den Glanz verdeutlichen, die die Geburt des Erlösers in die Nacht der Sünde gebracht hat. Verwendet wurden vor allem: Sauerkirsche, Apfel, Birne, Pflaume, Flieder, Linde – heute verwendet man auch Äste von Mandelbäumchen, Forsythie, Jasmin, Weide und Roßkastanie. In den Alpen nennt man die Barbarazweige »Barbarabaum«. In Niederösterreich erhielt früher jedes Familienmitglied einen eigenen Zweig, um daraus sein Glück ableiten zu können. Beim Schneiden der Zweige sollten bestimmte Regeln eingehalten werden. In Böhmen durfte man nur mit dem Hemd bekleidet und mit vom Baum abgewandtem Gesicht schneiden, andernorts nur während des Vesperläutens. Am Barbaratag umwand man früher die Obstbäume mit Stroh, weil man sich von diesem Brauch reichlichen Fruchtsegen erhoffte. Das Strohband sollte die Bäume vor dunklem Zauber bewahren. Auch Wetterorakel gab es am Barbaratag: Gibt Sankt Barbara Regen, bringt der Sommer wenig Segen.

Luzia – 13. Dezember

Die hl. Luzia (die Lichtvolle, von lat.: lux = Licht) ist historisch belegt. Etwa 286 in Syrakus auf Sizilien geboren, starb sie um 304 als Märtyrerin unter Kaiser Diokletian (284–305), weil sie keusch leben wollte und deshalb als Christin denunziert wurde. Bestattet wurde sie in einer frühchristlichen Katakombe, über die sich seit byzantinischer Zeit eine Kirche, S. Lucia, heute in der Neustadt von Syrakus gelegen, erhebt. Wo ihre Gebeine heute ruhen, ist umstritten, vor allem zwischen S. Geremia e Lucia in Venedig und dem Vinzenzkloster zu Metz in

Frankreich. In Italien ist Luzia eine populäre Volksheilige, deren Lied »Santa Lucia« weit über Italien hinaus bekannt ist.

Bis zur Gregorianischen Kalenderreform 1582 fiel der Festtag der hl. Luzia, der 13. Dezember, ein Lichtertag, auf die Wintersonnenwende, da durch die ungenaue Jahresberechnungsmethode »der Kalender nachging«, d. h., am 13. Dezember war nach dem Sonnenjahr bereits der 25. Dezember. Bekanntlich kurierte Papst Gregor XIII. (1572–1585) den Fehler dadurch, daß er 1582 einige Tage ausfallen ließ: Auf Donnerstag, den 4. Oktober, folgte unmittelbar Freitag, der 15. Oktober. Nicht überall folgte man der »papistischen« Kalenderreform, so daß in protestantischen und orthodoxen Ländern die alten Verhältnisse zum Teil noch bis in unser Jahrhundert erhalten blieben.

Weil der Luzientag somit – zumindest über Jahrhunderte für alle und Hunderte von Jahren noch für andere – in der dunkelsten Nacht begangen wurde, verband sich die Heiligengestalt, vor allen Dingen in den Alpenländern, mit vorchristlichen Dämonengestalten. Die grausige Luzia trat in verschiedenen Gestalten auf: als Lutzelfrau, Lussibrud, Luzienbraut, Pudelmutter, Butzenlutz, Lucka oder Luzia. Als häßliche Gestalt furchteinflößend, bedrohte sie schlampige Mägde und ungezogene Kinder. Wer nach dem abendlichen Angelus noch aus dem Haus ging, konnte ihr Opfer werden. Lügnern schnitt sie die Zunge ab. In der Luziennacht war es streng verboten, Brot zu backen, zu spinnen oder zu nähen. Wer es trotzdem tat, mußte mit der Rache der grausamen Luzia rechnen.

In Österreich trat Luzia in Begleitung des Nikolaus als Budelfrau oder an ihrem Festtag als weißgekleidete Lutscherl auf, in anderen Gegenden auch als Schnabelpercht. Mancherorts bestraft Luzia nicht nur, sondern belohnt geordnete Verhältnisse mit kleinen Gaben. In Schweden wird die Luziennacht als Mittwinternacht gefeiert. Dort ist Luzia zur lichtertragenden Gabenbringerin geworden. Das älteste Mädchen einer Familie tritt am Morgen des 13., dem Luzienmorgen, in einem langen weißen Kleid auf, den Kopf mit einem Kranz aus Preißelbeeren geschmückt, in den brennende Kerzen gesteckt sind. Diese Luzia weckt alle Familienmitglieder und serviert ihnen das Frühstück ans Bett. In den Dörfern und Stadtteilen wird am Vorabend der Luziennacht eine Luzienbraut gewählt.

Während fast alle Anklänge an die grausige Luzia inzwischen untergegangen sind, hat sich aus dem alten Brauchtum das »Lichtopfer« erhalten, ursprünglich wohl eine Art Beschwörungsopfer. Nach einem Gottesdienst setzen Kinder in Fürstenfeldbruck selbstgebastelte Papierhäuschen, die von innen durch eine Kerze erleuchtet sind, auf einem Brettchen auf dem Fluß Amper aus. Der wohl erst seit dem 18. Jahrhundert bestehende Brauch (Lichterschwemmen) wurde ursprünglich von Erwachsenen ausgeübt. Ähnliche Bräuche gab es im 17. Jahrhundert in Regensburg und in Wasserburg am Inn. In Franken bestehen seit jüngerer Zeit, nämlich unserem Jahrhundert, Lichterumzüge am Tag der hl. Luzia.

Luciabraut in Schweden – Foto: Hannelore Wernhard

Der Luzientag war früher mit Losbrauchtum und Wetterorakeln verbunden. Beispielsweise trennten Mädchen am Gedenktag ein Stück Weidenrinde ab, ritzten ein Kreuzzeichen in den Stamm und banden die Rinde wieder fest. Wenn sie am 1. Januar die Stelle wieder enthüllten, suchten sie aus den veränderten Zeichen die Zukunft zu deuten. Oder: Vor allem im Burgenland säte man am 13. Dezember Weizen in einen mit Erde gefüllten Teller (Tellersaat, Luziaweizen, Luzienweizen). Wenn die Saat bis zum Heiligabend aufging, kündigte dies ein gutes Erntejahr an. Besonders Mutige wagten sich in der Luziennacht nach draußen, um den Luzienschein zu sehen, der die Zukunft deuten sollte. – Wie Barbarazweige schneidet man am 13. Dezember Kirschzweige als Luzienzweige. Der Festtag der Luzia war im Mittelalter zeitweise und in verschiedenen Gebieten Kinderbeschenktag für Mädchen.

Apostel Thomas – 21. Dezember

Seit der Neuordnung des römischen Festkalenders wird der Gedächtnistag des hl. Thomas am 3. Juli begangen. Früher aber wurde der Festtag des »ungläubigen« Apostels Thomas nicht ohne Grund am 21. Dezember (in den Ostkirchen: 3. Juli oder 6. Oktober) gefeiert, sind doch durch ihn der Zweifel, die Unsicherheit und die fragwürdige Hoffnung personifiziert. Mit der Menschwerdung Christi am 25. Dezember werden – so die alte Dramaturgie – alle Zweifel überwunden sein. Der Apostel Thomas soll nach der Himmelfahrt Christi – erzählt die Legende – in Armenien, Medien, Persien und Indien missioniert haben. In Indien habe er auch die Heiligen Drei Könige getroffen, getauft und zu Priestern und Bischöfen geweiht. Im Jahr 72 sei Thomas hinterrücks durch einen Lanzenstoß ermordet worden.

Das Brauchtum des Thomastages am 21. Dezember ist fast durchgängig vorchristlichen Ursprungs. Im südlichen Deutschland und in Österreich galt

121

nämlich die Nacht vom 21. auf den 22. Dezember als die längste und als erste der Rauhnächte, auch Rumpelnacht genannt. Thomas verbindet sich hier mit Wotan, tritt als Unhold mit einem feurigen Thomaswagen auf, mit dem einst Wotan in wilder Jagd durch die Lüfte sauste. Mit einer Peitsche kann Thomas – der Sage nach – Augen ausschlagen. Als Thomasnigl – Verschmelzung von Thomas und

Nikolaus – tritt der »Heilige« in Österreich auf, ebenso als Thomaszoll, in Tiergestalt oder als Percht. Im Bayerischen Wald erhält Thomas Wotans Werkzeug und wird so zum »Thomma mit'n Hamma«. Schreckgestalten sind auch der Haller-, Holle-, Ketten- und der Rumpelthomas.

Am Vorabend des Thomasnacht wird ein besonderes Gebäck hergestellt: das Früchte-, Hutzel-, Kletzen- oder Schnitzelbrot (in Österreich: Zelten). Gegessen werden durften die Brote aber erst zu Weihnachten. In manchen Gegenden war es üblich, daß die Frauen während des Backens mit bemehlten Armen nach draußen gingen, um die Bäume zu umarmen, die so fruchtbar gemacht werden sollten (Baum wecken). Sogar Wunderkräfte wurden von der Thomasnacht erwartet. So zeigt der weitverbreitete Glaube: Wenn ein Mädchen sein Waschwasser über Nacht vor die Türe stelle und sich darin morgens wasche, werde es ein schönes Gesicht erhalten.

Nur natürlich ist es deshalb, daß sich die Thomasnacht auch für Orakel- und Losbrauchtum eignete. Das Thomasorakel ist eine sogenannte Tellersaat: Gerstenkörner werden in einem Topf mit Erde in einen geheizten Raum gestellt. Nach Weihnachten kann man ablesen, ob das Wetter des nächsten Jahres Feuchtigkeit, Trockenheit, schwaches oder starkes Wachstum bringt – der jeweilige Tag, an dem sich ein Hinweis ergibt, entspricht dem so bezifferten Monat. Aus Thüringen ist ein Hochzeitsorakel überliefert: Das Mädchen, das Erkenntnisse über ihren Zukünftigen erreichen wollte, mußte in der Thomasnacht, nackt vor ihrem Bett stehend, sagen: »Bettstatt, ich traat dich, Sankt Thomas, ich baat dich, laß mir erscheinen mein Herzallerliebsten mein.« In Österreich hieß es: »Bettstattel, i tritt di, heiliger Thomas, i bitt di, laß mir heit nacht erschein' den Herzallerliabsten mein«. Im Ansbacher Land formulierten die Mädchen: »Strohsack, i tritt di, Thomas, i bitt di, laß mir erscheinen jetzt und den meinen.« Bleigießen, Leinsamen unter dem Kopfkissen, den Bettzipfel in der Hand, verkehrt herum im Bett liegen, Hundegebell, das die Richtung andeutet, aus der der Zukünftige kommt, Schuhewerfen usw. vervollständigen die Palette der originellen Ideen der Zukunftsschau.

122

In Westfalen nannte man das Kind, das am Thomastag als letztes die Schulklasse betrat, Domesesel. Der Langschläfer des Tages hieß Thomas-Faulpelz. Im Eichsfeld hieß dieser Tag Schweinethomas, denn mit ihm begann das Schlachten, an dem der weihnachtliche Festbraten vorbereitet wurde. In Westfalen veranstaltete man in der Thomasnacht die sogenannte Rittbergische Hochzeit, für die ein Plattenkuchen aus Buchweizenmehl und Kartoffeln gebacken wurde. Es gab Gegenden, in denen wurde der vorweihnachtliche Markt Thomasmarkt genannt. In Nürnberg wurde der Thomastag auf den vierten Adventssonntag verlegt. Im Vorgriff auf spätere Jahrhunderte waren an diesem Sonntag alle Geschäfte verkaufsoffen, weshalb sich dafür die – durchaus doppelsinnig zu betrachtende – Bezeichnung »Goldener Sonntag« eingeschliffen hat. Die Studenten, die sich an diesem Tag in Nürnberg trafen, hielten ihren Thomasbummel über den Christkindlesmarkt und trafen sich anschließend in den Gasthäusern zur Thomaskneipe.

Herbergssuche – Frautragen

Als ein Teil des Weihnachtsspiels hat sich die Herbergssuche als Adventsbrauch im Spätmittelalter verselbständigt; im 16. Jahrhundert wurde sie neu geformt und entfaltet. Jugendliche ziehen von Haus zu Haus und singen mit verteilten Rollen ein Herbergslied.

Das Frautragen ist eine besondere Form der Herbergssuche. Frautragen nennt man es, wenn in der Adventszeit eine Marienplastik oder

Jean Massys: Herbergssuche (1558) – Antwerpen, Museum der Schönen Künste.
Foto: Archiv des Autors

ein Marienbild (Heimsuchung Mariens, Maria gravida, Herbergssuche), die Frautafel, an den neun letzten Abenden vor der Christnacht von einem Haus in das andere getragen und auf einem Hausaltar zur Andacht für die Familie und die Nachbarschaft aufgestellt wird. In der Christnacht gelangt die Frautafel schließlich in die Kirche, um nach dem Gottesdienst an ihren ursprünglichen Ausgangsort zurückzukehren.

Den Brauch des Frautragens – unpräzise meist als »Frauentragen« (Plural ist unzutreffend) bezeichnet –, als »wandernde Muttergottesandacht« auch in Baden bekannt, hat es im deutschsprachigen Raum gegeben; er besteht in Tirol und der Steiermark trotz verschiedentlicher Verbote bis heute fort. In der Obersteiermark gibt es parallel das »Josefitragen«. Das Frau- und das Josefitragen sind spezielle Formen der Herbergssuche, die als Form gegenreformatorisch-barocker Frömmigkeit von den Jesuiten und Franziskanern gefördert wurden.

Adam und Eva – Jesus und Maria

Der Advent endete früher liturgisch mit dem Gedächtnis des ersten fiktiven Menschenpaares, Adam und Eva. Am 24. Dezember, dem »Heiligen Abend«, treffen so Sündenfall und Erlösung, Tod und Leben, alter und neuer Adam, Paradies- und Kreuzesbaum zusammen. Der Geburt des Erlösers in der Nacht vom 24. auf den 25. Dezember mußte natürlich der Sündenfall vorausgehen. Adam (hebr.: der aus der [roten] Erde Geschaffene) und Eva (hebr.-aram.: die Lebenschenkende) sind Eigennamen für die die urgeschichtliche Genealogie eröffnenden ersten Menschen, gleichzeitig aber auch Bezeichnungen für die Menschen und die Menschheit und ihre Erfahrung der Verstricktheit in Sein und Haben, Größe und Elend, Berufung und Versagen. Weil – so der biblische Mythos – Adam sich von Eva und der Schlange hat verführen lassen und vom »Baum des Lebens« (Paradiesbaum, Lebensbaum) eine Frucht gegessen hat, um zu »sein wie Gott«, wurde das erste Menschenpaar aus dem Paradies vertrieben, kamen Sünde und Tod in die Welt. Diese symbolhafte Schöpfungserzählung wurde bis in das 20. Jahrhundert als real geschehen geglaubt.

Der Stammbaum Jesu (Lukas 3,38) endet mit der Aussage, daß Adam »von Gott« abstamme. Adam, Schöpfung Gottes, wird so implizit Jesus, dem Sohn Gottes, gegenübergestellt. Der Gottessohn muß Mensch werden, um die Menschen aus ihrer Verbannung zu befreien. Adam steht Jesus als Antitypus gegenüber: Der durch Adams Tat begründete Tod, fern von Gott, wird durch die von Jesus Christus erwirkte Auferstehung aufgebrochen. Durch Adam ist die Sünde, das Sich- von-Gott-Lossagen, in die Welt gekommen, durch Jesus Christus wurde diese Ursünde im Keim besiegt.

Die Adam-Christus-Typologie hat ihre neutestamentliche Entsprechung im Brief des Paulus an die urchristliche Gemeinde in Rom (Römer 5,12ff): »Durch einen einzigen Menschen [= Adam] kam die Sünde in die Welt und durch die Sünde der Tod, und auf diese Weise gelangte der Tod zu allen Menschen, weil alle sündigten. Sind durch die Übertretung des einen die vielen dem Tod anheimgefallen, so ist erst recht die Gnade Gottes und die Gabe, die durch die Gnadentat des einen Menschen Jesus Christus bewirkt worden ist, den vielen reichlich zuteil geworden.« – Weil Gott bei der Vertreibung der Ureltern aus dem Paradies der (alten) Eva vorausgesagt hat, sie werde der Schlange den Kopf zertreten, wird ihr die Mutter Jesu, Maria, als neue Eva gegenübergestellt (Eva-Maria-Typologie): »Maria hat uns wiederbracht, was Eva hat verloren.«

Schon seit dem 3. Jahrhundert sind die Darstellung Adams und Evas, die Erschaffung des Menschen und der Sündenfall Themen christlicher Kunst. Meist werden Adam und Eva Jesus Christus gegenübergestellt. Seit dem 9. Jahrhundert finden sich Kreuzigungsdarstellungen mit dem toten oder auferstehenden Adam unter dem Kreuzesstamm oder die Ureltern auf der einen Seite des von der Schlange umwundenen, als Lebensbaum gedeuteten Kreuzes. Oft deutet ein Totenschädel am Fuß des Kreuzes auf den alten Adam hin. Der Baum der Sünde (Paradiesbaum) und der Baum des Lebens (Lebensbaum = Kreuz) zeigen, wie aus dem Tod das Leben ersteht. Während die Nacktheit im Mittelalter Kenn-

Der Todes- und Lebensbaum von Berthold Furtmayr für ein Salzburger Missale (nach 1478). Foto: Archiv des Autors

zeichen und Attribute der Ureltern sind, werden sie in der Renaissance zum Mittel, um Schönheit und Gottebenbildlichkeit der ersten Menschen darzustellen. Entsprechend diesem Verständnis ging dem mittelalterlichen Christgeburtsspiel ein Paradiesspiel voraus, in dem Adam und Eva und die Schlange vorkamen. Der Paradiesbaum (mit Äpfeln) blieb beim Szenenwechsel oft stehen. Der spätere Christbaum wurde mancherorts deshalb auch als »Adamsbaum« bezeichnet.

125

»Süßer die Glocken nie klingen«? – Sinn und Widersinn

In einigen katholischen Regionen läuteten am 17. Dezember um 15 Uhr alle Glocken. Dieses »Christkindl einläuten« war nicht nur der Hinweis auf das eine Woche später beginnende Weihnachtsfest. Bis zur römischen Kalenderreform feierte die Kirche an diesem Tag das Gedenken an Lazarus aus Betanien, den Jesus wieder ins Leben gerufen hatte. Das Glockengeläut erinnerte zudem an die an diesem Tag fälligen Weihnachtsgaben für Alte und Kranke und die Weihnachtsbesuche. Die römischen Wintersonnenwendfeiern, die Saturnalien, begannen ebenfalls am 17. Dezember.

Unser heutiges Weihnachtsfest entwickelte sich in mehreren Schritten. Natur und Landschaft halten Ende des 19. Jahrhunderts mit einem stark national-romantisch akzentuierten Gefühl Einzug in die Vorstellungswelt bürgerlicher Weihnacht. Seit 1900 droht diese veräußerlichte Weihnacht die Überhand zu gewinnen: Nicht mehr die heilsgeschichtlich aktuellen Ereignisse in Betlehem geben dem Fest Gehalt, sondern eine historisierte, dem Biedermeier entlehnte nationalromantische Weihnacht in tief verschneiter Landschaft, dem Sieg der Güte glücklicher Eltern und den großen Augen dankbarer Kinder. Auslöser waren die Weihnachtsfeiern an der Front im Deutsch-Französischen Krieg, die gefühlvolle Romantik mit unreflektiertem Nationalstolz zur deutschen Weihnachtsstimmung verbandelten.

Wie schnell und gerne diese gefühlbesetzte Einstellung zur »Tradition« wurde, beleg eine »Liebesgabe deutscher Hochschüler« aus dem ersten Jahr des Ersten Weltkriegs. Es heißt dort: »Wahrlich, gerade zum Weihnachtsfeste ziemt es sich, wohl daran zu erinnern, daß nirgendwo in der Christenheit die Feier dieses Festes einen solchen Grad von Innigkeit gewonnen hat wie in deutschen Landen!« (Deutsche Weihnacht. Eine Liebesgabe deutscher Hochschüler. Kassel 1914). Der Sturz der Monarchie 1918 in Deutschland riß die vom Adel geprägte Form des Weihnachtsfestes und ihre Symbolik nicht mit in den Abgrund; Arbeiter und Bürger hatten sie sich längst zu eigen gemacht.

In nationalsozialistischer Zeit wurde diese Grundhaltung ausgebaut, vom Christentum gelöst und auf den allgewaltigen »Führer« bezogen. Nach Beendigung des Zweiten Weltkrieges flüchteten die Westdeutschen wieder zurück in die Biedermeierromantik des Weihnachtsfestes, die sich durch das aufblühende Wirtschaftswunder immer mehr mit einer individuellen, ökonomischen Leistungsschau verband. Die Ostdeutschen erfuhren erneut eine konsequente Entchristlichung des Weihnachtsfestes. Selbst die Namen, die einen Bezug zum Christentum herstellten, wurden konsequent ausgelöscht. Heutzutage droht die Weihnacht einerseits zu einem folkloristischen Konsumfest zu erstarren, ande-

126

rerseits für weite Kreise den Sinn zu verlieren, weshalb sie in südliche Länder, in den Ski-Urlaub oder »alternative Weihnachten« flüchten.

»Was gehört bei Ihnen zum Weihnachtsfest?« hat das Nachrichtenmagazin »Focus« 1994 und 1995 die Deutschen in einer repräsentativen Erhebung fragen lassen. Als »Weihnachtsbräuche« – nicht im engeren Sinne verstanden als »Brauchtum« – wurden benannt (auch Mehrfachnennungen): Geschenke 95% (1994: 92%), Festessen 88% (1994: 84%), Tannenbaum 86% (1994: 86%), Weihnachtsmusik von Schallplatte oder CD 85% (1994: 82%), Selbstgebackenes 78% (1994: 85%), Besuch der Kirche 53% (1994: 61%), selbstgesungene Weihnachtslieder 30% (1994: 46%). 1994 meinten 56%, Weihnachten sei immer noch ein christliches Fest, 12% der Befragten hielten es für eine Sache für Kinder bzw. Eltern oder Großeltern, 31% schätzten es einfach nur noch als eine Tradition ein.

Christlich gesehen gehört zu Weihnachten nichts mehr und nichts weniger als die liturgische Feier und Erinnerung an die Geburt Christi, die Menschwerdung Gottes. Nach uralter Tradition geschieht diese Feier in der Nacht zwischen dem 24. und 25. Dezember durch eine Mitternachtsmesse, im Volksmund »Mette« oder »Christmette« genannt. »Wohl zu der halben Nacht« sei der Heiland geboren, singen Christen in dem bekannten Weihnachtslied »Es ist ein Ros' entsprungen«, und der Evangelist Lukas berichtet von diesem Ereignis »zur Zeit der Nachtwache der Hirten« (2,1–14).

Das Wachen in der Nacht ist Kennzeichen der beiden christlichen Hochfeste Weihnachten und Ostern. Diese Nacht wird in beiden Fällen zur »heiligen, hochheiligen Nacht« (lat.: »nox sacratissima«). Die besondere Nachtwache war im Judentum schon vorgebildet, vgl. im alttestamentlichen Buch der Weisheit 18,14f: »Als tiefes Schweigen das All umfing und die Nacht bis zur Mitte gelangt war, da sprang dein allmächtiges Wort vom Himmel, vom königlichen Thron herab als harter Krieger mitten in das dem Verderben geweihte Land.« Variiert nimmt Jesus Christus die Nachtsymbolik auf: In seiner Ankündigung, seine Wiederkehr erfolge wie das Erscheinen eines Diebes in der Nacht (vgl. Matthäus 24,43) und in dem Gleichnis von den törichten und den klugen Jungfrauen (vgl. Matthäus 25,6). Wachsamkeit »mitten in der Nacht«, eine von Christen erwartete Grundhaltung, wird durch das nächtliche Stundengebet und durch die weihnachtliche Mette liturgische Form.

Die Christmette begann und beginnt oft mit einem Krippenspiel, dem im Mittelalter noch das Paradiesspiel vorausging. Anhand der Paradieserzählung sollte gezeigt werden, wie durch Adam und Eva die Sünde und Tod in die Welt gekommen sind: Der Schöpfung der Welt und des Menschen folgen der Sündenfall und die Vertreibung aus dem Paradies. Es wurde also erst die Begründung für die Erlösungsbedürftigkeit vorgeführt. Die Erlösung von Sünde und Tod beginnt dann im eigentlichen Krippenspiel durch die Inszenierung der Menschwerdung des Erlösers. In Szene gesetzt wird die Spannung zwischen Adam und Christus, zwischen Tod und Leben, Sündenverfallenheit und Erlösung. Das Krippenspiel als katholisches Mysterienspiel wurde durch das protestantische Besucherspiel faktisch (Christkind) abgelöst. Vor allem bei den spätnachmittäglichen Kindermetten werden aber heute wieder moderne Krippenspiele aufgeführt.

Das Christkindl-Anschießen wird in Oberbayern und – seltener – in Niederbayern ausgeübt. Am bekanntesten ist das Weihnachtsschießen in Berchtesgaden. Mit Vorderladern, einzeln oder in Salven (= Rotten), verbunden oder ergänzt durch Böllerschüsse aus kleinen Kanonen, schießen die Weihnachtsschützen Weihnachten ein. Nach Einbruch der Dunkelheit beginnen am 24. Dezember an festen Standplätzen (die gebührendes Echo garantieren!) einzelne Schüsse. Wenn ab 23.30 Uhr das Glockenläuten für die Mette beginnt, steigert sich das Schießen, bis um Mitternacht völlige Stille eintritt. Nur während der Wandlung in der Messe, bei der Erhebung der Hostie und des Kelches, erfolgen je drei Böllerschüsse. Nach der Mette findet das »Abschießen« statt, das sich nach einiger Zeit in der Nacht verliert. Vergleichbare Schieß-Rituale sind für Silvester üblich. Für Berchtesgaden ist der Brauch erstmals 1666 schriftlich belegt, er dürfte allerdings erheblich älter sein.

Krippe und Krippenspiel

In der Kirche aufgebaut steht fast überall eine »Weihnachtskrippe«. Dies ist die Bezeichnung für das gesamte statische Szenario der Geburtsdarstellung, zu der die eigentliche Krippe, in die der Neugeborene gebettet wird, gehört. Die weihnachtliche Krippe geht zurück auf eine Aussage der Bibel: »Ihr werdet ein Kind finden, das, in Windeln gewickelt, in einer Krippe liegt« (Lukas 2,12), sprach der Engel des Herrn zu den Hirten. Und weil die (Futter-)Krippe meist in einem Stall steht, galt in der westlichen lateinischen Kirche: Jesus wurde in einem Stall geboren. Die Ostkirche dagegen – und mit ihr die außerbiblische Tradition – nahm den Geburtsort Christi in einer Höhle an, wie sie von Hirten und Herden im Heiligen Land bei Schlechtwetter aufgesucht wurde. Der griechische Kirchenschriftsteller Origenes (185–254) gab an, jeder in Betlehem könne die Höhle und die Krippe zeigen, in der Christus geboren sei und gelegen habe. Kaiserin Helena ließ 335 über dieser Höhle eine Kirche errichten, für deren Kuppel 386 der heilige Kirchenlehrer Hieronymus – er lebte seit 386 in Betlehem – den Auftrag gab, die Geschichte der Geburt Christi zu malen.

Die Krippenverehrung sprang über nach Rom. Papst Liberius (352–366) ließ in der Mitte des 4. Jahrhunderts eine Basilika mit einer Krippenkapelle errichten, S. Liberiana; um 420 erbaute man an dieser Stelle S. Maria Maggiore. Hier wurden Holzstücke aufbewahrt, die angeblich von der Krippe Jesu stammen sollten. Wahrscheinlich hat an dieser Stelle in den Weihnachtstagen auch die erste dreidimensionale Krippe gestanden. Seit jener Zeit ist es in S. Maria Maggiore üblich, die Geburt Jesu Christi in Form einer Krippe mit einem in Windeln gewickelten Kind zu zeigen. In künstlerischen Darstellungen wird die Krippe ergänzt durch Maria, oft auf einem Ruhebett zu sehen, sowie Josef und gelegentlich auch Engeln.

Ochs und Esel, Symbole der »unvernünftigen Natur« in der Krippendarstellung, gehen auf das Pseudo-Matthäus-Evangelium des 8./9. Jahrhunderts zurück: »Am dritten Tag nach der Geburt unseres Herrn Jesus Christus trat die selige Maria aus der Höhle, ging in einen Stall hinein und legte ihren Knaben in eine Krippe, und Ochs und Esel beteten ihn an. Da erfüllte sich, was durch den Propheten Jesaja verkündet ist, der sagt: Der Ochse kennt seinen Besitzer und der Esel die Krippe seines Herrn. So beteten sogar die Tiere, Ochs und Esel, ihn ständig an, während sie ihn zwischen sich hatten. Da erfüllte sich, was durch den Propheten Habakuk verkündet ist, der sagt: Zwischen zwei Tieren wirst du erkannt.« (Die beiden bezogenen Textstellen, Jesaja 1,3 und Habakuk 3,2 [gr. Fassung!], haben inhaltlich keinen Bezug zur Geburt Jesu). Diese literarische Quelle muß jedoch eine erheblich ältere Tradition aufnehmen, denn christliche Sarkophagreliefs des 3. Jahrhunderts zeigen längst das Jesuskind in der Krippe mit Ochs und Esel. Parallel zum Introitus der Frühmesse am ersten Ostertag entwickelte sich im 12. Jahrhundert der Introitus der Mette des ersten Weihnachtstages zur szenischen Darstellung der biblischen Weihnachtsgeschichte. Die Krippenfeier mit Krippenspiel, die dramatische Vergegenwärtigung von Christi Geburt, war engstens mit der Liturgie verknüpft, nahm sie doch ihren Stoff, wie die Liturgie, aus dem Weihnachtsevangelium.

Die Verbreitung der Krippe und des Krippenspiels über den Raum der Kirche hinaus in die Häuser der Christen ist eng mit Franz von Assisi (1181/82–1226) verknüpft, der 1223 in Greccio erstmals eine neuartige Form einer Krippenfeier inszenierte. Während andernorts die traditionellen Krippenspiele die Christmette eröffneten, baute Franziskus eine reale figürliche Krippe mit lebendigem Ochs und Esel und einer richtigen Krippe mit Heu auf. Von diesem Zeitpunkt an hielt die figürliche Inszenierung der Geburt Christi Einzug in die Kirchen und Häuser der Christen. Entsprechend dem Verlauf des weihnachtlichen Geschehens wurden die Krippen oft mehrfach umgestellt. Die »repraesentatio«, die Vergegenwärtigung, der Geburt nahm auch – aus katechetischen Gründen – gerne das Bild vom Kreuz in die Geburtsdarstellung hinein, z. B. durch die Darstellung des Christkindes (etwa der unter den Fatschenkindern als Jesus-Darstellungstyp bekannte »himmlische Bräutigam« mit ausgestreckten Armen) oder durch die Einbeziehung des Kreuzes in die Geburtsdarstellung.

Weihnachtsfeier von Greccio – Giotto (um 1295/1300). Assisi, San Francesco, Oberkirche. Foto: Verlagsarchiv

Goethe bewunderte 1787 die neapolitanischen Krippen in Italien, vermochte aber in ihnen nur »starre Bilder« und »geistlose Wesen« zu erkennen. In Neapel und der Region Kampanien werden seit Jahrhunderten Krippen gebaut und Krippenfiguren aus Ton hergestellt und bemalt. Hochblüte war der Barock. Durch den Einfluß von Byzanz in Süditalien wird die Geburtsszene in einer Höhle inmitten einer Felsenlandschaft gezeigt. Der Einbezug lokaler Figuren wie Pizzabäcker, Fischhändler und Melonenverkäufer ist hier üblich. In Andalusien wird eine Graskrippe aus Palmwedeln geflochten. In der Provence verwenden die Krippenschnitzer Baumrinde und Torfballen. Auf Korsika legt man die Krippe mit getrockneten Meeresalgen aus und deckt damit das Krippendach. In Marseille baute man früher Krippen aus Backsteinen. In Polen verwendet man zum Krippenbau Holz und Pappe, um daraus Häuser mit Türen und Fenstern zu basteln. In Thüringen versuchte man sogar, Krippen aus farbigem Glas zu blasen. In Deutschland bildeten sich in Thüringen und Oberbayern Zentren des Krippenbaus.

Hatte die Aufklärung im 18. Jahrhundert die mit den Krippendarstellungen verbundene Frömmigkeit nur bemängelt, geht die auf dieser Aufklärung fußende Politik weiter. In Bayern wird 1802 das Aufstellen von Krippen in Kirchen verboten. Man erreichte aber nicht das Erhoffte. Zwar gingen unwiederbringlich viele Kirchenkrippen verloren, aber es begann gleichzeitig der Einzug

130

von Krippen auch in Bürger- und Handwerkerhäuser. Bayernkönig Ludwig I. (1825–1848) gestand den Krippen schließlich wieder ihren Platz in den Kirchen zu. Auch Reformation und Aufklärung haben die Krippendarstellungen nicht untergehen lassen. Seit dem 19. Jahrhundert gehört die Krippe zur weihnachtlichen Festinszenierung – inzwischen auch in den meisten evangelischen Familien. Der Aufbau der Weihnachtskrippen begann vielerorts am Nikolaustag. Nach und nach wurden die Figuren nach den entsprechenden Festtagen auf- oder umgestellt. Die Ankunft der Weisen am 6. Januar bzw. die Flucht nach Ägypten – früher am 14. Januar gefeiert – markierten das Ende der Weihnachtsdramaturgie.

Kindelwiegen – Josefshose – Fatschenkinder

Kindelwiegen

Im Mittelalter gehörte der Brauch des Kindelwiegens oder Kindleinwiegens zur festen Einrichtung der Weihnachtszeit. Wahrscheinlich ist er von den Frauenklöstern ausgegangen. In der Kirche war eine Krippe aufgestellt, in der eine Christkindfigur (Fatschenkind) lag. Das »liturgische Szenario« beschreibt der Straubinger Humanist Thomas Kirchmaier (geannnt Naogeorg; 1511–1563) in der Mitte des 16. Jahrhunderts. Er erzählt von Mädchen und Jungen, die vor einem auf den Altar gelegten hölzernen Christkind tanzten und »zierlich« herumsprangen. Die Erwachsenen begleiteten die von den Kindern gesungenen Weihnachtslieder mit Händeklatschen. Zu entsprechenden Weihnachtsliedern, die in Melodie, Rhythmus und Wort dazu paßten, wurde das Jesuskind gewiegt, d. h. die in einem Ständer aufgehangene Krippe bewegt. Es war z. T. auch üblich, das Christkind in der Kirche durch alle Reihen wandern zu lassen. Zum Ausdruck kam, was viel später das »Kaschubische Weihnachtslied« von Werner Bergengruen (1892–1964) formuliert: »Wärst du, Kindchen, im Kaschubenlande, wärst du, Kindchen, doch bei uns geboren! Sieh, du hättest nicht auf Heu gelegen, wärst auf Daunen weich bettet worden.« Die Gemeinde demonstrierte anschaulich: Wir feiern jetzt die Geburt Christi, der unter die Seinen kam, die ihn – im Gegensatz zu uns heute – aber nicht aufnahmen. Der Kölner Ratsherr Weinsberg berichtet in seinen Aufzeichnungen für 1560, er habe »das Kindlein zierlich an den heiligen Tagen gewiegt, denn wir sind alle Abend beieinander gewesen, bald hier, bald da und haben gesungen«.

131

»Fatschenkind«

Das Lukasevangelium berichtet an zwei Stellen (2,7 und 2,12) vom in Windeln gewickelten Jesuskind. Eben ein solches Kind zeigen Krippendarstellungen auf Sarkophagen seit dem 3. Jahrhundert, dann auch andere künstlerische Vergegenwärtigungen. Ein gewickeltes oder faschiniertes Jesuskind (lat.: fascia = Binde, Wickelband, Windel; vgl. öster.: »faschen« = mit einer »Fasche« umwickeln; der lat. Begriff »fascia« ist abgeleitet von den »fasces«, jenen Rutenbündeln der Römer, die auch den Faschisten den Namen gegeben haben) – deshalb auch »Fatschenkind« – entspricht der biblischen Vorgabe. Die Windeln Jesu

erinnern nicht nur offensichtlich an den in Leinentüchern liegenden Leichnam Christi. Die Windeln Jesu verdeutlichen auch eine theologische Aussage. Hier wird der Gott gezeigt, der sich in aller Form als Teilnehmer des Menschseins zeigt, er ist wirklich Mensch, hilflos und verletzlich. Zwar werden auch Götter von Jungfrauen (Jungfrauengeburt) geboren, sind Kinder, wie Jesus ein Kind war. Während antike Gottheiten aber als Kleinkinder bereits mit aller Macht und Herrlichkeit wirken, an der Mutterbrust liegen und gleichzeitig Schlachten lenken, gibt sich Jesus ganz in seine Erniedrigung. Das ärmliche Ambiente der Geburtshöhle widersprach dem bekannten Darstellungstyp kindlicher Herrschergestalten.

Josef zieht seine Beinkleider aus – Sterzinger Altartafel zur Geburt Jesu Christi (um 1500), Detail. Foto: Verlagsarchiv

Josefshosen

Eine besondere Akzentuierung erhält das Motiv des faschinierten Christkindes durch die sogenannten Josefshosen: Nicht in der Bibel, wohl aber in der außerbiblischen Literatur wird berichtet, daß Maria kaum etwas besessen habe, um das Jesuskind zu wickeln. Josef habe deshalb aus seinem Mantel eine Wickelschnur (= Faschen) und aus seinem Hemd eine Windel gemacht. Er habe sogar seine Hosen ausgezogen, um das Kind vor der Kälte schützen zu können. Unter der Josefshose darf man sich nun keine moderne »Hose« vorstellen. Eher waren dies lange Strümpfe. In dem alten Lied »In Teutschen singen uns die Kindt« heißt es: »Wie baldt daß Josef die Redt vernam, Sein hosen von seinen Beinen nam, Er warft sie Maria in ihr schoß, Darin schlug sie gott den hern groß, Die ein war weiß, die ander grah, Die zeigt man noch zu Aachen da – Zu Trier gesehen ein tewlich Kleidt, Da Crist der her den thodt jn leidt.«

132

Wie in Trier der »Heilige Rock« werden in Aachen – neben anderen »Heiltümern« – die Josefshosen und die »Windeln, in die das Jesuskind gewickelt wurde«, gezeigt. Zahllose Menschen sind wegen dieser Utensilien, die Jesus bezeugten und ihn selbst berührt haben, nach Aachen gepilgert. Theologisch bedeuten die Josefshosen zweierlei: Zum einen untermalen sie das Bild vom hilflosen und armen, menschgewordenen Gott. Zum anderen signalisieren sie jedem Betrachter: Mach's wie Josef, selbst wenn du nichts besitzen solltest, kannst und sollst du helfen. Gott hat sich so klein gemacht, daß der Geringste unter den Menschen ihm helfen kann. Hilfe wird hier nicht allzu menschlich verstanden (»Ich helfe dir, damit du mir hilfst«), sondern christlich (»Ich helfe dir um Christi willen«).

»Trösterlein« und »Fatschenkinder«

Im Mittelalter scheint es üblich gewesen zu sein, Novizinnen puppenartige Jesusfiguren zu schenken, die – oft in kostbare Kleidungsstücke gehüllt – in den Zellen der persönlichen Frömmigkeit dienten. Mit der volksmundlichen Bezeichnung »Trösterlein« scheint auch die Funktion umschrieben zu sein, die das Volk diesen Figuren in den Klosterzellen zuwies. Auch beim Kindleinwiegen tauchen diese Jesusdarstellungen auf. Ungeklärt ist bislang, ob die Fatschenkinder zunächst im 14. Jahrhundert der persönlichen Frömmigkeit der Nonnen dienten und dann erst beim Kindleinwiegen verwendet wurden oder umgekehrt. Historische Fatschenkinder sind Einzelstücke; auch wenn einzelne Klöster darauf spezialisiert waren, aus Wachs, Holz oder Porzellan die Köpfe des Jesuskindes zu formen, so sind die einzelnen Fatschenkinder durch sorgfältige und kostbare Ausstattung von modernen Massenproduktionen zu unterscheiden. Die Fatschenkinder stellen immer ein liegend gewickeltes Kleinkind dar, von dessen Körper nur noch Schultern und Kopf zu sehen sind. Deshalb war es auch nur nötig, den Kopf aus Wachs, Holz oder Porzellan zu formen, weil man den Körper aus Textilien oder Stroh formte. Aufbewahrt wurden die Fatschenkinder auf Samtkissen in Glaskästchen, in hölzernen Wiegen oder in Schachteln. Im alpenländischen Bereich sind Fatschenkinder noch Objekte der Wallfahrt in Altenhohenau und Reutberg in Oberbayern, in Holzen bei Donauwörth, Maria-Medingen bei Dillingen, Mindelheim und München in Bayern und Passau-Niedernburg in Niederbayern.

Ein Holzschnitt von 1460 zeigt unter den »Heiltümern«, deretwegen man nach Aachen zu pilgern pflegte, auch die Hosen des heiligen Joseph, mit denen dieser das Jesuskind vor Kälte geschützt habe.

Hemd Unserer Lieben Frau, Tuch der Kreuzabnahme Jesu, Tuch der Enthauptung Johannes des Täufers, Josefs Hosen – Holzschnitt (um 1460). Foto: Archiv des Autors

133

Von diesen Fatschenkindern zu unterscheiden sind ähnliche Christkind-figuren, die den Typ »himmlischer Bräutigam« darstellen: stehende Figuren, oft mit wechselnder Kleidung, die zur Verehrung in Kapellen und Kirchen meist ganzjährig aufgestellt waren oder noch sind. Berühmte Beispiele dieses Typs sind das »Santo Bambino« in der Basilika des Franziskanerkonvents S. Maria in Ara coeli zu Rom oder das Prager Kindl. Eine evangelische Variante, das Born-kindl, hat sich im Erzgebirge erhalten.

Fatschenkinder gehören auch zum traditionellen Christbaumschmuck, der heute allerdings industrielle Massenware ist: Zum holzgeschnitzten Berch-tesgadener Christbaumschmuck gehört auch ein Fatschenkind, dessen Holz-körper bemalt wurde. Ob die Stollen Gebildebrote sind, weil sie ein Fatschen-kind darstellen sollen, ist umstritten. Dafür spricht die weitverbreitete Annahme dieser Meinung, dagegen, daß ein Stollen das wichtigste Element des Fatschen-kindes, seinen Kopf, nicht abbildet. In den Alpenländern backen Kinder für ihre Paten, Mütter für auswärtig lebende Kinder sogenannte Fatschenkinder, die mit Zuckerguß und Flitter geschmückt werden.

Christ-, Weihnachts- und Tannenbaum

Heute ist für uns Weihnachten ohne Christbaum unvorstellbar. In allen Kulturen und Religionen symbolisiert der Baum das Leben; deshalb sind Bäume Göttersitze, befinden sich heilige Orte in Hainen, entstehen Gerichtslinde und Maibaum. Auch in der Bibel spielen Bäume eine große Rolle: vom Paradiesbaum über den »Baum der Verheißung« (Arbor-Jesse-Thematik) bis zum Kreuzes-baum. Innerhalb der kirchlichen Liturgie tauchen Bäume und Zweige auf: bei Frühlings- und sommerlichen Festen wie Fronleichnam die Maien (frische Bir-ken[-zweige]) als Schmuck, dagegen Palmen-, Oliven-, Buchsbaum- oder Wei-denzweige als Ehren- und Huldigungszeichen oder als Segensträger. Immer-grüne Bäume und Zweige im Winter (Fichte, Tanne, Kiefer, Eibe, Buchsbaum, Ilex [= Stechpalme], Mistel, Stechginster, Wacholder, Efeu, Kronsbeere, Ros-marin) symbolisieren das Wiedererwachen der Natur. Schon in vorchristlicher Zeit war Grün Garant der Hoffnung (die »Weihnachtsfarben« sind Grün und Rot), daß die Natur wieder erwacht, das Sonnenlicht wieder herrscht. Dämoni-sche Vorstellungen verbanden sich mit diesem Grundgedanken: Die Lebens-kraft der immergrünen Pflanzen sollte böse Dämonen verscheuchen und gute Geister beherbergen.

Im Mittelalter schmückte man Häuser und Kirche von Advent bis Lichtmeß mit grünen Zweigen und immergrünen Girlanden (»weyenacht meyen«). Die der

134

ganzen Natur durch Christus zukommende Hoffnung, die in die dunkle, kalte und unerlöste Welt gekommen war, wurde damit verdeutlicht. Beim Krippenspiel steht in der Kirche ein immergrüner Baum als »Paradiesbaum« (oder Adamsbaum), von dem an der dramaturgisch bestimmten Stelle die »Frucht« gepflückt wurde. – Übrigens war nach mittelalterlichem Verständnis diese sündhafte Frucht ein Apfel, denn, so die damals einleuchtende Begründung, Apfel und Übel, also Schuld (Apfel = lat.: malum; Übel = lat.: malus) klängen schließlich nicht ohne Grund ähnlich. – Mit den Jahren wurde der Paradiesbaum immer schmucker: Vergoldete Nüsse, Festtagsgebäck und Süßigkeiten machten die »paradiesische« Funktion des Baumes für die Gläubigen deutlich. In »Silber«papier und in »Gold«papier eingewickelte Früchte dieses Baumes sind so zu den Vorlagen für Christbaumkugeln und Christbaumschmuck geworden. Am Ende der Weihnachtszeit – volksbräuchlich nach dem 6. Januar – durfte der Paradies- bzw. Christ- oder Weihnachtsbaum geplündert werden, d. h., die Früchte wurden »abgeblümelt« oder »geerntet«.

Im 16./17. Jahrhundert taucht der Paradiesbaum außerhalb der Kirche auf: bei Gemeinschaftsfeiern von Zünften und Bruderschaften. Er hat sich vom Krippenspiel abgelöst, ist Symbol der Advents- und Weihnachtszeit. Für 1570 erwähnt eine Bremer Zunftchronik einen mit Äpfeln, Nüssen, Datteln, Brezeln und Papierblumen besteckten, im Zunfthaus aufgestellten »Dattelbaum«. Für 1605 ist in Straßburg der erste Christbaum belegt, der als Gabenbaum oder Bescherbaum, aber ohne Kerzen, hergerichtet war. In einer Chronik heißt es: »Auf Weihenachten richtett man Dannenbäume zu Strassburg in der Stubben auf, daran henckett man rossen aus vielfarbigem Papier geschnitten, Äpfel, flache kleine Kuchen, Zischgolt, Zucker.«

Diese neue Sitte fand nicht nur Freunde. Johann Konrad Dannhauer, evangelischer Pastor am Straßburger Münster, polterte in einem ab 1642 erschienenen Werk dagegen: »Unter anderen Lappalien, damit man die alte Weihnachtszeit oft mehr als mit Gottes Wort begeht, ist auch der Weihnachts- und Tannenbaum, den man zu Hause aufrichtet, denselben mit Puppen und Zucker behängt und ihn herinach schütteln und abblümeln läßt. Wo die Gewohnheit herkommt, weiß ich nicht. Es ist ein Kinderspiel.« Dennoch galt der Christbaum sehr bald in evangelischen Familien als weihnachtliches Symbol »rechtgläubiger« Protestanten. Er wurde zum konfessionellen Gegensymbol der Weihnachtskrippe.

Im 18. Jahrhundert, als die Weihnachtsfeiern zunehmend zu Familienfesten wurden, wanderte der Christbaum fast konsequenterweise mit in die Wohnungen auch der einfacheren evangelischen Menschen. Für 1748 ist der erste Weihnachtsbaum in Amerika bei Siedlern in Pennsylvanien belegt. Eingeführt haben ihn die nach Amerika »vermieteten« hessischen Soldaten.

135

Der mit Lichtern geschmückte Christbaum scheint nicht überall und immer sofort mit dem Christbaum verbunden gewesen zu sein. Der preußische König Friedrich d. Gr. (1740–1786) berichtet 1755 von Tannenbäumen, an denen die Eltern »vergoldete Erdäpfel« (= Kartoffeln) aufhängen, »um den Kindern eine Gestalt von Paradiesäpfeln vorzuspiegeln«. Möglicherweise wurde die mit dem Christbaum verschmelzende Lichtsymbolik von den Lichterkronen – kronenförmige Leuchtergestelle – übernommen. Außerdem war die Lichtsymbolik im »Klausenbaum« lebendig, einem – dem Namen nach zuvor wohl mit Nikolaus verbundenen – mit Tannengrün oder Buchsbaum umwundenes pyramidenförmiges Kerzenleuchtergestell aus Stäben, die in vier Äpfeln steckten und oben eine oder auf allen Seiten je eine und insgesamt vier Kerzen trugen. Als »Paradeisel« (wohl vom Paradiesbaum abgeleitet) steht der Klausenbaum auch auf dem weihnachtlichen Tisch. Eine weitere Variante dieser jahreszeitlich gebundenen Lichterpyramiden stellt die »Berliner Weihnachtspyramide« dar, ein Bescherbaum und Leuchtergestell zugleich, wahrscheinlich dem Paradeisel nachempfunden.

Einen der ältesten Belege für einen Christbaum mit Lichtern – hier noch ein Buchsbaum – liefert Liselotte von der Pfalz (1652–1722), Gattin Herzog Philipps von Orléans, in einem Brief vom 11.12.1708: »Ich weiß nicht, ob ihr ein anderes Spiel habt, das jetzt noch in ganz Deutschland üblich ist; man nennt es Christkindel. Da richtet man Tische wie Altäre her und stattet sie für jedes Kind mit

136

allerlei Dingen aus, wie neue Kleider, Silberzeug, Puppen, Zuckerwerk und alles Mögliche. Auf diese Tische stellt man Buchsbäume und befestigt an jedem Zweig ein Kerzchen; das sieht allerliebst aus, und ich möchte es heutzutage noch gern sehen. Ich erinnere mich, wie man mir zu Hannover das Christkindel zum letztenmal [= 1662] kommen ließ.« Außer Fichte und Tanne wurden anfangs auch andere immergrüne Bäume – Buchsbaum, Eibe, Ilex – als Christbaum genutzt.

Mit brennenden Kerzen bestückte Christbäume finden sich zuerst bei protestantischen, adligen und wohlhabenden, bürgerlichen Familien und dringen erst dann im Laufe des 18. und 19. Jahrhunderts zunächst in die Wohnstuben evangelischer und ab dem 19./20. Jahrhundert in die Wohnzimmer katholischer Familien. In Österreich steht 1816 der erste Weihnachtsbaum, in Frankreich 1840 – nachdem Liselotte von der Pfalz 1710 vergeblich die Einführung versucht hatte. Durch den deutschen Prinzgemahl Albert der britischen Königin Victoria (1837–1901) fand der Weihnachtsbaum auch nach England.

V. Katzler: Weihnachtsfest – München, Stadtmuseum. Foto: Archiv des Autors

Von der Sitte, am Nachmittag des Heiligabends auf den Gräbern kleine Christbäume mit Kerzen aufzustellen, wird Ende des 19. Jahrhunderts erstmals berichtet. Der in Bayern, Österreich und im Elsaß verbreitete Brauch nimmt die Toten in die menschliche Schicksals- und Festgemeinschaft mit hinein. Hier wird der gleiche Gedanke realisiert wie beim Mettenmahl (s. u.).

Die flächendeckende Verbreitung des Christbaumes in Deutschland ist verknüpft mit dem aufkommenden Nationalstolz der Deutschen im 19. Jahrhundert. Der Durchbruch als »echt deutsches« Festsymbol gelang dem Weihnachtsbaum im Deutsch-Französischen Krieg 1870/71. Die adligen Offiziere ließen am Heiligabend Weihnachtsbäume in den Quartieren, Unterständen und Lazaretten der Soldaten aufbauen, »in deren Kerzenschein eine Fülle von Emotionen schimmerten«. Über diese unvergleichliche Mixtur von Friedenssehnsucht, Familienkultur und Nationalstolz, verbunden durch das Band

Carl Rickelt: Weihnachten auf dem Südlichen Friedhof von München (1887, Detail). Foto: Archiv des Autors

deutschen Chauvinismus, schreibt Ingeborg Weber-Kellermann: »Das alles wabberte nun in weihnachtlichem Lichterglanz. Die heimgekehrten Sieger sorgten dafür, daß bald in jedem dunklen Haus in gleicher Weise ein Weihnachtsbaum erstrahlte wie im Schloß des Kaisers. So wurde er in jener Zeit eine Art von Symbol für deutschen Sieg und Friede, für deutsches Wesen, verbunden mit der bürgerlichen Utopie von einer heilen Welt.«

Auslöser für die flächendeckende Einführung des Christbaums waren infrastrukturelle Voraussetzungen, nämlich der Ausbau des Eisenbahnnetzes. Ab 1851 informieren in Berlin Zeitungsanzeigen das Eintreffen der Weihnachtsbäume aus den weit entfernten Wäldern Thüringens und des Harzes. Am (weitgehend katholischen) Niederrhein dagegen fristete der Christbaum vor 1918 ein spärliches Dasein: In Kleve taucht der erste Christbaum 1863 auf, in Kevelaer 1880. Um 1900 gab es in Straelen und Krefeld-Fischeln je einen Christbaum – natürlich in evangelischen Haushalten. Zum Volksbrauch wurde der Christbaum erst nach 1918. Und über die Grenze nach den Niederlanden fand er erst nach dem Zweiten Weltkrieg.

In nationalsozialistischer Zeit wurde der Christbaum zum »Weihnachtsbaum« und so von seiner christlichen Herkunft gelöst. Er wurde zum Symbol einer fried- und gemütvollen Familie, die sich ihren Frieden durch die Väter an der Front blutig erkaufen muß. Tannenbaum, siegreiche Väter als Vaterlandsverteidiger und die harrende Familie als Rückzugsgebiet glückstrunkener Helden prägen die Zeit.

Da in DDR-Zeiten den dortigen Gewalthabern weder Christ- noch Weihnachtsbäume passen konnten, haben die Ideologen dem Christbaum einfach eine passende Geschichte und einen neuen Namen zugeschustert. Zunächst schnitten sie die gesamten christlichen Wurzeln des Christbaumes radikal ab und erklärten seine Vergangenheit nur noch als Festbaum der Zünfte, der zum Kinderbaum geworden sei. Eben deshalb habe ihn die Sowjetunion 1935 zu Silvester als Gabenbaum eingeführt. In der DDR wurde der Christbaum als »Christ«baum untragbar: Ideologiekonform wurde er in »Schmuckbaum« umbenannt.

Kerzen am Christbaum tauchen im 17. Jahrhundert auf, als sich die Weihnachtsfeier in den privaten Bereich verlagerte. Die Christbaumkerzen nehmen die weihnachtliche Lichtsymbolik auf: Jesus Christus hat sich als das Licht der Welt (Johannes 8,12) bezeichnet und bringt mit seiner Geburt Licht in unsere Welt; gefeiert wird dies in der längsten Nacht des Jahres. Christbaumkerzen aus Bienenwachs waren aber für Bürger und Arbeiter unerschwinglich. In den normalen Haushalt hielten Christbaumkerzen erst zu Beginn des 19. Jahrhunderts Einzug, als die Erfindung von preiswerteren Wachsersatzstoffen den Erwerb solcher Kerzen erlaubte.

Der Schmuck des Christbaums bezieht sich auf das zu feiernde Ereignis, zeigt, welche Funktion der Baum hat. Aus der Tradition des Paradiesbaums kommend, war der Christbaum »paradiesisch« geschmückt: An ihm hingen (rote) Äpfel, rote Schleifen, (vergoldete) Nüsse, Plätzchen und Zuckerzeug. Nach dem 17. Jahrhundert wird der Christbaum zugleich auch Gabenbaum, d. h. an ihm hängen (auch) Spielsachen für die Kinder, eine Sitte, die in dem miniaturisierten Holzspielzeug (Berchtesgadener Land, Thüringen), das als Christbaumschmuck verwendet wird, fortlebt. Während die Christbaumkerzen die mit Weihnachten verbundene Lichtsymbolik aufnehmen, verdeutlichete der alte Weihnachtsbaumschmuck den Zusammenhang von Weihnachten und Ostern, Krippe und Kreuz: Die roten Äpfel und Schleifen versinnbildlichen das Blut, das der Neugeborene später vergießen wird, um die Menschen zu erlösen. Daß Krippe und Kreuz eine Einheit bilden, daß der Neugeborene als Erlöser und nicht als bloßes Kleinkind gefeiert wird, drückten die Menschen damit sinnfällig aus. In dem Maße wie das Bewußtsein vom Inhalt des Weihnachtsfestes und der Funktion und Symbolik des Christbaums schwand, drangen ästhetisierende Elemente ein: Lametta (Engelshaar), das vor allem bei falscher Entsorgung Umweltprobleme bringt, und Christbaumkugeln aus Glas, Metall und Kunststoff, die als Ersatz der ehemaligen Paradiesäpfel dienten. Noch weiter entfernt sind künstlicher Schnee, Goldketten usw. Christbaumkugeln aus Glas wurden möglich, als es Justus von Liebig 1870 in Morgenstern bei Gablonz gelang, Glaskörper von innen zu versilbern. Lauscha in Thüringen und Rosenheim in Oberbayern sind Zentren des gläsernen Christbaumschmucks.

Das Weihnachtslied

Weihnachtsbaum, Krippenspiel, Krippe und Kindleinwiegen sind ohne Weihnachtslieder kaum vorstellbar. Das Weihnachtslied hat nicht nur eine lange Geschichte mit vielen Entwicklungsstufen durchgemacht, sondern – wie viele andere Bräuche auch – seinen Ursprung in der Liturgie. Seit dem 3. Jahrhundert sind für Weihnachten spezielle Hymnen und Responsorien nachgewiesen, die wiederum ältere Vorlagen haben. Der von Martin Luther – nicht als erstem – übersetzte, altkirchliche Hymnus »Veni redemptor gentium« zu »Nun komm, der Heiden Heiland« (1524) wird z. B. auf das Jahr 386 datiert und dem Mailänder Bischof und Heiligen Ambrosius (um 339–397) zugeschrieben. Schon die Gesänge des Mittelalters und der frühen Neuzeit waren dialogisch angelegt: Sie waren Wechselgesänge, hatten Strophen und Refrains. Vor, während und nach der Reformation wurden in den Kirchen Krippenspiele aufgeführt, mit Liedern

angereichert, die die Gemeinde mitsang; Elemente solcher Feiern vor dem Weihnachtsgottesdienst waren: Herbergssuche und Geburt, Kindleinwiegen, Verkündigung auf dem Felde, Anbetung der Hirten an der Krippe. Später verselbständigten sich einige dieser Elemente zu Liedern bei ländlichen Umzügen (vgl. Frautragen, Josefitragen). Die aufkommenden reformatorischen Weihnachtslieder wenden sich ab von den kirchlichen Krippenfeiern und ihren Elementen und hin zu familienzentrierter, besinnlicher Feier.

Im 19. Jahrhundert entsteht eine eigene weihnachtliche Hausmusik. Die Jugendbewegung prägt dann eine neue Art des Weihnachtsliedes, ehe die Nationalsozialisten das Weihnachtslied zu vereinnahmen suchten. Ein ganz eigenes Spektrum haben die Weihnachtslieder aufgetan, die heute Kindergarten- und Schulkinder ansprechen: Schnee, Lichtsymbolik, Geschenke und ein mystisch-märchenhaftes Umfeld bilden ein auch für Nichtchristen betretbares Feld. In den USA seit den 30/40er Jahren, in Deutschland seit dem Zweiten Weltkrieg entwickelt sich ein eigener kommerzieller Weihnachtsliedermarkt: klassische Weihnachtslieder, neue auf alt und alte auf neu getrimmt, Popsongs und der »Weihnachtsrap« – für jeden Geschmack bieten diese Fassungen etwas an. Daneben, fast unbemerkt, entwickeln sich auch neue Weihnachtslieder, die die »alte« Weihnachtsbotschaft neu zu fassen suchen.

Das bekannteste Weihnachtslied dürfte wohl »Stille Nacht, heilige Nacht« sein. Das 1818 vom katholischen Pfarrer Josef Mohr (1792–1848) und seinem Organisten Franz Gruber im salzburgischen Oberndorf geschriebene Lied ist um die Welt gegangen und sicherlich eines der populärsten und erfolgreichsten Weihnachtslieder. Im brasilianischen Urwald singt man »Akamot met, akamot met«, die Bewohner von Samoa singen »Po Fanau, Po Manu«, und die Eskimos intonieren »Jutdlime Kimsugtut«; in wenigstens 230 Sprachen wurde das Lied übersetzt, meinte 1995 der damals 85jährige Pfarrer Josef Keller aus dem Ort

Ippingen in der Gemeinde Immendingen im Schwarzwald. Er hat diese Übersetzungen seit 1948 gesammelt.

Das Singen von Weihnachtsliedern in der Kirche war vor der Reformation in der Kirche beim Kindleinwiegen oder bei den Krippenfeiern üblich. Ein Kennzeichen dieser Weihnachtslieder war der Wechselgesang. Im evangelischen Bereich hat sich davon das Singen »der Quempas« erhalten, wobei sich der Chor in den vier Ecken der Kirche sammelt, um das Lied »Quem pastores laudavere« – »Den die Hirten lobten sehre« singen (Text: Nicolaus Hermann, 1560; Matthäus Ludecus, 1589; Musik: Valentin Triller, 1555). Dieses Lied und ähnliche Gesänge erfreuen sich in evangelischen Gemeinden großer Beliebtheit, obwohl besonders die Reformation und die Aufklärung Lieder mit lateinischen Texten auszumerzen versucht hatten.

Mettenmahl – Mettenheu – Weihnachtsgarbe u.a.

Mettenmahl – Mettensuppe – Mettensau – Mettenkerze

Früher blieb ein Mitglied der Hausgemeinschaft, das aus Alters- oder Krankheitsgründen den oft weiten Weg zur Christmette nicht gehen konnte, zu Hause und bereitete für die Rückkehrer eine Stärkung vor, das Mettenmahl, meist eine Suppe, die Mettensuppe, bei der das Fleisch des zu Weihnachten geschlachteten Schweines, der Mettensau, verwendet wurde. Das Ende des Gottesdienstes wurde durch Glockengeläut und Böllerschüsse signalisiert, so daß zu Hause rechtzeitig aufgetischt werden konnte. Außer der Mettensuppe waren Salate, Weihnachtssalate, beliebt. Der Tisch wurde durch die Mettenkerze geschmückt. Beim Mettenmahl gab es keine Gäste, und man selber war nirgendwo zu Gast. Oft stand ein überzähliges Gedeck auf dem Tisch; die einen deuten es als Einladung an den herbergsuchenden Christus, andere als Gedächtnis für den Letztverstorbenen der Familie. Vergleichbar ist der im Sinn verwandte Brauch, am Heiligabend kleine Christbäume mit brennenden Kerzen auf die Gräber zu stellen. Vom Essen wurde vielfach ein Stückchen Brot aufgehoben, um zerrieben im Frühjahr mit der Saat in den Boden zu gelangen. Der letzte Rest der Getränke, Wein, Bier oder Most, wurde an die Bäume und Sträucher gegossen, damit auch diese an der Weihnacht teilhatten.

In Bayern und Österreich gingen Bauer und Gesinde nach der Mette zu jedem ihrer Obstbäume, klopften an den Stamm und sagten einen vererbten Spruch auf, um »den Baum zu wecken« und daran zu erinnern, daß Weihnachten sei und er im kommenden Jahr fruchtbar sein solle.

Mettenheu

Nach altem Aberglauben können die Tiere in der Heiligen Nacht nicht nur sprechen, sie verdienen auch als Teil der erlösten Natur besondere Zuwendung, denn sie haben in der Gestalt von Ochs und Esel Anteil an der Geburt Christi gehabt. Im Mittelalter legte man in der Heiligen Nacht Hafer aufs Dach und gab ihn Weihnachten den Tieren zu fressen. Noch heute werden die Haustiere zu Weihnachten besonders gut verpflegt. Bauern in Bayern legen vor dem Gang zur Mette ein Bündel Heu ins Freie, das sogenannte Mettenheu, das sie nach der Mette den Tieren zum Fraß geben. Nach abergläubischer Sicht soll dieses Futter vor Hexen und Seuchen bewahren. Auch die Pflanzenwelt wird nicht vergessen: Bäume werden geschlagen, beklopft, mit Stroh umwickelt, begossen, damit sie wachsen und fruchtbar sind, vgl. Baum wecken. Der Begriff Lüttenweihnacht (auch: Tierweihnacht) verwendet den alten Begriff für »klein«, vgl. Lützel (z. B. Koblenz-Lützel) oder das engl. »little«, und verweist damit auf die unter dem Menschen stehende belebte Natur.

Weihnachtsgarbe – Mettenstroh

Eng verwandt mit diesem Denken ist die Weihnachtsgarbe. Der Weihnachtsfriede bezog in einer ganzheitlich denkenden Zeit die Natur und die Tiere ein. Kinder sammelten deshalb früher in den Dörfern die Getreidebüschel ein, die aus der aufbewahrten letzten Garbe bestanden. Die gesammelten Ähren wurden zusammengebunden und als Weihnachtsgarbe für die Vögel auf einer Stange – oft vor der Kirche – aufgesteckt.

Unter den Tisch, auf dem das Mettenmahl stand, legten die Bauern das Mettenstroh, das jenes Stroh symbolisieren sollte, auf dem das Jesuskind gelegen hatte. Aus Bayern und Siebenbürgen ist bekannt, daß sich die Bauern nach dem Mettenmahl auf das Mettenstroh zum Schlafen legten, um es dem Jesuskind gleichzutun und ihm gleich zu werden. Dieser Brauch scheint vorchristliche Symbolik zu adaptieren. Das Julstroh hatte Segenswirkung, die auch dem Mettenstroh zugesprochen wird: Pferd und Rinder werden dadurch vor Krankheit geschützt, das Geflügel vor Raubtieren.

Weihnachtsessen

Das traditionelle Weihnachtsessen nach der Christmette (Mettenmahl) oder zum Mittag des Weihnachtstages, ein Festtagsmenü, bestand aus Schweinebraten (Mettensau) und Klößen. Daß dabei tüchtig zugegriffen wurde, lag nicht nur daran, daß die Menschen im Mittelalter erheblich seltener Fleisch oder überhaupt genügend zu essen bekamen. Der 24. Dezember war ein strenger Fasttag, an dem nur einmal sättigend – und zwar fleischlos – gegessen werden durfte. Reichliches Essen und Trinken, oft geradezu Völlerei, gehörte zur mittelalterlichen Festtags»kultur« ebenso wie das überreiche Angebot, das schließlich – so die Entschuldigung – dazu dienen sollte, weiteren Überfluß in Zukunft anzulocken. Wen wundert es, wenn sich in Norddeutschland für den Heiligabend der Begriff »Vulbuks Abend« (Abend des vollen Bauches) einbürgerte.

Das Weihnachtsessen geschah nicht allein »just for fun«, sondern war genau reglementiert. Viele Bestandteile der weihnachtlichen Speisen haben vorchristliche Ursprünge. Die Klöße wurden in vorchristlicher Zeit zu Ehren der Frau Perchta gegessen; wer hier nicht genügend zugriff, mußte mit Strafe durch Perchta rechnen. Fisch zu Weihnachten hatte Sühnefunktion oder sollte Reichtum bringen. Salate zu Weihnachten umfaßten einzelne Pflanzen mit unterschiedlichen Heilkräften. Salz und Brot halfen, den Tod abzuhalten, Äpfel symbolisierten Gesundheit, Bohnen und Linsen Wohlstand.

Warum der Karpfen in der dunklen Jahreszeit vor allem im deutschen Norden als Weihnachtskarpfen oder als Silvesterkarpfen Furore macht, verliert sich im Dunkel der Geschichte, es sei denn, man akzeptiert den pragmatischen Grund, daß der Karpfen in eben dieser Jahreszeit fett und schlachtreif ist. Im Mittelalter war er aus vergleichbaren Gründen, seiner Schmackhaftigkeit wegen und weil er sättigt, als Fastenspeise beliebt. Warum sollte Fisch nicht auch schmecken und satt machen? Er wurde in Klosterteichen gezüchtet, und es heißt, die Mönche hätten ihn in der kurzen und gedrungenen Form des Spiegelkarpfens eigens gezüchtet, damit er – was verboten gewesen

»Hurrah for the Pudding!« – Aus: Little Folks (1870)

wäre – nicht über den Tellerrand reichte, so aber den Teller ordentlich füllte. Außerhalb der Klöster kam dem Karpfen deshalb eine besondere Bedeutung zu, weil er als außerordentlich fruchtbar gilt und alle anderen Fischarten aussticht. Meist bekam der Hausherr den Rogen vorab – mit etwas Zitrone serviert. Der Fischrogen sollte Potenz, Wohlstand und Glück bringen. Wie bei der Fischschuppe galt symbolisch das »pars pro toto«: Das Symbol sollte vielfältig Beispiel sein.

Jüngeren Ursprungs ist ein anderes »Weihnachtstier« oder ein »Weihnachtsvogel«, die Weihnachtsgans mit den beiden anderen Weihnachtsvögeln Puter und Truthahn. Die Weihnachtsgans soll aus England zu uns gekommen sein. Einer Legende nach hat die englische Königin Elisabeth I. (1558–1603) die Nachricht vom Sieg über die spanische Armada (1588) eben in dem Moment am

Heiligen Abend erreicht, als eine Gans serviert wurde. So sei die englische Weihnachtsgans populär geworden, habe dann auch den Sprung über den Kanal auf den Kontinent erfolgreich unternommen, wo sie – auf der Speisetafel schon durch die Martinsgans ausgesprochen gut eingeführt – zunehmend auf das Weihnachtsessen Einfluß genommen habe. In den angelsächsischen Ländern scheint die Weihnachtsgans heute weitgehend durch den Puter, in den USA durch den Truthahn abgelöst zu sein. Wie wahr diese Legende auch immer sein mag, enthält sie auf jeden Fall die Nachricht, daß die Weihnachtsgans zumindest im Haushalt der englischen Königin schon populär war, als sie sich anschickte, diese Popularität auch in anderen Haushalten erreichen zu wollen.

Der Gänsemagen wurde für Orakel herangezogen. Das Gänsemagenorakel gab darüber Auskunft, ob das kommende Jahr fruchtbar oder mager sein würde. Der Gänsemagen war aber auch immer für Überraschungen gut, weil er oft nicht nur unverdauliche Steine enthielt, die die Gänse als Verdauungshilfe gefressen hatten, sondern auch kleinere verlorene Teile, die sich so wiederfanden.

Weil wir heute unsere Gänse tiefgefroren und bratfertig aus dem Supermarkt beziehen, können wir uns gar nicht mehr vorstellen, welche Arbeit es gekostet hat, diesen Weihnachtsbraten zuzubereiten. Der angenehmste Teil dieser unangenehmen Arbeit war – außer dem Braten selbst –, daß die Daunen und Federn als Neuzugang in Kopfkissen und Federbett auch den Rest des Jahres an diesen Weihnachtsvogel erinnerten. Da Gänse zudem dazu dienten, Pacht abzugelten oder – per Naturalleistung – Pfarrer und Lehrer zu besolden, waren Gänse bei allen Bauern und Tagelöhnern vorhanden. Daß aber auch die Weihnachtsgans nicht mehr ganz ideologiefrei gesehen wird, zeigt eine großformatige Anzeige im »Deutschen Allgemeinen Sonntagsblatt« vom 16.12.1994. Eine »Initiative für offensiven Vegetarismus« fordert darin zum Verzicht auf die Weihnachtsgans auf und bietet »Festtagsrezepte ohne Mord und Totschlag« an.

Christklotz – Weihnachtsjagd – Kranzsingen – Orakelbräuche

Christklotz

Ein entsprechend vorbereiteter geweihter Holzklotz, der am Heiligabend in den Kamin gelegt wird, heißt Christklotz, Christbrand, Christblock, Mettenstock, Mettenbrocken, Weihnachtsscheit oder im Französischen bûche de Noël. In vorchristlichen Zeiten war er als Julklotz bekannt. In Lettland wurde der Heiligabend nach dem Holzklotz benannt (bluku vakars); in Flandern nannte man ihn Krestavendblok. Die älteste Nachricht über den Christklotz stammt von dem um 580 verstorbenen Bischof Martin von Bracara, der verbot, auf dem Herd über einem Holzblock Feldfrüchte zu opfern und Wein zu vergießen. Im 8. Jahrhundert wird das Verbot durch den westfranzösischen Klosterbischof Pirmin, der auch im Rheinland wirkte, erneuert. Später scheint der Brauch immer mehr verchristlicht worden zu sein, denn 1184 gehört ein Christblock bereits zu den dem Pfarrer von Ahlen/Westfalen zustehenden Weihnachtsgaben. Im Mittelalter ließ man den Christklotz in den zwölf Tagen zwischen Weihnachten und Dreikönige im Kamin brennen, um den man saß. Alte Feindschaften wurden begraben (Weihnachtsfrieden). Wer den Stamm fällen durfte, aus dem der Christblock geschnitten wurde, galt im neuen Jahr als gefeit gegen alles Unglück. Wer dem Stamm beim Heimtransport begegnete, grüßte ihn und hatte so teil am Segen. Der Holzblock wurde nie ganz verbrannt. Reste davon sollten gegen Unwetter schützen. Mancherorts wurde der angekohlte Holzklotz entsprechend in den Herd eingegraben oder befestigt. Die Reste des alten Holzklotzes nahm man jährlich aus dem Kamin und verstreute sie zwischen Weihnachten und Dreikönige (Rauhnächte) auf den Feldern. Manchmal wurde ein Stück Holz aufbewahrt, um damit den neuen Christblock im nächsten Jahr anzuzünden.

In vorchristlicher Zeit wurde »Julklotz« zur Wintersonnenwende ins Haus geholt und am Herdfeuer entzündet. Wer den Holzscheit während der Rauhnächte brennen ließ, erwarb dadurch Segen. Die Asche des Julklotzes sollte heilbringende Kräfte haben: Sie wurde den Tieren unter das Futter und auf die Felder gestreut. Der vorchristliche Opferbrauch wurde christianisiert, indem man die mit Weihnachten verbundene Licht- und Baumsymbolik aufnahm. Der Christblock spielte auch eine Rolle bei den Weihnachtsorakeln. In Großbritannien wird eine beliebte Weihnachtsspeise als »Weihnachtsscheit« oder »Bûche de Noël« bezeichnet: Eine Biskuitroulade, gefüllt mit Kastanienpüree oder Buttercreme, wird mit Schokoladenbuttercreme überzogen und mit Hilfe einer Gabel so geriffelt, daß das Gebäck wie ein Holzstamm aussieht.

Weihnachtsjagd

Lärmbrauchtum, die »Weihnachtsjagd«, Lärm, Krach und Radau zu Weihnachten, ob in Form von Lärmumzügen mit Töpfen und Deckeln, Fuchsjagd, Pferderennen oder »grüner Jagd« (im mittelalterlichen England schoß man Mistelzweige aus den Bäumen), sollte die bösen Geister vertreiben.

Kranzsingen

Ab dem 14. Jahrhundert bürgerte sich das »Kranzsingen« ein. Junge Burschen zogen in der Weihnachtszeit von Haus zu Haus, sangen Lieder und trugen Verse vor. Sie erhielten bei ihrem Heischegang sicher die üblichen Gaben; nur wenn sie zum Hofe ihrer Liebsten kamen, durften sie auf ein symbolisches

145

Geschenk hoffen: einen Kranz aus Tannenzweigen, der nach außen den Fortbestand der Beziehung dokumentierte. So erklären sich auch die Redensarten »jemandem grün sein« – »auf keinen grünen Zweig kommen« – »auf der grünen Seite sitzen«.

Weihnachtsorakel

Die Orakelbräuche nahmen auch Weihnachten (Weihnachtsorakel) als Anlaß nicht aus. So wurden z. B. Wahrsagesprüche auf ganz kleine Zettel geschrieben und in geleerte Walnüsse gesteckt, die – wieder zusammengeklebt – in den Christbaum gehangen wurden. Diese »prophetischen« Nüsse erntete man an Heiligabend oder zu Silvester. Oder: Zwei Stechpalmenblätter wurden in den Christklotz als Symbole für ein Mädchen und seinen Freund gesteckt. Krümmen sie sich beim Versengen aufeinander zu, gilt dies symbolisch. Oder: Man läßt heißes Kerzenwachs – wie beim Bleigießen – in Wasser tauchen und deutet aus dem erkalteten Wachs die Zukunft. Oder: Kleine Kerzen werden in Walnußschalen geklebt, entzündet und auf Wasser gesetzt. Wessen Bötchen am weitesten fährt oder wessen Kerze am längsten brennt, hat besonders viel Glück oder erhält den besten Ehemann. Zu den Weihnachtsorakeln gehört auch das Zwiebelorakel, ein Wetterorakel: Von einer halbierten Zwiebel werden zwölf Schalen nebeneinander gelegt, die jeweils einen Monat versinnbildlichen. Mit einer Prise Salz bestreut, zeigen sie am nächsten Morgen an, wie der entsprechende Monat wird: feucht oder trocken. Zu den Wetterorakeln gehört auch das Vierjahreszeitenorakel: Zu Weihnachten legt man in die vier Ecken eines Raumes, die jeweils ein bestimmtes Vierteljahr bezeichnen, eine Zwiebel. Hat an Dreikönig eine Zwiebel ausgetrieben, wird dieses Vierteljahr fruchtbar sein.

Geschenke, »Bescherung« und das Christkind

Geschenk-Geschichte

Während heutzutage das Schenken fast so etwas wie eine Pflicht, Statusverteidigung oder Selbstdarstellung zu sein scheint, hatte das Schenken früher – wenigstens im Ansatz – Symbolcharakter: Den Armen schenkte man existentiell Notwendiges und – damit sie mitfeiern konnten – etwas zum Essen und Trinken. Der Kreis der Armen, für den oft vor dem eigentlichen Fest gesammelt wurde (Christkindl einläuten), wurde seit der Reformation um die Kinder erweitert, deren Kinderbeschenktag zu Nikolaus damit entfallen sollte. Bis zur Reformation schenkten Erwachsene sich untereinander nichts, außer daß der Dienstherr verpflichtet war, seinen Dienstboten eine Kleinigkeit zu schenken.

Das Beschenken der Erwachsenen untereinander begann erst mit dem Verständnis von Weihnachten als Familienfest.

Als »norddeutsch-protestantische Sitte« wird der Gabentisch am Heiligabend in einer bayerischen Chronik von 1860 bezeichnet, »welche nur in München, seit den Tagen der Königin Caroline eingeführt, in den höheren Ständen festen Fuß gewonnen hat«. Geschenke waren dabei manchmal symbolisch gemeint (Julklapp), aber immer etwas, was über die »Grundversorgung« mit Notwendigem hinausging, ein »superadditum«: ein Buch, Süßigkeiten oder Spiele. Das Geschenk sollte die Freude vermitteln, die der Festtag bot, der ein Ereignis der »Übernatur« (= supernaturalitas) feierte. Der qualitative, tiefergehende Sinn der Geschenke stand früher stärker vor Augen.

Weihnachtsmarkt (um 1830). Foto: Archiv Dietz-Rüdiger Moser

»Christbürde« lautete der mittelalterliche Sammelbegriff für kleine Geschenke an Kinder zu Weihnachten, wie sie um 1500 benannt werden: »Wägelin, Pappenmänner zum Ziehen, Klappern, Schäfgen und Pferden«. Ansonsten war als Geschenk der Paten an ihre Patenkinder in der Weihnachtszeit das Patenbrot üblich. Die Mädchen erhielten meist eine Lebkuchenfrau und die Jungen einen Lebkuchenreiter.

Gekauft wurden diese Kleinigkeiten auf dem Weihnachtsmarkt. In der Vorweihnachtszeit kam im 14. Jahrhundert der Brauch auf, Handwerkern wie Spielzeugmachern, Korbflechtern, Zuckerbäckern u. a. zu erlauben, Verkaufsstände auf dem Marktplatz zu errichten. Schon damals wurde auch das leibliche Wohl der Marktbesucher berücksichtigt: Es gab geröstete Kastanien, Nüsse und Mandeln zum Wohlbefinden. Zu den bekanntesten Weihnachtsmärkten gehören der Nürnberger Christkindlesmarkt, der Münchner Christkindlmarkt (1310 erstmals erwähnt) und der Dresdner Striezelmarkt (1434).

147

Zuerst beim evangelischen Adel seit dem 17. Jahrhundert und dann bei immer weiteren Bevölkerungskreisen, spätestens nach 1918 auch in traditionell katholischen Gegenden wandelten sich die Weihnachtsgeschenke. Ursprünglich bestanden sie aus Gebäck, Äpfeln, Nüssen und wirklich kleinen, meist selbstgebastelten Geschenken. Mit der Verbreitung des Weihnachtsbaumes und der Entwicklung des Christfestes als familiäres Kinderbeschenkfest änderten sich auch die Geschenke. Man schenkte geschlechtsspezifisch und rollenbezogen: Für Jungen gab es Kutschen, Soldaten, Bücher, Trompete und Trommel; für Mädchen Puppe, Wiege, Puppenküche, Spiegel, Kamm und Bürste. Die Geschenke bestärkten die vorgegebene, soziale Rolle und definierten zugleich das Prestige der Beschenkten und der Schenker. Die Puppe, die nicht jedes Mädchen hatte, die Bleisoldaten, die andere sich nicht leisten konnten, ließen die Besitzer auf für andere unerreichbare Prestigestufen emporklettern.

»Bescherung«

Die ironisch zu verstehende Bemerkung, daß etwas »eine schöne Bescherung« sei, kennzeichnet die Zwiespältigkeit, die mit der Bescherung heute verbunden ist. Der nur im Deutschen gebräuchliche Terminus »Bescherung« ist abgeleitet von dem mittelhochdeutschen Wort »beschern«, das »zuteilen« oder »verhängen« bedeutete. Verwendet wurde der Begriff meist in Verbindung mit Gott oder Schicksal: »Es ist mir (von Gott) beschert.« Weil die Weihnachtsgeschenke als Geschenke des »Christkinds« gedeutet wurden, also eine Art von nicht hinterfragbarer Zuteilung waren, wurden Kinder »beschert«. Zeitpunkt und Form der Bescherung variieren: Heute werden die Kinder meist am Heiligabend nach Anbruch der Dunkelheit zur »Bescherung« gerufen, andererseits ist es in vielen Familien auch üblich, daß die Kinder ihre Geschenke am Morgen des ersten Weihnachtstages finden.

Die weihnachtliche Bescherung ist eingebettet in eine familiär geprägte Weihnachtsfeier, für die die bis dahin ungewohnte städtische Lebensform von Kleinfamilien der Arbeiter im 19. und 20. Jahrhundert die Voraussetzung war. Lohnerwerbslose Arbeiterehefrauen hatten erstmals Zeit, sich auf Familie und Kinder zu konzentrieren, »Familie« zu kultivieren und »Nestpflege« zu betreiben. Arbeiter und Bürger orientierten sich an höfischen Formen, übernahmen die Geschenkbräuche des Adels und Patriziates. Die Form der Weihnachtsfeier folgte nicht allein aus dem jeweiligen Besitzstand, sondern wurde manchmal – in entsprechenden Kreisen – zu einem jährlichen Prestige-Wettbewerb um den größten Baum, die meisten Kerzen, den kostbarsten Christbaumschmuck, die exquisitesten Festmenüs und die demonstrativ teuersten Geschenke.

Die Bescherung zu Weihnachten geht auf Martin Luther zurück. Um 1535 schaffte der Reformator die Kinderbescherung am Nikolausabend durch den hl. Nikolaus ab. Protestantische Kinder erhalten seitdem an Weihnachten Geschenke durch den »heiligen Christ«. Diese Kunstfigur, das Christkind, übernahm die für Luther problematische Rolle eines Heiligen als Gabenbringer. Der Kinderbeschenktag wurde somit von Nikolaus auf Weihnachten verlegt und das »Christkind« zur Geschenkfigur. Ob damit tatsächlich der Neugeborene zum heimlichen Gabenbringer werden sollte, ist fraglich. Zeitgenössische Abbildungen zeigen immer ein (eher weibliches als männliches) Kind von 10 bis 15 Jahren, das meist mit Engelsflügeln ausgestattet ist. Das Mysterium, wer oder was das Christkind nun eigentlich sei, ist nie aufgeklärt worden. Wie der frühe Nikolaus, der seine Geschenke heimlich und bei Nacht brachte, handelt auch das Christkind. Öffentlich inszenierte Auftritte sind eine Ausnahme.

Christkind – oder Weihnachtsmann?

Das »Christkind« eroberte zuerst das evangelische Deutschland und ab 1900 schließlich auch – konfessionsüberschreitend – das katholische Bayern und das Rheinland. In den protestantischen Niederlanden dagegen blieb, wie schon erwähnt, das Schenkfest am Nikolaustag ebenso erhalten wie Nikolaus als Gabenbringer. Der von den Niederlanden in die »Neue Welt« exportierte Nikolaus wurde zum Santa Claus, verlegte aber die Bescherung auf den 25. Dezember.

Christkind und Hans Trapp (Elsaß) – Holzstich aus: Otto Freiherr von Reinsberg-Düringfeld, Das festliche Jahr, Leipzig 1863. Foto: Archiv des Autors

Vermischt mit aus Deutschland importierten Vorstellungen eines »Väterchen Winter« (Herr Winter; Holzschnitt von Moritz von Schwind, 1847), verliert Santa Claus in der ersten Hälfte des 19. Jahrhunderts die eindeutige Bischofskleidung (Mitra, Stab, Brustkreuz, Chormantel, Stola etc.) und erhält einen mit Pelz besetzten Mantel und eine ebensolche Pudel- oder »Plümmelmütze«. Im Vordergrund steht nun die Vorstellung von einem deutschen, oberpfälzischen »Vater Winter«: Pausbäckig, mit Bäuchlein, gemütlich und weißbebärtet, ergibt sich eine Mischung von Nikolaus und Großvater. In dieser neuen Figur verschmelzen der gute Heilige und sein böser Begleiter zu einer Person. Aus dem hageren, asketischen Nikolaus wurde ein »weltlicher Herr«; durch sein »Umstylen« war er nun säkularisiert. Die inhaltliche Umwandlung wurde äußerlich in seiner Erscheinung nachgeholt; bildlich und inhaltlich hat sich der Weihnachtsmann nun vom Nikolaus gelöst.

Der »Macher« dieser neuen Figur ist der 1840 in der Pfalz geborene und 1846 mit seiner Mutter in die USA ausgewanderte Thomas Nast. Während des Amerikanischen Bürgerkriegs (1861–1865) kreierte er aus dem Pelznickel seiner Kindheit und dem in niederländischer Tradition stehenden Santa Claus den amerikanischen Weihnachtsmann: Aus dem Asketen Nikolaus war ein gemütlicher, rotgewandeter Dicker geworden. Der weiße Pelzbesatz zur roten Kleidung taucht schon bei Nast auf, weltweit bekannt wurde er 1932 durch Coca Cola: Der Weihnachtsmann in den »Hausfarben« von Coca Cola wünschte in einer Plakat-Aktion neben einem Gabenstrumpf eine »erfrischende Pause«. Seit diesem außerordentlich erfolgreichen Werbefeldzug ist der Weihnachtsmann standardisiert. Der rote Mantel kann sich also nicht auf eine ungebrochene Tradition berufen und als letztes bischöfliches Attribut eine gewisse Alibifunktion haben. Das letzte ikonographische Element versteckt sich eher, als daß es offen erkennbar ist: die Plümmelmütze. Wie bei den Gartenzwergen als einziges Herkunftsrelikt die spitz nach vorn geneigte rote Mütze bleibt, so auch beim Weihnachtsmann. In dieser phrygischen Mütze ist der Hinweis auf die kleinasiatische Herkunft des Nikolaus enthalten. Als Weihnachtsmann nach Deutschland und Europa reimportiert, hat er in evangelischen Familien weitgehend das Christkind abgelöst, das dafür in katholischen Familien, die die Kinderbeschenkung zu Weihnachten nachgezogen haben, Asyl gefunden hat.

Father Christmas (1896)
Foto: Archiv des Autors

150

Im überwiegend katholischen Süden und Westen Deutschlands glaubten die Kinder nach einer volkskundlichen Befragung 1932 vorzugsweise an das Christkind, im Norden und Osten dagegen an den Weihnachtsmann. Die konfessionsunterscheidende Funktion von »Christkind« und »Weihnachtsmann« ist seitdem weitgehend aufgeweicht. In anderen Ländern (Frankreich: Papa Noël; Italien: Baba Noel; Türkei: Aba Noel) hat der Weihnachtsmann weitgehend die Rolle des weihnachtlichen Gabenbringers übernommen, sofern zu Weihnachten beschert wird.

Heutzutage ist der Weihnachtsmann wirklich »ein Mann von Welt« und stachelt als Animateur zu weihnachtlichen Kauforgien an. Das einst ausgesprochen positive Image des Weihnachtsmannes wandelt sich: Die Titulierung »Sie Weihnachtsmann« gilt nicht gerade als Belobigung. In den Niederlanden führte der Einzelhandelsverband 1995 eine Aktion durch und verbuchte einen klaren Punktsieg für St. Nikolaus gegen den Weihnachtsmann. Auf der einen Seite formieren sich die Sinterklaas-Fans, die keinen Weihnachtsmann auf niederländischem Territorium dulden wollen, und auf der anderen Seite stehen die Anhänger des – angeblich deutschen – Weihnachtsmannes. Wie einen Kultursieg verkünden die Eiferer: »Sinterklaas kommt in diesem Jahr in 3,8 Millionen Haushalte, der Weihnachtsmann nur in 2,8 Millionen Familien.« Bürgermeister haben ihre Gemeinden zu »Weihnachtsmann-freien Zonen« erklärt und gleich das passende Schild neben dem Ortsschild gehängt; Geschäftsleute, die sich nicht an die »Regel« halten, müssen mit Ärger rechnen: Ihnen wird ein »Weihnachtsmann-Verbotsschild« – ein mit rotem Balken durchgestrichener Weihnachtsmann – auf die Schaufensterscheibe geklebt. Geschäftstüchtige Niederländer sehen diesen »Kulturkampf« mit großem Vergnügen und heizen ihn immer wieder an: Schließlich darf man darauf hoffen, daß demnächst in den Niederlanden außer am 6. Dezember auch noch am 25. Dezember geschenkt (und damit vorher gekauft!) wird. Das zum Auftauchen des Weihnachtsmannes passende Lied »Morgen kommt der Weihnachtsmann« hat 1835 kein Geringerer als Hoffmann von Fallersleben verfaßt.

Wunschzettel und Weihnachtspost

An das Christkind oder den Weihnachtsmann einen Wunschzettel zu schreiben ist erst seit rund 150 Jahren üblich. In ihrem Bestreben, den Adressaten aber auch wirklich – und unter Ausschluß der eigenen Familie, die ja immer wieder Selbständigkeit fordert – selbst ausfindig zu machen, schrecken Kinder auch vor technischen Herausforderungen nicht zurück. Wenn ein Ort schon so heißt, so denken die Kinder wohl, wird der Geschenkebringer, der als heiliger Mann ja schließlich auch über Wunderkräfte verfügt, nicht weit sein. Auf die Art

151

Fröhliche Weihnachten!

und Weise hat sich die deutsche Telekom gezwungen gesehen, 1995 sechs Postämter einzurichten, die sich der kindlichen Weihnachtsbriefe annahmen: 16798 Himmelpfort, 21709 Himmelpforten, 31137 Himmelsthür in Hildesheim, 49681 Nikolausdorf in Garrel, 51766 Engelskirchen, St. Nikolaus in 66352 Großrosseln. Über diese sechs offiziellen Postämter hinaus betätigt sich noch das Postamt in Nikolausberg in 37077 Göttingen als Empfänger und Beantworter der Briefe an das Christkind. In Österreich befindet sich aber der absolute Spitzenreiter: das Postamt von Christkindl hat 1994 etwa 2,5 Millionen Briefe registriert; 1950 waren es erst 42 000. »Brieven aan Sinterklaas« empfängt auch das Postamt St. Nicolaashof in den Niederlanden.

Eine eigene literarische Gattung und journalistische Form hat der Brief an die Zeitung »Sun« der kleinen Virginia O'Hara 1897 aus New York ausgelöst. Sie stellte die Frage: »Gibt es einen Weihnachtsmann?« Der Chefredakteur der »Sun« nahm diesen Brief so ernst und wichtig, daß er ihn nicht nur selbst beantwortete, sondern die Antwort auch auf der ersten Seite seiner Zeitung abdruckte. Dieser Briefwechsel wurde über ein halbes Jahrhundert – bis zur Einstellung der »Sun« – jedes Jahr erneut auf der Titelseite abgedruckt. 1977 hat die »Welt am Sonntag« in Deutschland diese Tradition übernommen und veröffentlicht seitdem Jahr für Jahr den Antwortbrief von Chefredakteur Church. Die »Kölnische Rundschau« hat die Idee 1988 in einer Variante übernommen: Sie läßt jedes Jahr andere Prominente auf die Frage »Gibt's das Christkind oder nicht?« antworten.

Nicht »Wunschzettel«, sondern Grüße zu Weihnachten werden unter den Begriff Weihnachtspost gefaßt. 1841 soll ein Buchhändler mit Namen Leith in Schottland die erste Weihnachtskarte im Schaufenster angeboten haben. Henrik Cole, ein Londoner Geschäftsmann, hat 1843 nachweisbar die ersten Weihnachtspostkarten, die er sich von einem Zeichner hatte herstellen lassen, verschickt. Die überzähligen Karten verkaufte der geschäftstüchtige Mann und löste damit eine alljährlich anschwellende Lawine aus. In Deutschland mahlen die bürokratischen Mühlen langsamer, selbst wenn höhere Chargen sich bemühen. Nach fünfjährigem, zähem Ringen gelang es dem Generalpostmeister des

Norddeutschen Bundes, Heinrich von Stephan, am 1. Juli 1870 die Postkarte einzuführen, damals noch »Correspondenzkarte« genannt. Preußens Generalpostdirektor von Phillipsborn befand die Postkarte dennoch als »eine unanständige Form der Mitteilung«, weil jeder Postbote und jedes Dienstmädchen mitlesen konnte. In Österreich gelang die Einführung der Postkarte schon zum 1. Oktober 1869. Die Sitte verbreitete sich schnell auf der ganzen Welt. Für 1995 verzeichnete allein in Deutschland die Arbeitsgemeinschaft der Verleger und Hersteller von Glückwunschkarten (AVG) den Verkauf von 600 Millionen Gruß- und Glückwunschkarten, davon allein 125 Millionen Weihnachts- und Neujahrskarten, die ihnen etwa 150 Millionen DM – und der Telekom noch einmal einen vergleichbaren Betrag – einbrachten. Haben früher weihnachtliche Motive dominiert, werden heute vornehmlich »Humor-Karten« mit Cartoons und Karikaturen sowie Karten mit elektronischen Elementen (beim Aufklappen erklingt z. B. »O Tannenbaum«) verkauft. Für Günter Garbrecht, Vorsitzender der Arbeitsgemeinschaft der Verleger und Hersteller von Glückwunschkarten, bleibt Deutschland aber »noch immer ein Entwicklungsland der Glückwunschkarte«. Seine Argumente: Jeder Holländer versendet pro Jahr 26, jeder Brite sogar 41 Glückwunschkarten, die Deutschen dagegen lediglich 8. Rund 90% der Glückwünsche werden in Deutschland als Klappkarte in Umschlägen versandt.

Die Rauhnächte

Die zwölf Tage zwischen dem Ersten und dem zweiten Weihnachtsfest, 25. Dezember bis 6. Januar, zählt der Volksglaube zu den Rauhnächten, also jenen Nächten, in denen – vor allem im alpenländischen Bereich – Haus und Hof ausgeräuchert und mit Weihwasser ausgesprengt werden, damit nicht böse Dämonen sie einnehmen. Die ziehen nämlich in wilder Jagd durch die Lüfte und suchen den Menschen Unheil zuzufügen.

Der geweihte Weihrauch war ein Sakramentale (den Sakramenten ähnliche Riten und Gegenstände), das – wie Weihwasser – austreibende, abwehrende und reinigende Bedeutung hat: Weihrauch soll dämonische Nachstellungen und sonstige schädliche Einflüsse abwehren. Die Nacht vom 24. auf den 25. Dezember, die Nacht vom 31. Dezember auf den 1. Januar und die letzte der Rauhnächte, die Nacht vom 5. auf den 6. Januar, der Obersttag (Dreikönige), galten als die gefährlichsten Rauhnächte. In den Rauhnächten durften Frauen und Kinder nach Anbruch der Dunkelheit nicht mehr die Straßen betreten; Haus und Hof, Spinnstube, Küche und Werkstatt mußten aufgeräumt sein, Wäsche durfte nicht auf der Leine hängen. Unordnung wurde von den Dämonen bestraft. Zum Teil

153

galt auch ein Arbeitsverbot, wenigstens aber ein Backverbot in dieser Zeit, weshalb entsprechend viel Brot und Gebäck zuvor hergestellt werden mußte. An den Tagen sollten Linsen, Bohnen und Erbsen gegessen werden, die als keimende Speisen für das nächste Jahr Glück bringen sollten.

Das prickelnd Besondere haftet der Heiligen Nacht schon vor dem Christentum an: Wasser kann sich in dieser Nacht in Wein verwandeln, Tiere können in dieser Nacht sprechen und feiern auf ihre Art Weihnachten (Lüttenweihnacht), die Natur offenbart ihre Geheimnisse (Losbrauchtum, Orakelbräuche), Brot und Tierfutter, das in dieser Nacht draußen liegt, wird zum gesegneten Lebensmittel (Mettenheu).

Schon in vorchristlicher Zeit wurde für die Rauhnächte gebacken: 103 Brote standen auf einem festlichen Tisch zur Bewirtung der Seelen der Verstorbenen, die davon essen sollten. Diese Bewirtung versprach Glück. Die Opferbrote wurden natürlich von den Menschen anschließend verspeist, später sogar direkt, ohne daß sie zuvor Opferbrote waren. Je nach Landschaft erhielten diese Gebäcke eigene Namen: Schnittchen, Hützel- oder Kletzenbrot, Striezel, Birnenwecken oder Stollen. Je deutlicher die Beziehung zum christlichen Fest wurde, desto mehr verband sich der neue Namen mit dem Gebäck wie z. B. beim Christ- oder Weihnachtsstollen.

Das heute bekannteste Gebäck, der Stollen, stammt ursprünglich aus Sachsen. Für 1329 läßt sich ein Zunftprivileg für die Naumburger Bäcker belegen, das ihnen vom Bischof von Naumburg ausgestellt wurde, der dafür von ihnen für sich und seine Nachfolger jedes Jahr zu Weihnachten zwei Stollen erhielt. Dieses Gebäck, das es als Rosinen-, Mandel- oder Mohnstollen gab, breitete sich in ganz Deutschland aus. Der Dresdner Stollen mit Rosinen, Mandeln und Marzipan ist der bekannteste Stollen.

»Zwischen den Jahren« bezeichnet den Zeitraum vom 25. Dezember bis zum 6. Januar, die alten Rauhnächte bzw. die kirchliche Weihnachtszeit. Die Begriffsbildung nimmt Bezug darauf, daß sowohl am 25. Dezember, am 1. Januar als auch am 6. Januar Jahresbeginn gefeiert wurde, je nach Gegend oder Zeitalter. Erst seit dem 17. Jahrhundert kristallisiert sich der 1. Januar als offizieller Jahresbeginn mit allgemeiner Verbindlichkeit heraus. Die »Zeit dazwischen«, die Zeit zwischen den verschiedenen Jahresanfängen, war die Zeit »zwischen den Jahren«.

154

Heiligengedenktage nach Weihnachten

Stephanus – 26. Dezember

Am 26. Dezember gedenken die Christen ihres ersten Märtyrers Stephanus. Unter den sieben Diakonen der Jerusalemer Gemeinde (vgl. Apostelgeschichte 6,5) spielte Stephanus eine besondere Rolle. Als kraftvoll und begnadet geschildert, trat er in der Auseinandersetzung mit den Vertretern des hellenistischen Judentums hervor. Letztlich wurde Stephanus durch den Hohen Rat zum Tod durch Steinigung verurteilt (Apostelgeschichte 6,8–10; 7,54–60).

Am Festtag fanden früher Weiß- und Rotweinweihen statt. Da dieser Anlaß in Gemeinschaft mehr Freude bereitet, traf man sich zu Essen und Wein. Stephanus (Steffl) gilt als Pferdeheiliger, der Stephanstag als Pferdetag, den man auch noch heute durch Haferweihe, Wasserweihe (Stephaniwasser), Umritte und Pferdesegnungen feiert.

In früherer Zeit galt der 26. Dezember als Menschertag – wie Oster- und Pfingstmontag. Wer zu Weihnachten von seinem Mädchen »das Kletzenbrot abgeholt« hatte, d. h. zum Zeichen der Annahme der Werbung dieses Gebäck erhalten hatte, durfte an diesem Tag zum ersten Male seine Liebste ausführen. Übrigens sind die »Pflastersteine« ein Weihnachtsgebäck, das die Steine symbolisieren soll, mit denen Stephanus getötet wurde. Am zweiten Weihnachtstag nahm man früher Krüge mit Wasser mit in die Kirche, wo sie der Pfarrer während der Messe weihte. Das Stephaniwasser oder Stephanswasser war ein beliebtes Weihwasser, das als besonders wirkungsvoll gegen Teufel und Hexen galt. Die Pferde erhielten beim ersten Frühlingsausritt mit Stephaniwasser getränktes Brot, damit sie gesund blieben und nicht verunglückten.

Steinigung des Stephanus – Kupferstich von Carl Ludwig Schuler (1785–1852). Nr. 86 der Kupferstiche zum Neuen Testament, Freiburg 1810/14.

Johannes – 27. Dezember

Das Fest des Apostels Johannes wird am 27. Dezember gefeiert. Johannes, der Lieblingsjünger Jesu, dem Jesus sterbend seine Mutter anvertraute, wird in der Kunst meist als sensibel zurückhaltender Jüngling gezeigt. Dies scheint er aber kaum gewesen zu sein, da Jesus ihn und seinen Bruder, Jakobus den Älte-

155

ren, als »Donnersöhne« bezeichnet (Markus 3,17). Johannes stammte aus Betsaida, wo sein Vater Zebedäus als Fischer arbeitete. Da die Legende von Johannes berichtet, er habe folgenlos einen Giftkelch geleert, weiht man an seinem Gedächtnistag Wein in der Kirche, bringt ihn nach Hause und bewahrt ihn auf. Dieser Johannisminne oder dem Johannissegen wurde ganz besondere Wirkung zugesprochen. Die Segnung des Johannesweins ist im rheinischen Winzerörtchen Rhöndorf noch üblich. Mancherorts wechselten an diesem Tag auch Mägde und Knechte ihre Stellung. Sie verabschiedeten sich bei einem Tanzabend. Am Johannistag »dingte« der Ehemann seine Ehefrau für das kommende Jahr an, d. h., er führte sie in das Gasthaus und lud sie dort zum Essen ein. Bei diesem Brauch, Weiberdingete genannt, zahlte die Frau den Wein, womit sie zustimmte und sich für das nächste Jahr verpflichtete.

Unschuldige Kinder – 28. Dezember

Nach Matthäus 2,8–18 befahl Herodes, als sich die Magier von ihm nicht zur Denunzierung des neugeborenen Messias benutzen ließen, in Betlehem und Umgebung alle Knaben im Alter bis zu zwei Jahren zu ermorden. Als »Fest der Unschuldigen Kinder« gedenkt die Kirche dieses Betlehemitischen Kindermordes. Anhand profaner historischer Quellen läßt sich dieser Vorgang nicht beweisen, weshalb er in der Forschung von einigen angezweifelt wird. Andere verweisen darauf, daß dieser Bericht durchaus zur Verhaltensweise des Herodes paßt. Matthäus sieht in diesem Vorgang die Erfüllung des Prophetenwortes von Jeremia 31,15. Auffällig sind die Parallelen zur Kindheitsgeschichte des Mose, der ebenfalls als Befreier seines Volkes – wenn auch nur aus der ägyptischen Knechtschaft und nicht von Sünde und Tod – auftritt.

Seit dem 5. Jahrhundert gibt es einen Gedenktag für die Betlehemitischen Kinder, die nicht nur ohne Schuld und als Märtyrer, sondern sogar stellvertretend für Christus gestorben sind. In Zeiten hoher Säuglings- und Kindersterblichkeit gewann dieser Gedenktag besondere Bedeutung. Die Unschuldigen Kinder sind Patrone der Chorknaben und Findelkinder. Sie werden angerufen gegen Ehrgeiz und Eifersucht. Als Tag, an dem man sich Fruchtbarkeit wünschte und durch Rutenschläge segnend vermittelte, was »frisch und gesund schlagen« hieß, wodurch der Tag auch den Namen Pfefferlestag (von »pfeffern« = schlagen) erhielt, gewann dieser Gedenktag Bedeutung. Wahrscheinlich in Erinnerung an die im Gedenkanlaß sichtbare Brutalität bei Auseinandersetzungen wurde dieser Tag auch als Versöhnungstag im Rheinland gefeiert. Am Sonntag nach dem Kirchgang fand im Rathaus eine Feier zur Beendigung von Streitigkeiten und Feindschaften statt.

In Erinnerung an die Flucht der Heiligen Familie nach Ägypten und der Leistung, die dabei der Esel vollbracht hat, steckte man Eseln, denen man am 28.

Betlehemitischer Kindermord –
Nordarm. Giottowerkstatt (um
1315/29) Assisi: San Francesco,
Unterkirche.
Foto: Verlagsarchiv

Dezember begegnete, eine Leckerei ins Maul. In der nur Kindern
eigenen Unbekümmertheit haben sie im Mittelalter diesen Tag für
sich reklamiert und vereinnahmt. In Kloster- und Domschulen
führten die Schüler das Regiment und durften in Reimform ihre
Meinung sagen. Sie spielten »verkehrte Welt«, in der die Großen
klein und die Kleinen groß sind. An diesem Tag fand ursprünglich das Kinderbischofsspiel (lat.: ludus episcopi puerorum, s. o.) statt, das – um 1300 mit dem
Aufkommen der Nikolaus-Verehrung – ebenso auf den Nikolaustag abwander-
te wie die Sitte des Kinderbeschenkens (Kinderbeschenktag, s. o.). In Bayern
schenkten die Paten ihren Patenkindern, wie wir sahen, an diesem Tag Gebäck:
den Mädchen eine Lebkuchenfrau, den Jungen einen Lebkuchenreiter. Bereits in
vorchristlicher Zeit hatte dieser Tag für die Kinder eine besondere Bedeutung.
Frau Holle zog in dieser Nacht mit allen Kindern, die im Jahr geboren werden
sollten, umher. Das Element des Schenkens war in dieser Vorstellung bereits
enthalten: Dem Geisterzug wurde Essen hingestellt.

157

Silvester – 31. Dezember

Der 31. Dezember als Jahresende und der 1. Januar als Jahresanfang sind willkürliche Setzungen, »Buchhaltertermine« ohne kulturelle oder religiöse Verwurzelungen. Diesen Termin gibt es aber schon seit mehr als 2000 Jahren: 46 v. Chr. hat ihn Julius Cäsar bei seiner – später sogenannten Julianischen – Kalenderreform eingeführt. Cäsar löste mit dieser Setzung offiziell den 1. März als Jahresbeginn ab, der bei der Revision des römischen Kalenders 153 v. Chr. festgelegt worden war. Der 1. März wurde aber auch nach der Julianischen Kalenderreform von vielen Menschen als Jahresbeginn beibehalten. Bis in unsere Tage läßt sich dies noch an unseren Monatsnamen ablesen: Der September (lat.: septem = sieben) und der Dezember (lat.: decem = zehn) geben noch die alten Monatsfolgen an, wenn vom März als erstem Monat gezählt wird. In christlicher Zeit ergaben sich neue Jahresanfangtermine, obgleich als offizielle Termine immer der 31. Dezember bzw. der 1. Januar gegolten haben. Im christlichen Abendland gab es verschiedene Jahresanfänge nebeneinander und – zum Teil – auch wechselnde Termine in Kanzleien und Regionen: Der 25. März (Annuntiations-[Verkündigungs]stil / Marienjahr) setzte den Neubeginn mit der Zeugung Jesu gleich; der österliche Jahresbeginn (Osterjahr) setzte die Auferstehung Jesu an den Anfang – das Jahr begann in der Osternacht mit der Kerzenweihe, in die bis heute die neue Jahreszahl eingefügt wird; die Byzantiner dagegen begannen das Jahr am 1. September; weite Teile der Christenheit wählten den 25. Dezember, die Menschwerdung Christi, zum Jahresbeginn (Inkarnationsstil). Der Jahresbeginn mit der Geburt Christi war insofern konsequent, weil diese Geburt als Zeitenwende und auch die Jahre »a nativitate domini« (und das Jahr damit als »anno domini«) gezählt wurden. Nach der Gregorianischen Kalenderreform 1582, als der offizielle Kalender wieder dem tropischen Jahr angepaßt wurde, setzte sich ganz allmählich der 31. Dezember als Jahresende und der 1. Januar als Jahresbeginn durch. 1691 wechselte unter Papst Innozenz XII. (1691–1700) die Päpstliche Kanzlei mit dem Jahreswechsel vom Weihnachtstermin auf den 1. Januar.

Jenseits des bürgerlichen Jahres verläuft das kirchliche Festjahr, das in dem jährlichen Kreislauf der Natur die Erinnerung an die christlichen Heilsereignisse doppelt wachhält: durch die wöchentliche Feier der Auferstehung im Rahmen der vom Judentum beibehaltenen Siebentagewoche und durch die Einbeziehung der Heilsereignisse in den Jahreslauf. Bis in das 9. Jahrhundert endete das Kirchenjahr mit dem Ablauf des Novembers und begann mit dem 1. Dezember; erst dann begann das Kirchenjahr mit dem beweglichen 1. Adventssonntag. Das ältere Ende des Kirchenjahres im November ist der Grund für den Erhalt des Orakelbrauchtums am letzten Novembertag, dem Fest des hl. Andreas. Nicht nur

158

die zeitliche Nähe von 25. Dezember und 1. Januar oder gar Sparsamkeit haben dazu geführt, daß wir unsere Weihnachtsgrüße nach wie vor mit Neujahrswünschen verbinden. Das Wissen darum, daß Weihnachten und Neujahr eigentlich ein Termin (Inkarnationsstil) sind, scheint »unterbewußt« noch vorhanden zu sein. Die fehlende tiefe Verwurzelung des 31. Dezember und des 1. Januar zeigt sich im Brauchtum: Glückssymbole, Orakelbräuche, Lärmbrauchtum und – jenseits des eigentlichen Brauchtums – Alkohol kennzeichnen ein Fest, bei dem viele Menschen verdrängen, was es symbolisiert: Auch meine Zeit hat ein Ende.

Der 31. Dezember gedenkt des bekanntesten Papstes, der seine Popularität aber nicht selbst verdient, sondern dadurch geschenkt bekommen hat, daß er am 31. Dezember 335 verstarb und dieser Tag spätestens seit dem 17. Jahrhundert als letzter Jahrestag gefeiert wird. Silvester war von 314 bis 335 Papst. In seine Zeit fällt die epochale Veränderung im Verhältnis von römischem Staat und christlicher Kirche unter Kaiser Konstantin I. (306–337), der dem Papst gegenüber dominierte. Zur Zeit des Papstes Silvester fand das Konzil von Nizäa (325) statt, wo – gegen Arius – die Gottheit Christi im Sinne der Wesensgleichheit mit dem Vater definiert wurde. In seine Regierungszeit fällt auch die Errichtung der drei großen römischen Basiliken: St. Johannes im Lateran, St. Peter im Vatikan und St. Paul vor den Mauern.

In den Alpenländern bestand an Silvester der Brauch, daß sich ein junger Mann als Silvester oder »altes Jahr« verkleidete und während der abendlichen Lustbarkeiten am Ofen saß, allerdings jedesmal aufsprang und ein Mädchen küssen durfte, wenn es in seine Nähe kam. Kurz vor 24 Uhr verteilte der Hausherr an alle Gäste grüne Zweige. Mit Glockenschlag 24 Uhr vertrieben dann alle den Silvester aus dem Haus. Genannt wurde dieses symbolhafte Spiel »Silvesterschlagen«.

Natürlich gab es auch am 31. Dezember Orakelbräuche, vor allem Hochzeitsorakel (Schuhewerfen, Apfelschalenorakel). In der Schweiz tritt die Schnabelgeiß auf, eine teuflische und dunkle Schreckgestalt, die von einem guten hellen Dämon oder Engel durch den Ort geführt wird. Auch im neuen Jahr soll so das Böse durch das Gute im Griff bleiben. Das Silvesteressen im Kreis der Fami-

159

lie und Freunde bildet sichtbar den geschlossenen, magischen Kreis, der für keinen Dämon aufzubrechen ist. Gemeinsam Altes zu beenden und Neues zu beginnen wirkt gemeinschaftsstabilisierend. Traditionell ist die Erbsensuppe das Silvestergericht. So zahlreich und schmackhaft wie Erbsen sollen Geld und Wohlstand im neuen Jahr im Haus sein.

Gutjahrsessen nannten sich zwei unterschiedliche Bräuche: Bei dem einen richtet die Zukünftige für die Freunde und Kollegen ihres Zukünftigen ein Essen aus. Das bedeutete einerseits Training in Sachen Gastlichkeit (heute: »learning by doing«), bot andererseits aber auch die willkommene Gelegenheit, unbeobachtet und unter seinesgleichen zu sein. In Südwestdeutschland wurde mit dem gleichen Begriff das gemeinsame festliche Silvesteressen der Familie mit allen Kindern und Kindeskindern und angeheirateten Partnern bezeichnet. Als Nachspeise gibt es dabei den Gutjahrsring, ein Hefegebäck, das – verziert mit Fruchtbarkeits- und Glückssymbolen – mit vielen Rosinen und anderen leckeren Zutaten hergestellt wurde.

Silvester galt als Bechtelitag, d. h. der Tag, an dem Knechte und Mägde den Arbeitgeber wechselten. Auf dem Hof gab es deshalb ein Abschiedsessen, das Bechtelsmahl. Der Begriff »Bechteln« bezeichnet jene Feiern, die durch junge Frauen und Männer vorbereitet und gefeiert wurden. Auch zu Hause wurde zu Silvester/Neujahr und Dreikönige gebechtelt, denn der Hausherr spendierte für Familie und Personal ein Festessen, bei dem man – dort, wo man sich das leisten konnte – auch vom neuen Wein kredenzte.

ORAKEL, LOSBRÄUCHE UND HÖLLENLÄRM UM NEUJAHR

Orakeltage

Etliche Tage des Jahres waren Orakeltage, vor allem aber Jahresendtermine und Jahresanfänge (Andreastag, Weihnachten, Silvester, Neujahr, Dreikönige). Der Abhängigkeit ackerbaulicher Gesellschaften wegen bezogen sich viele Orakel auf das Wetter, das sie vorauszusagen suchten. Am Dreikönigstag z. B. schreibt ein Wetterorakel vor: Am Vorabend legt man von 12 Weizenkörnern je eines zu einer bestimmten Stunde an einen bestimmten Ort vor den Ofen. Jede Stunde galt für einen Monat des Jahres. Am Morgen des Dreikönigstages konnte man ablesen, was die Monate bringen werden. Die am weitesten fortgesprungenen Körner weisen auf Glück, Gesundheit und reiche Ernte hin. Die gleiche »Wettervorhersage« erhoffte man sich vom Zwiebelorakel oder vom Vierjahreszeitenorakel. Bekannt ist auch die Tellersaat (verbunden mit Barbara und Tho-

160

mas). Besonders beliebt waren Hochzeitsorakel. Dazu wurde z. B. das ABC mit Kreide an die Tür geschrieben. Ein junger Mann oder ein Mädchen wiesen mit verbundenen Augen zweimal auf die Buchstabenfolge. Mit dem einen Buchstaben begann der Vorname, mit dem anderen der Nachname der oder des Zukünftigen. Bei einem anderen Orakel band ein Mädchen einen Fingerring an ein langes Haar und ließ den Ring in ein leeres Glas hinein. So oft der Ring gegen das Glas schlug, addierten sich die Jahre, die das Mädchen noch auf seine Hochzeit zu warten hatte. Bei einem anderen Orakel mußte das Mädchen im Dunkeln hinter das Haus laufen und Holzscheite in das Haus holen. Ergaben die Scheite eine gerade = »paarige« Zahl, durfte das Mädchen auf eine Hochzeit im kommenden Jahr hoffen, sonst mußte es sich vertrösten lassen.

Losbräuche

Das Los zu werfen (vgl. die Jona-Erzählung im Alten Testament) war nach antiken Vorstellungen keineswegs ehrenrührig, sofern es um die Erkundung des göttlichen Willens ging. Im Mittelalter hatte das Losbrauchtum einen anderen Akzent. Es ging um Zukunftsschau, um das Orakeln. Karten, Bohnen, Losbriefe und vieles mehr wurden dabei eingesetzt. In unüberschaubar vielen einzelnen Brauchtümern und zu kaum übersehbaren Anlässen wurde gelost: Bohnenkönig, Orakelbräuche, Bleigießen, Schuhwerfen, Apfelschalen werfen, Kartenlegen, zwölf Zwiebelschalen. Losbräuche, vor allem solche, die über das kommende Wetter, Glück oder den künftigen Hochzeitstermin und Ehemann Auskunft geben, klebten im Mittelalter vielen Festtagen an. Besonders sind sie mit den Tagen verbunden, die einmal Jahresende oder -beginn waren.

Edmund Herger: Bleigießen der Mägde (Thüringen). Foto: Archiv des Autors

Höllenspektakel

Begriffe wie »Höllenspektakel« oder »Höllenlärm« verweisen auf den Deutungszusammenhang, in den das Christentum den Lärm einordnete. In vorchristlicher Zeit sollte Lärm die Zauberkraft der Dämonen brechen. Dieser Aberglaube hat sich lange auch in christlicher Zeit erhalten. Erst später sind die inhaltlichen Ausdeutungen christlich interpretiert, die Formen aber beibehalten worden. Gepaart mit der Abwehr böser Geister, tritt die Lust an gemeinschaftlich erzeugtem Lärm auf, der vielfach in strenger rhythmischer

161

Ordnung erfolgt (z. B. bei Lärmumzügen), aber auch seine Freude am chaotischen Durcheinander haben kann. Klopfen und Klöpfeln, Trommeln und Rummeln mit dem Rummeltopf, Peitschenknallen (Aperschnalzen) und Schießen, Feuerwerk und Musizieren, Singen und Glockenschellen (Schellenrühren) treten in diesem Zusammenhang auf. Die Rauhnächte bilden jahreszeitlich schwerpunktmäßig einen Hauptbereich des Lärmbrauchtums, vor allem zu Silvester, das heute durch Abfeuern von Feuerwerkskörpern eine Ergänzung gefunden hat.

Im 19. Jahrhundert kommt die Redensart auf: jemandem das neue Jahr abgewinnen. Sie gründet in dem Volksglauben, man müsse am 1. Januar möglichen Unglückswünschen zuvorkommen, um im kommenden Jahr auch tatsächlich Glück zu haben. Dieser Grundgedanke wird heute überlagert und nahezu unkenntlich durch die Sitte, am Neujahrstag Glückwünsche möglichst schnell anzubringen, weil der schnellste und erste Glückwünscher ein ihm dann zustehendes kleines Präsent erhält.

DAS NEUE JAHR BEGRÜSSEN

Begrüßungsriten

Weil das neue Jahr begrüßt werden muß, entstanden Bräuche zur Begrüßung des neuen Jahres. Man versammelte sich auf dem Kirchplatz, wo das neue Jahr durch einen Posaunenchor und gemeinsame Lieder empfangen wurde. Glocken, Alarm- und Schiffsirenen, Hupen, Schreien, Böllern waren und sind beliebte Mittel der Begrüßung. Andernorts wanderte ab 24 Uhr eine »Pankoke-Kapelle« von Haus zu Haus und erspielte gute Gaben, meist frische Pfannkuchen. Im Schwarzwald zogen die jungen, unverheirateten Männer nach dem Verzehr von Neujahrsbrezeln los, um das Neujahr anzusingen und sich dafür zum Essen und Trinken einladen zu lassen. Es gab Orte, wo ein Vorsänger mit einem Chor umherzog, der – nach einem frommen Auftaktlied und guten Neujahrswünschen – die Angesungenen mit gereimten Texten auf die Schüppe nahm, indem er sie kenntnisreich mit Ereignissen des vergangenen Jahres konfrontierte, bei denen sie nicht immer die beste Figur gemacht hatten. In anderen Gegenden war der Neujahrstag ein Heischetag der Kinder, die sich Gaben ersangen. Mitgeführt wurde dabei der Rummelpott. Neujahr galt auch als Orakeltag, vor allem für Hochzeitsorakel. Beliebt war der Neujahrssprung: Das neue Jahr wurde um Mitternacht angekündigt. Wer wollte, sprang über hintereinander aufgestellte Schemel oder Stühle ins neue Jahr. Weit verbreitet war eine Vari-

162

ante, nach der alle Anwesenden um genau 24 Uhr von einem Stuhl, auf dem sie standen, gemeinsam herunter und ins neue Jahr sprangen.

Freigebigkeit zu Neujahr sollte reichen Geldsegen einbringen. Im Norden Deutschlands haben einmal in manchen Orten vor den Häusern Tische gestanden, von denen man sich bedienen konnte, ja mußte, wollte man nicht die Schuld am fehlenden Glück der anderen übernehmen. Auf Helgoland hielt der Wirt in der Neujahrsnacht seine Gäste frei.

»Wie der Anfang, so das Ganze«, sagte Augustinus (354–430). Der Volksmund machte daraus: Der Anfang geht immer mit. Der Glaube, daß Form und Inhalt eines Neuanfangs die ganze restliche Folge prägen, ist uralt. Ebenso der Glaube, durch ein bestimmtes Verhalten am ersten Tag eines Jahres das ganze Jahr beeinflussen zu können. Nicht nur jüdischer Tradition entspricht es, alte Schulden im alten Jahr zu begleichen. Das neue Jahr hat man frisch gewaschen zu begrüßen, symbolisch wird der alte Schmutz abgewaschen. Oft gehörte dazu, daß man völlig neu eingekleidet war. Die Reinigung vom Alten bietet im neuen Jahr Schutz. Man sollte Geld in der Tasche tragen, um immer Geld zu haben, gut essen, um übers Jahr nicht zu hungern, fröhlich sein und sauber. Entsprechend heißt es im Erzgebirge: Wenn man Neujahr etwas falsch macht, geht es das ganze Jahr verkehrt. Streit ist deshalb Neujahr tabu, Ordnung in allen Bereichen oberste Pflicht, ebenso Überfluß bei Essen und Trinken, damit niemand im neuen Jahr hungern muß. In Norddeutschland und Ostpreußen traten zwei junge Burschen als Neujahrsschimmel und Neujahrsbock verkleidet auf. Sie brachten Geschenke und neckten im Schutz ihrer Verkleidung die Mädchen, die sie mit (Lebens-)Ruten strichen.

Heischeumzug mit dem Neujahrsschimmel und dem Klapperbock (1898) – Aus: Otto Frhr. von Reinsberg-Düringsfeld, Das festliche Jahr. Leipzig 1898

Neujahrsgebäck

Als Neujährchen bezeichnet man im Rheinland ein übliches Neujahrsgebäck, es kann aber auch Bezeichnung sein für die Neujahrsgabe an Dienstboten, Briefträger, Müllabfuhr. Das Neujahrsgebäck hat viele Namen: Neujahrskringel, -kranz, -zopf, -brezel, -striezel oder Neujährchen. In der Regel bestand das Hefegebäck aus Weizenmehl, zusätzlich verwendet wurden gerne Körner, die Vielfalt und Überfluß verdeutlichten: Mohn und Hirse. Auch Lebkuchengebäck gibt es zum neuen Jahr. Die Form des Gebäcks, z. B. der Kranz, symbolisiert nicht nur den ewigen Kreislauf des Jahres, sondern auch den vor Dämonen schützenden

163

Kreis. Der Zopf stellt eine ähnlich verstandene Metapher dar. In Ostfriesland war der Neujahrskuchen als springendes Pferd geformt, in der Schweiz hieß das entsprechende Gebäck Heilswecken. Im Rheinland ist ein »Neujährchen« meist dem vierblättrigen Kleeblatt nachgebildet oder einfach rund, oft verziert mit Symbolen der Ewigkeit. In Mecklenburg gab es ein Gebäck unter gleichem Namen, aber zu einem anderen Zweck: Es wurde segenbringend den Tieren ins Futter gebrockt. In dem in Griechenland üblichen Neujahrsbrot wird eine Gold- oder Silbermünze versteckt, die ihrem Finder Glück bringen soll. Möglicherweise ist hier ein Vorbild für den Königskuchen an Dreikönige, der zum Bohnenfest geführt hat, zu finden.

Neujahrstanz nennt man den ersten Tanz im neuen Jahr, der die Harmonie und Zuneigung ausdrückte, die im ganzen Jahr erhalten bleiben soll. Neujahrsschlittschuhlaufen heißt ein alter Brauch in den Niederlanden. Dabei trafen sich alle und tranken anschließend in Freundeskreisen miteinander Kakao.

Glücksbräuche

Belege für schriftliche und dann auch für gedruckte Neujahrswünsche, oft mit Neujahrssprüchen verbunden, gibt es seit dem 15. Jahrhundert. Neujahrsbesuche waren mit dem Überbringen von Neujahrsgebäck verbunden. Heute verschenkt man zu Neujahr – oft weit im voraus – Kalender. Neujahrssprüche, also Glück- und Segenswünsche, lassen sich durch – oft mehr oder weniger – gelungene Sprüche, gereimte Texte ausdrücken. Zahllose historische Beispiele ergänzen noch die in der Gegenwart üblichen Sprüche. Glückwünsche, also Wünsche von Glück und Gutem, kann man vielfältig ausdrücken: mündlich, schriftlich, symbolisch. Gutes und gutes Glück – Glück bezeichnete ursprünglich nur »Schicksal«, »Geschick«, und es mußte deshalb zwischen gutem und bösem Glück unterschieden werden – konnte man hintragen und aussprechen oder in schriftlicher Form hintragen lassen. Das vierblättrige Kleeblatt galt und gilt als Glückssymbol – einmal weil es selten ist und schon Glück beweist, daß man es findet, wohl aber auch, weil es dem Kreuz nachgebildet ist.

Was Glück eigentlich genau ist, läßt sich nicht eindeutig und für immer definieren. Was als Glück empfunden wird, ist abhängig vom Empfänger und seinen Rahmenbedingungen. Wann was wem wie lange als Glück erscheint, läßt sich somit trefflich diskutieren. Einigkeit läßt sich nur darin erzielen, daß Glück kein Dauergast ist; wäre das Glück für jemanden von Dauer Gast, wäre es nicht nur unmenschlich, sondern würde als Normalzustand und damit nicht mehr als Glück empfunden. Glück ist säkularisierte Gnade, ein ungeschuldeter und ersehnter Zustand, der mir mehr bringt, als ich eigentlich verdient oder erwartet habe. Es ist nur natürlich, daß sich die Menschen immer nach diesem Übernatürlichen sehnen und es herbeizuzwingen suchen. Die Hoffnung und der Glaube, daß man das Glück herbeizwingen könne, sind uralt. Glück wird beschworen durch symbolische Gaben, durch das Verschenken von Glückssymbolen oder Glücksbringern: Glücksschwein, Glückspfennig, Hufeisen, vierblättriger Glücksklee, Schornsteinfeger.

Glückssymbole sollen das Geld anlocken wie z. B. Fischschuppen im Portemonnaie: Eine Fischschuppe steht für viele andere und ist zugleich Symbol für Geld. Es gilt das alte Prinzip des »pars pro toto«: Ein Teil steht symbolhaft für das Ganze. Der Glückspfennig statt der Fischschuppe ist somit nur eine direktere Aussage. Da nach einem Sprichwort, daß der »Deuvel bekanntlich nitt op die kleenen Hauffen schitt«, besteht die durch den Glücksklee ausgedrückte Hoffnung darin, daß Seltenes nicht alleine bleibt, sondern andere Seltenheiten anzieht.

Das Glücksschwein wird oft auf den wilden Eber, das den Germanen heilige Opfertier, bezogen. Aber auch hier scheint die germanische Kontinuitätsprämisse nicht zu gelten. Das unverdiente Glück, das durch das Glücksschwein – wie bei fast allen mit »Glücks-« kombinierten Wörtern: z. B. Glückstreffer, Glückssträhne –, ausgedrückt wird, stammt wahrscheinlich von einem alten Kartenspiel her: Hier wurde das As »Sau« genannt, und diese war auch auf der Karte abgebildet. Eine andere, ebenfalls nicht unwahrscheinliche Deutung bezieht sich auf den alten Brauch, bei Wettspielen und Schützenfesten neben der Auszeichnung der Besten auch dem Letzten und Schlechtesten einen ironisch verstandenen Trostpreis zukommen zu lassen: In der Regel war das ein Schwein, das er unter dem Hohn und Spott seiner lieben Mitmenschen durch das Dorf nach Hause treiben mußte. Dieser Vorgang dürfte im übrigen die Vorlage für den heute nur im übertragenen Sinn verstandenen Spruch hergeben, wonach jemand »die Sau durch das Dorf treiben« müsse. Das »Glücksschwein« leitete sich dann von einem ironischen Trostpreis ab. Im Zusammenhang mit Neujahr findet sich das Glücksschwein heute meist auf Abbildungen, in vielen Fällen wird es aber auch symbolisch als Marzipanschweinchen verschenkt.

In Rumänien zogen Colinda-Sänger (von dem lat. calare = ankündigen) am Neujahrsmorgen durch das Dorf. Ein Ochse oder mit Pferdemasken verkleidete junge Männer schleppten einen großen hölzernen Pflug mit (andernorts Pflugmontag, d. h. der Montag nach dem ersten Sonntag nach Epiphanie). Damit wird der Beginn der Feldarbeit im neuen Jahr angezeigt.

165

Fest- und Gedenktage nach Neujahr – Geschichte und Bräuche

1. Januar – Kirchlicher Festtag

Im 6. Jahrhundert hatte sich in Gallien und Spanien ein »Fest der Beschneidung des Herrn« am 1. Januar ausgebildet, das Bezug nahm auf die Angabe bei Lukas 2,21: »Als acht Tage vorüber waren und das Kind beschnitten werden sollte, gab man ihm den Namen Jesus, den der Engel genannt hatte, noch ehe das Kind im Schoß seiner Mutter empfangen wurde.« Wenn man den 25. Dezember mitzählt, ist der achte Tag der 1. Januar. Rom übernahm dieses Fest im 9. Jahrhundert und verdrängte dafür ein Marienfest. Das Fest der Beschneidung des Herrn oder lat. »In Circumcisione Domini« wurde mit der Liturgiereform von 1969 aufgegeben. Zurückgegriffen wurde für den 1. Januar wieder auf das alte römische Erbe. Der Tag nennt sich heute »Hochfest der Gottesmutter Maria«.

Die Beschneidung Jesu – Fra Angelico (1451/53), geschaffen für die Tür des Schreins der geweihten Gefäße von SS. Annunziata, Florenz (später abmontiert). Foto: Verlagsarchiv

2. Januar – Gedenktag des heiligen Basilius

Am 2. Januar feiert die lateinische Kirche das Gedächtnis des hl. Basilius; die griechische Kirche feiert ihn schon einen Tag zuvor. Basilius, um 330 in Cäsarea, dem heutigen Kayseri in der Türkei, geboren und am 1. Januar 379 verstorben, war Erzbischof in seiner Heimatstadt. Er trat hervor als Bekämpfer des Arianismus und Garant des Zusammenhalts unter den Bischöfen. Er gilt als der Größte unter den sogenannten drei Kappadokiern, zu denen noch sein leiblicher Bruder und Kirchenvater Gregor von Nyssa (334–394) und der Kirchenlehrer Gregor von Nazianz (330–390) zählte. Basilius rechnet nicht nur zu den Kirchenvätern, sondern gilt auch als der Vater des östlichen Mönchlebens. In weiten Teilen des Geltungsbereichs der Ostkirche erhalten die Kinder am Festtag des hl. Basilius statt an Weihnachten Geschenke. In das griechische Neujahrsbrot wird eine Gold- oder Silbermünze eingebacken, die dem Finder im neuen Jahr Glück bringen soll.

6. Januar – Fest der »Erscheinung des Herrn«, Dreikönigsfest

Blick in die Geschichte

Am 6. Januar feiert die Kirche das Hochfest der Epiphanie; griech. »epiphania« bezeichnet »Erscheinung, Offenbarwerden« und wurde auf den römischen Kaiser angewandt: Ankunft oder Auftreten des Herrschers, Staatsbesuch. Epiphanie oder Erscheinung des Herrn heißt seit alters her das zweite Weihnachtsfest am 6. Januar. Während der 25. Dezember die Menschwerdung oder Inkarnation feiert, wird am 6. Januar die Göttlichkeit Jesu Christi vorgestellt. Aus diesem Grund scheint auch das Gedächtnis der Heiligen Drei Könige – wenigstens in Deutschland den eigentlichen Festtagssinn überdeckend – auf diesen Tag gelegt worden zu sein: Gelehrte Heiden, die als erste vor Jesus mit Geschenken niederknien, die einem König oder Messias gebühren, beleuchten die Göttlichkeit des Neugeborenen.

Da die römischen Kaiser sich als Götter verehren ließen, wurde parallel zu Epiphanie die Bezeichnung Theophanie eingeführt, um die Erscheinung Gottes hervorzuheben. Verschiedentlich wird deshalb darauf verwiesen, eher den 25. Dezember mit Epiphanie und den 6. Januar mit Theophanie zu verbinden. Die fast 2000jährige Tradition, die Epiphanie primär mit dem 6. Januar verbindet, läßt sich aber wohl kaum leicht zur Seite schieben. »Kleine Weihnacht« oder »Groß-Neujahr« bezeichnen ebenfalls diesen Tag.

Dreikönigsfest

Ein Dreikönigsfest kennt der liturgische Kalender nicht mehr, außer in Köln, von wo aus sich dieser Brauch seit dem 13. Jahrhundert durchgesetzt hat. Nachdem 1164 die Gebeine der Drei Könige von Mailand nach Köln gelangt waren (Translationfest 23. Juli), bildete Köln das Zentrum der Dreikönigsverehrung. Wallfahrten und Prozessionen, Patrozinien, Patronate, Bruderschaften bildeten sich. Im Rahmen der Dreikönigsverehrung erschienen am Hals zu tragende oder im Haus aufzubewahrende Dreikönigszettel, die vor Diebstahl, Überfall, auf Reisen, vor Kopfweh, Fallsucht, Fieber und Todesgefahr bewahren sollten. – Früher wurden der Ostertermin und die Daten der beweglichen Feste

167

nach dem Evangelium am Dreikönigstag in der Kirche verkündet, d. h. der sogenannte Osterbrief wurde verlesen. Diesen Brauch pflegte man in Köln und in Turin/Italien noch lange. Mancherorts hat sich dies auch heute erhalten.

Als Feiertag ist der Dreikönigstag heute fast überall abgeschafft. Gesetzlicher Feiertag ist der Dreikönigstag noch in den deutschen Bundesländern Baden-Württemberg, Bayern, Sachsen-Anhalt, in Österreich und in Teilen der Schweiz. Dort, wo der Dreikönigstag nicht mehr gesetzlicher Feiertag ist, wirkt das alte Fest noch insofern nach, als die weihnachtlichen Schulferien immer nach dem 6. Januar beendet sind, die Schule also meist mit dem 7. Januar wieder beginnt.

Anbetung der Hl. Drei Könige – »Les Tres Riches Heures« des Jean de Berry (15. Jh.). Chantilly, Musée Condé

Magier – Weise – Könige und ihre Namen

Im Rahmen der Geburtserzählung berichtet der Evangelist Matthäus (2,1–16) – ohne ihre Zahl anzugeben – von Magiern (gr.: magoi; im engeren Sinn Angehörige der medisch-persischen Priesterkaste; im weiteren Sinne Astrologen, Traum-, Orakeldeuter, Seher), die einen »Stern« (»Stern von Betlehem«) gesehen haben, dem sie über Jerusalem bis zum Geburtsort Christi gefolgt sind. Anzahl und Namen werden nicht genannt. Zur Herkunft heißt es lapidar »aus dem Osten«. Heute wird die Historizität der Magiererzählung von der Forschung kaum mehr aufrechterhalten. Anhand der drei symbolischen Geschenke Gold, Weihrauch und Myrrhe wurde schon von Origenes die Dreizahl der Magier angenommen, was bald Allgemeingut wurde. Schon Tertullian (ca. 160–220, Kirchenschriftsteller) verweist auf Jesaja 60,3 und Psalm 72,10: »Könige von Tarschisch, Saba und Seba bringen Geschenke«. Spätestens seit Cäsarius von Arles (ca. 470–542, Erzbischof) sind die drei Magier endgültig zu Königen geworden. Als letztes bilden sich für die drei Könige Namen aus. Die

»Legenda aurea« nennt noch die angeblich hebräischen Namen »Appelius, Amerius, Damscus« und die angeblich griechischen »Galgalat, Balthasar, Melchior«. Eine Kindheitsgeschichte Jesu um 500 in armenischer Sprache benennt Melkan von Persien, Gaspar von Indien und Baltassar von Arabien. Aber schon das berühmte Mosaik aus dem 6. Jahrhundert in Ravenna (S. Apollinare Nuovo) listet auf: Der Älteste heißt Caspar, der Mittlere Balthasar, der Jüngste Melchior. Keiner der drei hat eine schwarze Hautfarbe. Seit dem 9. Jahrhundert sind Caspar (persisch: Schatzmeister), Melchior (= Gottesschutz) und Balthasar (= Lichtkönig) üblich. Einer davon, zunächst überwiegend Kaspar, dann aber Melchior, galt als »Mohr« und Vornehmster der Drei. Seit Beda Venerabilis (674–735, Kirchenlehrer) repräsentieren die Drei Könige die drei Lebensalter: Jüngling, Mann »in den besten Jahren« und Greis; sie symbolisieren darüber hinaus die drei damals bekannten Kontinente: Asien, Europa und Afrika.

Dreikönigs-Reliquien

Über den weiteren Lebensweg der Heiligen Drei Könige erzählen die Apokryphen. Das Proto-Evangelium des Thomas (6. Jh.) berichtet von ihrer Taufe. Sie sollen später zu Priestern und Bischöfen geweiht worden sein – und nach einer gemeinsamen Weihnachtsfeier seien alle drei um etwa 53 n. Chr. hintereinander gestorben. Ihre Reliquien sollen durch Helena (um 255–330), Mutter Kaiser Konstantins I., aufgefunden worden und nach Konstantinopel gelangt und von dort durch Bischof Eustorgius I. im 4. Jahrhundert nach Mailand verbracht worden sein. Sie ruhten in einem großen römischen Sarkophag in S. Eustorgio.

Als Kaiser Friedrich Barbarossa 1162 Mailand erobert und zerstört, bemächtigt er sich auch der Reliquien der Stadt. Die Reliquien der Heiligen Drei Könige überläßt er seinem Kanzler, dem Kölner Erzbischof Rainald von Dassel (1159–1167), der sie am 23. Juli 1164 (Fest der Übertragung) feierlich in die Stadt Köln führte. Hier wurde 1180–1225 für die Reliquien ein kostbarer Reliquienschrein, der aus der Kombination von drei Schreinen bestehende »Dreikönigsschrein«, angefertigt, der größte erhaltene des gesamten Mittelalters. Er wurde Anlaß zum Bau der gotischen Kathedrale in Köln. Um 1200 trennte man bei den Reliquien die Häupter ohne Unterkiefer ab und stellte sie gekrönt auf einem sogenannten Häupterbrett aus. 1904 wurde ein Teil der Reliquien vom Erzbistum Köln an Mailand zurückgegeben. Dort werden sie in einer Urne unter dem Altar von S. Eustorgio verehrt.

Die Frage der »Echtheit« der Reliquien der Heiligen Drei Könige und des »Beweises« der Echtheit ist eine moderne Fragestellung. So wenig, wie sich die Echtheit beweisen läßt, ist bisher die Unechtheit der Reliquien bewiesen. Gesichert ist, daß diese Gebeine seit dem Altertum verehrt wurden, daß sie in Stoffen aufbewahrt werden, die sich nur mit denen aus Palmyra in Syrien vergleichen lassen. Möglicherweise hat auch schon das Mittelalter die Frage der Echtheit der Reliquien als nicht erweisbar angesehen. Es fällt auf, daß das ikonographische Programm der Darstellungen am Dreikönigsschrein – im Gegensatz zu allen anderen Heiligenschreinen des Mittelalters! – nicht auf die Darstellung des Lebens der Heiligen abhebt, sondern auf den theologischen Kontext: Nicht das Leben der drei Magier wird dargestellt, sondern das Leben Jesu Christi. Die Magier kommen nur in ihrer heilsgeschichtlichen Rolle anbetend bei der Geburtsszene vor. Aus der Gestaltung des ikonographischen Programms wird die Frage nach der »Echtheit« der Reliquien überflüssig.

Die Heiligen Drei Könige galten als Reichsheilige, waren den deutschen Königen und Kaisern Vorbild und Fürbitter, weshalb sie nach ihrer Krönung in Aachen nach Köln zogen, zum Gebet vor dem Dreikönigsschrein. Die »Realpräsenz« von königlichen Heiligen, die als erste Heiden Christus selbst in der Krippe gesehen und angebetet haben, darf für mittelalterliche Menschen nicht unterschätzt werden. Den Heiligen wurden starke Schutzkräfte zugesprochen: Sie helfen gegen Schicksalsschläge, sie wenden alles Böse von Mensch, Vieh und Haus. Die Bedeutung spiegelt sich bis heute in ihrem überaus kostbaren Reliquienschrein, in der für diesen Schrein gebauten Kathedrale, dem Kölner Dom als »Non-plus-ultra« der Gotik, dem Wappen der Stadt Köln usw. Bis heute haben zahlreiche Gaststätten nicht nur im Rheinland Namen, die daran erinnern, daß Pilger an ihnen vorbei auf dem Weg nach Köln gezogen sind: Stern, Mohr, Dreikönige … Der Dreikönigstag (auch: Groß-Neujahr genannt, weil der Termin zeitweise auch Jahresanfang war) galt als Perchtentag, an ihm enden die Rauhnächte; die Nacht vom 5. auf den 6. Januar ist die schlimmste und gefährlichste der Rauhnächte, die Oberstnacht. An diesem Tag wurde das – ursprünglich Unheil abwehrende – Türkreuz angebracht, das im Segenszeichen der Sternsinger aufging.

Dreikönigswasser

An diesem Tag wurde das Dreikönigswasser, »hochgeweihtes« Wasser, geweiht. Das Benediktionale von 1978 (liturgisches Handbuch der Segnungen) macht auf die drei Aspekte des Dreikönigsfestes bzw. der Festes Epiphanie aufmerksam: »Heute führte der Stern die Weisen zum neugeborenen König. Heute wurde bei der Hochzeit Wasser zu Wein. Heute wurde im Jordan Christus von Johannes getauft, uns zum Heil.« Anknüpfend daran, daß Jesus in fließendem Wasser getauft wurde, berichtete der griechische Kirchenvater Johannes Chrysostomus (344–407) über den Dreikönigstag: »Die Leute bringen um Mitternacht dieses Festes Wasser in Krügen, das sie geschöpft haben, nach Hause und bewahren es das ganze Jahr auf, weil heute dieses Wasser geheiligt ist.« Dies geschah in Erinnerung an die Taufe Jesu im Jordan. Einer wundergläubigen Zeit entspringt der zweite Teil der Mitteilung: »Es geschieht ein offenbares Wunder, da dieses Wasser trotz der Länge der Zeit, oft zwei und drei Jahre lang, unverdorben und frisch bleibt und trotz so langer Zeit mit dem erst jüngst geschöpften Wasser durchaus wetteifern kann.«

Neben dem Wasser der Osternacht, dem Osterwasser, hat das Dreikönigswasser in der Volksgläubigkeit den Rang »hochgeweihten« Wassers. Mit einem Gefäß, das nur diesem Zweck diente, transportierte man das Wasser, das ursprünglich wohl nur in fließendem Wasser geschöpft wurde, später zur Segnung in die Kirche und dann nach Hause. In der Kirche hatte der Priester bei seinem Segen u. a. gesagt: »Segne dieses Wasser mit der Kraft des Heiligen Geistes. Laß es Menschen, die es in der Wohnung aussprengen, zum Zeichen deiner Macht und Nähe werden.«

Dreikönigsmahl

Am Vorabend des Dreikönigstages wurde die Dreimahlsnacht, ein dreifaches Mahl, das Dreikönigsmahl, eingenommen. Man darf sich vorstellen, daß an diesem Abend ein fröhli-

Jacob Jordaens: Das Fest des Bohnenkönigs (vor 1656) – Wien, Kunsthistorisches Museum

ches (Familien-)Fest gefeiert wurde, mit dem offiziell auch die Karnevalszeit begann. Beim Dreikönigsfest wurde seit dem 13. Jahrhundert der »König«, Freuden- oder Bohnenkönig, durch das Los bestimmt, der einen ganzen närrischen Hofstaat (z. B. Rat, Sekretär, Arzt, Mundschenk, Vorschneider, Diener, Sänger, Musikant, Koch, Hofnarr) um sich versammelte und mit ihnen feierte (andernorts gab es – mit dem gleichen Sinne – den »Silvesterkönig«). Wenn der König trank, mußten alle rufen: »Der König trinkt.« Dieser Satz wurde geradezu zum Synonym für dieses Spiel, das bis zur Mitternacht dauerte und von jedem verlangte, daß er seine Rolle durchspielte. In den Niederlanden kennzeichnete man jeden, dem beim Spiel ein Fehler unterlief, mit einem schwarzen Strich ins Gesicht. Dieser Teil des Dreikönigsfestes trug auch den Namen Königsspiel.

Das Auslosen des Königs geschah durch das Einbacken einer Bohne in den »Königskuchen«; verschiedentlich wurden auch zwei Bohnenkerne eingebacken, wobei die schwarze Bohne den König und die weiße die Königin bestimmte. In Frankreich, wo es diesen Brauch auch gab, hieß der Kuchen »Galette du Roi«. Anderswo wurde der König durch Auslosen bestimmt; man stellte Losbriefe aus, sogenannte Königsbriefe. Der König mußte – zu einem späteren Zeitpunkt – ein Königsessen ausrichten; dieses Königsspiel war übrigens in Europa weit verbreitet. In England nannte er sich »Lord of Misrule« (Herr der Unordnung, des Unfugs) oder Bohnenkönig mit der Königin Markfett. Vielleicht hat der Brauch, durch eingebackene Münzen oder vergleichbare Gegenstände (Bohne, Mandel, Erbse) einen Glücklichen zu ermitteln, im griechischen Neujahrsbrot das Vorbild. Am Sonntag nach Dreikönige feierten die Dienstboten ein eigenes Königsspiel, das den Namen Schwarzer König trug. Dazu bekamen sie von ihren Arbeitgebern große Brote mit einer oder zwei eingebackenen Bohnen geschenkt, um zu Hause mit ihrer Familie das Bohnenfest zu feiern.

Sternsinger

Seit der Mitte des 16. Jahrhunderts läßt sich das Dreikönigssingen oder Sternsingen nachweisen. Zunächst nur erwerbslose Handwerker und Soldaten, später Kinder mit Bettelsack zogen singend von Haus zu Haus und erheischten dabei Süßigkeiten und Geschenke. Meist waren drei oder auch mehr als Könige verkleidet, einer immer als »Mohr«. Die Gruppe führte einen Stern mit sich, der sich drehen ließ. Wiederbelebt wurde der Brauch nach dem Zweiten Weltkrieg. Kinder werden heute offiziell als

Sternsinger ausgesandt, die für Kinder in der Dritten Welt um Gaben singen, sammeln und segnen. An oder über die Haustür schreiben sie dabei mit Kreide die neue Jahreszahl und verknüpfen diese mit den Buchstaben C, M und B für Caspar, Melchior und Balthasar oder den Segensspruch »Christus mansionem benedicat« (= Christus segne dieses Hauses) bedeuten. Für das Jahr 1999 lautet das Zeichen: 19 C+M+B 99, und für 2010: 20 C+M+B 10.

Königssprung

In den Niederlanden zündete man an Dreikönige tagsüber Lichter an, die man nachts brennen ließ. Den dreimaligen Sprung der Kinder über die Kerzen nennt man den Königssprung, der wie auch jeder andere Feuersprung das Licht stärken und Segen bringen sollte.

Dreikönigsspiele

So nannte man die dramatisierte Form früherer Wechselgesänge, die szenischen Darstellungen aus dem Leben der Heiligen Drei Könige, die – wie das Krippenspiel – außerordentlich populär waren. Die Inhalte waren der Dreikönigslegende des Johannes von Hildesheim (1364) bzw. der »Legenda aurea« (1252/60) entnommen. Die zum Teil beängstigend ausufernden und dem eigentlichen Sinn immer weiter entfernten Spiele fanden große Resonanz, wurden aber von der Reformation und der Aufklärung bekämpft.

Aus diesen Dreikönigsspielen hat der Kaspar als Kaspar, Kasper oder Kasperle Eingang in das Puppenspiel gefunden. Im 18. Jahrhundert übernahm nämlich das Marionettentheater das Krippenspiel, das somit der Phantasie und dem szenarischen Ideenreichtum derer ausgeliefert wurde, die natürlich das spielten, was ihnen den größten Publikumserfolg brachte. Kaspar, einer der Heiligen Drei Könige, geriet dadurch zum Possenreißer, der kleine Johannes, das Hänneschen, das als lustige Figur in keinem Puppenspiel fehlen durfte, wurde geradezu zum »Kreppen-Hännesje«, die Krippe, auf »Kölsch« eben »Kreppche«, wurde ganz allgemein zur Bezeichnung für das Puppentheater. Zumindest in Köln ist die Erinnerung an diese Zusammenhänge noch wach. In wenigstens einer Kirche, St. Aegidius in Köln-Wahn, stehen Hänneschen und Bärbelchen, die beiden Traditionsfiguren des Puppenspiels, neben zwei für Köln typischen Figuren an der Krippe: Tünnes, ein notorischer Säufer, und Schäl, ein zwielichtiger Charakter.

Dreikönigshexe

In Italien, wo es keine Kinderbescherung zu Weihnachten, sondern zu Dreikönige gibt, werden die Kinder durch eine Dreikönigshexe mit Namen Befana beschert. »Befana« ist eine Verballhornung von Epiphania. Der Legende nach ist Befana eine unglückliche Person, die zwar von der Geburt Christi gehört hat, aber zu spät aufgebrochen ist. Sie bringt nun in jedes Haus Geschenke, denn es könnte ja gerade das Haus sein, das Jesus beherbergt; die pädagogische Wegweisung ist unverkennbar. Befana kommt durch den Kamin und ist deshalb rußschwarz. Sie füllt die von den Kindern aufgestellten Schuhe mit Süßigkeiten und kleinen Geschenken. Bösen Kindern steckt sie nur ein Kohlenstück in die Schuhe.

»Abblümeln«

Meist am Tag der Heiligen Drei Könige, manchmal schon an Neujahr oder mancherorts auch erst zu Lichtmeß durften die Kinder den weihnachtlichen Gabenbaum plündern bzw. abblümeln. Der Begriff »Abblümeln« weist auf die ursprüngliche Funktion des Naschwerks hin: Es waren die Blüten und Früchte des Paradies- oder Lebensbaumes. Bei den Baltendeutschen war der Brauch verbreitet, am 6. Januar die Kerzen des Christbaumes abbrennen zu lassen. Ein Kerze löschte man rechtzeitig, um mit ihr im nächsten Jahr die Kerzen am neuen Christbaum anzuzünden und so ein Zeichen der Kontinuität zu setzen. Beim »Baum aussingen« sang man das Lied »O Tannenbaum« und beschloß es, wenn die Kerzen zu verlöschen begannen, mit der Strophe: »Im nächsten Jahr zur Weihnachtszeit kommt wieder her und bringt uns Freud'! Ade, du lieber Weihnachtsbaum, ade, ihr lieben Lichtchen.« Ab dem 7. Januar stand der Weihnachtsbaum, behangen mit Speckschwarten, für die Vögel im Garten.

Pflugmontag

Vor allem in England war es üblich, am Montag nach dem ersten Epiphania-Sonntag, dem sogenannten Pflugmontag, einen Pflug durch das Dorf zu tragen. Dadurch wurde der Beginn des Frühjahrs und des damit verbundenen Arbeitens versinnbildlicht: Das bäuerliche Arbeitsgerät mußte überprüft und eventuell instand gesetzt werden. Oft wurde dieser Tag mit einem Dorffest beschlossen, bei dem der Bohnenkönig und die Bohnenkönigin Ehrenplätze einnahmen und den Tanz eröffneten. In den Niederlanden hieß der gleiche Tag Verlorener Montag, in Brabant Frauenmontag. Es war der Tag für den Kehraus nach Weihnachten, Neujahr und Dreikönige, ein Aufräumtag.

»Aperschnalzen« nennt man ein dem Schellenrühren vergleichbares Lärmbrauchtum: das Peitschenknallen im Salzburger Land zwischen Dreikönige und Lichtmeß, »um den Schnee zu vertreiben«.

174

13. Januar – Glärestag

Am 13. Januar feiert die Kirche den Gedächtnistag des hl. Hilarius von Aquitanien (um 350 Bischof von Poitiers, † 367), der in der Auseinandersetzung mit dem Arianismus stand und als Lehrer des hl. Martin von Tours (316–397) bekannt ist. Der Name des Heiligen wurde umgangssprachlich zu Kläres oder Gläres umgeformt. Am Glärestag gab es ein Festessen bestimmter Gruppen (z. B. die Frauen der Spinnstube, einzelne Männergruppen des Dorfes etc.). Die Feste hatten den Charakter des Kennenlernens, der Gruppenfestigung, der Muße und der Belohnung.

14. Januar – Eselsfest (Flucht nach Ägypten)

Im Mittelalter gedachte man an diesem Tag der Flucht nach Ägypten, die oft szenisch dargestellt wurde. Ein Eselsfest entstand. An diesem Tag oder am Sonntag »Esto mihi« (= Karnevalssonntag) wurde bei den liturgischen Antworten und Gesängen der Ruf des Esels nachgeahmt, und den Schlußsegen bekräftigte ein dreifaches »I-ah«. Das »festum stultorum« gehört in das Arsenal der Narrenfeste, die sich im Anschluß an Weihnachten entwickelten (Rollentausch: Kinderabt oder -bischof am Fest der Unschuldigen Kinder; Meßparodien am Tag der Unschuldigen Kinder oder an »Esto mihi« usw.). Diese platten Lustigkeiten haben Reformation und Aufklärung nicht toleriert und zum Erliegen gebracht.

Flucht nach Ägypten – Miniatur (12. Jh.). Foto: Archiv des Autors

Matthäus 2,13–23 bildet den biblischen Hintergrund des Gedächtnisses der Flucht nach Ägypten. Auf Weisung eines Engels fliehen Maria, das Jesuskind und Josef und kehren auf eine weitere Weisung des Engels im Frühjahr 4 v. Chr. zurück, allerdings aus Furcht vor Archelaos (4 v. Chr. – 6 n. Chr.), dem Nachfolger des Königs Herodes, nicht nach Betlehem, sondern nach Nazaret in Galiläa, das im Einflußgebiet des Tetrarchen Herodes Antipas (4 v. Chr. – 39 n. Chr.) lag (vgl. Matthäus 2,19–23). Lukas 2,39 enthält einen kurzen Hinweis auf die Rückkehr. Eine genauere Beschreibung der näheren Umstände der Flucht liefern die neutestamentlichen Apokryphen (z. B.

175

das Pseudo-Matthäus-Evangelium). Ausgelöst wird die Flucht durch den – auf Befehl des Königs Herodes (37 – 4 v. Chr.) – drohenden Betlehemitischen Kindermord (Matthäus 2,16–18), dessen die Kirche am Fest der Unschuldigen Kinder gedenkt. In der Forschung sind sowohl der Betlehemitische Kindermord als auch die Flucht nach Ägypten umstritten: Den einen gilt sie als Legende, weil es keine historischen Belege gibt; andere gestehen der Erzählung Symbolwert zu, weil sie im Hinweis des Matthäus 2,15 auf Hosea 11,1 einen vom Evangelisten gewollten Vergleich zwischen dem Aufenthalt des israelitischen Volkes in Ägypten und Jesu Aufenthalt sehen. Demgegenüber verweisen wieder andere Forscher darauf, daß die Erzählung von der Flucht nach Ägypten keine legendarischen Züge aufweist und durchaus in die seinerzeitige politische Lage paßt.

17. Januar – Mönchsvater Antonius

Am 17. Januar wird der Gedenktag des »Mönchvaters« und Einsiedlers Antonius gefeiert, der der Überlieferung nach 105jährig um 356 gestorben ist. Der berühmteste Mönch des Altertums soll allen Versuchungen des Teufels widerstanden haben. Er wird oft zusammen mit einem Schwein dargestellt, das in der Legende eine Rolle spielt. Vor allen Dingen im 14.–18. Jahrhundert wurde der hl. Antonius als Wundertäter und Krankheitspatron hoch verehrt: als Schutzherr der Armen und Kranken, der Haustiere, besonders der Schweine, der Schweinehirten, Metzger und Bürstenmacher, zeitweise auch als Patron des Ritterstandes. Das sogenannte Antonius-Feuer (eine seuchenartige Krankheit) galt als eine Krankheit, die der Heilige als Strafe auferlegen oder aber gnädig verhindern konnte. Die vom Antonius-Feuer befallenen Kranken erhofften Heilung vom Antonius-Wasser, das zu Ehren des Heiligen verabreicht wurde.

Mit liebevoller Respektlosigkeit nannte man Antonius im Rheinland »Sautoni«, in Westfalen »Swinetünnes« und in Tirol »Fackentoni«. Die Antoniter, ein Krankenpflegeorden, besaßen das Privileg, am Gedächtnistag des Heiligen ihre Schweine, die Antoniussäue, als Entgelt für ihre Krankenpflegetätigkeit frei herumlaufen zu lassen. Die Antoniussäue durften von niemandem verjagt, mußten aber von allen gefüttert werden. Andernorts wurde ein eigenes Antoniusschwein durch die Dorfgemeinschaft gehalten, das – mit einem Glöckchen um den Hals gekennzeichnet – in einem Stall bei der Kirche hauste, sich aber im ganzen Dorf frei bewegen durfte. Am 23. Dezember oder am 17. Januar wurde dieses Schwein in der Kirche gesegnet, geschlachtet und unter die Armen verteilt.

Am Festtag des hl. Antonius aß man Schweinebraten, Kassler oder Schweinskopfsülze. Das an diesem Tag gebackene Antoniusbrot oder Anto-

176

niusbrötchen aus Weizenmehl galt – besonders für Tiere – als heilkräftig. Antonius erreichte große Bedeutung als einer der Vierzehn Nothelfer und der vier Marschälle Gottes und – in Verbindung mit den Heiligen Sebastian und Rochus – als Pestpatron.

20. Januar – Sebastian

An diesem Tag gedenkt die lateinische Kirche des hl. Sebastian, heute noch vielen bekannt als Patron von Schützenbruderschaften und Feuerwehren. Populär ist seine Darstellung als fast nackter, schöner Jüngling, der gefesselt vor einem Baum steht und mit Pfeilen durchbohrt wird. Diese Darstellungsform ist eine typische Modeerscheinung, und die Pfeile haben eine kaum bekannte Doppelbedeutung.

Über Sebastianus liegen nur äußerst spärliche historische Nachrichten vor. Aus Mailand gebürtig, soll er in Rom als Märtyrer gestorben sein. Im Jahr 354 wird als Bestattungsort »in catacumbas« genannt, Katakomben an der Via Appia. Die schlichte Grabstätte läßt auf einen Tod in der zweiten Hälfte des 3. Jahrhunderts schließen. In der Legende des hl. Sebastian, die wohl erst in der ersten Hälfte des 5. Jahrhunderts entstanden ist, erscheint Sebastian als Offizier der kaiserlichen Garde, der Prätorianer, einer gefürchteten Elitetruppe. Als Christ wird Sebastian auf Befehl des Kaisers Diokletian mit Pfeilschüssen exekutiert, überlebt aber schwerverletzt und wird gesundgepflegt. Wegen erneuter freimütiger Aussagen vor dem Kaiser wird Sebastian mit Keulen erschlagen und in die »cloaca maxima« geworfen. Christen finden seine Leiche und bestatten sie. Am Grab des Sebastian entwickelte sich ein örtlicher Kult, der bald eine Vergrößerung der Grabstelle erforderte, dann zu einer Kirche über der Grabstelle und schließlich zu einem Kloster führte.

Seit dem 4. Jahrhundert breitete sich der Sebastianus-Kult über Italien, Afrika, Spanien, Frankreich und Deutschland aus. Als bekannt wird, daß 680 die Anrufung des hl. Sebastian bei einer Pestepidemie in Rom geholfen hat, wird er zu einem der populärsten Heiligen überhaupt: Pestheiliger (neben Antonius und Rochus) und einer der Vierzehn Nothelfer. Die Pestepedemien seit dem 14. Jahrhundert geben der Sebastianus-Verehrung neuen Auftrieb.

Die ältesten Darstellungen Sebastians in der Caecilia-Gruft der Calixtus-Katakombe zeigen ihn noch ohne individuelle Merkmale; dargestellt wird er zwischen dem hl. Policamus und dem hl. Quirinus. Ab dem 7. Jahrhundert wird Sebastian als Soldat porträtiert, meist vor einem Baum (= Lebensbaum!) stehend, von Pfeilen durchbohrt. Seit der Renaissance liebt man es, den Heiligen als

177

schönen jungen (fast) Nackten vorzustellen. Die Pfeile des hl. Sebastian wurden von den mittelalterlichen Menschen aber nicht bloß als normale Pfeile gesehen. Sie waren Symbole der Pest und erwiesen Sebastian als Pestheiligen. Die »Pest-Pfeile« sind in Ausdeutung des Psalms 91,5f entstanden: »Du brauchst dich vor dem Schrecken der Nacht nicht zu fürchten noch vor dem Pfeil, der am Tag da-hinfliegt, nicht vor der Pest, die im Finstern schleicht, vor der Seuche, die wütet am Mittag.«

Sebastian wurde zum Patron zahlreicher Bruderschaften zur Pflege und Bestattung Pestkranker gewählt, außerdem zum Patron der Soldaten, Jäger, Schützen, Feuerwehrleute, Zinngießer, Steinmetze, Gärtner usw. Früher wurde sein Festtag mit Wallfahrt und geistlichem Schauspiel verbunden. »Sebastia-nuspfeile« wurden gegen die Pest und andere Epidemien getragen.

An seinem Festtag trank man die »Sebastianus-Minne« und verteilte »Se-bastianus-Brote«. Weil von Steffl (vgl. Stephanus, 26. Dezember) bis Bastl, dem Gedenktag des hl. Sebastian am 20. Januar, das Kletzenbrot reichen mußte, buk man es in großen Mengen und verspeiste die Reste an diesem Tag. Nach alter Ansicht schoß an diesem Tag der Saft in die Bäume, weshalb es verboten war, von diesem Tag an die Bäume zu beschneiden.

21. Januar – Agnes

Am 21. Januar feiert die katholische Kirche das Gedächtnis der hl. Agnes, Tochter eines römischen Patriziers, die zu Beginn des 4. Jahrhunderts unter Kai-ser Diokletian (284–305) den Märtyrertod erlitt. An der alten »Via Nomentana«, »fuori le mura«, also außerhalb der früheren Stadtmauer, über den Katakomben, in denen auch Agnes beigesetzt wurde, erhebt sich die Basilika Sant'Agnese.

Am jährlichen Gedenktag der hl. Agnes, die als römische Stadtpatronin hochverehrt wird, feiert der Generalabt der lateranensischen Chorherren, des-sen Gemeinschaft die Basilika der hl. Agnes betreut, ein feierliches Pontifikal-amt in dieser Kirche. Am Ende des Wortgottesdienstes werden unter dem Ap-plaus der Römer – die jahreszeitlich bedingt, fast ohne Touristen unter sich sind – zwei Lämmer, Geschenk der Trappistenabtei Tre Fontane, in mit Blumen und Lorbeer geschmückten Körben auf den Altar gelegt. Die Lämmer (»Unschulds-lämmer«) sind sowohl Symbol Christi (»agnus dei« – Lamm Gottes) als auch für die Gemeinde (»verlorenes Schaf«) und – wohl auch wegen der Namensähnlich-keit – die hl. Agnes, denn das lateinische »agnus« bedeutet »Lamm«. Der Gene-ralabt segnet die Lämmer und betet dabei unter anderem: »Allmächtiger Gott, laß deinen Segen herabkommen auf die Lämmer, aus deren Wolle das Pallium des Papstes, der Patriarchen und Erzbischöfe gefertigt wird.« Während in der Basilika der Gottesdienst fortgesetzt wird, befinden sich die Lämmer bereits auf dem Weg in den Vatikan. Dort wird ihnen ein feierlicher Empfang bereitet. Der Papst segnet die Lämmer und übergibt sie dann der Obhut der Benediktinerinnen von Santa Cecilia in Trastevere. In ihrem Kloster werden die Lämmer geschoren.

Die Schwestern fertigen unter Verwendung der Lammwolle »Pallien« (Singular: Pallium) an: heutzutage ein weißes, mit schwarzen Kreuzen versehenes Band, das auf den Schultern getragen wird und von dem ein Streifen auf die Brust, ein anderer über den Nacken herabhängt. Bis zur Verleihung der Pallien – meist am Fest der Apostel Petrus und Paulus (29. Juni) – werden diese in einer Nische über dem Grab des ersten Bischofs von Rom aufbewahrt und so zu Berührungsreliquien. Alle Patriarchen und Metropoliten (Leiter einer Kirchenprovinz) müssen nach geltendem Kirchenrecht innerhalb von drei Monaten nach der Amtsübertragung persönlich oder durch einen Vertreter in einem Konsistorium um das Pallium bitten, das ihnen der Papst oder der Kardinalprotodiakon dann verleiht (CIC cann. 355 § 2 und 437). Das Pallium war ursprünglich ein vom Kaiser verliehenes Würdezeichen, das der Papst selbst trägt und das spätestens seit 500 im Westen vom Papst an kirchliche Würdenträger verliehen wird. Der Papst, die Patriarchen und die Metropoliten tragen das Pallium über dem Meßgewand nur bei der Feier der heiligen Messe.

St. Agnes.

Hl. Agnes – Kupferstich. Vorlage: Franz Ittenbach, Stecher: Albert Bauer. Privatbesitz, Nr. 364/1877

Während der Papst aufgrund seines Amtes das Pallium weltweit trägt, verwenden es die anderen nur innerhalb ihrer Kirchenprovinzen. Seit der Antike ist das Pallium ein Zeichen der Fülle erzbischöflicher Vollmacht und der Verbundenheit mit dem Nachfolger des hl. Petrus. Symbolisch nimmt der Hirt das Schaf auf seine Schultern und vollzieht so das von Christus selbst beschriebene Tun eines »guten Hirten« (vgl. Matthäus 18,12–14).

Es war Brauch, am Tag der hl. Agnes die Tiere besonders gut zu füttern, besonders die Schafe. Morgens gab es das Agnetenbrot zum Frühstück, das vor allem den Mädchen besonders gut schmeckte, die am Abend zuvor ohne Abendbrot zu Bett gegangen waren, weil es hieß, man träume dann von seinem Zukünftigen.

179

2. Februar – Mariä Lichtmeß (Darstellung Jesu im Tempel)

Dieser Tag wird volkssprachlich Lichtmeß oder Mariä Lichtmeß genannt. Das hat folgende Bewandtnis: Das alttestamentlich mosaische Gesetz schrieb vor, ein neugeborenes Kind innerhalb einer bestimmten Frist in den Tempel zu bringen (vgl. Exodus 13,11–16; Levitikus 12,1–8; Jesaja 8,14f; 42,6). Eine Frau galt nach der Geburt eines Jungen 40 Tage als kultisch unrein und mußte danach ein Opfer für ihre Reinigung darbringen. Der Erstgeborene galt zudem als Eigentum Gottes und mußte durch ein Opfer ausgelöst werden. Jesus kommt nicht nur dieser Vorschrift nach, wenn er in den Tempel gebracht wird, sondern ist auch der Herr des Tempels (vgl. Maleachi 3), der in sein Eigentum kommt. Als solcher wird er vom greisen Simeon und der Prophetin Hanna erkannt und als »Licht, das die Heiden erleuchtet«, bezeichnet (vgl. Lukas 2,22–40).

In der Ostkirche verstand man den Festanlaß als »Fest der Begegnung des Herrn«: Der Messias kommt in seinen Tempel und begegnet symbolisch dem Gottesvolk des Alten Bundes. Im Westen wurde es mehr ein Fest Mariens: »Reinigung Marias« nach den mosaischen Vorschriften. Mindestens seit Anfang des 4. Jahrhunderts feierte man in Jerusalem dieses Fest am 40. Tag nach der Geburt Jesu. In Rom kann man dieses Fest im 4. Jahrhundert nachweisen. Kerzenweihe und Lichterprozession kamen erst später hinzu, wodurch sich der Name »Maria Lichtmeß« einbürgerte. Das hatte seinen Grund darin, daß an diesem Tag die für das nächste Jahr benötigten Kerzen der Kirchen und der Familien geweiht wurden, weshalb Wachsmärkte, eben Licht(er)messen, durchgeführt wurden. Seit der Liturgiereform (1969) wird dieser Tag wieder als Herrenfest gefeiert und führt den Namen: »Darstellung des Herrn«.

Bei der Berechnung des Tages nahm man im Mittelalter unterschiedliche Ausgangspunkte: Wo Weihnachten am 25. Dezember gefeiert wurde, ergaben die 40 Tage, nach denen Jesus im Tempel dargestellt worden sein soll, den 2. Februar; war aber der 6. Januar Ausgangspunkt, kam man auf den 14. Februar. Letzteres war in Gallien der Fall. Früher reichte der Weihnachtsfestkreis bis zu diesem Tag. Es wird vermutet, daß nach der Verlegung des Weihnachtsfestes auf den 25. Dezember und der Abwanderung von Lichtmeß auf den 2. Februar der alte Festtermin, der 14. Februar, neu gefüllt wurde und so der Valentinstag oder Vielliebchentag zustande kam.

Noch einmal kommt an diesem Festtag die weihnachtliche Lichtsymbolik zur Geltung: In der Kirche fanden eine Lichterprozession statt und eine Kerzenweihe. Mancherorts wurden die Kerzen unterschieden: weiße Kerzen für Männer, rote für Frauen. Andernorts trug man besonders lange Kerzenstöcke in die Kirche und weihte sie. Zu Hause zerschnitt man sie und wies sie den einzelnen

Hausgenossen zu. Das Licht, eben Christus, holte man so ins Haus und hatte ihn bei gemeinsamem Gebet, bei dem die Kerzen brannten, unter sich. Das galt besonders für das häusliche Rosenkranzgebet, bei Unwettern (schwarze »Wetterkerze«), bei schwerer Krankheit, Sterben und Tod. An diesem Tag fanden früher auch Lichterumzüge der Kinder statt.

Festgebäck waren die Crêpes, Pfannkuchen, die im Rheinland lautmalerisch an die französische Vokabel erinnern: Kreppchen hießen sie hier. Der Hausfrau, die beim Pfannkuchenbacken den ersten Pfannkuchen – natürlich ohne Zuhilfenahme anderer Mittel – so wendete, daß diese Lichtmeß-crêpe wieder in der Pfannenmitte landete, ging das ganze Jahr über das Geld nicht aus. An diesem Tag wurden die Dienstleute entlohnt und hatten einige Tage arbeitsfrei, was man in Süddeutschland Schlenkeltage nannte. Die Knechte und Mägde besuchten ihre Angehörigen und feierten das Wiedersehen mit Umzügen und Festessen. Für die Bauern begann nun die Feldarbeit, die Weihnachtszeit war offiziell zu Ende. Für die Handwerker hörte mit Lichtmeß die Arbeit bei Kunstlicht auf, die Montag nach Michaelis (29. September) begonnen hatte. Zur Feier des Tages gaben die Meister

den Gesellen und Lehrlingen oft den Nachmittag frei, der so die Bezeichnung Lichtblaumontag erhielt und damit, wie einige Experten meinen, die sprachliche Vorlage für den berühmt-berüchtigten »Blauen Montag« bot.

3. Februar – Blasius

Das Fest des heiligen Märtyrerbischofs Blasius, der den Vierzehn Nothelfern zugerechnet wird, feiert die Kirche am 3. Februar. Nach der Legende soll der 316 durch Enthauptung getötete Blasius, der vor seinem Bischofsamt Arzt gewesen sein soll, einem Kind, das an einer verschluckten Fischgräte zu ersticken drohte, durch seinen Segen geholfen haben. Deshalb spenden die Priester am Blasiustag oder nach den Gottesdiensten an Lichtmeß (2. Februar) über zwei gekreuzte brennende Kerzen (»Andreaskreuz«) den Blasiussegen. Die Segensformel lautet: »Durch die Fürsprache des heiligen Bischofs und Märtyrers Blasius befreie und bewahre dich der Herr von allem Übel des Halses und jedem anderen Übel.« Der Volksmund hat das Ritual, das vielen Menschen im 20. Jahrhundert überholt vorkommt, ironisch als »achtes Sakrament« bezeichnet. Niemand wird heute mehr glauben, daß der Blasiussegen quasi automatisch vor einer Gräte im Hals bewahrt. Nach wie vor drückt aber der Blasiussegen aus: Gott ist bei dir in jeder Lebenslage, Gott sagt zu dir ja, wie gut oder schlecht es dir auch immer geht. Und wenn Gott es will, wird er dich aus jeder Not befreien – auf seine Weise.

DER WEIHNACHTSFESTKREIS IN DER DARSTELLENDEN KUNST UND IM LIED

Die »Haupt-« und »Nebenrollen« in der darstellenden Kunst

Die Darstellung der Geburt Christi in Bild und Plastik findet sich in der künstlerischen Darstellung seit dem 3. Jahrhundert mit festen ikonographischen Bestandteilen und in Variationen, die von Anlaß und Funktion des Werkes und der Epoche bestimmt werden. Jesuskind, Krippe, Maria und Josef, Ochs und Esel sind Grundbestandteile, die ergänzt werden durch Engel und Hirten, Magier und Stern.

Der hinter dieser Geburtsszene stehende Aussage – Jesus Christus ist wahrer Gott und wahrer Mensch – wegen wird der Neugeborene selten als »kleiner Erwachsener« in Herrscherpose gezeigt. Die Windelsymbolik, die Gott wahrhaftig als Menschen erweist, wurde in der Antike richtig verstanden. Es hat sich deshalb auch keine naive kleinkindorientierte Krippenromantik entwickelt. Eine bemerkenswerte Ausnahme macht ein Mosaik aus dem 4. Jahrhundert in der römischen Marien- und Krippenkirche, der ersten Marienkirche dieser Welt überhaupt, S. Maria Maggiore. Hier zeigt sich Christus nicht in einer Krippe, sondern auf einem Thron. Daß hier die Situation der Krippe gemeint, aber statt der Krippe ein Thron verwendet wird, auf dem der Sohn Gottes angebetet wird, zeigen die umgebenden Personen: Engel, Hirten und Magier. Die Darstellung des Neugeborenen erfolgt in spätrömischem kaiserlichem Repräsentationsstil.

Eine Elfenbeintafel der ersten Hälfte des 6. Jahrhunderts verbindet den auf dem Schoß seiner Mutter thronenden Neugeborenen, den soeben die Weisen anbeten, im unteren Teil mit der traditionellen Geburtsdarstellung: Ein faschinierter (eingewickelter) Jesus liegt in der Krippe, Ochs, Esel, Maria und ein nachdenklicher Josef ergänzen das Ambiente. Möglicherweise war eine solche Ergänzung der thronenden Darstellung durch die traditionelle Geburtsszene in S. Maria Maggiore überflüssig, stand doch hier eine nachgebaute Krippe zur Veranschaulichung dreidimensional im Raum.

Das Grundmuster der Geburtsdarstellung, die historisierend, romantisch, romantisierend oder in Beziehung zur Gegenwart und Umfeld erfolgen kann, ist durch zwei markante Einschnitte gekennzeichnet: durch die Variationen, die sich durch die Visionen der hl. Birgitta von Schweden (um 1303–1373) ergeben und durch die Aufklärung und – in deren Folge – die Säkularisation, nach der die Darstellung der Geburt Christi durch große Künstler immer seltener wird.

Auf die Evangelisten Matthäus und Lukas können sich in den Geburtsdarstellungen der neugeborene Jesus, die Krippe, Maria, Josef, die Hirten, die Engel, die Magier und der Stern berufen.

Das Kind

Der Neugeborene, der Säugling Jesus, wird bis in das 14. Jahrhundert »faschiniert« dargestellt, in Windeln gewickelt. Die Windeln Jesu verweisen nicht allein darauf, daß Gott wirklich und nicht bloß symbolisch Mensch geworden ist. Die Windeln zeigen: Gott hat sich in die Hände der Menschen begeben, er ist von Menschen existentiell abhängig, durchlebt, was jeder Mensch erfährt. Die Windeln zeigen aber noch mehr: Weil Christen die Geburt Jesu feiern, weil Jesus durch seinen Kreuzestod die Menschheit erlöst hat, verweisen für sie die Windeln Jesu auf sein Leichentuch, in das der tote Jesus eingewickelt wird wie das Jesuskind in die Windeln. Das zurückgelassene Leichentuch Jesu in seinem Grab wird zum Zeichen des auferstandenen Christus und unserer Erlösung werden.

Die Darstellung Jesu als faschiniertes Kind ändert sich plötzlich im 14. Jahrhundert. Jesus wird nun nackt und auf dem Boden liegend dargestellt. Dieser abrupte Motivwechsel läßt sich nur durch die Visionen der hl. Birgitta von Schweden erklären. Birgitta erlebte visionär die Geburt Jesu und sah »das Kind nackt und klar scheinend auf dem Boden liegen«. Der neue Darstellungstyp verwendet nun andere Elemente, um das Ausgeliefertsein Jesu zu beschreiben: Nacktheit und Lage auf dem bloßen Boden. Gott hat sich ganz klein gemacht, keine göttliche Aura erspart ihm die menschlich-existentiellen Erfahrungen.

Bis zum 14. Jahrhundert wird der Neugeborene gezeigt, wie er Licht von oben empfängt: aus einer dunklen Wolke, die den Himmel symbolisiert, oder

aus dem Stern von Betlehem. Die Richtung des Lichtes wendet sich im 14. Jahrhundert: Das Licht geht nun von dem nackten neuge-borenen Jesus aus und erleuchtet seine Umgebung. Auch dieser Wechsel geht auf die Visionen Birgittas zurück, die von Jesu Geburt berichtet, von ihm gehe »ein so unsäglicher Strahlenglanz« aus, »daß die Sonne nicht mit ihm verglichen werden« könne. Der »göttliche Strahlenglanz« stellt alles andere in den Schatten.

Die Krippe

Sie wird in der christlichen Antike als eine seichte Grube aus Stein, Holz oder Lehm beschrieben, in die das Futter der Haustiere geschüttet wurde. Eine Krippe diente dem Neugeborenen als Liegestatt. In der darstellenden Kunst wird sie gerne als geflochtener Korb, später als hölzerner oder gemauerter Futterka-sten wiedergegeben. Diese Verbindung von Krippe mit Flechtwerk hat mit der indogermanischen Sprache zu tun: Das mhd. krippe, ahd. krippa, ndl. krib,

184

engl. crib gehört zu einer Wortfamilie, die drehen, winden, flechten bedeutet und bezeichnet so einen geflochtenen Futtertrog (Krippe heißt noch heute ein Weidengeflecht zum Schutz von Ufer und Deich; »krippen« meint, einen Deich o. ä. durch Flechtwerk zu schützen).

In der Geburtsszene wird die Krippe zum unverzichtbaren Kennzeichen der Geburtsszene; dies bleibt auch noch so erhalten, als das Jesuskind ab dem 14. Jahrhundert nackt auf dem Boden liegt. Meist wird die Krippe zentral positioniert. Ihre dominante Präsenz hat dazu geführt, daß sie quasi als Altar gedeutet wird und deshalb von ihr als »Krippenaltar« die Rede ist. In der Tat kann man drei Bilder parallel sehen: Jesus in der Krippe liegend, im Grab und – symbolisch in der Gestalt der Eucharistie – auf dem Altar.

Maria

Sie spielt in den Geburtsdarstellungen bis in das 4. Jahrhundert eine untergeordnete Rolle, sofern sie überhaupt dargestellt wird. Wird sie dargestellt, erscheint sie eher nebensächlich. Zentral sind allein Krippe mit Ochs und Esel. Dies ändert sich schlagartig, als Maria 431 auf dem Konzil von Ephesus zur Gottesgebärerin (Theotokos) erhoben wurde. Die damit einsetzende intensive Marienverehrung führte zu einer neuen Zuordnung in der Geburtsdarstellung. Maria wird als verehrungswürdige Frau, als Himmelskönigin (Blau ist die Marienfarbe) gedeutet. In orthodoxen Malereien geraten Jesus und Maria nun ganz in das Zentrum: Maria liegt auf dem Wochenbett, der »Kline«, der Neugeborene neben (und meist hinter) ihr in seiner Krippe.

In der westeuropäischen Malerei, die zum Teil gleichfalls Maria im Wochenbett darstellte, ändert sich im 14. Jahrhundert die Darstellungsweise. Nach den Visionen der hl. Birgitta hat Maria in keinem Wochenbett gelegen, sondern während der schmerzfreien Geburt gekniet. Entsprechend paßt sich die europäische Tafelmalerei an.

Josef

Der Nährvater Jesu, auf den sich der Anspruch Jesu gründet, Sohn Davids zu sein, wird bis in das 4. Jahrhundert überhaupt nicht dargestellt. Er taucht erst in der Buchmalerei des 10. Jahrhunderts auf, wird stets Maria gegenübergestellt und ist in seinen Körpermaßen – im Vergleich zu Maria – deutlich reduziert und an den Bildrand gedrängt. Josef, ein alter Mann, wird präsentiert als bekümmert dasitzend, den Kopf auf die Hand gestützt. Besorgt, zweifelnd scheint er das Geschehen zu bedenken. Diese Form der Darstellung scheinen die Menschen jedoch als unzeitgemäß empfunden zu haben. Warum sollte Josef in einem Zustand verharren, nachdem er erfahren hatte, daß Gott selbst

185

Vater seines Sohnes war? Ab dem 14. Jahrhundert wird Josef meist schlafend abgebildet.

Diese strenge Eingrenzung der Josefsdarstellung öffnet sich ein wenig in der hochmittelalterlichen Tafelmalerei und Plastik. Josef wird menschlicher: Er bringt eine Kerze, kocht eine Suppe, hackt Holz, fertigt aus seinen Beinkleidern Windeln (»Josefshose«). In östlichen Bildern bleibt Josef ein Mann am Rande: Hier darf er höchstens die Temperatur des Badewassers des Messias prüfen.

Die Hirten

Sie werden anfangs durch ein oder zwei männliche Personen dargestellt. Ab der Ottonischen Buchmalerei sind sie zu dritt, selten zu viert. Manchmal treten die Hirten gleich in zwei Szenen auf: als Objekte der Verkündigung der Engel und bei der Ankunft vor der Krippe zur Anbetung. Von schematischer Symbolik wandelt sich die Darstellung der Hirten ab der italienischen Frührenaissance zu einer individuellen Darstellung als Hirtenpersönlichkeit. Immer öfter wird der Darstellungstyp erweitert: Die Hirten bringen Geschenke oder musizieren.

Die Engel

Sie sind das sichtbare Bild des unsichtbaren Gottes, sie geben Gottes Wort Form und sind Garanten für die Realität des mystischen Ereignisses, Mittler zwischen Gott und den Menschen. Fast immer dargestellt mit Flügeln, können sie individuelle Züge tragen (Erzengel Gabriel und Michael) oder bilden singende und musizierende Gruppen (»Engelskonzert« ab dem 14. Jahrhundert). Seit dem 15. Jahrhundert degenerieren die Engel zu verniedlichten Kinderengeln (»Putto« im Singular oder »Putti« im Plural).

Die Magier

186

Die Drei Könige, die nach Betlehem zogen, um den neugeborenen »König der Juden« anzubeten, deutete man als astrologisch gebildete Vertreter der persischen oder babylonischen Priesterkaste, entsprechend der drei Geschenke (Gold, Weihrauch und Myrrhe) drei an Zahl. Sie gehören mit zum ältesten

Bestand der Geburtsdarstellung. Anfangs gleichaltrig, werden sie ab dem 6.–8. Jahrhundert unter dem Einfluß persischer Philosophie in drei Lebensalter unterschieden: Jüngling, Mann und Greis. Die ältesten Darstellungen zeigen die Magier in persischer Hoftracht: kurze Mäntel, enge Hosen, phrygische Mützen. Ab dem 6. Jahrhundert werden sie in kostbarer Kleidung gezeigt. Im hohen Mittelalter erweitert die europäische Tafelmalerei die Symbolik der Zahl Drei: Die Magier werden nun zusätzlich die Vertreter der drei (damals bekannten) Kontinente Asien, Afrika und Europa. Seit dem 15. Jahrhundert ist deshalb einer der Magier als Afrikaner gestaltet.

Der Stern von Betlehem

Er erscheint in frühchristlicher Zeit meist achteckig (als Oktogramm). In orthodoxen Darstellungen wird der Stern immer mit dem Segment des Himmels am oberen Bildrand verbunden.

Engelskonzert – Mitteltafel des Isenheimer Altars von Matthias Grünewald (1512-1516), erster geöffneter Zustand, Detail.
Foto: Verlagsarchiv

Von dort strahlt das Licht auf das Kind. Während die europäische Malerei den Stern bis dahin eher zurückhaltend darstellt, zeigt sich ab dem 14. Jahrhundert eine neue Auffassung. Der Stern wird zum Symbol Jesu, zur Sonne der Gerechtigkeit, kaum mehr Himmelskörper, sondern magische Lichterscheinung, die ein inneres Leuchten versinnbildlicht. Manchmal wird der Stern real mit Christus gleichgesetzt: Das Christusmonogramm oder Christus selbst steht im Stern. Das Leuchten des Jesuskindes und das Himmelsleuchten verschmelzen miteinander.

Ochs und Esel

Auf andere Textzeugen gehen Ochs und Esel, Hebamme und Salome und die Höhle bzw. der Stall von Betlehem zurück: auf das Protoevangelium des Jakobus, das Pseudo-Matthäus-Evangelium, das Kindheitsevangelium der Arundel-Handschrift und den Bericht des Justinus († 165). Ochs und Esel sind für die Geburtsdarstellung unverzichtbar. Es gibt keine Darstellung der Geburt Jesu

Besuch der Drei Könige – Frühchristliche Katakombenzeichnung. Foto: Archiv des Autors

ohne Ochs und Esel, wohl aber etliche ohne Maria und Josef. Diese bedeutende Stellung haben diese beiden Tiere nicht allein dadurch erlangt, daß sie den Ort der Geburt, einen Stall oder eine Höhle, kennzeichnen sollen. Sie sind Symbolträger: Die Kirchenväter deuten den Ochs als Symbol für das Judentum und den Esel als Symbol für das Heidentum. In der Gestalt von Ochs und Esel ist also die ganze Welt, sind Israel und die Heiden präsent.

Salome und Hebamme – Anbetung des Kindes, von Robert Campin (Meister von Flémalle, um 1425), Detail. Dijon, Musée des Beaux Arts

Die Hebamme und Salome

Zwei Frauen tauchen im Rahmen der Geburtsdarstellung ab dem 5. Jahrhundert im syro-palästinensischen Bereich auf. Während die Hebamme mehr schmückendes Beiwerk darstellt oder Zeugin des Vorgangs ist, weil Maria nach der Vision der Birgitta von Schweden schmerzfrei und allein entbunden hat, hat Salome eine andere Funktion. Sie zweifelt die jungfräuliche Geburt an und will die Jungfräulichkeit Mariens überprüfen. Sie wird durch das Verdorren ihrer Hand bestraft. An ihr geschieht ein Wunder: Die Hand heilt, als sie das Kind berührt. Wie der »ungläubige Thomas« soll die »ungläubige Salome« für alle Zweifler und Nichtanwesenden Zeugin der Vorgänge sein.

Die Höhle oder der Stall

Der Ort der Geburt Jesu, Höhle oder Stall, bildet bei der Darstellung der Geburt Jesu die Hintergrundfolie für das heilsgeschichtliche Ereignis. Dem Orient und dann auch der Orthodoxie waren Höhlen als Unterstände für Tiere keineswegs fremd. Bereits die Kirchenväter deuteten die Höhle symbolisch: als Mysterium der Jungfräulichkeit Mariens, Sinnbild der im Schatten der Sünde lebenden Menschheit, in die durch Christus nun das Licht gebracht wird. Im Westen findet sich die Geburtshöhle sehr selten dargestellt (Ende des 13. und Anfang des 14. Jahrhunderts in der »Maniera greca« der italienischen Malerei, die sich nicht durchsetzte). Hier fanden Tiere in Ställen und unter Schutzdächern Unterschlupf. Und eben dies nahm man zum Vorbild für die Krippendarstellung.

Das erste Bad des Kindes Jesus

Aus einer literarisch nicht belegbaren Quelle stammt ein eigenständiges Motiv, das nicht bloß naiv-fromme Ausschmückung zu sein scheint: Das erste Bad des Kindes Jesus erscheint seit dem 8. Jahrhundert in Darstellungen der Geburt Jesu. Meist nicht im Zentrum des Bildes wird gezeigt, wie die Hebammen Zelome und Salome das Bad vorbereiten oder das Kind baden. Armenische Buchmalerei nennt eine der Frauen auch Eva und meint damit die Stammutter Eva, die – nach armenischen apokryphen Schriften – Josef getroffen haben soll, als dieser eine Hebamme suchte. Die Vorstellung des ersten Bades Jesu scheint mehr als eine stimmungsvolle, niedliche Ergänzung der Geburtsdarstellung zu sein: Das Bad Jesu drückt die Tatsächlichkeit der Menschwerdung Gottes aus, dessen Sohn Jesus später sagen wird: Was ihr dem Geringsten meiner Brüder tut, das habt ihr mir getan.

Neben diesen Grundbestandteilen der Geburtsdarstellung wird die Menschwerdung Jesu natürlich noch in zahlreichen weiteren Darstellungen gezeigt, von denen der Betlehemitische Kindermord oder die Flucht nach Ägypten nur Beispiele sind. Mit der Aufklärung bricht die Darstellung dieser Ereignisse durch große Künstler abrupt ab.

Christi Geburt in der Kunst

Ca. 230	Bileam und Maria mit dem Jesuskind; Fresko in der Camera della Velatio der Priscilla-Katakombe in Rom
325	Kaiser Konstantin I. läßt in Betlehem die Kirche »Speluncae Salvatoris« über der Geburtshöhle errichten
Ca. 340	Geburt Christi und Anbetung der Magier; Sarkophag der Adelphia aus Syrakus (Syracus, Museo archeologico)
4. Jh.	Geburt Christi und Anbetung der Magier; gallischer Reliefsarkophag (Arles, Musée d'art chrétien)
Ca. 400	Anbetung der Magier; Fresko auf dem Isaak-Sarkophag (Ravenna, San Vitale)
420	Bau der Kirche S. Maria Maggiore, Rom
432–440	Mosaikenzyklus in S. Maria Maggiore, Rom: Christus Immanuel als Herrscher
813	Konzil in Mainz beschließt die Einführung des Weihnachtsfestes
Mitte 10. Jh.	Darstellungen der Geburt Christi in der Buchmalerei
1015	Geburt Christi, Bronzetür des Hildesheimer Doms
1373	Visionen (u.a. von der Geburt Jesu) der hl. Birgitta von Schweden (um 1303–1373)

189

Weihnachtslieder

Weihnachtslieder sind zum Weihnachtsfest ein absolutes »Muß«, sei es, daß man noch selber singt und sich eventuell sogar dabei mit Instrumenten begleitet, sei es, daß man elektronische Tonträger in Anspruch nimmt. Uralte Lieder erklingen neben Kitsch und Pop, Süßliches neben Geistlichem und familiären »Stimmungsliedern«. Für den einzelnen ist wohl nicht nur der eigene Geschmack, sofern er zum Zuge kommt, entscheidend, sondern auch kindliche Prägung. Für das Gesamt der Weihnachtslieder gilt, daß sie Bestandteile sehr unterschiedlicher Weihnachtsfeiern und Festformen waren und sind. Ausgeprägt nach der jeweiligen Funktion, die sie hatten, haben sich viele – manchmal sehr gewandelt – bis heute gehalten. Dabei führt der historische Bogen, der zu schlagen ist, von kirchlich-liturgischen Wechselgesängen bis zum aktuellen »Christmas Hit«.

Die frühesten Zeugen für Weihnachtslieder

Diese lassen sich im Kirchenraum finden. Sie sind beeindruckende Dialoge zwischen Geistlichen, Gemeinde oder Chor. Gerade an ihnen kann man erkennen, was für alle Weihnachtslieder gilt: Sie sind nicht bloß Melodie und Text, Kunst oder eher weniger Kunst. Ihr Wert bestimmt sich auch subjektiv durch die Funktion, die diese Lieder für die Zuhörer oder Sänger haben. Die frühen Belege für Weihnachtslieder stammen aus dem späten Mittelalter. Diese Lieder, »Leisen« genannt, weil sie mit »Kyrie eleison« (gr.) – Herr, erbarme dich – enden, sind in lateinischer Sprache verfaßt oder haben lateinisch-deutsche Mischtexte.

Das älteste schriftlich überlieferte Weihnachtslied (11. Jh.) ist: »Sei uns willkommen, Herre Christ«. Das Lied »Nun komm, der Heiden Heiland«, das heute am besten in einer Fassung von Martin Luther bekannt ist, die 1524 gedruckt wurde, existiert in deutschen Übersetzungen mindestens seit dem 14. Jahrhundert. Es scheint aber viel älter zu sein: Ihm liegt der altkirchliche Hymnus »Veni redemptor gentium« des Bischofs Ambrosius von Mailand (4. Jh.) zugrunde. Auch das von Michael Praetorius (1571–1621) überlieferte »Mein Geist erhebt den Herren mein« geht auf einen lateinischen Hymnus zurück, das Magnificat, das im Neuen Testament enthaltene Loblied Mariens (Lukas 1,46–55). Das Lied gehört zu den wenigen Marienliedern, die Eingang in den evangelischen Kirchengesang fanden. Eines der schönsten überlieferten Weihnachtslieder ist »Es ist ein Ros' entsprungen« aus dem 15. Jahrhundert. Das Erblühen einer Rose »mitten im kalten Winter« hat nichts mit dem Wunderglauben zu tun, nach dem in der Heiligen Nacht die Tiere sprechen und Blumen blühen. Es ist nicht eigentlich eine Rose gemeint, sondern ein »Reis«, nämlich jener, der aus

190

dem Stamm Jesse wächst (vgl. Matthäus 1,16), Jesus Christus. Dem Mittelalter war diese Symbolik bekannt, was sich durch Jesusdarstellungen – unverkennbar durch das hinzugefügte Kreuz – in einer Rosenblüte zeigen läßt.

Am bekanntesten dürfte heute das lateinisch-deutsche Mischlied »In dulci jubilo« sein, das sicher bis in das 14. Jahrhundert zurückreicht. Es ist eins der Wiegenlieder, das möglicherweise auch schon im außerliturgischen Bereich gesungen wurde. Gefaßt ist dieses Lied nicht mehr als feierliches Gotteslob, den Hymnen vergleichbar. Die Sänger drücken ihre emotionale Hinwendung zum neugeborenen Messias in Kindsgestalt aus. Solche affektgeladenen Lieder standen im Mittelalter neben den ernsten Gesängen. »In dulci jubilo« scheint in ein dramatisiertes Krippenspiel eingebunden gewesen zu sein. Sicher wissen wir es für »Magnum nomen Domini« aus dem 14. Jahrhundert, das zusammen mit dem Wiegenlied »Josef, lieber Josef mein« gesungen wurde. Ebenfalls zur Gattung der Kindleinwiegenlieder gehört »Laßt uns das Kindlein wiegen« aus der Zeit der Dreißigjährigen Krieges (1618–1648).

»Vom Himmel hoch, o Englein kommt« stammt aus dem Jahr 1623. Die Handlung des Kindleinwiegens wird gekennzeichnet durch den Eia- und Susani-Refrain. Teil des Gottesdienstes zu Weihnachten war es, daß der Priester beim Eia-eia die Wiege schaukelte. Zumindest in einigen Gebieten Deutschlands brachten die Kinder eigene kleine Wiegen mit in die Kirche, die – mit Glöckchen versehen – gleichfalls geschaukelt wurden. Gesang und Handlung gemeinsam führten zu einer verstärkten Verinnerlichung. Zum gleichen Genre gehört »Zu Bethlehem geboren«, das einem Kölner Psalter von 1638 entnommen ist.

Die älteren Weihnachtslieder aus dem späten Mittelalter und der frühen Neuzeit stammen allesamt aus dem Kirchenraum, sind Wechselgesänge, Wiegenlieder. Die älteren sind ernste, getragene Gesänge, die sich an einen mächtigen, zu verehrenden Gott richten. Die jüngeren Lieder haben eher ein liebliches Kind im Blickwinkel, das – in Form eines Fatschenkindes – gewiegt und angefaßt werden durfte. Häusliche Festlichkeiten zu Weihnachten sind weder durch Liedgut noch durch literarische Zeugnisse belegt. Weihnachtsfeiern jenseits des Kirchenraumes sind nicht zuerst familiäre, sondern ständische Feiern der Zünfte.

191

Krippen-, Herbergssuche- und Hirtenlieder

Der Brauch des Kindleinwiegens ist die Vorform des Krippenspiels und der Krippenverehrung mit ihren Krippen-, Herbergssuche- und Hirtenliedern. Mit den Krippen, die von den Jesuiten im späten 16. Jahrhundert als Element der Katholischen Reform nach Deutschland gelangten, kam das Krippenspiel, bei dem halbdramatisierte Hirtenlieder gesungen wurden. Herbergssuche und Geburt, Verkündigung an die Hirten auf dem Felde und die Anbetung der Hirten und der Heiligen Drei Könige an der Krippe benennen die Abläufe. Fast alle Krippen- und Hirtenlieder stammen ursprünglich aus dem Mittelalter und der frühen Neuzeit, meist von unbekannten Musikern und Textern. Verbreitet wurden sie früher durch Flugblattdrucke. Diese Lieder gelangten zu einer ungeheuren Popularität, boten sie sich doch der armen Bevölkerung zur Identifikation mit dem armen Jesuskind an, und verklärten sie für andere doch die Menschwerdung Gottes zu einem romantischen Ereignis. Gerade die Herbergssuchelieder kamen nach dem Zweiten Weltkrieg zu neuem Aufblühen, weil sich viele Menschen in der besungenen Handlung wiederfanden. Bekanntestes Lied ist wohl »Wer klopfet an?« Geradezu euphemisch klingt das Hirtenlied »O selige Nacht!« aus dem Münsterschen Gesangbuch von 1677. Die Hirten sind hier Wortführer der Gläubigen, sie interpretieren das Geschehen verständlich und gehen über in Anbetung. Die geradezu tänzerische Freude fand gelegentlich auch Eingang in die Hirtenlieder gehobeneren Stils. Ein Beispiel hierfür ist »Kommet, ihr Hirten«, das Carl Riedel (1827–1888) nach einer volkstümlichen böhmischen Melodie gestaltet und mit Text versehen hat.

Christkindlwiege (um 1340/50) – Köln, Schnütgen-Museum. Foto: Rheinisches Bildarchiv Köln

Die Hirten- und Krippenlieder geben Auskunft über eine fröhliche Weihnachtsfeier, deren ernster Inhalt verinnerlicht und stark emotionalisiert wurde. Die Lieder haben ein noch ungebrochenes Verhältnis zur Geburtserzählung, erleben mit und verstehen das Geburtsereignis als Beginn der persönlichen und allgemeinen Erlösung. Der Charakter von Reigenspielen, dramatisierte Dialoge, tänzerische Schrittakte, ja sogar modische Echo-Effekte (Anfang 17. Jh.) finden sich in diesen Liedern, die vor den Krippen in den Kirchen, manchmal auch in den an die Kirche angebauten Schuppen mit Krippenaufbauten gesungen wurden.

Nach der Reformation

Mit der Reformation tat sich für die Weihnachtslieder ein neues Kapitel auf. Deutschsprachige Kirchenlieder waren eine der zentralen Vorgaben Luthers, weshalb deutsche Kirchenlieder in den Kirchen für die kirchliche Obrigkeit ein Indiz für reformatorische Grundhaltung wurden. Die evangelischen Weihnachtslieder entwickeln sich in zwei Schüben: In einer ersten außengerichteten Aktion, initiiert von Martin Luther selbst, suchten die Protestanten dem katholischen Liedgut ein eigenes entgegenzustellen. Inhalte sind die Darstellung Jesu als Held und Erlöser, Gottes Sohn und Wundertäter. »Vom Himmel hoch« (ca. 1535) ist ein auch heute noch bekanntes Beispiel für diese erste protestantische Liederwelle. Der zweite Schub dieser Weihnachtslieder, verbunden mit der Gestalt von Paul Gerhardt (1607–1676), entstand zwar im Umfeld des Dreißigjährigen Krieges und beinhaltet gelegentlich Erinnerungen daran, wendet sich aber nach innen: Ziel ist die gemütvolle Verinnerlichung der Christgeburt, die Hinwendung an den Neugeborenen.

»Ich steh' an deiner Krippe hier« ist ein Beispiel für diese Lieder der zweiten Phase reformatorischer Weihnachtslieder. »Typisch evangelisch« ist auch das »Quempas-Singen«, ein Weihnachtssingebrauch, bei dem in einer Kirche mehrere Chöre, die an verschiedenen Orten plaziert sind, im Wechsel singen. Der Name leitet sich von dem lateinischen Lied »Quem pastores laudavere« ab, das dabei gesungen wurde. Diese Christmettfeiern fanden am Morgen des Weihnachtstages statt und dauerten oft mehrere Stunden. Die Schüler gestalten ihre Liedhefte – »Parzen« genannt (vom lat. partu) – oft in naiv-künstlerischer Weise, so daß sich etliche davon in Museen und Archiven erhalten haben. Kurrendesänger (vom lat. currere = laufen) nannte man jene Jungen, die einem Heischebrauch frönten und in einer »Rotte« von etwa zehn Lateinschülern mit einem Präzeptor von Haus zu Haus zogen und mehrstimmige, oft lateinische Choräle darboten. Dieser Brauch war von der Reformationszeit bis in das 19. Jahrhundert am ersten Weihnachtstag üblich.

Ländliche und städtische Weihnachtslieder

Ländliche Gemeinschaften haben gegenüber den städtischen eigene Formen der Weihnachtslieder entwickelt, die eingebunden waren und sind in volkstümliche Schauspielformen. Zentraler Ort des Singens der ländlichen Umzugslieder ist nicht die familiäre Wohnstube, sondern die Dorfgasse, auf der die Spielgruppe von Haus zu Haus zog. Die »Stubenspiele« fanden in jedem Haus eines Dorfes statt und bildeten so ein gleichmachendes soziales Netzwerk, das alle, Arm und Reich, Herr und Knecht, in die Dorfgemeinschaft einbezieht. Die Dorfgemeinschaft wurde als das einende Band erlebt, der Brauch wirkte ge-

193

meinschaftsstabilisierend. Solche Umzugsspiele begannen am 6. Dezember mit inszenierten Katechesen; Nikolaus und Knecht Ruprecht lobten und straften. Während aber bei den Nikolausfeierlichkeiten die Nikolauslegende keine Rolle spielte, also nicht memoriert wurde, geschah dies bei den weihnachtlichen Bräuchen: Herbergssuche, Verkündigung an die Hirten, Anbetung der Hirten, Anreise und Anbetung der Heiligen Drei Könige, Sternsingen fußen auf den biblischen Vorgaben, an denen sich die Spielhandlung ausrichtet. Bemerkenswert an diesen Spielhandlungen ist, daß es bei ihnen nicht auf die Qualität der Darbietung, schauspielerische Leistung und qualitativen Textvortrag ankam. Einzig entscheidend war, daß die Stubenspiele stattfanden, nicht wie. Der Auftritt als solcher demonstrierte nach innen und außen den Fortbestand der dörflichen Gemeinschaft.

Daß sich im Laufe der Zeit bei den Stubenspielen katholische und evangelische Bräuche, Lieder und Anschauungen vermischten, empfindet kaum jemand mehr als Nachteil. Evangelische Kinder beim Nikolausspiel, muslimische Kinder im Martinszug sind den meisten

Menschen kein Problem, im Gegenteil. Daß sich dabei aber auch religiöse Bezüge verlieren, Identitäten verlorengehen, Bräuche – abgekoppelt von der Liturgie – sich auf museale Folklore reduzieren, scheint nicht gern gehört zu werden.

Diese ländlichen »Stubenspiele« hielten teilweise auch Einzug in die Städte, und umgekehrt wurden städtische Brauchformen auch auf dem Land übernommen. Liedbeispiele dafür sind »Drei König' führet göttlich' Hand« aus dem 17. Jahrhundert und »Die heil'gen drei König' mit ihrigem Stern« aus der Zeit vor dem 16. Jahrhundert.

Vom kirchlichen zum familiären Raum

Das Weihnachtsfest in den Städten hat sich seit der Reformation immer mehr von der Kirche in die Familie verlagert. Im 19. Jahrhundert fand die liturgische Feier zwar noch in der Kirche statt, das Weihnachtsfest aber wurde zu Hause gefeiert. Das Bürgertum hatte im Biedermeier vom Adel die kulturelle Leitaufgabe übernommen. Die Weihnachtsfeier mit Bescherung, Weihnachtsbaum und Festessen wurde zum Familienereignis. Entsprechend wandelte sich die mehrstimmige Chormusik der Kirche zum Sololied mit Klavierbegleitung. Hausmusik wurde en vogue. Passend zur selbstbewußten deutschen Gesellschaft entwickelte sich die adäquate Weihnacht: gemütvoll, familienzentriert, standesbewußt, patriarchalisch, stimmungsvoll – manchmal sogar inbrünstig. Der religiöse Impetus des Festes wurde nicht negiert, geriet aber durch die rituelle Inszenierung immer mehr in den Hintergrund. Außerordentlich aufschlußreich für dieses Sujet in der großbürgerlichen Variante ist die Beschreibung der Weihnachtsinszenierung durch die Konsulin von Thomas Mann in den »Buddenbrooks«.

Zwei neue Impulse erfährt das Weihnachtslied im 19. Jahrhundert: (1) Zum einen entsteht die *weihnachtliche Hausmusik*, feste Potpourris für die Familienfeier, fast immer mit Klavierbegleitung, manchmal zusätzlich mit Streichern, in der Mittelschicht selbst gespielt, in der Oberschicht durch Musiker vorgetragen. Daneben und zugleich wurden die alten Weihnachtslieder modernisiert. Es entstand das »familienfreundliche Weihnachtslied« (Ingeborg Weber-Kellermann) für den Hausgebrauch. Die sorgfältig in Szene gesetzten familiären Weihnachtsfeiern beinhalten in der Regel zwei Teile: einen mehr offiziellen und einen mehr privaten. Im Rahmen des ersten Teils stand die Weihnachtserzählung, die als Anlaß des Treffens rituell, zeremoniell und konzertant »abgefeiert« wurde. Fast immer beschloß das Lied »Stille Nacht, heilige Nacht« diesen Abschnitt und eröffnete den zweiten: Bescherung, Festessen und gemütliches Beisammensein. Eröffnet wurde die Bescherung vielfach mit »O Tannenbaum«. Diese und die weiteren Lieder städtischer Weihnachtsfeiern des 19. Jahrhunderts sind auch

195

heute noch Bestandteil der familiären Weihnachtsfeiern, wenn auch vielfach die »selbstgemachte« Hausmusik durch die »selbstgespielte« CD ersetzt ist. »O du fröhliche«, »Der Christbaum ist der schönste Baum«, »Heiligste Nacht«, »Tochter Zion« oder »Ihr Kinderlein, kommet« erklingen bei diesen Gelegenheiten. Die Veräußerlichung des weihnachtlichen Festsinns, die Gaumengelage von bürgerlicher Festkultur, überbordenden Geschenkerwartungen und einem termingenau einbrechenden, nibelungenhaften Familiensinn scheint in einem Lied geradezu konserviert: »Morgen, Kinder, wird's was geben«. Sarkastisch hat Erich Kästner (1899–1974) diese Vorlage für ein sarkastisches Weihnachtslied genutzt: »Morgen, Kinder, wird's nichts geben! Nur wer hat, der kriegt noch geschenkt! Mutter schenkte euch das Leben. Das genügt, wenn man's bedenkt. Einmal kommt auch eure Zeit. Morgen ist's noch nicht soweit.«

Wieweit sich das familiäre Weihnachtsfest des 19. Jahrhunderts – und in seiner Tradition auch das des 20. Jahrhunderts – vom eigentlichen Festanlaß entfernen kann, belegt das beliebte Lied »Morgen kommt der Weihnachtsmann«, das Weihnachten auf den bloßen Geschenkanlaß reduziert, der sich von anderen nur noch durch den »Weihnachtsmann« unterscheidet, der sich problemlos gegen den »Osterhasen« oder irgendwen anderen austauschen läßt. Die ungebrochene Popularität dieses Liedes, dessen Melodie übrigens von einem frivolen französischen Salonlied aus dem 18. Jahrhundert stammt, die bereits Mozart verwendet hat, belegen die darauf bezogenen Liedsatiren. Treffend karikiert z. B. Dieter Süverkrüp: »Morgen kommt der Weihnachtsmann, kommt mit vielen Gaben: Goldnes Armband, goldne Clips, Socken, Oberhemden, Schlips, Schnäpschen, Bierchen, Weihnachtsschwips – will man schließlich haben.«

Gegen diese zelebrierte Familienweihnacht der Gründerjahre hat um die Jahrhundertwende die Jugend Front gemacht: (2) Die *Jugendbewegung* empfand die weihnachtliche Mischung von lamettabehangener Rührseligkeit, dankbarkeitsheischenden Familienpatriarchen und statusbewußter Repräsentation als unecht und überholt. Vor und nach dem Ersten Weltkrieg suchte sie – jenseits hausbackener, bürgerlicher Weihnachtspotpourris und als degoutant erachteten operettenhaften Feiern – nach Erneuerung. Sie suchte nicht nur nach der »blauen Blume«, sondern fand in der Tradition alte Liedsätze, besonders Marienlieder, die den Jugendlichen tragfähigen Sinn vermittelten. Das Erlebnis in der Gruppe Gleichaltriger an Heimabenden, der Ersatz des Klaviers durch die Klampfe, Blockflöte und andere Instrumente waren kennzeichnend. Es bildete sich eine Jugendmusikbewegung, Singekreise entstanden. Nach Kirchenraum, Dorf und Familiensalon wurde das »offene Singen« beim Gruppenabend populär.

Eigene Liedliteratur erschien: der »Zupfgeigenhansl«, das »Finkensteiner Liederbuch«. Und als die jugendliche Generation der Wandervögel selbst Familiennester baute, nahm sie ihre Liedkultur in die neuen Familien mit. »Es kommt ein Schiff, geladen«, »Maria durch ein' Dornwald ging« oder »Meerstern, ich dich grüße« sind typisch für diesen Liedtyp, der ernst und besinnlich und marianisch-mystisch sein konnte. Sicherlich waren die Marienlieder, auch wenn sie einen Eindruck von marianischer Frömmigkeit vermittelten, keine Glaubensbekenntnisse, eher Stimmungsanzeiger. In ihnen leuchtet aber etwas von jener Konfessionsgrenzen überschreitenden Sinnsuche auf, die jene junge Generation kennzeichnete. Das vielleicht beeindruckendste Lied – nachdenklich und ahnungsvoll schwermütig – ist »Die Nacht ist vorgedrungen« aus dem Jahr 1938 von Jochen Klepper (1903–1942), das Schuld, Sünde und Rettung thematisiert. Nur wenige Jahre später, 1942, sieht Klepper für sich, seine jüdische Frau und seine Tochter nur noch den Ausweg im Suizid.

Die Epoche des »1000jährigen Reiches« suchte ab 1933 und bis 1945, wie wir sahen, das Weihnachtsfest konsequent von allem Christlichen zu reinigen. Ideologiekonform wurde der Christbaum, der ja schon zum Weihnachtsbaum profanisiert worden war, zur »Jultanne« oder zum »Weltenbaum«. Sonnwendfeier, Auferstehung der Natur, Lebenshoffnung wurden neue Festinhalte. Die Heimat-Weihnachten wurden für die Männer an der Front zu sehnsuchtsvoll memorierten Ikonen von Friede und Freude. Zu Hause suchte die Partei das Fest nationalistisch gleichzuschalten: »Denn deutsche Art ist es, Weihnachten zu feiern!« Ein ganz allgemeiner religiöser Sinn exististierte in den Parteiäußerungen nur noch nebelhaft. Ein Beispiel: »Tal und Hügel sind verschneit und die Nächte schweigen, da wir uns zu dieser Zeit vor der Stille neigen. Grünt ein Tännlein irgendwo tief im Wald verborgen. Das macht unsre Herzen froh wie ein lichter Morgen.« Ein anderes Beispiel: »Es wird gescheh'n: Aufersteh'n wird ein neues Licht. Licht muß wieder werden nach diesen dunklen Tagen. Laßt uns nicht fragen, ob wir es seh'n, es wird gescheh'n; aufersteh'n wird ein neues Licht.« Wieweit Menschen im familiären Bereich diesem braunen Schwulst widerstanden haben, vermag niemand in Zahlen zu fassen. Für die Nazi-Zeit – übrigens ebenso für die Zeit der DDR – läßt sich feststellen, daß jenseits aller offiziellen Ideologie christliche Tradition in unterschiedlichen Formen überlebt hat – vielleicht gerade, weil es den Druck von außen gab, bot diese Innerlichkeit ein nicht kontrollierbares Rückzugsgebiet.

Seit der »Entdeckung der Kindheit« bildete sich im 19. und 20. Jahrhundert neben den anderen Formen der Weihnachtslieder eine eigene Liedkultur von – manchmal auch nur vermeintlich als kindgemäß empfundenen – Advents- und Weihnachtsliedern in Kindergarten und Schule aus. Die Adventszeit – von Kindern als eher überflüssige zeitliche Warteschlange vor Weihnachten empfunden und von Erwachsenen den Kindern gegenüber als Bewährungs- und Artigkeitserprobungszeit mißbraucht – entwickelte passend zur soziokulturellen Funktion Lieder wie »Laßt uns froh und munter sein«, »Advent, Advent, ein Lichtlein brennt« usw. Das grundlegende Heilsereignis wird als Hintergrundfolie vorausgesetzt, kaum mehr daran erinnert. Eigentliche Liedinhalte sind Geschenke, Gemüt und Gemütlichkeit. Wichtiger als Sinnvermittlung ist die Integration aller, auch derer, die sich von Weihnachten nicht angesprochen fühlen. Kinder wachsen mit diesen Liedern auf, in denen sich für sie Weihnachten konkretisiert, falls ihnen nicht doch noch ganz andere Horizonte eröffnet werden.

Der Weihnachtsmann –
Foto: Georg Westermann
Verlag, Werkarchiv

Die gegenwärtige gesellschaftliche Realität wird aber nicht nur allein durch die eher unverbindlichen Weihnachtslieder aus Kindergarten und Schule beschrieben. Auch die Vermarktung des Weihnachtsliedes in der Regie einer »Kulturindustrie«, das Weihnachtslied als käufliche, modische Ware, die beliebige Konsumierbarkeit weihnachtlicher Lieder und die mit ihr verbundene Kommerzialisierung der Weihnachtslieder beschreiben die jüngste aktuelle Entwicklungsstufe. Neben Klassik gibt es klassische Oldies auf dem Markt: »Jingle Bells«, »I'm dreaming of a White Christmas« oder »Petit papa Noël«. Jede halbwegs etablierte Pop-Größe produziert inzwischen wenigstens einen Weihnachtstitel, um sich auch vom Weihnachtsplattenkuchen ein Teil herausschneiden zu können. Die New Kids on the Block singen den »Little Drummer Boy«, Cliff Richard »Mistletoe And Wine«, Ella Fitzgerald »Winter Wonderland«, Elton John »Step Into Christmas«, Chris Rea »Joys of Christmas« und Boney M. »When A Child is Born«, um nur einige wenige zu nennen.

198

Vom ernsten hymnischen Lied in der Kirche zum kirchlichen Wechsel-gesang, zum zelebrierten Kunstlied im Salon, heimeligen Familiengesang, oppositionellen Wandervogelweihnachtslied, nationalsozialistischen braun-wabbernden Gefühlsschnulzen zu vermarkteten Christmas-Hits und Weih-nachtsraps: Das Weihnachtslied hat vieles auszuhalten und ausgehalten. Ver-suche nach dem Zweiten Weltkrieg, eine neue, traditionsorientierte Kultur von Weihnachtsliedern zu begründen, haben bislang nicht gefruchtet. Eine über-zeugende Antwort auf das kommerzialisierte Weihnachtslied steht noch aus.

199

Karneval

Der Narr (mit Eselsohren,
Hahnenkamm, Schnabel-
schuhen, Schellen, Marotte)
und König Salomo – Aus einem
Psalterium Karls VIII. (15. Jh.).
Paris, Bibliothèque Nationale

Im christlichen Festkalender geht die österliche Fastenzeit dem Osterfest voran, das durch das Konzil von Nizäa 325 auf den ersten Sonntag nach dem Frühlingsvollmond festgesetzt wurde. Ostern ist also ein Festtermin, der auf die Zeit zwischen dem 21. März und dem 18. April fallen kann. Der Termin der Fastenzeit ist deshalb auch »beweglich« und definiert sich im Verhältnis zu Ostern durch die Länge der Fastenzeit. In bezug auf das vierzigtägige Fasten Jesu in der Wüste (Matthäus 4,2) legte die Kirche die Länge der Fastenzeit auf 40 Tage und Nächte (= Quadragesima) fest. Der Beginn der Fastenzeit lag somit auf einem Mittwoch und das Ende auf dem Dienstag nach dem 6. Sonntag vor Ostern, dem Sonntag »Invocabit« – so beginnt das Eingangsgebet der Eucharistiefeier dieses Tages). Als die Synode von Benevent 1091 die Sonntage in der Fastenzeit als Gedächtnistage der Auferstehung Jesu vom Fasten ausnahm, rückte der Beginn der Fastenzeit um sechs (Wochen-)Tage vor. Die Fastnacht endet deshalb seitdem am Dienstag nach dem 7. Sonntag vor Ostern (»Esto mihi«), und die Fastenzeit beginnt mit dem folgenden Mittwoch, dem Aschermittwoch.

Fastnacht, Fasching oder Karneval ist zwar keine liturgische Zeit, wohl aber ein von einer liturgischen Zeit, der Fastenzeit, abhängiges Schwellenfest, eben eine »alternative« Zeit oder »fünfte Jahreszeit«, wie die Rheinländer sagen. Entgegen einer nationalsozialistischen Propaganda, die – aus sehr einsichtigen Gründen – eine germanische Herkunft der Fastnacht konstruieren wollte (germanische Kontinuitätsprämisse), kann festgestellt werden, daß es – außer diesbezüglichen Behauptungen – keine Beweise für eine germanische Fastnacht gibt. Im Gegenteil: Seit mehr als siebenhundert Jahren liegt der Fastnacht ein zutiefst religiöses Programm zugrunde, das allerdings in Vergessenheit geraten ist.

Heute muß daran erinnert werden, daß es eine Fastnacht ohne die nachfolgende Fastenzeit überhaupt nicht gäbe, so sehr ist der alte Sinn der Fastnacht verlorengegangen. Die Fastenzeit begründet die Fastnacht, denn ehe die Zeit des Verzichts beginnt, soll der Mensch sich von der Zeit der weltlichen Fülle gebührend verabschieden, um die Fastenzeit als eine Zeit der geistlichen Fülle zu erfahren. Ein deutlicher Hinweis auf die Gültigkeit dieser christlichen Deutung der Fastnacht ist ihr Bestand vor allem in den katholischen Ländern dieser Welt. Außerdeutsche Hochburgen des Karnevals mit je eigenen Ausprägungen sind Monte Carlo, New Orleans, Nizza, Rio de Janeiro, Québec, Salvador da Bahia, Teneriffa, Venedig und Viareggio.

Der kirchlich-liturgische Hintergrund

»Septuagesima« – weil es noch etwa 70 Tage bis Ostern dauert – nannte man den ersten Sonntag der Vorfastenzeit oder 9. Sonntag vor Ostern. Nach dem ersten Wort des Introitus (des Eingangsgebetes) heißt er auch »Circumdederunt« (»Circumdederunt me gemitus mortis« – Todesstöhnen hielt mich umfangen). Andere Namen für diesen Tag sind: Alleluia claudere, Alleluia dimittere, Alleluia deponere, dominica misse alleleluia, – prima septuagesima, – qua alleluia clauditur, – qua alleluia dimittitur, – septuagesima, nonagesima (neunwöchiges Fasten). Die Woche nach Septuagesima nannte man in Straßburg Broderwoche.

Der zweite Sonntag der Vorfastenzeit und 8. Sonntag vor Ostern hieß »Sexagesima«, weil noch etwa 60 Tage bis Ostern fehlen. Nach dem ersten Wort des Introitus hieß der Tag auch »Exsurge« (lat: »exsurge« – Wach' auf). Gelegentlich wird er Tag »dominica sexagesima« genannt.

Der dritte Sonntag der Vorfastenzeit und 7. Sonntag vor Ostern wurde entweder »Esto mihi« oder »Estomihi« nach dem Anfang des Introitus genannt (»Esto mihi in Deum protectorem« – Sei du mein Schützergott) oder »Quinquagesima«, weil es noch etwa 50 Tage bis Ostern dauert. Der bekannteste Name des Tages war aber seine Funktionsbezeichnung: Fastnachtssonntag.

Der zeitliche Rahmen und viele Namen

Die Faschings-, Fastnachts- oder Karnevalszeit im engeren Sinn umfaßt sechs Tage: von Donnerstag vor Fastnachtssonntag (schmotziger Donnerstag, Weiberfastnacht) bis Fastnachtsdienstag. In dieser Zeit tobt dort, wo es ihn gibt, der Straßenkarneval. Als Karnevalssession oder als Zeit für Karnevalssitzungen und Maskenbälle gilt die Zeit von Dreikönige (6. Januar) an. Hier wirkt das alte Bohnenfest des Bohnenkönigs nach. Im Rheinland ist der 6. Januar Auftakt der jeweiligen Session. Der 11.11. (Elfter im Elften) als närrischer Starttermin hat zwar für sich den Vorteil, daß die Zahl Elf seit Jahrhunderten als Narrenzahl gilt, im 19. Jahrhundert bei der romantischen Karnevalsreform neu entdeckt wurde und Eingang in das Brauchtum (Elferrat) fand. Der 11.11. als Karnevalsauftakt hat sich aber erst in der Zeit zwischen den beiden Weltkriegen ergeben.

Wenn im Zusammenhang mit der Fastnacht von den drei tollen Tagen die Rede ist, dann sind damit die drei Tage gemeint, an denen vor dem 19. Jahrhundert gefeiert wurde: der »kleine Fastabend« (heute Weiberfastnacht), der »große Fastabend« und der eigentliche Fast(en)abend, der Vorabend des ersten Fasten-

203

tages, der Fastnachtsdienstag. Der sogenannte Rosenmontag kam als vierter toller Tag erst nach 1823 hinzu, als in Köln der Rosenmontagszug eingeführt wurde. Aus den drei tollen Tagen sind seit dem 19. Jahrhundert wenigstens vier geworden. Die ehemalige (und gegenwärtige) Bedeutung der Fastnachtszeit läßt sich allein schon an der Fülle der Begriffe erkennen, mit denen die einzelnen Tage gekennzeichnet werden.

Die gesamten Fastnachtstage von Donnerstag vor dem Fastnachtssonntag bis Dienstag danach bezeichnete man als: Bacchanalia, B. clericorum, B. dominorum, B. sacerdotum, carementranum, caresme prenant, carnelevamen, carnis laxatio, carnis levamen, carnislevarium, carnisprivium, carnisvola, Dorendage, dorledage, Fastelabend, Laxatio carnis, Orgia Bacchi, Vastelabend, Vastelaun.

Der Donnerstag vor dem Fastnachtssonntag, im Rheinland Weiberfastnacht genannt, heißt: Dorendonderdach, feister phinztag, gumpiger donstag, kleine fastnacht (Oberrh.), lotzel fassnacht, lotzgin fastnacht, lutker fastelavend, lutzel fassnacht, fetter Donnerstag, schwerer Donnerstag (Rhld.), Semperstag, simperdach, sumperdach, sumperstag, tumbe fassnacht, tumber tag, unsinniger Donnerstag, Weiberdonnerstag, wenige rinnabend, wuette Fassnacht, wuetig Donnerstag, Wuscheltag (Basel), zemperstag, zimpertag.

Am Freitag vor »Esto mihi«, also dem Fastnachtssonntag, wurde früher keine Fastnacht gefeiert. Als Gedächtnistag des Todes Jesu stand er nicht zur Disposition, weshalb es für diesen Tag auch keine althergebrachten Bezeichnungen gibt. Auch der Samstag vor dem Fastnachtssonntag wurde nicht für Fastnachtsfeierlichkeiten genutzt. Er wird als Vorabend der Fastnacht »groten fastelavendsavend« genannt oder »schmalziger Samstag«.

Der Fastnachtssonntag oder Sonntag »Esto mihi«, der 7. Sonntag vor Ostern oder Quinquagesima, wird bezeichnet als: carnisprivium clericorum, c. dominorum, c. sacerdotum, dies carnisprivii, frz. dimanche cabée, d. gras, d. grassot, dimissio carnium, dominica ad carnes levandos, d. ad carnes tollendas, d. carnisprivii (novi), d. carnelevaris, d. in carnisprivii, d. rossa, d. quinquagesima, gross vastavend, Großfastabend, grosser fastelavend, grote vastingesdach, Herrenfastnacht, Jejunium clericorum, skand.: Köttsöndag, Narrenkirchweihtag, ndl.: papenvastelavend, Pfaffenfastelabend, Pfaffenfassnacht, Quintana [da Ev. von den fünf Broten], Rinnensonntag, Schutteldach (Aachen), Shrove sunday (Engl.), Sonntag carnisprivii, S. in den dorentagen, vefstigste dach.

Der Montag nach »Esto mihi« hat als Rosenmontag seine heutige Bedeutung erst im 19. Jahrhundert mit der Einführung des Rosenmontagszuges gewonnen. Aber auch in der Vergangenheit wurde an diesem Tag Karneval gefeiert, wie einige alte Namen des Tages belegen: dies Lune salax, d. pingues, Fass-

204

nachtabend Montag zuvor, Frassmaendag, geiler Montag, kleiner Fastelavent (Niederrh.), Kleinfastabend, mondages in den lesten vastelavende, Montag an der fassnacht, Ruckerstag (Frankfurt).

Der Dienstag nach »Esto mihi« zählte früher zu den drei tollen Tagen, dementsprechend finden sich Bezeichnungen für diesen Tag in verschiedenen Nationen: Shrove Tuesday (Engl.), Smörtisdag (Skand.), Marci gras (Frk.), Kleiner fastelavent (Ndl.), junge Fassnacht (Schweiz). Andere Namen: Bauernfastnacht, carnisprivium novum, dies carnisprivii ultima, carnisprivium laicorum, dies pingues, Faschang, Faschangtag, fasching, fassangus, Fassnacht, fassnachtfeiertag, fetter Dienstag, feister Zinstag, frassgerdag, gemeine Fastnacht, Grüne Fassnacht, Lardarium, Letzte Fassnacht, letzter Fastelavand, Letztfastabend, rechte fassnacht, vassangtag, vastnacht. Karnevalsdienstag definiert sich auch vom Folgetag her als ferie antecinerales (Frk.).

Auch für die Woche zwischen »Esto mihi« und »Invocabit« gab es Bezeichnungen: Inter duo carnisprivia, hebdomada in capite jejunii, hebdomada carnisprivie, hebdomada carneelevarii.

Die Herkunft des Karnevals von der Fastenzeit läßt sich auch von den Bezeichnungen dieses Zeitabschnitts ableiten: Fasching, die Bezeichnung für Fastnacht in Süddeutschland und im bayerisch-österreichischen Raum, taucht im 13. Jahrhundert als »vaschanc, vastschang« auf. Das mhd. »vastschanc« meint »Ausschenken des Fastentranks«. Bezeugt ist auch der Freudenruf: »Oho, vaschang«. »Vaschang« wurde im 17. Jahrhundert an die Wörter auf -ing angeglichen. Schon um 1200 ist mhd. »vastnacht« (= Vorabend des Fasttages Aschermittwoch) belegt. Für später ist das leichter auszusprechende »vas[e]nacht« belegt, das das mittelrheinische und oberdeutsche »Fas[e]nacht«, »Fassenacht« oder »Fasnet« ausbildete. Es wird nicht ausgeschlossen, daß der Begriff »Fastnacht« (auch) durch ein im frühneuhochdt. »faseln« (= gedeihen, fruchtbar sein) enthaltenen Stamm mit der Bedeutung »Fruchtbarkeit« mitgeprägt wurde, vgl. die rheinische Begriffsbildung Fasabend, Fas(t)elabend, aus der das (kölnische) Fastelovent, Fastelaer wurde.

205

Das seit dem 17. Jahrhundert bezeugte Wort Karneval wird synonym für Fastnacht, Fasching und Fastnachtstreiben gebraucht; es stammt ebenso wie das frz. »carnaval« vom it. »carnevale«. Dessen genaue Herkunft ist letztlich unklar. Vermutet werden Ableitungen vom mlat. »carnelevale« = Fleischwegnahme (in der Fastenzeit). Der lat. Begriff »carrus navalis«, Schiffskarren, der in der Antike bei feierlichen Umzügen zu Frühlingsbeginn mitgeführt wurde, kann zur Ausbildung des Begriffs Karneval nicht herangezogen werden: Der »Carrus navalis« ist eine moderne Begriffsbildung. Die Herleitung von einem vermeintlich lat. Ausruf »carne vale« = »Fleisch, lebe wohl!« ist zwar verbreitet, verständlich und sinnig, jedoch grammatisch unkorrekt und dazu völlig unbewiesen.

Frühere Festbräuche – mögliche Wurzeln

Vorfrühlings- und Fruchtbarkeitsfest

Ehe die Fastnacht im 10.–12. Jahrhundert durch die Kirche auf die Zeit vor der Fastenzeit eingegrenzt wurde, feierte man in ganz Deutschland die Fastnacht als Vorfrühlings- und Fruchtbarkeitsfest. Elemente des Winteraustreibens waren: Lärm, Masken, Verkleidung, Fruchtbarkeitsgerte und der personifizierte Winter in Form eines »Strohschabs«, eines mit Stroh verkleideten jungen Burschen. Mit Lärm durch Lärminstrumente wie Rummeltopf, Rasseln, Trommeln, Hörnern, Peitschen und dergleichen suchten die Menschen den Winter und die Dämonen der Dunkelheit zu vertreiben. Dargestellt wurden diese durch junge Männer, die sich entsprechend verkleidet hatten: Mit Larven oder Gesichtsmasken unkenntlich gemacht, symbolisierten sie Teufel, Dämonen und Hexen, die – wild tobend – mit dem Winter durch das Dorf hinausgetrieben wurden. Natürlich mußte dieser »Sieg« gefeiert werden: mit Musik und Gesang, Trunk und Speise, Tanz und Narretei.

F. Quidemus: Winter-Ertränken. Aus: Franz Josef Bronner, Von deutscher Sitte und Art. München 1908. Foto. Archiv des Autors

Einflüsse der hellenistisch-orientalischen Mysterienkulte

Der deutsche Sprachbereich war seit den römischen Eroberungen mit den Kulten des Mittelmeerraumes in Berührung gekommen. Es ist nicht unwahrscheinlich, daß Elemente der *hellenistisch-orientalischen Mysterienkulte* der Isis, der Kybele und des Gottes Marduk, neben den *Bacchanalien, Saturnalien, Lupercalien, römischen Freuden- und Reinigungsfesten* (s. u.), in diese »heidnischen Tobungen« Eingang gefunden hatten. Diese Feste thematisieren Werden und

Vergehen, Licht und Dunkelheit, Überwindung des Todes durch das Leben, nicht ohne gesellschaftskritische Töne: Erinnert wurde an den paradiesischen Urzustand der Menschheit, die Gleichheit aller, die Nichtexistenz von Zwang und Ordnung durch Gesetz und Staat. Dieser melancholische Grundton wurde garniert durch Spott und Lustbarkeiten: Wenigstens einmal im Jahr sollten diese Feste Gelegenheit geben, die Fesseln der Konvention abzustreifen.

· 3000 v. Chr. berichtet der babylonische Priesterkönig Gudea von Sirgulla von einem *siebentägigen Fest der jährlichen Tempelweihe nach dem Neujahrsfest*. Essen, Trinken, Fröhlichkeit waren Basis dieses Festes der Umkehrung der Verhältnisse. »Kein Getreide wird an diesen Tagen gemahlen, die Sklavin ist der Herrin gleichgestellt, und der Sklave geht an seines Herren Seite; der Mächtige wie der Niedrige sind gleichgeachtet«. Bei der Prozession zum Tempel des Gottes Marduk wurde ein prunkvoll geschmücktes Schiff auf Rädern mitgeführt.

· Ebenfalls ein Schiffskarren spielte bei dem »navigium Isidis« eine Rolle, dem *Fest der ursprünglich ägyptischen Göttin Isis am 5. März*, der Hafenpatronin von Alexandria. Apulejus von Madaura berichtet 124 n. Chr. über dieses Fest: »Damals zogen scherzhafte Masken durchs Land um Korinth; zuerst erschien da der skurrile Vortrab der Prozession, sodann kamen die Verkleideten selbst: Esel und Philosophen, Gladiatoren und Magister, Magistrate, Jäger und Soldaten, Fischer, Vogelsteller. Männer hüllten sich in Frauenkleider. Ein Bär von eben solch abenteuerlicher Larve tänzelte mit. Es folgte und beschloß endlich das kunstvoll gezimmerte Schiff voll greller Malereien den lärmenden, schreienden, grotesken Aufmarsch. Die Gallionsfigur am Heck: eine goldene Gans!«

Tacitus (um 55–120) bemerkte zwischen Isis und der germanischen Fruchtbarkeitsgottheit und Erdmutter Nerthus eine Ähnlichkeit: »Mit Gottesfrieden und Umzug eines von Kühen gezogenen Bildes auf einem Wagen wurde ihr Fest im heiligen Hain einer Meeresinsel in jedem Frühjahr durch mehrere Tage begangen. Nach dem Umzug wurden Wagen und Götterbild einer kultischen Reinigung unterzogen.«

· Die »magna mater«, die kleinasiatische Göttermutter Kybele, wurde als Herrin der Natur verehrt. Sie ließ alljährlich die tote Natur zu neuem Leben erwachen und spendete Fruchtbarkeit. In *orgiastisch-ekstatischen Feiern* wurde sie verehrt, ihr Standbild in einer wilden Prozession umhergetragen, durch aufreizende Musik begleitet. In allen drei Göttern verbanden sich lebenspendende Vegetationsmacht mit Totengottheit. Für Isis und Kybele sind sogar Identifikationen nachgewiesen.

· Der von Rom übernommene Isiskult wurde mit dem Fest des Gottes Saturn verbunden. Die *Saturnalien* waren in der Antike das jährliche Freudenfest. Saturn, Vater des Jupiter, wurde als milder Herrscher verehrt, der die Menschen

Ackerbau gelehrt hatte, sie seßhaft machte, ihnen Freiheit und Glückseligkeit bescherte. Die Saturnalien erinnerten an die goldene Zeit ohne Knechtschaft, indem man »verkehrte Welt« spielte: Herren und Sklaven tauschten nicht nur die Kleidung, sonder auch die Rollen. Statt in der Toga erschien man in der Öffentlichkeit im Hauskleid. Die Sklaven lustwandelten in weißer oder purpurfarbener Toga in den Straßen. Nur an den Saturnalien durften sie Hüte tragen: spitz zulaufend, später Vorlage für die Kopfbedeckung der Clowns. Ein Zeitgenosse berichtet über die Saturnalien: »Es ist mir innerhalb der Saturnalien nicht gestattet, etwas Ernsthaftes oder Wichtiges zu tun, sondern bloß zu trinken, zu lärmen, zu scherzen und Würfel zu spielen, Festkönige zu wählen, die Sklaven zu bewirten, nackend zu singen und, etwas mit Ruß bestrichen, in einen kalten Brunnen getaucht zu werden.«

208

• Der von den Römern aus Griechenland übernommene Kult des Dionysos, die Dionysien, wurden in Rom zu den *Bacchanalien*, entsprechend der Neubenennung des Dionysos als Bacchus. Das Kelterfest im Februar ergab eine bemerkenswerte Mischung aus frommer Religiosität und ausgelassener Sinnenlust, die sich in bombastischen Umzügen von als Nymphen, Mänaden und Satyren, lüsterne Begleiter des Bacchus Verkleideten zeigte. In Tierfellen gekleidet, hinter fratzenhaften Masken und schellenbehangenen Hörnermasken wollte man das Böse und die Bösen schrecken. Beim Festmahl waren Neckrede und komödiantisches Gebaren bekannt. Bei Umzügen fehlte auch hier nicht der Schiffskarren. Das keineswegs verborgen gehaltene Emblem des Phallus verdeutlichte Bacchus als Gott der Fruchtbarkeit. Der trunkene Silen, der zottelige Pan und bunte Nymphen boten ausreichend Vorgaben für begeistert Feiernde. Die Satyrchöre der sogenannten »Banden«, der Handwerkerumzüge im mittelalterlichen Köln, sahen sich durchaus in der Tradition der Dionysien oder Bacchanalien. »Dem Baccho sein Bacchanalia festa« war im Köln des 16. Jahrhunderts eine Umschreibung der Fastnacht.

• Die römischen *Lupercalien* schließlich waren ein Sühne- und Reinigungsfest (lat.: februa = Reinigungsopfer; lat.: februare = reinigen) im Februar. Lupercus bot Reinigung an. Zu diesem Zweck kleideten sich die Gläubigen in Ziegen- und Bocksfelle, denn Lupercus, ursprünglich in einem Wolfskult verehrt, ist dem Faun gleichgesetzt. Die Priester dieses Gottes, die »Luperci«, liefen, nur mit einem Ziegenfellschurz bekleidet, umher und schlugen Frauen, denen sie begegneten, mit vom Fell des geopferten Bockes gefertigten Riemen. Der Schlag sollte lebenspendende Kraft erzeugen.

Vom spätantiken und frühmittelalterlichen Nachhall der Dionysien, Lupercalien, Saturnalien, Mysterienkulte und deren Verbindung zu Feiern des Winterabschieds wissen wir wenig. Wenn 1133 Abt Rudolf von St. Trond, der Benediktinerabtei in Brabant, gegen »heidnische Tobungen« wettert, dann ist dies Teil des Kampfes der Kirche gegen den Fortbestand antiker heidnischer Vorstellungen, Bilder und Formen. Zu diesem Zeitpunkt verfolgte die Kirche bereits ein neues Programm, das seinen Ursprung in der Zwei-Welten-Lehre des hl. Augustinus hat.

Biblische und pastorale Akzente

Seit den Zeiten des Papstes Gregor d. Gr. (590–604) bis zur Liturgiereform in Deutschland (1970) nach dem zweiten Vatikanischen Konzil (1962–1965) gab es für den Karnevalssonntag, Quinquagesima, eine gleichbleibende Perikopenordnung: Die Epistel (= Lesung) trug das Hohelied der Liebe vor (1 Korinther 13,1–13), in der das Fehlen von Gottes- und Nächstenliebe als närrisch gedeutet wurde, und das Evangelium den Weg Jesu über Jericho nach Jerusalem (Lukas 18,31–43).

Der Text der Epistel stand in einem großen Zusammenhang: Im biblischen Sinne ist der ein Narr, der Gott leugnet und dem darum der Mensch das Maß aller Dinge ist (Psalm 53,2; Matthäus 5,22), der alles auf das Hier und das Jetzt setzt (Lukas 12,20f), der seine einzige Hoffnung auf irdische Güter richtet (Psalm 49,11), der sich Dinge rühmt, die er nicht oder zu Unrecht erworben hat und dann damit prahlt (Jeremia 17,11; 2 Korinther 11,17.21 u. 12,16).

Das Narrenschiff –
Aus »Sebastian Brant,
Das Narrenschiff« (Basel 1494).
Foto: Archiv des Autors

209

Was gemeint ist, »übersetzt« der Epheserbrief (4,17b–24) in das Bild vom alten und dem neuen Menschen: »Lebt nicht mehr wie die Heiden in ihrem nichtigen Denken! Ihr Sinn ist verfinstert. Sie sind dem Leben, das Gott schenkt, entfremdet durch die Unwissenheit, in der sie befangen sind, und durch die Verhärtung ihres Herzens. Haltlos, wie sie sind, geben sie sich der Ausschweifung hin, um voll Gier jede Art von Gemeinheit zu begehen. Das aber entspricht nicht dem, was ihr von Christus gelernt habt. Ihr habt doch von ihm gehört und seid unterrichtet worden in der Wahrheit, die Jesus ist. Legt den alten Menschen ab, der in Verblendung und Begierde zugrunde geht, ändert euer früheres Leben, und erneuert euren Geist und Sinn! Zieht den neuen Menschen an, der nach dem Bild Gottes geschaffen ist in wahrer Gerechtigkeit und Heiligkeit.«

Der »alte Mensch« ist ein Narr, der – wie Adam – in der Sünde verharrt, der »neue Mensch« ist der Christ, der Jesus Christus und seinen Regeln nachfolgt. Während die Fastenzeit eine Übung und ein Weg zum neuen Menschen ist, in dieser Zeit am Erstarken des »Reiches Gottes« gearbeitet wird, bietet die Fastnacht Gelegenheit, spielerisch, auf Zeit und – natürlich nur zum Abgewöhnen – den »alten Menschen«, den Narren, nachzuspielen. Die pädagogische Spielregel lautet: Erfahre an dir selbst, wie töricht närrisches Verhalten ist, kehre um, alter Mensch, und werde zu einem neuen Menschen, einem Christusnachfolger! Während der Narr in und für diese Welt lebt, soll der Christ zwar in der Welt, aber nicht für diese Welt leben.

So wie die außerliturgische Martinsfeier die Form des Martinsfeuers und der Martinslampen der liturgischen Lichterprozession entnommen hat, der »Zachäus« der Kirmesfeiern dem Evangelium des Gottesdienstes zum Jahrestag der Kirchweih entstammt, so empfing auch die Fastnacht ein Schlüsselelement aus der Liturgie. Nach dem Episteltext (1 Korinther 13,1): »Wenn ich in den Sprachen der Menschen und Engel redete, hätte aber die Liebe nicht, wäre ich dröhnendes Erz oder eine lärmende Pauke« galt der Narr als einer ohne (Gottes- und Nächsten-)Liebe, dem kein Sein und kein Haben über dieses Defizit hinweghelfen kann. Wer ohne Nächstenliebe ist, der ist und bleibt ein Narr.

Folgenreicher war das mit dieser Narrendefinition verbundene Bild vom »dröhnenden Erz« und der »lärmenden Pauke«. Seit dem Mittelalter definiert sich der Narr und Gottesleugner in seiner Erscheinung mit Schelle und Pauke: viel Lärm um nichts. Die Schelle wurde zum Erkennungszeichen des Narren. Abraham a Sancta Clara (1644–1709), der bildhaft-wortgewaltige Barockprediger, definierte die Narren als Kinder dieser Welt, die »vorn und hinten mit Schellen« geziert sind. Ihnen ist die Gottesliebe verlorengegangen, und deshalb machen sie mit Schellengeläut das Böse wichtig. Es gehört geradezu zum Wesen des Bösen, daß es laut auftritt und auf sich aufmerksam macht; der »Heidenspektakel« ist noch immer sprichwörtlich. Das Gute dagegen läßt sich eher im Verborgenen finden und muß deshalb gesucht werden (vgl. das Bild vom Reich Gottes als verborgener »Schatz im Acker«, Matthäus 13,44).

Anhand des Epistel- und des Evangelientextes des Karnevalssonntags stellten die Prediger über Jahrhunderte hinweg zwei Modelle gegenüber:

- Die Cupido-Gemeinschaft der Ungläubigen, symbolisiert durch die Schellenträger (nach der Epistel des Karnevalssonntags ist die klingende Schelle das Zeichen der Lüsternheit = lat.: cupido), die die societas mala, die böse Gesellschaft, darstellen, und
- die Caritas-Gemeinschaft der Gläubigen, Unmaskierten, symbolisiert durch das Fehlen von Masken, die die societas bona, die gute Gesellschaft, leben.

Während sich die societas mala auf dem Weg des Abstiegs nach Babylon, dem Reich des Bösen, befindet, steigt die societas bona auf in das himmlische Jerusalem. Das babylonische Reich der Schellenträger in der societas mala realisierte sich aktuell in der Fastnacht, die Herrschaft des himmlischen Jerusalems, in der die Unmaskierten die societas bona bildeten, in der Fastenzeit.

In diese Ausdeutung eingeflossen war unverkennbar die Zwei-Staaten-Lehre des hl. Augustinus (354–430), bei der dualistisch die civitas diaboli, das Reich des Teufels, der civitas dei, dem Reich Gottes, erfüllt im himmlischen Jerusalem (Hierusalem caeleste), gegenübersteht. Charakterisiert wird der Herrschaftsbereich des Teufels durch Lärm, Narrheit, Streit und Diesseitsorientierung, das Reich Gottes dagegen durch Ruhe, Frieden, Gottesliebe und Jenseitsorientierung. Zumindest für das Reich des Bösen gab es historisch reale Beispiele: das (alte) Babylon und das (neue) Babylon, das heidnische Rom.

Herr der civitas diaboli war natürlich der Teufel. In seinen Herrschaftsbereich begab sich der Mensch als Narr, der immer zugleich auch Gottesleugner war. Als Narrheit begriff das Mittelalter beim vernünftigen Menschen die Unfähigkeit, seine natürlichen Triebe zu beherrschen. Als Folge der Erbsünde galt die besondere Anfälligkeit des Menschen für Reize, die den Hochmut und das Verlangen nach Sinnenlust ansprechen. Seit Papst Gregor I. (592–604) unterschied man sieben Ausformungen des erbsündlichen Hochmutes: Hoffart, Neid, Zorn, Geiz, Unkeuschheit, Unmäßigkeit und religiös-sittliche Trägheit.

Pastorales Ziel der Predigten am Karnevalssonntag war über viele Jahrhunderte die Demonstration der Sinnlosigkeit purer Diesseitsorientierung unter Ausschluß von Gottes- und Nächstenliebe. Dagegen gesetzt wurde die »Metanoia« (gr.: metánoia = Umkehr), der Grundanruf des Christentums: Umkehr zu einem an Gottes Geboten ausgerichteten Glaubensleben, das sein letztes Ziel im Jenseits hat.

211

Nach der Fastnachtshochblüte im Mittelalter hat die Fastnacht weiterexistiert, aber nie mehr Literatur und Kultur wie in dieser Zeit geprägt. Die Auswüchse der Fastnacht bzw. ihre Grundgedanken selber stießen bei den Reformatoren auf zum Teil entschiedenen Widerstand. Die Fastnacht ging dabei in ganzen Landstrichen unter. Die Aufklärung hat ihr dann den Rest gegeben. Ein

»vernünftiger« Mensch konnte sich nicht gleichzeitig zum Narren machen – glaubte man. Erst die deutsche Romantik zu Beginn des 19. Jahrhunderts führte zur Wiederbelebung der Fastnacht: 1823 gab es den ersten Karnevalszug in Köln, 1825 in Düsseldorf. Auf alter Basis, aber in zum Teil völlig neuen Formen war die Fastnacht wiedergeboren.

Fastnachtliche Grundelemente

Das augustinische Zweistaatenmodell bildete den Hintergrund für die Errichtung vergänglicher Narrenreiche in der Fastennacht, die man in bewußter Rückerinnerung an die Antike benannte: Konsequent wurde in Gent dem »babylonischen Reich« der Fastnacht ein Narrenkönig mit Namen Nebukadnezar zugeordnet, der Narrenkönig Bacchus dagegen herrschte in Antwerpen.

Von Schellen, Narrensprung, Hexen und dergleichen

Schellen

Die als »Lieblose« gekennzeichneten Narren – in der Epistel des Karnevalssonntags mit klingenden Schellen verglichen – lieferten das Vorbild für die Verwendung von Schellen in der Fastnacht. Daraus entstanden sind die Schellenträger, eine feste Erscheinung in der alemannischen Fastnacht. Die Schelle zur Kennzeichnung des Narren hat sich vor allem, aber nicht nur in der alemannischen Fastnacht erhalten. Natürlich verzichtete die alte Narrenkappe, ausgestattet mit Eselsohren und Hahnenkamm, nicht auf den Schellenbesatz. Die Schelle war jedoch nicht immer Narrenkennzeichen. Schon der Hohepriester der Juden schmückte sein Gewand mit Schellen (Exodus 28,33), viel später dann ebenso Ritter, Patrizier und Kleriker. Heiligenbilder und Monstranzen waren mit Schellen versehen. Noch bei der Krönung Kaiser Karls V. (1520–1556) trugen die Beamten Schellen an ihrer Kleidung. Die Schelle als Narrensymbol hat sich bis in unsere Zeit in zahlreichen Redensarten erhalten: »Jeder hat seine Schelle« = alle haben eine närrische Seite – »Die Schelle bleibt ihm unbenommen« = keiner zweifelt an seiner Narrheit – »Einem die Schelle rühren« = seine Narrheit offenkundig machen – »Seine eigenen Schellen schütteln« = die eigene Schande selbst bekanntmachen – »Jemandem die Schellen ziehen« = ihn ärgern, necken, täuschen. Schwatzhafte und keifende Frauen nennt man in Süddeutschland und Österreich »alte Schelle«.

Schalknarr

Prototyp aller Narren ist der Schalknarr. Sein Kennzeichen war der geschorene Kopf. Die Erinnerung daran bewahrt die Redensart: »einem den Gecken scheren« = jemanden zum Narren machen, und der in Bayern übliche Ausdruck »G'scherter« für jemanden, der sich närrisch verhält. Der geschorene Kopf des Narren war unter seiner Kopfbedeckung verborgen, der alten Narrenkappe, der »Gugel« (von lat.: cucullus), einer runden Mütze mit Eselsohren und Hahnenkamm, der in Form eines gezackten, roten Tuchstreifens von der Stirn bis zum Nacken reichte. Diese Narrenkappe war auch Bestandteil der Bekleidung des Till Eulenspiegel. Die Schwankfigur des Till Eulenspiegel ist dem gleichnamigen Buch mit 16 Geschichten entnommen: 1515 in Hochdeutsch gedruckt, ist die nach 1480 entstandene niederdeutsche Fassung eines Anonymus verloren. Geschildert werden die Erlebnisse eines Bauernburschen aus Kneitlingen im Braunschweigischen. Eulenspiegel steht für einen, der Schabernack treibt, einen Auftrag allzu wörtlich ausführt und ihren Sinn darum ironisch verkehrt. Bäuerlicher Witz triumphiert über städtische Vernunft. Eulenspiegel ist mit pädagogischer Absicht belehrend angelegt.

Schalknarr mit Eselsohrenkappe, Schellen und Marotte, von Heinrich Vogtherr d. J.
Foto: Verlagsarchiv

Der »Narr«

Die Herkunft des Wortes Narr (mhd.: narre; ahd.: narro) ist nicht sicher geklärt. Vermutet wird eine Ableitung des ahd. narro aus dem spätlat. nario = Nasenrümpfer, Spötter. Narretei entsteht Anfang des 17. Jahrhunderts aus dem älteren »Narreteiding« = Narrenstreich. Das »-teiding« meint: Verhandlung, Zusammenkunft, vgl. den Basler Morgenstraich. Die Geschichte der Narren beginnt mit der Sitte, sich bei Festen und Gelagen Spaßmacher einzuladen. Ein solcher kommt schon im »Symposion« von Xenophon (430–354 v. Chr.) vor. Die »scurrae« waren im antiken kaiserlichen Rom bei der Oberschicht üblich. Berufsmäßige Narren = Hofnarren kamen in Deutschland während der Kreuzzüge auf. Sie hatten bei Hofe mit Witz zu agieren, waren selbst aber auch oft Zielscheibe des Spotts. Bekleidet waren sie mit dem Narrenkleid.

214

Marotte

Dem Narren mit der Gugel ist die Marotte in die Hand gegeben. Heute spricht man umgangssprachlich dem eine Marotte zu, der eine merkwürdige, schrullige Eigenschaft oder Wesensart hat. Ursprünglich aber bezeichnet das frz. »marotte« eine kleine Marienfigur, eine Heiligenfigur und/oder Puppe; »marotte« ist die Verkleinerungsform von »Maria«, also Klein-Maria oder Mariechen. Die Marotte wurde zum Narrenzepter oder Narrenkolben, der den Narren selber widerspiegelt und so ein Abbild der Eitelkeit und Selbstverliebtheit wird.

Den gleichen Gedanken drückt der Narrenspiegel aus, den Till Eulenspiegel in den Händen hält. Weil sich der Narr nur selber in diesem Spiegel betrachtet und sehen kann, kennzeichnet auch er das Gefangensein in Selbstverliebtheit. Als »Narrenspiegel« werden aber auch Schriften mit moralischer Weisung über das Närrischsein bezeichnet. Bekanntestes Werk ist »Das Narrenschiff« von Sebastian Brant (1457–1521).

Depp, Geck, Schalk, Schelm etc.

Der Narr der Fastnacht verbirgt sich unter verschiedenen Bezeichnungen, die im Laufe der Jahrhunderte entstanden sind: Depp, Dieldapp, Geck, Schalk, Schelm sind die wichtigsten. Die Wörter »Depp« und »deppert« (»Tepp«, »Tapp« in Bayern und Österreich) gehen auf das frühneuhochdt. »tapp« zurück, das auch für »tappen« den Ursprung bildet.

• Der »Depp« ist also ein täppischer, tölpelhafter Dummkopf. Abgesehen von der beschimpfenden Zuweisung »Du Depp«, wird der Begriff meist abweisend und negierend gebraucht: »Jemandem nicht den Deppen machen«, »nicht deppert sein«. Die auch gebräuchliche Redensart »den Deppen spielen« weist auch darauf hin, daß man – und das nicht nur zur Fastnachtszeit – in die Rolle des Deppen schlüpfen kann. Ein tölpelhafter, tollpatschiger, ungeschickter, täppischer Mensch, der auf einem Dielenboden plump herumtappt, ist ein »Dieldapp« (auch: Dilldapp, Diltap(p), Dilltap, Tiltap). Der Begriff ist seit dem 15. Jahrhundert belegt. Bei den Fastnachtsspielen ist der »Dilldapp« der Name eines lärmenden Bauern, aber auch generelle Bezeichnung für den Tölpel oder Deppen. In einem Fastnachtsspiel des 15. Jahrhunderts heißt es: »herr wirt, ich heisz der tilltapp, ich bin gar ein einveltiger lapp«. Bei Hans Sachs (1494–1576) taucht ein »Eberlein Dilltapp« auf. Vom Dieldapp meint Hans Sachs: »Ein dildopp brütt an der dildappen«.

• Das Wort »Geck« ist seit der ersten Hälfte des 14. Jahrhunderts mit der Bedeutung »Narr« bezeugt. Ende des 14. Jahrhunderts war »Geck« die »Berufsbezeichnung« der Hofnarren der Bischöfe. Es wird vermutet, daß »Geck« eine lautnachahmende Bezeichnung ist, also Lachen als »gickern, gackern, geckern« verstanden wurde. Im 16. Jahrhundert war der Geck sprichwörtlich: Im Niederländischen entsteht »den geck scheren« und »met iemand geck scheren«. Den Geck scheren meint, jemanden zum Narren machen. Dargestellt ist das Sprichwort in Pieter Brueghels d. Ä. (um 1525–1569) Bild »Die Sprichwörter« von 1559. Im rheinischen Karneval sind aus den »Gecken« die mundartlichen »Jecken« geworden. Ein »Jeck« ist närrisch oder einfach »jeck«. So heißt es z. B.: »Jede Jeck is' anders«, oder: »Sei doch nit esu jeck!« In der Moderne hat »Geck« noch die Bedeutung von »Modenarr, Stutzer, eitler Mensch« erlangt.

• Schon vor dem 16. Jahrhundert bezeichnete das Wort »Schalk« (aus mittellat. »scalcius« = barfüßig und »discalceatus« = ohne Schuhe; got. »sklaks« = Diener, Knecht) den barfüßigen Leibeigenen. Der Begriff wird immer in einer bestimmten Form verwendet: den Schalk hinter den Ohren/dem Nacken haben. Der »Schalk« ist ein Gnom oder Dämon, der von den Genarrten nicht gesehen werden kann. Nach dem 16. Jahrhundert verlagert sich die Bedeutung von »hinter« auf »Schalk«. Akteur ist nicht mehr ein Dritter, sondern der Nasführende selbst. Der Charakter der versteckten Schelmerei geht dabei verloren: Der Schalk schaut ihm aus den Augen.

• Erst seit dem 18. Jahrhundert hat »Schelm« und »Schelmerei« die Bedeutung von Schalkheit, neckisch-witzigem Tun, Hintertriebenheit, Schäkerei. Ein »rechter Schelm« ist ebenso anerkennend gemeint, wie wenn jemand schelmisch ist, also neckisch, mit Witz werbend. Wie Schalk, Narr oder ähnliche Begriffe bezeichnet er den Fastnachtsgeck. Das Wort Schelm hat die Grundbedeutung »Aas, gefallenes Tier« (ahd.: scalmo; mhd.: skelmo = toter Körper von Tier und Mensch). Deshalb wurden der Schinder, der dem gefallenen Tier die Haut abzog, und der Henker, der oft das Amt des Schinders oder Abdeckers ausübte, »Schelmen« genannt. Auf diese alte Bedeutung bezieht sich die Aussage, wenn es heißt, jemand habe ein »Schelmenbein im Rücken«. Gemeint ist ein »toter Knochen«, der bewegungsunfähig macht. Nach mittelalterlichem Rechtsbrauch durften meineidige, treubrüchige Vertragspartner Schelmen geheißen werden. Die gerichtliche Schelte hat sich in den Begriffen »bescholten« und »unbescholten« erhalten. Auch für »Seuche« konnte der Begriff Schelm stehen, insbesondere für eine bestimmte Schweineseuche.

Narrenmutter

Eine im gesamten Mittelalter bekannte Figur war die Narrenmutter, die sich darum mühte, neue Narren zu erzeugen. Dies geschah vornehmlich durch närrisches Ausbrüten. »Narren über Eyer ausbrüten setzen« gilt der »Bergpostilla« des Johann Mathesius 1587 als Beweis der Torheit. Eine andere Methode der Erzeugung von Narren war das Narren-Säen. Zum Beweis der Narrheit der Narren gehört die (bildliche) Vorstellung vom Narren, der seinen Nachwuchs durch das Aussäen von Narren heranzieht.

In Erzählung und Literatur haben sich verschiedene Orte herausgebildet, wo diese Narren, Schelmen und dergleichen ansässig sind. Die bekanntesten, fiktiven Orte heißen: neben Trippstrill (seit dem 15. Jh.) Schilda und Buxtehude.

Hexe und Teufel

Neben dem Narren und seinen weiteren Gestalten und Bezeichnungen tauchen jene Gestalten auf, die den Narren als Bestandteil der civitas diaboli erweisen: Hexe und Teufel.

Die Hexe ist eine alte Gestalt des Karnevals. Sie gilt als Buhlin des Teufels; diese nur noch in alten Sagen enthaltene Beziehung findet sich noch in Redewendungen wie: »Was sich hext, deiwelt sich« oder: »Verklage die Hexe beim Teufel«, d. h., dein Recht wirst du nicht bekommen. Nicht nur die Hexen stehen untrennbar mit dem Teufel in Verbindung, gleiches gilt auch für *Katzen*. Nach der Hexensage wird eine zwanzigjährige Katze zur Hexe und eine hundertjährige Hexe wieder zur Katze. Hexendarstellungen beziehen deshalb gerne eine Katze ein. Als Fastnachtsfigur verkörpert die Hexe jene Menschen, die sich närrischerweise mit dem Teufel, dem Feind Gottes und des Guten, eingelassen haben. Der Teufel (nhd.: tiuvel, tievel; ahd.: tiufal) als Widersacher Gottes, Herr der Gegenwelt und des Reiches des Bösen wird in der mittelalterlichen Fastnacht häufig dargestellt. Entstanden ist die Wortbildung aus dem got. diabaulus, diabulus, das über das kirchenlateinische diabolus, diabulus auf das griech. »diábolos« = verleumdend, schmähend zurückgeht. Das griech. »diabolos« kommt vom griech. Verb »diabállein« = durcheinanderwerfen, entzweien, verfeinden, schmähen, verleumden. Das Wort »Teufel« hat im Deutschen die einheimische Bezeichnung »Unhold« (ahd.: unholdo) abgelöst. Im Karneval spielte der Narr, was er fürchtete, nämlich »des Teufels zu sein«, dem Teufel anheimzufallen, einer der Seinen zu werden.

Als Narrheit begriff die Fastnacht, den natürlichen Trieben ungehemmt nachzugeben. Diese Laster wurden den Narren zugerechnet im Mittelalter durch die Lasterallegorese dargestellt, die die niederen Triebe des Menschen mit Tieren gleichsetzte: Hoffart (lat.: superbia) = Pfau und Pferd; Neid (lat.: invidia) = Drache; Zorn (lat.: ira) = Löwe; Geiz (lat.: avaritia) = Fuchs; Unkeuschheit (lat.: luxuria) = Hahn, Bock; Unmäßigkeit (lat.: gula) = Bär, Schwein; Trägheit (lat.: acedia) = Esel. Vor allem in der

Narrenbrunnen in Lenzkirch/Schwarzwald, alemannische Fastnacht.
Foto: Autor

alemannischen Fastnacht tauchen diese Tiere immer wieder als Attribute, Kopfmasken, Kostüme, Requisiten und Motive auf.

Narrensprung

Daß die Narren wie die Verrückten springen, scheint eher normal in der verkehrten Welt. Symbolisch wird dies beim Narrensprung, der im Rottweiler Narrensprung der alemannischen Fastnacht seine bekannteste Ausprägung hat. Hier springt der Narr tatsächlich mit Hilfe eines längeren Stocks ein Stück durch die Luft. In Bieber, Rheinland-Pfalz, heißt dies »Schärensprung«. Hier springt aber nicht der einzelne durch die Luft, sondern die Gemeinschaft tanzt in wilden Formen, Hand in Hand und schlangenförmig, durch den Ort. Früher, so heißt es, sei dies tatsächlich »über Tisch und Bänke« gegangen, durch die Haustür ins Wohnzimmer hinein und durch die Küche und den Hinterhof wieder hinaus.

Schwerttänze

Älteste Nachrichten über Schwerttänze stammen aus dem Venedig vom Ende des 13. Jahrhunderts. Ende des 14. Jahrhunderts tauchen die Schwerttänze in Flandern, Mitte des 15. Jahrhunderts in Nürnberg und im Rheinland auf. Im 16. Jahrhundert sind sie in Mitteleuropa allgemein üblich und gehen schließlich im 17. Jahrhundert im Zusammenhang mit dem Dreißigjährigen Krieg (1618–1648) unter. Der Schwerttanz wird als mittelalterliches Zunftritual verstanden, weshalb er von den Waffen- und Messerschmieden besonders gepflegt wurde (z. B. seit 1464 in Nürnberg).

Die Schwerttänzer versinnbildlichen einen ergebnislosen Kampf, einen sinnlosen Streit und präsentieren darum die civitas diaboli. Die Schwerter sind Verbindungsstücke zwischen den Tänzern, die in Form einer Kette mit Schritten, Springen, Drehungen etc. Figuren, Tore, Gassen und »Rosen« (vom mhd. »râz« = Geflecht) bildeten, tragbare Plateaus aus Schwertern, auf denen die Vortänzer getragen wurden. Im 16. Jahrhundert begannen sich die Schwerttänze bereits von der Fastnacht zu lösen. Erhalten hat sich der Überlinger Schwertlestanz, der heute am 2. Sonntag im Juli stattfindet, im 17. Jahrhundert aber noch zur Fastnacht begangen wurde. Hier taucht auch heute noch der Narr als Brauchfigur auf, der vor der Kirche als Gottesleugner agiert. Gleich zwei Narren gehören zum Traunsteiner Schwerttanz am Ostermontag. Der bekannteste Schwerttanz aber ist der Nürnberger Schembartlauf (1464–1524, 1539).

Verwandt mit dem Schwerttanz sind närrische Turniere. Karikiert wurden in der Fastnacht die ritterlichen Turniere. Ziel war nicht, sich als besonders heldenhaft und geschickt darzustellen, sondern die ritterlichen Helden als Narren und Gecken darzustellen. Lanzenstechen von Reiter gegen Reiter waren z. B.

ebenso beliebt wie das Reiten gegen eine sich in der Längsachse drehende Holz-figur, die beide Hände ausstreckte. In der einen trug sie ein Schild, gegen das der Reiter seine Attacke ritt. Die andere Hand war eine geballte Faust, die den Reiter traf, falls er nicht schnell genug passierte. Bei der romantischen Neubelebung des Karnevals hat man diese Formen wieder aufzunehmen versucht, z. B. im Jahr 1826 in Düsseldorf, wo im zweiten Karnevalsjahr der Neuzeit ein solches Turnier ausgerichtet wurde. Im rheinischen Karneval und in den meisten anderen Land-schaften gibt es diese Turniere nicht mehr.

Neckspiele – Aprilscherz

Der chassidische Rabbi Bunan hat das Wort geprägt: »Der Narr sagt, was er weiß. Der Kluge weiß, was er sagt.« Narren erweisen sich als Narren durch ihr närrisches Tun. Nachgespielt wird dies in Narrenaufträgen. Diese Neckspiele – heute gerne als Aprilscherz am 1. April angewandt – werden Neulingen, Frem-den, Einfältigen und neugierigen Kindern erteilt, oft unter Verwendung eines Phantasietier-Namens. Das Pelztier oder der Vogel werden als außerordentlich selten oder wertvoll dargestellt und der Betroffene mit »unfehlbaren« Fangme-

thoden vertraut gemacht, die von ihm einen geduldigen Einsatz verlangen, den die Auftraggeber unter sich aus-giebig verlachen können, bis der erfolglose Auftrag-nehmer selbst verlacht werden kann. Derartige Phan-tasietiere, die es zu fangen gilt, sind: Bäwer, Elbe(n)trit-sche, Rasselbock, D(r)lappen, Dieldapp, Dilldappen, Dölpes, Lämmes, Lemkes, Girike, Ellgriesli, Greiß, Kreißen, Schavakke, Trappen, Wolpertinger. Diese »Tiernamen« sind vielfach Begriffe, die synonym für »Tölpel« oder »Dummkopf« stehen (können).

In Norddeutschland gibt es das »Bunsen« oder »Bucksen jagen«. Die »Buckse« (= Hose) wird vor eine Öffnung gehalten, durch die das wertvolle Tier schlüp-fen soll. In Wirklichkeit wird eine Schaufel Mist durch die Öffnung geworfen. In Ostpreußen wird der »Ro-senbock« gejagt; dabei wird dem Halter eines Fangsacks ein Eimer Wasser über den Kopf gegossen. Statt Phantasietier-Namen gibt es auch andere Aufträge wie z. B. die Beschaffung von »Haumichblau«, zu dessen »Genuß« nach der Beschaffung der Auftragnehmer eingeladen werden kann. An-dere Objekte sind: das Augenmaß, die Dachschere, ein Bö-schungshobel, Gewichte für die Wasserwaage.

»An jemandem einen Narren gefressen haben« – Holzschnitt aus: Thomas Murner, Mühle von Schwindelheim und Gredt Müllerin Jahrzeit (1515). Foto: Archiv des Autors

Für das närrische Tun haben sich verschiedene Bezeichnungen herausgebildet: beispielsweise Faxen, Firlefanz, Jux, Posse, Schabernack, Scherz, Spaß, Spott, Ulk. (Närrische) Streiche, Possen, Scherze in Wort und Gebärdespiel sind vor allem im Mittelalter verbreitet. Das Wort »Faxen« ist abgeleitet von dem lautmalenden »fickfacken« = sich hin und her bewegen, substantivisch Fickesfackes, Fiksfaks, Facks = Posse, Streich. Der Plural »Facksen« wird auch »Faxen« geschrieben. Heute ist dieses alte Wort in Konkurrenz zum Fernkopieren geraten, dem (Tele-)Faxen. Die Zeit für »Firlefanz« ist die Zeit der Narren; bekanntlich gibt es andere Narretei auch ganzjährig: »Mach nicht so 'nen Firlefanz!«, hören Kinder von den Erwachsenen auch während des ganzen Jahres. Die Bedeutung des Wortes deckt den Bereich von Eselei, Dummheit, Nichtigkeit bis »närrisch sein« ab. Das umgangssprachlich verbreitete Wort geht auf das frz. virelai = Ringellied zurück, das – in Verbindung mit »Tanz« zum mhd. »vilefanz« zusammengefaßt wurde. Aus »Firlefenzen« im Sinne von »närrisch sein« wird Firlefanz.

Vom lat. iocus ist das deutsche Wort »Jux« abgeleitet, das oft in der verstärkenden Zwillingsformulierung »aus Jux und Dollerei« (= aus Scherz, Übermut und Spaß am Unsinn) auftritt. »Sich einen Jux machen« meint, aus Spaß an der Freud' jemanden an der Nas' herumführen. Das seit dem 18. Jahrhundert bezeugte Wort stammt aus der Studentensprache und ist gleichbedeutend mit dem lat. iocus. Das abgeleitete Verb »juxen« meint scherzen, Spaß machen, Kurzweil treiben und närrisch sein. »Iocus« war auch Vorbild für das frz. »jeu« = Spiel, Spaß.

Das engl. »joke« (vgl. »Joker«, eine besondere Spielkarte, die eine Figur mit Narrenkappe darstellt) bildete sich aus dem lat. ioculator = Spaßmacher. Sich einen Spaß machen heißt heute umgangssprachlich auf »Neudeutsch« sich einen »joke« machen. Das lat. ioculus = Späßchen wurde Vorlage für Jongleur, jonglieren, das lat. iocalis = spaßig, kurzweilig für Juwel, Juwelier (Vorform: Jubelier). Das Verb »verjuxen« dagegen wird synonym zu verschwenden gebraucht.

»Possen reißen, Possen treiben« bedeutet heute (meist in der Fastnachtszeit): einen Streich spielen, närrisch sein, Unsinn treiben. Der »Possenreißer« ist einer, der derbe Späße treibt. Das frühnhd. »bosse, posse« bezeichnet Figur, Zierat, Beiwerk an Kunstwerken, Scherzfiguren an Brunnen. »Possen reißen« bedeutete ursprünglich das Kreieren solcher Scherzfiguren am Reißbrett.

Schabernack, meist in der Verbindung von »Schabernack treiben« meint Unsinn, Unfug, Possen treiben. Schabernack treibt man vor allem in der Fastnacht. Das Wort Schabernack (got.: skaban) taucht im 12. Jahrhundert als Familienname in Hessen (»Schabernacken«) auf. Mhd. bedeutet »schavernac« = Beschimpfung, mittelneuhochdt. »Schavernak« = Spott. Unter allen Erklärungen, woher das Wort stammt, ist die wahrscheinlichste, daß das Scheren des Nackens als Strafe ursächlich ist.

»Scherz« ist auf den deutschen Sprachraum begrenzt (mhd.: scherz = Vergnügen, Spiel), auch das Verb scherzen (mhd.: scherzen = lustig springen, hüpfen, sich vergnügen) taucht erst im 13. Jahrhundert auf. Im 17. Jahrhundert wurden erst »scherzhaft« und »verscherzen« gebildet.

»Spaß« in der Bedeutung von Scherz, Vergnügen, Jux taucht im 16./17. Jahrhundert als »spasso« auf. Es ist entlehnt aus dem Italienischen von »spasso« = Zerstreuung, Zeitvertreib, Vergnügen, einer Substantivbildung zum it. »spassare« = zerstreuen, unterhalten und dem it. »spassarsi« = sich zerstreuen, sich vergnügen. Das italienische Wort wiederum ist abgeleitet von dem vulgärlateinischen »expassare« = ausbreiten, zerstreuen«. »Spaß« hat »spaßen« gebildet: scherzen, Spaß treiben (18. Jh.) und »spaßig« = vergnüglich, lustig (17. Jh.). Der personifizierte Spaß wurde zum »Spaßvogel« = witziger, lustiger Mensch (18. Jh.), eine Bezeichnung, die auch ironisch und/oder abwertend gebraucht wird. Das Substantiv »Spott« = Hohn (mhd.; ahd.: spot; ndl.: spot; schwed.: spott) ist abgeleitet von dem Verb »spotten« (mhd.: spotten; ahd.: spotton; ndl.: spotten; schwed.: spotta). Die verschärfende Konsonantenverdopplung steht neben den gleichbedeutenden ahd. spoton, spotison mit einem t. Es wird für das Wort eine Verwandtschaft mit »speien« vermutet, in der Bedeutung: vor Abscheu ausspucken.

»Spötteln« kommt im 18. Jahrhundert auf und meint vermindertes, ironisches Spotten. Der Ausführende des Spotts, der ahd. spottari = gewerbsmäßiger Spaßmacher, nennt sich heute Spötter oder bildhaft »Spottvogel« (seit dem 15. Jh.; vgl. ähnliche Bildungen wie z. B. Pechvogel, Spaßvogel). Spottvögel im originären Sinne nannte man früher jene Vögel, die die Stimmen anderer Vögel nachahmen konnten. Für den Karneval relevant wurde die seit dem 15./16. Jahrhundert bekannte Redensart: Wer den Schaden hat, braucht für den Spott nicht zu sorgen. Dies galt und gilt für den Spott in den Büttenreden.

Der Begriff »Ulk«, der nicht nur in der Fastnacht vorkommt, wie er sich aus der Redensart »einen Ulk machen/ausfressen«, »sich einen Ulk machen« darstellt, meint: harmlosen Unsinn treiben, einen Streich spielen. »Ulk« geht zurück auf die ndd. Mundart und bedeutet »Lärm, Unruhe, Handel« und ist in der Studentensprache gebräuchlich. Ableitungen sind »ulken« = spotten, Unsinn treiben (19. Jh.), »verulken« = jemanden auf gutmütige Weise aufziehen (19. Jh.) und »ulkig« = lustig, scherzhaft, komisch (19. Jh.).

Ein ganz wesentliches Kennzeichen närrischen Tuns ist der Lärm, der im christlichen Zusammenhang auf den Unfrieden und den Streit der Narren untereinander verweist. Begriffe wie »Höllenspektakel« oder »Höllenlärm« verweisen auf den Deutungszusammenhang, in den das Christentum den Lärm einordnete. In vorchristlicher Zeit sollte Lärm die Zauberkraft der Dämonen brechen. Dieser Aberglaube hat sich lange auch in christlicher Zeit erhalten. Erst später sind die inhaltlichen Ausdeutungen christlich interpretiert, die Formen aber beibehalten worden. Gepaart mit der Abwehr böser Geister tritt die Lust an gemeinschaftlich erzeugtem Lärm auf, der vielfach in strenger rhythmischer Ordnung erfolgt (z. B. bei Lärmumzügen), aber auch seine Freude am chaotischen Durcheinander haben kann. Das Lärmbrauchtum äußert sich im Klopfen und Klöpfeln, Trommeln und Rummeln (vgl. Rummeltopf), Peitschenknallen (Aperschnalzen), und Schießen, Feuerwerk und Musizieren, Singen und Glockenschellen (Schellenrühren) treten in diesem Zusammenhang auf.

Ein heute nicht mehr bekanntes Lärminstrument, das auf zahlreichen zeitgenössischen Gemälden auftaucht, ist der Rummeltopf, ein Lärmgerät des Lärmbrauchtums besonders während der Fastnacht. Ein mit einer Schweinsblase überzogener Tontopf, in dem ein Stock stak, mit dessen Hilfe dumpfe, knarrende, rumpelnde Geräusche zu erzeugen waren. Das hier verwendete Wort »Rummel« hat nicht die Bedeutung von »Kram« oder »viel Gedränge« (vgl. Kirmes = Rummel), sondern ist das lautmalerisch gebildete Verb »rummeln« = lärmen, durcheinanderwerfen, entsprechend dem frz. »connaître la musique«.

Heute fast nur noch in den Händen der offiziellen Karnevalsrepräsentanten zu entdecken ist die Narrenpritsche oder Narrenklatsche, nicht zu verwechseln mit der Marotte, dem Narrenzepter oder Narrenkolben. Die Pritsche kennzeichnet die Narrenwürde. Pritschen bedeutet aber nicht prügeln, sondern jemanden anschlagen, berühren, ursprünglich wohl, um ihn zu segnen. Das mhd. Wort Pritsche geht zurück auf das ahd. britissa = Bretterverschlag, das vom ahd. bret und britir (= Plural) = Brett, Bretter abgeleitet ist. Pritsche nennt man heute eine primitive Liegestatt, aber auch noch einen in dünnen Brettchen geschnitzten Schlagstock, ein Schlaggerät zum »pritschen« (16. Jh.). Auch außerhalb der Fastnacht taucht die Pritsche auf, z. B. als Martinigerte. Statt pritschen heißt es auch Fitzeln oder – in Österreich – frisch und gesund schlagen oder – in Bayern und Franken – pfeffern und in Schwaben mit fröhlicher Direktheit »kindeln«. Am Fest der Unschuldigen Kinder, dem 28. Dezember, dem »Pfefferlestag«, »schlugen« sich die Menschen gegenseitig mit Ruten, Peitschen oder Zweigen (Pfefferlesrute; in Schwaben Klöpflesscheit) und wünschten sich Glück und Se-

222

gen (= Fruchtbarkeit). Eheleute pfefferten einander, Eltern die Kinder, Mädchen die Jungen, vor allem aber die jungen Burschen die Mädchen. Der Fruchtbarkeitssegen, der mit dieser symbolischen Geste mitgeteilt wurde, verschwand allmählich aus dem Bewußtsein. Das Pfeffern an 28. Dezember wurde zu einem von Kindern betriebenen Heischebrauch. Der mit dem Karneval verbundene Brauch des Pritschens geht seit der Zeit nach dem Zweiten Weltkrieg im Rheinland unter.

Verkleidung – Fastnachtsgruß – Spottlust

Masken und Mummenschanz

Fastnacht ist nicht nur das Eintauchen in die »verkehrte Welt«, sondern bot dem einzelnen auch die Möglichkeit, auf Zeit in eine andere Rolle zu schlüpfen. Äußerlich geschah und geschieht dies durch das Verkleiden – ein interessantes Phänomen nicht nur bei Kindern, sondern auch und gerade bei Erwachsenen. Das Verkleiden erlaubt dem Verkleideten in eine andere Rolle zu schlüpfen, spielerisch eine andere Identität anzunehmen. Für eine überschaubare Zeit ist der Verkleidete jemand anders, den er nicht nur formal, sondern auch inhaltlich nachahmt. In dieser Rolle des anderen kann er das spielen,

Das Kölner Dreigestrinn mit dem Kölner Kardinal Joachim Meisner – Foto: Presseamt des Erzbistums Köln

was zu dieser Rolle gehört. Dadurch geschieht Vergegenwärtigung; das bislang nur Erzählte wird als lebendes Bild plastisch und anschaulich, prägt sich als gemeinsam gesehenes, gehörtes und erlebtes Bild beim Betrachter stärker ein. – Das Hineinschlüpfen in andere Rollen ist nicht nur für Kinder typisch, sondern auch für Erwachsene, die – soziologisch gesehen – ständig verschiedene Rollen spielen.

Unsere Vorfahren kannten das Phänomen unter einem anderen Begriff, dem mummen, ein veraltetes Wort für: (in eine Maske) einhüllen. Das im 16.

223

Jahrhundert bezeugte Wort wird heute als »einmummen« oder »vermummen« gebraucht. Es ist von dem veralteten Substantiv »Mumme« = Maske, verkleidete Gestalt abgeleitet, das auch den Begriff »Mummenschanz« für Narretei mitgebildet hat. Der Mummenschanz hat die Bedeutung von: (im Karneval) sich maskieren, verkleidet, vermummt tanzen, Unsinn treiben, Lustbarkeit vermummter Gestalten. »Mummenschanz« entstand aus dem spätmhd. »mummen« und »schanz«. Im 14.–16. Jahrhundert war Mummen ein beliebtes Würfelglücksspiel, »die Schanze« war ein Glückswurf (von dem altfrz. Wort »cheance« = glücklicher Würfelfall; vgl. frz.: chance). Zu Fastnacht zogen maskierte Gruppen von Haus zu Haus und forderten schweigend zum Mummen(schanz)spielen auf. Das im 18. Jahrhundert veraltete Wort wurde u. a. von Goethe neu belebt: Aus *die* Mummenschanz wurde *der* Mummenschanz, die Beziehung zum Glücksspiel ging unter. Mummenschanz ist seitdem reduziert auf Verkleidung und Unsinn treiben.

Die »Verkleidung des Gesichts« geschah durch eine Larve, die Gesichtslarve, später ergänzt bzw. ersetzt durch das Wort Maske. Der Begriff »Maske« für Gesichtslarve, Verkleidung, kostümierte Person entstand im 16./17. Jahrhundert von frz. masque, das wie das span. máscara und das it. maschera bedeutungsgleich ist. Quelle ist das arab. mashara = Verspottung, Scherz, Possenreißer, Possenreißerei. Im 16. Jahrhundert wird das span. mascarada zu Maskerade entlehnt. Um 1700 entstehen »maskieren« und »demaskieren«. Im Alpenländischen bezeichnet »Maske« die maskierte Person, die Gesichtsmaske dagegen wird »Larve« genannt. Als Maskenlaufen bezeichnet man Umzüge unter Verwendung von Masken. »Laufen« wird hierbei nicht im Sinne von »rennen« verstanden, sondern wie es in dem Wort »umherlaufen« gemeint ist.

Als die Fastnacht im 15./16. Jahrhundert auch bei den höheren Schichten Akzeptanz fand, entwickelten sich die Maskenbälle, heute auch Kostümball, ein Tanzvergnügen mit maskierten Personen, auch Redoute genannt. Zum festen Ritual dieser Maskenbälle gehörte es, um Mitternacht die Masken fallen zu lassen. Dies ist auch Thema in Opern und Operetten, vgl. Don Giovanni, Die Fledermaus.

Fastnachtsspott

Der Gruß der Karnevalsgesellschaft in Jülich lautet: »Jod Preck!«, d. h. »Gutes Werfen« (des Lazarus). Mit »precken« ist gemeint, was andernorts als prellen bezeichnet wurde: das Hänseln, bei dem – stellvertretend für einen Menschen – eine Puppe (z. B. Lazarus Strohmannus) verwendet werden kann. Für 1539 heißt es: »Halten auch ir vier ein leylach bei den vier zipfeln und einen ströinen angemachten butzen in hosen und wammes mit einer larven, wie einen toten man, schwingen si ihn mit den vier zipfeln auf in die höhe und entfahen ihn wider in das leylach. Das treiben sie durch die gantze Stadt.«

Die heutige Verwendung des Verbs »prellen« = jemanden prellen meint: jemanden täuschen, übervorteilen, betrügen. »Prellen«, abgeleitet »prallen«, leitet sich vom Fuchsprellen her: Lebendige gefangene Füchse ließ man in einen abgesperrten Bezirk laufen, in dem je zwei Personen mit einem Prelltuch (Prellgarn) standen. Sobald ein Fuchs über dieses lief, zogen sie es stramm an, so daß der Fuchs in die Luft geschleudert wurde und auf den Boden aufschlug. Diese grausame Jagdsitte war auch als Rechtsbrauch üblich: Diebe konnten an Schnell- und Wippgalgen dadurch hingerichtet werden, daß man sie so lange abstürzen ließ und wieder hochzog, bis ihnen alle Knochen gebrochen waren und sie verstarben. Das »Prellen« war schon in der Antike üblich.

Andere zu verspotten und zu verhöhnen ist in der Fastnacht geboten und erlaubt, weil närrisch und teuflisch. Die noch heute bekannte Form, in der dies durch eine Gebärde geschieht, ist vor allem das Herausstrecken der Zunge. Diese Schmähgebärde bedeutet, jemanden verächtlich zu machen. Im Karneval ist diese Gebärde als Teil des närrischen Verhaltens üblich, aber auch im »normalen Leben« kommt sie bei Kindern und Erwachsenen vor. Wahrscheinlich geht diese Spottgebärde auf eine ältere Abwehrgebärde, das Gähnmaul, zurück. Als verächtliche, abweisende Grimasse sind solche Darstellungen an Brücken und Stadttoren oft in Stein angebracht, vgl. in Basel den sogenannten »Lällekönig«, der diese Gebärde gegen Kleinbasel richtet. Das Gähnmaul ist heute außerhalb des Karnevals nur noch bei Kindern üblich. Mit dem Daumen oder zwei Fingern wird der Mund nach beiden Seiten auseinandergezogen und die Zunge herausgestreckt. Vergrößerter Mund, ausgestreckte Zunge und das dazugehörende höhnische Geschrei bedeuten für das Objekt der Mundgebärde Schimpf und Schande. Das Gähnmaul als Hohn und Spott ausdrückende Gebärde ist seit dem 15. Jahrhundert bekannt.

Eine andere Fastnachtsspottgebärde, die heute nur noch von Kindern außerhalb der Fastnacht am Leben gehalten wird, war Schabab. Im Zusammenhang mit dem Brauch des »Rübenschabens« (schwäb.: Ätsch Gäbeli; schweiz.: Gabelimachen; kärnt.: den Guler stechen; oberhess.: e Mörche schabe) taucht vielerorts der Begriff »Schabab« auf. Im Elsaß z. B. schaben die Kinder mit dem Finger über den anderen, eben wie man ein Möhrchen schält, und rufen:

»Lawe, lawe,
D'Katz isch g'schawe!«

Das Rübenschaben ist eine Bewegungs- und Spottgebärde, meist verbunden mit dem höhnischen »Ätsch« und »Bätsch«: Schäme dich, geschieht dir recht. Diese Fingergebärde fand sich im späten Mittelalter als Spottgebärde auch im Brauch der Erwachsenen. Spätmittelalterliche Passionsdarstellungen (z. B. von Hans Holbein d. Ä.) zeigen in einigen Fällen diese Spottgebärde. Die Gebärde war mit dem Ruf »Schabab« verbunden. Das Verb »schaben« hatte – reflexiv gebraucht (= sich schaben) – den Sinn von »sich abschaben, schäbig werden« und »vertreiben, austilgen, verstoßen«, und intransitiv: »sich fortscheren, schnell verschwinden«. Ahd. »scaben sinen wech« bedeutete so: »sich wegscheren, fliehen« entsprechend der imperativischen Form: »Schieb ab!« »Schabab« bekam die Bedeutung von: ausstoßen, fortstoßen, vertreiben. Der Imperativ »Schab ab!« wurde substantiviert, die alte Bedeutung vergessen, wie die Redensart »einem den Schabab geben« belegt. In Düsseldorf riefen die Kinder beim Möhrchen schaben: »Hä kiß kiß schrapp Möhrke!«

Jungbrunnen – Holzschnitt von Erhard Schön (1520).
Foto: Archiv des Autors

Heute vielen unverständlich erscheint es als roh und gemein, daß die mittelalterliche Fastnacht ihren Spaß an der Verhöhnung von – vor allem unverheirateten – Frauen, Alten, Fremden, Behinderten hatte. Ein vergleichsweise sensibles Vergnügen war die Verspottung der alten Frauen durch die Erzählung von der Weibermühle (Altweibermühle, Jungbrunnen). Närrisch glaubte man an eine Verjüngung durch den Einsatz von Wunder- und Zauberdingen seit der Antike, ist es doch menschlich, das Alter überwinden und die Jugend zurückgewinnen zu wollen. Aus den Kräutern der Medea wurden Verjüngungstrunke und Zaubersalben hergestellt. Im Mittelalter schwor man auf die Wirkung des Jungbrunnens und später auf die Verjüngung in der Weibermühle. Die Redensart »auf die Weibermühle (nach Trippstrill) gehen, wo man alte Weiber jung macht« besagt: etwas völlig Unmögliches, Vergebliches tun, sich der trügerischen Hoffnung der Verjüngung hingeben. Dies drückt auch die Redewendung aus: Jemanden auf die Weibermühle bringen, wo die bösen Weiber umgemahlen werden – ein häßliches, altes, böses Weib gegen ein fröhliches, freundliches, junges eintauschen. Die Vorstellung von der Weibermühle war im 19. Jahrhundert populär und bildete und bildet bis heute bei Fastnachtsspielen den Rahmen abwechslungsreich grotesker Szenen. Der Neu-Ruppiner Bilderbogen wirbt:

226

»Weiber, die euch Runzeln drücken,
Die ihr gehen müßt an Krücken,
Die das Alter drückt so schwer,
Kommt in diese Mühle her!

Die ihr Männern nicht gefallet,
Deren Zunge nur noch lallet,
Und die launenhaft ihr seid,
Euch steht Hülfe hier bereit.

Falten werden hier geglättet,
Und verlor'ne Liebe, wettet,
Wird euch wieder hier zu Theil.
Hier ist für Geld die Jugend feil!

Zank und Hader wird vertrieben,
Und aus jeder bösen Sieben,
Wird ein sanfter Engel gleich,
Liebevoll und tugendreich.«

Der (Alp-)Traum ewiger Jugend und Schönheit ist also kein Produkt moderner Werbung, sondern ein Erbe der Antike. Aber was damals als närrische Idee galt, wird heute in »Wellness-Oasen« als machbar angepriesen. Heutzutage kann man in einer Aachener Schwimmhalle staunend lesen: »Jugendbrunnens Zauberkraft ist nicht bloße Sage. Jugendfrische gibt das Bad zaubernd alle Tage.«

Ungleich unangenehmer als die Narretei mit der närrischen Idee eines Jungbrunnens war die plumpe Verspottung unverheirateter Frauen, nach damaliger undifferenzierter Sicht eine Erscheinung gegen die vorgegebene Ordnung, nach der Frauen nur als Ehefrauen, Mütter oder Nonnen ein sinnerfülltes Leben führen konnten. Im Mittelalter führte diese Ansicht zur negativen Bewertung und Verspottung unverheiratet gebliebener »alter Jungfern«. Ledige Frauen mußten in der Fastnachtszeit einen Pflug durch den Ort ziehen, falls sie sich nicht freikauften, und »darinnen offentlich bueßen, das sie sein kumen zu iren tagen, Fut, ars, tutten vergebens tragen«, wie es derb in einem 1494 verfaßten Fastnachtsspiel heißt. Der inzwischen – Gott sei Dank – ausgestorbene Brauch der Verspottung »alter Jungfrauen« ist 1460 erstmals für Innsbruck belegt. Die damals üblichen derben Spottsprüche hatten ihre Quelle in dem früheren Brauch eines oberdeutschen Rügegerichts, zu dem es üblich war, die »alten

227

Jungfrauen« »aufs Giritzenmoos« zu fahren. Nach allgemein verbreiteter Ansicht mußten unverheiratet verstorbene Frauen nach ihrem Tod in einem Sumpf sinnlose Arbeit zur Strafe für ein unnützes Leben tun. »Sie kommt auf das Giritzenmoos (Giritzenried)«, beschreibt eben dies.

Närrisch war auch die Vorstellung, wie ein Narr von seinem Närrischsein befreit werden kann. In seinem Fastnachtsspiel »Das Narrenschneiden« beschreibt Hans Sachs (1494–1576), wie ein Arzt einem Kranken die Narren der Hoffart, des Geizes, des Neides, der Unkeuschheit, der Völlerei, des Zorns usw. aus dem Leib herausschneidet. Das gleiche Bild existiert im Englischen: »He ought to be cut (bored) for the simples.« Von hier erklärt sich wohl auch das Narrenstechen. Wer »jemandem den Narren sticht (bohrt)«, deutet durch

Der sog. »Kleine Rath«, das Festordnende Komitee des Kölner Karnevals (um 1827). Foto: Rheinisches Bildarchiv, Köln

eine Geste an, daß er ihn für närrisch hält. Die Gebärde ahmt das Narrenstechen oder Narrenschneiden nach. Wer erinnert sich daran, wenn er frecherweise einem anderen »einen Vogel zeigt«, wie es heute heißt?

Die Ausgrenzung unverheirateter Frauen in der mittelalterlichen Fastnacht ist ein Brauchelement, dem sicher heute keiner mehr nachtrauert. Gleiches gilt für damalige mancherorts verbreitete Sitte, den Gottesdienst am Fastnachtssonntag »närrisch« zu begehen. Hier begriff sich die Gemeinde am Karnevalssonntag in der Messe als Ansammlung von Eseln und beschloß deshalb jede von der Liturgie vorgesehene Antwort mit einem kräftigen »Iah«. Wer möchte sich heute noch als Esel darstellen! – Auch karnevalistischer Humor ist entwicklungsfähig.

228

Zeiten und Bräuche der Fastnacht

Beginn, Dauer und Ende der Narrenzeit

Natürlich ist ein wirklicher Narr immer ein Narr. Der Fastnachtsnarr aber ist ein »Narr auf Zeit«, entsprechend dem christlichen Programm der Fastnacht. Zu unterscheiden sind drei sich überlappende Narrenzeiten: Die *Kerntage der Fastnacht*, die »tollen Tage«, sind heute die Tage um den Karnevalssonntag: von Donnerstag vor »Esto mihi«, dem Fastnachtssonntag, bis Fastnachtsdienstag. Bis in das 19. Jahrhundert dagegen galten als die »drei tollen Tage« nur der Donnerstag vor Karnevalssonntag (»kleiner Fastabend«, heute Weiberfastnacht), der »große Fastabend« = Karnevalssonntag und der Karnevalsdienstag. Erst 1823 – durch die Einführung des Rosenmontagszuges in Köln – kam der Rosenmontag dazu. In Süddeutschland beginnt die Fastnacht am Karnevalsdonnerstag, dem »schmotzigen« Donnerstag (auch: auseliger, gompiger, gumpiger Dustig, Donnerstag), im Rheinland »Weiberfastnacht« oder Altweiber(fastnacht) genannt. Hier liegt der Beginn der »tollen Tage« genau fest: Um 11.11 Uhr durch die Übergabe der Stadtschlüssel, denen vielerorts der Sturm des Rathauses durch die Narren oder die Närrinnen vorausgeht. Das Ende der Fastnacht tritt nicht nach den liturgischen Regeln mit Sonnenuntergang am Karnevalsdienstag ein, sondern – nach »weltlichen« Regeln – mit 24 Uhr in der Nacht von Karnevalsdienstag auf Aschermittwoch. An den »tollen Tagen« findet der Straßenkarneval statt mit den Karnevalszügen.

Die eigentliche Karnevalszeit jedoch beginnt mit dem *Dreikönigstag*, in Erinnerung an das Dreikönigs- oder Bohnenfest, bei dem ein Narrenreich errichtet wurde. Dreikönige markiert auch den Beginn des Sitzungskarnevals, der fast überall bis zum Karnevalssonntag durchgeführt wird. Die dritte Zeitspanne – allerdings erst seit der Neubelebung der Fastnacht im 19. Jahrhundert eingeführt – beginnt wegen der Symbolik am 11.11. um 11.11 Uhr. Dieser Termin wird als offizieller Karnevalsbeginn genutzt: Die karnevalistischen Symbolfiguren (Nubbel, Hoppeditz, Jokili) werden zum Leben erweckt, die närrischen Regenten (Prinz Karneval und gegebenenfalls seine Prinzessin, das Dreigestirn) werden vorgestellt, das Motto der Karnevals-Session wird bekanntgegeben usw.

Der Fastnachtsanfang ist eine öffentliche Demonstration: Die Fastnacht beginnt, und damit bricht eine »neue Zeit« an. Dies wird durch verschiedene Bräuche angezeigt. Das *Fastnachterwecken* ist weit verbreitet: Eine den Karneval personifizierende Strohpuppe oder Person (Lazarus Strohmannus, Nubbel, Hoppeditz, Jokili) wird aus einem Brunnen gezogen, ersteht aus einem Grab (Fastnachtausgraben) und erwacht aus langem Schlaf. Diese Auferweckung ist meist verbunden mit einer ersten Karnevalsrede, die die Notwendigkeit begründet, aufgrund der Narrheit der Welt mit närrischer Weisheit ein neues Reich zu gründen. Es wird geschunkelt, die ersten Karnevalslieder werden gesungen, es geht feuchtfröhlich zu.

Narrenbaum, Narrenrecht, Narrenschiff und Narrenreiche

Narrenbaum

Vor allem in Süddeutschland ist die Aufrichtung eines Narrenbaumes üblich, der aller Welt die Geltung der Narrenfreiheit kundtut. Gedeutet wird der Narrenbaum als Mastbaum des Narrenschiffs, der navicula stultorum. Während das Fastnachterwecken heutzutage am 11.11. stattfindet, werden die Narrenbäume meist erst am »schmotzigen« oder »gumpigen« Donnerstag, also dem Karnevalsdonnerstag, aufgestellt.

Narrenrecht

Wenn die Narrenfreiheit oder das Narrenrecht gilt, darf der Narr, von allen Zwängen befreit, tun und lassen, was ihm beliebt. Insbesondere betrifft dies die Be- oder Verkleidung, das närrische Verhalten allgemein und das närrische Reden in Form von Rügegerichten oder Büttenreden. Die Narrenfreiheit ist eine Parallelbildung zur Sendfreiheit, dem besonderen Recht, das während des »Sends«, nämlich der Diözesansynode, später der Kirmes, zu diesem Anlaß galt. Die Sendfreiheit, die Geltung einer verschärften Rechtsordnung, wird in Münster/Westfalen noch heute traditionell am Rathaus durch ein äußeres symbolhaftes Zeichen, durch das Anbringen des Sendschwertes, angezeigt (vgl. den Narrenbaum).

Narrenschiff

Die Idee von der Kirche als Schiff geht zurück auf die biblische Erzählung von der Stillung des Sturms auf dem See (Matthäus 8,18.23–27; Markus 4,35–41; Lukas 8,22–25); im 2. Jahrhundert setzt Tertullian (um 160 – nach 220) Schiff und Kirche gleich. Seit dem 4. Jahrhundert findet diese Gleichsetzung allgemeine Verbreitung. Früheste christliche Schiffsdarstellungen finden sich auf Grabmälern des 3. und 4. Jahrhunderts. Diese »Seelenschiffchen« sind zu unterscheiden von den späteren Kirchenschiffen, die zwar auf den Hafen des Heils ausgerichtet, aber noch nicht angekommen, heilsgefährdet, zugleich aber auch heilssicher sind. Zielhafen ist die »requies aeterna« (= ewige Ruhe), das himmlische Jerusalem, die »Stadt des großen Königs«, der Himmel. Der

230

Aufbau der Kirche wird mit den Funktionen und der Besatzung eines Schiffs verglichen, der Mastbaum mit dem Kreuz gleichgesetzt, der das Kirchenschiff über das Meer lenkt. Das Kreuz ist Siegeszeichen und Garant des Sieges der Kirche, einer Schicksalsgemeinschaft auf Leben und Tod. Der hl. Ambrosius (339–397) sieht das Schiff der Kirche »mit den Segeln am Mastbaum des Kreuzes, die sich blähen im Sturmwind des Heiligen Geistes«. Der Papst vergleicht Anfang des 3. Jahrhunderts das Kirchenwesen mit einem Schiff.

Die Kirche als Schiff, das sogenannte Kirchenschiff, nimmt physische Gestalt an: Romanik, Gotik, Barock, Klassizismus, Neuromanik und Neugotik bilden die Längsachse der Kirchengebäude als Kirchenschiff aus. Ausgangspunkt hierfür ist die Belehrung des Volkes durch Christus vom Boot aus (Lukas 5,3), die als Auftrag verstanden wurde, in der Kirche das Wort Gottes zu verkünden (Beda Venerabilis, 674–735). Das Kirchenschiff wird zur zweiten Arche des Heils mit dem Steuermann Christus, dem Windhauch des Heiligen Geistes, den Rudern der Weisheit, den Tauen der Jugend usw. Das Meer ist Bild für die Welt, die Gläubigen sind die Passagiere, die Segel symbolisieren die Liebe, der Glaube gilt als Kompaß. Die Gottesmutter Maria aber ist der Meerstern (vgl. »Meerstern, ich dich grüße«, »Ave, maris stella«). Geradezu programmatisch deutet Petrus Chrysologus (um 380–450) die Fastenzeit als Schiffahrt auf die Freuden des Osterfestes hin durch die vorbereitenden Wochen enthaltsamen Lebens.

Hieronymus Bosch (1450–1516): Das Narrenschiff – Zeichnung zu seinem Gemälde im Louvre, Paris.

231

Das Bild von der Kirche als Schiff des Heils schreit geradezu nach einem Gegenmodell in der »verkehrten Welt« der Fastnacht, dem *Narrenschiff*, dem Schiff des Unheils. Sind die einen »auf dem richtigen Schiff«, sitzen die anderen »im falschen Boot«, indem sie nach ihrem eigenen Willen, aber nicht nach Gottes Willen handeln, sich vergnügen, statt Gott und den Mitmenschen zu dienen. Die Allegorie des Narrenschiffs, der »navicula stultorum«, wurde von den Franziskanern erdacht. Es hat keinen Steuermann, es fehlen Kompaß, Mast, Meerstern und Segel. Nur Narren können Passagiere werden, niemand sonst kann so dumm sein, sich einer solchen Schicksalsgemeinschaft auszuliefern. Die »navigatio stultorum« führt »versus Narragoniam«; Narragonien ist das Unheil, der Schiffbruch mit unweigerlich tödlichem Ausgang. »Das Narrenschiff« des Sebastian Brant (1457–1521), 1494 in Basel erschienen, steht in dieser franziskanischen Tradition, wenn es in über einhundert Kapiteln die Variationen menschlicher Narretei auszeichnet. Der Aschermittwoch bietet sich bei den Schiffsallegorien als Überstieg an: Umkehr von dem dem Untergang geweihten Narrenschiff in das Kirchenschiff. In verschiedenen Bräuchen werden zum Fastnachtsende deshalb auch konsequent die Narrenschiffsnachbildungen – und in deren Tradition die Rosenmontagswagenaufbauten – verbrannt. Das Narrenschiff war Vorlage für den Karnevalswagen, den carrus navalis. Es gibt auch immer wieder einmal die Behauptung, das Narrenschiff spiegele sich in der modernen Narrenkappe.

Narrenreiche

Während der närrischen Zeit werden »Narrenreiche« errichtet. Nach dem Grundmuster der Fastnacht sind diese Narrenreiche zu Demonstrationszwecken auf Zeit eingerichtete Gegenreiche zum »Reich Gottes«, dem himmlischen Jerusalem. In und an ihnen soll gezeigt werden, daß die civitas diaboli, das Reich des Bösen, instabil, unfriedlich und destruktiv ist. Die mittelalterliche Fastnacht errichtete beim Dreikönigsfest oder Bohnenfest dieses Narrenreich des Bohnenkönigs im privaten Bereich für einen Tag oder einen Festabend. Andernorts wurde der private Bereich schon übersprungen, wurden öffentlich Repräsentanten eines das Private übergreifenden Narrenreichs inthronisiert: In Gent trat jährlich ein Nebukadnezzar die Herrschaft in einem babylonischen Reich an, in Antwerpen ein Bacchus. Das 19. Jahrhundert, das den Karneval in Vereinen organisierte, hat dieses Muster übernommen und den »Prinzen Karneval«, dem erst später eine Prinzessin beigegeben wurde, etabliert. In Köln und Teilen des kölnischen Umlandes traten drei statt zwei Repräsentanten auf: Neben dem Prinzen Karneval wurden eine »Jungfrau« und ein Bauer installiert. Die »Jungfrau«, bis heute durch einen Mann dargestellt, repräsentiert die – ehemals reichsfreie – unabhängige, keinem Dritten unterworfene stolze Stadt, der Bauer dagegen den wehrhaften dritten Stand, der – nach außen hin – die Wehrhaftigkeit der Stadt begründete. »Dreigestirn« oder »Trifolonium« wird diese Konfiguration genannt. Diese Repräsentanten der Fastnacht stehen über den Vereinen, verdeutlichen ein übergreifendes, allumfassendes Reich. Sie sind Garanten der »Narrenfreiheit«, des Rechtes der Narren, närrisch zu sein.

Hofstaat, Schalknarr, Teufel, Hexen und Riesen ...

Zum Karnevalskönig der Fastnacht, der ein Narrenreich regierte, gehörte natürlich auch ein *närrischer Hofstaat.* In dieser Tradition stehen der heutige Elferrat, die Karnevalsgarden, Tanzgemeinschaften usw.

Der Standardnarr aber war der »Schalknarr«, ein »normaler« Mensch, dem »natürlichen Narren« (= körperlich oder geistig Behinderten!) nachgebildet: kahlgeschoren, ausgestattet mit der Narrenkappe (Gugel), also Hahnenkamm, Eselsohren, Schelle, Mi-parti (geteilte Färbung der Kleidung). Er versinnbildlicht den Gottesleugner, die Unkenntnis der Nächstenliebe, die egomanische Eigenliebe. Ergänzt wird der Standardnarr durch Teufel, Hexen und Riesen, den Repräsentanten der dämonischen Mächte, die in der civitas diaboli leben und als Weltverführer agieren. Während die Zuordnung des Teufels zur civitas diaboli eindeutig ist, gilt für die Hexen, daß es sich um Frauen (seltener um Männer) handelt, die sich mit dem Teufel eingelassen haben und geschlechtlich mit ihm verkehren. Die Riesen galten nach der im Mittelalter üblichen Ansicht als Normbrecher und Übertreter des göttlichen Gebotes, weil sie die von Gott festgesetzten Größenordnungen übertraten.

Narrenbrunnen in Donaueschingen – Foto: Autor

Konsequent verkleideten sich die Narren auch in moderneren Zeiten in Kostüme der »Feinde des Christentums«: Chinesenkostüme, Indianermasken, Verkleidungen als Neger oder Cowboys stehen in dieser Tradition. Repräsentanten der bösen Welt sind ebenfalls die Träger von Fleckenkostümen, deren Flecken äußeres Zeichen des von Sünden befleckten menschlichen Leibes sind. Die gleiche Symbolik beinhalten die Buntheit des Gewandes, Mi-parti, die Zweifarbigkeit, Streifen- und Rautenmuster. Die Schellenträger zeigen durch die Schellen ihre Zugehörigkeit zur cupido-Gemeinschaft (vgl. die frühere Epistel des Fastnachtssonntags) an. Die Schönmasken, z. B. die

233

barocken Weißnarren, führen die Vergötzung des menschlichen Körpers vor (pulchritudo carnalis), der die Verderbtheit der Seele entspricht.

Das »Weiberrecht«

Der Umkehrung aller Normen und Werte in der Fastnacht entspricht in männerdominierten Gesellschaften das Weiberrecht: Am Donnerstag vor dem Fastnachtssonntag, dem schmotzigen Donnerstag, haben die »Weiber das Sagen«. (»Weiber« entspricht dem alten, nicht despektierlichen Sprachgebrauch, wie er bis zur Zeit nach dem Zweiten Vatikanischen Konzil auch noch im Ave-Maria üblich war, wenn gebetet wurde: »gebenedeit unter den Weibern«).

Der Tag, in Teilen des deutschsprachigen Raumes Weiberfastnacht, Altweiber(fastnacht) genannt, wird in verschiedenen Formen begangen. Meist verkleiden sich die Frauen als Möhnen (= alte Frauen) oder Muhmen. Sie dürfen an diesem Tag die Männer zum Tanz auffordern, abküssen, ihnen die Krawatten abschneiden, das Signum ihrer Männlichkeit. Wo es üblich ist, stürmen die Frauen an diesem Tag das Rathaus und übernehmen die Stadtschlüssel, die meist an den Prinzen Karneval weitergereicht werden. Wo der Sitzungskarneval üblich ist, sind Mädchen- oder Frauensitzungen entstanden, bei denen – unter den Teilnehmern – kein Mann geduldet wird. In dem Maß, wie Männergesellschaften toleranter und partnerschaftlicher werden, veräußerlicht das Weiberrecht zu einer Tradition ohne inneren Druck.

Im Rheinland und in anderen Teilen Deutschlands übernehmen die Frauen am Karnevalsdonnerstag, am »Weiberfastnacht« oder »Wieverfastelovend« genannten Tag, das Regiment. Dem einen mag dieser Tag »emanzipatorisch« erscheinen, andere verweisen auf den Ursprung, der das genaue Gegenteil belegt: Die »Weiberherrschaft« galt einmal als verkehrte Welt, repräsentierte die civitas diaboli. An den jahrhundertealten Karnevalsgewohnheiten aber relativ neu ist, daß der Fastnachtstag der Frauen heute zum Karnevalsauftakt, früher zum Karnevalsabschluß, begangen wird. Die »Weiberzechen« oder »Jungfernfastnachten« bestanden im Mittelalter aus der Bewirtung der »besseren« Damen durch den Rat. Festmähler, Zehrgelder und kostenloser Weingenuß kennzeichneten »der lieben Weiber Sauftag«, wie der Aschermittwoch in einer Schwenninger Chronik genannt wird.

Auch in den Klöstern gab es Fastnachtsfeiern, nicht nur bei den Männern, sondern natürlich auch bei den Nonnen und Stiftsfrauen. Was sonst verboten war, galt da als erlaubt: Von Tee, Kaffee, Schokolade, Karten- und Glücksspiel bis zum frühen Morgen berichtet eine Nonne 1729 aus einem rheinländischen

234

Kloster. Von übervollen Speisetafeln, Wein und Tanz wissen auch Visitations-protokolle des 16. und 17. Jahrhunderts zu berichten.

Während die bürgerlichen Frauen im Mittelalter meist geladene Gäste des städtischen Rates waren, organisierten sie in späterer Zeit ihr Fest selber, zahlen aber mußten der Rat oder andere. Notfalls stiftete ihnen die Gemeinde einen guten Baum aus dem Gemeindewald, von dessen Ertrag sie feiern durften. Män-ner haben zum Weiberfastnachtstag schon immer einen schweren Stand ge-habt, gehört es doch zum närrischen Ritual, sie eines symbolischen Männlich-keitszeichen zu berauben. Heute ist dies meist die Krawatte, die abgeschnitten und in die weibliche Trophäensammlung aufgenommen wird. Früher wurden die Männer ihrer Hüte und Jacken beraubt, die sie gegen Gebot wieder auslösen mußten. Für Westfalen wird berich-tet, daß ihnen von den Frauen die Stiefel ausgezogen wurden, um sie in die Zehen zu beißen.

Die moderne Weiberfastnacht hat ihren Ursprung 1824 in Beuel bei Bonn. Dort verdienten viele Frauen ihr Geld als Wäsche-

Papst Johannes Paul II. mit dem Kölner Dreigestirn (26. 10. 1983) – Foto: Privatarchiv, aus: Peter Fuchs / M. L. Schwering / Klaus Zöller, Kölner Karneval – Seine Geschichte, seine Eigenart, seine Akteure. Greven Verlag, Köln

rinnen, während ihre Männer die schmutzige Wäsche vor allem in Köln einsammelten und sie gewaschen wieder austrugen. Nachdem 1823 in Köln durch die Gründung eines Festkomitees der Karneval renoviert worden war, feierten die Beueler Männer 1824 in Köln den Karneval mit – oder muß man sagen, sie trugen an diesem Tag besonders intensiv die Wäsche aus? Die Beueler Frauen, nicht faul, nutzten die Gunst der Stunde, ein Damenkomitee zu gründen, um eigene Veranstaltungen zu organisieren. Wie genau in diesem Jahr gefeiert wurde, weiß niemand mehr zu sagen; alle Unterlagen sind vernichtet. Der mündlichen Überlieferung nach zog man kostümiert durch die Straßen und traf sich anschließend zum fröhlichen Kaffeeklatsch. Heute beginnt Weiberfastnacht in Beuel, Düsseldorf und vielerorts mit der Erstürmung des Rathauses. Die Möhnen, wie die närrischen Weiber rheinisch genannt werden, feiern anschließend – in Köln übrigens ohne Rathaussturm – ausgiebig. Falls an diesem Tag Hausarbeit zu Hause anfällt, ist sie Sache des Ehemannes und der Kinder.

»Helau!« – »Alaaf!« ...

Parallel zum Hurra-Ruf, ein lautes Lob und eine gruppebildende Selbstbestätigung, erklingt in der Fastnacht vielfach ein »Helau«. Die sprachliche Herleitung des Wortes ist nicht geklärt. In zahlreichen Orten und Vereinen gibt es Alternativen zum »Helau«. Die bekannteste Alternative ist das Alaaf, der Kölner (und Aachener) Hochruf, immer in Verbindung mit dem Karnevalsort: »Kölle alaaf!« »Alaaf« leitet sich ab von »all ab« und meint: vor allen anderen, in Abhebung von anderen, von denen nichts Gutes behauptet werden kann. »Kölle allaf« bedeutet also: Köln kommt vor allen anderen Städten, der Stadt Köln ist nichts vorzuziehen. Ist ein einzelner gemeint, steht »alaaf« voran: »Alaaf Käthchen, alaaf Jüppchen«. Dies gilt auch für Sachen: »Alaaf Mostert«, d. h., es geht nichts über diesen Senf. »Alaaf« als Hochruf oder Toastspruch auf Kölner ist erstmals 1773 bezeugt. Einige andere Kommunen (z. B. Aachen) haben das »Alaaf« übernommen, andere halten am »Helau« fest. Wo der eine Ruf zu Hause ist, ist der andere verpönt.

Fastnachtskehraus

So wie durch ein bestimmtes Brauchtum der Fastnachtsanfang, -beginn öffentlich angezeigt wird, geschieht dies auch zum Fastnachtende durch Fastnachtschlußbräuche. Der Fastnachtsochse, der »bœuf gras«, ein herausgeputzter Mastochse, wurde früher in Frankreich – analog zum Pfingstochsen – an den letzten Fastnachtstagen durch die Stadt geführt. Karnevalsgemäß endet die Fastnacht an Fastnachtsdienstag (= Veilchendienstag) mit einem Fastnachtkehraus. Zum Festende um 24 Uhr gehört die Beerdigung, das Verbrennen, Ertränken ... der den Karneval personifizierenden Strohpuppe (Lazarus Strohmannus, Nubbel, Hoppeditz, Jokili, Peijaß), das Fastnachtsbegraben. Den Abschluß bildet oft das Geldbeutelwaschen und das Fischessen. Die Narren waschen ihr Portemonnaie in einem Brunnen

Faschings-Ertränken in der Steiermark (1881).
Foto: Archiv des Autors

(z. B. dem Narrenbrunnen) aus und deuten damit an, daß alles Geld ausgegeben und somit die Fastnacht vorbei ist.

Am Aschermittwoch findet oft bei einem Fischessen die erste Bestandsaufnahme der Fastnacht statt. In der dann angebrochenen Fastenzeit dürfen traditionell nur noch die »nachfeiern«, die – als Köche oder Kellner, Wirte oder Taxifahrer – angeblich oder tatsächlich nicht Karneval feiern konnten. Diese Regelung verliert aber angesichts der tariflich geregelten Arbeitszeit immer mehr an Sinn.

Typisch für die Narrenzeit ist, daß sie aus ihrem inneren Selbstverständnis her festen Regeln unterworfen ist. Deshalb empfinden die meisten Narren es auch als unpassend, wenn – aus welchen Gründen auch immer – der Karneval »verlegt« wird, z. B. ein Karnevalsumzug im Mai durchgeführt wird.

»Quod non es ne vidare cave – Hüte dich, zu scheinen, was du nicht bist«, empfiehlt ein Satz, der das Emblem aus Rollenhagens »Nucleus Emblematum« von 1611 umfaßt. Gemeint ist nicht die Empfehlung, sich mit seinem gesellschaftlichen Stand abzufinden, sondern als jemand erscheinen zu wollen, etwas vorzuspiegeln, was man selbst nicht ist. Weil man letztlich doch »aus der Rolle falle«, mache es wenig Sinn, eine solche falsche Rolle zu spielen. Wie wahr, ist man versucht zu sagen, und denkt doch daran, wie viele dennoch heute und seit je trotz dieses Satzes gut gelebt haben. Zu scheinen, was man nicht ist, das hat früher und manchmal wohl auch heute noch die Fastnacht ermöglicht. Heute muß man schon ein kluger oder sogar weiser Narr sein, um diese Erkenntnis zu

237

leben. Für viele ist das, was ursprünglich Karikatur, Satire, Gegenwelt, civitas diaboli war, zur permanenten Gegenwart geworden. So kann heute nicht nur die Realität ihre eigene Satire haben, die Satire kann auch eine eigene Welt mit Anspruch auf anormale Normalität bilden.

Fastnacht, Judentum und Kirche

Purim-Fest

Eine ausgesprochen interessante Parallele besteht zwischen dem katholischen Karneval und dem jüdischen Purim. Zum Purim-Fest, auch als »jüdischer Karneval« bezeichnet, finden sich selbst in der Synagoge Luftballons und Luftschlangen, die Gläubigen tragen bunte Kostüme und tanzen. Essen und Trinken – außerhalb der sonst geltenden, strengen gesetzlichen Regeln – sind neben Gesang und Spiel Elemente des Purim-Festes, das biblische Wurzeln hat: Im Mittelpunkt des Festes steht die populärste jüdische Frau des Alten Testamentes, Ester. Im sechsten Monat des jüdischen Jahres, der in den Februar/März christlicher Zeitrechnung fällt, werden in der Synagoge Geschichten von Ester vorgetragen (vgl. das Buch »Ester« im Alten Testament). Die Gläubigen sind dabei keineswegs passiv. Immer wenn die Rede auf Haman kommt, den persischen Bösewicht, der die Juden ausrotten wollte, schlagen sie Krach: Die Gläubigen klopfen auf die Bänke oder Fußböden, scharren mit den Füßen, lärmen mit Klappern und Ratschen, die es eigens für diesen Tag gibt (vgl. die Parallelen zu den Rumpel- und Pumpermetten, den Karfreitagsratschen). Weil der Jude Mordechai sich geweigert hatte, sich vor dem persischen Großwesir Haman zu verneigen, hatte dieser per Los (hebr.: »pur«) den 13. des jüdischen Monats Adar zur Ausrottung aller Juden bestimmt. Ester, die Frau des Perserkönigs Artaxerxes, konnte die Juden retten. Sie entlarvte Haman als Hochverräter, der hingerichtet und durch Mordechai als neuer Großwesir ersetzt wurde. Der heutige Festbrauch, der sich weitgehend vom religiösen Fundament abgelöst hat, erinnert an diese Begebenheit. Zum Schluß des Purim-Festes verbrennen Kinder Haman-Puppen oder hängen sie an den Galgen (vgl. parallele Nubbel- oder Hoppeditzbeerdigungen, -hinrichtungen, -verbrennungen).

Mordechai hat allen Juden befohlen, den 14. Adar als Festtag zu begehen, und zwar nicht mit einem Festmahl am Abend, sondern schon am Tag. Der Speiseplan erlaubt die Zubereitung von Speisen auf eine Art, die gesetzestreuen Juden sonst verboten ist. Der Talmud fordert geradezu zum Rausch auf, der die Grenzen zwischen dem Lob auf Mordechai und den Fluch über Haman vermischen soll. Traditionell werden an diesem Tag Süßigkeiten und spezielles Gebäck verspeist: »Hamantaschen«, dreieckige Plätzchen, aus Tradition mit Honig und Mohn gefüllt, und »Haman-Ohren«, eine plastische Erinnerung an die Zeiten, zu denen Schwerverbrechern vorab schon einmal die Ohren abgeschnitten wurden, ehe der Todeskandidat am Galgen endete.

Wie der Karneval erlaubt Purim den Juden – auf Zeit – einen Rollenwechsel, das Schlüpfen in eine Maske, das spielerische Überschreiten von Tabus. Das Fest hat eine Ventilfunktion wie die Fastnacht und gestattet, gleichfalls wie die Fastnacht, politisch-sozialen Frust zu artikulieren. Die mittelalterliche Fastnacht scheint das Purim-Fest geprägt zu haben: Das Gegenstück zum (christlichen) Narrenkönig ist der »Purim-Rabbiner«, ein chaotisch-anarchistischer Repräsentant, der den Talmud parodierte (vgl. parallel auch das »Esels-fest«). Das Buch Ester wurde dramatisiert und als »Purim-shpil« inszeniert. Sogar für die Frauen, die im Judentum religiös nicht gleichberechtigt sind, bietet das Purim-Fest an diesem Tag Gleichberechtigung: Die Frauen dürfen in der

Synagoge neben ihren Männern sitzen. Auch in diesem Zusammenhang fällt eine gewisse Parallele zum Weiberrecht und der Weiberfastnacht auf.

Böhmischer Heischeumzug mit dem Fastnachtsbären.
Foto: Archiv des Autors

Protestantische Absage

Auf evangelischer Seite hat die Fastnacht mehrheitlich deutliche Ablehnung erfahren. Das galt (und gilt noch heute in manchen Kreisen) auch außerhalb pietistischer Landstriche, ja selbst im eher liberaleren Rheinland. 1954, als die Stadt Aachen für den Karnevalsumzug einen finanziellen Zuschuß bewilligte, reagierte die evangelische Kirche mit der Feststellung, daß durch diese Unterstützung »der Zersetzung aller sittlichen Zucht und Ordnung aufs stärkste Vorschub geleistet werde«. Im gleichen Jahr berichtet das Evangelische Sonntagsblatt für Bonn die Anmerkung eines Pfarrers: »Unser Herr ist nicht Prinz Karneval, sondern Jesus Christus.« 1955 argumentierte ein Flugblatt in Stuttgart, der Karneval sei »vom Teufel erfunden« worden; die »Früchte des Karnevals« seien deshalb »ein zerrüttetes Leben, zerstörte Familienverhältnisse, Not und Elend ohne Ende. Das ist die Ernte des Teufelsfestes«. Landesbischof Dr. Bender, Karlsruhe, formulierte 1957: »[Ich] ... ermahne ... die Glieder unserer evangelischen Gemeinden, sich dem Fastnachtstreiben bewußt fernzuhalten.« 1979 untersagten Pfarrer und Kirchengemeinderat in Gomaringen (Kreis Reutlingen) eine Fastnachtsfeier im evangelischen Kindergarten. Die Begründung: Die Fastnacht stamme aus dem Heidentum. 1983 ließ die »Evangelische Volks- und Schriftenmission Lemgo-Lieme« 200 000 Handzettel unter der Devise »Karneval – nein danke« drucken. Darin hieß es, einer der Hauptinteressenten an der Fastnacht sei der Teufel.

Die evangelische Fastnachtskritik reicht zurück bis zum Reformator Martin Luther selber. Als 1539 in Nürnberg der »Schembartlauf« ausgerichtet wurde, der 1524 bei der Einführung der Reformation in Nürnberg abgeschafft worden war, nannte Luther dies eine »Norimbergensium malitiam«, eine Nürnberger Unverschämtheit, ein »impiissimum spectaculum«, ein unfrommes Schauspiel. In dieser Tradition standen die evangelischen Kirchenordnungen, die im 16. Jahrhundert in den meisten Fällen ein Fastnachtsverbot einführten.

Katholisches Für und Wider

Seitens der katholischen Kirche hat es immer wieder klare Aussagen gegen die Auswüchse karnevalistischen Treibens gegeben, wenn Tabus und Zeitschranken überschritten wurden, wenn die Kommerzialisierung des Karnevals überhandnahm. Einzelne Gruppierungen haben sich bewußt und demonstrativ aus dem Karneval ausgeklinkt. Die Kritik richtete sich aber nie grundsätzlich gegen den Karneval. Im Gegenteil. In der Katholischen Kirche läßt sich die Förderung des Karnevals bis zurück in das hohe Mittelalter verfolgen. Von Papst Innozenz III. (1198–1216) wissen wir, daß er sich 1207 am Fastnachtssonntag ein Spiel vorführen ließ, in dessen Verlauf ein Bär, als das Sinnbild des Teufels,

240

junge Stiere als Zeichen für den Übermut menschlicher Lust, und ein Hahn als Symbol der Geilheit getötet wurden. Eine regelrechte Empfehlung, Karneval zu feiern, hat Papst Martin IV. (1281–1285) im Jahr 1284 gegeben. Paul II. (1464–1471) verlegte den römischen Karneval auf den Corso. Eine Steuer zur Finanzierung eines Fastnachtsessens erhob Sixtus IV. (1471–1484). Schon kurz nach seiner Amtsübernahme (1701) dehnte Papst Clemens XI. (1700–1721) die Erlaubnis zur Teilnahme an den Fastnachtsspielen auf die Frauen aus. Clemens XII. (1730–1740) führte eine Fastnachtslotterie ein. Auf diesem Hintergrund ist es nicht absonderlich, daß die älteste, bekannte wissenschaftliche Untersuchung über den Karneval, eine Dissertation im Jahre 1612 in Jena, im Rahmen der Erforschung der christlichen Feste der Frage nachging, welcher Papst die Fastnacht eingeführt habe.

Eine besondere Form – zwar nicht des Widerspruchs gegen die Fastnacht, wohl aber gegen ihre Auswüchse – war das sogenannte Ewige Gebet, das in mancher Pfarrei gerade auf die Fastnachtstage gelegt wurde – als Sühnegebet. Im Westfälischen hieß es dann, man müsse gerade an den »tollen Tagen« für die Rheinländer beten. Im Rheinland, und ausgerechnet in Köln, fand aber an den tollen Tagen ebenfalls das Ewige Gebet statt: Die Kölner Jesuiten glaubten, auf diese Weise die Schüler ihrer Schule vor den Auswüchsen des Karnevals bewahren zu können. Diese Form der eucharistischen Frömmigkeit läßt sich bis in das 10. Jahrhundert zurückverfolgen, als sich eine Andachtsform des kontinuierlichen Betens über 40 Stunden entwickelte. Ein Sonderfall dieser Gebetsform war die Andacht am »Heiligen Grab«, die gleichfalls 40 Stunden andauerte, auf die man die Grabesruhe Christi berechnet hatte. Später stellte man feierlich die Monstranz an diesem Grab auf. Dann verschob sich die eucharistische Gebetswache auf das Ende der Gründonnerstagsliturgie. 1527 ist erstmals in Mailand ein vierzigstündiges Gebet vor dem Allerheiligsten im Dom an den Kartagen bezeugt, das sich dann als »Ewige Anbetung« in den Kirchen des Bistums fortsetzte. In Deutschland kam das Ewige Gebet im 17. Jahrhundert auf.

Als im 18. Jahrhundert die Aufklärung das religiöse und allgemeine Brauchtum auszurotten suchte, verteidigte die Bevölkerung vielerorts ihr Recht auf die Fastnacht. Tagebuchnotizen des Villinger Benediktinerabtes Georg Gaißer aus der ersten Hälfte des 17. Jahrhunderts lassen erkennen, daß die Fastnachtsfeiern und -besuche in den Klöstern üblich waren und gerade die Klosterschüler gegen die aufklärerische Obrigkeit revoltierten. Im offenen Widerstand gegen diese führten 1775 die Studierenden des benediktinischen Gymnasiums in Villingen ihren Fastnachtsumzug durch, und zwar unter einer der Tradition verpflichteten, zugleich aber auch listig formulierten Thematik: »Die Torheit der Welt, des Fleisches und des Teufels in ihren schlimmen Folgen zur heilsamen

241

Mahnung«. Die Klöster hatten die Fastnacht seit dem 14. Jahrhundert unterstützt und gefördert; in Köln ist für das 16. Jahrhundert belegt, daß in den Klöstern selbst auch Fastnacht gefeiert wurde. Zum Teil haben Nonnen und Mönche über ihrem Habit ein Kostüm getragen. Die damals übliche Bezeichnung für diese spezielle Art der Verkleidung hieß »Mützenbestapelung«.

Wenn die Aufklärung der Fastnacht auch schweren Schaden zugefügt hatte, wandte sich die katholische Kirche nicht von ihr ab. Der Mainzer Bischof Paul Leopold Haffner (1886–1899 Bischof) äußerte die Ansicht, er halte den Karneval für »eine höchst christliche und wahrhaft katholische Institution und würde fast eine Ketzerei darin sehen, wenn man ihn abschaffen sollte«. Der Erzbischof von München-Freising, Michael Kardinal Faulhaber (1917–1952 Bischof), verteidigte 1933 und 1934 öffentlich die Christlichkeit der Fastnacht, ein Gedanke, der im »1000jährigen Reich« systematisch unterdrückt wurde, weil die Nationalsozialisten zur Untermauerung

Pieter Brueghel d. Ä. (1564-1638): Tötung des Wilden Mannes – Ausstellungskatalog, Berlin 1975

ihres braunen Volksbewußtseins begierig die Bräuche auf vermeintlich germanische und heidnische Wurzeln zurückführten, eine wild-romantische und mythologische Spekulation, die bereits im 19. Jahrhundert begonnen hatte. Gegen jede stichhaltige, wissenschaftliche Erkenntnis und bar jeder haltbaren Methodik wurde die Fastnacht auf germanische Totenkulte, Frühlingsfeiern, Dämonen- und Wintervertreibungen rückgeführt.

Die Auswüchse der Fastnacht und die reformatorische Fastnachtskritik sind auch in der katholischen Kirche nicht folgenlos geblieben. Die Katholische Reform begann im 17. Jahrhundert, dem ausufernden Fastnachtstreiben spirituellen Ernst entgegenzusetzen. Die »Marianische Kongregation«, Zusammenschluß der Schüler am Kölner Jesuiten-Gymnasium hielt demonstrativ an den Fastnachtstagen Bittgottesdienste. Bußpredigten, Fasten, Ewiges Gebet und Aussetzung des Allerheiligsten wurden zur Fastnacht üblich, übrigens ein Brauch, der sich nicht nur im Rheinland bis in die Gegenwart in Pfarrgemeinden erhalten hat. Bei diesen Gelegenheiten standen die »schamlosen Fastnachtstänze«, das »unmäßige Fressen und Saufen«, sexuelle Haltlosigkeit usw. am Pran-

242

ger. 1645 verurteilten die Kölner Augustiner-Eremiten »in bacchanalibus« sogar ein als Gegendemonstration gedachtes frommes Schauspiel. Die Kölner Jesuiten haben regelrechte Fastnachtsspiele entwickelt, die aus pädagogischen Gründen moralisierten. Die aufwendige Vorbereitung hielt die Schüler von den Straßen, bescherten ihnen durch Auftritte Aufmerksamkeit und Erfolg und verinnerlichte so die Botschaft der Spielhandlungen, wie sie immer wieder vorgetragen wurde: Ein listig-dummer Bauer schlüpft auf Zeit in die Rolle eines standesbewußten Herren, wird entdeckt und schließlich davongeprügelt. 1733 hatten die Jesuiten in Köln für solche Darbietungen derber Fröhlichkeit eigene Räume hergerichtet.

Die fastnachtlichen Mißbräuche – und solche, die dafür gehalten wurden – haben besonders den reformatorischen Stadtmagistraten immer wieder Gelegenheit geboten, über Fastnachtsverbote eigenen Glaubensvorstellungen Geltung zu verschaffen. Aber auch die Magistrate in katholischen Gegenden konnten und wollten ihre Augen nicht vor Mißbräuchen verschließen. Historische Texte beschreiben uns heute, wo die Defizite lagen und daß sie sich durch Verbote allein nicht beheben ließen. 1596 formulierte eine kurkölnische Polizeiverordnung: »das die Faßnachts- und Fastelabents-Gesellschaft genztlich abgeschafft, und in den Stetten und Doerfferen nur am Montag nach dem Sonntag Estomihi, eine ehrliche Gesellschaft der Bürgeren und Hausleuten gestattet, doch dergestalt, daß für 6 Uhren ein jeder wiederumb in seinem Hauß sei, und die Nachtgelage, das Nachtsauffen, die Schwertdentzer und Mummereyen sowol in Stetten als auch auf den Doerfferen, samt allen übermessigen Fressen, Sauffen, Dantzen und alle Leichtfertigkeit ... gantz und gar abgestellt ... werden sollen«. Lange wird eine solche Drohung nicht gehalten haben.

Bis in die Gegenwart hat sich die katholische Kirche gegenüber der Fastnacht, sofern sie das Maß wahrt und bewußt Narrheit auf Zeit sein will, eine freundliche Grundhaltung bewahrt. Wo das Närrische – z. B. übermäßiges Trinken, Essen, sexuelle Beliebigkeit, Zoten und Blasphemie in Büttenreden – aber zur neuen Realität wird, also das Negative positiv angenommen wird, kann die Kirche nicht mehr schweigen. Diejenigen in der Kirche, die auch gegenüber gemäßigtem, dem eigentlichen Karneval Bedenken haben, gewinnen mit pastoralen »Gegenveranstaltungen« an Gewicht. Fließend sind die Grenzen, ab wo der kommerzialisierte Karneval noch akzeptabel ist. Gegen käufliche Karnevalskostüme hat kaum jemand etwas einzuwenden. Wenn dadurch aber Trends gesetzt werden und so das Tragen priesterlicher oder klösterlicher Kleidung »en vogue« wird, ist die Grenze ebenso wie durch Super-Prunk-Protz-Karnevalssitzungen und mondäne Kostümbälle überschritten.

KARNEVAL IN VENEDIG, ROM, TENERIFFA, NIZZA UND ANDERSWO

Eine nicht wegzudiskutierende Stärke der These, daß der Karneval eine katholische Erscheinung auf dem Hintergrund der augustinischen Zwei-Reiche-Lehre ist, besteht darin, daß sich der Karneval sowohl in allen katholischen Ländern Europas findet als auch in den durch Kolonialisierungen dazugewonnenen.

• Weltweiten Ruf genießt der Karneval in *Venedig*, ein permanentes Posieren der Masken und Figuren aus der Commedia dell'arte, ein aristokratisch angehauchtes Kostümfest mitten auf der Straße, beginnend am Giovedi grasso, dem Donnerstag vor dem Fastensonntag. Pulcinella und Pantalone Arlecchino treten neben der Colombina und dem Pierrot auf, dazu Rokoko- und Renaissance-Masken neben Engeln, Casanovas, Rosaura, Sonne, Mond, Sternen und dem Narren. Stilvoll posieren einzelne Figuren, seltener eine Gruppe. Hinter der starren Maske bleibt der Maskenträger unentdeckt. Angesichts der mit ihren Kameras geschäftig hantierenden Touristen fällt es nicht schwer zu glauben, daß diese arrangierte Zurschaustellung wabbernde Schauer erregenden Flairs von melancholisch-morbider Mystik aus ökonomischem Interesse zustande gekommen ist. 1979 erst wurde der Karneval in Venedig auf Initiative einiger Künstler »reanimiert«, nachdem er nahezu 200 Jahre nicht mehr stattgefunden hatte. Napoleon hatte ihm 1797 ein Ende gesetzt.

Fastnachtsteufel mit Kette im Karneval von Venedig.
Foto: Jürgen Küster

244

• Der *römische Karneval* ist heute nur noch ein Schatten seiner selbst, wie er im 16. bis zum 18. Jahrhundert gefeiert wurde. An den »giorni grassi« (»fetten Tagen«) sind die Kinder verkleidet als Maus oder Elefant, Teufel oder Kardinal. »Sehen und gesehen werden« lautet das Motto des Spaziergangs, zu dem auch das Umland in Rom einfällt. Der römische Karneval ist heute weitgehend eine »Kinderbelustigung«, er hat nichts mehr von der lüsternen Wildheit voriger Jahrhunderte.

• Berühmt ist der *Karneval auf Teneriffa*, das europäische Pendant zum Karneval in Rio de Janeiro, und anderswo auf den Kanaren, gekennzeichnet durch orgiastische Kostüme aus Satin, Seide, Tüll mit wippenden Federn, Pailletten und Perlen und viel nackter Haut. Im Januar beginnen die ersten Fiestas, in deren Rahmen eine Karnevalskönigin gewählt wird. Tanz und Karnevalsumzüge fehlen ebensowenig wie ein fastnachtliches Schlußritual: Am Aschermittwoch erfolgt die »Beerdigung der Sardine« auf der Plaza de España, das Verbrennen eines Fischs aus Pappmaché, eine Variante zum deutschen Hoppeditz oder Nubbel, in Erinnerung an den Beginn der Fastenzeit, in der man früher nur Sardinen aß. In Teneriffa und auf den Kanaren, wo der Karneval ähnlich gefeiert wird, ist der Karneval weitgehend Folklore geworden, ein Ereignis zur Fremdenwerbung. Deshalb haben sich die karnevalistischen Feiern bis zur Karwoche ausgebreitet. Nacktheit und aufreizendes Zurschaustellen, das ursprünglich Sündenverfallenheit und Zugehörigkeit zur civitas diaboli bezeichnete, sind zum Selbstzweck geworden, einem Festival des Fleisches, was sich in gesteigerter Form in Südamerika, hier besonders in Rio de Janeiro, findet.

• In Nizza zieht seit über 100 Jahren ein farbenprächtiger und duftender Korso über die Promenade des Anglais, ein mobiles Meer von Astern, Chrysanthemen, Gerbera, Gladiolen, Lilien, Mimosen, Nelken und Rosen. Außerdem gibt es daneben noch einen Karnevalsumzug mit geschmückten Wagen und Musikgruppen. Der Korso ist ein folkloristisches Ereignis, das viele Touristen anzieht.

• In Belgien sind Aalst und Oostende die flandrischen Karnevalshochburgen, das wallonische Zentrum ist Binche. In Oostende bildet der »Bal du rat mort« (Ball der toten Ratte) im Kasino, der »größte Maskenball Europas« mit etwa 4000 Besuchern, den karnevalistischen Höhepunkt. Warum die Oostender »Ratten« genannt werden, ist unbekannt. In Binche tanzen am Fastnachtssonntag (Dimanche Gras) als Frauen verkleidete Männer (»Mam'zèles«) und als Männer verkleidete Frauen (»Binchous«) im Rhythmus von Trommeln und Violen durch die Stadt. Am »Fetten Dienstag« (Mardi Gras) ist der Tag der »Gilles«, die Fruchtbarkeit und Erneuerung des Lebens symbolisieren sollen und ab 7 Uhr die Stadt füllen. Nur Männer dürfen diese Maske tragen: Der Kopf des Gille ist wie eine Mumie mit weißer Bandage umwickelt, um den Hals trägt er eine plissierte Krause, um die Taille einen schweren Schellengürtel. Die Kostüme bestehen aus grobem Leinen, geschmückt mit Wappenlöwen und den belgischen Landesfarben. Mit Strohbüscheln ausgestopft, gleichen die Gilles von vorn einem bekannten Reifenmarkenmännchen und von hinten dem buckligen Glöckner von Notre-Dame. Das Gesicht wird durch eine Wachsmaske mit Backen- und Kinnbart und grüner Brille verborgen. Erst vor dem Rathaus fallen mittags die Masken. Nachmittags zieht ein weiterer Zug durch die Stadt. Die »Gilles« tragen nun keine Masken mehr, dafür aber Straußenfederhüte und Schellengürtel um die

Taille. Nicht ohne Grund haben die Einwohner seit Tagen ihre Fenster und Fassaden durch Maschendraht gesichert, denn die Gilles werfen nun Apfelsinen unter das kreischende Volk. Zurückwerfen ist verpönt, das Obst gilt als Geschenk. Die Apfelsinenwürfe sollen ihre Begründung in alten Fruchtbarkeitsritualen haben. Auf dem Grand-Place endet das Spektakel mit Tanz und Feuerwerk.

Schweizer Spezialität

• In der Schweiz zelebriert das reformierte *Basel* nach wie vor seit dem 16. Jahrhundert die Alte Fastnacht am Montag nach Aschermittwoch; auch hier sind dies die »drey scheenschste Dääg« im Jahr, wenn man also Karneval feiert, wenn

für andere längst die Fastenzeit begonnen hat. Dieser Karneval ist diszipliniert und ernst, hat nichts von der übersprudelnden Anarchie rheinischer Lustigkeit.

Morgens um 4 Uhr, die Stadt ist stockdunkel, setzt sich ein Zug in Bewegung: Angeführt von Trommlern (»Drummler«) und Piccoloflöten (»Pfyffer«), marschieren im »Morgenstreich« die »Aagfressene«, die »Alti Dante«, der »Bajass«, die »Dummpeter«, die »Muggedätscher«, die »Ueli«, die »versoffene Deecht« und die »Waggis« zur archaisch klingenden Melodie des Morgenstreich-Marsches, der nur zu diesem Anlaß gespielt wird. Der getragene, schwere Rhythmus der Trommeln und die einprägsamen Melodien ursprünglich französischer und englischer Piccolomärsche haben ihren eigenen Reiz. Vom Marschschritt heißt es, daß nur Basler den eigentümlich wiegenden, passenden Gang zur Musik beherrschen. Bunte Laternen bis vier Meter Höhe werden enthüllt, die jeweils einem Thema gewidmet sind und mit Politik und Politikern »abrechnen«, die präsentiert werden als »Dummpeter«, »Irrlaifer« und »Optimischte«. Man ist gerne unter sich und spricht »Baslerdytsch«. Verpönt sind Fotoblitz, Pappnasen und Clownsgesichter. Anfassen der Masken wird nicht erlaubt. Sobald der Morgen hereinbricht, löst sich der ganze Spuk auf. Durch die Straßen zieht der Duft von traditioneller Mehlsuppe, heißer »Zwiebelwähe«, dem Zwiebelkuchen oder auch Käsekuchen. Einige Basler gehen dann zur Arbeit, für einen gelernten Rheinländer ein völlig unglaublicher Vorgang!

Basler Morgenstreich.
Foto: Rupert Leser

246

Am Nachmittag führt ein Umzug, Cortège genannt, mehr als hunderttausend Schaulustige in die Stadt. Der Abend gehört dann den »Schnitzelbänkern«, die in den Basler Kneipen Spottverse auf Berühmte und solche, die es gerne wären, zum besten geben. Der Dienstag wird von den Monsterkonzerten der Guggenmusik geprägt, verkleideten Gruppen, die mit Bässen, Klarinetten und Pauken ohrenquälende Katzenmusik produzieren, eine wahrhaft fastnachtliche Kakophonie. Am Mittwoch wird der Cortège wiederholt und noch einmal die Schnitzelbänke gelesen oder gesungen.

· Für Zürich wird eine eigenständige Fastnacht oft bestritten, aber auch hier gibt es Umzüge, »Guggenmusiken«, »Bööggen« und Narren. Außer den Guggenmitgliedern selbst sind fast nur die Kinder beim offiziellen »Kinderfastnachtsplausch« verkleidet. Ein anderes Bild bietet die nächtliche Straßen- und »Beizenfasnacht« in der Innenstadt, bei der nur Einheimische maskiert erscheinen. Die Parodie kommt hier poetisch daher, etwa wenn ein kleines Persönchen mit einer Laterne in der einen und einem lose baumelnden Lampion-Mond in der anderen Hand fragenden Blicks durch die Straßen streift. Von ähnlich fastnachtlicher Mystik zeugt der Reisende, der mit einem Koffer auftaucht, sich unschlüssig umschaut und wieder verschwindet. Es ist ein Humor mit Poesie, der sich offenbar selbst genügt, denn – außer bei einem großen Umzug, bei dem die Zuschauer nur langsam »in Fahrt« kommen – »gfasnächteln« die Züricher (»Zürcherinnen und Zürcher«) am liebsten unter sich. Das »Sechseläuten« mit dem »Sechseläuteumzug« in Zürich wird gern als »ein Stück protestantischen Karnevals« bezeichnet; es ist aber ein Winteraustreiben und Frühlingsfest. Der Böögg wird verbrannt. Seit 1894 wird dieses Fest am 9. April gefeiert.

· In der »katholischen« Schweiz haben sich ursprüngliche Karnevalsbräuche, Maskerade und Kostümierung erhalten. Der »Sühudi-Umzug« in Einsiedeln wird zu Recht von einem lokalen Volkskundler als »bodenerdenlustige Dorffastnacht« bezeichnet. Am »Güdelmontag« läuten die Fastnächtler in aller Frühe den Tag mit Schellen und Tricheln ein und kündigen so die zwei wildesten und verrücktesten Tage im Jahreslauf des schweizerischen Marien-Wallfahrtsortes an. Gegen 9 Uhr zieht eine wild lärmende Schar Vermummter durch das Klosterdorf zur Kirche. So gut wie keiner der Kirchgänger hat aber wohlweislich die Ankunft dieser wilden Gesellen abgewartet. Ursprünglich soll einmal der von Fuhrmann und Teufel angeführte Sühudi-Umzug nach der »Sühne-Messe« um 10 Uhr die Gläubigen abgeholt haben. Viele Einheimische und einige Touristen erwarten die wilde Schar am Dorfplatz. Die rund siebzig kettenschleppenden, mistgabelbewaffneten und furchtauslösenden Teufelsgestalten, »grüüsige« Masken mit bunten, garstigen und übertriebenen Kleidern, ziehen hinter Schellenschwingern an der Spitze durch das Dorf. Eine Maske erklärt einer älteren

Dame anhand einer Präservativpackung die Liebe, ein als Marktfrau verkleideter Mann paßt jungen hübschen Frauen unter dem Gejohle der Umstehenden altmodische Unterhosen an. Andere Masken schenken Kaffee aus, den sie gerne durch einen ausgiebigen Guß Schnaps verdünnen. Wieder andere werfen Schokolade unter das Volk. Auch derbe Späße sind üblich, wenn etwa »Atomkraftgegner« einen jungen Mann mit gelbem Pulver »dekontaminieren«. Auch Sägemehl und Federn aus dem Hühnerstall halten gelegentlich schon einmal als Wurfmaterial her. Von solchen Umtrieben erholen sich die Sühudi in einem der Gasthöfe und stärken sich für die nächsten Tage mit »Hafächabis« und »Ofeturli«, »Guuggerkafi«, »Tschungel-Brunz« (= Bananenlikör mit Schweppes) und »Jagertee«.

• In *Luzern* zerreißt am Schmutzigen Donnerstag morgens um 5 Uhr ein Knall die Stille, ein Feuerwerk blitzt auf: Bruder Fritschi hat pünktlich an Luzerns Gestaden festgemacht. Der älteste Luzerner Fastnächtler ist aus den Nebeln aufgetaucht und führt an diesem Tag die Fritschi-Tagwache an, ein morgendlicher Umzug, dem am Nachmittag der größte schweizerische Festumzug folgt. Legendarisch wird erzählt, Fritschi sei ein um 1480 verstorbener Bauer und Lebenskünstler gewesen, der am Fastnachtstag jeden Jahres in der Gaststätte »Safranstube« aufgetaucht sei, um dort zünftig sein Geld zu »verschlyssen«. Er habe durch Spenden sichergestellt, daß jedem Bürger – ob arm oder reich – an diesem Tag ein Glas Wein gereicht werden konnte. Selbstverständlich hält diese Legende historischen Nachfragen nicht stand, so scheint der »Fritschi« eine weitere Inkarnation einer Fastnachtsfigur zu sein. Guggenmusik, Masken, Fell, Hörner, Glitzerstoffe und Sackleinen prägen auch hier Verkleidung und Umzüge.

Luzerner Fastnacht (1989).
Foto: Dietz-Rüdiger Moser

Österreichischer Fasching

248

In Österreich wiederum fällt auf, daß es einen Karneval rheinischer Prägung überhaupt nicht, alemannische Fastnachtstraditionen an einigen Stellen, wohl aber einen Karneval gibt, der dem alpenländischen Fasching nah verwandt ist.

• In *Wien* selbst, wo bis in das 18. Jahrhundert fröhlich Karneval gefeiert wurde, sind heutzutage keine Jecken zu sehen, gibt es keinen Karnevalsumzug, geht man nicht verkleidet auf die Straßen. Das verwundert in der ehemaligen Residenz der allerkatholischsten Majestäten. Kaiserin Maria Theresia (1740–1780) ist es gewesen, die – mit Sicherheitsbedenken für die Bürger argumentierend, wohl aber selbst Attentate fürchtend – »allen Ständen, auch dem Adel«, unter Androhung der strengsten Strafen das Tragen der Larve vor dem Gesicht auf der Straße untersagte. Jeglicher Konspiration sollte so begegnet werden. »Ersatz« schuf die Kaiserin durch einen Ball für den Adel in den Redoutensälen der Hofburg. Ihr aufgeklärter Sohn Joseph II. (1765–1790) ließ dann auch die nichtadligen Bürger feiern, nahm aber ausdrücklich »Bediente in Livree und Dienstmädchen in der Schlepphaube« aus. Nur auf den Bällen in den Redoutensälen durfte man sich maskieren. Auf dem Hin- und auf dem Rückweg war dies ebenso streng verboten wie nicht »ehrbare« Kostüme: Verkleidungen als Zuckerhut, Fledermaus oder Priester. In diesen Verboten artikulierte sich die Angst der Behörden, die Wiener würden die Verkleidung wie die Engländer benutzen, wo man »oft auch durch sehr treffende nachgeahmte Caricaturen in Masken und Kleidung allgemein bekannte Parthey-Oberhäupter öffentlich zur Schau stellte«. Der Tanz und in diesem Zusammenhang dann auch der Walzer wurden in Wien zum Ersatz für karnevalistische Umtriebe. Seit der Biedermeierzeit kamen zu den Redoutenbällen die Hausbälle hinzu. Wenn ganze Berufsgruppen miteinander feierten, wich man in Gaststätten aus, wo dann Kaffeesieder-, Rauchfangkehrer- oder Wäschermädelbälle in geschlossener Gesellschaft gefeiert wurden. Heutzutage registriert die Wiener Faschingssaison noch rund 350 solcher Bälle.

»Jede Jeck is' anders«

Es gibt keine umfassende Darstellung des Karnevals auf dieser Welt; er ist zu unterschiedlich; trotz gemeinsamer Elemente hat es jeweils lokale Prägungen gegeben, die ihn unverwechselbar gemacht und wandelbar erhalten haben. Dies gilt auch für den Karneval in Übersee wie den Carneval do Brasil, den Karneval am Mardi Gras in New Orleans oder den Karneval in Québec in Kanada, bei dem der »Bonhomme Carnaval« die Symbolfigur abgibt und die teuflische Kälte in der Jahreszeit nur durch ein noch teuflischeres Gesöff, den »Caribou«, eine hochprozentige Mischung aus Rotwein und Rum, erträglich wird. »Jede Jeck is' anders«, heißt ein gängiges Wort am Rhein.

249

Fastenzeit

»Einen am Narrenseil führen« –
Holzschnitt aus »Sebastian
Brant, Das Narrenschiff« (Basel
1494). Foto: Archiv des Autors

Geschichte, Praxis und Bedeutung

Das mhd. Verb vasten, ahd. fasten, got. [ga] fastan, engl. to fast, schwed. fasta bedeutete im Gotischen »[fest-]halten, beobachten, bewachen«. Der christlich-asketische Gehalt in Form der Enthaltsamkeit scheint – ausgehend von der ostgotischen Kirche – mit dem Wort zuerst im Sinn von »an den Fastengeboten festhalten« verbunden worden zu sein und sich im 5. Jahrhundert ausgebreitet zu haben. Substantiviert wurde daraus »das Fasten« und »die Fasten« als Fastenzeit.

Aschermittwoch als Schwellenfest zwischen Fastnacht und Fastenzeit wird nicht erst in unseren Tagen durch – vermeintlich oder tatsächlich – »nachgeholte« Fastnachtsveranstaltungen (Ball der Köche, der Taxifahrer) pervertiert. Das symbolische Fischessen am Aschermittwoch zelebrieren einige als lukullisches Ereignis. In Goethes »Faust I« lesen wir bereits:

>»So sei die Zeit mit Fröhlichkeit vertan!
>Und ganz erwünscht kommt Aschermittwoch an.
>Indessen feiern wir, auf jeden Fall,
>Nur lustiger das [sic] wilde Karneval.«

Was Fasten bedeutet, hat sich auch in der Umgangssprache festgemacht. Mit ironischem Charme formulieren die Franzosen: »Danser devant de buffet« = vor dem (leeren) Küchenschrank tanzen. Parallel heißt es in einer deutschen Redensart: »Vor leeren Schüsseln sitzen« oder: »Die Schüssel leer finden«, d. h. keinen Anteil erhalten oder zu spät zum Essen kommen, wenn nichts übriggeblieben ist. Die medizinische und psychische Wirkung des Fastens war in der Antike schon bekannt. Der römische Arzt Claudius Galenus (131–200 n. Chr.) formulierte: Hunger reinigt den ganzen Körper. Fasten – also nicht zu verwechseln mit Diät oder Schlankhungern – versteht sich als religiös begründete, freiwillige Nahrungsenthaltung in Bußzeiten. Als Bußzeiten gelten in der katholischen Kirche alle Freitage des Jahres und die österliche Fastenzeit. An allen Freitagen galt bis in unsere Zeit außerdem das Gebot der Abstinenz. Die Enthaltung von Fleischspeisen diente der Erinnerung an den Tod Jesu, dessen an allen Freitagen gedacht wird.

252

Von Aschermittwoch bis zur Ostermette dauert die österliche Fastenzeit, in der die Regeln des Fastens gelten: nur eine volle Mahlzeit pro Tag und zwei kleine Stärkungen. Zwei Tage im Jahr sind Fast- und Abstinenztage zugleich: Aschermittwoch und Karfreitag. An diesen Tagen soll nur eine sättigende Mahlzeit ohne Fleisch eingenommen werden. Die deutschen Bischöfe haben 1978 diese Regelung bestätigt. Für den Freitag haben sie aber auch geistliche Opfer anerkannt wie z. B. Gottesdienstbesuch, Dienst am Nächsten usw. sowie ein Verzichtopfer, bei dem das Ersparte Menschen in Not zukommen soll.

Zwar kennen alle Hochreligionen das Fasten. Es wird aber unterschiedlich praktiziert. Im Islam z. B. gehört das Fasten im Monat Ramadan zu einer der fünf Grundpflichten. Beginnend mit dem Erscheinen des Neumondes im neunten Monat des islamischen Mondjahres enthalten sich fromme Muslime einen Monat lang von Sonnenaufgang bis Sonnenuntergang von Essen, Trinken, Rauchen und Geschlechtsverkehr. Ziel dieses Fastens ist die Reinigung von Körper und Seele und die Beilegung von Streit untereinander. Nach Sonnenuntergang aber beginnt jeden Abend das Fastenbrechen (Iftor), ein üppiges Abendessen in Gemeinschaft mit Verwandten und Bekannten. Der Ramadan endet mit dem Id al-Fite, das im Türkischen Zuckerfest genannt wird. Es ist nicht zu unterschätzen, was es heißt, sich während des Lichttages des Essens und – vor allem in den heißen orientalischen Ländern – des Trinkens zu enthalten. Der Islam fordert jedoch diese Art des Fastens im Ramadan jeweils nur bis zum Anbruch der Dunkelheit.

Sinn und Ziel des Fastens

Als geistliche Methoden haben im Christentum Fasten und Abstinenz ein Leben im Geist der Buße, Bereitschaft zur Umkehr und Neuausrichtung auf Gott zum Ziel. Fasten bedeutet für Christen Verzicht auf sinnliche Genüsse, Drosselung des körperlichen Energiehaushaltes und Konzentration auf außerordentliche Bewußtseinszustände, Kontemplation. Geschlechtliche Enthaltsamkeit und Schweigen können das Fasten ergänzen. Die geistige Aufnahmefähigkeit wächst, und die natürlichen Sinne werden frei für übernatürliche Wirklichkeiten. Als Mittel geistlichen Lebens erlaubt Fasten die Überwindung der Spaltung des Menschen in Körper und Geist. Im Alten Testament wird vielfältig und ausführlich über das Fasten berichtet. Jesus übt heftige Kritik an der jüdischen Fastenpraxis, die ihm mehr Schein als Sein geworden war. Weil Jesus vor Beginn seines öffentlichen Wirkens 40 Tage gefastet hat (Matthäus 4,2), wurden das Fasten und seine symbolhafte Dauer (auch Noach und Mose werden nach je 40 Tagen aktiv) Zeitmaß des vorösterlichen Fastens der Christen. Bis zum heutigen Tag verpflichtet das Kirchengebot alle Katholiken, die das 14. Lebensjahr vollendet haben, zur Abstinenz. An das Fastengebot sind alle, die das 18. Lebensjahr vollendet haben, bis zum Beginn des 60. Lebensjahres gebunden.

Das Mittelalter hatte zum Teil außerordentlich strenge Fastenregeln: Verboten waren alle Fleisch- und Milchprodukte, die sogenannten Laktizinien Milch, Käse, Butter – und Eier, die als »flüssiges Fleisch« galten. 1491 wurden die Fastengesetze erstmals etwas gelockert, und Papst Julius III. (1550–1555) erteilte allen Christen Dispens für Butter bzw. Öl und Eier, Käse und Milch. Das Fastengebot hat seit jeher die Phantasie der Menschen angeregt, um das Fasten, wenn schon nicht zu einem kulinarischen Ereignis, dann aber doch zu einer erträglichen Zeit werden zu lassen. Auf »rheinisch-katholisch-schnoddrig« liest sich dies so: »Wer schon fasten muß, soll wenigstens gut essen!« Daß in mittelalterlichen (natürlich bayerischen!) Klöstern die Gans zu einem »Wassertier« gleich Fischen und damit zur Fasten(!)speise gemacht wurde, scheint eine unausrottbare Fama zu sein. Starkbier als Fastengetränk (Fastenbier) war aber in vielen Klöstern normal, weil Bier das einzige Getränk des Mittelalters für einfache Leute war und den Mönchen auch in der Fastenzeit die notwendige Energie für schwere körperliche Arbeit zuführte. Natürlich blieb die Menge des Bieres pro Mönch streng rationiert. Der immer wieder angeführte Satz: »Potus non frangit jejunium – Trinken bricht nicht das Fasten« stellt eine arg einseitige und damit fragwürdige Auslegung der Fastenregeln dar, die nur richtig wäre, bezöge sie sich ausschließlich auf Wasser!

Tilmann Riemenschneider: Einzug Jesu in Jerusalem (1502-05), Rothenburg o. d. T. Foto: Verlagsarchiv

Dennoch ist die Geschichte des Fastens nicht ohne Überraschungen für den modernen Betrachter, der sie ausschließlich unter spirituell-asketischen Gesichtspunkten sieht. Nicht nur von Thomas von Aquin (um 1225–1274) ist bekannt, daß er einen außerordentlichen Körperumfang besaß. Von einschlägigen Berechnungen wissen wir heute, daß französische Mönche im Mittelalter täglich durchschnittlich 5000–7000 Kalorien aufnahmen, an Festtagen auch erheblich mehr, an Fastentagen eben weniger. Hier ging es nicht nur um den Grundsatz, daß essen soll, wer arbeitet. Die Speckschicht der Mönche war auch ein Schutz gegen die Kälte in den ungeheizten Schlafräumen und Folge einer permanenten Angst vor dem Hungertod.

Wie bei jeder Großorganisation boten Neuheiten, die eine Grundsatzentscheidung notwendig machten, ausreichenden Anlaß – ob guten Glaubens oder auch nicht –, das System zu hinterfragen. Das galt natürlich auch für die Fastenzeit. So wurde zum Beispiel die Schokolade als Fastenspeise legitimiert. 1569 hatten die Bischöfe von Mexiko eigens Fra Girolamo di San Vincenzo in den Vatikan zu Papst Pius V. (1566–1572) gesandt, damit dieser entschied, ob das Getränk mit dem Namen Xocoatl von der Frucht des Cacahatl und dem Baum Cacahaquahuitl in der Fastenzeit getrunken werden dürfe. Das Konzil von Trient (1545–1563) hatte gerade die Kirchendisziplin zu verschärfen gesucht, natürlich auch das Fastengebot. Als der Papst widerwillig von der heißen Schokolade gekostet hatte, soll er gesagt haben: »Potus iste non frangit jejunium – Schokolade bricht das Fasten nicht«. Seinen Siegeszug trat der Kakaotrunk an, als in einem Kloster entdeckt wurde, daß man das Fett vom flüssigen Kakaobrei abschöpfen und durch Beimischung von Vanille und Zucker trinkbar machen kann. In Guatemala erfanden Klosterköche, wie man Schokolade in Form von Tafeln als feste Speise konservieren konnte. Von Italien aus trat die Schokolade einen Siegeszug in Europa an – und führte Anfang des 17. Jahrhunderts zu einer erbitterten Auseinandersetzung zwischen den Jesuiten und den Dominikanern. Während die Jesuiten für die Schokolade eintraten, führten die Dominikaner einen Feldzug dagegen. Zahlreiche Schriften erschienen; erst 1662 fand die Auseinandersetzung eine Ende – durch eine Schrift des Kardinals Brancaccio zugunsten der Schokolade.

Im religiösen Sinn ist Fasten kein Selbstzweck. Das Fasten wird in den Religionen nicht als eine auf die Gesundheit ausgerichtete »Reduktionsdiät« betrachtet, sondern als eine disziplinarische Übung, als ein Verzicht, der die Sinne frei macht für neue religiöse Erfahrungen. Enthaltsamkeit sollen Herz und Seele für den Dienst Gottes freier, lebendiger und williger machen. Nach Augustinus lebt der Mensch gewöhnlich »secundum carnem« (gemäß dem Fleisch); das Fasten aber gestattet ihm, »secundum spiritum« (ausgerichtet nach dem Geist Gottes) zu leben. Immer wieder mußten die Gläubigen daran erinnert werden, daß es nicht auf die Buchstaben (der Fastengebote) ankam, sondern auf den Geist. Darum waren auch kostspielige, raffinierte Fischgerichte ebenso zu meiden wie Fleisch (so z. B. das Provinzialkonzil 1536). Während sonntags das Fastengebot ausgesetzt war, blieben in der Woche Fleisch, Eier, Butter und Milch verboten. In der ganzen Fastenzeit gab es keine öffentlichen »Lustbarkeiten« oder feierlichen Hochzeiten. Selbst Fleischlieferungen an Nichtkatholiken waren (z. B. in Köln) verboten. Die Einhaltung des Fastengebotes wurde von der weltlichen Obrigkeit überwacht.

Die Bezeichnung »Quadragesima« für die vierzigtägige österliche Fastenzeit geht auf alte Zahlensymbolik zurück: 40 Tage und Nächte regnete es während der Sintflut (Genesis 7,12), 40 Jahre zogen die Israeliten durch die Wüste, ehe sie das Gelobte Land betreten durften (Exodus 16,35), 40 Tage fasteten Mose, Elija und Christus (Exodus 24,18; 1 Könige 19,8; Matthäus 4,2; Lukas 4,2), und 40 Tage nach der Auferstehung Jesu geschieht seine Himmelfahrt (Apostelgeschichte 1,3).

Im christlichen Festkalender geht die österliche Fastenzeit dem Osterfest voran, das durch das Konzil von Nizäa 325 auf den ersten Sonntag nach dem Frühlingsvollmond festgesetzt wurde. Ostern ist deshalb ein beweglicher Festtermin, der auf die Zeit zwischen dem 21. März und dem 18. April fallen kann. Der Termin der Fastenzeit ist deshalb auch »beweglich« und definiert sich im Verhältnis zu Ostern durch die Länge der Fastenzeit. In bezug auf das Fasten Jesu in der Wüste (Matthäus 4,2) legte die Kirche die Länge der Fastenzeit auf 40 Tage und Nächte fest. Der Beginn der Fastenzeit lag auf einem Mittwoch und das Ende der Fastnachtszeit auf dem Dienstag nach dem 6. Sonntag vor Ostern (»Invocabit«).

Als die Synode von Benevent 1091 die Sonntage in der Fastenzeit als Gedächtnistage der Auferstehung Jesu vom Fasten ausnahm, rückte deshalb der Beginn der Fastenzeit um sechs (Wochen-)Tage vor. Die Fastnacht endet deshalb seitdem am Dienstag nach dem 7. Sonntag vor Ostern (»Esto mihi«), und die Fastenzeit beginnt mit dem folgenden Mittwoch, dem Aschermittwoch. Jene, die ihre Fastnacht nach der alten Fastenordnung vor Benevent (1091) feiern, begehen die Alte Fastnacht (auch: Bauernfastnacht), die immer in die geltende Fastenzeit fällt. Zum Unterschied von der Alten Fastnacht wurde der – der neuen Fastenordnung entsprechende – neue Fastnachtstermin Herrenfastnacht genannt.

Die Fastenzeit galt als gebundene Zeit, denn an diese Zeit waren für die Christen Verpflichtungen gebunden: die Pflicht zum Fasten, d. h. zum Verzicht auf Fleisch, Laktizinien und Eier, zur Mitfeier der Karwoche und der österlichen Gottesdienste, der Teilnahme an der Osterbeichte. Andere Namen für die österliche Fastenzeit sind: Quadragesima, Quadragena, Quarentana, Quadragesimum major, ante pascha, tempus quadragesimale, Großes Fasten, Langes Fasten, jejunium longum, quadragesimale, paschale, jejunia.

Der österliche Festkreis gliederte sich früher in drei Teile: die Vorfastenzeit sowie die Fastenzeit, die österliche Zeit und die Zeit nach Pfingsten. Die Vorfastenzeit umfaßte die drei Sonntage Septuagesima, Sexagesima und Quinquagesima. Oft wurden die Sonntage der Vorfastenzeit auch nach den Anfangsworten des Introitus (= Eingangsgebet der Messe) benannt: »Circumdederunt« (für Septuagesima), »Exsurge« (für Sexagesima) und »Esto mihi« (für Quinquagesima). Die Sonntagsnamen bezeichnen nicht die genauen Abstände bis zum Osterfest, sondern deuten auf die abgerundet berechnete, siebzigtägige, sechzigtägige und fünfzigtägige Vorbereitungszeit. Passend zum christlichen Verständnis der als civitas diaboli gedeuteten Fastnachtszeit erinnert der Sonntag Septuagesima an die 70 Jahre der Gefangenschaft der Juden in Babylon und ihrer Pilgerschaft von dort nach Jerusalem.

Die *Quadragesima* beginnt mit Aschermittwoch: Der erste Fastensonntag hieß »Invocabit« (Introitus: Invocabit me = Er ruft mich an), der zweite »Reminiscere« (Introitus: Reminiscere miserationum tuarum = Denk an deine Güte), der dritte »Occuli (Introitus: Occuli mei semper ad Dominum = Meine Augen schauen immer auf zum Herrn). Der vierte Fastensonntag spielt eine Sonderrolle. Als Mittfasten leuchtet in ihm bereits Ostern auf. Auch sein Name ist dadurch geprägt: »Laetare« (Introitus: »Laetare, Jerusalem = Freu' dich, Jerusalem«). Der fünfte Sonntag der Fastenzeit ist nicht mehr Teil der numerischen Reihung der Fastensonntage. Er heißt »Erster Passionssonntag« oder »Judica« (Introitus: »Judica me, Deus = Schaff' Recht mir, Gott«). Die Lesungen dieses Tages stellten vor der Liturgiereform das Leiden (lat.: passio: Leiden, Leidensgeschichte) Christi, den »Schmerzensmann« Jesus vor Augen. Altarkreuz und Altarbilder werden mit dunklen, oft tiefvioletten Tüchern verhüllt, um an die Erniedrigung des Erlösers zu erinnern. Die Verhüllung der Altarkreuze bleibt bis nach der Kreuzverehrung am Karfreitag, die Altarbilder bleiben verhüllt bis zum Gloria in der Osternacht. Der »Zweite Passionssonntag«, die Eröffnung der Karwoche, ist unter dem Namen »Palmsonntag« bekannt. Nach vorausgehender Palmweihe erinnert eine feierliche Palmprozession an den Einzug Jesu in Jerusalem vor seinem Leiden. Das Tagesevangelium trägt die Leidensgeschichte Christi bis zu seiner Beisetzung vor.

Aschermittwoch

Am Aschermittwoch begann in der frühen Kirche die öffentliche (Kirchen-) Buße, an dem die Büßer ein Bußgewand anlegten und mit Asche bestreut wurden. Als die öffentliche Buße außer Gebrauch kam (10. Jh.), übertrug sich die Asche-Symbolik auf alle Gläubigen (Synode von Benevent, 1091). Aschesegnungen im Christentum lassen sich deshalb bis mindestens zum 10. Jahrhundert zurückverfolgen. Das Aschenkreuz auf der Stirn der Gläubigen versinnbildlicht den Anbruch der Bußzeit und des Fastens. Bei der Austeilung spricht der Prie-

257

ster traditionell die Worte: »Bedenke, Mensch, daß du Staub bist und wieder zum Staub zurückkehren wirst« (vgl. Genesis 3,19) und erinnert damit an Jesus Sirach 17,32, wo die Menschen als »nur Staub und Asche« definiert werden. Die Asche des Aschermittwochs wird seit dem 12. Jahrhundert aus Palmzweigen des Vorjahres gewonnen.

Asche als Symbol für die Vergänglichkeit und Bußgesinnung war im gesamten Orient zu Hause, natürlich auch in Israel. Ein »Reinigungswasser« wurde z.B. aus der Asche einer verbrannten, fehlerlosen roten Kuh, vermischt mit verbranntem Zedernholz, Ysop und Karmesin, gesammelt von einem kultisch reinen Mann, hergestellt (Numeri 19,9f). Als »Asche-Sprüche« wurden in der Bibel wertlose Reden bezeichnet (Genesis 18,27; Ijob 13,12), als »Asche-hüten« die Götzenverehrung (Jesaja 44,20). Der Büßer sitzt »in Staub und Asche« (Ijob 30,19), streut sich »Asche auf das Haupt« (2 Samuel 13,19; 1 Makkabäer 3,47) und kleidet sich in »Sack und Asche«

Das Aschenkreuzritual –
Foto: Joseph Mick

(Ester 4,1; Jesaja 58,5; Matthäus 11,21; Lukas 10,13). Die neutestamentliche Formulierung, nach der in Sack und Asche Buße getan wird, fand Eingang nicht nur in deutsche Redensarten. Im Französischen heißt es: »Faire pénitence dans la sac et dans la cendre« (veraltet); im Englischen: »to repent in sackcloth and ashes«; im Niederländischen: »In zaken en as zitten«.

Übrigens wird die Symbolik der Asche heute noch in einem anderen Gottesdienst als zu Aschermittwoch verwendet, nämlich in der Messe zur Amtseinführung eines neuen Papstes. Vor den Augen des neugewählten Papstes verbrennt einer der ranghöchsten Kardinäle einen Wollfaden, um den Neugewählten auf die Vergänglichkeit und Nichtigkeit allen Seins aufmerksam zu machen. Als Mahnung und Erinnerung an die eigene Relativität, als Hinweis auf die Notwendigkeit zu Buße und Umkehr angesichts des unausweichlichen Todes, den der im vermeintlich immerwährenden Jetzt lebende Mensch nur zu gerne verdrängt, ist die Symbolik der Asche ein nach wie vor lebendiges Symbol.

Seit dem 6. Jahrhundert bildet der Mittwoch vor dem 6. Sonntag vor Ostern (»Invocabit«) den Auftakt zur österlichen Fastenzeit. Unter Einbeziehung von Karfreitag und Karsamstag und unter Ausschluß der Sonntage ergeben sich 40 Fastentage vor dem höchsten christlichen Feiertag, dem Gedächtnis an die Auferstehung Christi. Weil die Büßer in der Kirche an diesem Tag nach alter Tradi-

258

tion mit Asche bestreut wurden, erhielt dieser Tag den Namen Aschermittwoch. Seit dem 10. Jahrhundert läßt sich die Austeilung des Aschenkreuzes an diesem Tag nachweisen. Mancherorts hieß der Aschermittwoch auch Pfeffertag, weil Langschläfer mit grünen Ruten aus den Federn »gepfeffert« wurden. Andernorts gab es den Aschermittwochstreich: Kinder besuchten ihre Paten, gaben ihnen ein paar Streiche mit einer grünen Rute und erhielten dafür Brezeln. Statt eines grünen Reises konnten auch bändergeschmückte Tannenzweige (Sachsen), Birkenreise (Harz, Mecklenburg) benutzt werden. Im Raum von Hannover pfefferten die jungen Burschen und warfen Asche. Wacholder- und Fichtenzweige wurden in Norddeutschland benutzt, wo dieser Brauch »Fuen« hieß. Hier wurden die Langschläfer gepfeffert, bis sie sich mit Lebensmittelspenden freikauften. In Halberstadt wurde am Aschermittwoch die Gegensätzlichkeit vom »alten Adam« und »neuen Adam« augenfällig thematisiert: Ein armer Missetäter wurde als »Adam« aus der Kirche gejagt, mußte während der Fastenzeit barfuß betteln und erhielt an den Kirchentüren Speise, bis er am Gründonnerstag beim Abendmahlsgottesdienst friedlich wieder aufgenommen und dann als gereinigt entlassen wurde: ein Reinigungssinnbild für die ganze Stadt.

Der Fastenauftakt hat viele Namen: Erster Tag (Mittwoch) in der Fasten oder Macherdag (in der Vasten; Rhld.), dies quadragesimale oder nach der Aschenweihe: Exaudi nos domine (Höre uns, Herr). Nach der klassischen Fastenspeise heißt der Tag auch Heringstag. Die meisten Namen nehmen Bezug auf die tagesspezifische Asche: Aschetag, assedach, aschrigmickt, aschewoensdach, ashwednesday, askeonsdag, als man aschen aufs haupt nimmt, cendres (Frk.), cineres, dies cinerum, cineris et cilicii, dies quadragesime, Erster Tag (Mittwoch) in der Fasten, Eschtag, Esztag, Eschige/escherige Mittwoch, Eschmittwoch, Eszmittwugen, Eistag, Eischtag, Exaudi nos domine (nach der Benedictio cineris), feria quarta cinerum, Heschiche Mittwoch, Ingende vasten, Initium jejunii, – quadragesime, Macherdag (in der vasten; Rhld.), Mittwoch do man in die vasten geht, Öschriger Mittwoch, Quadragesima intrans, Schurtag.

Auf Vorschlag von Paul Claudel fand nach dem Zweiten Weltkrieg in Paris erstmals ein »Aschermittwoch der Künstler« statt, eine Idee, die Josef Kardinal Frings in Köln 1950 aufgriff. Seitdem treffen alljährlich Bischof und Künstler zu einer religiösen Standortbestimmung zusammen. Die Idee wurde national und international übernommen: Weltweit findet der Aschermittwoch der Künstler heute in über 100 Städten statt.

259

Erster Fastensonntag – »Invocabit«

»Invocabit« ist das erste Wort des Introitus (Eingangsvers der Messe: »Invocabit me« = »Er ruft mich an«) des Sonntags »Invocabit« (auch: Invocavit), des

ersten Fastensonntags und des 6. Sonntags vor Ostern. Der Tag wurde auch Weißer Sonntag (nicht zu verwechseln mit dem Weißen Sonntag nach Ostern, dem ersten Sonntag nach dem Osterfest!) genannt; denn in Rom zogen die österlichen Täuflinge an diesem Tag erstmals in weißen Taufkleidern in die Kirche. Umgangssprachlich nannte man den Tag Funkensonntag (in Aachen: Fackelsonntag), weil Feuer angezündet und brennende Fackeln über die Felder getragen wurden als Fruchtbarkeitserwecker. Frühlingsbräuche waren üblich: Abends wurde auf einem Hügel Feuer angezündet und glühende Holzscheiben ins Tal gerollt oder geworfen (Scheibenschlagen). Eine ähnliche Funktion hatte das Funkenschlagen: Eine mit Stroh oder anderen brennbaren Materialien umbundene Stange wurde angezündet und als riesige Fackel bis zum Erlöschen geschwenkt (auch: Fasnachtsfeuer, Fasnetfunken). In der Eifel hieß der Tag Hüttensonntag. Tags zuvor sammelten Jugendliche Stroh und Reisig, woraus sie auf einem Hügel eine Hütte bauten, die am Sonntag mit einem Strohmann, dem »Winter«, gekrönt wurde. Abends fackelte man Hütte und Strohmann ab. Das Feuerbrauchtum war mancherorts mit einem Saatgang verbunden, einem Fackelgang durch die Felder zum Saatwecken, was mit Fackelschwingen und Fackelwettrennen endete.

Vor der Synode von Benevent (1091) endete die Fastnacht mit dem Dienstag nach dem 6. Sonntag vor Ostern (Invocabit). Die Erinnerung daran, daß »Invocabit« einst der Fastnachtssonntag war, hat sich in vielen alten Namen erhalten: Alte Fasnacht, carnisprivium magnum, carnisprivium vetus, aller manne faschangtag, Fastnacht, Vasting, Molken vastelabend, Mannfassnacht, manne, Fastelabend, Große Fastnacht, Mannfasten, Scheffastnaicht, Scheuffefastnacht. Andere Bezeichnungen für Invocabit sind: dominica in capite jejunii, dominica bordarum, dimanche behourdi (brandonnes, de bures), Erbessonntag, Erster Sonntag in der Fasten, Hutzelsonntag, Kässonntag, Schoofsonntag, Scheibensonntag, Quadragesima, Großer Sonntag.

Dritter Fastensonntag – »Oculi«

»Oculi« lautet das erste Wort des Introitus (Eingangsvers der Messe: »Oculi mei semper ad Dominum = Meine Augen schauen immer auf zum Herrn«) am Sonntag »Oculi«, dem dritten Fastensonntag. Dieser Tag wird auch benannt: Sexagesima media, medium sexagesime.

Vierter Fastensonntag – »Laetare«

»Laetare« ist das erste Wort des Introitus (»Laetare, Dominus = Freu' dich, Jerusalem«) am vierten Fastensonntag, auch Mittfasten genannt. Weil dieser Sonntag inmitten der Fastenzeit lag, also die Mitte der Zeitstrecke anzeigte, war er vom Fasten auch zu der Zeit ausgenommen, als die Sonntage noch Bestandteile der österlichen Fastenzeit waren. Das priesterliche Meßgewand zeigte an diesem Tag ausnahmsweise die liturgische Farbe »Rosa«. In England hieß der Tag auch »Mothering Sunday« und ist ein Vorläufer des heute säkularen Muttertages. Der Kampf zwischen Sommer und Winter zu Laetare im Brauchtum hat liturgische Wurzeln: Introitus und Lesung des Tages thematisierten den Gegensatz von Trauer und Freude. Wo Frühlingsbräuche noch an diesem Tage üblich waren (Saatwecken, Todaustreiben, Winteraustreiben, Winterverbrennen, Schwarzer Mann usw.), hieß dieser Tag auch »Schwarzer Sonntag«. »Sommer(sonn)tag« ist ein weiterer Name, weil – im Rahmen der Frühlingsbräuche – der Sommer angesungen wurde. Halbfasten oder Mittfasten bezeichnet die Position des Tages im Zeitraum der Quadragesima. Das Frühlingsfeuer im Schwarzwald wurde am Fackeltag abgebrannt, manchmal wohl auch erst nach Rückkehr von Kuckuck, Nachtigall und Schwalbe, weshalb das Feuer auch Kuckucksfeuer hieß. Wahrscheinlich wegen ihres Eifers beim Brauchtum des Tages nannte man Laetare auch »Knäbelessonntag«. Die Tagesbezeichnung Jungfernfastnacht bezeichnet die Sitte, Mädchen und Mägde an diesem Tag zu beschenken. »Hutzelsonntag« nimmt Bezug auf den Brauch, an diesem Sonntag ein Gericht aus getrockneten Birnen (= Hutzeln) zu kochen.

Der Name Brot- und Käsesonntag war in den Niederlanden üblich. Dort besuchte man an diesem Tag Freunde und Nachbarn und ließ sich mit Brot und Käse bewirten, weil man glaubte, an diesem Tag siebenerlei Brot essen zu müssen. In Westfalen brachten die Mädchen den Nachbarn den Frühling. Sie flochten aus Efeu einen Funkenkranz, der über der Herdstelle aufgehangen wurde. Die Beschenkten mußten die Mädchen mit Wasser besspritzen, möglicherweise ein alter Fruchtbarkeitszauber. In der Schweiz stellten Verliebte und Jungverheiratete Lichter ins Fenster. Bunt Verkleidete brachten ihnen ein Ständchen und wurden durch einen Imbiß belohnt. In Belgien bricht zu Halbfasten, wie Laetare dort heißt, noch einmal die Fastnacht aus. Noch andere Namen für Laetare sind:

Medium quadragesime, mi carême, mi gramme, mey quaireme, mediana (dominica), dominica Hierusalem, Sonntag Jerusalem, Todsonntag (Schlesien), jejunium medium, dominica rose (rosata), dominica de fontanis, dominica mediana.

Im Mittelalter überreichte der Papst am Sonntag »Laetare«, der deshalb auch »Rosentag« oder »Rosensonntag« hieß, eine goldene Rose. Nachgewiesen ist dies erstmals für 1049 unter Papst Leo IX. (1049–1054). Mit der goldenen Rose in der Hand trat der Papst vor die Gläubigen und wies damit auf die Passion Christi hin (Christus wurde bildhaft als Rose gedeutet, vgl. das Lied »Es ist ein Ros' entsprungen«). Der Brauch wurde bis ins 19. Jahrhundert ausgeübt und scheint sich später nicht nur auf Rom beschränkt zu haben. Die goldene Rose steht für Christus in doppeltem Sinn: Das Gold der Rose symbolisiert die Auferstehung, die Dornen die Passion. Die Rose zu Laetare diente dazu, wie Kardinal Petrus de Mora, Bischof von Capua, erklärte, den Gläubigen zur Minderung der Trauer über das Leiden Christi den Ruhm des Herrn bei der kommenden Auferstehung anzuzeigen. Die »goldene Rose« war ein Rosenstrauß aus sechs Rosenzweigen mit sechs Blüten, getrieben aus vergoldetem Silber. Die sechs Blüten waren mit Moschus und Balsam gefüllt. Nach Papst Innozenz III. (1198–1216) ist die Verbindung, die Gold, Moschus und Balsam eingehen, ein Bild dafür, wie die Seele den Körper mit Gott verbinde. Seit dem 11. Jahrhundert schenkte der Papst die Rose Mitgliedern der Kurie, später verdienten Fürsten. Vier mittelalterliche »goldene Rosen« haben sich erhalten: eine im Pariser Musée Cluny (Anfang 14. Jh., ehemals Baseler Münsterschatz), eine in Andechs (1454?) und eine in Siena (1485?).

Fünfter Fastensonntag – »Judica«

»Judica« heißt das erste Wort des Introitus der Messe: »Judica me, Deus = Schaff' Recht mir, Gott«) am fünften Fastensonntag, dem Ersten Passionssonntag. In Großbritannien steht der Tag in Verbindung mit Speiseopfern für die Vegetationsgottheiten. In Yorkshire wurde eine Grütze aus Birnen und Erbsen zubereitet, »Carlings groats«, die dem Tag den Namen Carlings-Sonntag gab. Ähnlich auf den kleinen westlichen Inseln; hier opferte man den Windgeistern Whirling cakes, Wirbelkuchen, kleine Windbeutel. Der Tag hieß hier Whirling-Sunday. Die Erbsen als Symbol für die erhoffte Vielfalt und den Reichtum spiel-

262

ten auch in Wales eine Rolle. Man aß sie mit dem Wasser einer Bergquelle oder bereitete aus ihnen – vorher eingeweicht in Apfelwein, Wein oder Wasser – eine Suppe. In Nordostengland briet man Erbsen und Bohnen in Butter und würzte mit Essig und Pfeffer. Von da hat der Tag auch den Namen Erbsensonntag. Andere Namen für »Judica« sind: Dominica de passione, – in passione, – passionis (domine), – prima passionis, – magna, – repositionis (Frk.), Swarzer suntag, Schwarzer Sonntag, roter Sonntag, Passionstag, Namenloser Sonntag. Die Woche nach »Judica« wird bezeichnet als hebdomada passionis, – de passione, Woche vor Palmsonntag.

Sechster Fastensonntag – »Palmarum«

Der sechste Fastensonntag oder Zweite Passionssonntag mit dem lateinischen Namen »Palmarum« heißt umgangssprachlich Palmsonntag oder einfach Palm. An diesem Sonntag wird im Gottesdienst des Einzugs Jesu in Jerusalem gedacht und deshalb werden Palmen geweiht und eine Palmprozession durchgeführt. Das liturgische Geschehen dieses Tages hat zahlreiche Namen hervorgebracht: als man die palmen wihet, benedictio palmarum, Blumostertag, Blumostern, Capitilavium, dies florum et ramorum, dies hosanna, – olivarum, – osanna, – palmarum, – ramorum, – ramis palmorum, dimanche avant que dieu fut vendu, domine ne longe facias, domine in der vasten, dominica viridis, – capitilavii, – indulgentie, – in palmis, – in ramis palmarum, festum olivarum, – palmarum, lutke paschedach, Osanna filio David, Osterbluemtag, Palbentag, Palentag, Palme, Palmen, Palmtag (balmtag), Palmensonntag, Palmostern, Palmostertag, Palmpaesken, pâques fleuries, pascha competentium, – floridum, – florum, – petitum, Pelmetag, Plumostertag, Pluemtag, Ramalia, rami palmarum, Sonntag ramis palmarum, Tauber Sonntag.

Palmbuschen bei der Palmprozession –
Foto: Rupert Leser

Die Vorfasten- und Fastenzeit wird nach den Sonntagen benannt

Sonntagsname	Bezeichnung nach dem Introitus	Introitustext
Vorfastenzeit		
Septuagesima	Circumdederunt	Circumdederunt me gemitus mortis = Todesstöhnen hielt mich umfangen
Sexagesima	Exsurge	Exsurge = Wach' auf
Quinquagesima	Esto mihi	Esto mihi in Deum protectorem = Sei du mein Schützergott
Fastenzeit / Quadragesima		
1. Fastensonntag	Invocabit	Invocabit me = Er ruft mich an
2. Fastensonntag	Reminiscere	Reminiscere miserationum tuarum = Denk' an deine Güte
3. Fastensonntag	Oculi	Oculi mei semper ad Dominum = Meine Augen schauen immer auf zum Herrn
4. Fastensonntag, Mittfasten	Laetare	Laetare, Jerusalem = Freu' dich, Jerusalem
1. Passionssonntag	Judica	Judica me, Deus = Schaff' Recht mir, Gott
2. Passionssonntag, Palmsonntag	–	–

Fastensprache – Fastenbräuche

Die Zeit der Vorbereitung auf das Leiden Christi ist naturgemäß eine »ruhige Zeit«, die dementsprechend mit nicht übermäßig vielen Bräuchen verbunden ist. Dennoch hat das Fasten – bis in die Sprache hinein – Spuren gelebter Frömmigkeit hinterlassen. Die Personifikation des Hungers in der fiktiven Person eines Kochs mit Namen »Schmalhans« entspricht dem gängigen Muster, vgl. z. B. Prahlhans. Für 1663 ist die älteste literarische Verwendung registriert. Die Redensart »Da/dann ist Schmalhans Küchenmeister« bezeichnet einen Ort oder eine Zeit, z. B. die Fastenzeit, in der es wenig(er) und »schlechter« zu essen gibt. Weniger geläufig ist die verbale Form: »In der Fastenzeit muß er schmalhansen.«

Das Verb »schmachten« ist ein Synonym zu »hungern« in dem Sinne, daß jemand das Hungern als leidvoll erfährt. In diesem Sinne konnte die Fastenzeit durchaus zu einer Zeit des Schmachtens werden. Das Substantiv »Schmacht« = Hunger ist veraltet. Als Schmachtriemen wurde der Gürtel von Reitern und Fuhrleuten bezeichnet, der – bei leerem Magen – stärker angezogen wurde, damit die Erschütterungen besser ertragen wurden. Die älteste Erwähnung des »smachtreeme« liegt 1756 für Osnabrück vor. »Den Schmachtriemen anziehen« bedeutet das gleiche wie die modernere Formulierung: den Gürtel enger schnallen. Begrifflichkeiten dieser Art wurden gerne auf die Fastenzeit angewandt.

Fastentuch – Hungertuch

Schon die »Consuetudines« von Farfa (bis ins 12. Jh. bedeutende Benediktinerabtei Italiens) erwähnen um 1000 den Brauch, in der Fastenzeit vor dem Altar ein Velum, das Fastenvelum (»velum quadragesimale«: Fastentuch; Fastenlaken, aber auch: Hungertuch – der Name »Hungerdoek« ist in Münster 1306 erstmals belegt, Kummertuch, Schmachtlappen), ursprünglich einfarbig schwarz oder violett, aufzuhängen. In einem meist rasterförmigen Bildaufbau wurde die Heilsgeschichte von der Schöpfung bis zum Weltende erzählt oder aber Tier-, Pflanzen- oder andere Motive dargestellt. In einer alten Handschrift aus Augsburg heißt es über das Hungertuch: »Darin [in der Fastenzeit] eszen sie 40 tag kein fleisch, auch nit milch, kesz, ayr, schmalz, dann vom remischen stuel erkaufft. Da verhüllt man die altar und hayligen mit einem tuech und last ein hungertuech herab, daz die syndige leut die götz nit ansehen.«

Die Hungertücher sind Objekte eines mittelalterlichen Fastenbrauches, der Verhüllung des Altars durch das Fastenvelum, das später zum Symbol für Fasten und Buße wurde. So heißt es etwa in den Predigten Geilers von Kaysersberg über das »Narrenschiff«: »Dich soll leren das Hungertuch, so man ufspannt,

Abstinenz und Fasten.« Aufgehängt wurde das Fastentuch zu Fastenbeginn am Aschermittwoch. Es hing im Chorbogen der Kirche vor dem Hauptaltar, verhüllte den Altar und konnte, da meist zweigeteilt, zur Seite gezogen werden. Das Fastentuch blieb hängen bis zur Komplet am Karmittwoch. Wenn aus der Passion zitiert wurde: »et velum templi scissimum est medium« (und der Vorhang des Tempels riß mitten durch), wurde das Tuch herabgelassen. Die dadurch begründete Redensart: »Das Fastentuch ist gefallen« bezeichnete – direkt und indirekt – das Ende der Fastenzeit.

Hungertücher zur Altarverhüllung verweisen auf die religiösen Verhüllungs- und Sichtbarkeitsriten. Sie finden sich nicht nur im Kult der Ostkirche, der Ikonostase; die Altarverhüllung der Westkirche steht in enger Verbindung mit der seit frühchristlichen Tagen bekannten Verhüllung des Kreuzes, der Bilder und Reliquiare während der Passionszeit. Die Westkirche hat eine Vorliebe für die Schaubarkeit kultischer Mysterien entwickelt, so daß sie keine ständige Verhüllung, sondern bloß eine zeitweilige kennt. Die Altarverhüllung in der Fastenzeit galt als Bußübung der Gläubigen in der Fastenzeit. An den Sonntagen der Fastenzeit wurde das Fastentuch vor dem Hauptaltar geöffnet, nicht aber die Fastentücher vor den Seitenaltären. An Wochentagen wurde das Fastentuch auch vor dem Hauptaltar nicht zurückgezogen. Als Gründe für dieses Fastenbrauchtum werden angeführt: die so auch äußerlich sichtbare Unwürdigkeit der Gläubigen während der Bußzeit, die Verhüllung der Gottheit Christi während seiner Passion, die Parallelität des »velum templi« (Vorhang im Tempel) zum

»velum quadragesimale« (Fastentuch), wobei das Zerreißen des ersteren den Opfertod Christi anzeigte, das »Herabfallen« des letzteren auf die bevorstehende Auferstehung verwies. Die Entfernung des Fastentuchs vor der Osternacht verdeutlichte, daß Christus wieder unverhüllt in göttlicher Herrlichkeit vor den Menschen steht, daß er den Himmel geöffnet und die Blindheit des Herzens weggenommen hat, die hinderte, das Geheimnis seines Leidens zu verstehen.

Der – allerdings keineswegs entwicklungsmäßig einheitliche – Gebrauch des Fastentuches änderte sich mit den theologischen Auffassungen. Als in der Gotik ein »Sichtbarkeitskult« das »Sehenwollen« des Mysteriums und damit des Altarsakramentes forderte, entstanden nicht nur Monstranzen für die Eucharistie und Ostensorien (Schaubehälter) oder Reliquiare (häufig sehr kostbare Behälter) für die Reliquien: Die Lettner (oft monumentale Einbauten zwischen

Maria mit den Aposteln –
Fastentuch der Richmodis von
Aducht (12. Jh.).
Foto: Archiv des Autors

dem Klerikerchorraum und der Laienschaft) in den Kirchen, die sich dort befanden, wo später die Kommunionbank stand, und die somit den Blick in den Chorraum der Kirche einschränkten, fielen dem neuen Bedürfnis ebenso zum Opfer wie die Fastentücher. Sie erhielten nun kleinere Ausmaße und wurden so hoch in den Chorbogen gehangen, daß der Blick auf das Altarsakrament nicht versperrt wurde. Dadurch änderte sich die Funktion der Fastentücher: Ihr Aufhängen bezeichnete nun nur noch die Buß- und Fastenzeit.

Ihre Hochblüte erlebten die Hungertücher im 14./15. Jahrhundert in Deutschland, Frankreich, Italien, Spanien und England. Dieser Fastenbrauch scheint von den Klöstern, wahrscheinlich den Nonnenklöstern, ausgegangen zu sein und hat sich über die Stifts- und Kathedralkirchen in die Pfarrkirchen ausgebreitet. Mit Beginn der Neuzeit verflüchtigte sich auch dieser Brauch, hielt sich nur noch in Westfalen und im Münster zu Freiburg. Im Westfälischen erlebte das Hungertuch im 16. und 17. Jahrhundert einen erneuten Auftrieb. Nach dem Zweiten Vatikanischen Konzil wurde der Brauch durch die Bischöfliche Aktion »Misereor« 1976 neu belebt: Alle zwei Jahre erstellt ein Künstler ein neues Hungertuch, das in Kopie in vielen Kirchen aufgehängt wird und die Fastenzeit kennzeichnet, in der das Ersparte den Armen zukommen soll.

Herausragende Beispiele der Hungertücher sind nur in zwei geschlossenen Gruppen erhalten: in Westfalen und in Kärnten. Ansonsten haben sich nur Einzelstücke erhalten, die – wie im Falle von Gurk, Bedburdyck und Korschenbroich nachweisbar – mit Westfalen in Verbindung stehen. Das Hungertuch aus dem Dom von Gurk stammt aus dem Jahr 1458 und mißt 8,90 x 8,87 m, das Virgener Fastentuch von 1598 mißt 5 x 8 m. Das größte erhaltene Fastentuch in Deutschland stammt aus dem Jahr 1612 und gehört dem Freiburger Münster (12,25 x 10,0 m). Einen hohen künstlerischen Wert hat das kürzlich renovierte Fastentuch von Zittau/Sachsen aus dem Jahr 1472 (8,6 x 6,8 m). Das älteste bekannte Fastentuch besaß Sankt Aposteln in Köln, wo es 1875 verbrannte. Die Fastentücher bestanden meist aus Leinen, manchmal auch aus Seide. Die Tücher wurden bestickt, bedruckt oder bemalt. Unsere Redewendung »am Hungertuch nagen« geht auf diese Fastentücher zurück und meint: hungern, darben, ärmlich leben, kümmerlich vegetieren. Ursprünglich hieß es wohl: am Hungertuch »naejen« = nähen, d. h. ärmlich, kümmerlich leben. In diesem Sinn auch: »Ich web' euch nur ein Hungertuch« in Freiligraths Gedicht »Aus dem Schlesischen Gebirge« von 1844.

Vaterunser-Schnüre

267

Ein inzwischen untergegangener Brauch suchte mit Beginn der Fastenzeit die Gläubigen auf Tod und Auferstehung vorzubereiten. Am ersten Fastentag betete man ein Vaterunser und band in eine besondere Schnur einen Knoten. Am zweiten Fastentag betete man zwei Vaterunser und knotete einen zweiten Knoten in die »Vaterunserschnüre«. Die »Betleistung« steigerte sich so, daß am 40. Fastentag 820 Vaterunser zu beten waren und die Schnüre 40 Knoten besaß. Im Beinhaus der Kirche befestigte man diese Schnüre nun an einem Totenkopf, möglichst einem Totenkopf eines Ahnen, und opferte so die Gebete zugunsten des Toten. Heute noch zu sehen in Hallstatt bei Salzburg. Das Wissen um den eigenen Tod, Gebete für die Toten und Auferstehungsglauben gingen als Buß-übung so in der Fastenzeit eine Einheit ein.

Fastenspeisen

Mit einem Fischessen beenden die erschöpften Karnevalisten gewöhnlich die Fastnacht. Was einst jedoch als symbolischer Fastenbeginn begriffen wurde, wo der Fisch das Fleisch ersetzte, wird heute zu Aschermittwoch oder auch noch später oft zu einem feucht-fröhlichen Gelage – und geht damit am eigentlichen Sinn vorbei. In Baden gab es früher zum gleichen Zweck auch Frosch- oder Schneckenmahlzeiten.

Typische Fastenspeisen waren früher: Gemüse-, Fisch-, Wein-, Bier-, Wasser-, Gries-, Graupen- oder Reissuppen, Milch- oder Kaltschalen, Brot- und Semmelspeisen, Aufläufe, Pfannkuchen, Hirsebrei, Hülsenfrüchtegerichte, Hülsenfrüchtebrei, Milch- und Käsespeisen, Trockenobst. Oft bildeten sich – landschaftlich gebunden – einzelne Tage aus: Mehl- und Fischtage, Knödeltage, ein Tag für Hülsenfrüchte. Verboten waren im Mittelalter Laktizinien (von lat.: lac = Milch): die aus Milch hergestellten Lebensmittel, wie z. B. Butter und Käse, sowie Fleisch, Schmalz und Eier. Letztere galten als »flüssiges Fleisch«.

Die Quadragesima verfügte über spezifisches Fastengebäck: Vielfach waren Salzbrezeln, Kringel und süße Brezeln üblich. Der Brezelbäcker und der Brezenmann boten ab Aschermittwoch Brezeln (= Fastenbrezeln) an. Die Kölner »Göbbelchen« sollen ursprünglich Vögel darstellen; vielleicht sind sie mit den russischen Frühlingsvögeln verwandt, die gebacken wurden, weil man glaubte, am 10. März kämen die Lerchen heim.

Reale Fische als Nahrung und symbolische Fische in Form von Kuchen oder Gebäck sind im Fastenbrauchtum häufig anzutreffen. Da in der Antike das Meer als Teil der Unterwelt galt, waren Fische entsprechend unterirdische Wesen, die Unterweltgöttern und Toten als Opfer dargebracht wurden. Einige Fischarten wurden zu Göttersymbolen. Bei den meisten Völkern versinnbildlichte der Fisch Lebensfülle und Lebensmitteilung. Als Fisch geformte Speisen oder originäre Fischgerichte sind – gewollt oder auch nicht – mit dieser uralten Symbolik verknüpft. Im Christentum bekommen die Fische eine neue Bedeutung. Jesus beruft als erste Jünger Fischer, die er zu »Menschenfischern« machen will (Matthäus 4,19 [hier viertausend]; Markus 1,17; Lukas 5,10). Fünftausend Menschen speist er mit fünf Broten und zwei Fischen (Matthäus 15,32–39; Markus 6,30–44; Lukas 9,10–17). Nach seiner Auferstehung bereitet er sieben Jüngern einen gerösteten Fisch zu (Johannes 21,9).

Für die verfolgten Christen der Frühzeit wurde der Fisch zum Erkennungszeichen: Er stand für die Taufe, die den Täufling – wie einen Fisch – unter die Wasseroberfläche brachte; der Fischer war der Taufende. Der Fisch symbolisierte aber auch Christus, und das aus zwei Gründen: zum einen, weil er »im Abgrund der Sterblichkeit« (also als Mensch) aus der Tiefe Gottes gehoben war, um den Menschen die Erlösung zu bringen, zum anderen, weil die Buchstaben des griechischen Wortes »Fisch« = ICHTHYS im Griechischen die Anfangsbuchstaben für Jesus – Christus – Gottessohn – Erlöser bedeuten. Aus eben dieser Perspektive ist es verständlich, wenn Christen davon sprachen, dem »Fisch der Toten« (Fische als Opfergaben für Tote und Unterweltgötter) den »Fisch des Lebendigen«, eben Christus, entgegenzusetzen. Der reale Fisch wird Festtagsspeise, »bringt Christus auf den Tisch«, zugleich aber auch Fastenspeise, wobei natürlich – im Normalfall – die Fischsorte wechselt!

Fastenpredigt

Die Predigten in der Fastenzeit (Fastenpredigt) hatten den Charakter von Buß- und Volkspredigten. Sie waren nicht – wie die normale Sonntagspredigt – Homilien (= Auslegungen) des Sonntagsevangeliums, sondern bildeten eine thematische Reihe, waren Volkskatechese, bei der aktuelle pastorale oder wichtige theologische Fragen angesprochen werden konnten.

Heiligengedenktage in der Fastenzeit

Märtyrer von Sebaste – 10. März

Immer in die Fastenzeit – nur der Tag des hl. Josef kann auch mit Ostern identisch sein – fallen einige Gedenktage für Heilige, die mit Brauchtum verbunden waren und sind. Der 10. März galt als »40 Ritter-Tag« (Tag der 40 Ritter, Vierzig-Ritter-Tag). Gedacht wurde der vierzig Märtyrer von Sebaste, 40 christlichen Soldaten der »Legio fulminata«, die während einer Christenverfolgung unter dem oströmischen Kaiser Licinius (308-324) dadurch zu Tode gebracht wurden, daß sie – nackt – einer Winternacht auf einem öffentlichen Platz oder dem Eis eines benachbarten Teiches ausgesetzt waren. Ihre erstarrten Körper wurden dann verbrannt. Der Tag war mit dem Wetterspruch verbunden: Friert es am 40 Ritter-Tag, so kommen noch 40 Fröste nach.

269

Gregor – (12.März) 3. September

Der Gedenktag des heiligen Papstes und Kirchenlehrers Gregor fand früher am 12. März statt (heute am 3. September). Gregor, um 540 in einer hochadeligen senatorischen Familie geboren, wurde 590 Papst und starb 604. Sein Gedenktag war früher einmal der letzte Schultag im Winterhalbjahr. Gregorius war Patron der Schulen und der Schüler. In vorchristlicher Zeit war der 12. März der Tag der Knaben- und Jugendweihe gewesen. Der letzte Schultag wurde überall festlich begangen: Schülerspiele, Umzüge in Kostümen und Wettsingen fanden statt. Die Umzüge endeten meist auf einem Festplatz, wo

Hl. Gregor – Giotto (um 1290/95), Assisi: San Francesco, Langhaus. Florenz, Kunsthistorisches Institut. Foto: Verlagsarchiv

Spiel und Speise garantiert waren. Teilweise war dieser Tag mit Symbolhandlungen verknüpft. In St. Gallen verteilten die Lehrer im Namen des Bischofs zweierlei Nahrungsmittel: trocken-nahrhaftes Schulbrot und süße Gregori-Zucker, Zeichen für den trockenen Ernst und die süßen Erkenntnisse des Schülerdaseins. In Prag wurden die Studenten vom Rektor zum Essen geladen, der sie – mit Augenzwinkern – mahnte, einen besseren Lebenswandel zu führen. Am 12. März oder dem benachbarten Sonntag fanden am Gedenktag zu Ehren des hl. Gregor Umritte, der Gregoriritt, statt. Er gilt als Pferdeheiliger. Am Tag des heiligen Papstes Gregor zogen früher viele Lehrer, die Ludimagistri, mit ihren Schülern durch die Gemeinde von Haus zu Haus und sangen. Durch das Gregorisingen, ein Bettelsingen, sammelten sie Lebensmittel, die für ein Festmahl von Schülern und Lehrern reichten. An einigen Orten war das Gregorisingen ein Wettsingen, bei dem Brot, Brezeln und Eier verschenkt wurden.

Gertrud – 17. März

Die 626 geborene Gertrud (Gertraud, Trude, Trautchen) war eine Tochter Pippins d. Ä. Sie trat in das von ihrer Mutter gegründete Kloster Nivelles (Brabant) ein und wurde nach dem Tod der Mutter erste Äbtissin. Schriftkenntnis, Nächstenliebe und Tugendeifer werden ihr nachgesagt. Sie starb am 17. März 653 oder 659, der als ihr Gedenktag gilt. Als Schutzpatronin der Spinnerinnen verehrt, veranstalteten diese früher einen Festumzug und ein Frühlingsessen.

Josef – 19. März

Treffend hat ein Autor kürzlich sein Buch über Josef mit dem Titel: »Der Mann am Rande« überschrieben. Josef, der Ziehvater Jesu, war derart weit am Rande, daß er auf frühen Darstellungen der Geburt Jesu sogar wie über den Rand gefallen scheint: Er fehlte bei diesen Geburtsdarstellungen völlig. Dann erst wird er Teil der Geburtsszene, allerdings heißt dieser Darstellungstyp »Josefszweifel«: Jo-

Der Jesusknabe in der Werkstatt seines Pflegevaters – Kupferstich. Vorlage: Johann Friedrich Overbeck. Stich: Strunz (1864). Privatbesitz

sef wird – fast schlafend – niedergedrückt sinnend gezeigt. Erst sehr viel später übernimmt er in den künstlerischen Darstellungen kleinere Aufgaben: Er bereitet das Bad Jesu vor, er kocht ein Süppchen, er gibt seine Hosen für das Jesuskind her (Josefshosen). Der Mann am Rande steht aber im Zentrum, wenn es den biblischen Autoren um den Nachweis geht, daß Jesus aus dem Geschlecht Davids stammt. Als solcher wird Josef eingeführt, der aber als »Nährvater Jesu« – Hochfest ist der 19. März – nicht als der genetische Vater Jesu gilt. Josef hat Zweifel gehabt. Viermal erscheint ihm ein Engel im Traum (Matthäus 1,20; 2,13.19.22): Josef läßt sich einfordern und in die Pflicht nehmen.

Die sprichwörtliche Randfigur ist Josef – zumindest in Kunst und Literatur – bis in das 19. Jahrhundert geblieben, bis die Entdeckung der Kindheit der Kinder die Rolle der Erzieher in den Vordergrund stellte und – aus biblischem Blickwinkel – die Kinderstube Jesu in Nazaret als beispielhaft vorgeführt wurde. Die zum Teil zeitgenössische Zeigefingerpädagogik hat es oft penetrant verstanden, unter Hinweis auf den natürlich stets liebenswerten Jesusknaben entsprechende Forderungen an die eigenen Kinder abzuleiten. Eine Gegenbewegung gegen

271

den bedeutungslosen »Mann am Rande« gibt es seit dem 14. Jahrhundert, als Bernhardin von Siena, Bernhard von Clairvaux, Ignatius von Loyola, Teresa von Avila und Franz von Sales den hl. Josef neu zu sehen begannen. Auch in der Gegenwart gibt es eine neue Entwicklung: Jüngere Autoren suchen wieder einen neuen Zugang zu diesem Menschen.

Der 19. März wird seit dem 10. Jahrhundert als Gedenktag gefeiert, vielleicht mit der Absicht, das Fest der Minerva, der Göttin der Handwerker, zu überdecken oder zu ersetzen. Der Franziskanerpapst Sixtus IV. (1471–1484) bestätigte offiziell diesen Festtag. Das Konzil von Trient schloß sich dem an. Die Habsburger erkoren den hl. Josef zu ihrem Hausheiligen. Nachdem Kaiser Ferdinand II. (1619–1637) 1620 mit einem Bild des Heiligen in die Schlacht gegen die pfälzisch-böhmische Armee am Weißen Berg gezogen war und den Sieg errang, wurde der Josefstag zum Feiertag. Seit 1621 fand sich der Josefstag als Feiertag im römischen Kalender, im Mai 1676 wurde Josef zum Hauptpatron des Römischen Reiches, 1870 zum Schutzheiligen der ganzen Kirche. Das Fest »Heiliger Josef, der Arbeiter« hat Pius XII. 1955 eingeführt, heute ein Gedenktag, der den Nährvater Jesu mit dem Tag der Arbeit, der schon vorher im außerkirchlichen Raum begangen wurde, in Verbindung bringen soll. Der 19. März heißt auch »Josefitag«. Josef gilt als Schutzpatron der Arbeiter und besonders der Zimmerleute. Kärnten, Steiermark und Tirol haben ihn zum Landespatron gewählt. Die Berchtesgadener Zimmerleute ließen bei ihrem Festgottesdienst ein »Baumwollbrot« weihen, ein Hefeteigbrot mit Rosinen aus vier aneinandergebackenen Teilen. In Italien und einigen Alpenländern erinnern die »Josefi-Kücherl«, ein Schmalzgebäck, an den Schattenheiligen, dessen Gedenktag früher in Bayern ein Feiertag war. In den Alpenländern »bestellten« sich die jungen Burschen an diesem Tag ihr Ostergeschenk, das sie am Ostermontag bei ihren Mädchen abholten. Das Ostergeschenk bestätigte das Liebesverhältnis. Es bestand aus drei rotgefärbten Eiern, die mit Liebesversen beschrieben waren.

Ein einzigartiger Josefsbrauch hat sich in San Marino in Pensilis/Campobasso, Region Molise, erhalten. Schon wochenlang vor dem Gedenktag des Schutzpatrons San Giuseppe bereiten die Frauen ein Fest vor, für das sie riesige Platten und Schüsseln mit Essen herrichten: Bohnen, Erbsen, Makkaroni, Reis, Stockfisch, marinierte Schnecken, Käse und Früchte. Hier ist es Tradition, am Josefstag und während der Fastentage bis zum Osterfest die Ärmsten der Armen in dieser ärmlichen Gegend zu beköstigen. Die Speisen sind unter einem Josefsaltar angerichtet, und während alle den Rosenkranz beten, wartet man auf Mitternacht. Mit dem Glockenschlag um Mitternacht ruft die Dame des Hauses: »San Giuseppe noi siamo pronti – Heiliger Josef, wir sind bereit«, und die Szene wandelt sich in ein Freudenfest mit Musik und Tanz. Am Josefstag selber, einem

272

Feiertag in dieser Region, sind in allen Gemeindesälen Tafeln aufgebaut, an denen aber jeweils nur dreizehn Personen sitzen: Am Kopfende Josef, eine der Tradition nach verheiratete Frau als barfüßige Maria, das Jesuskind und weitere zehn Personen, die Engel darstellen. Dies sind Arme, Behinderte oder Kinder aus ärmlichen Verhältnissen. Aufgetragen werden dreizehn verschiedene Speisen – und dies täglich bis Ostern.

Frühlingsanfang – Frühlingsbräuche

In die Fastenzeit fällt der Frühlingsanfang. Der kalendarische Frühling beginnt mit der Tagundnachtgleiche am 20. und 21. März. Weil man in Vorzeiten diesen Tag der Frühlingsgleiche für den Tag der Welterschaffung hielt, begann das Jahr mit diesem Monat (Altrömischer Kalender). An diesem Tag treten – meist erneut – Frühlingsbräuche auf. Der Frühling zieht mit einem geschmückten Baum durch das Dorf, der Winter, kenntlich an Stroh und Dreschflegel, gleichfalls. Mit Gebäck und Eiern wird der eine begrüßt, der andere verabschiedet. Die Kinder

Herr Winter – Münchner Bilderbogen von Moritz von Schwind (1847).
Foto: Archiv des Autors

des Dorfes machen einen Umzug, tragen lange Stangen oder Zepter, geschmückt mit Papierblumen, Weidenkätzchen, bunten Bändern, roten Äpfeln und rotgefärbten Eiern. Frühlingsbegrüßen nannte man das. Das für den Tag typische Gebäck waren Sonnenräder, die in jedweder Form hergestellt wurden. Erste Umritte fanden statt: Gregoriritt, Osterritt. Noch einmal gab es Frühlingsspiele: Der Kampf von Winter und Frühling wird in dem Spiel »Alte Wetterhex« dargestellt. Die ausgelöste Wetterhexe wird durch Stroh, das man um ihren Oberkörper flicht oder ihr als Kranz auf den Kopf setzt, kenntlich gemacht. Alle übrigen Mitspieler haben an ihrem linken Oberarm ein Strohbündel angebracht. Sie, die »Katzen«, umstellen die Wetterhexe und necken sie. Die auf einem Besen

273

reitende Wetterhexe muß die »Katzen« fangen, was als gelungen gilt, wenn sie das Strohbüschel von einem Arm abreißen kann. Sind alle Katzen gefangen, bilden diese zwei sich gegenüberstehende Reihen, fassen sich an den Händen, legen die Wetterhexe darauf und werfen sie dreimal in die Luft, das heißt: die Wetterhexe verbrennen.

Uns heute ist kaum vorstellbar, was »Winter« für unsere Vorfahren bis in die vorindustrielle Gesellschaft bedeutete und warum das Winterende sehnsüchtig erwartet wurde. Dunkelheit, Kälte, Nahrungsarmut und noch geringere Mobilität als sonst schon ließen den Winter zum »bösen Mann« und »Tod« werden, den man mit Freuden vertrieb. Am ersten Fastensonntag »Invocabit« und an »Laetare« gab und gibt es Frühlingsbräuche, in denen vorchristliche und christliche Naturvorstellungen lebendig waren und sind. Das Feuer, Symbol der Sonne, des kommenden Sommers, soll die Natur wecken, Fruchtbarkeit bewirken. Offene Feuer und Fackeln haben dem ersten Fastensonntag auch den Namen »Funkensonntag« eingebracht.

Die Frühlingsbräuche sind im wesentlichen Frühlingsspiele. Das Scheibenschlagen ist heute noch üblich: Glühende Holzscheiben oder brennende Karrenräder wurden von einem Hügel oder Berg ins Tal laufen gelassen. Funkenschlagen, das Schwenken einer mit Stroh umwickelten brennenden Stange, hatte den gleichen Sinn. Beim Saatgang zog man mit brennenden Fackeln durch die Felder. Fackelschwingen oder Fackelwettrennen waren gleichfalls üblich. Saatwecken war auch ein Oberbegriff für Scheibenschlagen, Fackelschwingen etc. Die symbolische Verabschiedung des Winters gehörte mit zu den Frühlingsbräuchen. In Form einer Holz- oder Strohpuppe wurde der Winter in Schlesien vor das Dorf getragen und ertränkt oder verbrannt. In einigen Gegenden Deutschlands schloß sich an das Winterverbrennen das Totenfangen an, ein Fangspiel der Jugendlichen. Als ob der Tod sie selbst verfolgte, stoben die Kinder davon. Mancherorts trieb sie ein Jugendlicher in der Rolle des »Schwarzen Manns«. Ähnlich verlief das Winteraustreiben. Ein durch Los als »Winter« bestimmtes Kind wurde von allen anderen aus dem Dorf gejagt. Die Winteraustreiber teilten dabei Schläge mit grünen Zweigen aus, der segenspendenden Lebensrute. In Schlesien wurde der »Tod« ertränkt, gehüllt in ein weißes Leichenkleid. Die heimkehrenden Mädchen brachten einen geschmückten Tannenzweig als Sommerdocke (= Sommerpuppe) mit.

Die wärmere Jahreszeit begrüßten die Kinder einiger Gebiete mit dem Stab-Aus-Fest. Mit weiß geschälten Holzstangen ausgerüstet, teilten sie sich in zwei Gruppen. Die eine wurde vom »Winter« angeführt, einem mit Stroh verkleideten Jungen, die andere vom »Sommer«, einem mit Efeu drapierten Jungen. Beim folgenden Scheingefecht hatte natürlich immer der »Winter« das Nachsehen. – Im Schwarzwald wurde ein Winterbär ertränkt. In Thüringen holte man den Wilden Mann oder auch den Laubmann aus dem Wald hervor, ein in Zweige und Grün gewickelter junger Mann, der als Frühlingssymbol durch das Dorf geführt wurde. Den Riesen- oder Schwerttanz führte man in einigen Dörfern auf. Beim Reigentanz trat Wotan als Riesengestalt mit Frigga, seiner Frau, in den Kreis. Spielerisch ging es dabei um die Befreiung der Erde (= Frigga). In der Alpengegend wurde auf Gemeindekosten ein besonderes Gebäck hergestellt, gebackene Dreizacke, ein Gebäck in Kleeblattform, das nach dem Winteraustreiben an die Kinder verteilt wurde.

Vor der Zeit, als der Tanz bloß gesellschaftliches Amüsement wurde, hatte Tanzen Segenswirkung. Im Rahmen der Frühlingsbräuche deuteten die Hochsprünge der Tänzer die Höhe des Korns im Sommer an. Den Kampf zwischen Sommer und Winter thematisierten österreichische Kinder in Form einer Gerichtsverhandlung. In passender Verkleidung klagten Sommer und Winter vor Gericht mit Vorsitzendem, Schöffen, Ankläger und Verteidiger und Publikum. Trotz einschlägig bekannter Siegesnotwendigkeit des Sommers bot die Partei des Winters alle Kraft auf, um es dem Sommer nicht zu leicht zu machen – ein Ereignis, an dem das ganze Dorf teilhatte und das in einer Siegesfeier mündete.

In dieses Brauchtum zur Wende von der Winter- zur Sommerzeit war natürlich auch die Liebe eingeflochten. Um »Laetare« suchten sich in der Ulmer Gegend die jungen Ledigen ein Mädchen zum Feuerjucken (= Feuerspringen) aus. Auf diese Weise wurden Partnerschaften für das Jahr gebildet. Die jungen Leute besuchten Feste und Feiern gemeinsam. Der Brauch hieß Sommerheirat, die Mädchen waren die Sommerbräute. Wer aber schon gebunden war, ließ sich als Bestätigung des Fortbestandes der Bindung einen Funkenring, ein Schmalzgebäck, überreichen. Den Ring holen nannte man dies.

In Belgien bricht zu Halbfasten, wie »Laetare« dort heißt, noch einmal die Fastnacht aus: vormittags Maskenumzüge, abends Maskenbälle. Dabei trat der Graf von Halbfasten, manchmal begleitet von der Gräfin von Halbfasten, auf, der die Kinder beschenkte.

Den Wendecharakter des Frühlingsanfangs dokumentiert auch das Sechseläuten an diesem Tag in Zürich: Zu »Laetare« läutet zum ersten Mal die Abendglocke um 18 Uhr. Der Brauch erinnert an die Vorzeit, in der die Zeit anders als heute gemessen wurde. Ab »Laetare« sind die kurzen Tagesstunden und die langen Nachtstunden vorbei.

275

Als Sommerverkünder wurden früher die erste Schwalbe (»Eine Schwalbe macht noch keinen Sommer«), der erste Storch oder der erste Maikäfer begrüßt. Wer als erster ihre Ankunft meldete, durfte eine Dankesgabe erwarten. Die feierliche Begrüßung geschah durch das Anblasen vom Kirchturm durch den Türmer. Frühlingsherold hieß in den Städten der, der das erste Veilchen entdeckte. Türmer und Frühlingsherold erhielten einen Ehrentrunk. Im gleichen Sinn begrüßte man das erste Veilchen, das im Mittelalter nur von einem ausgesuchten Mädchen gepflückt werden durfte. Im 12. Jahrhundert zog in Wien der Herzog mit seinem gesamten Gefolge in die Donauauen, wenn man das erste Veilchen entdeckt hatte. Das erste Veilchen war in Dörfern vielfach ein Festanlaß für ein Frühlings- oder Sommerfest: das Veilchenfest.

Zum Tag »Laetare« und zu den Frühlingsbräuchen, die den Sommer begrüßen, gehört das alte Sommerlied:

> Tra, ri, ro,
> der Sommer, der ist do!
> Wir wollen naus in' Garten
> und wollen des Sommers warten,
> jo, jo, jo,
> der Sommer, der ist do.
>
> Tra, ri, ro,
> der Sommer, der ist do!
> Wir wollen hinter die Hecken
> und wollen den Sommer wecken,
> jo, jo, jo,
> der Sommer, der ist do.
>
> Tra, ri, ro,
> der Sommer, der ist do!
> Der Sommer, der Sommer!
> Der Winter hat's verloren,
> jo, jo, jo,
> der Sommer, der ist do.

276

Karwoche

ECCE REX TVVS VENIT TIBI MANSVETVS SEDES SVP ASINA TFILIV SVBIVGAL. ÇACHARI .IX.

OSANNA FILIO DAVID BENEDICTVS QVI VENIT IN NOMINE DOMINI . MACTEI . XXI.

Jesu Einzug in Jerusalem – Fra
Angelico (1451/53), geschaffen
für die Tür des Schreins der geweihten Gefäße von SS. Annunziata, Florenz (später abmontiert). Foto: Verlagsarchiv

Geschichte, Sinn, Rituale und Bräuche

Palmsonntag

Mit dem Palmsonntag, dem Zweiten Passionssonntag, beginnt die Karwoche. Die Evangelien berichten über die Passion Christi, daß die Juden ihm bei seinem Einzug in Jerusalem mit Palmen zujubelten. An diesem Sonntag wird in den Gottesdiensten die Leidensgeschichte (= Passion) als Evangelium gelesen und bildet den Hintergrund für Palmweihe und Palmprozession vor der Eucharistiefeier, zur Erinnerung an den bejubelten Einzug Jesu in Jerusalem. Deshalb heißt dieser Tag umgangssprachlich Palmsonntag, Palm(en), dominica palmarum. Der geweihte Palm wird bei der Palmprozession mitgeführt. Echte Palmen sind hierzulande nur schwer und zu hohen Preisen erhältlich. Außer beim Domkapitel in Köln, das zu seiner Palmprozession stets echte Palmen verwendet, ist deshalb meist Buchsbaum (lat.: buxsus semperivirens L.) als Palmersatz üblich. Buchsbaum gehörte früher in jeden Garten, bildete oft Beeteinfassungen oder eine Hecke. Beim Buchsbaum mischen sich Heidnisches und Christliches: Geweihter Palm wurde in Haus und Hof an jedes Kreuz gesteckt oder hing als Busch an Scheune und Remise. Abergläubisch hielt man dafür, daß Palm vor Blitz- und Hagelschlag, Mißernte und Seuchen schütze. Deshalb fütterte man das Vieh mit Palm, mischte Palmblättchen in das Palmsonntagsessen als Schutz vor Krankheiten. »Palmtee« sollte vor Lungenkrankheiten schützen.

Landschaftlich verschieden wird der Palmstrauß geschmückt. Nach dem Gottesdienst nimmt man ihn mit nach Hause und steckt einzelne Zweige hinter die Kreuze im Haus. Die Bauern steckten früher auch »Palmbuschen« auf die Felder und brachten Palm in den Ställen an. Der Segen des Leidens Christi sollte so überbracht werden. Der Palm, der in der Kirche verblieb, wurde vor dem folgenden Aschermittwoch verbrannt und die Asche im Aschermittwochsgottesdienst gesegnet. Mit dieser Asche wird das Aschenkreuz am Aschermittwoch den Gläubige auf die Stirne gezeichnet.

Am Niederrhein wurden zum Palmsonntag »Palmpööskes« und »Piepvögels« aus Stutenteig und Rosinen (süßes Weißbrot) gebacken. Wie auch der »Palmapfel« steckte man sie auf die Palmstangen oder Palmbüschel, ließ sie mit den Palmen in der Kirche weihen und verspeiste sie anschließend zu Hause.

In der Palmsonntagsprozession spielte das Mittelalter den Einzug Jesu in Jerusalem, wie er Matthäus 21,1–11 geschildert wird, indem man einen Esel, ge-

278

schmückt mit Grün und den frühen Blumen dieser Jahreszeit, mitführte. Auf diesem Palmesel mußte dabei ein junger Kleriker oder Seminarist als Darsteller Jesu reiten und »in Jerusalem einziehen«. Später schnitzte man Esel und den darauf sitzenden Christus aus Holz und montierte die Plastik so auf Räder, daß man sie in der Palmprozession mitführen konnte. Der heute noch übliche redensartliche Vergleich: »Er ist aufgeputzt wie ein Palmesel« knüpft an den weltlichen Prunk dieses Schauspiels an und beschreibt einen, der sich allzuviel auf seine Schönheit einbildet und sich auffällig schmückt und ziert. Aus Holz geschnitzte Esel findet man noch in verschiedenen Museen, z. B. in Köln, Ulm und Freiburg i. Br. Palmesel sind schon seit dem 10. Jahrhundert bezeugt. Wahrscheinlich wurden zuerst Reliefdarstellungen von Jesus auf dem Esel bei Prozessionen mitgeführt; der Gebrauch von Plastiken wird frühestens um 1200 vermutet. Der dargestellte Christustyp schwankt zwischen herrschaftlicher Königsdarstellung (München) und leidendem Gottmenschen (Berlin, Zürich). Bei den acht aus dem 14. Jahrhundert erhaltenen Skulpturen herrscht der königliche Typus vor.

Mißbräuche mit diesem Brauch führten seit der Reformation und noch später während der Aufklärung zu scharfer Kritik. Der Schriftsteller Johann Georg Jacobi (1740–1814) beschrieb den Brauch der Ministranten in Baden, an einer bestimmten Stelle der feierlichen Prozession ihre Meßgewänder über den Kopf zu ziehen und sie auf den Weg des Palmesels zu legen. Derjenige, der zuletzt damit fertig wurde, wurde ein ganzes Jahr lang »Palmesel« genannt. An anderer Stelle (Saulbach) wird davon berichtet, daß die Kinder während der Palmprozession ein Stück auf dem Palmesel mitreiten konnten. Die Ohren des Palmesels ließen sich zum Kollektieren abnehmen. Während der Palmprozession öffnete sich der Bauch des Palmesels (»Streubauch«) und zum Gaudi der heranstürmenden Kinder, die auf diesen Moment gewartet hatten, begann eine Schlacht um die aus diesem Hohlraum gefallenen Süßigkeiten. Heute ist der Palmesel aus dem liturgischen Gebrauch verschwunden. Lediglich in Kößlarn, Bistum Regensburg, wo wir ihn schon 1481 erwähnt finden, wird er noch mitgeführt. An den alten Sinn erinnern Redensarten. »Ein rechter Palmesel sein« meint, ein Tölpel sein, der sich wie der hölzerne Palmesel überall herumziehen läßt und nicht registriert, was um ihn herum passiert. Ein Palmesel ist aber auch derjenige, der am Palmsonntag zuletzt aufsteht, zu spät kommt, verschlafen hat oder zuletzt mit seinen Palmen zur Weihe kommt.

Baseler Palmesel – Meisterwerk gotischer Schnitzkunst. Foto: Verlagsarchiv

279

Die Karwoche hat ihren Namen vom mhd. kar, ahd. chara = Wehklage, Trauer (vgl. got.: kara = Sorge; engl.: care = Kummer, Sorge). Der Begriff ist als eigenständiges Wort in spätmittelalterlicher Zeit untergegangen. Das Adjektiv »karg« ist von dem Substantiv »kar« abgeleitet. Die Bezeichnung der Leidenswoche Christi, der Woche schlechthin, zwischen Palmsonntag und Ostern, dem Tag der Auferstehung, und die Benennung der einzelnen Tage der Karwoche (seltener: Karmontag), Kardienstag, Karmittwoch; aber immer: Gründonnerstag (»Feria Quinta in Cena Domini«: Gedächtnis des Herrenmahles, Kardonnerstag), Karfreitag (»feria sexta«) und Karsamstag (»feria Sabbati«) sind mittelalterliche Begriffsbildungen. Für die Karwoche gab es zahlreiche Synonyme: Asymen, dies penitentiales (sanctus, sacratissimus), Dymmelweka (Skand.), festum asymorum (auch für Gründonnerstag), feria bona (– magna, – sancta, – tertia, – quarta, – quinta, – sexta), Große Woche, Grüne Woche, hebdomada (ebdomada) absolutionis (autentica, indulgentie, luctuosa, major, muta, nigra, penitentie, penitentialis, penosa, penalis, salutis, sancta, sacra, sancta pasche), holy week (Engl.), Ledelweke (Westf.), Letzte Fastenwoche, Masterwoche, Mertelweke, Pineweke (Ndl.), Stille Woche, Taube Woche. Auch die einzelnen Tage der Karwoche haben zahlreiche Bezeichnungsvarianten.

Den Bauernregeln nach sollte es an Palmsonntag kein gutes Wetter geben, die Natur noch nicht weit fortgeschritten sein. Die Bauern schienen dies zu fürchten: Palmsonntag im Klee, Ostern im Schnee; oder: Wenn man die Palmen in der Sonne weiht, muß man die Ostereier hinterm Ofen essen.

Der *Montag der Karwoche* heißt selten Karmontag, manchmal aber Blauer Montag; der Dienstag der Karwoche heißt selten Kardienstag, wohl aber Blauer Dienstag, Letzter Dienstag in der Fasten, Schiefer Dienstag; auch die Bezeichnung Karmittwoch ist selten, üblicher sind feria quarta, Guter (großer, krummer, schiefer) Mittwoch, Klockonsdag, Klockirothensdag (Skand.), Mendelavent, Middeweken do de fasten den rugge untwey vel, Platzmittwoch.

Die drei Tage vor Ostern – Gründonnerstag, Karfreitag und Karsamstag – nannte man auch: dies lamentationum, dies muti, triduum passionis, triduum sacrum. Als »triduum sacrum« (heilige drei Tage) galten und gelten aber auch Karfreitag, Karsamstag und Ostern: Tod, Grabesruhe und Auferstehung Christi. Karfreitag und Karsamstag zusammen werden Biduana genannt.

Synonyme für *Gründonnerstag* sind: Antlass(tag) (in der vasten), cena domini (dominica, heroica, sacratissima), consecratio crismatis, dies absolutionis (absolutus, azymorum, cene dominice, indulgentie, Jovis, Jovis absolutus, Jovis bonus, Jovis magnus, Jovis sanctus, Jovis a mandato, magne festivitatis, mandati, mysteriorum, viridium), feria quinta (bona, magna, sancta, viridium), festum calicis, Großer (hoher, grüner, weißer) Donnerstag, Jeudi absolu (blanc, grand), (Guter) Mendeltag, Mendeldonnerstag, Mengeldach, Michel pfinztag, Ostertag des peichttages, Speisfinztag, Wittedormsdach, Witteldach.

Der *Karfreitag*, feria sexta (bona, magna sancta), heißt auch: Charfreitag, Chorfreitag, Crucifixio domini, dies adoratus (parasceves pesche, passionis lugubris et dolorosus, passionis dominice, sanctus, soterie, veneris benedictus, veneris bonus, veneris magnus), Good friday (Engl.), Grüner (heiliger, langer, stiller) Freitag, passio dominica, Rusttag, Weißfreitag, Wisfritag, Witfritag.

Ratschenbuben am Gründonnerstag (1990) –
Foto: Daniel Drascek

Der *Karsamstag* hat auch die Bezeichnungen: Accensio cerei paschalis, dies paschalis sabbati, dies sepulture domini, feria Sabbati, Großer Sonnabend, Grand samedy, Incensio cerei paschalis, Judassamstag, Sabbatum magnum (pasche, sanctum, sacrum), Stiller Zaterdag. Nach Sonnenuntergang, bezogen auf die anbrechende Osternacht, heißt der Tag dann: Kreuzaufnehmen, Kreuzerheben, Ostersonnabend, Osternacht, Pascha novum, pâques neves, Paschavend.

Der Gründonnerstag

Der Name des Gründonnerstags ist nicht von der Farbe »Grün« abgeleitet, sondern von »greinen« – weinen, trauern. Am Gründonnerstag (oder an einem anderen Tag zwischen Palmsonntag und Karfreitag) weiht der Bischof das heilige Chrisamöl (Olivenöl und Balsam), die zur Salbung u. a. bei Taufe, Priesterweihe und Krankensalbung verwendet werden.

An diesem Tag läuten letztmals die Kirchenglocken, die dann bis in die Osternacht verstummen. Noch heute hört man sagen: Die Glocken fliegen nach Rom. Landschaftlich unterschiedlich wird geschildert, was die Glocken eigentlich in Rom tun: Für die einen werden sie mit (Reis-)Brei gefüttert, für andere holen sie die Ostereier, die sie auf ihrem Rückflug in den Heimatgemeinden abwerfen. Glocken und Orgel sind Instrumente des Triumphs, die an den Tagen des Leidens Christi zeichenhaft schweigen. Dieses Schweigegebot gilt auch für die Meßglocken der Meßdiener. Sie benutzen nun Karfreitagsratschen, Dreh-

281

ratschen, Turmraffeln, Knarren, hölzerne Klappergeräte, an denen z. B. ein Stiel mit Stiften abstehende Holzleisten in Schwingung versetzt und so ein starkes Geräusch hervorbringt. Eingesetzt werden die Lärmgeräte, um innerhalb und außerhalb des Gottesdienstes die Glocken der Kirche zu ersetzen und die Gläubigen auf bestimmte Ereignisse hinzuweisen. Die Meßdiener/-innen (Klapperjungen, -kinder) ziehen »ratschend«, rasselnd, knarrend und klappernd durch die Gemeinde und machen so auf den Gottesdienstbeginn aufmerksam. Um bei der Ratscherei im Takt zu bleiben, sind Lieder üblich wie zum Beispiel:

> Wo ist Jesus, mein Verlangen,
> mein Geliebter und mein Freund?
> Ach, wo ist er hingegangen,
> wo mag er zu finden sein?
> Wir ratschen, wir ratschen
> zum Englischen Gruß,
> damit die Leut' wissen,
> daß man beten muß.

Meist zu Ostern, manchmal schon Ostersamstag heischen sie zum Dank für ihre Dienste Ostereier oder Osterwecken. Diese »Klappereier« erinnern an die Zinsei- und Beichtei-Verpflichtung der dörflichen Gemeinschaft gegenüber Pfarrer, Küster und Lehrer, die früher einmal mit Naturalien besoldet wurden. Der Kölner Ratsherr Weinsberg berichtet 1592, »dienstags in der charwochen, vor und nach in der fasten und durch das jar pflegen die kirchendiener in den kirspeln (= Kirchspielen, Pfarreien) umbzugain und fordern, was man innen pflegt zu behilf und noitdurft ires underhaltes, jeder nach seiner gunst und gelegenheit, freiwillich zu geben, das den geringen dienern, die übel berentet sin, auch wol aus geregtigkeit sul gepuren.« Natürlich galt auch hier, daß, wer den Schaden hat, den Spott kostenlos dazu erhält. Die Kinder reimten: »Bim, bam beier, / Der Köster mag kein Eier, / Wat mag hä dann? / Speck in de Pann! / Och dä verschnuppte Kösterschmann!«

Nur wenige Kirchen verfügten und verfügen über Ratschen in der Größe einer Hobelbank mit Resonanzboden, die manchmal an den Schallöchern des Kirchturms fest eingebaut waren. Das Klangholz, das die orthodoxe Kirche noch heute verwendet, hat eine ähnliche Funktion: Information über einen bevorstehenden Gebetsbeginn. Ursprünglich sind die Ratschen wohl reine Lärminstrumente, mit denen z. B. die Vögel in Weinbergen verjagt wurden.

282

Fußwaschung

Markantes Ereignis des abendlichen Gottesdienstes am Gründonnerstag ist die Fußwaschung. Der – in der Regel ranghöchste – Priester der Kirche vollzieht an zwölf Männern – z. B. Mitgliedern des Pfarrgemeinderates, des Kirchenvorstandes – die Fußwaschung nach, die Christus selber am Abendmahlstag vorgenommen hat (Johannes 13,1–5). Die beeindruckende Symbolhandlung hat zwar kein Brauchtum ausgebildet. Sprichwörtlich wurde aber »einem anderen die Füße waschen/küssen« zum Bild tiefster Erniedrigung. Die Fußwaschung begegnet in der Westkirche außerhalb Roms schon im 4. Jahrhundert im Rahmen der Taufhandlung. Das 17. Provinzialkonzil von Toledo fordert 694 die Fußwaschung innerhalb der Gründonnerstagsliturgie. Das nachtridentinische Römische Meßbuch (1570) ordnet die Fußwaschung am Ende der Meßfeier an, die Neuordnung der Karwochenliturgie (1955)

Die Fußwaschung – Fra Angelico (1451/53), geschaffen für die Tür des Schreins der geweihten Gefäße von SS. Annunziata, Florenz (später abmontiert). Foto: Verlagsarchiv

fügte sie hinter Evangelium und Predigt. Verbindlich vorgeschrieben ist sie aber nur für Bischofs- und Abteikirchen.

Im Mittelalter haben die regierenden Fürsten zunächst in eigener Person die Fußwaschung innerhalb der Liturgie übernommen. Im frühen 13. Jahrhundert ist dies für England belegt. Die Fußwaschung war verbunden mit einer Gabe von Speise und Kleidern. Waren es, der biblischen Vorlage entsprechend, erst zwölf Männer, deren Füße gewaschen wurden, erhöhte sich die Zahl der Männer im 14. Jahrhundert auf die Anzahl zurückgelegter Lebensjahre des Monarchen. Dann kamen noch gleich viele Frauen hinzu.

Jakob II. (1685–1689) war der letzte (schott.-engl.) König, der in eigener Person die Fußwaschung vornahm. Man ersetzte nun die Geschenke durch Al-

283

mosen und ließ die Zeremonie durch den Lord Almosenverweser vornehmen. Aber Georg V. (1910–1936) nahm 1932 den Brauch wieder auf. Seitdem teilt wieder der König bzw. die Königin in eigener Person Almosen aus. Die Anzahl der Almosenempfänger entspricht nun den vollendeten Jahrzehnten des Monarchen. 70 Frauen und 70 Männern hat die englische Königin Elisabeth II. entsprechend ihrer 70 Lebensjahre am Gründonnerstag 1996 das Almosen überreicht. Unter anderem empfangen die Beschenkten das sogenannte »Maundy-Money«, Silbermünzen von Ein-, Zwei-, Drei- und Vier-Penny-Münzen. Jede der 140 Personen erhält pro Jahrzehnt der bisherigen Amtszeit der Königin eine Serie davon. Die Bezeichnung des Tages als »Royal Maundy« scheint vom lateinischen »Mandatum novum« zu kommen, Anfangsworte des lateinischen Bibeltextes, wonach Jesus die Jünger nach der Fußwaschung auf das »neue Gebot« hinwies (Johannes 13,34).

Küche und Bräuche

Am Gründonnerstag war es überall üblich, Grünes zu essen. Grünkohl, Brunnenkresse oder Scharbockskraut kamen auf den Tisch. Man glaubte, wer an Gründonnerstag Grünes ißt, bleibt das ganze Jahr gesund. Es gab Siebenkräutersuppen bestehend aus z. B. Lauch, Löwenzahn, Petersilie, Salat, Sauerampfer, Schnittlauch und Spinat. Anderswo gab es Neunkräutersuppen, wo die grünen Suppeneinlagen ergänzt wurden etwa durch Sauerklee, Schlüsselblumen oder Brennesseln. Grünes konnte man aber auch anders genießen; in Schwaben sollen die Maultaschen, mit grünem Gemüse gefüllte Nudeln, an die Ohrfeigen erinnern, die Jesus vom Knecht des Hohenpriesters erhalten hat. In anderen Teilen Deutschlands gab es an diesem Tag Spinatkrapfen, Kräutersuppen, Krautkuchen oder grüne Pfannkuchen.

In Oberbayern gingen die Bauern gerne auf Gründonnerstag säen, und die Frauen gruben die Hausgärten um. Was zu diesem Zeitpunkt in der Natur noch tot war, sollte durch die Auferstehung zum Leben erweckt werden. Wie an anderen Wendeterminen auch durfte an Gründonnerstag aus Aberglauben keine Wäsche gewaschen werden. So hoffte man Gewitter, Überschwemmungen und Unglück vom Hof fernzuhalten.

Gründonnerstag hieß auch »Antlaßtag«, ein Wort, das von antlâz, Ablaß, Nachlaß von Sündenstrafe, herkommt. Gründonnerstag wurden nämlich früher die öffentlichen Büßer, also jene, die zu einer Kirchenstrafe verurteilt worden waren, wieder in die kirchliche Gemeinschaft aufgenommen. Die an Gründonnerstag gelegten Eier hießen entsprechend Antlaßeier. Sie galten als besonders heilkräftig und wurden für die Eier- und Speisenweihe aufgehoben. Das galt auch für die Kräuter, die man an Gründonnerstag sammelte. Zusammen mit Blumen wurden sie zum Antlaßkranz geflochten. Diesen Kranz hob man oft das ganze Jahr über auf und steckte ihn – zusammen mit einem Antlaß-Ei – in den Erntekranz.

Die Bezeichnung »guter Mandeltag« oder »Mangeltag« für Gründonnerstag kommt daher, daß an diesem Tag »Mandelbrot« ausgegeben wurde, Es hat seinen Namen gleichfalls vom lat. mandatum (novum), das sich im Johannesevangelium (13,34) findet und Bezug zum Tag hat. Aus dem – unverstandenen – »mandatum« wurde Mandel bzw. Mangel und dann Mandelbrot oder Mangelbrötchen, aber auch Liebesmahlbrötchen, Trauergebäck, Marterbrot, Kreuzbrot und Mutschellen.

Karfreitag

Der Freitag der Karwoche heißt Karfreitag. An ihm wird des Todes Christi gedacht. Evangelischen Christen gilt dieser Tag als besonderer Festtag, weil die Reformatoren den Tod Jesu als Voraussetzung der Erlösung betont hatten. In allen christlichen Kirchen finden besondere Gottesdienste statt. In evangelischen Familien war es vielfach üblich, daß wenigstens ein Familienmitglied den Gottesdienst besuchte. In katholischen Kreisen ist der Gottesdienstbesuch an Karfreitag keine Pflicht. In Zeiten, in denen Katholiken und Protestanten kein gutes Verhältnis pflegten, demonstrierten Katholiken mancherorts, daß für sie der Karfreitag nicht die gleiche Bedeutung wie für evangelische Christen hatte: Sie strichen ihre Häuser an, hielten öffentlich sichtbar Frühjahrshausputz oder düngten die Felder. In protestantischen Gegenden »revanchierte« man sich an katholischen Festtagen. Immer aber war der Karfreitag ein »stiller Feiertag«, an dem laute, öffentliche Lustbarkeiten verboten waren.

Ölbergspiel – Ölbergandacht

Nachfolge Christi bedeutet für Christen in der Karwoche, Jesus auf seinem Leidensweg zu folgen. Schon um 400 war es in Jerusalem üblich, sich Gründonnerstag am Ölberg zu versammeln, um der Todesangst Jesu zu gedenken und dann um Mitternacht zu der Stelle zu ziehen, wo Jesus gefangengenommen wurde, was man rituell mit lautem Wehklagen beging. Das Mittelalter spielte diese Szene nach: Ölbergspiel und Ölbergandachten kamen auf. Alle zwei Jahre findet in Reischach noch eine Ölbergandacht statt, ein Mysterienspiel in der Kirche mit Gebet, Betrachtung, Musik. Die Darstellung der einzelnen Szenen erfolgt mit mechanisch beweglichen Figuren.

285

Kreuzweg(andacht)

Am Karfreitag begaben sich die Jerusalempilger auf Christi Leidensweg zum Berg Golgota. Weil aber nur wenige Christen sich in Jerusalem selbst auf die Spuren Jesu begeben konnten, bildete man zu Hause den Leidensweg Jesu nach. In geistigen Kreuzwegandachten erinnerten Karwochenlieder an die einzelnen Stationen des Leidensweges vom Ölberg bis zur Beisetzung Jesu. Nicht der Nachvollzug des historischen Geschehens, sondern seine Ausdeutung, die Beziehung zum Beter standen im Vordergrund.

Passion Christi –
Missale Romanum (1892)

Die geistige Nachfolge Christi auf der »via dolorosa« führte dazu, sich auch die einzelnen Stationen bildlich vorstellen, den Weg Jesu auch faktisch nachgehen zu wollen. Es entstanden die – meist mit zwölf oder vierzehn Stationen versehenen – Kreuzwege. Sie waren meist als Wallfahrtswege mit Bildstöcken gestaltet, die an einer Kapelle oder Kirche endeten. Wo man es konnte, wurde aber auch die Landschaft Jerusalems nachgebaut: Der Wallfahrtsweg endete auf einem Berg »Golgota«, auf dem die Kreuzigungsszene nachgestellt war. Diese Form der Passionsandachten wurde vor allem von den Franziskanern und Kapuzinern gefördert, die diese Frömmigkeitsübungen zusammen mit den von ihnen ins Leben gerufenen »Todesangst-Christi-Bruderschaften« pflegten. Damit auch ältere Menschen an solchen Andachten teilnehmen konnten und wahrscheinlich auch, weil die Verstädterung das Erreichen der Wallfahrtswege erschwerte, wurden die Kreuzwege näher an die Kirchen gelegt: Sie fanden sich in Kirch- bzw. Friedhöfen und schließlich in den Kirchen selbst wieder. Im Kirchenraum wurden aus den Bildstöcken mit plastischen Figuren jetzt Halbreliefs und gemalte Bilder. Der

Kreuzweg endet zwar auch hier mit der Grablegung Christi, aber die Geistlichen konnten den Gläubigen hier leicht den Altar als fünfzehnte Station vorstellen: als Ort der Auferstehung(-sfeier).

Die Calvaires

Als »Land der Kalvarienberge« wird die Bretagne bezeichnet. Die »Calvaires« sind Teil eines heiligen Bezirks, dessen Mittelpunkt – zu ihm gehören auch die Kirche, das Beinhaus und der Friedhof. Dieser Bereich ist Zuflucht für die Lebenden und geschützter Ort der Toten. Im 16./17. Jahrhundert, nach einer Pestepidemie, gewann die Gegend durch die aufblühende Tuchindustrie Reichtum. Die Menschen hatten aber nicht das Leid der vergangenen Zeit vergessen. In den Mittelpunkt ihrer Betrachtung stellten sie die Kreuzigung Jesu und Szenen der Passion. Die »Calvaires« verstehen sich so als Memento mori: »O Sünder, tut Buße, solange ihr noch lebt, denn die Toten haben dazu keine Gelegenheit mehr«, steht in großer Schrift auf dem Beinhaus von St.-Thégonnec.

Passions- und Osterspiele

Von der mit verteilten Rollen in den Kirchen vorgetragenen Passion über geistige und reale Kreuzwegandachten führte der Weg des Nachvollzugs zu den Passions- oder Osterspielen, bei denen die Gläubigen in dramatisierter Form das Leiden Christi nachspielten. Ursprünglich war das Passionsspiel als geistliches Schauspiel ebenso wie das Weihnachtsspiel räumlich und zeitlich in die Kirche eingebunden. Vor dem Gottesdienst wurde in Frage und Antwort die Auferstehungsbotschaft durch den Engel am Grabe Jesu an die Frauen, die seinen Leichnam salben wollten, dargestellt. Am frühen Ostermorgen setzte man das Osterspiel fort. Allmählich lösten sich Passions- und Osterspiel im Laufe der Jahrhunderte aus dem Kirchenraum und der liturgischen Einbindung. In der Aufklärung schließlich gingen dann die meisten Passionsspiele unter, weil das Nachspielen des Leidensweges, seine Form und seine Texte als unpassend und dem Zeitgeist widersprechend empfunden wurden. Die Anfänge

Das Abendmahl – Oberammergauer Passionsspiel nach Leonardo da Vincis Fresko in Santa Maria delle Grazie in Mailand – Foto: Leo Schweyer, Gemeindearchiv Oberammergau

der Passionsspiele lassen sich bis in das 10. Jahrhundert zurückverfolgen. Erhalten sind heute nur noch wenige Passionsspiele wie z.B. in von Oberammergau, Waal (bei Buchloe, Allgäu), Sömmersdorf (zwischen Steinfurt und Bad Kissingen) oder Erl (Tirol).

Passionsprozessionen

Den Passionsspielen eng verwandt sind die Passionsprozessionen an Gründonnerstag, meist Karfreitag und Karsamstag. Typisch für sie ist die Visualisierung einzelner Elemente des Leidens Christi: Vorzeigen der Leidenswerkzeuge, Geißelung Christi, Veronika reicht Jesus ein Schweißtuch usw. Einzelne Personen und Gruppen veranschaulichen den Betrachtern die Ereignisse in Jerusalem. Ein gemeinsamer Text, Spielszenen oder Spielort fehlen.

Besonders in Spanien bestehen derartige Prozessionen fort, wobei touristische Attraktivität sicherlich auch ein Argument ist. In der Semana Santa (= Heilige Woche) ziehen von Palmsonntag bis Karsamstag Prozessionen, die die Dramatik der Passion Christi in einer Spannung zwischen tiefer Betroffenheit bis monumentalistischer Prachtentfaltung zeigen. Die Veranstaltungen haben vielfach den Charakter von Volksfesten und zeigen eher Siegesfreude als Todestrauer. Seit dem Mittelalter werden die Prozessionen von den »nazarenos«, Mitgliedern einer unter spitzen Kapuzen verborgenen Bruderschaft, als Bußübung organisiert. Die bekanntesten Prozessionen ziehen in Andalusien; in Sevilla gibt es von Palmsonntag bis Karfreitag täglich eine Prozession.

Von Spanien aus hat diese Form der Passionsfrömmigkeit ihren Weg nach Frankreich gefunden. In Perpignan in Südfrankreich setzt sich am Karfreitag um 15 Uhr beim Klang der Totenglocke eine Bußprozession in Gang. Männer in schwarzen, roten oder grauen Kapuzen, gegürtet mit einem Strick, tragen blumengeschmückte Darstellungen der Passion durch die Stadt. Organisiert wird die Prozession von der 1416 von spanischen Dominikanern gegründeten »Bruderschaft vom Kostbaren Blut unseres Herrn Jesus Christus«. Mittelpunkt ist der »Dévot Christ«, ein in Deutschland geschnitzter, gotischer Christus am Kreuz.

In dem ehemals von Spanien beherrschten Belgien haben diese Prozessionen ebenfalls Fuß gefaßt. Nach dem Vorbild anderer Gründonnerstagsprozessionen formten 1644 die Kapuziner in Veurne eine Prozession, getragen von der »Bruderschaft vom gekreuzigten Seligmacher und seiner betrübten Mutter unter dem Kreuz«. Die vermummten Büßer tragen schwere Holzkreuze. Mitgeführt werden Figuren, die Szenen aus dem Alten und Neuen Testament lebendig werden lassen. Diese Prozession findet aber nicht in der Karwoche, sondern am letzten Sonntag im Juli statt.

288

Die spanische Passionsfrömmigkeit hat ihren Weg bis nach Südamerika gefunden. Bußprozessionen Vermummter in der Karwoche gibt es auch hier. In der salvadorianischen Provinzstadt Sonsonate schleppen Hunderte von Männern 24 Stunden lang bei Temperaturen von mehr als 40 Grad im Schatten tonnenschwere Gebilde, die Elemente des Leidensweges Jesu darstellen.

Auch in Italien haben sich Prozessionen dieses Typs erhalten. Am bekanntesten sind die in Catamisetta und Trapani auf Sizilien. Italiener in Deutschland versuchen heutzutage diese Form hier wieder lebendig werden zu lassen. Im südhessischen Bensheim organisiert seit 1983 die italienische Mission eine Karfreitagsprozession als »religiöses Straßentheater«. Die Fußgängerzone wird zum Leidensweg Christi; auf dieser Via dolorosa werden alle biblischen Ereignisse vom Garten Getsemani bis zur Kreuzigung dargestellt. Außer den Italienern engagieren sich inzwischen auch Deutsche, Ungarn und Amerikaner, die jedes Jahr ab Aschermittwoch für das nächste Jahr proben. In Saal (Landkreis Kelheim) hat der Passionsspielkreis die Tradition der Karfreitagsprozession mit lebensgroßen Holzfiguren wiederaufgenommen. Ähnlich zeigen sich die Kreuztrachten in einigen bayerischen Orten bzw. den westfälischen Gemeinden Delbrück, Menden und Gehrden.

Ein besonders eindrucksvoller Karfreitagsbrauch besteht in Romont, zwischen Fribourg und Lausanne in der Schweiz. Am Karfreitag um 15 Uhr, nach der Lesung der Passionsgeschichte in der Kirche, erscheinen unter dem Portal »Les Pleureuses du Vendredi-Saint«, angeführt von Christus, der ein schweres Kreuz schleppt. Dem Gottessohn folgt Maria, dahinter etwa 15 Mädchen, die auf Kissen die Leidenswerkzeuge Christi tragen. Es ertönt kein Laut, die Prozession erfolgt schweigend, die Teilnehmerinnen sind völlig in Schwarz gekleidet, die Köpfe unter einem Tuch mit Augenschlitzen verhüllt. Die Prozession endet, wo sie begonnen hat: in der Kirche.

Kreuz- und Grabverehrung

Die »Regularis concordantia« des Bischofs Ethelword aus dem 10. Jahrhundert, eine Sammlung der in englischen Benediktinerklöstern üblichen liturgischen Bräuche, nennt vier »liturgische Darstellungen« für das Osterspiel: die adoratio crucis (die Kreuzverehrung), die depositio crucis (die »Grablegung« des Kreuzes), die visitatio crucis (der Besuch des Kreuzes) und die elevatio crucis (die Erhebung des Kreuzes aus dem Grab). Die Verehrung des Kreuzes (adoratio crucis) ist bis heute Bestandteil der Karfreitagsliturgie. Die *Grablegung* des Kreuzes (depositio crucis) geschah früher durch ein Kreuz, das man in das »Heilige Grab« legte. Das Kreuz wurde später durch einen geschnitzten Korpus bzw. die Monstranz ersetzt. Das Heilige Grab wird einzeln von Gläubigen oder in

289

Form von Gemeinschaftsandachten verehrt (visitatio crucis). Am Ostermorgen wird die Grabfigur bzw. das Allerheiligste feierlich erhoben (elevatio crucis). Die Verehrung des Heiligen Grabes blieb über die Jahrhunderte erhalten. In Mindelheim, Unterallgäu, ist ein Heiliges Grab an Karfreitag und Karsamstag in alter Tradition wieder erstanden. Dem Felsengrab in Jerusalem nachempfunden, magisch illuminiert von farbigen Glaskugeln, ruht der Leib des Herrn auf einem Leinentuch.

Das Heilige Grab ist nicht nur auf Zeit Bestandteil des Karfreitagrituals bis zur Osternacht. In Kirchen und Kapellen, manchmal Klein-Jerusalem geheißen, ist das Grab Jesu oft maßstabsgerecht während des ganzen Jahres nachgebaut. Wie viele dieser Stätten es in Deutschland gibt, in denen oft auch die Geburtsszene und andere Ereignisse und Örtlichkeiten aus dem Leben Jesu nachgestellt sind, ist unbekannt. Bekannt sind: die Kapuzinerkirche in Eichstätt; Klein-Jerusalem in Willich-Neersen (zwischen Neuss, Mönchengladbach und Krefeld), ab 1654 gebaut; Erlöserkapelle in Wiesbaum-Mirbach bei Stadtkyll in der Eifel; Heiliges Grab in Denkendorf bei Esslingen. Das Görlitzer Heilige Grab wurde 1489 fertiggestellt; als »schlesisches Jerusalem« gilt Albendorf in der Grafschaft Glatz, das heute zu Polen gehört; seit fast 900 Jahren pilgern die Christen zur Kreuzkapelle an den Externsteinen im Lipper Land. Auch in der Bonner Kreuzbergkapelle befindet sich ein Heiliges Grab. Hier findet sich ebenfalls noch eine Geburtshöhle und das sogenannte Haus Nazaret. Bedeutender aber ist hier die »Heilige Stiege«, die seit dem Spätmittelalter als Treppe des Pilatuspalastes in Jerusalem hier und andernorts verehrt wird.

Ewiges Gebet

Mit dem Heiligen Grab entwickelte sich die Form des Vierzigstündigen Gebetes oder Ewigen Gebetes. Der Symbolhaftigkeit der Zahl 40 entsprach die Berechnung der Zeit, die Jesus im Grab zugebracht haben soll. Heute versucht man in jeder Diözese, von der ersten Stunde des Neujahres bis zur letzten Stunde des Jahres eine ununterbrochene Gebetskette von Pfarrkirchen, Klöstern, Kapellen mit eucharistischer Anbetung vor dem ausgesetzten Allerheiligsten durchzuführen. Die Form der eucharistischen Frömmigkeit läßt sich bis in das 10. Jahrhundert zurückverfolgen, als sich eine Andacht des kontinuierlichen Betens über 40 Stunden entwickelte. Ein Sonderfall dieser Gebetsform war die Andacht am »Heiligen Grab«. Später stellte man feierlich die Monstranz an diesem Grab auf. Dann verschob sich die eucharistische Gebetswache auf das Ende der Gründonnerstagsliturgie. 1527 ist erstmals in Mailand ein vierzigstündiges Gebet vor dem Allerheiligsten im Dom an den Kartagen bezeugt, das sich dann als »Ewige Anbetung« in den Kirchen des Bistums fortsetzte.

In Deutschland kam das Ewige Gebet im 17. Jahrhundert auf. Gerne wurde das Ewige Gebet auf die Karnevalstage gelegt – als Sühnegebet in der Fastnachtszeit. Es haben sich Ordensgemeinschaften gebildet, z. B. die »Benediktinerinnen von der ewigen Anbetung«, die sich ausschließlich der ewigen Anbetung widmen. Das Beten ohne Unterbrechung hat auch in der Gegenwart neue Formen gefunden. 1955 hat das Katholische Männerwerk des Erzbistums Freiburg in der wunderschön gelegenen Wallfahrtskirche auf dem Lindenberg bei St. Peter im Schwarzwald die Reise Adenauers nach Moskau, um die Freilassung der deutschen Kriegsgefangenen zu erbitten, mit einer Gebetswache begleitet. Bekanntlich war diese Reise erfolgreich. Seit dieser Zeit setzen Männer des Erzbistums dieses Gebet fort. Auf eigene Kosten halten sich jede Woche mehr als zwanzig Männer auf dem Lindenberg auf, um Tag und Nacht die ununterbrochene Anbetung fortzusetzen.

Grablegung Jesu (im Hintergrund die Auferstehung und die Befreiung aus dem Fegfeuer – Holzschnitt (15. Jh.). Wien, Graphische Sammlung Albertina

Regionale und überregionale Besonderheiten

Im Dreieck zwischen Venlo, Nijmwegen und Kleve findet sich in den Niederlanden ein Freilichtmuseum, das das Heilige Land den Menschen nahebringen möchte. Hier finden sich Nachbauten des Palastes des Pontius Pilatus und des Synedriums (des oberstes Verwaltungs- und Rechtsorgans der Juden zur Zeit Jesu).

Glaskugeln

Zum Heiligen Grab gehörten seit dem 12. Jahrhundert bunte Glaskugeln, die aufgesteckt wurden. Die aus venezianischen Glashütten stammenden Kugeln galten als Sonnen- und Glückssymbol. Heute findet man die bunten Glaskugeln fast nur noch in den Gärten.

291

Passionskrippen

Eine besondere Variante der figürlichen Darstellung der Ereignisse der Karwoche sind die Passionskrippen, die sich noch im Süddeutschen mancherorts erhalten haben. Wie bei der Weihnachtskrippe sieht man die gesamte Handlung in einer figurierten Landschaft. In manchen Kirchen wird die Passionskrippe nicht nur in der Fastenzeit aufgebaut, sondern steht verkleinert in einem Kasten, der sich gegen Einwurf einer Münze erleuchten läßt. Diese Tradition hat sich vor allem im oberen Inntal (Österreich) erhalten. Über 250 Jahre ist eine Krippe in Inzing alt. In der Pfarrkirche von Zirl wird eine Passionskrippe als Wandelkrippe betreut.

Heilige Stiege

Eine eigene Form der Passionsfrömmigkeit, die auch außerhalb der Passionszeit geübt wurde, ist mit der »heiligen Stiege« verbunden: Kaiserin Helena († 330) hatte aus Jerusalem eine Treppe nach Rom gebracht, die als jene galt, über die Jesus in das Haus des Pilatus zu seiner Verurteilung geführt worden war. Diese Treppe mit ihren 28 Stufen, die man nur auf den Knien erklimmen durfte, Scala Sancta genannt, wurde gegenüber der damaligen Papstresidenz, dem Lateran, installiert. Die heilige Stiege baute man an verschiedenen Orten der Welt nach (z. B. 1746 in der Wallfahrtskirche Bonn-Kreuzberg; 1872 im Anna-Heiligtum in Auray, Belgien; Kalvarienberg bei Bad Tölz), um auch »vor Ort« diese geistliche Übung nachvollziehen zu können. Symbolisch gehen die Gläubigen den Weg Jesu: Sie tun Buße, erniedrigen sich und folgen Jesus nach.

Schweißtuch der Veronika

Ein Element des Kreuzweges, sonst auch außerhalb davon dargestellt, ist die hl. Veronika, Christus auf dem Kreuzweg ein Schweißtuch rei-

chend, in dem sich das Bild Jesu wiederfindet. Die in der Bibel nicht erwähnte Veronika ist, so nehmen wenigstens heutige Forscher an, eine Personifizierung des Wissens um eine alte Abbildung des Hauptes Jesu. Wie man noch heute am Turiner Grabtuch glaubt nachweisen zu können, war dieses Tuch so gefaltet, daß man nur das abgebildete Haupt erkennen konnte. In einen Rahmen gefügt, war dieses Bild aufgestellt und prägte seither die typische künstlerische Jesusdarstellung. Für die Annahme, Veronika sei eine Fiktion, spricht ihr Name, der sich lateinisch als »vera ikona«, wahres Bild, deuten läßt. Trotzdem hat die das Schweißtuch reichende Veronika bis heute die Frömmigkeit belebt: Eine Frau widersetzt sich den Römern durch eine mildtätige Handlung. Sie wird dadurch belohnt, daß sich ihr Christus unauslöschlich einprägt. Getaner Glaube in glaubensfeindlicher Umwelt stellt sich hier prägnant dar.

Vesperbild

In manchen Kirchen sieht man es noch in der Karwoche, in den meisten gar nicht mehr, in einigen Kirchen befindet es sich im Museum wie der »Palmesel«: das Vesperbild, eine figürliche oder bildliche Darstellung des Jesus von Nazaret während der Geißelung, nur mit einem Lendentuch bekleidet, mit den Händen oder dem ganzen Körper an eine Säule gefesselt oder bereits zusammengebrochen, blutüberströmt. Dargestellt wird das sprichwörtlich gewordene »Leiden Christi«, das er um der Erlösung der Menschheit willen auf sich genommen hat. Seltener wird als Betrachtungsgegenstand die Verspottung Jesu mit einem roten Mantel und der Dornenkrone gewählt. Die Betrachter werden an ihre Sünden erinnert, die Jesus Christus auf sich genommen hat. Bewirken soll die Betrachtung die Umkehr, die Neuausrichtung auf Christus und seinen Weg zum Heil. Ein solches Vesperbild war Anlaß zum Bau der berühmten Wieskirche.

Marienklage – Pietà

Neben dem Vesperbild Christi an der Martersäule hat die Marienklage oder Mater dolorosa bzw. Pietà eine große Wirkung gehabt. Dargestellt wird die Gottesmutter, die ihren toten Sohn nach der Abnahme vom Kreuz auf dem Schoß hält. Dieser Marientypus findet sich in ungezählten Varianten in allen Kirchen, die berühmteste aber ist die Pietà Michelangelos, die sich heute in der Peterskirche in Rom befindet.

Trauer-, Dunkel-, Finstermetten

293

Als Trauer-, Dunkel- oder Finstermette (Matutinum tenebrorsum, tenebrarum) wurden die nachmittags vorausgenommene Matutin und Laudes der drei Kartage vor Ostern genannt, weil sie bei spärlichster Beleuchtung des Chorrau-

mes stattfanden. In der »hebdomada lamentosa«, wie die Karwoche in Konzils-
beschlüssen genannt wurde, ließ die Kirche die Klagelieder des Jeremia (»la-
mentationes Jeremiae«) vorlesen, eine Klage auf das 586 v. Chr. zerstörte Jerusalem, was nun (christlich) sinnbildlich auf Christus bezogen wurde. Bis ins 19.
Jahrhundert wurden diese Klagelieder von Karmittwoch bis Karsamstag in deutscher Sprache in jeweils 22 Versen – entsprechend den 22 Buchstaben des hebräischen Alphabetes – als Volkspassion vorgetragen. In den dreißiger Jahren
unseres Jahrhunderts kamen diese Trauermetten, für die die süddeutsche Burla-
dinger Volkspassion ein treffendes Beispiel ist, außer Übung.

Rumpel- und Pumpermetten – Judasjagen

Der biblische Verräter Jesu, der Apostel Judas Iskariot (Matthäus 26,25;
48f), ist in die Umgangssprache und in das Brauchtum eingegangen. Der »Ju-
daskuß«, der »Judaslohn« sind ebenso bekannt wie die Bezeichnung eines verräterischen Menschen als »Judas«. Die Verachtung des Judas drückten Christen
in den Rumpel- und Pumpermetten aus, aber auch im Judasjagen. Die in der Karwoche durchgeführten Andachten wurden unter den Namen »Rumpel-« oder
»Pumpermetten« bekannt. Der Name entstand zum einen dadurch, daß – weil
ab Gründonnerstag keine Glocken mehr geläutet werden – das Ende der Andacht durch Klappern und Ratschen angezeigt wurde. Zum anderen beteiligte
sich in früheren Jahrhunderten die Gemeinde bei dieser Andacht durch Geräu-
scherzeugung mittels Schlagen und Hämmern auf die Kirchenbänke: Der Lärm
sollte den Zorn der Christen über den Verräter Judas anzeigen.

Der Kölner Chronist Ernst Weyden (1805–1869) berichtet aus seiner Jugend: »Uns Kindern in der Dompfarre war das Verbrennen des Judas am Grün-
donnerstage im Domchor ein großartiges Schauspiel. Von der Decke hing ein
Bündel Werg, in welchem einige Schwärmer (= Knallkörper) verborgen, und
dies wurde mit der Osterkerze angezündet.« Das Judasverbrennen sollte die
Nichtswürdigkeit und Vernichtung des Verräters bildhaft vorführen.

Eine ausgesprochen interessante Parallele besteht zwischen der Judasver-
achtung in den Rumpel- und Pumpermetten und der Haman-Verachtung der Juden beim Purim-Fest. Im Mittelpunkt des Festes steht die populärste jüdische
Frau des Alten Testamentes, Ester. Im sechsten Monat des jüdischen Jahres, der
in den Februar/März christlicher Zeitrechnung fällt, werden in der Synagoge Geschichten von Ester vorgetragen (vgl. das Buch »Ester« im Alten Testament). Die
Gläubigen sind dabei keineswegs passiv. Immer wenn die Rede auf Haman
kommt, den persischen Bösewicht, der die Juden ausrotten wollte, schlagen sie
Krach: Die Gläubigen klopfen auf die Bänke oder Fußböden, scharren mit den
Füßen, lärmen mit Klappern und Ratschen, die es eigens für diesen Tag gibt.

Weil der Jude Mordechai sich geweigert hatte, sich vor dem persischen Großwesir Haman zu verneigen, hatte dieser per Los (hebr.: »pur«) den 13. des jüdischen Monats Adar zur Ausrottung aller Juden bestimmt. Ester, die Frau des Perserkönigs Artaxerxes, konnte die Juden retten. Sie entlarvte Haman als Hochverräter, der hingerichtet und durch Mordechai als neuer Großwesir ersetzt wurde. Der heutige Festbrauch, der sich weitgehend vom religiösen Fundament abgelöst hat, erinnert an diese Begebenheit. Zum Schluß des Purim-Festes verbrennen Kinder Haman-Puppen oder hängen sie an den Galgen.

Von Pontius zu Pilatus

Eine weitere Negativfigur neben Judas ist durch die Passion Christi in das Bewußtsein der Christen geraten: Pontius Pilatus, römischer Statthalter in Jerusalem, der Jesus zum Tode verurteilt und – vor Passah – vom Kreuz hat abhängen lassen und die Beisetzung in einem Grab gestattete. Die Rolle des Pilatus: Während er seine Hände in Unschuld wäscht, stirbt Jesus am Kreuz. Des Pontius Pilatus haben die Christen vor allem in Redewendungen gedacht. Wenn es heißt, man gedenke einer Person wie des Pilatus im Credo, so steht jemand nicht in gutem Andenken. Die heute nicht mehr übliche Wendung ist seit dem 16. Jahrhundert belegt. In Thomas Murners »Schelmenzunft« heißt es entsprechend im 34. Abschnitt (V.15ff): »Wen man dyn gedenckt also, Wie pilatus im credo, so soltstu selten werden fro. Das ist pilatus testament, Wen einer nach sym letsten endt Vff erden laßt ein bösen namen, Des all syn kindt sich miessent schamen.« Im Dialekt ist dieser Gedanke noch heimisch, wenn es etwa in Köln heißt: »He es do eren kumme we Pilatus en et Credo« oder schwäbisch: »An einen denken wie an Pilatus im Credo«. Wenn es dagegen heißt, man schicke einen von Pontius zu Pilatus, so möchte man annehmen, dies sei ein Scherzwort. Dagegen spricht die weite Verbreitung. In Frankreich sagte man: »envoyer quelqu'un de Ponce à Pilate«, in den Niederlanden: »iemand van Pontius naar Pilatus sturen«. Auch in der Literatur kommt diese Redewendung vor (Friedrich Spielhagen: »Hammer und Amboß« IV,107; Heinrich Heine [XII, 119]: »Von Pontio nach Pilato rennen«; Hugo von Hofmannsthal: »Rosenkavalier«). Die auf den ersten Blick unsinnige Redensart ergibt dadurch Sinn, daß man sie aus den alten Passionsspielen entstanden begreifen muß. Hier wurde Christus vom Haus des Herodes auf der einen Bühnenseite zum Palast des Pilatus auf der anderen Bühnenseite geschickt. In verschiedenen Gegenden heißt es darum auch: »Einen von Herodes zu Pilatus schicken« oder – umgekehrt – im Dänischen: »fra Pilatus til Herodes«.

295

»Arma Christi«

Die Leidenswerkzeuge, also jene Marterinstrumente, die Jesus von Nazaret an sich erfahren mußte – Kreuz, Geißel, Nägel, Dornenkrone, Schwamm, Zange, Geißelsäule, Lanze, Kreuzinschrift, Hammer, Bohrer, drei Würfel, Strick, Brett mit 30 Silberlingen, Leichentuch –, wurden im Mittelalter als Hoheitszeichen Christi und Majestätssymbole verehrt. Sie wurden zur »arma Christi« und bildlich in Verbindung mit dem »Schmerzensmann« dargestellt und bei figürlichen Kreuzesdarstellungen als Attribute angebracht. Ihre Darstellung befriedigte nicht ästhetische, sondern religiöse Bedürfnisse. Die Arma Christi waren Gegenstände der Verehrung in der Passion, galten als Reliquien Christi, waren Waffen im Kampf gegen die Sünde, wurden im späten Mittelalter zu heraldischen Symbolen und degenerierten bis zu Amuletten. Die Arma Christi werden in Rom in der Kirche S. Croce di Gerusalemme verehrt. Papst Innozenz VI. hatte 1353 für Deutschland und Böhmen sogar ein Fest »De armis Christi« am Freitag nach der Osteroktav eingeführt. 1735 wurde dieses Fest als »›festum ss. lanceae et clavorum D.N.I.Chr.‹ ex indulto in Germania« bestätigt.

»Heiliger Rock«

Nach biblischen Angaben (Johannes 19,23f; Matthäus 27,35) wird das von den römischen Soldaten unter dem Kreuz verloste Gewand Jesu als »Heiliger Rock« bezeichnet. Nach römischem Recht fiel die Kleidung Exekutierter bei einer Hinrichtung dem Exekutionskommando zu. Der Leibrock Jesu soll nach biblischem Zeugnis ein in einem Stück – ohne Naht – gewebtes Kleid gewesen sein. Theologisch wird dies seit jeher als Symbol für die Einheit der Christen verstanden. Die schriftliche Tradition berichtet seit dem 11. Jahrhundert darüber, daß in Trier ein Gewand aufbewahrt wird, das die römische Kaiserin Helena in Jerusalem gefunden haben will. Die Tuchreliquie soll nach den »Gesta Trevirorum« schon um 335 n. Chr. in Trier gewesen sein. Am 1. Mai 1196 wurde die Reliquie in den Altar des neu errichteten Ostchors des Doms eingemauert. 1512 wurde der Rock erstmals öffentlich gezeigt. Seither gab es 19 Heilig-Rock-Wallfahrten, zuletzt 1933, 1959 und 1996. Die Wallfahrten nach Trier zogen jedesmal Hunderttausende an und waren zum Beispiel 1933 eine machtvolle Demonstration.

Die Herkunft der heute von der Boulevardpresse als »heiliges T-Shirt« und »altes Hemd« bezeichneten »ungerächten Tunika Christi« ist bislang wissenschaftlich ungeklärt. Nach Ansicht von Experten verweisen Untersuchungen des Stof-

Der heilige Rock, Trier –
Foto: Werner Schwalbe

fes, 1,47 Meter lang und mit Ärmeln 1,58 Meter breit, in das erste Jahrhundert. Weltweit soll es etwa 20 Heilig-Rock-Reliquien geben, von denen viele als »von Trier mitgebrachte Stücke« gelten. Bei der jüngsten Wallfahrt hat der Bischof von Trier klargestellt, der Rock sei Anlaß, aber nicht Ziel der Wallfahrt. Über viele Jahrhunderte hatte der Heilige Rock als eine besonders jesusnahe Reliquie gegolten, die dem Sohn Gottes in der Passion und bis unmittelbar vor dem Tod nahe war. Die jetzige Aussage des Trierer Bischofs ermöglichte einen Tag der Ökumene, an der sich auch der damalige Präses der Rheinischen Landeskirche, Peter Beier, aktiv beteiligte. Was Martin Luther einst als die »große Bescheißerei zu Trier« geißelte, wurde zum Anlaß eines gemeinsamen Pilgerweges, gegen den sich in der evangelischen Kirche »wenig freundlicher Gegenwind aus wechselnden Richtungen« erhoben habe, berichtete Präses Beier später.

Karfreitagseier – Karfreitagsgras

Eier spielen auch am Karfreitag eine Rolle. Die Karfreitagseier, also die an diesem Tag gelegten Eier, wurden früher in einem dunklen Gefäß aufbewahrt. Sie sollen zwar austrocknen können, aber nicht stinken, und seien – so wird behauptet – über ein Jahr haltbar. Ähnlich wie Teile des Buchsbaumes, der Asche des Osterfeuers oder des Christklotzes sollten diese Eier oder Teile von ihnen Schutz- und Heilfunktion haben, glaubte und glaubt man in einigen alpenländischen Gegenden noch heute. Gegen Gewitter und Feuer liegen sie auf dem Buffet in der guten Stube. Früher wurden Karfreitagseier, die nie »Gschtinket« werden, im Dachgebälk aufbewahrt oder an den vier Ecken der Scheune vergraben. Kranken Tieren wurden sie in Futter gemischt, Kühe bekamen sie vor dem Kalben. Auch beim Menschen sollen die Karfreitagseier wirken – allerdings nur in frischem Zustand: Ein rohes Karfreitagsei bewahrt angeblich ein ganzes Jahr vor Bruchleiden. Wenn die Anwendung der Karfreitagseier auch kaum mehr stattfindet, werden die Eier in Teilen der Schweiz noch immer aufgehoben. Das Karfreitagsgras dagegen spielt nach wie vor eine Rolle in der volksmedizinischen Praxis. Getrocknet wird es krankem Vieh als Heilmittel in das Futter gemischt.

Der stille Karsamstag

Der einzige Tag im gesamten Kirchenjahr ohne Eucharistiefeier ist der Karsamstag. Die Stille in der Kirche ist geradezu sprichwörtlich, denn wenn es heißt, es sei »still wie in der Kirche«, wird manchmal ergänzt »still wie am Karsamstag«. Liturgisch gilt der Karsamstag als Gedächtnistag der Grabesruhe Christi. Zwischen der Feier des Todes Jesu am Karfreitag und der Feier der Auferstehung in der Osternacht durch die Ostermette deutet dieser Tag das »hinabgestiegen in das Reich des Todes«, wie es im Apostolischen Glaubensbekenntnis heißt oder, umgangssprachlich, Tag der »Höllenfahrt Christi«. In den Kirchen sind die Altäre abgeräumt, Blumen, Kerzen, Altartücher fehlen. Neben der Osterbeichte, die traditionell am Karsamstag stattfindet, bietet dieser Tag lediglich die Verehrung des »Heiligen Grabes« an, was anregt, über den Sinn des Leidens und Sterbens nachzudenken. Früher trennte Karsamstag zwei Tage voneinander, die von den Konfessionen unterschiedlich bewertet wurden: Evangelischen Christen galt der Karfreitag als »höchster Feiertag« des Kirchenjahres; die orthodoxe und die katholische Kirche dagegen sahen in der österlichen Auferstehung Christi Sieg über Sünde und Tod. Deshalb wurde Ostern liturgisch besonders gewichtet und durch feierliche Gottesdienste hervorgehoben. Heute trennt der Karsamstag nicht mehr zwei unvereinbare christliche Deutungen: Überwiegend sind sich alle Christen darin einig, daß Tod und Auferstehung Christi eine untrennbare Einheit bilden, die jeweils für sich genommen unvollkommen wäre.

Ostern

Ostern – Missale Romanum
(1892)

GESCHICHTE, BEDEUTUNG, RITEN UND BRÄUCHE

Der Festtermin

Die Auferstehung Jesu stellt das erste und ursprüngliche Fest der Christen dar. Die jährliche Erinnerung an den Erweis der Gottessohnschaft Jesu Christi feierten die ersten Christen in der Folge nicht nur einmal jährlich, sondern nahmen ihn in jede Woche hinein. Der Tag nach dem Sabbat wurde der neue Wochenfeiertag. Hatte man in Jerusalem den Ostertermin ursprünglich noch am jüdischen Passah-Termin gefeiert, dem 14. Nisan nach Exodus 12,1–6, also zum Frühlingsvollmond, so war im Westen die jüdische Prägung weniger stark entwickelt. Hier dominierte der Aspekt der Auferstehung am dritten Tag nach der Kreuzigung. Seit dem 2. Jahrhundert feierte man hier nicht mehr am 14. Nisan, sondern erst am Sonntag nach dem 14. Nisan. Diese Ost-West-Divergenz gab den Stoff für den »Osterfeststreit«, der erst auf dem Konzil von Nizäa (325) dadurch gelöst wurde, daß einheitlich der erste Sonntag nach dem Frühlingsvollmond als Ostertermin bestimmt wurde. Der jüdische Passah-Termin blieb damit der Bezugspunkt. Das christliche Fest wurde aber nicht mehr am Tag des Abendmahles (Passah) gefeiert, sondern als Auferstehungsfest nach dem Passah.

Der einheitliche Ostertermin blieb im Lauf der Geschichte gewahrt, selbst über das Schisma der Ost- und West-Kirche im Jahr 1054. Erst die Gregorianische Kalenderreform führte zu einem Auseinanderdriften des Ostertermins zwischen Ost- und West-Kirche: Während im Westen die Reform allmählich akzeptiert wurde, vollzog die orthodoxe Kirche die Reform nicht mit. Sie berechnet den Ostertermin weiterhin nach dem Julianischen Kalender und hinkt deshalb mit ihrem Ostertermin zur Zeit etwa 13 Tage nach.

Der Mathematiker Carl Friedrich Gauß (1777–1855) erstellte eine Formel, mit deren Hilfe sich der Termin des Osterfestes für jedes Jahr berechnen läßt: Man teilt die Jahreszahl (J) durch 19 und bezeichnet den Rest mit a; also J: 19, Rest a. Entsprechend gilt: J: 4, Rest b, J: 7, Rest c. (19 a + m): 30, Rest d. (2b + 4c + 6d + n): 7, Rest e. Ostern fällt nun entweder auf den (22 + d + e)ten März oder auf den (d + e - 9)ten April. Für die Werte m und n gilt: Für die Jahre 1900 bis 2099 muß für m die 24, für n die 5 eingesetzt werden. Beachtet werden muß, daß für den 26. April immer der 19. April zu setzen ist, für den 25. April der 18. April, wenn d = 28, e = 6 und a größer als 10 ist. Wem diese Rechnung zu kompliziert ist, wird dankbar für einen Kalender sein!

Das jüdische Passah als Vorbild des Abendmahls

Das christliche Osterfest hat seinen Vorläufer im jüdischen Passah, Pascha oder Pessach: An ihm wird der Auszug der Kinder Israels aus dem »ägyptischen Sklavenhaus« gefeiert. In Ägypten sprach Gott zu Mose und Aaron: »Dieser Monat [= Nisan] soll die Reihe eurer Monate eröffnen, er soll euch als der erste unter den Monaten des Jahres gelten … Am Zehnten dieses Monats soll jeder ein Lamm für seine Familie holen, ein Lamm für jedes Haus« (Exodus 12,2f). Dieses Passah-Lamm wurde bis zum 14. des Monats gehütet, dann geopfert, gebraten und von den Familienmitgliedern verspeist. In dieser Tradition lebte auch Jesus von Nazaret, als er im Rahmen seiner letzten Passah-Feier (»letztes Abendmahl«) vor seinem Tod diesen Anlaß nahm, um sein Fleisch und sein Blut als Opfer für die christliche Gedächtnisfeier einzusetzen.

Im jüdischen Passah sind zwei unterschiedliche Feste eins geworden: das Hirtenfest »Chag Ha-Pessach« (= Feier des Passah-Lammes) und das Bauernfest »Chag Ha-Mazzot« (= Feier der ungesäuerten Brote). Das erstgenannte Fest ist das ältere, das die Juden noch als nomadische Hirten in der Wüste begingen. Sie feierten die Ankunft des Frühlings, indem sie ein Tier opferten. Schon vor dem Auszug aus Ägypten erbat Mose dazu vom Pharao die Erlaubnis für sein Volk, um in der Wüste ein Fest zu Ehren Gottes zu feiern (vgl. Exodus 5,1). Mit dem bäuerlichen Chag Ha-Mazzot begingen die Juden in Palästina ein Frühlingsfest, an dem sie den Beginn der Getreideernte feierten. Bevor sie das Korn einfuhren, entfernten sie alle Reste von Sauerteig aus ihren Häusern. Im Verlauf der jüdischen Geschichte verbanden sich beide Frühlingsfeste mit dem Gedächtnis des Auszugs aus Ägypten (= Exodus): Chag Ha-Pessach (vgl. Exodus 34,25) wurde zum Passah-Fest mit Passah-Lamm, weil Gott an den Häusern Israels in Ägypten vorbeiging und ihnen die zehnte Plage ersparte, die die Erstgeborenen ägyptischer Familien traf. Passah bedeutet »vorübergehen an«. Chag Ha-Mazzot (vgl. Exodus 23,15), Fest der ungesäuerten Brote (= aus Teig ohne Treibmittel), wurde mit dem überstürzten Auszug der Juden aus Ägypten gleichgesetzt, weil diese nur den rohen Teig mitnehmen konnten, »ehe er durchsäuert war« (Exodus 12,34). Die Bibel gebot den Juden, Passah sieben Tage zu feiern. Im Exil entwickelte sich der Brauch, acht Tage in der Diaspora zu feiern, um sicherzugehen, daß alle Juden zur gleichen Zeit feiern.

Die christliche Festzeit, die Oktav, also – dem Begriff nach – eine Festzeit von acht Tagen, hat hier ihr Vorbild. Die Mazza, das ungesäuerte Brot aus Mehl und Wasser, das für die Passah-Feier gebacken wurde, war Vorbild der Hostie, des eucharistischen Brotes der Christen. Eine spezielle Passah-Andacht ist der Seder, den man in der ersten Passah-Nacht zu Hause feiert. Dabei wird die Haggada verlesen, die Geschichte des Exodus aus Ägypten – für Katholiken das Buch Exodus des Alten Testaments, für Protestanten das 2. Buch Mose. Auch dieser verlesene Bericht und seine zeitliche Einordnung vor dem Fest haben seine christliche Entsprechung: im Verlesen der Passion Christi in der Karwoche.

»Ostern« – »In den Ostern« – »In den paschen«

»Ostern«, »in den Ostern« oder »in den paschen« bezeichnet das Osterfest mit vier Feiertagen (österliche Tage) und einer Festwoche (= Oktav).

Das *Wort Ostern* existiert in verschiedenen Schreibweisen: Astern, Austern (Österreich), Oistern, Oustern. Vom Hebräischen abgeleitet ist Pascha (bonum, carnosum, communicans, domini, magnum, major, majus), Paschen, paeschen, paischen, Paschalia, Paschetag, Pâques communians (commenians), dies paschalis (pasche, paschatis, paschatos), festum paschale, Agnus paschalis. Es gibt dominica pasche (paschalis, in resurectione, resurrectionis domini) und dies sanctus (sacratissimus, resurrectionis) sowie resurrectio domini. Pasch(en) oder Paschtag bedeutet heute noch im Kölner Dialekt Ostern. Der *Ostermontag* heißt in Schwaben Ostergutentag. Die *Woche nach Ostern* wird bezeichnet als Ausgehende Osterwoche, ferie paschales, hebdomada resurrectionis (sancte pasche, paschalis), Pascheweke. Vom nachfolgenden *Weißen Sonntag* her haben sich die Bezeichnungen Albaria, Alba paschalis (paschalis) gebildet.

Bis um die Mitte dieses Jahrhunderts war die – von den Nazis geförderte – Auffassung verbreitet, das Wort »Ostern« leite sich von einer germanischen Frühlingsgöttin »Ostara« ab. Inzwischen ist wissenschaftlich geklärt, daß die Ostara unbewiesen ist; sie ist durch Rückschluß entstanden, indem angenommen wurde, Ostern müsse sich auf eine solche Gestalt zurückführen lassen. Der wohl älteste literarische Beleg für das Wort »Ostern« findet sich bei dem Kirchenlehrer Beda Venerabilis (674-735) mit »Eostro«. Das Wort bedeutet Morgenröte und ist von dem Wortstamm »ausos« abgeleitet, der im Griechischen zu »eos«, Sonne, und im Lateinischen zu »aurora«, Morgenröte, geführt hat. Im Althochdeutschen bildete sich Eostro zu »ôstarum« und im Altenglischen zu »eastron«. Der kirchenlateinische Begriff »Pascha« oder »Passah« wurde seit jeher mit Ostern gleichgesetzt. Warum die Bezeichnung für die Morgenröte zum Synonym für Passah werden konnte, läßt sich an den Canones Hippolyti zeigen, wo es heißt: »Nemo igitur illa nocte dormiat usque ad auroram – Niemand soll in dieser Nacht schlafen, sondern wach bleiben bis zur Morgenröte.«

Geschichte, Bedeutung, Riten und Bräuche

Das Wachen in der Nacht ist Kennzeichen der beiden christlichen Hochfeste Weihnachten und Ostern. Diese Nacht wird in beiden Fällen zur »heiligen Nacht« (lat.: »nox sacratissima«), wie es in den jeweiligen Orationen vor der Liturgiereform hieß. Die besondere Nachtwache war im Judentum schon vorgebildet, vgl. Weisheit 18,14–15: »Als tiefes Schweigen das All umfing und die Nacht bis zur Mitte gelangt war, da sprang dein allmächtiges Wort vom Himmel, vom königlichen Thron herab als harter Krieger mitten in das dem Verderben geweihte Land.« Variiert nimmt Jesus Christus die Nachtsymbolik auf: in seiner Ankündigung, seine Wiederkehr erfolge wie das Erscheinen eines Diebes in der Nacht (vgl. Matthäus 24,43), und in dem Gleichnis von den törichten und den klugen Jungfrauen (vgl. Matthäus 25,6). Wachsamkeit »mitten in der Nacht«, eine von Christen erwartete Grundhaltung, wird durch das nächtliche Stundengebet und durch die Mette liturgische Form.

Osterbräuche und -riten

»Judas jagen«

Ein untergegangener Brauch der Osternacht hat sich in unserer Sprache erhalten. Spöttelnd heißt es im Rheinland von den Menschen in der Fastenzeit, es müsse bei ihnen »der Judas ausgefegt« werden. Die Redewendung geht zurück auf einen alten Brauch: Die geräuschvolle Jagd der Kinder in der Osternacht, eigentlich das dem Judas Hinterherjagen des Passionsspiels, nannte man im Mittelalter »Judas jagen«. Auch die Redewendung »den armen Judas singen« (auch: einem den Judas singen) meint: spotten, schelten, in Not und Armut geraten, Klagelieder singen. Die Redewendung entstammt einem früher üblichen Lied: »O du armer Judas, Was hast du getan, Daß du deinen Herren also verraten hast? Darumb su mustu leiden Hellische pein, Lucifers geselle Mustu ewig sein. Kyrie eleison.« Dieser deutsche Text ist die Übersetzung der letzten Strophe eines lateinischen Osterhymnus: »O tu miser Juda, quid fecisti, quod tu nostram dominum tradidisti? Ideo in inferno

Die Wächter verkünden die Auferstehung Jesu – Die Heiligen Schriften des Neuen Testaments in Hundert Biblischen Kupfern dargestellt. Gestochen unter der Leitung von Carl Schuler (1814). Foto: Archiv des Autors

303

cruciaberis, Lucifero cum socius sociaberis.« Die satirisch-parodistische Verwendung dieses Liedes, seit Ende des 15. Jahrhunderts sehr beliebt, läßt sich erstmals für den 26. Mai 1490 belegen: Als Kaiser Maximilian per Schiff auf der Donau die Stadt Regensburg passierte, die sich ihm widerspenstig zeigte, verhöhnte er die Regensburger, die dicht an dicht am Ufer standen, durch das Abspielen des Liedes: »O du armer Judas, was hast du getan.«

Osterfeuer – Osterkerze

Mit dem Osterfeuer, aus Stein geschlagen und vor der Kirche entzündet, beginnt liturgisch die Feier der Osternacht. Am Osterfeuer entzündet, wird die Osterkerze in die Kirche getragen. Sie symbolisiert den auferstandenen Christus, dessen Auferstehung in dieser Nacht gedacht wird, die »die alte Schuld des Adam« ausglich und die Menschheit mit Gott versöhnte. Auf der Osterkerze werden durch fünf rote Wachsstücke die Wunden Jesu in Kreuzform angebracht sowie die Jahreszahl. In früheren Jahrhunderten war dies mancherorts phasenweise der Beginn des neuen Jahres. In vielen Gemeinden ist es üblich, daß auch die Gläubigen kleine Osterkerzen in die Kirche tragen, an der großen Osterkerze entzünden und das Licht untereinander weitergeben. Sie nehmen diese Kerzen, manchmal nicht gekauft, sondern selbst hergestellt, mit nach Hause. Diese Kerze bekommt einen Ehrenplatz und brennt bei feierlichen Anlässen und bei Gefahr. Heute bleibt die große Osterkerze meist ganzjährig in der Kirche stehen. Sie wird bei Gottesdiensten angezündet. In manchen Kirchen setzt man mit der Osterkerze bei Toten- und Auferstehungsmessen ein besonderes Zeichen: Man stellt die brennende Osterkerze auf ein schwarzes Tuch und deutet damit an, daß der Tod durch Christi Auferstehung besiegt ist.

Eine runde oder ovale Wachsscheibe, die auf der Vorderseite das Lamm Gottes (= lat.: agnus dei) als Prägebild zeigt und auf der Rückseite die Abbildung eines oder mehrerer Heiliger, trägt den Namen Agnus Dei. Das A.D., wie es der Volksmund auch nannte, steht im Zusammenhang mit der Osterkerze in der Bischofskirche des Papstes. Diese Osterkerze wurde – im 8. Jahrhundert erstmals nachweisbar – am Ende der österlichen Zeit zerstückelt und unter die Gläubigen verteilt, die dieses Stück Bienenwachs wie eine Reliquie verehrten oder als Amulett trugen, das als segenstiftend und unheilabwendend galt. Weil der Osterkerzenrest nicht die Nachfrage befriedigte, wurden zusätzliche Wachsprägungen geweiht. Ursprünglich weihte sie der Archidiakon am Karsamstag in der Lateranbasilika. Seit Papst Martin V. (1417–1431) blieb die Weihe dem Papst persönlich reserviert, der sie im ersten und jedem siebten Jahr seines Pontifikates vornahm. Gregor XIII. (1572–1585) untersagte die bunte Bemalung, mit der die Wachsoblaten versehen wurden. Die im Mittelalter nur den gesellschaftlich Höhergestellten erhältlichen Wachsprägungen wurden in Ostensorien (Behältern) zur Schau gestellt, Reliquienschätzen hinzugefügt und Bestandteil von Gnadenaltären und Grundsteinausstattungen. In aufklappbaren Medaillons trug man das Agnus Dei – für das sich das Wort »Deli« für Trachtenschmuck ableitet – zum Schutz gegen Blitz, Feuer, Überschwemmungen, Seuchen, Sünde, Teufel, böse Geister und gegen Meineid vor Gericht bei sich. Wachsprägungen werden auch durch beschauliche Klöster seit dem 19. Jahrhundert ausgegeben.

Alter Tradition, vor einigen Jahren noch in der Ramsau bei Berchtesgaden üblich, entspricht es, wenn eine Figur des auferstandenen Christus, mit Wundmalen und Siegesfahne, illuminiert mit vielen Kerzen auf dem Hauptaltar hinter einem Vorhang verborgen steht. Wenn dann beim gemeinsamen Gloria-Gesang in der Osternacht wieder die bis dahin stumme Orgel erklingt, die Meßdiener mit den Meßglocken schellen, wird der Vorhang aufgezogen und zeigt den Auferstandenen. Solche Darstellungen findet man heute noch in vielen Kirchen Süddeutschlands/Schwarzwald auf alten Barockaltaraufbauten.

Osterbeichte

Die Osterbeichte gilt für Katholiken als Osterpflicht, d. h., sie müssen wenigstens einmal im Jahr (vor 1983 in der österlichen Zeit) beichten und zu Ostern die Kommunion empfangen (Osterkommunion). Dies geschah gewöhnlich in der Osternacht oder im Festhochamt am Ostervormittag. Wer früher seine Osterbeichte absolvierte, erhielt von seinem Beichtvater den österlichen Beichtzettel als Beleg für die Pflichterfüllung des Kirchengesetzes. Der Pfarrer konnte so zählen, wie viele Pfarrangehörige ihre Osterbeichte abgelegt hatten. Dieser Beichtzettel ist nicht zu verwechseln mit dem Osterbildchen (lat.: schedula paschalis), das nach dem Erhalt der Osterkommunion durch den Küster oder die Meßdiener an die Kommunikanten ausgeteilt wurde. Das Osterbildchen gestattete und gestattet noch heute, die Zahl der österlichen Kommunikanten festzustellen.

»Beichtgeld«

In Zeiten ohne Kirchensteuer, ohne festes Gehalt für die Seelsorger und ohne feststehende Geldeinnahmen waren diese auf Lebensmittelspenden der Gläubigen angewiesen. Für die Spendung der Sakramente erhoben die Geistlichen Gebühren, sogenannte Stolgebühren (Gebühren für Handlungen, bei denen die Stola getragen werden mußte), von denen aber die Armen ausgenommen sein sollten. Ursprünglich waren die Stolgebühren sicherlich auch Lebensmittel, später Geldleistungen. Aus dieser Zeit stammt der Begriff »Beicht-

305

geld«, einer Gebühr, die in der österlichen Zeit im Zusammenhang mit der österlichen Pflichtbeichte fällig wurde. Das Beichtgeld hieß an anderen Orten auch Beichtpfennig.

Agapemahl

Die Beendigung des Fastens, das Fastenbrechen, wurde von jeher feierlich begangen. Auch heute wieder findet man Gemeinden, in denen nach der Oster- oder Christmette ein gemeinsames Essen begangen wird. Dieses sogenannte Agapemahl (Liebesmahl) hat seinen Vorläufer im gemeinsamen Mahl der jüdischen Gemeinde nach dem Kabbalath-Sabbat, dem Sabbat-Eröffnungsgottesdienst am Freitagabend nach Sonnenuntergang. Die Erinnerung an das Fastenbrechen ist auch in der englischen Sprache lebendig geblieben: Das Frühstück – nach der »durchfasteten« Nacht – wird »breakfast« genannt; das Motto eines Schokoriegels lautet: »Have a break ...« Die Eßpausen und die Pausen allgemein sind »Fastenbrechen«, denn sie unterbrechen das Nichtessen, eben das Fasten.

Osterlamm

Ein altes Bild für Christus – zugleich ein Erkennungszeichen für Ostern – ist das Osterlamm. Vor allen Dingen das Johannesevangelium liebt es, Christus als Lamm, als Opferlamm, darzustellen. Johannes der Täufer bezeichnet Jesus von Nazaret erstmals als »Lamm Gottes« (Johannes 1,29), lat.: »agnus dei«. Mit dem Begriff wird verdeutlicht, daß Christus ein Gott geweihtes Opfer ist, makellos, wie ein Opferlamm nach dem jüdischen Gesetz sein mußte. Bezogen ist dieses Lamm aber auch auf das Lamm, das die Juden traditionsgemäß in diesen Tagen essen, wie es auch Jesus mit seinen Jüngern getan hat. Das Osterlamm symbolisiert den Auferstandenen, der das Zeichen seines Sieges, die Osterfahne, mit sich führt. Osterlamm und Opferlamm haben Eingang in Literatur, Kunst und Brauchtum gefunden. Heute taucht das Osterlamm jenseits des Kirchenraums noch als Festgebäck zu Ostern oder als Eisdessert am Weißen Sonntag auf.

Osterfahne

Die Osterfahne ist erst im Laufe der Jahrhunderte im Christentum entstanden. Die Fahne hatte im Christentum zunächst keine Rolle gespielt, war verpönt. Sie taucht dann als rotes Velum (= Schal) auf, mit dem man das Kreuz zu Ostern schmückte, vergleichbar dem römischen Feldzeichen nach einem Sieg. Christus, der Auferstandene, wird mit diesem Siegeszeichen in der Hand dargestellt, für das sich die Bezeichnung »Osterfahne« einbürgerte. Die Fahnenstange mit

der Querstrebe, an der ein Tuch herabhängt, entwickelte sich neben dem velum-umschlungenen Kreuz. Symbolisch wird das gleiche ausgedrückt, wenn statt Christus ein Lamm, das Osterlamm, ein Symbol für Christus, wiedergegeben wird. Auch das Osterlamm führt die Osterfahne mit sich.

Maria Magdalena am Ostermorgen – Giottoschule (um 1320), Assisi: San Francesco, Unterkirche, Magdalenenkapelle. Foto: Verlagsarchiv

Ostergruß

»Frohe Ostern« grüßen wir heute; in Köln heißt es gelegentlich noch »Jlöcksillige Poschte« – vom hebr. Passah: Poschte, Paschtag oder Poschtag. Der *Ostergruß* steht in alter Tradition. In der orthodoxen Osterliturgie ruft der Priester in die Gemeinde: »Christós anesté! – Christus ist auferstanden!« Die Gemeinde antwortet donnernd: »Alithos anesté! – Er ist wahrhaft auferstanden!«

307

Ostergelächter

Das Mittelalter suchte die Ereignisse des Kirchenjahres symbolhaft zu verdeutlichen und scheute sich nicht, dies auch in Spiel und Vortrag am heiligen Ort zu tun. Zur Osterfreude, zum mittelalterlichen Volks-Ostern gehörte darum ganz selbstverständlich das »Ostergelächter« (risus paschalis): Der Prediger flocht in seine Festansprache Scherze und überraschenden Witz ein, um die Gläubigen die österliche Freude nach den trüben Fastentagen leibhaft erleben zu lassen. Es ist z. B. überliefert, daß der Festprediger der Klosterkirche zu Marchtal an der Donau 1506 den Gläubigen zurief, die Männer, die zu Hause das Regiment führten, sollten den Ostergesang »Christ ist erstanden« anstimmen. Als die anwesenden Männer überrascht oder betroffen schwiegen, reagierte der Prediger flink und richtete die gleiche Aufforderung an die Frauen, die alle zugleich das bekannte Osterlied anstimmten. Bei dem nachfolgenden »Ostergelächter« hatten die Frauen etwas mehr zu lachen als ihre Männer. Die Kritik der Reformation an »liturgischen Einlagen« dieser volkhaften Art und klamaukhaften Auswüchsen haben im 16. und 17. Jahrhundert zum Verbot des Ostergelächters geführt. Dennoch hat es das Ostergelächter bzw. das »Ostermärchen«, wie es auch genannt wurde, bis ins 19. Jahrhundert gegeben. In Luxemburg hatte der Pfarrer sogar die Pflicht, das Ostermärchen zu erzählen. Im übrigen war das Ostergelächter nicht bloß Ausdruck der Freude über die Auferstehung. Fröhlichkeit und gute Laune brachten nach Ansicht der Menschen von damals die Bedeutung der Auferstehung näher als viele fromm-ernste Worte.

Eine ganz andere Art, die Osterfreude auszudrücken, wurde z. B. in Frankreich geübt. Am Ostersonntag wurde in französischen Kathedralen (besonders Auxerre) ein Labyrinth, das Symbol des »gefahrvollen Weges«, von Klerikern singend und Ball spielend durchtanzt.

Taufe

Die Osterliturgie war ganz auf die Taufe ausgerichtet, die in der Antike und im frühen Mittelalter an diesem Tage stattfand. Die Befreiung der Toten in der Vorhölle durch Christus war den Christen nicht nur Vorbild für die Notwendigkeit, sich selbst durch Buße und Beichte aus der Gefangenschaft und Knechtschaft der Sünde zu lösen, sondern seit dem 4. Jahrhundert pflegte man zu Ostern auch andere, Gefangene und Sklaven, freizulassen.

Eiersegen – Ostereier

Eiersegen

Am Ostersonntag findet nach dem Hochamt in vielen Kirchen der Eiersegen (oder die Speisenweihe) statt. In festlich hergerichteten Körben (»Weihekorb«) werden Eier und andere Speisen durch ein Familienmitglied in die Kirche getragen und vom Priester gesegnet (= geweiht). Mit den gesegneten Speisen – außer den Eiern ein Osterfladen, Osterbutter, ein Stück Schinken oder Speck, Wurst, Meerrettich und Salz – trägt man den österlichen Segen nach Hause. Hier wurde die gesegnete Speise zum Frühstück serviert, denn es bestand der alte (Aber-)Glaube: Geweihtes muß man nüchtern essen, damit der Segen wirkt. Von schlitzohrigen Kindern wird erzählt, daß sie vor der Speisenweihe die Ostereier an beiden Enden anschlagen (»anditschen«), »damit die Weihe besser hineingeht«. Im Mittelalter vergrub manch einer ein solches Ei – oder wenigstens seine Schalen! – auf dem Acker, um auch diesen an dem Segen teilnehmen zu lassen, der sich wiederum für den erntenden Bauern rentierte.

Die Eier- oder Speisenweihe zu Ostern ist uralt. Im 12. Jahrhundert führte die Kirche die feierliche »Benedictio ovorum« (Eierweihe) ein. Zur Zeit Papst Pauls V. (1605–1621) betete der Priester in der Ostermesse: »Segne, Herr, wir bitten dich, diese Eier, die du geschaffen hast, auf daß sie eine bekömmliche Nahrung für deine gläubigen Diener werden, die sie in Dankbarkeit und in Erinnerung an die Auferstehung des Herrn zu sich nehmen.«

Ostereier

Der Brauch der Ostereier (Pascheier) hat seinen Grund in der vorangehenden Fastenzeit. Das Verbot der Kirche im Mittelalter, während der Fastenzeit Eier und Eierspeisen zu sich zu nehmen, weil Eier unter die Fleischspeisen gerechnet wurden, hatte zur Folge, daß sich in den Wochen vor Ostern, die gute Legezeiten der Hühner sind, große Mengen von Eiern ansammelten. Diese Eier eigneten sich hervorragend dazu, einerseits zu Ostern fällige Pachten in Form dieser Naturalien zu begleichen, andererseits boten sich diese Eier als symbolhafte Geschenke an. Grund- und Bodenzins mußten nämlich nach altem deutschem Rechtsbrauch in Form von Eiern erbracht werden. Stichtag für diese Zinseier oder Hubeier war Ostern. Weil neues Leben aus einem wie tot wirkenden Gegenstand geboren wird, spielt das Ei in der Überlieferung der meisten Völker darüber hinaus eine besondere Rolle. Für die Christen wurde das Ei zum Symbol der Auferstehung Christi und der Auferstehungshoffnung aller Menschen. Die Schale bedeutet das Grab Christi; aus ihr geht ein lebendiges Wesen hervor. Die Menschen brachten diesen Gedanken in Sprüchen zum Ausdruck, etwa: »Wie

309

der Vogel aus dem Ei gekrochen, hat Jesus Christus das Grab zerbrochen.« Während »Pachteier« oder »Zinseier« meist eingelegt als Soleier oder frischgehalten in Erde unverziert übergeben wurden, kochte man die »Schenkeier«, um sie für einige Tage haltbar zu machen. Diese Eier wurden mit unterschiedlichsten Techniken verziert, wobei sich einzelne Regionen durch spezifische Kunstfertigkeiten auszeichneten.

Bemalte Eier haben die Chinesen schon vor 5.000 Jahren zum Frühlingsanfang verschenkt. Es war für sie ein Symbol der Fruchtbarkeit, ebenso wie für die Ägypter und die Germanen. Übersehen wird gerne, daß das Ei auch im Judentum eine symbolische Rolle spielt. Brezel und Eier stehen sinnbildlich für den zyklischen und fortdauernden Charakter des Lebens. Eben deshalb werden sie bei jüdischen Trauermahlzeiten serviert. Zum Seder an Passah wird ein Teller mit symbolischen Speisen auf den Tisch gestellt: Kräuter, Gemüse, Nüsse, Äpfel, Geflügelteile und ein hartgekochtes Ei mit Schale. Das Ei ist ein Symbol für das vorschriftsmäßige Festopfer der Zeit, zu der in Jerusalem der Tempel stand. Da Ei symbolisiert verhindertes Leben und ist damit Zeichen der Trauer. Zugleich ist es Symbol des Lebens und der Hoffnung, das lehrt, die Hoffnung nicht aufzugeben, selbst wenn die Realität der Hoffnung zu widersprechen scheint. Die runde Form drückt die Hoffnung auf Wiederkehr ins Leben aus, wünscht, daß das neue Jahr »vollständig« sei, nicht von einer Tragödie unterbrochen.

Das Schenken von Eiern zu Ostern durch Christen läßt sich schon in den ersten christlichen Jahrhunderten in Armenien nachweisen. Hier war das Osterei kein Frühlingsopfer, diente nicht als Grund- und Bodenzins und war auch nicht das Ergebnis eines Eierverbotes in der vorösterlichen Fastenzeit. Die christlichen Ostereier symbolisieren das neue Leben, das die – wie tot aussehende – Eierschale immer wieder durchbricht, wie Jesus Christus Tod und Grab überwand. Die christlichen Ostereier, wie sie dann in der orthodoxen Kirche bis heute übernommen wurden, verweisen durch ihre rote Farbe auf den lebendigen, auferstandenen Christus und das durch ihn vergossene Blut. In Österreich war dieses rote Osterei bis zu Beginn des Ersten Weltkrieges die Regel. In der Westkirche insgesamt setzte das Bemalen von Ostereiern im 12./13. Jahrhundert ein. Neben den roten Eiern traten die Farben

Dekorative Ostereier – Sammlung Manfred Becker-Huberti

310

Grün, Blau, Gelb, Schwarz auf, aber auch Silber und Gold. Die Eier waren bald nicht nur einfarbig, sondern wurden verziert, besprenkelt, ausgekratzt, beschrieben, beklebt, bemalt, ausgeblasen und gefüllt.

Einzelne Landschaften und Länder haben unterschiedlichen Ostereierschmuck hervorgebracht. In Rußland taucht man gekochte Eier in flüssiges Bienenwachs und legt sie dann in Farbbäder. Andere bemalen die Eier mit flüssigem Wachs und färben sie dann. Mehrere Farbbäder hintereinander bringen Schattierungen und Muster hervor. »Pysanka«, die »Geschriebene«, wird das mit graphischen Mustern in Batiktechnik kunstvoll verzierte Osterei in der Ukraine genannt. Die Pysanky werden durch Ornamente und Figuren mit früher magischer, jetzt christlicher Bedeutung geschmückt. In Österreich ist es Brauch, gefärbte Eier mit einer in Salzsäure getauchten Stahlfeder zu ätzen. Auf diese Weise läßt sich auf den Eiern zeichnen. Berühmt sind die sorbischen Ostereier, die durch Kratz- und Ätztechniken oder durch Batik entstehen. In Mittel- und Ostdeutschland werden Binsenmark-Eier hergestellt, indem man fadendickes Mark der Binsen in Kringeln und Spiralen auf ausgeblasene Eier klebt. In Mähren stellt man Stroheier her. Durch Einweichen von Strohhalmen, die man aufschlitzt und zu Bändern bügelt, gewinnt man das Material, mit dem man die Eier beklebt. Ausgeblasene oder gekochte Eier werden mit Rechtecken und anderen Mustern beklebt. Neue Zeiten bringen nicht nur neue Ideen, etwa die, daß man ausgeblasene Eier mit einem elektrischen Zahnbohrer perforieren und anschließend bemalen kann, sondern auch die alte Idee, daß man Eier nicht nur mit käuflicher Chemie, sondern mit natürlichen Materialien färben kann. Naturfarben haben aus ökologischen Gründen wieder Interesse gefunden.

Im 17./18. Jahrhundert kamen »reimgefüllte Eier« in Mode. In ein ausgeblasenes Ei wurde als Längsachse ein Holzstäbchen durchgesteckt, um das ein beschriebener Papierstreifen gewickelt war, den man herausziehen konnte. Auf ihm steht ein Osterglückwunsch oder ein Sinnspruch. Am Chiemsee werden solche reimgefüllten Eier noch heute hergestellt.

Hatte man im 18. Jahrhundert noch Ostereierbildchen als Freundschaftssymbole untereinander ausgetauscht – kleine Klappbildchen, die, geöffnet, den Auferstandenen oder das Lamm Gottes in einem zerbrochenen Ei zeigten –, entwickelte sich das Osterei in Frankreich auch zur amourösen Kunst: Der französische König Ludwig XV. (1715–1774) z. B. beglückte seine Mätresse Madame Dubarry mit einem Osterei, das sich öffnen ließ und anzüglich einen Cupido zeigte. Zar Alexander III. (1881–1894) schließlich steigerte eine in adeligen Kreisen Rußlands übliche Praxis. Hatte man sich dort untereinander kostbare, aus Edelsteinen und Porzellan hergestellte Eier, die mit Rubinen und Diamanten besetzt waren, geschenkt, engagierte er einen Goldschmied, der variantenreiche, höchst bestaunte Spielereien aus kostbarsten Materialien herstellte. Der zum Hofjuwelier avancierte Carl Fabergé zauberte en miniature den Landsitz der Romanows in ein Ei oder das Reiterstandbild Peters des Großen. Die »imperialen Ostereier«, wie man diese Produkte bald nannte, wurden so berühmt, daß sie 1900 auf der Weltausstellung in Paris gezeigt wurden. Die Hohenzollern ließen sich durch die Fabergé-Eier zu Porzellaneiern anregen, die – versehen mit Porträts Friedrichs II. und des Berliner Schlosses – gefüllt mit Weihwasser oder Schnaps, verschlossen durch ein Krönchen, verschenkt wurden. Der Sinn dieser Geschenke war nicht mehr der österliche Auferstehungsglaube; Pierre de Ronsard formuliert ihn in einem seiner Sonette: »Je vous donne, en donnant un oeuf, tout l'univers. – Ich gebe Ihnen, indem ich Ihnen ein Ei schenke, das ganze Universum.«

Osterfeuer – Osterwasser

Osterfeuer

Mancherorts veranstalten die Menschen an diesem Tag Osterfeuer jenseits der Liturgie, meist auf Bergen. Diese Osterfeuer erinnern daran, daß Jesus Christus, das himmlische Licht und Feuer, das am Karfreitag erloschen schien, nun am Ostermorgen um so heller leuchtet. Die Feuerräder, die man die Berge hinablaufen läßt, bringen das Licht, das man auf dem Berg zuerst sieht, in das Tal, zu den Menschen. Die Weihnachtsschützen in Berchtesgaden »schießen in der Nacht Ostern an«.

Ausgestorben ist der Brauch, zu Ostern zu pfeffern, d. h. mit einer grünen Gerte Segen zu verteilen. »Schmackostern« (mittelhochdt.: smacken = schlagen) hieß diese Tradition, die durch die Hirten und Hütebuben ausgeübt wurde. Mit dem Rud »Schmackoster! Schmackoster!« wurden in Ost- und Westpreußen Schläfer durch sanfte Schläge mit buntbebänderten Birkenruten geweckt.

Osterwasser

Nicht nur das Taufwasser, das in der Osternacht bereitet wird, spielt zu Ostern eine Rolle. Vielleicht bereits aus vorchristlicher Zeit stammend hat das Wasser ganz allgemein in der Osternacht eine besondere Bedeutung: Ihm wird Heil- und Segenskraft zugesprochen, es erhält jung und schön. Unverheiratete Frauen haben sich in fließendem Osterwasser gewaschen oder Osterwasser aus einer besonderen Quelle geschöpft und mit nach Hause genommen. Wunderkraft sollte das Osterwasser aber nur haben, wenn es von den Mädchen schweigend eingeholt wurde, was natürlich die jungen Burschen nur zu gerne zu hintertreiben suchten. Sie versteckten sich und überraschten die Mädchen unterwegs und suchten sie zum Lachen und zum Sprechen zu bewegen. »Plapperwaser« wurde das Osterwasser deshalb auch genannt. Vielerorts war es üblich, sich mit Osterwasser zu bespritzen, um sich Glück und Segen zu wünschen.

Außer dem Quellwasser galt auch das Wasser als heilbringend, das in der Osternacht vom Himmel fiel, sei es Regen, Schnee oder Tau. Man breitete im Garten Tücher aus, mit denen man sich später abrieb. Kinder wälzten sich vor Sonnenaufgang auf der Wiese. Als Osterwasser wird aber auch das in der Kirche gesegnete Wasser, das Taufwasser, bezeichnet, von dem ein Teil abgesondert und von den Gläubigen in eigenen Gefäßen mit nach Hause genommen wird. Ähnlich nahm man in einer windgeschützten Lampe das Osterlicht mit, um damit zu Hause das Herdfeuer und die Kerze im

Taufe-Jesu-Becken in St. Peter / Schwarzwald – Foto: Autor

Herrgottswinkel neu anzuzünden. Das Osterwasser diente dazu, das ganze Jahr über die Weihwasserbecken in den einzelnen Räumen zu füllen. Das Sich-Bekreuzigen mit Oster- oder Weihwasser ist eine Segens- und Reinigungsgeste. Vor allem im Süddeutschen findet sich ein solches Weihwasserbehältnis auch auf den Gräbern auf den Friedhöfen. Besucher segnen mit Hilfe eines kleinen Palmbuschs das Grab.

Am Ostermontag sammelten sich die nicht verlobten Mädchen in Ostdeutschland am geschmückten Brunnen und wurden von den jungen Burschen mit Wasser bespritzt. »Erlöst« wurde ein Mädchen bei diesem Brunnenfest oder der Brunnentaufe nur, wenn einer der Burschen es zu seinem Mädchen erklärte. In Hamburg schmückte man die Brunnen seit Ende des 19. Jahrhunderts in Erinnerung an die Choleraepidemie 1892, nach der die verseuchten Brunnen ersetzt werden mußten. Erinnert wurde an den Wert und die Bedeutung sauberen Wassers. Eben dies spielte auch die entscheidende Rolle bei den Brunnenfesten, die Ostern oder im Mai (Maibrunnenfest) im Süddeutschen als Brunnenweihe stattfinden. Der Brunnen (im Nordwesten hieß er »Pütz«) wurde gereinigt und festlich geschmückt: Girlanden, oft mit ausgeblasenen bunten Eiern als Fruchtbarkeitssymbol versehen, und Birkengrün gaben die Kulisse für Kerzen und Lampen. Früher wurden bei dem Reinigungsfest auch die schadhaften Geräte, Schöpfkellen und Wassertransportgefäße, ersetzt. In einigen Gegenden umkränzte man den Brunnenrand mit Moos und versteckte in Moosnestern Eier, aus denen der Dorfbäcker einen großen Kuchen für alle backte. Umzüge und Frühlingsspiele gehörten zu diesem Ereignis.

313

Der Osterhase

Heutzutage ist der Osterhase geradezu »Symboltier für Ostern« geworden. Bei den Kirchenvätern war der Hase verpönt, man sollte ihn nicht einmal verspeisen, weil er angeblich sinnlich machte. Seiner ausgedehnten Liebeswerbung und seiner Fruchtbarkeit wegen galt der Hase früher als Symbol der Sinnlichkeit. Über die Herkunft des Osterhasen gibt es zwei Theorien. Die populärere vermutet, der Osterhase sei abgeleitet von einem mißlungenen Ostergebäckbrot: Ein Osterlamm sei als Osterhase gedeutet worden, weil es sich im Backofen verformt habe. So sei aus einem »agnus dei« ein »lepus paschalis« geworden. Außer dem bloß Spekulativen spricht gegen diese Theorie, daß sie die Rolle des Osterhasen als Eierlieferant und –verstecker nicht erklärt. Viel mehr spricht für die zweite Theorie, die den Osterhasen als eine »evangelische Erfindung« – vergleichbar dem »Adventskranz« – betrachtet.

Während unter den Katholiken die Tradition des gefärbten Ostereis und seine liturgische Einbindung, die Eierweihe, über Jahrhunderte erhalten blieben, gerieten diese Bräuche in die evangelische Kritik: Die Heidelberger Dissertation des Arztes Johannes Richier »De ovis paschalibus / Von Ostereiern« aus dem Jahr 1682 kritisiert die Ostereier (»ova paschalia«) als Irrtümer aus alter Zeit. Sein Anliegen ist aber primär ein medizinisches. Er äußert sich über die häufigen Erkrankungen nach dem reichlichen Genuß von »Haseneiern« und berichtet von verschiedenen Fällen, in denen der übermäßige Genuß hartgekochter Ostereier bei Jung und Alt schwere Magen- und Darmstörungen hervorrief: Ein Franziskaner büßte auf Ostern an den von ihm gesammelten Ostereiern das Leben ein. Ein anderer hatte »zur österlichen Zeit ein rothes Ey gantz wollen hineinschlucken, es ist aber das Ey zu gross und sein Halß zu klein gewesen, dass er alsobald daran ersticket«. Und in diesem Zusammenhang kommt der Arzt auch auf den Osterhasen zu sprechen. Er schreibt u.a.: »Man macht dabei einfältigen Leuten und kleinen Kindern weis, daß der Osterhase diese Eier ausbrüte und sie im Garten verstecke.« Unterschwellig werden die Ostereier als solche, die im 17. Jahrhundert eine bloß katholische Erscheinung waren, kritisiert. Von katholischer Seite wurden sie als Symbol des auferstandenen Christus verstanden, die – gefärbt und gesegnet – als segenspendend galten; sie waren letztlich auch ein Ergebnis der katholischen Fastenordnung, die den Eiergenuß in der Fastenzeit verbot. Aus evangelischer Sicht galten die Ostereier dagegen als Ausdruck einer falschen Werkgerechtigkeit. Vor Gott wurde man nicht durch verdienstliche Werke, und sei es auch das Fasten, sondern allein wegen seines Glaubens (»sola fide«) gerecht. Populär ließ sich das in die sprachliche Formel gießen: »Eier machen keine Ostern« – als ob dies die andere Seite behauptet hät-

314

te! Die evangelische Ablehnung der katholischen Ostereier hat die Einführung von – jetzt allerdings säkularen – Ostereiern bei evangelischen Christen nicht verhindern können. Und eben diese säkularen Ostereier brachten die Einführung des Osterhasen mit sich.

Seit ungefähr 1700 lassen sich einerseits vermehrt evangelische Schriften gegen die »Auswüchse des Osterglaubens« belegen, die – moralisierend-belehrend – katholisches Osterbrauchtum zu bekämpfen suchen. Parallel dazu bildete andererseits das städtisch-evangelische Bürgertum den Nährboden für die sich anbahnende evangelische Ostereierakzeptanz: Das Bürgertum schuf um 1800 nicht nur eine romantisch-rührselige, ghettohafte Familienwelt, sondern in ihr eine eigene – vermeintlich kindgemäße – Kinderwelt, eine Mischung aus Gutwilligkeit und Pathos, Sentimentalität und Naivität. Zu diesem Zeitpunkt waren die Ostereier in städtischen, gutbürgerlichen Familien bereits akzeptiert, allerdings nicht als religiöses Symbol oder kultisches Attribut, sondern – als Teil einer familiären und zugleich säkularen österlichen Festinszenierung – als Kindergeschenke. Typisch für diese säkularen Ostereier war, daß sie – von den Eltern versteckt – von den Kindern gesucht werden mußten. Eine solche Ostereiersuche ist für 1783 (interessanterweise für Gründonnerstag) aus dem Hause Goethes in Weimar belegt. Nicht ohne Grund, denn die Ostereiersuche und damit dann auch der Osterhase tauchen ausnahmslos in evangelischen Gegenden und bei evangelischen Autoren auf. Gerne wird bei Erklärungsversuchen auf die Fruchtbarkeit der Hasen oder ihr Verhalten während der vorösterlichen Paarungszeit verwiesen: Hasen verharren still auf einer Stelle (die dann Ort der Eiablage sein könnte), um dann plötzlich davon zu hoppeln. Der – meist wohl bloß ironische – Verweis auf den Hasenkot als »Ostereier« hat für sich, daß der Hasenkot tatsächlich eiförmig bis rund und oft beieinanderliegend wie in einem Nest zu finden ist. Allerdings hätte man solche Geschichten nie Landkindern erzählen können. Der Osterhase ist – darin gleicht er dem »Adebar«, dem Storch, der vermeintlich die Kinder bringt – eine städtische Erfindung.

Wenn der Osterhase auch erst um 1800 seinen Siegeszug beginnt, ist er dennoch älter. Die Heidelberger Dissertation Richiers von 1682 berichtet: »In Oberdeutschland, in unserer Pfalzgrafschaft, im Elsaß und in benachbarten Gegenden sowie in Westfalen werden die Eier [= Ostereier] ‚Haseneier‘ genannt, nach der Fabel, die man den Naiveren und den Kindern einprägt, daß der Osterhase solche Eier lege und in den Gärten im Grase, in den Obststräuchern usw. verstecke, damit sie von den Knaben um so eifriger gesucht würden, zum Lachen und zur Freude der Älteren.« Eine denkbare Begründung für die Bezeichnung »Haseneier« scheint zumindest in katholischen Gegenden nicht der Osterhase gewesen zu sein, sondern ein bestimmtes Motiv der Bemalung der Ostereier. Für die Zeit um 1760 berichtet der Goethe-Maler Heinrich Wilhelm Tischbein aus dem protestantischen Nordhessen, daß für Ostern die Eier mit Figuren in Gelb, Rot und Blau gezeichnet wurden. »Auf einem standen drei Hasen mit drei Ohren, und jeder Hase hatte doch seine gehörigen zwei Ohren.« Beschrieben wird hier das Motiv des »Dreihasenbildes« – heute findet sich das bekannteste Beispiel als Glasbild im Kreuzgang des Paderborner Doms. Das Dreihasenbild, das drei Hasen in Kreisform so abbildet, daß ihre beiden Ohren jeweils einem der benachbarten Hasen mit zu gehören scheinen, verdeutlicht die Dreifaltigkeit, die Einheit in der Dreiheit. Wenn solche Hasenbilder zunächst auf katholischen Ostereiern später auch auf evangelischen Ostereiern auftauchten, nährten sie – bei Fortfall der katholischen Brauchtradition – den naiven Umkehrschluß, daß die abgebildeten Hasen auch die Eier brächten.

Überkonfessionelle Verbreitung fand der Osterhase nicht durch ökumenisches Denken oder Nationalbewußtsein. Drei Phänomene haben die Ausbreitung des Osterhasen beflügelt: die Süßwarenindustrie, Kinderbücher und Postkarten. Im 19. Jahrhundert, als gerade entdeckt worden war, daß sich aus bestimmten Rüben Zucker gewinnen ließ, bot die Entdeckung des Osterhasen der Süßwarenindustrie eine neue Absatzmöglichkeit. Hasen in jeder Form, immer aber als Süßigkeit, schufen ein jahreszeitlich bedingtes Produkt, das

Eierlesen am Ostersonntag – Älteste bildliche Darstellung nach Georg Stengels »Ova Paschalia«, München 1634. Foto: Archiv des Autors

zunächst nur ein neues Kinderschenkfest ausstattete, später aber auch die Erwachsenen mit einbezog. In Kinderbüchern begannen »vermenschte« Hasenfamilien literarisch, gezeichnet oder gemalt ein Hasenleben vorzuführen, das ganzjährig von keinem anderen Interesse getrieben schien, als die Produktion von besonders schönen Ostereiern für besonders liebe Kinder. Die Postkarten, die man sich zu Ostern schrieb, die »Ostergrüße«, verbreiteten nicht nur den – meist kitschig dargestellten – Osterhasen, sie belegten auch den besonderen Charakter dieses Festes: ein säkulares Fest in bürgerlich-familiärer, burgenartiger Abgeschlossenheit, aus dem man Fremde distanziert und kühl schriftlich grüßte.

Bemerkenswert ist beim Osterhasen und seinem Ostereierverstecken, ein »Brauch ohne Glauben«, daß die Geschenkfigur »Osterhase« genauso auftritt, wie es durch die Nikolauslegende der Geschenkfigur des hl. Nikolaus vorgegeben war und von dort schon auf das »Christkind« und den säkularen »Weihnachtsmann« übertragen worden war: Heimlich und unerkannt wurde geschenkt. Auch bei den Ostereiern traf man nie den Osterhasen an, eventuell hatte man gerade noch etwas davonhuschen gesehen.

Erhebungen aus der Zeit kurz vor dem Ersten Weltkrieg belegen, daß der Osterhase auf dem Land noch weitgehend unbekannt war. 1932 hatte sich dies bereit geändert. Der Osterhase war inzwischen flächendeckend bekannt und hatte auch die Konfessionsgrenzen überschritten. In manchen traditionsorientierten katholischen Familien wird er immer noch als eine Art untergeschobener Trottel betrachtet, den man nicht bestellt hat und mit dem man eigentlich nichts anfangen kann. Er ist eher eine unvermeidliche, nicht hinterfragbare Dekoration. In kindlicher Holprigkeit belegt ein Spruch zum Osterhasen aus der Moselgegend die Distanz zu der evangelisch-städtisch-bürgerlichen Kunst- und Geschenkfigur: »Die Mutter färbt die Eier, der Vater legt sie ins Gras. Dann meinen die dummen Kinder, das wär' der Osterhas.«

Wenn heute in Deutschland allgemein der Osterhase bekannt ist, so ist das nicht immer so gewesen. In Tirol spricht man daneben von der Ostereier legenden »Osterhenne«. In Oberbayern, Österreich, Thüringen und Schleswig-Holstein war es der Hahn, in Hannover der Fuchs, an der holländischen Grenze der Ostervogel oder Kranich. In Thüringen heißt es, der Storch sei es gewesen. In manchen Gegenden der Schweiz bringt der Kuckuck die Ostereier. In Oberbayern wurde auch vereinzelt das Osterlamm (!) als Eierbringer bezeichnet. In den Vogesen wie auch in Kärnten sagt man: Wenn die Glocken am Gründonnerstag verstummen, seien sie nach Rom geflogen, um die Ostereier zu holen. Wenn sie am Karsamstag zurückkehren, werfen sie die Eier beim Vorüberfliegen ins Gras, wo die Kinder sie suchen müssen. In Italien dagegen kennt man keinen Osterhasen.

Herrichten des Osterbäumchens
Foto: Hannelore Wernhard

Wo zu Ostern bestimmte Gebäcke hergestellt werden, ist der Osterhase ungemein beliebt: Es gibt Brote und Kuchen in Gestalt eines Hasen, wobei dem Hasen häufig ein Osterei in das Hinterteil eingebacken wird. Ebenso häufig ist daneben das Osterlamm als geformtes Backwerk. Ein launiges Gedicht von Eduard Mörike beschreibt das Verhältnis von Osterei und Osterhase: »Die Sophisten und die Pfaffen / Stritten sich mit viel Geschrei: / Was hat Gott zuerst erschaffen, /

317

Wohl die Henne? Wohl das Ei? / Wäre das so schwer zu lösen? / Erstlich ward ein Ei erdacht: / Doch weil noch kein Huhn gewesen, / Schatz, so hat's der Has' gebracht.«

Feldbeten/Felderweihe, Osterritt, Ostersingen und Emmausgang

Felderweihe

Im Alpenraum findet nach der österlichen Festmesse heute wieder das Feldbeten oder die Felderweihe statt. Der Bauer spricht ein Gebet und steckt geschmückte Palmsträuße auf das Feld.

Osterritt

Umritte zu Pferde finden nicht nur an den Festtagen von Pferdeheiligen statt. Zu Ostern ziehen festlich geschmückte Pferde mit den Reitern über Land, um die Botschaft von der Auferstehung Christi in die Nachbarorte zu tragen. Die bekanntesten Osterritte finden in der katholischen sorbischen Oberlausitz statt, wo es neun österliche Flurumritte gibt, bei denen etwa 1500 Pferde und Reiter mitziehen. Die Osterreiter singen Lieder von der Auferstehung, beten außerhalb der Ortschaften den Rosenkranz oder eine Litanei. Sie führen ein Prozessionskreuz, Kirchenfahnen und die Statue des Auferstandenen mit. In den Ortschaften umreiten die Osterreiter die Kirche und den Friedhof. Auf diesem verkünden sie die Auferstehung und beten für die Verstorbenen.

Ostersingen

In Teilen von Österreich (z. B. Bistum Gurk) ist das *Ostersingen* üblich. Ab Mitternacht von Karsamstag auf Ostern wird durch Sänger beispielsweise mit dem Lied »Heiland ist erstanden« die Auferstehung mitgeteilt. Der Rundgang endet mit einem Schlußlied vor dem Kreuz an der Kirche (Bleiburg).

Emmausgang

Vor allen Dingen in Süddeutschland ist der Emmausgang noch lebendig, ein Brauch in Erinnerung an den Gang der Jünger nach Emmaus, denen sich Jesus Christus unerkannt anschließt (vgl. Lukas 24,13–29). Ausgeführt wird der Emmausgang als ein geistlicher Gang mit Gebet und Gesang oder als ein besinnlicher Spaziergang durch die erwachende Natur am Ostermontag, der deshalb auch Emmaustag heißt. In säkularisierter Form kommt der Emmausgang in der klassischen Literatur vor: als Osterspaziergang im »Faust«.

318

Im Osten Deutschlands, aber auch anderswo, war es zu Ostern beim Kirch- und beim Emmausgang üblich, neue Kleider zu tragen. Wie die Natur wollte sich der Mensch erneuern, kleidete sich neu ein und zeigte sich, so auch durch Besuche bei den Großeltern und Paten, wo man als Kind ein selbstgestaltetes Ei, das Patenei, ablieferte und – wie könnte es anders sein – ein Gegengeschenk erwartete.

Ein bißchen Statistik

Nach einer repräsentativen »Focus«-Umfrage Mitte der neunziger Jahre schmücken 79% der Deutschen ihre Wohnung österlich, 65% bemalen Eier, 55% verstecken Ostereier, 42% besuchen die Ostermessen, 19% backen ein Osterlamm, 9% nehmen an der Speisenweihe teil. Am wenigsten praktizieren die Berliner Osterbräuche; in Bayern nimmt jeder Dritte an der Speisenweihe teil.

Für rund 1 Milliarde Mark kaufen die Deutschen Ostern Geschenke. Vor allem ältere Menschen tun dies: Personen über 50 Jahre geben im Durchschnitt 25 DM dafür aus. 18 DM werden durchschnittlich für Präsente ausgegeben. Größter Nutznießer des Geschenkekaufs ist die Süßwarenindustrie, die etwa ein Drittel der Investitionen vereinnahmt. Nur ein Drittel aller Ostergeschenke werden von Männern gekauft.

Übrigens halten sich die Italiener für die Erfinder der österlichen Schokoladeneier. Hiervon werden in Deutschland jährlich etwa 10 000 Tonnen abgesetzt. Das sind etwa 1000 Tonnen Schokolade mehr als Schokoladen-Nikoläuse. Die Italiener weisen darauf hin, daß diese Süßigkeit am französischen Königshof »Italienisches Ei« hieß und im 18. Jahrhundert als »typisch italienische Tradition« galt. Italienische Ostereier sind aber anders als andere: Sie enthalten ein Geschenk, weshalb man Ostereier für Kinder, Freundin, Frau oder Freund kauft. Spielzeuge, Schmuckstücke oder Armbanduhren können in den Eiern sein.

Zu Ostern werden in Deutschland rund 40 Millionen Glückwunschkarten verschickt. Religiöse Motive kommen »fast nicht mehr vor«, sagt die Arbeitsgemeinschaft der Verleger und Hersteller von Glückwunschkarten. Die Verbraucher kaufen am liebsten reine Frühlingsmotive. Ostergrüße werden seit dem 17. Jahrhundert versandt, populär wurden sie aber erst ab 1870, nachdem die Deutsche Post Ansichtskarten beförderte.

319

Blick in die österlichen Backstuben

Zu jedem besonderen kirchlichen Feiertag gehören spezielle Speisen, zu Ostern besonderes Gebäck. Am Karsamstag, an der norddeutschen Küste auch »Kaukenbacksonnabend« genannt, wurde und wird Ostergebäck hergestellt, meist Gebildebrote: Osterzopf, Osterkringel, Osterfladen, Osterlamm, Gebäck in Tierform. Die kreisförmigen Gebäcke symbolisieren die Sonne und damit Christus als das Licht der Welt. Der Zopf dagegen verweist auf die Verflochtenheit zwischen Gott und Mensch, dem an diesem Tag durch Gottes Sohn wieder der Zugang zum Vater eröffnet wurde. Das Festtagsgebäck wurde aus Hefeteig und Weizenmehl hergestellt, das sich – auch nicht alle – unsere Vorfahren nur an den höchsten Feiertagen leisten konnten. Gebackene Osterlämmer, die nach dem Bild des letzten Buches des Neuen Testaments (vgl. z. B. Offenbarung 5,6) den Auferstandenen symbolisieren, gibt es seit dem Rokoko (1730–1780). Sie werden in besonderen Formen aus Biskuit- oder Rührteig hergestellt und dann mit Puderzucker bestäubt. Man steckt ihnen die Auferstehungs- oder Osterfahne zwischen die Vorderpfoten: ein kreuzförmiges Gestänge, an dem ein rotweißes Kreuz auf einem Velum zu sehen ist. Klosterschüler erhielten früher ein Osterbrot aus Marzipan, das sogenannte »Märzbrot der Römer«. Natürlich waren Eierkuchen und Pfannkuchen gleichfalls Festgebäck. Das Ostergebäck in Tierform zeigte die Vielfalt der Tiere, die mit Ostern in Verbindung standen: Gebackene Osterhasen erhielten in Tirol die Jungen, Osterhennen die Mädchen. Osterlebkuchen in Hahnengestalt (Osterhahn), Osterkuckuck, Osterstorch, Osterente oder Osterwolf waren üblich. Im Schwarzwald trägt die Osterhenne ein Osterei unter ihrem Flügel. Auf Korfu wird ein Pelikan oder eine Taube nachgebildet. Lange Jahre verschollen, inzwischen wieder anzutreffen ist der »Eiermann«, ein Hefekerl, der mit beiden Händen ein buntes Osterei vor seinem Bauch trägt.

Osterspiele

Zum Osterfest gehören untrennbar die mit den hartgekochten Ostereiern verbundenen Osterspiele. Am weitesten verbreitet und heute noch üblich sind das Eierkippen, Eierpecken, Eierschlagen oder Eiertitschen. Zwei Spieler schlagen je ein Osterei mit der stumpfen oder spitzen Seite gegeneinander. Abwechselnd hält der eine fest und der andere schlägt. Wessen Ei zerbricht, muß es dem Mitspieler ausliefern. Wer mit einem Gipsei mogelt, muß – außer mit Schimpf und Schande – mit Gruppenkeile rechnen. Das Eierrollen oder Eierwerfen ist ein weiteres Osterspiel. An einem kleinen Hang lassen die Spieler nach unterschied-

320

lichen Regeln Eier in eine Grube rollen. Gewonnen hat, dessen Eier am wenigsten einge-
dellt sind oder wessen Ostereier am weitesten gekullert oder
am meisten andere Eier be-
schädigt haben. Bei den Sor-
ben hieß dieses Spiel Waleien,
und man mußte mit dem eigenen Osterei das eines anderen
Spielers in der Grube treffen.

Auch der Eierwettlauf
gehört zu den Osterspielen.
Mehrere Spieler tragen ein Ei

Johann B. Pfung: Eierwerfen –
Braith-Mali-Museum, Biberach
an der Riß.
Foto: Archiv des Autors

auf einem Suppenlöffel und müssen ein bestimmtes Ziel erreichen und zum Ausgangspunkt zurückkehren. Derjenige, der sein
Osterei unversehrt und am schnellsten zurückbringt, hat gewonnen. Dieses Spiel läßt sich leicht durch Einbau von Hindernissen
und komplizierteren Eiertragevorrichtungen als Suppenlöffel erschweren.

Eieranwerfen oder Eierpoizen heißt ein weiteres Osterspiel. Ein Spieler
umschließt mit seiner Hand ein Ei, läßt aber zwischen Daumen und Zeigefinger
einen Freiraum. Ein Mitspieler muß aus einem bestimmten Abstand eine Münze so werfen, daß er die Münze auf dem Ei plaziert. Trifft er, gehört ihm das Ei.
Trifft er nicht, wird der Eierhalter um diese Münze reicher.

Beim Eierlesen oder Eierlaufen werden zwei Parteien gebildet: die Springer
und die Sammler. Die Springer werden in das Nachbardorf geschickt, eine
Osterbrezel zu kaufen und herzubringen. Die Sammler schwärmen ins eigene
Dorf und sammeln eine bestimmte Anzahl von Eiern. Die Gruppe, die zuerst ihre
Aufgabe erledigt hatte, war Gewinner. Das Gesammelte und Gekaufte wurde zu
einer gemeinsamen Mahlzeit verarbeitet und bei Musik und Tanz genossen.
Dieses Spiel ist in zahllosen Varianten anzutreffen.

Osterschmuck

Zum Osterfest gehören Blumen und blühende Sträucher: Osterglocken,
Narzissen, Tulpen, Hyazinthen, Palmkätzchen, Schlüsselblumen, Forsythien,
Ginster usw. Der Osterstrauß bzw. Eierbaum übernimmt die gleiche Symbolik
wie die Barbarazweige: Einige Tage vor dem Festtag schneidet man Birken- oder

321

Haselnußzweige, stellt sie in eine Vase in einen geheizten Raum und schmückt die Zweige mit bunten Eiern und farbigen Schleifen. Die Zweige werden bald ihr Grün hervortreiben und so die Auferstehung symbolisieren. Es gibt aber auch eine exotische Pflanze, die Generationen von Jerusalempilgern als Auferstehungspflanze mitgebracht haben: die Rose von Jericho (lat.: anastatica hierochuntica). Die zu den Senfgewächsen gehörende Pflanze präsentiert sich als kleine schlichte Kugel aus vertrockneten Ästchen. Legt man sie aber in Wasser, streckt sie ihre Zweige aus und verwandelt sich in eine Blume. Dies läßt sich beliebig wiederholen.

Der 1. April

In die österliche Zeit fällt meist der 1. April, ein Termin, der untrennbar mit dem Aprilscherz verbunden ist. Ovid hat den April als den Monat besungen, der die »Mutter Erde«, die Knospen und Blüten ebenso öffnet wie die Herzen der Menschen. Das lat. »aprilis« deutete er als das Öffnen (lat.: aperire) des jungen Frühlings. Die Vertreibung des Winters erfolgt in Indien durch Narren. Im deutschsprachigen Kulturraum werden noch heute Menschen »in den April geschickt«: »Am ersten April schickt man die Narren, wohin man will.« »April, April« ruft man dem »April-Ochsen« nach, der auf einen Scherz, oft »Narrenaufträge«, hereingefallen ist. Schon bei den Germanen verkörperte der April-Narr den machtlosen Winter, der getäuscht und geneckt wurde, damit er sich möglichst schnell »verzog«. In der alemannischen Fastnacht sind es die Narren, die den Winter und seine Dämonen vertreiben. Der 1. April galt den frühen Christen als Geburtstag des verräterischen Apostels Judas. Wie Freitag der 13. galt der 1. April darum als Unglückstag.

Narrenaufträge wurden nicht nur als Aprilscherz am 1. April erteilt. Auch die Fastnacht erteilte den Narren gerne Narrenaufträge, die diese auch im Sinne der Fastnacht auszuführen suchten, um ihre Narretei unter Beweis zu stellen. Das Repertoire der »Scherze« zum 1. April ist erweitert, z. B. um vermeintliches Süßgebäck oder Pralinen, die sich aber dann als mit Senf gefüllt erweisen. Nicht jeder Gefoppte mag nach dem Biß in eine solche Überraschung lachen. Andere sind traurig, wenn solche Formen des Aprilscherzes verschwinden.

322

Der Weiße Sonntag

Der zweite Sonntag der Osterzeit, d. h. der erste Sonntag nach Ostern, heißt nach dem Introitus der Meßfeier dieses Tages »Quasi modo geniti« oder »Quasi modo« (»Quasi modo geniti infantes« = Wie neugeborene Kinder). Als erster Tag der zweiten Osterwoche wird dieser Tag begriffen, wenn er »secunda hebdomada pasche« bezeichnet wird, – als letzter Tag der Osteroktav, wenn er Sonntag in der ausgehenden Osterwoche heißt, – oder dominica conductus pasche, pascha clausum, pâques encloses, paschachten, paschantag, Paischachter, Paischandais.

Ursprünglich galt der Sonntag »Invocabit« (erster Fastensonntag oder 6. Sonntag vor Ostern) als Weißer Sonntag, weil in Rom an diesem Tag erstmals die Täuflinge in weißen Kleidern zur Kirche zogen. Heute ist »Dominica in albis« die liturgisch korrekte Bezeichnung des zweiten Sonntags der Osterzeit (früher: des »ersten Sonntags nach Ostern«), weil in der alten Kirche die Täuflinge am Vortag oder an diesem Sonntag zum letzten Male ihr weißes Taufkleid (lat.: alba) trugen. Er heißt auch »Dominica albis depositis« (in albis). Der Samstag vor dem Weißen Sonntag heißt gelegentlich »Sabbatum pasche«.

Die heutige Bedeutung als Tag der feierlichen Erstkommunion (in schönstem kölschen Knubbeldeutsch: »Kummelijionsdach«) der Kinder hat der Weiße Sonntag erst nach dem Konzil von Trient (1545–1563) gewonnen. Nach der frühen Phase, in der die Säuglinge Taufe, Erstkommunion und Firmung erhielten, hatte das Vierte Laterankonzil 1215 das Alter für den ersten Empfang der Kommunion nicht genau festgelegt. Regional unterschiedlich schwankte das Alter der Erstkommunikanten zwischen sieben und vierzehn Lebensjahren. Vorbereitung und Festsetzung des Termins waren Sache der Eltern.

Nach dem Konzil von Trient nahmen sich vor allem die Jesuiten der Erstkommunion an. Neben einer gemeinsamen Vorbereitung und Feier sollte das Fest nicht durch die österliche Pflichtkommunion beeinträchtigt werden. Deshalb wurde der Weiße Sonntag zum Tag der Erstkommunion: 1661 in München, 1673 in Luzern, 1678 in Schlettstadt. Erst seit Mitte des 19. Jahrhunderts ist der Weiße Sonntag als Tag der feierlichen Erstkommunion festgesetzt, wovon es aber nach diözesanem Recht inzwischen begründete Ausnahmen gibt.

Die Kommunionkinder nahmen die formale Tradition der Täuflinge als »Bräute Christi« und »Engel« auf. Schon im »Lohengrin« (Vers 482f) heißt es: »Nû wâren sie gelîch / ein engel, den got selber hat geprîset.« Die Jungen werden parallel als »Bräutigam« in einen dunklen Anzug gekleidet. Während der Aufklärung und während der Naziherrschaft wurde der Weiße Sonntag zu einem Tag des öffentlichen Glaubensbekenntnisses. Leider läßt sich nicht immer ausschließen, daß den Beteiligten die Ausstattung wichtiger wird als der Festanlaß. In manchen Gemeinden ist man deshalb dazu übergegangen, die Kommunionkinder in eine einheitliche Albe zu kleiden. In anderen Gemeinden, wo man die einheitliche Bekleidung nicht hat durchsetzen können, werden Tauschbörsen für Kommunionkleider betrieben. In nicht wenigen Pfarrgemeinden wird heute die Erstkommunion auch an anderen Tagen, z. B. an Christi Himmelfahrt, gefeiert. Auf diese Weise läßt sich der Feiertag entkrampfen.

Nachösterliche Zeit

SCÊDIT SVP CELOS TVOLAVIT SVP PE NAS VENTORVM·PŚ·XVII·C~

DHS VHVS POSTĞ LOCVTVS Ê ASSVTVS Ê ÎCELVM. M̂·VLTIMO.

Christi Himmelfahrt – Fra
Angelico (1451/53), geschaffen
für die Tür des Schreins der geweihten Gefäße von SS.
Annunziata, Florenz (später abmontiert). Foto: Verlagsarchiv

FESTE CHRISTLICHEN URSPRUNGS – GESCHICHTE, SINN UND BRÄUCHE

Die Osterzeit rechnete früher als ein einziger, ungeteilter Feiertag fünfzig Tage lang. Der Kirchenlehrer Ambrosius formulierte einmal: »Die fünfzig Tage sind wie das Passah zu feiern, und sie sind alle wie ein einziger Sonntag.« In den ersten Jahrhunderten waren die fünfzig Tage nach Ostern ein geschlossener Festkreis, der mit Pfingsten endete. Im 4. Jahrhundert bildete sich zum 40. Tag das Fest Christi Himmelfahrt aus. Die Frist von 40 Tagen wurde aufgrund der biblischen Vorgabe gewählt: »vierzig Tage hindurch ist er ihnen erschienen« (Apostelgeschichte 1,3). Die Einheitlichkeit der Sichtweise von Auferstehung (= Ostern) und Beauftragung zur Kirchenbildung (= Christi Himmelfahrt und Pfingsten) trat immer mehr in den Hintergrund. Ostern als das »Fest aller Feste« dominierte seit dem 4. Jahrhundert.

Die Kalenderreform nach dem Zweiten Vatikanum hat den Festkreis des Jahres so geordnet, daß die Ausrichtung auf Jesus Christus in den Vordergrund tritt. Zwei Festkreise stehen sich deshalb gegenüber: der Oster- und der Weihnachtsfestkreis (vgl. S. 94). Der Osterfestkreis im engeren Sinn beginnt mit Aschermittwoch und endet mit dem Weißen Sonntag, der Oktav von Ostern; das ist die Zeit, in der die sog. österliche Pflicht erfüllt werden soll: Beichte und Kommunionempfang. Der Osterfestkreis im weiteren und eigentlich kirchlich-liturgischen Sinn umfaßt die auf Ostern bezogenen Folgefeste Christi Himmelfahrt und Pfingsten. Im weitesten Sinn verstanden, gehören auch die dann nachfolgenden Wochen zum Osterfestkreis. Der Überschaubarkeit wegen werden hier unter nachösterliche Zeit der weitere und weiteste Osterfestkreis gerechnet.

Die Wochen nach dem Weißen Sonntag

Die Woche nach dem Weißen Sonntag wurde früher als Kreuzwoche oder auch Bittwoche bezeichnet. Die sogenannten Bittage dagegen wurden und werden teilweise noch heute am Montag, Dienstag und Mittwoch vor dem Hochfest Christi Himmelfahrt gefeiert, das immer auf den Donnerstag der sechsten Woche nach Ostern fällt. Der Freitag führte früher den Namen »Dreinägeltag«.

Eine Bittprozession (lat.: rogate = bittet) wurde wahrscheinlich im 4. Jahrhundert in Rom für den Markustag, den 25. April, angeordnet. Die unter Gregor d. Gr. (590–604) neubelebte Bittprozession in Form einer feierlichen Flurprozession sah immer das Singen der Allerheiligenlitanei vor (lat.: litaniae maiores = große Anrufungen). Nach der Mitte des 5. Jahrhunderts hat der heilige Bischof

Mamertus von Vienne in Südfrankreich drei Sühnetage vor Christi Himmelfahrt angeordnet, an denen die Gläubigen Buße tun und Werke der Nächstenliebe verrichten sollten. Am Ende des 8. Jahrhunderts übernahm die ganze lateinische Kirche diesen Brauch, angeordnet durch Papst Leo III. (795–816).

In der »Bittwoche« wurden der Montag, Dienstag und Mittwoch zu »feriae rogationum«, Rogationstage, Bittage. Zur Unterscheidung von anderen Bittagen wurden diese »litaniae maiores«, größere, ältere Bittgänge genannt; die anderen hießen »litaniae minores«, jüngere, kleinere Bittgänge. Traditionell waren die Bittage dazu da, Gott um Gnade zu bitten, um Fruchtbarkeit für Feld und Flur, um Verhütung von Hagel, Frost und anderem Unwetter. Für die Gegenwart bestimmt die »Grundordnung des Kirchenjahres«: »An den Bitt- und Quatembertagen betet die Kirche für mannigfache menschliche Anliegen, besonders für die Früchte der Erde und für das menschliche Schaffen; auch eignen sich die Tage für den öffentlichen Dank.« Nach wie vor werden die Bittage in der Woche vor Christi Himmelfahrt gehalten, können aber auf einen Tag zusammengezogen oder über mehrere Tage gehalten werden.

Christi Himmelfahrt

Der Tag Christi Himmelfahrt oder die »Himmelfahrt Christi« – andere Namen für Christi Himmelfahrt sind: Ascensio domini, Auffahrtstag, Goldene None, Gots auffartstag, Gots offertag, Hemelvart, Helgethorsdag oder hellig thorsdag (Skand.), Himmelfahrt Christi (Gottes, unseres Herrn), Schöner Nontag, Schönnontag, Nona aurea, Nontag, Nuntag, Mindeste Kreuzgang, Offartstag, Offertstag, Uffartstag, Uffertstag – gehört zum Urbestand christlichen Glaubens. Der Auferstandene erscheint vierzig Tage lang nach der Auferstehung mit verklärtem Leib als der Erhöhte und beweist sich damit als der Existenzweise Gottes teilhaftig. Die Präsenz Christi zeigt ihn nicht als der Welt entrückt, sondern auf eine neue Art und Weise in ihr Anwesender. Mit der Auferstehung hat Christus den Himmel als Dimension des Einsseins von Gott und Mensch überhaupt erst begründet. Als »zur Rechten Gottes sitzend« ist er das machtvolle Haupt der Kirche, die als sein Leib zwar noch in der Welt besteht, aber schon an der Erhöhung teilhat.

Im Bewußtsein um den Zusammenhang zwischen Himmelfahrt Christi und Geistsendung haben die Christen bis weit in das 4. Jahrhundert Christi Himmelfahrt an Pfingsten mitgefeiert. Wahrscheinlich erst im Nachgang zum nizänischen Konzil (325), als der Osterfeststreit beigelegt wurde, verlagerte sich das Verständnis von den vierzig Tagen: Ursprünglich theologisch als Zwischenzeit

Christi Himmelfahrt – »Les Tres Riches Heures« des Jean de Berry (15. Jh.). Chantilly, Musée Condé

vor einem Neubeginn verstanden, wurden sie nun zu einem historischen Fixpunkt vierzig Tage nach der Auferstehung. Seit 370 kann das Fest Christi Himmelfahrt als eigenständiges Fest vierzig Tage nach Ostern nachgewiesen werden. Gefeiert wird es am Donnerstag nach dem 6. Sonntag der Osterzeit (»Vocem iucunditatis«).

Mittelalterliche Bräuche

Im liturgienahen Brauchtum hat vor allem das duale Phänomen der Himmelfahrt Christi einerseits und der Geistsendung andererseits beeindruckt. Der mittelalterliche Mensch, im Bemühen, das Gelehrte ein- und ansichtig zu machen, damit es »be-griffen« werden konnte, verdeutlichte die Himmelfahrt realistisch: In der Kirche wurde eine Christusfigur in das Gewölbe hinaufgezogen. Sobald sie den Blicken entschwunden war, regnete es aus dem Gewölbehimmel Blumen, Heiligenbildchen und zum Teil auch brennendes Werg (Flachs- oder Hanfabfall), das die Feuerzungen des Heiligen Geistes darstellte. Natürlich hat sich im Mittelalter mit diesem bildhaften Ereignis auch finsterer Aberglaube verbunden: Beim Aufziehen der Christusfigur folgten ihr viele Blicke der Betrachter, denn wohin die Figur zuletzt schaute, von dort wurde das nächste Gewitter erwartet!

In anderen Gegenden war es üblich, zusätzlich zur Himmelfahrt Christi das Gegenstück dazu zu veranschaulichen: Aus dem Kirchengewölbe (= Himmel) wurde eine Teufelsdarstellung gestürzt, die dann von der Gemeinde geschlagen wurde. Diese Inszenierung des Satans, Teufels oder Luzifers – Himmels- oder Höllensturz nach Ausgangs- oder Zielpunkt, Engelssturz nach dem Gegenstand benannt – geschah auf dem Hintergrund von Jesaja 14,12ff, wo zwar der König von Babel (= Assur) gemeint war, der aber den Christen stets als Beispiel für Hoffart und als Verkörperung Satans galt. Symbolisch wurde die Herrschaft des Bösen beendet, und Christus konnte den Himmelsthron einnehmen.

Sebastian Franck beschreibt dieses Brauchtum in seinem »Weltbuch« von 1534: »Bald darauff folgt das Fest der Auffart Christi / daran yederman voll ist / und eyn gef[l]ügel essen muß / weiß nit warumb / da zeucht man das erstanden bild / so diese zeit auff dem altar gestanden ist / vor allem volck zu dem gewelb hinein / und würfft den teüfel eyn scheützlich bild anstatt herab / in den schlagen die umbstenden knaben mit langen gerten biß sy in umbringen. Darauff wirfft man oblat[en] von hymmel herab / zu bedeuten das hymel brot.« Daß an Christi Himmelfahrt üblicherweise nur Fleisch von Geflügel (= »fliegendes Fleisch«) gegessen wurde, damit auch zu Hause der Himmelfahrt Christi gedacht wurde, war sicher eine etwas naive Vorstellung.

In einzelnen Gegenden der Alpen haben sich zwar noch Teile dieses Brauchtums bis in das 20. Jahrhundert erhalten, aber Reformation und Aufklärung haben über diese alten Bräuche gesiegt. Auch Brauchtumsvarianten, Hochheben und Umhertragen einer Figur des Auferstandenen, haben den Untergang nicht aufhalten können. Vielleicht ist das Gebäck in Vogelform, das in manchen Gegenden zu Christi Himmelfahrt gebacken wird, noch eine Erinnerung an die alte Rolle des Geflügels an diesem Festtag. Zu dem aus dem Kirchengewölbe geworfenen »Himmelsbrot«, Manna, hat es jedenfalls keinen Bezug.

329

»Vatertag«

Für viele Menschen der Gegenwart, die den Kontakt zum christlichen Glauben verloren haben, reduziert sich der Himmelfahrtstag auf seine Rolle als »Vatertag«. Aber auch der Vatertag hat vielleicht einen Teil seiner Wurzeln in religiösem Brauchtum. Seit alters waren auch am Himmelfahrtstag Flurumgänge und Flurumritte üblich. Strittig ist die Begründung für dieses Tun: Die einen halten sie für einen germanischen Rechtsbrauch, wonach jeder Grundeigentümer einmal im Jahr seinen Besitz umschreiten mußte, um den Besitzanspruch aufrechtzuerhalten. Andere ergänzen oder ersetzen diese Erklärung: Es handle sich um die Nachahmung des Gangs der elf Jünger zum Ölberg zum Zweck ihrer Aussendung (vgl. Matthäus 28,6f), der sogenannten Apostelprozession, oder es sei die Erinnerung an die von Papst Leo III. (795–816) am Montag, Dienstag und Mittwoch vor Christi Himmelfahrt eingerichteten Bittprozessionen.

Worin auch immer Grund oder Anlaß der Flurumgänge gelegen haben mögen: Schon im Mittelalter hatten sie oft den religiösen Sinn verloren und waren zu quasireligiösen Touren verkommen, bei denen der Alkohol eine erheblich größere Rolle spielte als das Weihwasser. Aus diesen von der Reformation geächteten und der katholischen Kirche meist zu reformieren oder abzuschaffen gesuchten Sauftouren entwickelten sich im 19. Jahrhundert »Herrenpartien« oder »Schinkentouren«, die – nach Einführung des »Muttertages« 1908 bzw. 1914 – problemlos zum Gegenstück, dem »Vatertag«, wurden, ein Tag, der in den USA seit 1916 bzw. 1924 begangen wird. Mit Christi Himmelfahrt sind Bauernwetterweisheiten verbunden, z. B.: Regnet es am Himmelfahrtstag, der Weinbauer klagen mag – Regen zu Christi Himmelfahrt macht dem Bauern die Ernte hart.

Pfingsten – Sinn und Bräuche

Das Wort »Pfingsten« entstand aus dem griechischen Wort »Pentecoste«, der fünfzigste (Tag), denn das erste Pfingstfest wurde laut Apostelgeschichte am »Fest der (Weizen-) Ernte« fünfzig Tage nach dem österlichen Passahfest gefeiert. Durch den variablen Ostertermin variiert auch Pfingsten zwischen dem 10. Mai und 13. Juni. An Pfingsten ereignete sich durch die biblisch erzählte Herabkunft des Heiligen Geistes das Pfingstwunder: Durch Feuerzungen sichtbar kam der Heilige Geist über die Jünger und bewirkte ihr Sprechen in vielen fremden Sprachen.

Auch Pfingsten, wie dieses Fest bei den Christen nun heißt, ist – im übertragenen Sinn – ein Erntefest: Christi Ernte ist die Gründung der Kirche, Pfingsten ihr Geburtstag. Als die Christen den Zeitpunkt des Osterfestes anders als die Juden ihr Passahfest berechneten, hielten sie an dem Termin fünfzig Tage nach Ostern fest, dem Pfingstfest, das wahrscheinlich schon in apostolischer Zeit gefeiert wurde.

Andere Namen für Pfingsten sind: Adventus spiritus sancti, chinxen oder cynxen (Ndl.), dies pentecostes (spiritus sancti), dominica pentecostes, Faisten oder faistag (Siebenbürgen), Geistag, Pascha de madio (pentecostes, rosarum), Pentecoste, Pentecosten, Penxten, Pingesten, Pinsten, Pinxten. Der Pfingstmontag hieß Stolzer oder hübscher Montag, der Pfingstdienstag Geiler Zinstag, Zinstag, der Pfingstmittwoch Hoher Mittwoch, Hochmittwoch, Knoblauchmittwoch (Thür.), der Pfingstdonnerstag hieß in Köln Holzfartdache, Holzfehrdach.

Pfingsten – Missale Romanum (1892)

Die Geisttaube

Das pfingstliche Brauchtum spielt entweder das pfingstliche Geschehen nach oder hat jahreszeitliche Bezüge als Frühlings- oder Maienbrauchtum. Das Mittelalter verdeutlichte die Herabkunft des Heiligen Geistes durch brennendes Werg (Flachs- und Hanfabfall), das aus dem Kirchengewölbe auf die versammelte Gemeinde rieselte. Andernorts wurde eine lebende oder auch eine hölzerne Taube als Symbol des Heiligen Geistes herabgelassen (Heilig-Geist-Schwingen). Die Taube wurde seit dem Barock zum Symbol von Pfingsten – allerdings ein wenig glückliches Symbol. Theologisch ist das Symbol nicht sauber, weil es in der Schrift an drei Stellen einheitlich (Matthäus 3,16; Markus 1,10; Johannes 1,32) heißt, der Geist Gottes sei *wie* eine Taube, aber nicht *als* eine Taube herabgekommen. Allerdings schreibt Lukas, der Geist Gottes sei »sichtbar in Gestalt einer Taube« herabgekommen (3,22). Die Taube hat aber auch als Symbol einen radikalen Bedeutungsverlust erlitten: Der Vogel der Könige wurde zur Brieftaube des kleinen Mannes und schließlich in unseren Großstädten zur »Ratte der Lüfte«. Als Bild des Heiligen Geistes taugt die Taube für die vielen Menschen nicht mehr, die sich nicht von dieser zeitgebundenen Vorstellung lösen können. – Der Heilige Geist wurde im Süddeutschen gerne als Patron und Namensgeber der Spitäler gewählt.

331

Der große Wettersegen

Ursprünglich mit Pfingsten verbunden war der Große Wettersegen, ein Gebet, bei dem Priester und Gemeinde um eine gute Ernte baten. Später konnte der Wettersegen vom Fest der Kreuzauffindung (3. Mai) bis zum Fest der Kreuzerhöhung (14. September) am Schluß der Messe erteilt werden. Die Gebete waren nach Gegend unterschiedlich.

Pfingstbrezel – Pfingstspiele

Liturgienahes religiöses Brauchtum hat sich zu Pfingsten kaum ausgebildet. Die Pfingstbrezel zum Beispiel gab es nicht in ganz Deutschland, aber u. a. in Böhmen. Am Pfingst(vor)abend legten die Kinder Huflattichblätter vor die Türe, auf denen sie morgens die Pfingstbrezel fanden. Der Huflattich wurde gepreßt und aufbewahrt, weil er gegen verschiedene Schmerzen helfen sollte. Vielfältiger sind die jahreszeitlichen, mit Pfingsten verbundenen Bräuche. Zwar hat es zeitweise Pfingstspiele gegeben (Freiberger Pfingstspiele), bei denen vom Spätmittelalter bis in das 19. Jahrhundert die Heilsereignisse von Pfingsten bis zum Jüngsten Gericht dargestellt wurden. Berücksichtigt wurde hier, daß die Pfingstoktav, das Dreifaltigkeitsfest, den Auftakt für die Sonntage bis zum Ende des Kirchenjahres gab, bei denen die »Letzten Dinge« des Menschen (»Quattuor Novissima«) im Mittelpunkt standen. Aber diese Pfingstspiele haben sich nicht erhalten.

Pfingstmaien – Pfingst-/Maibaum – Pfingstlümmel – Pfingstweide – Pfingstochse

Schabernack in der Nacht von Pfingstsonntag auf -montag und das Verstellen von Sachen leitet sich von einem alten Abwehrzauber her. Die Häuser wurden geweißt und Pfingstmaien angebracht, frische Birkenäste, geschmückt mit Bändern und Blumen, die verliebte Burschen ihren Mädchen als Symbole der Jugendfrische und Zuneigung (»Ich bin dir grün!«) vor die Tür pflanzten oder an das Haus steckten. Schlimmer als gar keine Maien zu erhalten, war es für ein Mädchen, von einem »verblichenen« Freund eine sogenannte Schandmaien aufgesteckt zu bekommen: einen dürren Stecken oder das kahle Gerippe eines ehemaligen Christbaumes. Auch Kirschzweige (Symbol für Klatschsucht) oder Weißdorn (Symbol für eine, die unbedingt geheiratet werden will) galten als wenig geliebte Gaben.

Das Setzen von Liebesmaien zu Pfingsten steht in Verbindung mit dem alten Brauch des »Mailehens«. Hierbei erhalten die heiratsfähigen Burschen heiratsfähige Mädchen »zu Lehen«, die sie – in der Regel im laufenden Jahr – zu Tanz und Feier ausführen mußten/durften. Die Paarbildung zum Zwecke des

332

näheren Kennenlernens erfolgte durch Verlosung oder Versteigerung. Die Maien setzten die Burschen »yren metzten zuo eer«, wie Sebastian Franck 1534 notiert.

Neben den Liebesmaien gab es immer den Maibaum (Pfingstbaum) des Dorfes oder des Stadtteils, meist eine Fichte oder Tanne, die – bis auf den Wipfel – entastet war. Dieser Maibaum wurde durch einen Kranz, Fahnen, Bänder, Zunftzeichen usw. geschmückt und auf dem Dorfplatz aufgestellt. Wichtig war, daß der Baumstamm säuberlich entastet und damit sehr glatt war. Zusätzlich wurde er gerne mit Seife eingerieben, denn er diente für Wettkämpfe als Kletterbaum. Bei diesen Spielen wurde der »Pfingstbräutigam« oder »Pfingstkönig« ermittelt, der sich eine »Pfingstbraut« oder »Pfingstkönigin« erwählen durfte, mit der er die »Pfingsthochzeit« feierte. Bis in unsere Tage ist der »Maibaumklau« im Nachbardorf, der dann nur durch – viel, oft sehr viel – Bier ausgelöst werden kann, ein beliebter »Sport«.

Abschluß des weltlichen Pfingstfestes bildete vielfach das Einholen einer Pfingstgestalt: z. B. Pfingst(d)reck, Pfingstlümmel, Pfingstel geheißen. Diese Figur war in frisches Grün gekleidet und stellte den Sommerbeginn dar. In dieser Tradition stehen die Gemeinschaftsfeiern von Schützen- oder Kegelvereinen, die sich gerne Pfingstmontag treffen, um ihren »König« zu ermitteln. Pfingsten ist aber auch ein Hirtenfest, weil an diesem Tag das Vieh – natürlich festlich geschmückt – erstmals im Jahr auf die Weiden getrieben wurde: Die »Pfingstweide« wurde eröffnet. In grünes Laub gekleidete Burschen traten auf, die die neuen Wachstumsgeister verkörperten.

Der »Pfingstochse« wird zumeist auf ein geschmücktes Rind zurückgeführt, das zur Weide getrieben wurde. Eher scheint der Begriff aber von dem Ochsen abgeleitet zu sein, der an Pfingsten geschlachtet und zuvor geschmückt durch das Dorf geführt wurde. Vielleicht geht der Pfingstochse auf eine vorchristliche jahreszeitliche Opferhandlung zurück. Die – immer negativ gebrauchte – Bezeichnung »Pfingstochse« bezieht sich auf einen, der zwar noch »schön« wirkt, aber nur, weil er noch nicht ahnt, daß er bereits verloren ist.

»Pfingstlümmel« oder »Pfingstbloch« hieß für ein ganzes Jahr der Hütejunge im Erzgebirge, der als letzter beim Weideauftrieb erschien. Sein Gegenstück war der »Tauschlepper«, weil er als erster den Tau von den Gräsern »abgeschleppt« hatte.

Flurumritte – Springprozession

Flurumritte, Grenzabschreitungen und Prozessionen fanden ebenfalls zu Pfingsten statt. Nach altem Denken sollten die Umzüge der neuen Saat Heil und Segen bringen. Die Kirche suchte die Flurumritte, die im Umfeld von Pfingsten

stattfanden, möglichst auf Pfingsten zu konzentrieren. Das galt auch für den Umritt am Urbanstag. Der Papst und Märtyrer Urban I. (222–230) gilt als Weinpatron. Die an seinem Festtag, dem 25. Mai, begangenen Umritte der Winzer sind vielfach auf Pfingsten verlegt worden.

Im luxemburgischen Echternach hat sich eine der im Mittelalter zahlreichen *Springprozessionen* zu Ehren des hl. Willibrord († 739) am Pfingstdienstag erhalten, bei der früher auf eine eingängige Melodie immer zwei Schritte vor und einer zurückgetanzt werden. Heute bezeichnet man dies gerne als »homöopathische Therapie«: Durch eine dosierte Bekämpfung eines Übels durch das Übel selbst – und natürlich durch göttlicher Gnade – sollten Nervenzucken und Veitstanz therapiert werden.

Der Brauch, zu Pfingsten eine Quelle zu besuchen und das frische Wasser als gesegnetes Wasser das Jahr über zu benutzen, scheint mit dem Neubeginn des Lebens zusammenzuhängen. Brunnenfeste (Maibrunnen, Maibrunnenfeste) stehen in der gleichen Tradition.

Der »Mohrenkönig« – Pfingstritt – Heerschau

Der bei diesen Pfingstfeiern auftretende »*Mohrenkönig*« (Wurmlinger Pfingstreiten), türkische Kaiser oder Franziskus, römische Kaiser (Nusplingen/Württemberg) sind – ebenso wie das gehäufte Auftreten von Reitern, Reiterspielen und Gemeinschaftsfeiern (z. B. Weingartener Blutritt, Kötztinger Pfingstritt) – Hinweise auf die mit Pfingsten verbundene Heerschau. Sie führt auf ein uraltes Brauchtum zurück: Der vorjulianische römische Kalender begann das Jahr mit dem 1. März – und das nicht ohne Grund, denn in Rom ist dies der Beginn der Sommerzeit. Die Benennung des ersten Monats nach dem Kriegsgott Mars scheint auch nicht zufällig zu sein, denn der 1. März war im Römischen Reich Tag der Truppenschau: Die neu einberufenen Rekruten präsentierten sich in Rom auf dem campus Martius, dem Mars- oder Märzfeld.

334

Nördlich der Alpen konnte man dieses Ereignis nicht am 1. März, wohl aber am 1. Mai begehen. Auf Anordnung des Frankenkönigs Pippin III. des Kurzen (751–768) aus dem Jahr 755 waren die Heerschauen auf den 1. Mai gelegt worden. Sie fanden entsprechend auf den Maifeldern statt. Diese Bezeichnung hat sich vielfach in Deutschland erhalten. Das bekannteste Maifeld ist jenes in Berlin, das dann zum »Reichssportfeld« und zum »Olympiastadion« wurde.

Die *Heerschau* erfolgte ursprünglich durch den König selber, der festlich hof hielt und die Schwertleite, die Erhebung Geeigneter in den Ritterstand, in den Mittelpunkt stellte. Später richteten »Maigrafen« die Heerschau und das Fest aus, das sich dem Mairitt der waffentragenden Männer anschloß.

Kirchenvertreter haben diese Festivität ohne kirchliche Bezüge in den religiösen Festkreis einzuordnen gesucht. Das benachbarte Pfingstfest bot sich an, denn in der Apostelgeschichte wird im 2. Kapitel berichtet, daß fromme Männer aus jedem Volk unter dem Himmel in Jerusalem versammelt gewesen waren. Da dies auch auf die Heerschau am 1. Mai anzuwenden war, bei dem der Hofstaat des Königs natürlich eine große Zahl von Ausländern aufwies, ließ sich das Ereignis zunehmend vom 1. Mai auf Pfingsten (meist Pfingstmontag) verlagern.

Die mit der Heerschau verbundenen Turniere mit Ring- und Kranzstechen, Wettreiten, Kämpfen Mann gegen Mann und Mann gegen Holzfiguren, waren der Kirche ein Dorn im Auge, weil diese Mutproben die Gegner vielfach alles vergessen ließen. Seit dem Zweiten Laterankonzil 1139 warnte die Kirche wiederholt vor der Gefahr dieser Turniere. Papst Clemens V. (1305–1314) verbot 1313 schließlich die Turniere unter Androhung des Verbots der kirchlichen Beiset-

zung bei Zuwiderhandlung. Dieses Turnierverbot hatte zwei Folgen: Zum einen wichen die, die an diesen Turnieren festhielten, auf die Fastnacht aus, bei der auch die Kirche diese Turniere, die hier als törichtes Tun vorgeführt wurden, nicht verbieten konnte. Zum anderen wandelten sich die Heerschauen in Reiterprozessionen und Umritte, die sich dem religiösen Anlaß unterordneten. Wie man sich die fastnachtlichen Turniere vorzustellen hat, beschreibt eine Münsteraner Chronik aus der zweiten Hälfte des 16. Jahrhunderts: »Mitten auf dem Markt stand eine hölzerne Figur, Roland genannt, die beide Hände

ausgestreckt hatte. Die Figur stand auf einer eisernen Stange, auf der sie sich drehen konnte. In der rechten Hand hatte sie eine runde Scheibe, etwas größer als ein Teller, und in der linken Hand hatte sie einen Geckenkolben hängen. Bereitgestellt waren lange

Ringstechen an Pfingsten (1898) – Aus: Otto Frhr. von Reinsberg-Düringsfeld, Das festliche Jahr. Leipzig 1898

Speere. Damit rammten und stachen sie einer nach dem anderen den Roland in die rechte Hand, in der sich die runde Scheibe befand. Sogleich drehte er sich und schlug mit der linken Hand, in der er den Kolben hatte, umher. Wenn dann derjenige, der zugestochen hatte, nicht schnell genug fort war, bekam er einen Schlag auf den Rücken oder in den Nacken, so daß jedermann lachte. Sie hatten an diesem Tag ebenso wie am vergangenen Donnerstag, als sie ihn einholten, ein kleines Kränzchen, durch das man ungefähr einen Ball durchstecken konnte. Auch danach rammten sie ihre Speere. Wer im vollen Lauf durchstecken konnte, der gewann den Brüdern etwas zum Besten. Darum hatten sie Tage zuvor gewettet.« Der allmähliche Niedergang der Reiterauftritte zu Pfingsten ist aber nicht nur eine Folge der Aufklärung, sondern auch der Motorisierung der Landwirtschaft sowie der Reduzierung der Weidewirtschaft und Weideflächen.

Pfingstmilch – Pfingstbier – Walpurgisnacht

Traditionell hatte Pfingsten auch für die Bauern Auswirkungen: Die an Pfingsten gemolkene Milch gehörte in alten Zeiten den Mägden, die mit der »Pfingstmilch« ihren jungen Burschen ein Festessen aus Milchsuppe mit Mandeln und Eiern anrichteten. »Pfingstbier« hieß das Gegenfest der jungen Burschen, das am Pfingstmontag nach der Kirche mancherorts mit Essen, Trinken und Tanz auf dem Dorfplatz gefeiert wurde.

Mit dem offiziellen Sommerauftakt zum 1. Mai bzw. zu Pfingsten war der Winterabschied am 30. April verbunden. Die sogenannte »Walpurgisnacht« hat viel vom Jahresabschlußbrauchtum: Lärm, um die Hexen und Dämonen zu vertreiben, Tanz, Essen und Trinken.

Mit Pfingsten sind auch Wetterregeln verbunden, z. B.: Nasse Pfingsten, fette Weihnachten. Wenn's zu Pfingsten regnet, ist die Erde wohl gesegnet. Regnet's an Pfingstmontag, so regnet's noch sieben Sonntag.

336

NACHPFINGSTLICHER FESTKREIS – FESTE UND BRÄUCHE VON DREIFALTIGKEITSSONNTAG BIS TOTENSONNTAG

Vier besondere Feste der nachfolgenden Zeit beziehen sich auf Pfingsten: der Dreifaltigkeitssonntag, das Fronleichnams-, das Herz-Jesu-, und das Christkönigsfest.

Dreifaltigkeitssonntag

Der Sonntag nach Pfingsten wird von Katholiken und Protestanten als Dreifaltigkeitssonntag bzw. Trinitatis begangen. Der Tag heißt auch: dies trinitatis, dominica trinitatis, Pentecoste clausum, Salvatorstag, Trifeldicheit. Der Montag nach Trinitatis hieß in Westfalen Guter Montag. Kein Ereignis aus dem Leben Jesu ist der Bezug, sondern die Glaubenslehre von der Seinsweise des einen Gottes in drei Personen. Dieses Ideenfest geht auf Auseinandersetzungen zurück, die in der Kirche mit dem Arianismus im 3. Jahrhundert begannen. Arius († 336) hatte einen strengen Monotheismus gepredigt, der Christus, den Sohn Gottes, mit Gott nicht gleichstellte. In langwährenden Streitigkeiten unterlag der Arianismus. Die Kirche sah in Gottvater, dem Gottessohn Christus und dem Heiligen Geist drei verschiedenartige, aber gleichwertige Personen des einen Gottes. Ausgedrückt wird dies u. a. durch die Schlußformel (Konklusion) der Gebete, die seit der Liturgiereform lautet: »Durch Jesus Christus, deinen Sohn, unseren Herrn und Gott, der in der Einheit des Heiligen Geistes mit dir lebt und herrscht in alle Ewigkeit.«

In manchen Landesteilen heißt dieser Sonntag auch Güldensonntag oder Goldener Sonntag, denn an diesem Tag oder in dieser Nacht soll die goldene Wunderblume mit magischer Kraft erblühen. Mit ihr kann man verwunschene Jungfrauen erlösen, Berge öffnen, um die verborgenen Schätze an sich zu nehmen usw. Auch Christen, die an diesem Tag dreimal die Kirche besuchen, soll alles gelingen.

Die Dreifaltigkeitslehre und der Dreifaltigkeitssonntag haben kein eigentliches Brauchtum ausgeprägt, es sei denn, man bezieht die volkstümliche Darstellung der Dreifaltigkeit im »Drei-

Dreihasenbild, Allegorie für die Dreifaltigkeit – Relief am Dom zu Paderborn.
Foto: Archiv des Autors

hasenbild« ein, das in früheren Jahrhunderten auf Ostereiern wiedergegeben wurde. In der kirchlichen Kunst hat jedoch eher der »Gnadenstuhl« zur Darstellung der Dreifaltigkeit gedient: Ein als älterer Mann dargestellter Gottvater hält Christus am Kreuz vor sich, wobei der Heilige Geist als Taube über oder zwischen diesen beiden Gestalten einbezogen ist.

Herz-Jesu-Fest

In der Sprache der Bibel ist das »Herz« nicht irgendein Organ, sondern ein Begriffsbild für das menschliche Wesen, die personale Mitte eines Menschen (vgl. z. B. Johannes 14,1; 16,22). Die mittelalterliche Christusmystik, die den Christus der Passion in ihr Zentrum gestellt hatte, nahm das von der Lanze des römischen Soldaten durchbohrte Herz Jesu (vgl. Johannes 19,34) als Synonym für das erlösende Leiden des Gottessohnes, seine sich verschwendende Liebe. Integriert in diese mystische Verehrung war der Gedanke der Sühne: stellvertretendes Beten für die Unwürdigen, Gottesleugner und Gottesfeinde.

Die Anfänge der Verehrung des heiligsten Herzens Jesu finden sich im 13. und 14. Jahrhundert. 1672 erlaubte der Bischof von Rennes (Frk.) den Oratorianern, in ihrer Gemeinschaft liturgisch ein Herz-Jesu-Fest zu feiern. Die im 16./17. Jahrhundert vor allem von den Jesuiten und Oratorianern geförderte Herz-Jesu-Verehrung nahm durch die Visionen der Margareta Maria Alacoque († 1690) neuen Auftrieb: Ihr war Christus erschienen, auf sein Herz deutend, was als sein Verlangen nach der Einführung eines diesbezüglichen Festes verstanden wurde. Gefeiert wurde es am Freitag nach der Fronleichnamsoktav, am dritten Freitag nach Pfingsten. Das im 18. Jahrhundert in Frankreich, Deutschland und Italien verbreitete Fest wurde 1765 durch Papst Clemens XIII. (1758–1769) anerkannt und 1856 unter Pius IX. (1846–1878) für die Kirche vorgeschrieben. Leo XIII. (1878–1903) erhöhte 1899 den Rang des Festes und weihte zur Jahrhundertwende die Welt an das Herz Jesu. Heute ist es ein Hochfest unter dem Namen »Heiligstes Herz Jesu«. Gefeiert wird es am Freitag der dritten Woche nach Pfingsten. Aber auch an jedem ersten Freitag eines Monats gibt es Herz-Jesu-Tage: Ein – meist abendlicher – Gottesdienst wird als Votivmesse gefeiert mit dem besonderen Gebet um Priester- und Ordensnachwuchs.

Heute ist das Herz-Jesu-Fest wenig populär. Das dem Fest zugrunde liegende mystische Bild des durchbohrten Herzens Jesu stößt auf geringe Akzeptanz. Heutzutage steht das Symbol »Herz« für Liebelei, oder das reale Herz als Organ ist Gegenstand bei Herzinfarkt und Herztransplantation. Die Entmystisierung des Herzens hat die Vermittlung des Festinhaltes nicht leichter gemacht. Nicht schuldfrei geblieben sind auch zahlreiche Herz-Jesu-Darstellungen der

338

Vergangenheit, die im Bewußtsein mancher Katholiken noch vorfindlich sind: süßlich vorwurfsvoll blickende Christusfiguren, die in ihrer aufgerissenen Brust auf ein – manchmal sogar elektrisch betriebenes, flackerndes – Herz verwiesen. Heute begegnet die Symbolik des Christusherzens so gut wie nicht mehr. Brauchtum hat weder dieses noch das nachfolgende ausgebildet.

In enger Verbindung zur Herz-Jesu-Verehrung steht die Verehrung des Herzens der Gottesmutter Maria. Die Oratorianer feierten im 17. Jahrhundert schon ein diesbezügliches Fest, das zu Beginn des 17. Jahrhunderts unter Papst Pius VII. (1800–1823) zwar anerkannt, aber erst unter Pius XII. (1939–1958) 1944 als verbindlich vorgeschrieben wurde. Gefeiert wurde es am Oktavtag von Mariä Himmelfahrt, dem 22. August. Die Kalenderreform hat das Fest als nichtgebotenen Gedenktag unter dem Namen »Unbeflecktes Herz Mariä« auf den Samstag direkt nach dem Herz-Jesu-Fest gelegt.

Fronleichnam

Das Fronleichnamsfest am Donnerstag nach dem Dreifaltigkeitssonntag oder der zweiten Woche nach Pfingsten feiert die Eucharistie als Opfer, Kommunion (Opferspeise) und – wegen der Realpräsenz Christi im Tabernakel – als Ziel der Anbetung. Es ist ein Erinnerungsfest an die Einsetzung des Altarsakramentes, das eigentlich am Gründonnerstag gefeiert werden müßte, aber der Passionswoche wegen als zu diesem Termin unangebracht empfunden und deshalb – in einer Zeit, als der Osterfestkreis mit Pfingsten fünfzig Tage nach Ostern schloß – an das Ende der österlichen Zeit gelegt wurde.

Die Anregung zu diesem Fest entstammt einer Vision der heiligen Augustinernonne Juliana von Lüttich († 5.4.1258) und fand im Bistum Lüttich 1246 seine Einführung. Am 11. August 1264 wurde Fronleichnam durch Papst Urban IV. (1261–1264), zuvor Erzdiakon in Lüttich, als »Fest des Leibes Christi« (lat.: festum corporis Christi, festum corpus domini; im Deutschen mit dem Wort »vronlichnam« = Herrenleib wiedergegeben) mit der Enzyklika »Transiturus de hoc mundo« zum allgemeinen kirchlichen Fest erhoben. Thomas von Aquin (um 1225–1274) war an dieser Enzyklika wesentlich beteiligt und hat die Texte für das Offizium (Chorgebet der Kleriker) und die Messe zusammengestellt. Von ihm stammt auch die berühmte Sequenz »Lauda, Sion, Salvatorem«, die im Fronleichnamsgottesdienst früher niemals fehlte.

Die Dominikaner haben die Ausbreitung dieses Festes stark gefördert. 1311 wurde es unter Papst Clemens V. (1305–1314) auf dem Konzil von Vienne bestätigt und 1317 unter Papst Johannes XXII. (1316–1334) endgültig weltweit angeordnet. 1264 fanden in Rom, Münster und Orvieto die ersten Fronleichnamsfeiern statt, 1273 in Benediktbeuern, 1274 in Köln, 1276 in Osnabrück. Vor der

Kalenderreform hieß dieser Tag Fronleichnamsfest oder Festum Sanctissimi Corporis Christi, heute bezeichnet man es Hochfest des Leibes und Blutes Christi.

Den besonderen Charakter erhielt Fronleichnam durch die Prozession, die schon 1279 durch Köln zog. Gerade die Fronleichnamsprozession versinnbildlicht gelebtes Christentum: Zum Ende des Osterfestkreises symbolisiert sie den christlichen Lebensvollzug, das gläubige »Wallen«, das Ziehen durch die Zeit, dem ewigen Vater entgegen. Es ist die Heimkehr der Kinder Gottes in das himmlische Jerusalem. Der realpräsente Gott wird sichtbar, er verläßt das »fanum« (lat.: Tempel, Allerheiligste) und durchzieht das »profanum« (das dem Allerheiligsten Vorgelagerte). Zu diesem Zweck entstanden die Monstranz: ein Ostensorium mit sog. Lunula (ein halbmondförmiges Schiffchen, in das die Hostie eingesteckt wird), und der Baldachin, der »Tragehimmel«, ursprünglich ein Herrschaftszeichen der Monarchen.

Wie zu Weihnachten, der Passion und Ostern entstanden parallel Fronleichnamsspiele. Weil aber auf keine spezifische Tradition zurückgegriffen werden konnte, entwickelten sich überall divergierende Spiele entweder nach biblischen Stoffen oder an Sagen, Legenden usw. In Düsseldorf gingen die Spiele im 19. Jahrhundert in ein weltliches Künstlerfest über.

In der Reformation wurde Fronleichnam zu einem konfessionsscheidenden Merkmal. Luther bezeichnete Fronleichnam 1527 als »allerschädlichstes Jahresfest«. Ihm fehlte die biblische Grundlegung, Prozessionen galten ihm als Gotteslästerung. Das Konzil von Trient (1545–1563) bestätigte das Fronleichnamsfest, das nun einen demonstrativen Akzent bekam: Mit großem Aufgebot und Aufwand zeigten die Katholiken ihren Glauben. Subdiakone, Diakone, Priester, Nonnen, Mönche und Meßdiener zogen mit Fahnen, Schellen und Weihrauch, begleitet von den Honoratioren und Erstkommunikanten, Gruppen von Frauen und Männern, geordnet nach Ständen, Verbänden, Bruderschaften und Vereinen. Betend und singend begleiteten sie durch festlich geschmückte Straßen das Allerheiligste.

340

Untergegangen sind die »lebenden Bilder«, die Teil der Fronleichnamsprozessionen waren: Kain und Abel, der Durchzug durch das Rote Meer, Szenenbilder aus dem Alten und Neuen Testament, gingen mit in der Prozession. Der »Drachenstich« in Fürth im Wald gibt heute noch einen Eindruck damaliger Formenvielfalt. Die Straßenränder waren durch Maien geschmückt, in den Eingängen und Fenstern der Häuser hingen Fahnen und Teppiche. Heiligenfiguren und Kreuze waren durch Blumenschmuck Mittelpunkte des häuslichen Schmuckes. Einzelne Orte legten Blumenteppiche, über die das Allerheiligste geführt wurde. Einzelne Orte sind berühmt für ihre Kunstfertigkeit, mit der sie Blumenbilder herstellen: in Deutschland Hüfingen auf der Baar, in Italien Genzano di Roma und Bolsena, auf Teneriffa La Orotava. Diesen Brauch scheinen die Franziskaner besonders gefördert zu haben. Von ihnen stammt der Gedanke: Die Armen, die Gott liebt, streuen Blumen, über welche Gott wie über einen Teppich schreitet. Besonders prächtig geschmückt waren auch die vier Stationsaltäre, an denen die Prozession anhielt – mobile Altaraufbauten, Kapellen oder Wegkreuze. Triumphbögen scheinen inzwischen – bis in Mardorf in Hessen – aus der Mode gekommen zu sein. – Die Prozession endet mit einem feierlichen Gottesdienst, an dem alle teilnehmen.

Übrigens gibt es die Fronleichnamsprozession nicht nur für Fußgänger. Beispielsweise auf dem Staffelsee bei Murnau, am Chiemsee, und in Köln (»Mülheimer Gottestracht«) kennt man an Fronleichnam eine Schiffsprozession.

Außer »Fronleichnam« heißt dieser Tag auch: Blutstag (Plutstag), corpus Christi (domini, vivificum), dies corporis et sanguinis (domini, sacramenti, sanguinis domini, venerationis corporis), Eucharistia, Festum corporis Christi (dei, sanguinis domini), fête dieu (Frk.), Gotstag, Hotsleichnamtag, Hergottstag, herrenleichnamstag, Immolabit edum, Lichnamestag, Sacramentum, Sakramentstag, Sanguinis Christi, Triumphus corporis Christi, Varleichnam.

In Bayern nannte man Fronleichnam auch ein wenig spitz Hoffarts- oder Prangertag. Die Mädchen bekamen neue weiße Kleider zum »Prangen« bei der Prozession. Sie schmückten sich mit Kränzen aus segenbringenden Kräutern. War die Prozession beendet, wurden Jungfernnudeln und Jungfernschmarrn (Schmalzgebackenes) serviert, ein Essen, zu dem sich die männliche Jugend, wie die Motten beim Licht, ersehnterweise schnell einfand. Prangerstauden hießen die Sträuße aus Blumen, Blättern und Zweigen an den vier Stationsaltären. Sie kamen nach der Prozession zum Palmbusch in den Herrgottswinkel, oder man flocht sie in einen Pranger- oder Antlaßkranz, der den Kindern vor einem Altar aufgesetzt wurde. Der Kranz sollte Segen und Gesundheit bewirken.

Eucharistische Frömmigkeit, die Anbetung Gottes in Gestalt der konsekrierten Hostie, geschieht aber auch in Wallfahrtsform jenseits des Fronleich-

341

namsfestes. Der älteste bayerische Hostienwallfahrtsort, Sankt Salvator in Bettbrunn (Gemeinde Kösching im Landkreis Eichstätt), entstand 1125 nach einem Hostienfrevel, wie die zugehörige Legende berichtet. Ein Hirte hatte in diesem Jahr die Osterkommunion nicht beim Empfang konsumiert, sondern mit nach Hause genommen. Aus einem Kuhkolben schnitzte er sich einen

Detail aus einem Blumenteppich am Fronleichnamsfest in Hüfingen auf der Baar (bei Donaueschingen) – Foto: Dietz–Rüdiger Moser

Stab, in dem er in einer Aushöhlung die Hostie einfügte. Bei einem Gewitter warf er mit diesem Stab nach dem Vieh. Dabei fiel die Hostie aus dem Stab und wurde auf einen Fels geweht, über dem heute der Gnadenaltar steht. Weder der Hirte selbst noch der herbeigerufene Pfarrer konnten die Hostie vom Felsen ablösen. Dies gelang erst dem hinzugezogenen Bischof, als dieser gelobt hatte, zur Sühne eine Kapelle am Ort des Frevels zu errichten.

Bis zur katholischen Kalenderreform 1970 hatte die Kirche am 1. Juli ein »Fest des kostbaren Blutes unseres Herrn Jesus Christus« bzw. »Pretiosissimi Sanguinis D.N.J.C.« gefeiert. Ursächlich für das alte Fest waren die zahlreichen Heilig-Blut-Reliquien, die es in allen Regionen der katholischen Welt gab. Eingerichtet aber wurde das Fest, das »zu den Quellkammern des Opferblutes Christi« führt, so das Schott-Meßbuch, am 10. August 1849 durch Pius IX. (1846–1878) zum Dank dafür, daß er nach seiner Flucht aus Rom glücklich aus dem Exil von Gaeta zurückgekehrt war. Pius X. (1903–1914) hat es dann auf den 1. Juli gelegt. Heute ist der Festinhalt in das Fronleichnamsfest integriert, das sich deshalb nun Hochfest des Leibes und Blutes Christi nennt.

Der Siebenschläfertag

Der Siebenschläfertag (früher 27. Juni) als Lostag für das Wetter ist vielen bekannt: »Das Wetter am Siebenschläfertag / sieben Wochen bleiben mag.« Der Name des Tages leitet sich aber nicht von dem gleichnamigen Nagetier mit hohem (Winter-) Schlafbedürfnis ab, sondern von einer Legende, die der Geschichtsschreiber Gregor von Tours (538–594) erstmals ins Lateinische über-

342

setzt hat. Danach hatten sich in Ephesus sieben junge Christen – in griechischer Tradition Achillides, Diomedes, Eugenios, Kyriakos, Probatos, Sabbatios und Stephanos, in lateinischer Tradition Constantinus, Dionysius, Johannes, Malchus, Martinianus, Maximianus und Serapion – im Jahr 251 bei einer Verfolgung unter Kaiser Decius (249–251) in einer Berghöhle in Sicherheit gebracht. Dort wurden sie von ihren Häschern eingemauert und schliefen 195 Jahre. Am 27. Juni 446 wurden sie zufällig entdeckt, wachten auf, um den Glauben an die Auferstehung der Toten zu bezeugen, und starben wenig später endgültig. Die Legende, schon im 5. Jahrhundert literarisch faßbar, existiert in der Ostkirche in mehreren syrischen und griechischen Varianten und wurde zudem in andere orientalische Sprachen übersetzt. Sie fand neben anderen Legenden – mit Veränderungen – auch Eingang in den Koran (18. Sure). Legende und Kult der Siebenschläfer wurden in Deutschland während der Kreuzzug- und Barockzeit populär. Bis in das 18. Jahrhundert hat es im Bistum Passau in Eichendorf, Pildenau und Rotthof Wallfahrten zu den heiligen Siebenschläfern gegeben. In Rotthof, an der Straße von Passau nach Eggenhofen gelegen, hat der berühmte Rokoko-Stukkateur Johann Baptist Modler aus Kößlarn 1785 die Berghöhle mit den Siebenschläfern nachgebaut. Von den Gläubigen wurden die Siebenschläfer als Patrone gegen Schlaflosigkeit und Fieber angerufen.

Marienmonat Mai

Der Mai gilt – neben dem Oktober – als Marienmonat. Maiandachten zu Ehren der heiligen Gottesmutter Maria an jedem Tag des Monats Mai – nicht zu verwechseln mit den Rosenkranzandachten im Monat Oktober – gingen im 19. Jahrhundert von Italien aus und setzten sich weltweit in der katholischen Kirche durch. Bis in die Zeit nach dem Zweiten Weltkrieg war es in Deutschland üblich, daß auch jede Familie im Monat Mai zu Hause einen »Maialtar« (Maialtärchen) aufbaute: Eine blumengeschmückte Marienstatue mit Maiglöckchen z. B. im Herrgottswinkel, ein zusätzliches Ave-Maria zum Morgen-, Tisch- oder Abendgebet und der »Engel des Herrn« um 12 Uhr galten als üblich. Seit 1950 tragen Mitglieder der organisierten katholischen Jugend am 1. Mai das Altenberger Licht in einer Friedensstafette in das In- und Ausland. Altenberg, bis zur Säkularisation eine Zisterzienserabtei, ist Zentrum der Katholischen Jugend Deutschlands. Das Altenberger Licht wird an der Kerze vor der Altenberger Madonna entzündet und in den Gemeinden zum Entzünden der Kerzen vor dem Maialtar benutzt. – Das Mai(an)singen ist ein alter Heischebrauch in Süddeutschland.

Kreuzauffindung – 3. Mai

Das Fest Kreuzauffindung wurde vor der Kalenderreform am 3. Mai begangen. In Form eines Umzuges hat man in Süddeutschland und Österreich die Feldkreuze besucht und mit Blumen geschmückt. Es war üblich, neun Kreuze zu besuchen, an denen je ein Ave-Maria und drei Vaterunser gebetet wurden. Mancherorts stellte man an diesem Tag das Hauskreuz feierlich zwischen Blumen vor die Tür.

Kreuzauffindung – »Les Tres Riches Heures« des Jean de Berry (15. Jh.). Chantilly, Musée Condé

Sankt Florian – 4. Mai

Am 4. Mai wird des hl. Florian und der Märtyrer von Lorch gedacht, deren Verehrung vor allem im Alpenländischen zu Hause ist. Unter Kaiser Diokletian (284–305) soll der Offizier und Christ Florianus versucht haben, im heutigen Lorch eingekerkerte Christen zu befreien. Dabei ertappt, gab er sich als Christ zu erkennen, wurde gefoltert und zum Schluß mit einem Mühlstein um den Hals in die Enns gestürzt. Das ist der Grund dafür, warum er ikonographisch mit einem Eimer dargestellt wird. Weil dieser Eimer aber als Löscheimer gedeutet wurde, kam Florian zu seinem Ruhm als Feuerheiliger und Brandlöscher. Im Gegenzug wurden die Feuerwehrleute zu »Floriansjüngern«. Ein diesen Heiligen betreffender Spruch lautet: »Heiliger Sankt Florian, schütz unser Haus, zünd andere an.« Er ist als – scherzhaft gemeinte – Inschrift auf Floriansfiguren zu finden, wie: »Heiliger Florian, beschütz' dies Haus, czynd andere an!«

Ist es die Popularität des Florian oder die seines zweifelhaften Anrufs: Das »zünd andere an« bildete in jüngerer Zeit neue Redensarten: »Nach dem Sankt-Florians-Prinzip handeln« meint, Schaden von sich auf andere lenken wollen; z. B. die Notwendigkeit einer Sache nach außen voll bejahen, aber in Wirklichkeit tausend Gründe dafür finden, daß sie nicht verwirklicht werden kann. »Sankt-Florians-Politik« betreibt, wer einen Mißstand anderen anhängt. Mit dem hl. Florian selbst hat dies alles nichts mehr zu tun. Der Florianstag könnte im profanen Bereich wieder eine Rolle spielen als der Tag, an dem ein Fest für und mit der (Freiwilligen) Feuerwehr gefeiert wird.

Die Eisheiligen – 12.-14./15. Mai

Selbst Nichtchristen sind die Eisheiligen ein Begriff. Mit Eisheiligen bezeichnet man die – bis auf Pankratius durch die Liturgiereform geänderten – Gedächtnistage der Heiligen Pankratius (12. Mai), Servatius (13. Mai) und Bonifatius (14. Mai) = Pankraz, Servaz, Bonifaz. An diesen Tagen ist erfahrungsgemäß ein verspäteter, polarer Kälteeinbruch mit Nordwinden und sogar Frost zu erwarten. Dies hat zu der Bezeichnung »Eisheilige« für den 12.–14. Mai geführt. In Süddeutschland, Österreich und der Schweiz gehört auch der 15. Mai, der Gedächtnistag der hl. Sophia, zu den Eisheiligen. Der 15. Mai heißt deshalb auch »kalte Sophie«. Die Redewendung »die Eisheiligen abwarten« bedeutet: erst nach dem 14./15. Mai mit dem Pflanzen zu beginnen.

Der Märtyrer Bonifatius, der zu den Eisheiligen gerechnet wird, ist um 306 in Tarsus gestorben. Sein Gedenktag wurde vor der Liturgiereform am 14. Mai begangen. Er ist nicht zu verwechseln mit dem Bischof und Märtyrer Bonifatius (675–754), der als Missionar der Deutschen gilt. Sein Fest wird am 5. Juni begangen.

Johannes Nepomuk – 16. Mai

Johannes Nepomuk, bekannter Brückenheiliger, dessen Gedächtnis die katholische Kirche am 16. Mai feiert, hieß eigentlich Johannes Welflin von Pomuk und wurde um 1345 in Nepomuk (Südwestböhmen) geboren. Er wurde Priester, Dr. iur. can. und schließlich 1389 Generalvikar des Erzbischofs von Prag. In einem Konflikt zwischen dem Erzbischof und König Wenzel trat Johannes Nepomuk für die Rechte der Kirche ein, wurde vom König gefangengenommen, verhört, gefoltert und danach halbtot von der Karlsbrücke in Prag in die Moldau geworfen († 20.3.1393). Um 1400 im Veitsdom beigesetzt, begann sogleich die Verehrung als Gegenspieler des tyrannischen Königs Wenzel.

Die Legenden erzählten, Johannes Nepomuk sei von König Wenzel getötet worden, weil er sich geweigert habe, das Beichtgeheimnis preiszugeben: Er habe dem König nichts aus der Beichte der Königin erzählen wollen. 1721 selig- und 1729 heilig-

Hl. Nepomuk auf der Brücke in Nordrhein/Unterfranken – Foto: Erika Groth-Schmachtenberger, Murnau

gesprochen, wurde er Patron der Brücken und des Beichtgeheimnisses. Vor dem hl. Johannes Nepomuk war der hl. Nikolaus in der Rolle des Brückenheiligen. Auf zahlreichen Brücken ist der hl. Nepomuk heute dargestellt: ein asketischer Mann in Talar, Rochett und mit Birett. Auf dem linken Arm trägt er ein Kreuz, den Zeigefinger der rechten Hand hat er zum Zeichen des Schweigens auf den Mund gelegt. In einer Legende des Jesuiten Aloys Boleslas Albin (17. Jh.) wird berichtet: Nachdem man Johannes Nepomuk in die Moldau geworfen habe, sei »alsbald ein wunderbarer Lichterglanz auf der Flut« zu sehen gewesen. Dies war der Anlaß dafür, daß am Vorabend des Gedächtnistages des Heiligen in Prag und anderswo kleine mit brennenden Kerzen besetzte Brettchen auf das Wasser gesetzt wurden, um zum Gedächtnis des Johannes Nepomuk den Lichterglanz nachzuahmen. Das Lichterschwemmen, das auch zu Luzia (13. Dezember) und anderen Terminen des Advents üblich ist, hat Johann Wolfgang von Goethe 1820 in Karlsbad erlebt. Über diesen Brauch hat er ein kleines, dreistrophiges Gedicht unter dem Titel »St. Nepomuks Vorabend« verfaßt:

> Lichter schwimmen auf dem Strome,
> Kinder singen auf den Brücken,
> Glocke, Glöckchen fügt vom Dome
> Sich der Andacht, dem Entzücken.
>
> Lichtlein schwimmen, Sterne schwinden,
> Also löste sich die Seele
> Unsres Heil'gen: nicht verkünden
> Durft' er anvertraute Fehle.
>
> Lichtlein, schwimmet! Spielt, ihr Kinder!
> Kinderchor, o singe, singe!
> Und verkündiget nicht minder,
> Was den Stern zu Sternen bringe.

Das Aussetzen kleiner Holzbrettchen mit brennenden Kerzen auf Flüssen, z. B. an den Vorabenden der Gedenktage der Luzia oder des Johannes Nepomuk, versinnbildlicht das »Licht in der Finsternis« (Johannes 1,5), denn von eben diesem Licht heißt es: »… und die Finsternis hat es nicht erfaßt.« Jesus Christus ist dieses Licht, das aufgegangen ist. Die Märtyrer, die ihm nachgefolgt sind, haben seinen Weg beschritten: Auch sie waren Licht in der Finsternis, das nicht angenommen wurde. Der Brauch nimmt das Bildhafte des Vergleichs auf und konkretisiert es in einer Symbolhandlung.

346

Muttertag – Zweiter Sonntag im Mai

Der Muttertag im Mai ist heute ein säkularer Feiertag, vielen ein fragwürdiger dazu. Der heutige Muttertag ist jung und nichtreligiösen Ursprungs. Erfinderin war Miß Anna Jarvis aus Philadelphia, USA, im Jahr 1907. 1908 wurde der Festtag zum ersten Mal offiziell in Philadelphia gefeiert, das sich dessen bis heute rühmt. Die Idee traf den Zeitgeschmack. Am 9. Mai 1914 verkündete der amerikanische Präsident Wilson, den zweiten Sonntag im Mai künftig in den USA »als öffentlichen Ausdruck für die Liebe und die Dankbarkeit zu feiern, die wir den Müttern unseres Landes entgegenbringen«. Der Muttertag fand schnell Akzeptanz in Europa, aber auch in Mexiko, wo er sogar zwei Tage lang gefeiert wird.

Während in Amerika die Töchter (!) ihre Mütter in kirchlichen Einrichtungen und anderen Organisationen zu Banketten laden, wird in Deutschland die Mutter (oft leider nur an diesem Tag allein) in den Mittelpunkt gestellt: Frühstück im Bett, Blumen, Konfekt, Gedichte und selbstgemalte Bilder der Kinder, Mittag- und/oder Abendessen in einem Lokal. Blumenhandel, Süßwaren- und Schmuckindustrie haben diesen Tag entdeckt, um immer neue »Muttertagsgeschenke« zu kreieren. Von vielen wird dieser Tag deshalb als zwiespältig empfunden. Manche ertragen ihn, weil sie auf Ausstrahlung auf die restlichen 364 Tage des Jahres hoffen.

Der säkulare Muttertag hat aber auch einen religiösen Vorläufer: »Laetare« wurde in England zu Zeiten König Heinrichs III. (1216–1239) als »Mothering Sunday« begangen, ein Tag, an dem der »Mutter Kirche« für ihre Mutterschaft gedankt wurde. Zu diesem Feiertag der Kirche gehörte es schon damals, daß auch gegenüber der leiblichen Mutter an diesem Tag Dank ausgedrückt wurde. Auch diejenigen Kinder, die ihr Elternhaus bereits verlassen hatten, trafen sich mit der ganzen Familie im Elternhaus. Der Dank der Kinder gegenüber den Eltern wurde durch den »simmel cake«, den Semmelbrösel-Kuchen, gezeigt, dessen reichhaltige Zutaten schon auf Ostern verwiesen.

Urbanstag – 25. Mai

Der Papst und Märtyrer Urban I. (222–230), dessen Gedächtnis am 25. Mai begangen wird, gilt als Weinpatron. Während die Umritte der Winzer am Urbanstag vielfach auf Pfingsten verlegt worden sind, haben sich mancherorts Umzüge erhalten. Der heilige Patron soll-

Urbanreiten in Nürnberg –
Foto: Archiv des Autors

te schon jetzt um gutes Wetter und eine reiche Weinlese gebeten werden. Dabei waren die Winzer nicht zimperlich. Entsprach der Heilige dann nicht den Wünschen der Winzer, konnte es vorkommen, daß sie ihn »bestraften«: Die Urbansäule wurde mit Stroh umwickelt oder umgekippt.

Antonius – 13. Juni

Heiliger der »Schlickefänger« nennen alte Düsseldorfer den hl. Antonius von Padua, nicht zu verwechseln mit dem »Sautoni« vom 17. Januar. »Schlickefänger« sind im Düsseldorfer Platt eigentlich Heimtücker, in diesem Zusammenhang aber ironisch-direkt die Ungeschickten, Trotteligen und Vergeßlichen – eben jene, die durch ein Gebet oder eine Kerzenspende bei Antonius von Padua, dessen Bild in vielen Kirchen hängt, Hilfe erhoffen. Sein Gedenktag ist der 13. Juni. Aus Lissabon gebürtig, wurde er zuerst Augustinerchorherr, dann aber Franziskaner, um in Afrika zu missionieren. In Südfrankreich und Italien engagierte er sich ebenfalls. Franziskus von Assisi (1181/82–1226) bestellte ihn für seine Minderbrüder zum Lehrer für Theologie. Gestorben ist er am 13. Juni 1231 und in Padua beigesetzt. Er wird als Helfer in vielen Nöten angerufen.

Johannes der Täufer – 24. Juni

Neben Jesus und Maria gibt es nur einen Heiligen, dessen Geburtstag (und nicht nur sein Todestag) im Jahresfestkreis gefeiert wird. Eben dieser, Johannes der Täufer oder Johannes Baptist, bildet in der Westkirche eine Ausnahme: Ein Gedächtnistag wird für Johannes nicht nur einmal im Jahr gefeiert, sondern zweimal: Auch sein Tod wird memoriert, in der Ostkirche sogar noch seine Zeugung.

Die Geburt des Johannes wird seinem Vater Zacharias im Tempel von einem Engel angekündigt (Lukas 1,5–25). Auch der Name des Kindes, Johannes, ist – wie bei Jesus auch – vorgegeben. Nach Lukas 1,36 ist Elisabet, Mutter des Johannes und Base der Gottesmutter Maria, im sechsten Monat schwanger, als Maria sie nach ihrer Empfängnis (Mariä Verkündigung) besucht (Mariä Heimsuchung). Als man die Feier der Geburt Jesu auf den 25. Dezember legte, berücksichtige man dieses Faktum und wählte den 24. Juni als Gedenktag der Geburt Johannes' des Täufers. Der 24. statt der 25. Juni in Parallele zum 25. Dezember scheint die unterschiedlichen Längen der Monate Juni und Dezember zu berücksichtigen. In Abhängigkeit vom Festtermin der Geburt des Täufers feiert man in der Orthodoxie neun Monate zuvor, am 23. September, ein Fest der Empfängnis Johannes' des Vorläufers. Es scheint, daß dieses Fest mit der Weihe der Johanneskirche in Sebaste in Samaria zusammenhängt, in der Johannes der Tradition nach bestattet wurde. Sein Grab soll unter Julian Apostata (361–363) zerstört worden sein.

Johannes tritt um 27/28 nach Christi Geburt in der Jordansteppe als Bußprediger auf, sammelt Jünger um sich, von denen später einige den Weg zu Jesus finden, besticht durch seine asketische Ausrichtung und fällt auf durch seine Wassertaufe im Jordan. Nachdem Johannes den Lebenswandel des Herodes Antipas kritisiert, wird er in dessen Auftrag durch Enthauptung getötet.

Die Popularität des Heiligen unter der Bevölkerung hängt sicher mit seinem Gedenktag zusammen: Der 24. Juni ist Sommersonnenwende (in Entsprechung zum 25. Dezember, der Wintersonnenwende), die Sonne hat ihren höchsten Stand. Von nun an werden die Tage kürzer. Die Christen haben dieses Naturphänomen auf die Selbstaussage des Johannes bezogen: »Er [= Jesus Christus] muß wachsen, ich aber muß abnehmen« (Johannes 3,30). Die Natur selbst liefert so ein Gleichnis für das Verhältnis von Johannes zu Christus: Der Vorläufer verweist auf den Messias, in seiner Blüte weiß Johannes um sein Ende, der Tod wird im Leben sichtbar, aber auch das Heil leuchtet auf. Sechs Monate vor der Geburt des Messias kündigt dieser sich durch die Geburt seines Vorläufers an.

F. Quidemus: Der Sprung über das Johannisfeuer (1908) – Aus: Franz Joseph Bronner, Von deutscher Sitte und Art, München 1908

Natürlich lädt ein solcher Tag, der Höhepunkt des Sonnen- und Naturjahres, zum Feiern ein, und selbstverständlich ist das Feuer, das Johannis- oder Sonnenwendfeuer, in der Steiermark auch »Sunnawenhansl-Frohfeuer«, das gebräuchliche Symbol für die Sonne und Christus. Es ist Mittelpunkt der Festivitäten, leuchtet nachts von den Bergen. Über dieses Feuer springt man, um sich Segen zu erwerben. Vom Feuersprung hieß es: Er überwindet Unheil, reinigt von Krankheit und wirkt noch besser, wenn alle zusammen noch um das Feuer tanzen. Vielfach ist auch noch das Scheibenschlagen an diesem Tag üblich. Auch das neue Benediktionale, das die liturgischen Texte für Segenshandlungen der katholischen Kirche enthält, kennt eine Feuersegnung, die das Feuer als Bild für Christus vorstellt. Der verehrte Heilige hat auch etlichen Naturerscheinungen seinen Namen verliehen: Johannisbeere, Johanniswürmchen, Johannisbrot, Johanniskraut (hypericum perforatum).

An diesem Tag werden Johanniskränze aus siebenerlei oder neunerlei Kräutern und Pflanzen gewunden, z. B. Bärlapp, Beifuß, Eichenlaub, Farnkraut, Johanniskraut, Klatschmohn, Kornblumen, Lilien, Rittersporn und Rosen, um dann über Tür und Fenster gehängt zu werden. Sie sollten Haus und

349

Hof vor Geistern und Dämonen schützen, die in der Johannisnacht losgelassen werden. Gekreuzte Besen vor den Türen halten die Dämonen ebenfalls ab, glaubte man. In Mitteldeutschland warf man den Kranz über das Haus, um es vor Unwetter zu bewahren. Am sichersten vor den Geistern war man auf einem Kreuzweg, wo sie machtlos waren. Unter dem Kopfkissen brachte ein Johanniskranz Glück in der Liebe, ebenso ein Blütenteppich unter dem Eßtisch, das sogenannte Johannisstreu.

Das Fest der Enthauptung Johannes des Täufers am 29. August hat sich, vom Osten kommend, auch im Westen durchgesetzt. Es feiert das Sterben und den Tod des Johannes als Märtyrer.

Johannes und Paulus (26. Juni)

Vor der Kalenderreform fand am 26. Juni das Gedenken an die beiden Märtyrerbrüder Johannes und Paulus statt, die 362 in Rom unter Julian Apostata hingerichtet worden sein sollen. Sie galten als »Wetterherren«, weil an ihrem Festtag die Hagelprozessionen und Schauerfeiern stattfanden. Die Flurumgänge hat die Kirche im Laufe der Zeit mit Fronleichnam verbunden, weil sie – oft unter Ausschluß des Pfarrers – zu wilden Aktionen mit reichlich Alkoholzufuhr verkamen, die dem eigentlichen Anlaß hohn sprach. In Verbindung mit diesen Hagelprozessionen stehen die Hagelkreuze, die es vielerorts noch gibt.

Peter und Paul – 29. Juni

Peter und Paul –
Missale Romanum (1892)

Das Hochfest der Apostel Peter und Paul am 29. Juni wurde im Mittelalter als Feiertag begangen. Als Patron der Fischer erfuhr der hl. Petrus vor allem in Städten an Küsten, See- und Flußufern besondere Verehrung. Die Gemeinden zogen zum Wasser, wo der Heilige in Form eines Bildes oder Bildstocks in einem geschmückten Boot auf das Wasser verbracht wurde, um von dort aus Wasser und Land zu segnen. Das Priesterboot wurde von herausgeputzten Fischerbooten begleitet. Am gleichen Tag fand der »Petrizug« oder ein »Fischstechen« statt. Die schönsten Fische dieses Fangs bekam der Pfarrer. Die übrigen Fische zierten bei einem großen Dorffest den Tisch.

In anderen Gegenden fand an diesem Tag für die jungen Leute ein Rosenkranzfest statt. Unter einem geflochtenen Kranz oder einer gebundenen Krone tanzten die Paare, bis der Kranz plötzlich unangekündigt über einem Paar herabgelassen wurde. Als Rosenkönigin und als Rosenkönig müssen sie den anderen nun etwas bieten: eine Geschichte erzählen, etwas vorspielen, im Duett singen, etwas vortanzen. Als Wiederholung des Johannisfeuers brannte früher am Rhein, vom Bodensee bis zu den Niederlanden, das Petersfeuer. »Der Rhein in Flammen« ist gegenwärtig das weltliche Nachfolgestück.

»Heilige Kümmernis« – 20. Juli

Bis in das 18. und zum Teil bis ins 20. Jahrhundert hinein wurde am 20. Juli der hl. Wilgefortis gedacht, die auch Caritas, Eutropia, Hülpe, Liberata, Liberatrix, Ontcomera, Ontkommer oder Sankt Gwer hieß. Bekannt war sie vor allem unter dem Namen »heilige Kümmernis«. Von ihr wird als selige Jungfrau seit dem 15. Jahrhundert in einer Legende berichtet, die aus den Niederlanden stammt. Dort wird aus Steenbergen von Wundern bei Krankheit und Tod erzählt. Der Name der nicht kanonisierten Volksheiligen scheint in wortspielerischer Form auf ihre besondere Hilfe bei Kummer und Not hinzuweisen. Redensartlich werden entsprechende Vergleiche gezogen: »Aussehen wie die hl. Kümmernis« oder »Sein wie die hl. Kümmernis«, sich um alles kümmern, überall eingreifen, sich fremde Sorgen zu den eigenen machen.

Hl. Kümmernis –
Foto: Archiv des Autors

Die heilige Kümmernis gilt als portugiesische Königstochter, die einen Heidenkönig heiraten sollte. Da sie ihrem christlichen Glauben treu bleiben wollte, bat sie Christus um einen Bart, der sie völlig entstellte. Die Legendenvarianten berichten unterschiedlich: Entweder wurde sie vom Vater verstoßen und/oder auf Veranlassung ihres wütenden Vaters an ein Kreuz gebunden. Mit der Legende von der hl. Kümmernis verbunden ist die Sage vom armen Spielmann, dem sie ihren goldenen Schuh zuwarf, als er vor ihrem Bild spielte. Der Ursprung der Legende scheint ein mißverstandenes, bekleidetes Kruzifix, der Volto Santo im Dom zu Lucca zu sein. Hier wird Christus noch nicht als der Leidende, sondern als der Triumphierende am Kreuz dargestellt, mit Krone und einem Faltengewand. Dieses damals nördlich der Alpen ungewöhnliche Kruzifix hat offensichtlich die Phantasie seiner Betrachter angeregt und führte zur Erzählung von der gekreuzigten Jungfrau.

Die kultische Verehrung der hl. Kümmernis (als hl. Wilgefortis mit Fest am 20. Juli in den Kalender aufgenommen) verbreitete sich im Barock, wurde im 18.

351

Jahrhundert eingeschränkt und erlosch faktisch im 20. Jahrhundert. Die Legende von der heiligen Kümmernis ist heute noch in Schlesien, Bayern und Österreich verbreitet.

Die Hundstage – 23. Juli - 23. August

Die Hundstage dauern vom 23. Juli bis zum 23. August. Sie sind benannt nach dem Sirius, dem »Hundsstern«, der an diesen Tagen zusammen mit der Sonne aufgeht. In der Antike glaubten die Menschen, der Hundsstern bringe noch zusätzliche Hitze, denn im Mittelmeerraum sind die »Hundstage« die heißesten Tage des Jahres.

Christophorus – 24. Juli (deutscher Regionalkalender)

Einem Christophoros, dessen vor der Kalenderreform am 25. Juli gedacht wurde, weihte man nach einer Inschrift am 22. September 452 eine Kirche in Chalcedon, weshalb von einem Märtyrer dieses Namens auszugehen ist. Ohne daß es gesicherte Daten zu diesem Christophoros gab, bildeten sich um ihn Legenden, die sich in einen östlichen und einen westlichen Zweig aufspalteten. Nach einer Handschrift des 8. Jahrhunderts berichtet der Osten von einem menschenfressenden Kynokephalen Reprobus, der in der Taufe den Namen Christophoros und die menschliche Sprache erhält. Als Missionar in Lykien tätig bestätigt ihn Gott durch einen »grünenden Stab«. Sein Martyrium erleidet er nach Folter durch Enthauptung. Den Reliquien verleiht Gott Wunderkraft und Schutz gegen böse Geister und Unwetter. Des ungewöhnlichen Legendenmotivs vom menschenfressenden Hundeköpfigen vermutet die Forschung den

Lucas Cranach d. Ä. (1472-1553): Hl. Christophorus – Foto: Verlagsarchiv

Ursprung der Legende im ägyptisch-gnostischen Bereich (verchristlicher Anubis).

Zum Westen hin verbreitete sich die Christophoroslegende entlang der byzantinischen Pilgerstraße, tilgte aber auf diesem Weg das Element der Bestie. Der Heilige wurde zum Riesen, das genus canineorum wird zur Herkunftsbezeichnung Cananeus, aus Kanaan. Die »Legenda aurea« erweiterte die Legende im 13. Jahrhundert um zeitgenössisch-ritterliches Denken: Das Vasallenmotiv tritt hinzu. Aus Christophoros wird lat. Christoforus, Offerus, Christofferus, Christophorus, der nur dem mächtigsten Herrn dienen will. Als er schließlich als Eremit Gott dadurch dient, daß er Pilger durch einen reißenden Fluß trägt, trifft er auf Christus – verborgen in der Gestalt eines Kindes. Unter der Last des Kindes droht Christophorus zusammenzubrechen. Da offenbart sich ihm Christus und tauft ihn im Fluß. Die Gottesbegegnung wird durch einen »grünenden Stab« bestätigt. Diese aus den Südalpen stammende Legendenvariante wird auf dem Weg zum Norden um das Motiv des Fährdienstes und die Begegnung eines Heiligen mit Christus erweitert.

Im Westen wird Christophorus zu einem der Vierzehn Nothelfer. Seine Verehrung verbreitet sich über ganz Europa, ist ab dem 16. Jahrhundert auch in Amerika präsent. Angerufen wird er als Helfer in Gefahr, bei Unwetter und Dürre. Der Anblick eines Bildes des Heiligen am Morgen galt vom 13. bis zum 16. Jahrhundert als sicherer Lebensschutz bis zum Abend, als Schutz vor einem unvorhergesehenen Tod. Ritter brachten deshalb ein Bild des Christophorus an der Innenseite ihres Schildes an; Bürger malten ihn auf die Innenseite der Stadttore. Vor allem fand sich der Heilige überlebensgroß in fast jeder Kirche wieder – gemalt oder als Plastik –, damit jeder Gottesdienstbesucher auch beim Besuch der Kirche des hl. Christophorus ansichtig wurde. Seines Fährdienstes wegen galt er als Patron der Pilger und Reisenden, Schiffer und Fuhrleute. Das Stabwunder machte ihn zum Patron der Gärtner. Heute ist der Heilige vor allem als Schutzpatron im Straßenverkehr bekannt; seine Plakette ist in vielen Autos angebracht.

Die Christophoruslegende liefert auch den Grund für die Verbalisierung des Namens zu »christoffeln«: Da der Heilige auch zu Wohlstand verhelfen sollte, stand das Verb für das Beschwören eines Schatzes, fürs Zaubern und magisches Tun und – im übertragenen Sinn – fürs Bleigießen, das die Zukunft zeigen soll. Das Verb »christoffeln« leitet sich ab vom »Christoffelgebet«, in Wahrheit eine Zauberformel, die den Teufel zum Erscheinen zwingen sollte und bei der Schatzsuche verwendet wurde. Im sogenannten Christoffelgebet tauft Jesus Christophorus und ernennt ihn dann zu seinem Schatzmeister. Weil Christophorus somit auch Herr aller verborgenen Schätze ist, soll das Christoffelgebet den Teufel zur Mithilfe bei der Schatzsuche zwingen.

353

Ein wenig von der großen Bedeutung des hl. Christophorus hat sich in der nicht mehr weit bekannten Redensart erhalten: »Vom großen Christopher reden«. Ausgedrückt wird hier, daß jemand dreiste Zuversicht zur Schau stellt, wie sie sich eigentlich nur ein Christophorus hätte leisten dürfen. Auch in einer anderen Redensart lebt das Wesen des Heiligen weiter: »Er hat einen Christoffel, der ihn über Wasser trägt«, benutzt das legendarische Bild des hl. Christophorus, um auszudrücken, daß einer Hilfe gewährt, zu der der Betroffene selbst nicht in der Lage ist.

Jakobus – 25. Juli

Nach seinem Märtyrertod in Jerusalem kamen im Frühmittelalter die Gebeine des hl. Jakobus (des Älteren), der mit seinem Bruder, dem Evangelisten Johannes, und mit Petrus zu den erstberufenen Aposteln gehörte, nach Spanien, erzählt die Legende. Sein Grab in Santiago de Compostela wurde seit dem 10. Jahrhundert zu einer Wallfahrtsstätte, zu der aus allen Teilen Europas Wallfahrtsstraßen führten, die zum Teil heute noch daran zu erkennen sind, daß die Kirchen am alten Wallfahrtsweg das Jakobspatrozinium führen. Die Menschen, die aus Frömmigkeit, Abenteuerlust oder als Strafe für ein Vergehen diese Wallfahrt auf sich nahmen, begaben sich auf einen mühsamen, gefährlichen und monate- oder sogar jahrelangen Weg.

Das Erkennungszeichen der erfolgreichen Jakobspilger, also derer, die nach allen geltenden Regeln ihre Wallfahrt erfolgreich in Santiago de Compostela (Sanct Jacobus in campo stellae = Heiliger Jakob im Sternenfeld, d. i. die Flurbezeichnung, wo die Reliquien aufgefunden wurden) abgeschlossen haben, war die Jakobsmuschel (Pecten maximus L.) oder Pilgermuschel. Die bei Santiago zu findende Muschel wurde an den Pilgerhut oder -mantel geheftet und als Trinkgeschirr benutzt. Die Wallfahrt ging in der zweiten Hälfte des 16. Jahrhunderts zurück, beginnt sich aber seit einigen Jahren wieder zu beleben.

Der Kult des Apostels Jakobus des Älteren, des »großen Jakob« oder Jakobus major, dessen der Kalender am 25. Juli gedenkt, verbreitete sich durch sein Patronat über Kirchen, Klöster – die Jakobiner der Französischen Revolution haben ihren Namen durch ihren Tagungsort, das aufgelöste Jakobskloster der Dominikaner in Paris – und Kapellen. Als Fürbitter der christlichen Spanier, die die »Mauren« (so nannten die Spanier die Muslime in ihrem Land) erfolgreich bekämpften, erhielt Jakobus den Ehrentitel »Maurentöter«. Orden nahmen den Namen an, Jakobsbruderschaften bildeten sich, und nach ihrem Untergang gibt es wieder neugegründete. Das vergleichsweise häufige Vorkommen von Jakobskirchen brachte auch die entsprechende Zahl von Kirchweihfesten mit sich, so daß die Jakobikirmes zum bekannten Termin im Jahresablauf wurde.

Das Fest des hl. Jakobus war Erntebeginn. Die ersten Kartoffeln hießen darum »Jakobskartoffeln« oder Jakobskrumbiere (von Erdkrume und Birne, also »Jakobserdbirnen«; Ädäppel (Erdapfel) heißt die Kartoffel im Niederdeutschen). In der Schweiz begann die Ernte mit der Jakobsfeier, bei der sich die Mägde und Knechte erst einmal die »Jakobsstärke« antranken, damit sie beim Mähen nicht »in den Halmen stecken blieben«.

Im Rheinland, besonders in Düsseldorf, wird der Kellner in den Bierschwemmen nach wie vor »Köbes« gerufen. So wie die Wirte der Hospitäler am Pilgerweg nach Santiago de Compostela Jakobswirte waren, hat sich wahrscheinlich der Name Jakob als Bezeichnung für Bedienstete gebildet, wie im Englischen der Einheitsname »James« für einen Butler.

Mit großer Wahrscheinlichkeit hat auch die Redewendung: »Das ist der wahre Jakob« im Sinne von: Das ist der richtige Mann, das einzig Richtige, Gesuchte, das rechte Mittel, einen Bezug zum Apostel Jakobus. Diese Aussage verwies auf das Grab des hl. Jakobus in Santiago de Compostela, das gegen andere Grabstätten gleichnamiger Heiliger verteidigt wurde, zu denen »Jakobs«-pilger zogen, da ihnen der Weg nach Spanien zu beschwerlich war. So behauptete 1395 die Kirche in Monte Grigiano in Italien, im Besitz der Jakobs-Reliquien zu sein. Eher unwahrscheinlich ist der Bezug zu jenem Jakob, der sich von seinem Bruder Esau für ein Linsengericht das Erstgeburtsrecht (Genesis 25,27–34) und von seinem blinden Vater Isaak den Segen erschlichen hat (Genesis 27,1–40). Die ironische Umkehrung: »Du bist mir der wahre Jakob!« ist erst seit dem 18. Jahrhundert belegt. Die ironische Bezeichnung eines Jahrmarktschreiers als »wahrer (oder billiger) Jakob« hat damit zu tun, daß Jahrmarktverkäufer ihre Ware als einzig und unvergleichlich in Qualität und Preis darzustellen wissen. Somit meint auch die Redewendung: »Den billigen Jakob abgeben« etwas nach den Methoden des Jahrmarktschreiers anbieten. Ironisch-satirisch waren Titelwahl und Inhalt des »Wahren Jakob«, eines der wenigen systemkritischen Satire-Blätter des 19. Jahrhunderts, zu verstehen. Das Heft erschien – oft polizeilich beschlagnahmt – von 1879 bis 1933 in Stuttgart und wurde 1933 verboten.

Petri Kettenfeier (1. August)

Vor der sog. Rubrikenreform (1960) feierte die katholische Kirche am 1. August die »Petri Kettenfeier« bzw. das Fest S. Petri ad Vincula, das nun gestrichen ist. Ursprünglich war das Fest der Jahrestag der Weihe der im 5. Jahrhundert von der griechischen Prinzessin Eudoxia auf dem Esquilin in Rom erbauten Basilika »Petri zu den Ketten«. Dort werden die Ketten verehrt, die der Apostel Petrus im Kerker trug. Aber nicht der Festinhalt, sondern der Festtermin war bestimmend: Für Abergläubische galt der 1. August als großer Unglückstag,

355

ähnlich Freitag, dem Dreizehnten. Am 1. August soll der Teufel in die Hölle gestürzt worden sein. Und in der Tat war Anfang August oft »der Teufel los«, weil sich der August vielfach mit Gewittern und Unwettern meldet. Abergläubische beginnen am 1. August nichts Neues: keine Heirat, keine Reise, keine neuen Kleider.

Bartholomäus – 24. August

Das Fest des hl. Bartholomäus (Bâtle, Barthel, Bartel, Bartholomä) am 24. August feiert einen Apostel, der im Neuen Testament nur in der Apostelgeschichte genannt wird, aber der Tradition nach mit Natanael aus Kana gleichgesetzt wird. Das Fest erinnert an die Übertragung der Reliquien auf die Insel Lipari und nach Benevent. Um 1000 wurden sie nach Rom gebracht, wo sie in einer nach dem Heiligen benannten Kirche auf der Tiberinsel ruhen. Die Gehirnschale des Heiligen wird aber in Frankfurt verehrt, wo Bartholomäus Stadtpatron ist. Und dies sicher nicht ohne Grund, denn der heilige Apostel ist Patron der Fischer (und Schäfer). In eben diesem Sinne ist auch die Kirche St. Bartholomä am Königssee zu ihrem Patrozinium gekommen. Der 24. August markiert das Ende der Schon- und Laichzeit der Fische: Der hl. Bartholomäus eröffnet den Fischfang in den Binnengewässern. Gefeiert wurde dies früher mit Fischessen, Prozessionen und Fischzügen. Fischerkönig wurde der, der den erfolgreichsten Fang vorweisen konnte.

Der hl. Bartholomäus, oder genauer, sein Festtag ist sprichwörtlich geworden. »Wissen, wo Barthel den Most holt« meint: sich zu helfen wissen, alle Schliche kennen; sehr gewandt, hintertrieben, schlau und verschlagen sein. Belegt ist die Redensart seit der zweiten Hälfte des 17. Jahrhunderts, z. B. in Grimmelshausens »Simplicissimus« (I, 139). Von allen Erklärungen scheint die am glaubwürdigsten zu sein, die sich am Festtag des hl. Bartholomäus orientiert. Dieser Tag ist für den Ausgang der Weinernte wichtig. Für Bauern und Winzer war dies ein Lostag. In einem Hinweis von 1872 aus Augsburg heißt es, daß alle Wirte ihre Schankgerechtigkeit verloren, wenn sie an Bartholomä noch keinen Most hatten. Beziehen kann sich diese Aussage nur auf den Obstmost, weil der Traubenmost wegen der ausstehenden Traubenlese noch nicht existiert. Da auch der Obstmost am Fest des hl. Bartholomä noch sauer ist, kann die Redensart ironisch sein: Das muß schon ein verflixt gewitztes Kerlchen sein, der weiß, wie man am Barthelstag zu (trinkbarem) Most kommt. Dazu passen Redensarten im Schwäbischen: »Dear besseret se wia's Bartles Moscht, dear ischt zua Esse woara«, oder »Dea richt se wie Bartls Moscht, un den habbe mr uff de Mischthufe gschütt.« In einem Reim heißt es: »Bâtle roicht en wollfle (wohlfeilen) Moscht, beim Michl (29. September) er scho maier koscht.«

356

Wenn auch der frühe Most noch nichts taugt, so sieht man am Bartholomäustag doch schon recht gut, in welchem Garten gutes Obst oder gute Trauben einen guten Most geben werden. Nach einer schwäbischen Wetterregel ist zu bedenken: »Wie der Bartholomäus sich hält, so ist der ganze Herbst bestellt.« Bartholomäus, der personifizierte 24. August, weiß also schon, wo der Most zu holen sein wird. In der Tat lautet die Redensart ursprünglich: »Barthel weiß, wo er den Most holt.« Zu dieser Deutung paßt auch die mehrfach belegte schwäbische Scherzfrage: »Wo holt der Bartle den Moscht?«, oder: »Waischt au, wau Bartle da Moscht holet?« Die Antwort heißt: »Beim Michel!«, d. h. erst Ende September. Bekannte Drohungen wie: »I will der zaige, wo Bartle Moscht holt!« oder: »Dem will i sa, wo Bartle de Moscht holt!« stößt einer aus, der dem anderen zeigen will, wo es langgeht.

Kreuzerhöhung – 14. September

Im 5. Jahrhundert zeigte man in Jerusalem am Tag nach dem Weihefest der Auferstehungskirche (13. September 335) das Kreuz Christi zur Verehrung (= exaltatio crucis) am Weihetag der Kreuzeskirche. Daraus entstand das Fest Kreuzerhöhung (früher: »In Exaltatione S. Crucis«) am 14. September, das in allen orthodoxen Kirchen und seit dem 7. Jahrhundert auch im Westen begangen wird. Bis zur Zusammenführung mit dem Fest der Kreuzauffindung durch Papst Johannes XXIII. (1958–1963) im Jahr 1960 konkurrierte der 14. September mit dem 3. Mai, an dem das Fest der Auffindung des heiligen Kreuzes gefeiert wurde. Welches der beiden Feste sich auf die Auffindung des Kreuzes durch Kaiserin Helena († 330), eine eventuell vorherige Auffindung bereits unter Papst Eusebius (um 309) und auf die Rückführung des von den Persern

357

entführten Kreuzes durch Kaiser Heraklius I.(610–641) im Jahr 628 bezieht, ist strittig.

Lambert – 18. September (Regionalkalender)

Seit der Kalenderreform gibt es mit dem 18. September wieder einen Gedenktag für den hl. Lambert(us), der seit etwa 675 Bischof von Maastricht war und am 17. September 705/706 den Märtyrertod starb. Sein Grab befindet sich heute infolge der Übertragung des Bischofssitzes in Lüttich. Seine Kopfreliquie wird im Münster zu Freiburg (Breisgau) aufbewahrt. In einigen Teilen Deutschlands finden am Lambertiabend Lichterumzüge statt, wie andernorts zu Martini. Der Lambertustag gilt ebenso wie der Martins- und der Luzientag als Lichtertag.

Matthäus – 21. September

Der Apostel Matthäus hieß ursprünglich Levi und gehörte dem bei den Juden verhaßten Stand der Zolleinnehmer an, als er zum Apostel berufen wurde. Der Tradition gilt er als Verfasser des nach ihm benannten Evangeliums. Er soll in Palästina und Äthiopien missioniert haben und dort auch den Märtyrertod gestorben sein. An seinem Festtag, dem 21. September, ist die Tagundnachtgleiche – die dunkle Jahreszeit beginnt. In Flandern heißt dieser Tag deshalb Wintertag.

Mauritius – 22. September

Am 22. September gedenkt die Kirche (vornehmlich in der Schweiz) des hl. Mauritius und seiner Gefährten. Der Afrikaner Mauritius war der Primicerius, der Anführer der Thebäischen Legion. Nach einem Bericht des 5. Jahrhunderts wurde er mit seinen Gefährten im heutigen St. Moritz bzw. St.-Maurice, Wallis/Schweiz, unter Kaiser Maximianus Herculius (286–305) ihres Glaubens wegen niedergemetzelt. Um 380 erbaute Bischof Theodor von Octodurum die erste Basilika zu Ehren der Märtyrer, die – weil auch rheinische Märtyrer mit der Legion in Verbindung gebracht wurden – unter den Ottonen und Saliern zu Reichsheiligen wurden. Der 22. September galt über Jahrhunderte als »schwarzer Mohr«; der Heilige und sein Gedenktag waren Sinnbild für die mit der Tagundnachtgleiche des Vortages begonnene dunklere Jahreszeit.

Kosmas und Damian – 26. September

Vor der Kalenderreform am 27. September und seitdem am 26. begeht die Kirche den Gedenktag der östlichen Märtyrer Kosmas und Damian aus Syrien, über die keine sicheren Nachrichten vorliegen. Ihr Gedenktag hat sich wahrscheinlich aus dem Weihefest der Kirche entwickelt, die Papst Felix IV. (526–530) zu ihren Ehren am Forum in Rom geweiht hat. Sie sollen Zwillinge

358

und Ärzte gewesen und unter Kaiser Diokletian (284–305) enthauptet worden sein. Kosmas und Damian sind die Patrone der Ärzte und Apotheker. In Arztpraxen und Apotheken findet man die Zwillinge dargestellt mit medizinischem Gerät, Salbenspatel, Instrumenten, Gläsern, Stößel und Mörser.

Michael, Gabriel, Rafael – 29. September
Schutzengelfest – 2. Oktober

Die Kalenderreform hat die Feste der Erzengel Michael, Gabriel und Rafael auf den 29. September zusammengelegt. Fast unmittelbar folgt am 2. Oktober das Schutzengelfest.

Das deutsche Wort Engel entspricht dem lat. angelus und bezeichnet die Boten Gottes. Die Bibel beschreibt sie als Männer, die sich als Boten Gottes erweisen (Genesis 18) und als leuchtende Erscheinung (Lukas 2,9). Nur drei Engel erwähnt die Bibel mit Namen: Michael, Gabriel und Rafael. Sie werden als Erzengel bezeichnet, gelten als besonders mächtige und ermächtigte Engel. Ein vierter Engel ist ein »gefallener« Engel: Satan oder der Teufel führte als Engel früher den Namen Luzifer. Die drei der Bibel namentlich bekannten Engel führen in ihren hebräischen Namen alle die Silbe »El« mit, die »Gott« bedeutet. Um diese Beziehung zu verdeutlichen, um auszudrücken, daß kein Engel ohne Beziehung zu Gott auch nur denkbar, geschweige denn benennbar ist, müßte man im Deutschen eigentlich die Namen wie folgt schreiben: Micha-El, Gabri-El, Rafa-El.

In jüngerer Zeit scheinen Engel – nachdem sie phasenweise überhaupt nicht erwähnt wurden – wieder populär zu werden, mißt man dies an der anschwellenden Zahl von Buchtiteln zum Thema oder an demoskopischen Befragungen: Immerhin glaubt jeder zweite Deutsche nach einer Forsa-Umfrage von 1995, daß er einen persönlichen Schutzengel hat; 55 % der Befragten halten Engel für ein religiöses Symbol, 35 % sind sich sicher, daß es Engel wirklich gibt.

In der Kunst der letzten Jahrzehnte waren Engel kein Thema; die letzten Jahrhunderte hatten sie in der bildenden Kunst bereits zu pausbäckigen Flügelköpfchen degenerieren lassen. In der christlichen Kunst sind sie aber von Anfang an dargestellt worden, seit dem 4. Jahrhundert fast immer mit Flügeln, um sie von Menschen zu unterscheiden und als geistige Wesen zu kennzeichnen. Als Geistwesen leben Engel in der Transzendenz, sind auf Gott hin ausgerichtet, dienen ihm und loben ihn (vgl. die ikonographischen Motive des Engellobs, der musizierenden Engel, der Engelchöre).

So wie Engel in der Geburtserzählung Jesu die Hirten zur Krippe weisen, haben sie Hilfs- und Schutzfunktion (»Schutzengel«) für die Menschen. In der Literatur, aber vor allem in der Kunst kann die Präsenz von Engeln das hinter

359

ihnen stehende Wort Gottes anschaubar machen, d. h., durch die Engel wird das Unsichtbare sichtbar. Die sichtbaren Engel versinnbildlichen Unsichtbares, die physisch Sichtbaren bezeugen das spirituell Unsichtbare. Gleichgültig ist es, ob Engel tatsächlich zu DDR-Zeiten als »Jahresendpuppen«, »geflügelte Jahresendfiguren« oder – wie behauptet – »Jahresendzeitflügelfigur« benannt wurden oder ob dies eine nachträgliche Erfindung ist, diese Begriffe kennzeichnen die dümmliche Sprachregelung von Ideologen, die glauben, durch Namensänderungen die Wirklichkeit verändern zu können.

Michael

Michael galt als streitbarer Engel: Er soll den gefallenen »Lichtengel« Luzifer niedergekämpft (der »Engelssturz« [Himmels-, Höllensturz] geht auf eine Fehlinterpretation von Offenbarung 12,7 zurück, die seit dem 6. Jh. nachweisbar ist) und Adam und Eva aus dem Paradies vertrieben haben, und mit seiner Posaune wird er die Toten aus ihren Gräbern aufwecken. Dargestellt wird er gerne mit Rüstung, Schwert und Seelenwaage. Auf seinem Schild steht: »Quis ut Deus? – Wer ist wie Gott?« Ebendies ist auch die hebräische Bedeutung seines Namens.

Das Alte Testament kennt Michael als einen der höchsten Engel, den himmlischen Fürsten Israels, der diesem Volk beisteht; das Neue Testament kennt ihn als Erzengel, der gegen den Teufel kämpft (Judas 9, übernommen aus jüdischer Legende, und Offenbarung 12,7f). Die außerbiblischen Darstellungen haben Michael reich geschmückt: in alttestamentlicher Zeit als einen der sechs oder sieben Engelfürsten, den besonderen Vertrauten Gottes, der die Schlüssel des Himmels verwahrt, Oberfeldherr der Engel; in neutestamentlicher Zeit: als göttlichen Beauftragten für Aufgaben, die besonderer Kraft bedürfen, als Fürbitter der Menschen bei Gott, als Engel des christlichen Volkes, als Beistand der Sterbenden, der die Seelen der Verstorbenen in den Himmel geleitet. Mit letzterem hängt wohl auch das häufige Michaelspatrozinium von Friedhofskapellen zusammen und die Darstellung mit einer »Seelenwaage« seit dem 12. Jahrhundert. Wegen seiner Wehrhaftigkeit wählte man Michael gern zum Patron von Burgkapellen.

Der Erzengel Michael steht zu den Deutschen in einem ganz besonderen Verhältnis: Ludwig der Fromme (778–840), Sohn Karls des Großen, hat den Gedächtnistag für Michael mit Absicht auf den 29. September gelegt (Mainzer Synode 813), an dem die Germanen Wotans gedachten. Michael wurde zum vielverehrten Patron der Deutschen – und damit zum Vorbild des »deutschen Michel«. Durch die Französische Revolution verkam der »deutsche Michel« zur Spottgestalt: einem zipfelmützigen Nachtgespenst.

Mit dem Michael-Gedenktag sind Spruchweisheiten verbunden: »Der Michel zündt's Licht an« weist darauf hin, daß ab diesem Tag bei Kunstlicht gearbeitet wurde, vgl. »Lichtmeß« (2. Februar). Die Gärtner pflegten den Merkspruch: »Ein Baum gepflanzt St. Michael, der wächst von Stund' an auf Befehl. Ein Baum, gepflanzt an Lichtmeß erst, sieh zu, wie du den wachsen lehrst.« Eine Wetterregel lautet: »Regnet's sanft am Micheltag, folgt ein milder Winter nach.« Der Tag Michaelis war seit frühen Jahrhunderten Termin-, Los- und Wettertag; an ihn knüpften sich Abgaben, Arbeitsverbote, Erntebräuche, Gesindewechsel, Jahrmärkte, Jugendumzüge, Schulabschluß. Am Michaelsabend wurden früher Michaelsfeuer entzündet. Auch sie waren ein Zeichen dafür, daß ab diesem Tag – nach der Wintersonnenwende – wieder bei Kunstlicht gearbeitet wurde.

Gabriel

Hebr. »Starker Gott«, »Kraft Gottes«, so lautet der Name des Engels Gabriel, der Maria in Nazaret Schwangerschaft und Jungfrauengeburt ankündigt. Gabriel ist eine furchtgebietende Lichtgestalt, Botengänger Gottes, der Verkündigungsengel und Erzengel. Auf ihn geht der »Englische Gruß«, das »Ave-Maria« zurück. Sein Festtag war vor der Liturgiereform der 24. März, sinnigerweise ein Tag vor Mariä Verkündigung. Heute wird Gabriel auch am 29. September gefeiert.

Verkündigung an Maria – Fra Angelico (um 1450): Fresko im Gang der Klosterzellen. Florenz, Kloster und Museum San Marco. Foto: Verlagsarchiv

361

Der 24. März spielte im allgemeinen Brauchtum eine Rolle: Um Gabriel wurde früher die erste Ackerfurche gepflügt und Korn gesät. Im Norden Deutschlands hörte die Arbeit bei Kunstlicht auf, die erst wieder mit Michaelis begann.

Rafael

Rafael (Raphael) war Begleiter des jungen Tobias auf seiner Reise (vgl. das Buch Tobit im Alten Testament) und heilte dessen Vater (Tobit 11,7–15). Er bezeichnet sich als einer der sieben Engel, die vor dem Herrn stehen, und wird deshalb zu den Erzengeln gezählt. Er gilt als der Engel, der die Wasser im Bethsaidateich in Wallung bringt, die Heilung bringen (vgl. Johannes 5,1–9).

Schutzengel

Die Verehrung der Schutzengel ist seit dem 9. Jahrhundert nachweisbar, meist verbunden mit der Michaelsverehrung. Ein eigenes Schutzengelfest bestand seit Anfang des 16. Jahrhunderts in Spanien und Frankreich, seit 1667 in den habsburgischen Ländern am ersten Sonntag im September, sonst am 2. Oktober gefeiert, gesamtkirchlich 1608 durch Papst Paul V. (1605–1621) auf den ersten festfreien Tag nach Michael gelegt. Das Fest wurde 1667 durch Clemens IX. (1667–1669) auf den ersten Sonntag im September, durch Papst Clemens X. (1670–1676) und Pius X. (1903–1914) auf den 2. Oktober datiert. Heinrich Heine (1797–1856) hat einmal spitz bemerkt, die Menschen sollten den Himmel den Spatzen und den Engeln überlassen. Deutsche Werbeprofis glauben heute deshalb gerne an den Ausverkauf religiöser Begriffe, die ihnen vermeintlich zur Verfügung stehen. Der Schutzengel, der einmal nicht aufpaßt, hat die Werbung einer Versicherung bekannt gemacht. Aber nicht nur hier tritt ein Schutzengel auf. Er ist in der Werbung präsent, weil die Werbung davon ausgeht, daß diese Vorstellung bei ihren Kunden »in den Köpfen« besteht. Die Annahme der Existenz eines Schutzengels entspricht jedoch nicht willkürlicher theologischer Spekulation, sondern fußt auf alttestamentlichen Aussagen. Die Lesung am Schutzengelfest wiederholt seit Jahrhunderten das Wort Gottes (Exodus 23,20–23a): »Ich werde einen Engel schicken, er dir vorausgeht. Er soll dich auf dem Weg schützen«

Die romantische Märchenoper »Hänsel und Gretel« von Engelbert Humperdinck (1854–1921) hat das kindliche Abendgebet an die Schutzengel – »Abends wenn ich schlafen geh', vierzehn Engel um mich steh'n« ergreifend vertont, ein Schutzengelgebet, das Generationen von Kindern gebetet haben. Wie sehr die Sehnsucht nach einem derartigen himmlischen Beistand wach ist, belegen einschlägige Untersuchungen.

362

Rosenkranzmonat Oktober

Der Oktober gilt seit dem Mittelalter als Rosenkranzmonat und – wie der Mai – als Marienmonat, der Gottesmutter Maria geweiht. Perlenschnüre zum Abzählen von Gebeten sind in allen Weltreligionen bekannt. Im Christentum hat es Gebetsschnüre (»Pater-noster-Schnüre«) mindestens seit dem 12./13. Jahrhundert gegeben, wie der Berufsstand der »Pater-noster-Macher« im 13. Jahrhundert in ganz Europa beweist.

Der Rosenkranz, vom Spätmittelalter bis in unsere Zeit eine Gebetsform für einzelne und Gruppen, hat sich aus alten Mariengebeten (capelletum Mariae, psalterium –, rosarium –, sertum –) entwickelt. Die Verbindung einer Gebetsschnur mit 15 »Vater-unser«, 15 x 10 »Ave-Maria« und 15 »Ehre sei dem Vater«, womit die Betrachtung von 15 Geheimnissen (»Gesätzen«) des Jesusgeschehens verbunden ist (= ganzer Rosenkranz – im Gegensatz zum Rosenkranz mit 5 Zehnern mit je 5 Geheimnissen) wurde in der zweiten Hälfte des 16. Jahrhunderts durch den Kölner Dominikanerprior J. Sprenger zur Grundlage des Rosenkranzes gemacht. 1475 gründete er in Köln die erste Rosenkranzbruderschaft. Papst Sixtus IV. (1471–1484) empfahl 1478 den Rosenkranz, dessen 15 Geheimnisse (freudenreicher, schmerzhafter und glorreicher Rosenkranz) seit 1483 bis heute im wesentlichen gleichgeblieben sind. Legendarisch setzte sich die Meinung durch, der hl. Dominikus habe aus der Hand der Gottesmutter den Rosenkranz empfangen und sei Urheber der Rosenkranzbruderschaften. Die Dominikaner betreuen seit jeher das Rosenkranzgebet besonders.

Der glorreiche Rosenkranz – Kupferstich. Vorlage: Andreas Müller; Stecher: Heinrich Nüsser (1869). Privatbesitz

Der Sieg über die Türken in der Seeschlacht von Lepanto am 7. Oktober 1571 wurde wesentlich dem Rosenkranz zugeschrieben, denn zur Zeit der Schlacht beteten in Rom die Rosenkranzbruderschaften um einen Sieg. Pius V. (1566–1572) ordnete deshalb für den ersten Jahrestag des Sieges ein Marienfest an. Gregor XIII. (1572–1585) gestattete 1573 allen Kirchen mit eigenem Rosenkranzaltar ein Rosenkranzfest am ersten Sonntag im Oktober. 1716, nach dem Sieg über die Türken bei Peterwardein wurde das Fest durch Clemens XI. (1700–1721) auf die gesamte Kirche ausgedehnt. Leo XIII. (1878–1903) ordnete für den Oktober eines jeden Jahres das tägliche Rosenkranzgebet an, und Pius X. (1903–1914) schließlich legte das Rosenkranzfest wieder auf sein ursprüngliches Datum, den 7. Oktober, zurück. Heute ist es ein gebotener Gedenktag.

363

Den Rosenkranz in traditioneller Form als Gebetsschnur – es gibt ihn auch als Rosenkranz-Gebetsring – existiert in unzählig unterschiedlichen Ausführungen, die nach dem Zeitgeschmack variieren. Zahlreiche Ordensleute tragen einen Rosenkranz an ihrem Gürtel. Der Papst schenkt seinen Besuchern Rosenkränze mit einem Kreuz, das das Kreuz seines Bischofsstabes wiedergibt.

Erntedankfest
(erster Oktobersonntag oder nach Vereinbarung)

Fest und Feier zum Erntedank haben zwei verwandte Quellen: Solange sich der Mensch als Teil einer göttlichen Schöpfung begreift, wird er Teile dieser Schöpfung wie z. B. seine Nahrung aus Ackerbau und Viehzucht auf Gott zurückführen und sich zu Dank verpflichtet wissen. Dies gilt vor allem dann, und dies ist die zweite Quelle, wenn sich der Mensch als abhängig vom Naturkreislauf erfährt, in den die Nahrungsgewinnung eingebunden ist. Der Abschluß der Ernte bot darum immer Anlaß zu Dank und Feier. Wer schöpft schließlich nicht gerne aus dem vollen? Allen Religionen ist eigen, daß sie »die Frucht der Erde und der menschlichen Arbeit«, wie es in jeder Eucharistiefeier heißt, als Gottesgeschenk betrachten.

So auch im Judentum: Im Buch Genesis wird berichtet, daß Kain ein Opfer von den Früchten des Feldes und Abel ein Opfer von den Erstlingen seiner Herde darbrachte. Im späteren Judentum gab es zwei Erntefeste: das Pfingstfest als Getreide-Erntefest und das Laubhüttenfest als Wein- und Gesamt-Erntedankfest. In der katholischen Kirche ist ein Erntedankfest seit dem 3. Jahrhundert belegt, allerdings kein weltweit verbreiteter, einheitlicher Festtermin. Ihn kann es nicht geben, weil der Festzeitpunkt je nach Klimazone unterschiedlich fällt. In Deutschland ist der erste Sonntag im Oktober erst 1972 von der Bischofskonferenz festgelegt worden. Die Ge-

Ernteteppich am Erntedankfest
Foto: Rupert Leser,
Bad Waldsee

meinden sind aber nicht verpflichtet, dieses Fest auch zu feiern. In evangelischen Gemeinden ist der Michaelstag (29. September) oder einer der benachbarten Sonntage Festtag.

Heutzutage ist die katholisch-kirchliche Erntedankfeier in den Gottesdienst integriert. Die Liturgie sagt einmal im Jahr ausdrücklich Dank für die Erfüllung der vierten Bitte im »Vater-unser«. Erntegaben schmücken den Altar oder werden im Gottesdienst zum Altar gebracht. In vielen Gemeinden ist dieser Gottesdienst auch mit einer Solidaritätsaktion zugunsten hungernder Menschen verbunden. Die weitgehende Industrialisierung der Landwirtschaft und Maschinisierung des Ackerbaus verdrängen außerkirchliches Erntedankbrauchtum, wo es nicht als Folklore (z. B. Almabtrieb) erhalten bleibt.

Es gab und mancherorts gibt es auch noch heute ein vielfältiges Brauchtum, im Süden stärker als im Norden Deutschlands. Vor allem Erntefeste mit Festessen und Tanz prägen diesen Tag. Meist sind diese Erntefeste durch die Gutsherren entstanden, die alle Mägde und Knechte z. B. mit Erntebier und festlichem Essen bewirteten. Vorausgegangen war die Übergabe der Erntekrone oder des Erntekranzes. In Schottland hat sich die Erntesuppe »Hotch-potch«, aus frischem Fleisch und den besten Gartengemüsen, bis heute als Spezialität erhalten. In einigen Gegenden wird aus den letzten Garben eine »Erntepuppe« hergestellt, die als »Opfergabe« auf dem Feld verbleibt. Anderswo wird die Erntepuppe zum Fest mitgenommen, wo sie beim Ehrentanz ihren Platz hat. Erntedankelemente sind auch in vergleichbaren Festivitäten enthalten: Der Almabtrieb in den Bergen beinhaltet sie ebenso wie manche Heiligenfeste im Spätherbst. Das Fest des hl. Michael (29. Sept.) gehört dazu wie das des hl. Martin (11. Nov.), an dem die Martinsminne (der neue Wein) getrunken und die Martinsgans gebraten wird. Einer Zeit, in der die ökonomische Betrachtungsweise dieser Welt immer mehr durch die ökologische ergänzt wird, täte eine Rückbesinnung auf die Abhängigkeit von der Natur und auf die notwendige Dankbarkeit gegenüber Gott gut. Das Erntedankfest ist ein Gradmesser für dieses gesellschaftliche Bewußtsein.

Quatembertage

Mittwoch, Freitag und Samstag in vier Wochen des Jahres, die ungefähr mit dem Beginn der jeweiligen Jahreszeiten zusammenfallen, bezeichnete man in Rom seit dem 8. Jahrhundert als »quattuor tempora« (= vier Jahreszeiten), wovon sich der Name »Quatember« und »Quatembertage« ableitet. Die älteste Nachricht dazu stammt aus dem 4. Jahrhundert. Papst Gregor VII. (1073–1085) hat auf der römischen Synode 1078 die Termine festgeschrieben: Die Quatember fallen danach in die erste Fastenwoche, die Woche nach Pfingsten und nach

Kreuzerhöhung (14. September) und in die Woche nach Luzia (13. Dezember). Inhaltlich geht es um asketische Bemühungen in Form von Gebet, Fasten und guten Werken zu Beginn der vier Jahreszeiten und um die geistliche Erneuerung der christlichen Gemeinde.

Nach dem Zweiten Vatikanischen Konzil hat die römische Liturgiereform 1969 die Bischöfe unter Berücksichtigung der jeweiligen regionalen Verhältnisse aufgefordert zu regeln, ob der jeweilige Quatember wie zuvor an mehreren Tagen oder nur an einem Tag zu halten ist. Für die deutschen, österreichischen und luxemburgischen Katholiken gelten seit 1972 folgende Termine: 1. Quatember in der ersten Adventswoche (»Adventquatember«, »Winterquatember«), 2. Quatember in der ersten Woche der österlichen Bußzeit (»Fastenquatember«), 3. Quatember in der letzten Osterwoche, der Woche vor Pfingsten, und 4. Quatember in der ersten Oktoberwoche (»Herbstquatember«). Abweichend davon werden in der Schweiz die Herbstquatember in der Woche vor dem Eidgenössischen Dank-, Buß- und Bettag begangen, dem dritten Sonntag im September. Innerhalb der Quatemberwoche kann der Termin auf einen Tag konzentriert werden. Während die Quatembertage früher definitiv fleischlos waren und nur eine sättigende Mahlzeit vorsahen, darf das Fasten heutzutage auch in Form eines anderen (wirklichen) Verzichts ausgeglichen werden. Die Quatembertage wurden umgangssprachlich gern – ihrer vermuteten Wirksamkeit wegen – mit dem Attribut »golden« verbunden: Goldfasten, Goldwoche, Goldener Mittwoch. Andere Namen sind: Fronfasten, Wichfasten. Von Quatember abgeleitet sind: Katertemper, Kattemer, Tamper, Tampertage. Vom vierteljährlichen Termin her kommt der Begriff »Quartale«.

Wendelin – 20. Oktober

Am 20. Oktober gedenkt die Kirche des hl. Wendelin, der in der zweiten Hälfte des 6. Jahrhunderts im Waldgebiet zwischen Saar und Hunsrück als Mönch oder Einsiedler lebte. Die Legende machte ihn zum schottischen Königssohn und Abt von Tholey. Sein Grab ist um 1000 bezeugt und hat St. Wendel (Saar) den Namen gegeben. Weil er, ehe er Mönch wurde, nach der Legende einem Ritter als Hirt gedient haben soll, gilt Wendelin als Viehpatron. Besonders in Süddeutschland feiert man ihn durch Umritte (Wendelinritt) und Pferdesegen. Andernorts beging man den Leonhardiritt.

Ursula – 21. Oktober

Ausgangspunkt des Gedenktages der hl. Märtyrerin und Jungfrau Ursula und ihrer Gefährtinnen am 21. Oktober ist Köln, wo in der »Goldenen Kammer« der bis in die Spätantike zurückreichenden Kirche Sankt Ursula (922–1802 Kanonissenstift, heute Pfarrkirche) die Gebeine von »11 000 jungfräulichen Märtyrerinnen« aufbewahrt werden. Die Kirche steht auf dem nördlichen römischen Gräberfeld Kölns.

Auslöser des Ursula-Kultes scheint eine dreizehnzeilige, steinerne Inschrift zu sein, von der umstritten ist, ob sie aus spätantiker oder frühmittelalterlicher Zeit stammt. Jedenfalls wird auf ihr mitgeteilt, ein dem Senatorenstand angehörender Clematius habe am Ort des Martyriums heiliger Jungfrauen eine Kirche wiederhergestellt. Gesichert ist, daß bereits im 3. Jahrhundert an dieser Stelle eine Kapelle über drei Gräbern erbaut worden war. Im 10.–12. Jahrhundert entstand die Ursulalegende. Kern der Legendenbildung ist die Annahme, Ursula sei eine britannische Königstochter gewesen, die nach einer Romwallfahrt mit ihren Gefährtinnen vor den Toren Kölns von den die Stadt belagernden Hunnen erschlagen worden sei. Der Name »Ursula« für die Anführerin der Märtyrerjungfrauen taucht aber erst im 10. Jahrhundert auf; zuvor waren verschiedene andere Namen genannt worden. Vielleicht geht der Name Ursula auf den alten Grabstein für ein achtjähriges, als »unschuldige Jungfrau« verstorbenes Mädchen zurück, der bis heute aufbewahrt wird. Die Steigerung der Zahl der Gefährtinnen von elf auf elftausend scheint die Folge eines Lesefehlers im Mittelalter gewesen zu sein, der allerdings durch die zahlreichen »Reliquienfunde« im Umfeld von Sankt Ursula seine Bestätigung zu finden schien. Von diesem ergiebigsten Reliquienfundort nördlich der Alpen stammen die 1800 Kopfreliquien in Sankt Ursula und die 1000 weiteren im nahen (ehemaligen) Zisterzienserkloster Altenberg. Rund 4000 Reliquienübertragungen

Das Ursulaschifflein
Foto: Autor

im deutschsprachigen Raum sowie Frankreich, Spanien, Norditalien, Niederlande, Skandinavien und im Osten (z. B. Riga, Krakau) lassen sich nachweisen.

Die Intensität der volkstümlichen Ursulaverehrung wird durch zahlreiche Einblattdrucke besonders im 15. Jahrhundert belegt. Vor allem in der Malerei sind Darstellungen der Heiligen in Einzelbildern und in ganzen Zyklen ein eindrucksvoller Beleg für die weite Verbreitung des Ursula-Kultes. Im 13.–15. Jahrhundert entstanden vielerorts (z. B. in Köln, Straßburg, Krakau) die sogenannten »Ursula-Schifflein«, ursulanische Bruderschaften; an das Abzeichen, das Schiff der hl. Ursula, knüpfte sich die Vorstellung einer geistigen Fracht frommer Werke sowie die Idee des Lebens als irdische Pilgerfahrt. Die Bruderschaftsmitglieder – auch Bischöfe, Äbte und Könige – hofften, durch die heilige Fracht des »Ursula-Schiffleins«, bei der Aufnahme »als Fahrpreis eingezahlten« bzw. versprochenen Messen, Gebete und guten Werke unter dem Schutz der hl. Ursula sicher in den Hafen der ewigen Seligkeit einlaufen zu können.

Städte (etwa Köln), Länder und Universitäten (z. B. Sorbonne, Coimbra) stellten sich unter den Schutz der Heiligen. Im 16. Jahrhundert gab Angela Merici ihrer neuen Gründung, den Ursulinen, die Heilige als Patronin. Bis zum heutigen Tag gilt die hl. Ursula als Patronin der Sterbenden, Erzieher/-innen, Tuchhändler und kranken Kinder.

Der Gedanke an den Tod, das eigene Sterben und die Angst, ohne Beichte und priesterliche Lossprechung dem gnädigen, aber auch gerechten Gericht Gottes anheimzufallen, beschäftigte den mittelalterlichen Menschen nicht nur an den Gedächtnistagen für Tote. Die sprichwörtliche Sterbensangst war ganzjährig und lebenslänglich präsent, das Leben im Angesicht des Todes eine unabweisbare Realität, gegen die man sich vielfältig zu sichern suchte. Hierzu gehörten unter anderem trickreiche Vorsichtsmaßnahmen, wenn etwa der hl. Christophorus in vielen Kirche überlebensgroß in Eingangsnähe dargestellt wurde, weil man glaubte, wer ihn an einem Tag sehe, werde nicht sündenbeladen sterben. Hierhin gehört aber auch die Bereitstellung von »Seelgerät«, also Maßnahmen, die – im Leben bereitet – Sterben und Gottes Gericht barmherzig werden lassen. Eine Hilfe dabei waren Bruderschaften, die den heutigen Menschen meist nur noch über die Sankt-Sebastianus-Schützenbruderschaft bekannt sind. Marianische Bruderschaften gibt es nur noch wenige. Das »Ursula-Schifflein« ist nicht einmal mehr in Köln für eine nennenswerte Zahl von Menschen ein Begriff. Dabei hat das Bruderschaftswesen einmal eine große Rolle gespielt.

Bruderschaften waren freiwillige Zusammenschlüsse von Christen auf dem Weg durch die Zeit, Gemeinschaften auf dem Weg zum Heil – meist ihrem eigenen Seelenheil. Deshalb schlossen sie sich zusammen, meist unter dem Patronat eines Heiligen, wählten einen Bruderschaftsmeister, vereinbarten regelmäßige Treffen, bei denen die heilige Messe gefeiert wurde, beschäftigten oft einen Priester, der für sie das Heil »verwaltete«. Die lebenslängliche Bitte um einen gnädigen Tod verband sich mit dem Gedächtnis an und Gebet für die verstorbenen Mitglieder der Laienbruderschaft. Für das mittelalterliche Köln ist ein Bestand von etwa 120 solcher Bruderschaften belegt. Im 14. Jahrhundert gab es allein in Bayern 212 Allerseelen-Bruderschaften, auch Gut-Tod-Bruderschaften genannt. Der eigene soziale Stand drückte sich in der Zugehörigkeit zu einer bestimmten Bruderschaft aus. In Köln waren die Schneider in der Heilig-Kreuz-

Bruderschaft zusammengeschlossen, in Neuss trafen sich die Kaufleute in der Nikolaus-Bruderschaft. Die Santiago-Wallfahrer und -Interessenten waren in der Jakobus-der-Ältere-Bruderschaft zusammengeschlossen. Im Rheinland gibt es auch heute noch sehr aktive Matthias-Bruderschaften, die Fußwallfahrten zum dreizehnten Apostel Matthias nach Trier veranstalten.

Das Leben der Gemeinschaft regelten Statuten, in denen die Rituale festgeschrieben waren. Nach dem jährlichen Pflichtgottesdienst, z. B. am Gedenktag des Bruderschaftspatrons, saß man auch beim gemeinsamen Essen zusammen, was in der Kritik des Reformators Martin Luther bedeutete, die Bruderschaftsmitglieder hätten nur »eyn bier, eyn fressen und eyn sauffen« im Kopf. Natürlich konnte »das Zwischenmenschliche« den eigentlichen Sinn einer Bruderschaft auf den Kopf stellen. Dies wird aber nicht primär den Grund für den Niedergang des Bruderschaftswesens ausmachen. Nicht nur das ständische Denken ist heute aufgegeben, auch Geselligkeit organisiert sich erheblich anders als früher. Und Religiosität hat heute einen Grad von Intimität, wie ihn früher nur die Sexualität hatte. Auch Gott wird nicht mehr ausschließlich in seiner Richterfunktion gesehen. Die religiöse Begründung besteht für viele Menschen nicht mehr, was Bruderschaften, die überlebt haben, heute oft das Leben schwer macht.

Reformationstag – 31. Oktober

Einer widerlegten Legende nach – von Luther selbst ist dies nie behauptet worden, und es gibt keinen historischen Beweis für ein solches Faktum – hat Martin Luther am Vortag des Allerheiligenfestes 1517 seine 95 Diskussionsthesen zu Ablaß und Buße am Portal der Schloßkirche zu Wittenberg angeschlagen. Dieser Termin wird meist als Beginn der Reformation gewertet. Schon im 16. Jahrhundert findet an diesem Jahrestag ein Reformationstag oder Reformationsgedenken statt. Einige Kirchenordnungen wählten den 10. November (Geburtstag Luthers) oder den 18. Februar (Todestag) für den gleichen Zweck. Auch der Tag der Übergabe der Augsburgischen Konfession, der 25. Juni, wurde gewählt. Kurfürst Georg II. von Sachsen (1656–1680) ordnete 1667 den 31. Oktober als Gedenktag an, der sich dann in den meisten Landeskirchen durchsetzte.

Die Ökumene der Neuzeit hat dazu geführt, in der Reformation nicht nur einen einseitigen Ablösungsprozeß zu sehen, sondern das Mißlingen eines Kommunikationsprozesses, der in einer Kirche, die sich als »ecclesia semper reformanda« – eine sich ständig erneuernde Kirche – versteht, anders hätte ausgehen müssen. Es ist heute nicht unüblich, daß auch Vertreter der katholischen Kirche an den Reformationsfeiern teilnehmen, um damit auch öffentlich den Skandal der Spaltung der Christenheit zu dokumentieren. Nicht die Einebnung

369

aller konfessionellen Unterschiede auf die kleinste gemeinsame Teilmenge, sondern die Suche nach den Gemeinsamkeiten – in gegenseitiger Liebe und Achtung – wird helfen, die schon lange nicht mehr so tiefe Kluft zu überwinden.

Allerheiligen – 1. November
Allerseelen – 2. November

Das ausklingende Kirchenjahr gedenkt nicht nur Verstorbener, sondern auch des Sterbens der noch Lebenden. Das Kommen des Reiches Gottes, Buße und Weltgericht stehen im Mittelpunkt der liturgischen Betrachtungen der Kirchen.

Sammelfeste für alle heiligen Märtyrer und übrigen Heiligen bzw. die Heiligen einer bestimmten Region begegnen im christlichen Altertum im österlichen Umfeld. Der älteste Beleg findet sich bei Johannes Chrysostomos für Antiochien im 4. Jahrhundert am Oktavtag von Pfingsten mit der Bezeichnung »Herrentag aller Heiligen«. Nach der Pascha Domini feierte man den Nachvollzug dieser Pascha durch die Heiligen. Andere Bezeichnungen für Allerheiligen: Godeshilligendach, Aller sintentag (Rheinland), Helgona messa, helmisse (Skand.). In der Ostkirche haben sich dieses Fest und dieser Termin bis heute erhalten. In der Westkirche wurde der Termin ursprünglich übernommen. Im 8. Jahrhundert heißt dieser Sonntag in Würzburg »Dominica in Natali Sanctorum«. In Irland entstand im 8./9. Jahrhundert – als der Zusammenhang zwischen diesem Fest und Ostern verblaßte – ein neuer Festtermin: Der 1. November markiert hier den Winterbeginn und ist zugleich Jahresanfang. Hintergrundfolie ist nun nicht mehr Ostern, sondern die sterbende Natur, durch die die ewige Welt der Heiligen sichtbar wird. Durch die irisch-schottischen Missionare gelangte das Allerheiligenfest am 1. November im 9. Jahrhundert auf den Kontinent. Im irischen Einflußbereich (z. B. USA) haben sich vorchristliche Brauchelemente erhalten, analog den Saturnalien vor dem römischen Neujahr. Am »Halloween«, dem Vorabend der Heiligen (= hallows), wird ein ausgelassenes Brauchtum gepflegt. Altes Jahresendbrauchtum und die gefeierte Einheit der Lebenden mit den Toten führten zu ausgelassenen Feiern. Das in die USA exportierte und von dort auch nach Deutschland schwappende Halloween-Brauchtum hat mit diesem Anlaß nur noch wenig zu tun. Es ist eher eine Mischung von Karneval, Walpurgisnacht und Silvester in Verbindung mit ausgehöhlten Kürbissen, ein Party-Gag oder eine Art Winterkarneval.

370 Jährliche Gedenktage für alle Verstorbenen (Sammelfest) gibt es in der Westkirche seit dem frühen Mittelalter, meist nach der Osterzeit, z. B. am Pfingstmontag oder am Montag nach dem Dreifaltigkeitssonntag. Tendenziell gibt es eine – allerdings nicht allgemeingültige – Verbindung zwischen Ostern

und dem Totengedächtnis. Papst Johannes XXIII. (1958–1963) hat noch von Ostern als »Fest aller Toten« gesprochen. Seit dem 9. Jahrhundert, befördert durch Cluny (Zentrum klösterlicher und spiritueller Erneuerung in Frankreich), setzt die Verlagerung des Gedenktages auf den 2. November, den Tag nach Allerheiligen, ein. Einem zunächst nur bei den Dominikanern, dann bei den Priestern des spanischen Einflußgebietes verbreiteten Brauch nach durften an diesem Tag drei Messen von jedem Priester gelesen werden. Dieser Brauch wurde 1915 von Papst Benedikt XV. (1914–1922) auf die ganze Kirche ausgedehnt. Der Tag ist tief im Volksbewußtsein verankert, das von einer »Sippenfrömmigkeit« gespeist wird. Am Vortag von Allerseelen, am Nachmittag von Allerheiligen, werden die Gräber mit Grün und Blumen (Astern und Chrysanthemen) geschmückt (Repräsentanz der Verstorbenen durch die Lebenden) und ein »ewiges Licht« aufgestellt. Für das 16. Jahrhundert ist dies für Köln belegt, wo ein Gottesdienst und ein abendliches Gedächtnismahl dazugehörten.

Der Armseelenkult wurde durch die von einigen Kirchenvätern vertretene und vom Trienter Konzil bestätigte Auffassung gefördert, die Seelen Verstorbener, die vor Gottes Gericht bestanden hätten, seien vor ihrer Aufnahme in den Himmel an einem Ort der Reinigung (Purgatorium, Fegfeuer). Die Lebenden könnten den Toten durch Armseelenspenden helfen: Meßopfer, Gebete, Opfer und Fasten. Die »Pflege der Seelen« in Form von »Seelgerätestiftungen«, die Hilfe der Lebenden für die Verstorbenen, deren endgültige Erlösung durch »gute Werke« befördert werden sollte, konzentrierte sich nun auf Allerseelen. Die Jesuiten gründeten die Armseelenbruderschaften unter dem Patronat des hl. Josef. Nach altem Volksglauben, der auch in evangelischen Gebieten verbreitet war, stiegen die Armen Seelen an diesem Tag aus dem Fegfeuer zur Erde auf und ruh-

371

ten für kurze Zeit von ihren Qualen aus. Zuwendungen für Arme, Mönche, Nonnen und Patenkinder (z. B. das Seelspitzbrot, ein Gebildebrot, oder Seelenkuchen, kleine runde Mürbeteigkekse mit Rosinenaugen und Mündern aus kandierten Kirschen, oder Seelenbrote, Seelenzopf, Stuck, Allerseelenbrötchen), aber auch spirituelle Gaben wie Gebet, Licht und Weihwasser prägten diesen Tag. An manchen Orten finden noch feierliche Prozessionen der Gläubigen auf den Friedhof statt, wobei auch die Priestergräber besucht werden. Der Kirchenchor intoniert auf dem Friedhof das »Dies irae, dies illae«. Mit dem Allerheiligentag endete in früheren Jahrhunderten das alte Wirtschaftsjahr. Das neue begann mit Martini. Andere Bezeichnungen für den Allerseelentag: Selentag, seltag.

Hubertus – 3. November

Der Hubertustag, der 3. November, ist vielen Menschen als Tag der Hubertusmesse bekannt. Am Tag selber oder in seinem Umfeld findet ein feierlicher Gottesdienst der Jäger statt, oft wird auf Parforce-Hörnern eine der französischen und deutschen Hubertusmessen geblasen; beim Gottesdienst, in einer Kirche oder im Freien, sind Jagdhunde, abgerichtete Greifvögel, manchmal auch erlegtes Wild, anwesend. In dieser Zeit gibt es Parforce-, Treib- oder Hetzjagden. Der hl. Hubertus (ca. 655–727) war Bischof von Tongern-Maastricht und wirkte als Missionar in Südbrabant. Er verlegte den Bischofssitz nach Lüttich, wohin er auch die Reliquien des hl. Lambert mitnahm. Im 11. Jahrhundert übertrug sich die ursprünglich mit dem hl. Eustachius († um 117/?) – vor der Kalenderreform war der 20. September sein Gedenktag – verbundene Legende von seiner Bekehrung durch die Begegnung mit einem Hirsch, der ihm während einer Jagd begegnete und ein Kreuz im Geweih trug, auf Hubertus. Im 14. Jahrhundert war diese Hubertuslegende in Belgien, Frankreich und Deutschland verbreitet. Hubertus wurde Patron der Stadt Lüttich, der Jäger, Forstleute und der Schützengilden. Er galt auch als Patron gegen die Hundetollwut. Dargestellt wird er als Jäger oder Bischof, mit Hirsch oder Hund, Stola oder Schlüssel.

In früheren Jahrhunderten trug man Hubertus-Riemchen im Knopfloch, um sich gegen wütende Hunde zu schützen, Hubertus-Schlüssel bei Krämpfen, Mondsucht, Viehkrankheiten. Gegen Fieber benutzte man Hörnchen (Cornet de St.-Hubert), gegen Kopfschmerzen trug man den Hubertus-Ring oder drückte ihn gegen die Stirn. Fähnchen, Medaillen und Ringe waren Wallfahrtsandenken. Sie wurden auch am Kopf der Pferde angebracht. Mit Hubertus-Brot und Hubertus-Wasser suchte man sich gegen Ratten zu helfen. In Buizingen, Belgien, brannte man die Hunde mit Hubertus-Schlüsseln und gab ihnen Hubertus-Brot. In den Metzgereien (Namur) hing das Hubertus-Fähnchen des Schutzheiligen und klebte sein Bild auf Türen.

372

Leonhard – 6. November

Am 6. November gedenkt der liturgische Kalender des hl. Leonhard, der als Befreier der Gefangenen und Viehpatron gilt, weshalb er, vor allem in Süddeutschland und in den Alpenländern, besonders verehrt wird. Leonhardiritte (Umritte) werden veranstaltet. In Tölz gibt es seit alters die Leonhardifahrt, bei der der Pfarrer die Pferde segnet. Als Leonhardigabe werden Hufeisen und geschmiedete Tierbilder bezeichnet, die der Dorfschmied herstellte und die dem Heiligen geweiht wurden. In Sachsen feierten die Kinder das Leonhardifest, an dem sie – solange ihre Eltern lebten – die Herren im Haus waren.

Das Umschreiten oder Umreiten des eigenen Gebietes an bestimmten Tages des Jahres, der Flurumgang oder Flurumritt, geschah zu Ehren bestimmter (Pferde-)Heiliger wie beim Georgiritt, Leonhardiritt, Stephaniritt, Ulrichsritt, Wendelinritt oder zur Verkündigung des Auferstandenen (Osterritt). Die Umritte waren in der Regel mit einer Segnung der Pferde verbunden (Pferdesegen).

Leonardiritt in Bad Tölz auf dem Weg zum Kalvarienberg – Foto: Archiv Dietz-Rüdiger Moser

Heute wird diese Tradition vielfach von Reitervereinen aufrechterhalten. Nach altem Rechtsdenken mußte ein Grundherr seinen Besitz nicht nur mit dem Schwert verteidigen können, sondern auch einmal im Jahr umschreiten, um seinen Besitzanspruch aufrechtzuerhalten. Noch älter ist das mit dem Umritt verbundene magische Denken: Der Umritt bildete einen magischen Kreis, der Schutz bot gegen Hexen, Dämonen und böse Geister.

Kirchweihfest der Lateranbasilika zu Rom – 9. November

Das Kirchweihfest begeht jede katholische Gemeinde mindestens sechsmal im Jahr. Neben dem Gedächtnis der Kirchweihe der eigenen Kirche enthält der Festkalender vier weltkirchliche und ein diözesanes Kirchweihfest. Vier römische Kirchweihfeste notiert der Generalkalender: Am 5. August wird das Kirchweihfest der Basilika Santa Maria Maggiore gefeiert. Die im 4. Jahrhundert gebaute Kirche wurde nach dem Konzil von Ephesus 431 von Papst Sixtus III. (432–440) der Gottesmutter geweiht. Weil nach einer Legende Schneefall im Sommer den Ort des Kirchbaus angegeben hatte, hieß der Weihetag von Santa Maria Maggiore, der seit 1568 im kirchlichen Kalender geführt wird, auch »Maria Schnee«.

373

Am 9. November wird das Kirchweihfest der Lateranbasilika gefeiert, »Mutter und Haupt aller Kirchen der Hauptstadt und des Erdkreises«, so Clemens XII. (1730–1740). Das dritte und vierte weltweit gefeierte Kirchweihfest ist ein Doppelfest: das der römischen Basilika Peter und Paul, der Peterskirche, und der ebenfalls römischen Basilika Sankt Paul vor den Mauern. Diözesanweit wird als fünftes Kirchweihfest der Jahrestag der Weihe der Bischofskirche, Dom oder Kathedrale genannt, gefeiert. Wo der Weihetag der eigenen Kirche gewußt wird, feiert man an diesem Tag selbst das Kirchweihfest als Hochfest. Wo der Tag der Weihe nicht bekannt ist, hat der Bischof einen Termin festgesetzt. Mit der lokalen Kirchweihfeier verbunden war – vor allen Dingen in der Zeit zwischen Pfingsten und Martini – eine weltliche Feier (= Kirmes) und oft auch ein Markt. – Das Chanukka-Fest (8tägiges jüdisches Tempelweihfest, Mitte Dezember) scheint nicht nur formal das christliche Weihnachtsfest geprägt zu haben, sondern wurde auch zum Vorbild der Kirchweihfeste. Seit dem Mailänder Edikt von 313 (Beendigung der Christenverfolgung) gibt es für diese christliche Erinnerungsfeier eine liturgische Vorlage.

Das Wort »Kirmes« geht auf das mittelhochdeutsche »kirmesse« zurück, das aus »kirchmesse« entstanden ist. Dieses Wort bezeichnete zunächst den Gottesdienst (= Messe) zur Einweihung einer Kirche, die aus einem Gebäude einen heiligen Ort werden läßt, dann zugleich das jährliche Erinnerungsfest daran und schließlich – unter Bezug auf die damit verbundenen weltlichen Feiern – den Jahrmarkt und das Volksfest. Neben dem Tag der Kirchweihe bot auch der Gedenktag des Kirchenpatrons Gelegenheit zu Fest und Feier. Die Folge waren dann mehrere Kirmesfeiern im Jahr, die im Laufe der Jahrhunderte entweder zu einer mit dem Erntefest in Verbindung stehenden Spätkirmes verschmolzen oder aber sich als Früh- oder Vorkirmes neben der eigentlichen Kirmes erhielten. Seit dem Mittelalter lockerte sich die Verbindung zwischen der kirchlichen Feier und dem weltlichen Fest immer mehr. Heute ist die Kirmes (fränkisch-alemannisch und schwäbisch »Kilbe« oder »Kirbe«, bayerisch »Kirta«) das bekannteste und verbreitetste Volksfest: ein Jahrmarkt mit Verkaufs- und Vergnügungsangeboten, Eß- und Trinkgelegenheiten. Wurde früher oft eine ganze Woche lang Kirmes gefeiert, beschränkt sich der Termin heute meist auf ein verlängertes Wochenende. Es ist – zumindest in ländlichen Gemeinden – einer der Termine im Jahr, an dem die ganze Familie, nicht nur die nähere, sondern auch die weitere Verwandtschaft zusammentrifft.

374

Der zahlreichen Kirchen wegen, die den hl. Martin zum Patron hatten, gab es gegen Ende des bäuerlichen Jahres neben den allerorts üblichen Martinifeiern zahlreiche Martinikirchweihen, meist verbunden mit einem Martini(jahr)markt (»Martins-Chilbi« in der Schweiz). Die Aufklärung, der der »ganzjährige

Kirchweihtourismus« ein Dorn im Auge war, legte unter Joseph II. (1765–1790) alle Kirmestermine auf das dritte Oktoberwochenende zusammen. Der Volksmund »würdigte« diese Anordnung entsprechend mit der Bezeichnung »Kaiser-« bzw. »Allerweltskirmes«.

Fast untrennbar verwoben mit der Kirmes ist in weiten Teilen des deutschsprachigen Raumes das Schützenwesen. Aber neben den Schützen übernehmen auch andere lokale Gemeinschaftsorganisationen (Burschen- und Mädchengruppen, Gesangs- und Brauchtumsvereine) die Ausrichtung der Kirmes. Die Gestaltung der Festtage weist eine unüberschaubare Fülle an landschaftlich gebundenen Einzelbräuchen aus vorchristlicher und christlicher Zeit auf. Gottesdienst und Totengedenken, Essen und Trinken, Musik und Tanz, Theater und Komödie, festliche Kleidung und Umzüge durch die Gemeinde sind allgemein verbreitet. Brauchspiele (Hahnenschlagen, Maskenumzüge) und Wettkämpfe (Fahnenreiten, Ringstechen, Vogelschießen, Tauziehen, Sackhüpfen) gehören ebenso zum Kernbestand wie der Kirmesbaum und gemeinsame Veranstaltungen in einem Festzelt oder -saal.

Die einzelnen Schützenbruderschaften bildeten sich oft hintereinander, gebunden an die jeweils aktuellen Waffensysteme. Während die Armbrustschützen noch an ihren Waffen festhielten, waren jüngere Gruppen schon zum Gewehr übergegangen. Andere haben über Jahrhunderte an dem wahrscheinlich älteren Brauch, dem Hahnenköppen (s. u.), festgehalten. Das Zusammenführen unterschiedlich gepolter Vereine ist selbst an einem Ort meist eine unlösbare Aufgabe, so daß in größeren Orten oft verschiedene Schützenarten nebeneinander bestehen.

Das Köpfen von Hähnen, Hahnenköppen, ist ein alter Kirmesbrauch zur Ermittlung des Schützenkönigs. Ein (heute bereits toter) Hahn wird so in einen Korb gelegt, daß sein Kopf unten heraushängt. Wer mit verbundenen Augen dem Hahn den Kopf abschlägt, hat gesiegt. In Deutschland ist dieser Brauch vom Süden Düsseldorfs und der Stadt Neuss bis in die Eifel hinein noch verbreitet. Wenn er auch eine Zeitlang so verstanden wurde, als sei er ein Protest gegen die französische Besatzung und den gallischen Hahn, so ist der Brauch doch erheblich älter. Er stammt wohl aus Zeiten, als Gewehr und Armbrust noch keine Rolle spielten.

Nicht ohne Grund waren die Kirmestage auch dafür berüchtigt, daß an ihnen die Rivalitäten benachbarter Dörfer ausgetragen wurden und deshalb Raufereien und Schlägereien an der Tagesordnung waren. Für die Kleinen boten (und bieten!) die Kirmestage willkommene Abwechslung im täglichen Einerlei; der hoffnungsvollen Jugend ergab sich die Möglichkeit des Kennenlernens und Anbandelns mit den begehrenswerten Vertretern des anderen Geschlechts; die Erwachsenen verschafften sich Ruhe und Genuß, Geschäftsverbindungen und

Jesus und Zachäus – Evangelistar von St, Martin, Köln (1. Viertel 13 Jh.). Brüssel, Bibliothèque Royale

Begegnungen und erhielten Gelegenheit zu repräsentieren. Aus dem Kirmesgeld, das dem Gesinde an den Kirmestagen ausgezahlt wurde, entwickelte sich das Kirmesgeld, das später die Kinder erhielten, um Karussell und Süßigkeiten, Go-Kart und Lose bezahlen zu können.

Das Evangelium der Messe am Fest der Kirchweihe (Jahrestag der Kirchweihe, »In Anniversario Dedicationis ecclesiae«) trug vor der Liturgiereform Lukas 19,1–10, die Einkehr Jesu in das Haus des Zachäus, vor. Dementsprechend bezog sich die Homilie auf Zachäus. Eben dieser Zachäus, der liturgiegemäß dadurch bei jeder Kirmes auftauchte, wurde sprichwörtlich. Wickrams »Rollwagenbüchlein« von 1555 verdeutlicht den Zusammenhang: »Wenig aber wirt dass leiden Christi bedacht. Also predigt man vom Zacheo auff allen Kirchweihen, niemandt aber volget jm inn den Wercken nach.« Der Zachäus des Evangeliums personifizierte nachgerade die Kirchweih, wenn es hieß: »Der ist auf allen Kirchweihen wie Zachäus«, oder: »Zachäus auf allen Kirchweihen sein«, d. h. überall anzutreffen sein, wo es fröhlich zugeht, wo es gut zu essen und zu trinken gibt. Schließlich nahm Zachäus auch Gestalt an, wurde personifiziert als Strohmann, den man feierlich einholte, während der Kirchweih mitführte und im Festzelt anbrachte. Nach der Kirchweih aber wurde Zachäus mit gebührendem Pomp zu Grabe getragen. Dieser Kirmesschlußbrauch kann eine kirchliche Beerdigung persiflieren und/oder ein Strafgericht darstellen, dem eine Hinrichtung (Verbrennen, Ertränken, Erhängen, Köpfen) folgt. Hier gerät der Zachäus, der auch schon einmal anders, z. B. Peijaß, heißen kann, zusätzlich in die Rolle des Sündenbocks.

Statt des Zachäus wurde an anderen Orten die »Kirmes begraben«: Ein Bild des Kirchenpatrons oder ein Pferdeschädel wurden unter geheuchelter und gespielter Trauer an einer bestimmten Stelle begraben, um im nächsten Jahr mit großem Hallo wieder ausgegraben zu werden.

In einer neuerlich zunehmenden Zahl von Gemeinden wird wieder das »Glockenbeiern« auch an Kirchweih aufgenommen. Es war im Mittelalter weit

376

verbreitet und drohte nach dem Zweiten Weltkrieg völlig aus der Übung zu kommen. Jahrelang konnte man das Beiern nur noch in der italienischen Schweiz und in Norditalien hören. Im 16. Jahrhundert ist das Wort »beieren« im Rheinland üblich; es entspricht dem altniederländischen Begriff »beiaerden«. Das Beiern benutzt die Glocken als Instrumente, verwendet sie allerdings nicht in herkömmlich schwingender Weise. Beim Beiern bleiben die Glocken hängen; es werden nur die Klöppel gegen die Glocke eingesetzt. Zu diesem Zweck sind die Glockenklöppel durch ein Seil befestigt. Alle Seile laufen entweder an einem Ort oder Spieltisch zusammen oder werden geschoßweise gebündelt. Naturgemäß ist das Beiern eher eine Betätigung für körperlich zugfeste Männer, die auch einigermaßen wetterfest, musikalisch und teamfähig sein müssen. Zwar findet das Beiern in der eher wärmeren Jahreszeit (Ostern, Erstkommunion, Pfingsten, Fronleichnam, Kirchweih) statt, doch die Witterungsverhältnisse auf einem offenen Glockenstuhl des Kirchturms sind meist nicht zu unterschätzen. Das Team unter der Leitung eines Beiermeisters muß gut aufeinander eingespielt sein, um am Vorabend des Festes und nach den Festmessen bzw. am Nachmittag nicht den Spott einer Gemeinde zu ertragen. Diese Arbeit ist nicht nur körperlich eine Leistung, sondern bedarf wirklicher Geschicklichkeit, um die Zuglänge und -wirkung der einzelnen Seile in verschiedenen Händen sekundengenau einzuschätzen. Anhand der Töne, die die einzelnen Glocken eines Geläutes hergeben, können die Männer eine Melodie spielen, die vielfach wiederholt wird. Von hierher stammt das umgangssprachlich verwendete Wort »beiern«, das langweiliges, monotones Wiederholen bezeichnet. Die gespielten Melodien sind oft nicht schriftlich festgehalten, sondern werden in Merksprüchen lebendig gehalten. In Neuss am Rhein heißt ein solcher zum Beispiel

Dinge, dinge, dong, dong – Stadtpatron
Sankt Quirinus steht om Toom (= Turm).
Ich bin Frau und du bes Mann,
soll's ding beste Butz (= Hose) nit han.

In Erkelenz heißt es zu Ostern:
Bom, bom, beier,
De Klock schlät Eier.

In Kempen:
Vom, bom, beiere.
Di Klotz legen Eiere.

377

Bommelombei!
En Ei of zwei!
Küppesch Kobes gitt en Ei!

Katharina – 25. November

Der Gedächtnistag der hl. Katharina von Alexandria wird am 25. November gefeiert. Die Heilige mit dem zerbrochenen Rad als ikonographischem Symbol gehört zu den »Drei heiligen Madl« oder »Drei heiligen Jungfrauen« (mit Margareta und Barbara) und zu den Vierzehn Nothelfern. Über ihr Leben ist fast nur Legendarisches bekannt. Sie soll zu Beginn des 4. Jahrhunderts den Märtyrertod gestorben sein, weil sie nicht bereit war, dem Christentum abzuschwören. Die Katharinenverehrung hat besonders bei den Bauern ihren Niederschlag gefunden. Am 25. November endete die Weidezeit, und die Schafschur begann. Auf Kathrein erhielten Mägde und Knechte Lohn und konnten ihre Stelle wechseln. Am Abend des Tages fand der Kathreinstanz statt, einer der Höhepunkte des Jahres. »Sankt Barbara mit dem Turm, Sankt Margreth mit dem Wurm (= Drachen), Sankt Kathrein mit dem Radl, das sind die heiligen Madl«, lautete eine weitverbreitete Definition für die drei heiligen Frauen.

Buß- und Bettag

Der (evangelische) Buß- und Bettag ist in der zweiten Hälfte der neunziger Jahre in Deutschland dadurch ins Gerede gekommen, daß er als staatlicher Feiertag zur Mitfinanzierung der Pflegeversicherung abgeschafft wurde. Als kirchlicher Feiertag wird er dennoch – manchmal sogar mit neuem Nachdruck – begangen. Kirchlich und/oder staatlich verordnete Bußtage gab es 1878 noch 47 in 28 verschiedenen Ländern. Einerseits nahmen sie Elemente der Quatember auf, andererseits hatten sie den Charakter von öffentlichen Bußübungen, wie sie seit dem Dreißigjährigen Krieg bekannt waren. 1853 und 1878 schlug die Eisenacher Konferenz den Mittwoch vor dem letzten Sonntag nach Trinitatis (Totensonntag) als einheitlichen evangelischen Buß- und Bettag vor. 1893 übernahmen die meisten evangelischen Landeskirchen den Termin. In der Schweiz gilt der Bußtag als Feiertag.

Christkönigssonntag

378

Am letzten Sonntag im Kirchenjahr feiern Katholiken den Christkönigssonntag, ein Ideenfest, das Pius XI. (1922–1939) im Jahr 1925 zum Andenken an das 1600jährige Jubiläum des Konzils von Nizäa (325) eingeführt hat. In Anbetracht der in Europa zerfallenden Monarchien bürstete der Papst bewußt gegen den Strich: Die Anerkennung des Königtums Christi in der aktuellen Zeit hatte demonstrativen Charakter. Ursprünglich wurde das Fest am letzten Sonntag im Oktober gefeiert. Als die Nationalsozialisten den Dreifaltigkeitssonntag – dem Bekenntnistag der Jugend, die mit persönlicher Präsenz und Fahnenabordnungen öffentlich ihren Glauben demonstrierte – mit dem Reichssportfest belegten, wurde das Treuebekenntnis der Jugend auf den Christkönigssonntag verschoben. Die Bekenntnisfeiern haben diesen Tag noch in der Nachkriegszeit geprägt.

Toten- oder Ewigkeitssonntag

Der Totensonntag oder Ewigkeitssonntag in der evangelischen Kirche versteht sich als eine Variante zum katholischen Allerseelentag. Seit dem 16. Jahrhundert regional verbreitet, wurde das Fest durch Friedrich Wilhelm III. von Preußen (1770–1840) am 25. November 1816 offiziell eingeführt. Der Tag ist eher eine allgemeine religiöse Totenfeier und ein Heldengedenken als ein Weg »von hoffnungsarmer Trauer zum evangelischen Trost«.

381

Andrea Mantegna (1431–1506):
Maria mit dem schlafenden
Jesuskind – Foto: Verlagsarchiv

AUF DEN SPUREN DER BIBEL
UND GLAUBENSGESCHICHTE

Die Geburt der Maria, Tochter der hochbetagten Anna und des Joachim, die kinderlos geblieben waren, kündigt ein Engel an. Nach apokryphen Quellen wird sie mit drei Jahren zur Erziehung in den Tempel nach Jerusalem gegeben. Sehr jung, wohl im Alter von 16/17 Jahren, wird sie mit Josef, einem Witwer, verlobt. Noch vor der Hochzeit wird Maria (Marjam, Mirjam; aus dem ägypt. myr [= Geliebte] und dem hebr. jam [= Abkürzung für Jahwe], so daß sich »Geliebte Gottes« oder »Vielgeliebte Gottes« ergibt) schwanger. Josef, der sich unauffällig von ihr trennen will, wird durch eine Engelerscheinung im Traum zum Bleiben bewegt. Auf dem Weg zur Volkszählung in Betlehem gebiert Maria Jesus. Die Heilige Familie flüchtet auf Weisung des Engels nach Ägypten, von wo sie nach Nazaret zieht. Mit Josef taucht Maria noch einmal auf, als sie den zwölfjährigen Jesus im Tempel zu Jerusalem suchen. Für achtzehn weitere Jahre schweigen die biblischen Quellen. Während des öffentlichen Wirkens Jesu bleibt Maria eher im Hintergrund. Tod und Beisetzung Jesu erlebt sie jedoch unmittelbar mit, ebenso das Pfingstereignis. Von Maria heißt es, sie sei gestorben und leiblich in den Himmel aufgenommen worden (Mariä Himmelfahrt).

In der Marienfrömmigkeit spiegeln sich der Glaube und die Glaubenslehre der katholischen Christen mit ihren Krisen über Jahrhunderte wider. Gegen gnostische Gottesvorstellungen wird im 3. Jahrhundert die Mutterschaft Mariens betont; seit der Mitte des 2. Jahrhunderts gilt Maria als die »neue Eva«. Seit dem frühen 5. Jahrhundert gibt es Gebete und Hymnen, die sich an Maria wenden. 431 benennt das Konzil von Ephesus Maria als »Gottesmutter«. Maria gilt als Urbild des Glaubens, Vorbild der Jungfräulichkeit. S. Maria Maggiore in Rom macht im 5. Jahrhundert die Entwicklung deutlich: Statt der alleinigen Christusdarstellung thront Christus auf dem Schoß Marias. Ab dem 5./6. Jahrhundert beginnen sich einzelne Marienfeste auszufalten. Maria wird Fürsprecherin der Christen, gilt als die Christus Nächststehende. Vier Aussagen prägen das Bild Mariens: Sie hat Jesus Christus als Jungfrau empfangen und geboren, sie ist die Mutter Gottes, sie selbst ist ohne Erbsünde empfangen, sie ist mit Leib und Seele in den Himmel aufgenommen.

Gibt es bereits zwischen Katholiken divergierende Ansichten über Maria und die Intensität und Formen ihrer Verehrung, so trennt die Marienauffassung vor allem Katholiken und Protestanten: Da Luther lehrte, jeder Christ sei gerecht und sündig zugleich (simul iustus et peccator), galt dies auch für Maria, die dadurch sündig und nicht von der Erbsünde befreit wäre. Auch die Gültigkeit und das Ausmaß dieser lutherischen Aussage über Maria werden in der Kirche der

Reformation unterschiedlich gewichtet. Wie man auch immer Maria theologisch akzentuiert, sie ist eine der bemerkenswertesten Gestalten der Bibel, die durch ihren tiefen Glauben und ihr unbedingtes Ja zu Gottes Ratschluß fasziniert.

Neben den drei göttlichen Personen spielt im Christentum niemand eine größere Rolle als Maria, die Mutter Jesu. Nach christlichem Glauben ist sie auf wunderbare Weise Mutter eines Kindes geworden, das Gott und Mensch zugleich war. Aber Maria ist nicht nur Gottesgebärerin: Sie wurde die erste Christin überhaupt, die an ihren Sohn und seine Lehre glaubte. Auf diese Weise ist sie Vorbild der Christen geworden, die wie sie glauben wollen, die in Maria ihre Fürsprecherin sehen. Maria, der Frau, die immer über sich selbst hinaus auf Christus verweist, ist nicht nur der Samstag als Wochentag (bis in das 11. Jahrhundert galt der Mittwoch als Marientag) gewidmet, auch die Monate Mai und Oktober gelten als Marienmonate: Der Mai ist der Gottesmutter geweiht und durch eine spezielle Gebetsform, die Maiandachten, mit Maria verbunden; der Oktober ist für katholische Christen der Rosenkranzmonat, in dem allabendlich der Rosenkranz gebetet wird.

MARIENFESTE

Die Marienfrömmigkeit entfaltet sich in einem ganzen Kranz von Marienfesten, für die man neben der offiziellen Bezeichnung der Christusfeste als Herrenjahr die inoffizielle parallele Bezeichnung des »Marienjahres« gebildet hat. Sehr früh schon entfaltete sich dieser Feststrauß:

- Das Konzil von Ephesus definierte 431 gegen Nestorius (428–431 Patriarch von Konstantinopel) Maria als »Gottesgebärerin« (= Theotokos). Nestorius, der Jesus als Menschen sah, in dem Gott »wie in einem Tempel wohnte«, hatte nur dem Begriff »Christusgebärerin« (= Christotokos) zustimmen wollen. Die Mutterwürde Mariens wurde im Jahr 1931, als man den 1500. Jahrestag des Konzils von Ephesus feierte, durch Papst Pius XI. (1922–1939) zum *Fest der Mutterschaft der allerseligsten Jungfrau Maria* (Maternitas B.M.V.). Durch die Kalenderreform ging dieses Fest im *Hochfest der Gottesmutter Maria*, das am 1. Januar gefeiert wird, auf.
- Schon vor dem Konzil von Chalcedon 451 war in der Ostkirche die Feier der leiblichen Aufnahme Mariens in den Himmel, das *Fest Mariä Himmelfahrt* bzw. *In Assumptione B.M.V.* in Gebrauch. Mindestens seit dem 7. Jahrhundert hatte die Westkirche dieses Fest am 15. August übernommen. Es wird heute als *Hochfest*

»Mariä Aufnahme in den Himmel« gefeiert und hat durch die am 1. November 1950 durch Pius XII. erfolgte Dogmatisierung der Aufnahme Mariens mit Leib und Seele in den Himmel einen starken Akzent erhalten.

• Ende des 5. Jahrhunderts entwickelte sich, aus dem Weihefest der Kirche der Gottesmutter »wo sie geboren ist« entstanden, das *Fest Mariä Geburt* (In Nativitate B.M.V.), am 8. September. Im 7. Jahrhundert war dieses Fest in der Ost- und Westkirche in Übung. Dieses Fest der Geburt Mariens, heute Fest Mariä Geburt, bestimmte auch als Termin des jüngeren *Festes der Empfängnis Mariens* neun Monate zuvor: den 8. Dezember.

• Um 500 erfolgte die Weihe der Kirche Maria Nova in der Nähe des Tempels zu Jerusalem. Obwohl die Kirche seit Jahrhunderten zerstört ist, feierte man in der Ostkirche die *Darstellung Mariens im Tempel,* wovon das apokryphe Protoevangelium des Jakobus berichtet: Anna und Joachim hätten Maria im Alter von drei Jahren als Tempeljungfrau in den Tempel nach Jerusalem gebracht. In der Westkirche ist das Fest seit dem 11. Jahrhundert eingebürgert, 1371 wurde es in Avignon von Papst Gregor XI. für die Westkirche eingesetzt. Das *Fest Mariä Opferung* (In Praesentatione B.M.V.) heißt heute: *Gedenktag Unserer Lieben Frau in Jerusalem* und wird noch immer am 21. November gefeiert.

• Der vierzigste Tag nach der Geburt eines Jungen war nach alttestamentlicher Vorschrift der Tag, an dem die Mutter dem Priester im Tempel ein Reinigungsopfer übergeben mußte (Exodus 13,2; 13,12; Numeri 18,16). Auch Maria und Josef haben sich an diese Regel gehalten (vgl. Lukas 2,22–39). Da Jesu Geburt in den ersten Jahrhunderten am 6. Januar gefeiert wurde, ergab sich als Gedächtnistermin der 14. Februar. Anfangs hieß dieser Tag nur »Vierzigster Tag der Geburt unseres Herrn Jesus Christus«, später »Fest der Begegnung« oder »Fest

384

der Reinigung«, »Reinigung Mariens« (In Purificatione B.M.V.). Als im Westen das Fest der Geburt Christi auf den 25. Dezember vorrückte, folgte dieser Festtermin nach und damit auf den 2. Februar. Der Lichterprozessionen und der dazugehörigen Kerzenweihe wegen kam der Name (Mariä) Lichtmeß (engl.: Candlemas; frz.: Chandeleur) auf. Das 542 durch Kaiser Justinian I. (527–565) für Byzanz angeordnete Fest war von Rom schnell übernommen worden. Die römische Kalenderreform hat das Wesen dieses Festes als Herrenfest verstärkt und es darum »*Darstellung des Herrn*« genannt.

● Noch vor dem 7. Jahrhundert war es in Rom üblich, am 1. Januar ein Fest »Natale sanctae Mariae« zu feiern, ein allgemeiner Gedenktag der Gottesmutter, kein Fest der Geburt. Die Übernahme der byzantinischen Marienfeste am 25. März (Verkündigung Mariens) und 15. August (Himmelfahrt Mariens) nahmen diesem Fest aber die Bedeutung. Das in Spanien und Gallien am 1. Januar übliche Fest der Beschneidung des Herrn (In Circumcisione Domini) wurde im 13./14. Jahrhundert von Rom übernommen und blieb bis zur Kalenderreform nach dem Zweiten Vatikanischen Konzil erhalten. An diesem Tag gedachte man der Beschneidung Jesu acht Tage nach der Geburt wie in Lukas 2,21 berichtet. 1969 wurde der Festtag wieder zu einem Marienfest umgewandelt: *Hochfest der Gottesmutter Maria*. An diesem Tag soll auch der »Namensgebung des Herrn« gedacht werden, für die es ein eigenes Fest nicht mehr gibt.

● Das Fest Verkündigung des Herrn – früher: Verkündigung der Gottesmutter, *Fest Mariä Verkündigung* (In Annuntiatione B.M.V.) – am 25. März ist ausgelöst vom Fest der Geburt Christi am 25. Dezember. Genau neun Monate zuvor memoriert die Kirche die Verkündigung des Engels an Maria und ihre Antwort: »Ich bin die Magd des Herrn; mir geschehe, wie du es gesagt hast.« Im 6. Jahrhundert in der Ostkirche gefeiert, wird das Fest im 7. Jahrhundert von der Westkirche übernommen. Heute sieht man auch dieses Fest nicht mehr als Marien-, sondern als Herrenfest. Der Charakter des Tages als Christusfest erhält auch die evangelische Bezeichnung: »Tag der Ankündigung der Geburt des Herrn«.

● Ein Fest der Unbefleckten Empfängnis der allerseligsten Jungfrau Maria (In Conceptione Immaculata B.M.V.) ist in der Ostkirche am 8. Dezember seit dem 10. Jahrhundert nachweisbar. Die Zeugung Mariens wird im heutigen, katholischen Kalender als »*Hochfest der ohne Erbsünde empfangenen Jungfrau und Gottesmutter Maria*« bezeichnet. Durch die Dogmatisierung der Unbefleckten Empfängnis 1854 hat dieses Fest neues Gewicht bekommen.

● Das *Fest Mariä Heimsuchung* (In Visitatione B.M.V.) wurde 1263 vom Franziskaner-Ordensgeneral Bonaventura (1217/18–1274) für die Franziskaner eingeführt. Es wird an der Oktav zum Geburtsfest Johannes' des Täufers (2. Juli) gefeiert und gedenkt des Besuchs der Gottesmutter bei ihrer Base Elisabeth, die schwanger ist mit Johannes, dem Wegbereiter Jesu (Lukas 1,39–45). Das Basler Konzil schrieb 1441 dieses Fest für den 2. Juli vor. Unter Papst Pius V. (1566–1572) fand der Tag Aufnahme in den allgemeinen Festkalender. Der aktuelle römische Festkalender hat das Fest auf den 31. Mai verlegt, um einen sinnvollen Festablauf – 25. März: Verkündigung, 24. Juni: Geburt Johannes' des Täufers – zu geben. Der deutsche Regionalkalender hat am alten Termin, dem 2. Juli, festgehalten, wie übrigens die evangelische Ordnung auch. Als regionale Eigenfeier trägt es den Namen *Mariä Heimsuchung*. In Deutschland nannte man den Tag früher auch: Maria Endrop, Mariasiep. Der Tag galt als Wetterwende und war mit der Wetterregel verbunden: Fällt an Mariä Heimsuchung Regen, regnet es vierzig Tage lang. Die niederdt. Wortbildung basiert auf: »siepe« = triefen, »droppe« = tropfen. Der Beginn der Erdbeerernte zu Mariä Heimsuchung ist mit einer liebenswerten Legende verknüpft: Danach wurde Maria auf dem Weg zu ihrer Base durstig und pflückte eine Erdbeere am Waldesrand. Seit ihrem Tod und ihrer Himmelfahrt geht sie nun jedes Jahr für die früh verstorbenen Kinder, die im Himmel unter ihrer persönlichen Obhut stehen, Erdbeeren pflücken. In Schwaben zündete man bis zu diesem Tag allabendlich das Johannisfeuer wieder an. Als Marienfeuer brannte es an diesem Tag zum letztenmal.

• Seit dem Ende des 14. Jahrhunderts feierten die Karmeliten ein Fest Unserer Lieben Frau auf dem Berge Karmel, das sie zugleich als Skapulierfest begingen (Skapulier [lat.: Schulterkleid] ist ein körperbreiter Tuchstreifen, der nach vorn und hinten abfallend über der Kutte der Ordensleute als Zeichen der besonderen Marienverbundenheit getragen wird). Papst Benedikt XIII. (1724–1730) dehnte das Fest 1726 auf die ganze Kirche aus. Heute wird es im Kalender als nichtgebotener »*Gedenktag Unserer Lieben Frau auf dem Berge Karmel*« geführt und am 16. Juli gefeiert.

• 1423, auf einer Kölner Synode, wird ein »Fest der Sieben Schmerzen Mariens« (Septem Dolorum B.M.V.) empfohlen, das 1667 den Serviten (Ordo servorum Mariae/OSM, Orden der Diener Mariens, gegründet von Alfons M. von Liguori, 1696–1787) zu feiern erlaubt wurde und 1688 von Papst Innozenz XI. (1676–1689) eingeführt und 1727 durch Papst Benedikt XIII. (1724–1730) für die ganze Kirche vorgeschrieben wurde. Vor allen Dingen als Bittfest für den von Napoleon 1809 gefangengenommenen Papst Pius VII. (1800–1823) fand dieses Fest Verbreitung. Gefeiert wurde dieses Fest am Freitag nach dem Ersten Passionssonntag. Parallel hatte sich am 15. September ein *Fest der Sieben Schmerzen der allerseligsten Jungfrau Maria* entwickelt, das 1814 von Pius VII. als Dankfest für die Rückkehr aus der napoleonischen Gefangenschaft eingeführt wurde. Es hat allmählich das Fest am Freitag nach dem Passionssonntag ersetzt. Der neue Kalender kennt nur noch den Termin 15. September, der als gebotener Gedenktag unter dem Titel »*Gedächtnis der Schmerzen Mariens*« geführt wird. – Im Mittelalter tauchte der Gedanke von den »Freuden Mariens« in den Hymnen auf; ein Beleg findet sich auch bei Cäsarius von Heisterbach (um 1180–1240). Nach anfänglichen Variationen bildeten sich – parallel zu den sieben Schmerzen Mariens – sieben Freuden aus: 1. Verkündigung, 2. Heimsuchung, 3. Geburt Christi, 4. Anbetung der Könige, 5. Begegnung mit Simeon, 6. Wiederfinden Jesu im Tempel, 7. Krönung Mariens. Bildliche Darstellungen beschränken sich auf das 15. und 16. Jahrhundert. Ein eigenes Fest haben sie nicht begründet.

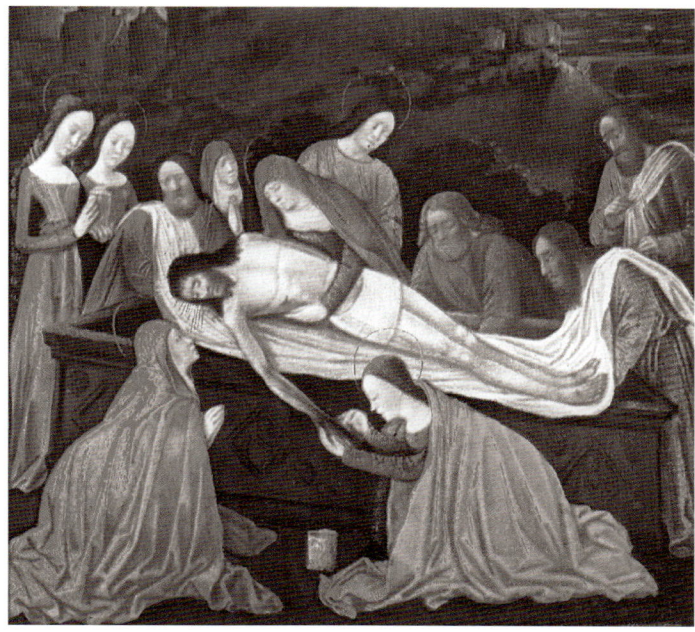

Grablegung Jesu – »Les Tres Riches Heures« des Jean de Berry (15. Jh.). Chantilly, Musée Condé

● Zum Dank für den Sieg über die Türken bei Lepanto am 7. Oktober 1571 ordnete Papst Pius V. (1566–1572) für den ersten Jahrestag des Sieges ein Marienfest an. Papst Gregor XIII. (1572–1585) hat 1573 allen Kirchen, die über einen Rosenkranzaltar verfügten, die Einrichtung eines Rosenkranzfestes am 1. Sonntag im Oktober gestattet. Das Fest wurde auf die ganze Kirche ausgedehnt, nachdem 1716 ein Sieg über die Türken in Peterwardein errungen worden war. 1913 legte Pius X. (1903–1914) den Festtermin zurück auf den 7. Oktober. Im neuen Festkalender erscheint der Termin als Gedenktag »*Unsere Liebe Frau vom Rosenkranz*«.

● Als Dankfest für die Befreiung Wiens richtete Papst Innozenz XI. (1676–1689) 1683 das im 16. Jahrhundert in Spanien entstandene *Fest Mariä Namen* am 12. September für die Weltkirche ein. Der neue Generalkalender hat das Fest gestrichen, weil sein Inhalt bereits im Fest Mariä Geburt enthalten ist. »Wegen des historischen Bezuges zum Sprachgebiet und der Verwurzelung im Volk« (so der Text im Meßbuch) blieb es im deutschen Regionalkalender erhalten.

● In der Urkirche war die Verehrung des Herzens Mariä schon üblich, die sich parallel zur Herz-Jesu-Verehrung entwickelt hat. Im 17./18. Jahrhundert lebte diese Betrachtungsform auf. Das Fest des Unbefleckten Herzens der allerseligsten Jungfrau Maria (Festum Immaculati Cordis B.M.V.) wurde zu Anfang des 19. Jahrhunderts durch Papst Pius VII. (1800–1823) bestätigt und erhielt 1855 durch

387

Pius IX. (1846–1878) ein eigenes Offizium. Gefeiert wurde es am 22. August, dem Oktavtag von Mariä Himmelfahrt. Pius XII. (1939–1958) hat im Zweiten Weltkrieg an diesem Festtag die Kirche und die Menschheit dem Unbefleckten Herzen Mariens geweiht (Marienweihe). Um dieses Fest lebendig zu halten, schrieb es Pius XII. 1944 für die gesamte Kirche vor. Der neue Kalender hat den 22. August bereits belegt durch den Gedenktag Maria Königin und ordnete darum den Gedenktag »Unbeflecktes Herz Mariä« am Samstag nach dem Herz-Jesu-Fest ein, dem Samstag nach dem 2. Sonntag nach Pfingsten.

• Am 13. November 1907 schrieb Papst Pius X. (1903–1914) ein Fest zur Erinnerung an die erste Erscheinung der Gottesmutter Maria in Lourdes am 11. Februar 1858 vor. Das Fest der Erscheinung der Unbefleckten Jungfrau oder der Tag »Unsere Liebe Frau in Lourdes« wurde am Jahrestag, dem 11. Februar, eingerichtet. Der neue Kalender führt noch am gleichen Termin den (nichtgebotenen) Gedenktag *Unserer Lieben Frau in Lourdes*.

• Durch Pius XII. wurde 1954 zum Abschluß des Marianischen Jahres ein *Fest Maria Königin* am 31. Mai eingeführt. Der neue Generalkalender verlegte den heutigen gebotenen Gedenktag auf den ehemaligen Oktavtag von Mariä Himmelfahrt, den 22. August.

Aktueller Festkalender	Frühere Ordnung
1. JANUAR Hochfest der Gottesmutter Maria	1. JANUAR Fest der Beschneidung des Herrn In Circumcisione Domini Mutterwürde Mariens
2. FEBRUAR Darstellung des Herrn (Herrenfest)	2. FEBRUAR Fest Mariä Reinigung (Lichtmeß) In Purificatione B.M.V.
11. FEBRUAR Gedenktag Unserer Lieben Frau in Lourdes (Nichtgebotener Gedenktag)	11. FEBRUAR Unsere Liebe Frau in Lourdes Fest der Erscheinung der Unbefleckten Jungfrau
25. MÄRZ Verkündigung des Herrn (Hochfest)	25. MÄRZ Fest Mariä Verkündigung In Annuntiatione B.M.V.

2. JULI
Mariä Heimsuchung
(Fest, regionale Eigenfeier)

16. JULI
Gedenktag Unserer Lieben Frau auf dem
Berge Karmel (nichtgebotener Gedenktag)

15. AUGUST
Mariä Aufnahme in den Himmel
(Hochfest)

22. AUGUST
Maria Königin
(Gebotener Gedenktag)

8. SEPTEMBER
Mariä Geburt (Fest)

12. SEPTEMBER
Mariä Namen
(Nichtgebotener Gedenktag,
regionales Eigenfest)

15. SEPTEMBER
Gedächtnis der Schmerzen Mariens
(Gebotener Gedenktag)

2. JULI
Mariä Heimsuchung
In Visitatione B.M.V.

16. JULI
Unsere Liebe Frau auf dem
Berge Karmel
Skapulierfest

15. AUGUST
Fest Mariä Himmelfahrt
In Assumptione B.M.V.

22. AUGUST
Fest des Unbefleckten Herzens
der allerseligsten Jungfrau Maria
Festum Immaculati Cordis B.M.V.

8. SEPTEMBER
Fest Mariä Geburt
In Nativitate B.M.V.

12. SEPTEMBER
Mariä Namen

15. SEPTEMBER
Fest der Sieben Schmerzen der
allerseligsten Jungfrau Maria
Septem Dolorum B.M.V.

24. SEPTEMBER
Gedächtnis Mariä vom Loskauf der
Gefangenen
Festum B.M.V. de Mercede

389

7. OKTOBER Unsere Liebe Frau vom Rosenkranz (Gedenktag)	7. OKTOBER Rosenkranzfest Sacratissimi Rosarii B.M.V.
	11. OKTOBER Fest der Mutterschaft der allerseligsten Jungfrau Maria Maternitas B.M.V.
21. NOVEMBER Unsere Liebe Frau in Jerusalem (Gedenktag)	21. NOVEMBER Unsere Liebe Frau von Jerusalem Mariä Opferung In Praesentatione B.M.V.
8. DEZEMBER Hochfest der ohne Erbsünde empfangenen Jungfrau und Gottesmutter Maria	8. DEZEMBER Fest der Unbefleckten Empfängnis der allerseligsten Jungfrau Maria In Conceptione Immaculata B.M.V.

Zwei Marienfeste des alten Festkalenders sind weder im neuen römischen Generalkalender noch im deutschen Regionalkalender erhalten geblieben: das Fest der allerseligsten Jungfrau Maria von der Erlösung der Gefangenen (24. September) und das Fest der Mutterschaft der allerseligsten Jungfrau Maria (11. Oktober).

• Das *Fest Maria von der Erlösung der Gefangenen* (Festum B.M.V. de Mercede) war zur Erinnerung an die Gründung des Ordens der Merzedarier zum Loskauf der christlichen Gefangenen aus der Gewalt der Muslime (»Sarazenen«!) durch die Heiligen Petrus Nolaskus (1182–1256) und Raimund von Penyafort (um 1175/80–1275) eingerichtet worden und wurde durch Papst Innozenz XII. (1691–1700) 1696 auf die ganze Kirche ausgedehnt.

• Das *Fest der Mutterschaft der allerseligsten Jungfrau Maria* (Maternitas B.M.V.; 11. Oktober) war 1931 von Papst Pius XI. zum Tag des 1500jährigen Jubiläums des Konzils von Ephesus 431 eingerichtet worden.

390

Brauchtum um die Marienfeste

Mariä Himmelfahrt – Kräuter und Kräuterweihe

Von allen Marienfesten steht vor allen Dingen ein Fest in Verbindung mit dem Brauchtum: Mariä Himmelfahrt, auch »Großer Frauentag«, Maria Würzweih, Büschelfrauentag genannt. Obwohl es auch früher andere Feste gegeben hat, die mit einer Kräuterweihe verbunden waren, ist es heute fast überall nur noch das Hochfest der Aufnahme Mariens in den Himmel. Warum gerade dieses Fest mit Kräutern in Verbindung steht, läßt sich nur spekulativ beantworten. Wohl kaum dürften die Marienlegenden ursächlich sein: Nach der »Legenda aurea« wurde auf Weisung eines Engels dem Leichnam Mariens eine Palme vorausgetragen; als Christus selbst drei Tage nach dem Tod seiner Mutter auf Erden erschien, um sie auf ihrem Weg in den Himmel zu begleiten, berichtet dieselbe Legende, habe sich ein unaussprechlicher Duft verbreitet. Eine jüngere Legende erzählt: Als man das Grab Marias später geöffnet habe, seien nur Rosen vorgefunden worden. Eher ist wahrscheinlich, daß die jahreszeitlich bedingte Getreidereife und Hochblüte der Natur in Erinnerung brachten, daß Maria traditionell als »Blume des Feldes und Lilie in den Tälern« (Hoheslied 2,1) verehrt und seit dem 5. Jahrhundert als »guter und heiliger Acker« benannt wurde, der

Friedrich Overbeck: Mariä Himmelfahrt (1855) – Kölner Dom. Foto: Rheinisches Bildarchiv, Köln

eine göttliche Ernte brachte, woraus sich die Darstellung »Mariens im Ährenkleid« entwickelte.

Der Sachsenspiegel des 13. Jahrhunderts belegt den Brauch der Kräuterweihe: »dat is zu Krudemisse [= Kräuterweihe] unser liben Frawn, als sei to himel voer« und das Weltbuch des Sebastian Franck von

1534 den damit in Verbindung stehenden Aberglauben: »an unser frawen himmelfart da tregt alle welt obs/büschel allerley kreuter/in die kirchen zu weihen/für alle sucht und plag uberlegt/bewert. Mit disen kreutern geschicht seer vil zauberey.« Um sicher zu gehen, daß die Kräuter auch möglichst viel Segen »mitbekamen«, wurden sie vor der Kräutermesse teils unter das Altartuch gelegt, bis dies verboten wurde und Kräuter nur noch neben dem Altar postiert werden durften.

Die Symbolhandlung – mit Gottes Hilfe die Kräfte der Natur zugunsten von Mensch und Tier einzusetzen – bezog auch die Anzahl und die Auswahl der Kräuter ein. Ihre Anzahl war nicht gleichgültig, sondern betrug – landschaftlich und zeitlich unterschiedlich – zwischen 7 oder 99 Kräutern: sieben (als die alte heilige Zahl) oder 9 (also drei mal drei!) waren normal, aber auch 12 oder 24, 72 oder gar 99 sind bekannt. Kräuter, die dabei Verwendung fanden, waren oder sind: Johanniskraut, Wermut, Beifuß, Rainfarn, Schafgarbe, Königskerze, Tausendgüldenkraut, Eisenkraut, und gelegentlich: Wiesenknopf, Kamille, Thymian, Baldrian, Odermennig, Alant, Klee und die verschiedenen Getreidearten. Die geweihten Kräuter wurden in Haus und Stall meist an der Wand (»Herrgottswinkel«) angebracht. Man benutzte sie aber auch, um aus ihnen einen Tee zuzubereiten, der gegen verschiedene Krankheiten helfen sollte. Krankem Vieh wurden geweihte Kräuter ins Futter gemischt, geweihtes Getreide dem neuen Saatgut zugemischt. Bei Gewitter warf man die Kräuter ins offene Feuer, um Schutz gegen Blitz und Seuchen zu erlangen. Den Toten legte man in den Sarg ein Kreuz aus geweihten Kräutern.

Der in der Gegenwart fast nur noch in ländlichen Gebieten verbreitete Brauch der Kräuterweihe lohnte sich zu überdenken, z. B. um die Zusammenhänge zwischen Heil und Heilung neu zu erinnern und zu vermitteln.

Lichtmess – Mariennüsse

Wenn die ersten Baum- oder Strauchnüsse (Wal- und Haselnüsse) reif waren, schenkte man sie den Kindern am 15. August als *Mariennüsse.* Das mit Lichtmeß (2. Februar) in Verbindung stehende Brauchtum ist an anderer Stelle beschrieben.

Verkündigung des Herrn (Mariä Verkündigung) – Frühlingsbräuche

Nimmt man die Geburt Jesu am 25. Dezember an, so muß seine Empfängnis rechnerisch am 25. März erfolgt sein. Dieses Umstandes gedenkt das Fest Mariä Verkündigung. Heute heißt dieser Tag zutreffender Verkündigung des Herrn. Andere Bezeichnungen für diesen Tag: Frauentag als sie verbodescheftet wart, Frauentag der verkündigung, Frauentag in der Fasten, Marien empfanginge in der vasten, Kleiner Frauentag, Marien engelgruss, Merzmesse, Plogmariendach.

Passend zum Festtag wurde früher am Vortag, dem 24. März, des Verkünders und Engels Gabriel gedacht (jetzt verlegt auf 29. September). Da Christus als Sonne und aufgehendes Licht gedeutet wurde, galt Mariä Verkündigung, wenn die Geburt Christi verheißen wird, als Tag der Wiedergeburt des Lichtes, was die Natur in ihrem Jahreslauf eindrucksvoll bestätigte. Noch einmal kommen *Frühlingsbräuche* zum Zug. Zeitweise und in bestimmten Gegenden galt der Tag als eigentlicher Frühlingsanfang. Die zum Frühjahr aus dem Süden heimkehrende Schwalbe wird als das der hl. Maria und Gottesmutter gewidmete Tier angesehen. Die Schwalbe galt schon als Symboltier der Iduna, nordische Göttin der Unsterblichkeit. Der Winterriese hatte sie durch den Verrat Lokis gefangen. Zu jedem Frühlingsbeginn durfte sie aber in Schwalbengestalt nach Walhall zurückfliegen. Zu Mariä Verkündigung kommen und zu Mariä Geburt fliegen die Schwalben fort (»Mariä Geburt fliegen die Schwalben furt«).

Schutzpatronin – Namensvarianten

Die tiefe und gefühlsmäßige Verbindung zwischen der Gottesmutter und den Menschen ist tief in das religiöse Leben und den profanen Alltag eingedrungen. Maria ist die Schutzpatronin vieler Nationen und Länder (z. B. Polen, Ungarn, Bayern – Patrona Bavariae), Städte, Kirchen, Altäre, zum Beispiel auch der Seefahrer (stella maris = Meerstern) und Hospitäler, Heime, Schulen und natürlich Quellen, Brunnen, Straßen und Plätze. Mariensäulen gibt es in nahezu jeder katholischen Stadt. Durch das Skapulier, das Nonnen und Mönche, aber auch Mitglieder der Dritten Orden tragen, haben sich diese Menschen mit ihrem ganzen Leben Maria geweiht. Diese Marienweihe hat Pius XII. (1939–1958) für

393

die ganze Kirche vorgenommen, einzelne Bistümer, wie z. B. das Erzbistum Köln, haben sie eigens nachvollzogen.

Der Name Maria gehört auch in den neunziger Jahren zu den beliebtesten Mädchennamen, wird allerdings auch Jungen als zweiter Beiname gegeben (vgl. Klemens Maria Hofbauer). Varianten des Namens Maria sind: Marie, Mary, Mareike, Mariel, Marietta, Marika, Marilyn, Marile, Marisa, Marita, Maritta, Marion, Marja, Mirjam, Marijam, Mayra.

Volksfrömmigkeit

Ohne zu übertreiben, kann man sagen: Maria ist in der katholischen Kirche ein Mittelpunkt der Volksfrömmigkeit: Neben dem Kranz der Marienfeste, dem »Marienjahr«, ist sie Anlaß spezieller Andachtsformen: Marien-, Rosenkranz- und Volksandachten wie der Salveandacht oder dem Frauendreißiger. Dreißigtägige Gebetsübungen waren die Mai- und die Rosenkranzandachten, aber auch der Dreißiger, Frauendreißiger oder Marientage zwischen dem 13. bzw. 15. August und dem 13. bzw. 15. September. An diesen Tagen soll die Gottesmutter die Erde besonders segnen. Hier sprach man besondere Gebete zu Ehren der Himmelskönigin. Diese »kirchliche Erntedankzeit« beinhaltete auch das Sammeln von Blumen, Früchten und Kräutern, die von der Kirche geweiht wurden und die gegen Krankheiten und böse Geister helfen sollten.

Der Samstag als Maria besonders geweihter Tag hatte und hat immer noch ein eigenes Meßformular. Nach dem Volksglauben kommt an jedem Samstag die Sonne wenigstens einmal hinter den Wolken vor: Maria zuliebe. Die drei goldenen Samstage boten Marienmessen, denen eine besondere Wirksamkeit nachgesagt wurde. Die Tage haben ihre Namen von den goldenen Messen erhalten, die ab dem 14. Jahrhundert an Samstagen, besonders nach Michaeli (wegen Erntedank und Neujahr) oder auch nach Ostern, zu Ehren Marias als Sühne für die Vergehen des Jahres gefeiert wurden. »Golden« hießen die Gottesdienste und Tage wegen der Wirkung, die ihnen zugeschrieben wurde. In den vergangenen Jahrzehnten wurden die drei Goldenen Samstage noch gelegentlich im Alpenländischen gefeiert. Einer – allerdings späteren – Legende nach soll Kaiser Ferdinand III. (1630–1657) die Feiern eingeführt haben. Noch immer ist der Rosenkranz bei Katholiken das häufigste Requisit, das einem Toten mit in das Grab gegeben wird. Früher galt an den Marientagen ein Arbeitsverbot für die Frauen.

Marienwallfahrt

Maria ist Patronin zahlreicher Bruderschaften und Ziel vieler Wallfahrten an unterschiedlichsten Orten (Fatima, Lourdes, Tschenstochau, Altötting, Kevelaer, Telgte, Neviges). Marienerscheinungen, die die Kirche genau prüft, ehe sie sie anerkennt, gibt es bis in die Gegenwart.

Private Offenbarungen, weinende, blutende, schwitzende, sich bewegende Madonnen kommen jedes Jahr vielfach auf allen Kontinenten vor. Es scheint diese Erscheinungen überall zu geben: im Licht der Sonne, auf Verkehrsschildern, in Wasserpfützen. Um Wallfahrten herum gruppiert sich eine spezifische Andachtsliteratur, unterschiedlichste Kopien der Andachtsbilder und -plastiken. Wie das Kreuz trugen und tragen die Menschen Medaillons (»Wundertätige Medaille«) mit Abbildungen der Gottesmutter. Spezifische Gebetszettel (»Länge Mariä«, »Mariä Traum«) gab es ebenso wie gesegnete Marienbildchen, die bei Krankheit geschluckt wurden (»Eßzettel«), wie kleine Madonnen aus Teig, gekaut, geformt und gesegnet durch Klosterleute. Diese »Reibmadonnen« zerrieb man bei Krankheit und mischte sie Tier und Mensch unter das Essen oder Futter.

Mit den Wallfahrtsorten verknüpft sind zahllose Marienlegenden; die Einzelheiten des »Maria hat geholfen«, wie es sich auf Votivtafeln oder symbolisch in Votivgaben zeigt, ist in Mirakelbüchern enthalten. Lichterprozessionen werden zu Ehren Mariens veranstaltet, verbunden mit dem Umhertragen einer Marienfigur, eines Marienbildes.

Nicht nur die wundersüchtigen, auch die reliquienversessenen Zeiten haben die erstaunlichsten Reliquien Marias hervorgebracht: Gewänder, Schleier, Gürtel, Schuhe, Haare und sogar den Verlobungsring.

Fauna und Flora

Maria hat Auswirkungen auch auf Fauna und Flora. Pflanzen haben von ihr den Namen: Marienblümchen, Mariendistel, Mariä Bettstroh; Tiere: Marienkäfer, die Schwalbe gilt als Marien- oder Muttergottesvogel; Naturerscheinungen: die Marienfädchen im Altweibersommer, der Regenbogen als Marias Gewandsaum.

In der Kunst

In der Kunst bieten die Mariendarstellungen in ihrer Differenziertheit, Ikonographie, Abhängigkeit vom zeitgeschichtlichen Kontext und regionalen Unterschiedlichkeit einen kaum überschaubaren, riesigen Sachbereich. Es gibt zahllose verschiedenartige Mariendarstellungen in der Westkirche und bemerkenswert divergierende in der Ostkirche. Relativ häufig wird Maria auch als

395

»schwarze Madonna« oder »schwarze Muttergottes« dargestellt, oft nicht Alters-
patina oder Folge von Ruß und Rauch. Hier erfolgte wohl eine Gleichsetzung der
schwarzen (= sonnengebräunten) Braut aus dem Hohenlied mit der Gottesmutter (vgl. z. B. Hoheslied 1,5).

Santa Maria Maggiore in Rom

Bis zum heutigen Tag spielt eine Kirche im Zusammenhang mit
der Gottesmutter eine besondere Rolle: Santa Maria Maggiore auf
dem Esquilinhügel in Rom. Die Kirche wurde im 4. Jahrhundert

IDI DÑM SEDÉEM SVPER SOLIÚ EXCELSÚ 7 ELEVATVM 7 PLENA DOM MAIESTAE EI? YSA.VI

ECCE TABERNACVLÚ DEI CÚ HOÍNIB 7 HÍTABIT CÚ EIS 7 IPI PPLS EI ERVÚT 7 IPE DS EORV ABÉÚ XXI

gebaut und nach dem Konzil von Ephesus 431 von Papst Sixtus III. (432–440) der Gottesmutter geweiht. Weil nach einer Legende Schneefall im Sommer den Ort des Kirchbaus angegeben hatte, hieß der Weihetag von Santa Maria Maggiore, der 5. August, der seit 1568 im kirchlichen Kalender geführt wird, auch Maria Schnee.

Die Gottesmutter war und ist in ihrer Schlichtheit und Mütterlichkeit vielen Menschen näher als der unbegreifliche und allmächtige Gott.

397

Hymnen, Geschichten, Legenden – Quellentexte im Jahreskreis

Mantelteilung – »Bassenheimer
Reiter« (um 1240), ein Haupt-
werk des Meisters von
Naumburg. Foto: Verlagsarchiv

SANKT MARTIN – LEGENDEN

Martin teilt seinen Mantel

Zur Zeit des heiligen Martin galt ein kaiserliches Edikt, wonach die Söhne von Berufssoldaten zum Kriegsdienst gezogen wurden. Dadurch wurde auch Martin, gegen seinen Willen, mit 15 Jahren zum Militärdienst eingezogen. Noch war Martin nicht getauft; aber in allem verhielt er sich nicht, wie sich sonst Soldaten verhielten: Er war gütig zu seinen Kameraden, wunderbar war seine Nächstenliebe. Seine Geduld und Bescheidenheit überstiegen die der anderen bei weitem. Seine Kameraden verehrten ihn und hielten ihn schon damals mehr für einen Mönch als einen Soldaten. Denn obwohl noch nicht getauft, zeigte er ein Verhalten wie ein Christ: Er stand den Kranken bei, unterstützte die Armen, nährte Hungernde, kleidete Nackte. Von seinem Sold behielt er nur das für sich, was er für das tägliche Leben benötigte.

Eines Tages, als Martin nichts außer Waffen und dem einfachen Soldatenmantel bei sich trug, begegnete er mitten im Winter, der von so außergewöhnlicher Härte war, daß viele erfroren, am Stadttor von Amiens einem nackten Armen. Dieser flehte die Vorbeigehenden um Erbarmen an. Doch alle liefen an dem Elenden vorüber. Da erkannte Martin, von Gott erfüllt, daß der Arme, dem die anderen keine Barmherzigkeit schenkten, für ihn da sei.

Aber was sollte er tun? Außer seinem Soldatenmantel hatte er ja nichts. Also nahm er sein Schwert und teilte den Mantel mitten entzwei. Den einen Teil gab er dem Armen, in den anderen Teil hüllte er sich wieder selbst. Etliche der Umstehenden begannen zu lachen, denn Martin sah mit dem halben Mantel kümmerlich aus. Viele jedoch, die mehr Einsicht hatten, bedauerten sehr, daß sie nicht selbst geholfen hatten, zumal sie viel wohlhabender als Martin waren und den Armen hätten bekleiden können, ohne sich selbst eine Blöße zu geben.

In der folgenden Nacht, als Martin in tiefem Schlafe lag, sah er Christus mit seinem halben Soldatenmantel bekleidet, den er dem Armen gegeben hatte. Ihm wurde befohlen, er solle sehr aufmerksam den Herrn und das Kleidungsstück, das er verschenkt habe, ansehen. Dann hörte Martin Jesus mit lauter Stimme zu der umstehenden Engelschar sprechen: »Martin, der noch Katechumene (= Taufbewerber) ist, hat mich mit diesem Mantel bekleidet.« Jesus Christus dachte dabei tatsächlich an seine eigenen Worte, die er einst gesprochen hatte: »Was immer ihr einem Geringsten getan habt, das habt ihr mir getan« (Matthäus 25,40). So bekannte Jesus Christus, daß er in dem Armen von Martin bekleidet worden ist. Um den Wert eines so guten Werkes zu bestätigen, zeigte er sich in eben diesem Mantel. Dieses Traumgesicht verführte Martin aber keineswegs zu menschlicher Ruhmsucht. Er erkannte in seiner Tat vielmehr die Güte Gottes. Und als er 18 Jahre alt war, ließ er sich taufen.

Martin erweckt Tote

Als Martin getauft, aber noch nicht Bischof war, lebte er einige Zeit in einer von ihm bei Poitiers gegründeten Einsiedelei, um sich bei dem heiligen Hilarius von Poitiers zu vervollkommnen. In dieser Zeit schloß sich ihm ein Katechumene an, der sich in der Lebensweise Martins unterweisen lassen wollte. Schon nach wenigen Tagen wurde er jedoch schwer krank. Ihn plagte heftiges Fieber. Martin aber war gerade abwesend. Als er nach drei Tagen wiederkam, fand er den entseelten Körper. Der Tod war so plötzlich gekommen, daß er ohne Taufe gestorben war. Die bekümmerte Schar der Brüder umgab den aufgebahrten Leichnam. Unter Tränen und Seufzen kam Martin hinzu. Er fühlte sich innerlich vom Heiligen Geist erfüllt. Er wies die Brüder aus der Zelle, in der der Tote lag, verriegelte die Tür und legte sich über den toten Leib des verstorbenen Bruders. Eine Zeitlang betete er und fühlte dann, daß der Geist ihm eine besondere Kraft des Herrn mitteilte. Dann richtete er sich ein wenig auf, blickte den Toten unverwandt an und wartete voll Zuversicht auf die Frucht seines Gebetes und der göttlichen Barmherzigkeit.

Kaum waren zwei Stunden vergangen, da sah er, wie der Tote nach und nach alle Glieder bewegte; die Augen öffneten sich und begannen blinzelnd zu sehen. Mit lauter Stimme wandte sich der Bruder an den Herrn. Seine starken Dankesworte erfüllten die ganze Zelle. Als die vor der Zelle Stehenden dies vernahmen, kamen sie schnell herein. Ihnen bot sich ein wunderbares Schauspiel: Sie sahen den leben, den sie tot verlassen hatten. Auf diese Weise dem Leben zurückgegeben, empfing der Bruder sofort die Taufe. Er lebte noch viele Jahre und war der erste, der von Martins Wunderkraft Zeugnis geben konnte.

Dieser Bruder erzählte davon, daß er nach seinem Sterben vor den Richterstuhl geführt worden sei. Dort habe er einen furchtbaren Urteilsspruch vernommen, der ihn an den Ort der Finsternis zu den Verdammten verwies. Plötzlich sei dem Richter von zwei Engeln bedeutet worden, das sei jener Mann, für den Martin bete. Da wurde den beiden Engeln aufgetragen, ihn dem fürbittenden Martin wiederzuschenken und dem früheren Leben zurückzugeben. Von da an war Martin nicht nur als Heiliger, sondern als Wundertäter berühmt.

Nicht sehr viel später kam Martin an dem Landgut eines Lupicinus vorüber, eines angesehenen Mannes. Martin vernahm das laute Schreien und Klagen einer trauernden Menge. Er näherte sich und fragte nach dem Anlaß des Klagens. Man erklärte ihm, einer der Knechte habe sein Leben mit dem Strick beendet. Nach dieser Auskunft ging er in die Kammer, in der der Tote lag, und schickte die Leute hinaus. Er legte sich über die Leiche und betete. Bald nahm das Gesicht des Toten wieder Farbe an. Er richtete die noch müden Augen auf Martins Gesicht und versuchte sich langsam aufzurichten. Dann faßte er die Rechte Martins und stellte sich auf die Füße. Er ging mit Martin bis zur Eingangshalle des Hauses, wo ihn alle Leute sahen.

Martin wird Bischof von Tours

In jener Zeit (etwa 371/372) berief man Martin auf den Bischofsstuhl von Tours. Martin aber wollte sich seinem Kloster nicht entreißen lassen. Da warf sich ein Bürger mit dem Namen Rusticus Martin zu Füßen und gab vor, seine Frau sei krank und Martin müsse mitkommen, denn nur er könne ihr das Leben erhalten. Damit wollte Rusticus erreichen, daß der Heilige mitkomme.

Die Bürger von Tours hatten sich schon entlang des Weges aufgestellt und wie unter Bewachung geleiteten sie Martin in die Stadt. Wunderbarerweise hatte sich nicht nur eine unglaubliche Menge aus der Stadt, sondern auch aus den Nachbarstädten zur Bischofswahl eingefunden. Alle hatten nur einen Wunsch, eine Stimme und eine Meinung: Martin sei der Würdigste für das Bischofamt, mit einem solchen Bischof sei die Kirche wirklich glücklich zu schätzen. Allerdings widersprachen dem gewissenlos eine kleine Zahl der Leute und etliche unter den Bischöfen, die zur Einsetzung des Bischofs herbeigerufen worden waren. Sie behaupteten, Martin sei ein verachtenswerter Mensch: Einer von so kümmerlichem Aussehen, mit schmutzigem Kleid und ungepflegten Haaren sei unwürdig, Bischof zu werden. Das Volk aber war klügeren Sinnes und hielt diese Meinung für lächerliche Torheit. Jene wollten einen berühmten Mann verachten, verkün-

Der endzeitliche Aspekt der Mantelteilung – Fuldaer Sakramentar (11. Jh.). Staatsbibliothek Bamberg,

deten doch dabei sein Lob. Die Wahlversammlung konnte nichts anderes tun, als was das überwiegende Volk mit Gottes Willen forderte.

Martin – so erzählt eine jüngere Legende – hatte sich während der Diskussionen entfernt und suchte sich vor der Menge zu verbergen, um der Bischofsernennung zu entgehen. Da er keinen geeigneten Ort fand, suchte er schließlich in einem Gänsestall Zuflucht. Als die Menge ihn suchte, fand sie ihn in diesem Gänsestall, weil die Gänse durch lautes Geschrei auf den heiligen Mann aufmerksam machten. So hat also Martin das Bischofsamt übernommen.

Die Legende von der abergläubischen Verehrung eines falschen Heiligen

Als Bischof wohnte Martin zunächst in einer Mönchszelle, die an die Bischofskirche in Tours angebaut worden war. Wegen der Unruhe durch die vielen Besucher erbaute er sich aber bald etwa zwei Meilen außerhalb der Stadt ein Kloster für sich. Nahe bei diesem Kloster lag ein Ort, den die irrige Volksmeinung für heilig hielt, weil dort Märtyrer bestattet seien. Es stand sogar ein Altar an diesem Ort, der von einem früheren Bischof aufgestellt worden sein sollte. Martin aber wollte nicht einer unbewiesenen Behauptung Glauben schenken. Er forschte deshalb bei den ältesten Priestern über den Namen des Märtyrers und den Zeitpunkt seines Martyriums. Martin hatte nämlich Bedenken, da die Überlieferung nichts Sicheres darüber aussagte.

Eine Zeitlang mied er die Stätte deshalb. Auf der einen Seite trat er so einer Frömmigkeit nicht entgegen, weil er nichts Sicheres wußte. Auf der anderen Seite stimmte er mit seinem Ansehen nicht der allgemeinen Meinung zu, um den Aberglauben nicht noch weiter zu verbreiten. Eines Tages aber nahm er einige Brüder mit sich und zog dorthin. Er stellte sich vor dem Grab auf und flehte zum Herrn, ihn zu offenbaren, wer dort begraben sei und welche Verdienste er besäße. Da wandte Martin sich nach links und sah neben sich einen schmutzigen, grimmigen Schatten stehen. Er befahl ihm, seinen Namen und sein Verdienst zu nennen. Dieser gab seinen Namen an und gestand sein Verbrechen: Er sei ein Räuber gewesen und wegen seiner Verbrechen hingerichtet worden; er werde aufgrund eines Irrtums der Bevölkerung verehrt. Er habe mit den Märtyrern nichts zu tun. Diese hielten sich in der Herrlichkeit auf, er aber am Strafort.

Die Umstehenden aber hörten nur die Stimme, sahen aber niemanden. Da erklärte ihnen Martin, was er gesehen habe. Er trug ihnen auf, den Altar von seinem bisherigen Platz zu entfernen. Die Bevölkerung befreite er aber auf diese Weise von ihrem Irrglauben.

403

Martin fällt einen angeblich heiligen Baum

Als Martin einmal in einer Siedlung einen alten Heidentempel zerstörte und eine benachbarte Kiefer umhauen wollte, kamen die Heiden und wollten ihn daran hindern. Durch Gottes Willen hatten sie sich still verhalten, als der Tempel eingerissen wurde. Sie wollten aber nicht dulden, daß der Baum gefällt werde. Mit großem Eifer versuchte ihnen Martin zu erklären, daß in einem Baum nichts Heiliges sein könne. Sie sollten doch lieber dem Gott folgen, dem er selber diene. Weil der Baum einem Dämon geweiht sei, müsse er umgehauen werden.

Da trat ein besonders Verwegener vor und sprach: »Wenn du Vertrauen zu dem Gott hast, den du zu verehren vorgibst, dann wollen wir selbst den Baum fällen. Du aber sollst ihn in seinem Fall aufhalten. Wenn dann dein Gott wirklich mit dir ist, wirst du dem Urteil entkommen.« Martin zweifelte nicht an Gott und war bereit, auf den Vorschlag einzugehen. Alle Heiden stimmten dieser Abmachung zu. Ihren Baum würden sie gerne fällen, wenn sie durch den fallenden Baum zugleich den Feind ihrer Heiligtümer erledigen konnten.

Die Kiefer stand nach einer Seite geneigt. Es bestand gar kein Zweifel, nach welcher Seite sie fallen würde. Ausgelassen und voll Freude machten sich die Heiden daran, ihre Kiefer zu fällen. Dabei stand eine große Schar Schaulustiger. Da begann sich die Kiefer zu neigen und drohte zu stürzen. Ziemlich entfernt standen zitternd die Mönche. Sie waren wegen der drohenden Gefahr entsetzt und hatten alle Hoffnung aufgegeben. Sie erwarteten nur noch Martins Tod. Doch der vertraute auf den Herrn und wartete ohne Angst. Schon ächzte die Kiefer im Fallen, schon neigte sie sich, schon stürzte sie auf ihn: Da streckte Martin seine Hand gegen sie aus und zeichnete das Zeichen des Heils gegen sie. Dann, wie wenn ein Wirbelwind den Baum umgedreht hätte, fiel er nach der entgegengesetzten Seite. Fast hätte er das wilde Volk, das sich dort sicher fühlte, erschlagen.

Nun erhob sich ein Geschrei zum Himmel. Die Heiden staunten über das Wunder. Die Mönche weinten vor Freude. Von allen gemeinsam wurde der Name Christi gepriesen. Ganz sicher ist an diesem Tag auch in diese Gegend das Heil gekommen. Fast keinen in der großen Heidenschar gab es, der nicht um die Handauflegung bat, den heidnischen Irrtum aufgab und an den Herrn Jesus glaubte.

Martin heilt Kranke

Martin besaß die Gabe der Krankenheilung in einem solchen Ausmaß, daß kaum ein Kranker zu ihm kam, der nicht augenblicklich die Gesundheit wiedergefunden hätte. Die antiken lateinischen Lebensbeschreibungen des Heiligen enthalten dazu viele Erzählungen. 385 oder 386 hielt sich Martin in Trier auf. Dort litt ein Mädchen an sehr schwerer Lähmung; sein Körper versagte schon seit langer Zeit jeglichen Dienst. Eigentlich war schon der ganze Leib des Mädchens tot; es war nur noch ein schwacher Lebenshauch in ihm. Schon standen die Verwandten voll Trauer bei der Sterbenden und warteten auf das Begräbnis. Plötzlich ging wie ein Lauffeuer durch die Stadt die Botschaft, Bischof Martin sei gekommen. Als der Vater des Mädchens davon hörte, lief er, so schnell er konnte, um für seine Tochter zu bitten. Doch Martin hatte gerade die Kirche betreten. Vor allen Anwesenden und den versammelten Bischöfen umschlang der Greis weinend Martins Knie und sagte: »Meine Tochter stirbt an einer schrecklichen Krankheit. Aber noch viel grausamer als der Tod selber ist, daß sie schon jetzt nur noch im Geist lebt, weil ihr Fleisch schon fast tot ist. Ich bitte dich darum, daß du zu ihr gehst und sie segnest. Ich vertraue darauf, daß ihr durch dich die Gesundheit zurückgeschenkt werden kann.« Martin war durch diese Rede verwirrt und entsetzt und versuchte zu fliehen. Er sagte, solches gehe über seine Kraft. Der alte Mann habe eine völlig falsche Meinung über ihn. Es sei absolut unwürdig, daß Gott durch ihn Zeichen seiner Wundermacht wirke. Aber der Vater ließ sich nicht abweisen, weinte heftig und flehte, die Sterbende doch aufzusuchen. Schließlich drängten auch die anwesenden Bischöfe Martin, zu der Tochter des Bittstellers zu gehen. Da ging er endlich zu dem Haus des Mädchens.

Vor der Tür stand eine große Menge und wartete, was Martin tun werde. Zuerst warf sich Martin auf den Boden und betete. In solchen Fällen waren dies seine gewöhnlichen Waffen. Dann schaute er die Kranke an und ließ sich Öl geben, segnete es und goß den wunderkräftigen heiligen Trank in den Mund des Mädchens. Diese erhielt sofort wieder ihre Stimme zurück. Nach der Berührung durch Martin belebten sich auch die einzelnen Glieder wieder, bis sie schließlich auf festen Füßen vor das Volk treten konnte, das die Heilung bezeugt.

In Paris geschah es, als Martin mit zahlreichen Begleitern durch das Stadttor zog, daß er einen Aussätzigen mit schrecklich entstelltem Gesicht, das Schrecken einjagte, küßte und segnete. Auf der Stelle war jener von aller Unreinheit befreit. Am anderen Tag kam jener mit glänzend weißer Hautfarbe zur Kirche, um für die wiedererhaltene Gesundheit zu danken.

Martin und der Kaiser

In Trier residierte zu Lebzeiten des heiligen Martin Kaiser Maximus, der 383 von seinen Truppen in Britannien zum Kaiser erhoben worden war und von Trier aus das römische Westreich bis zu seinem späteren Sturz 388 regierte.

24 The Mutawakelite Kingdom of YEMEN

Martins-Briefmarke aus dem
Jemen

Während andere Bischöfe durch Schmeichelei bei Hofe ihre Ziele verfolgten, vermied Martin ein Zusammentreffen mit dem Usurpator. Martin wollte nicht am Tisch dessen sitzen, der einen Kaiser um sein Reich und einen anderen um sein Leben gebracht habe.

Als aber aus den verschiedenen Teilen der Welt Bischöfe zum Kaiser gekommen waren, um durch üble Kriecherei die Verurteilung des der Ketzerei angeklagten Spaniers Priscillian zu erreichen, weil sich diese Bischöfe nicht scheuten, ihre bischöfliche Würde geringer zu schätzen als die kaiserliche Gunst, überwand Martin seine Bedenken gegen den Kaiser und folgte einer Einladung zu einem kaiserlichen Mahl. Wie bei einem Festtag kamen die höchsten und angesehensten Männer zusammen. Mitten unter ihnen saß der Priester, der Martin begleitete, während Martin selbst neben dem Kaiser saß. Etwa nach dem halben Mahle reichte ein Diener dem Herrscher die Trinkschale, so wie es üblich war. Doch dieser befahl, die Trinkschale erst Bischof Martin zu reichen. Er erhoffte sich dadurch, die Trinkschale aus der Hand Martins zu erhalten. Als Martin getrunken hatte, gab er aber die Schale an seinen priesterlichen Mitbruder weiter. Der Bischof meinte nämlich, niemand sei würdiger als erster nach ihm zu trinken; es sei Unrecht, den Herrscher oder einen aus seiner Umgebung dem Priester vorzuziehen.

Der Kaiser und alle Anwesenden wunderten sich darüber so sehr, daß ihnen die Zurücksetzung sogar gefiel. Im ganzen Palast wurde Martin gerühmt, weil er am Tisch des Kaisers getan hatte, was am Tisch niederer Beamter kein Bischof zu tun gewagt hätte.

Martin und die Martinsfischer

406

Eines Tages sah der heilige Martin einen häßlichen, schmutzigschwarzen Vogel, der fischte. Er rief ihn an, und der Vogel kam sogleich herbeigeflogen. »Bravo«, sagte der Heilige, »du sollst für deinen Gehorsam belohnt werden!« Dann verwandelte er ihn in einen der schönsten Vögel, mit azurblauem Mantel und purpurrotem Kehlchen. »Ich will dir sogar meinen Namen geben«, fügte

Martin hinzu. »Du sollst Martinsfischer heißen und darfst in allen Bächen und Flüssen Fische fangen.« Seit jenen Tagen fischt der Eisvogel überall ungehindert.

Das Gleichnis vom frisch geschorenen Schaf

Einmal fiel der Blick des heiligen Martin auf ein frisch geschorenes Schaf. Da sagte er: »Dieses Tier hat die Vorschrift des Evangeliums erfüllt. Zwei Kleider hat das Schaf; eines schenkte es dem, der keines hatte. So sollt auch ihr handeln.«

Der grausame Richter und der Diener Gottes

Claudius Avitianus war beauftragt, Gallien zu inspizieren, und hatte zu diesem Zweck außerordentliche richterliche Vollmachten erhalten. Seine Grausamkeit, sein maßloser Zorn versetzten die Bewohner der Provinz in Furcht und Schrecken. Als er in die Stadt Turonen einzog, folgten ihm zahlreiche Gefangene, die mit Ketten gefesselt waren und sehr elend aussahen. Avitianus ließ für die Gefangenen Marterwerkzeuge bereitstellen. Er setzte die Bestrafung auf den folgenden Tag fest.

Davon hörte Martinus, der noch in der gleichen Nacht zum Palast des Richters eilte. Dort schlief schon alles; die Tore waren fest verriegelt. Martinus warf sich vor der Schwelle nieder, mit dem Gesicht zur Erde. Während er betete, weckte ein Engel den Richter und sagte zu ihm: »Wie kannst du schlafen, wenn ein Diener Gottes vor deiner Schwelle liegt?« Verwirrt sprang Avitianus aus dem Bett, rief seine Diener und erklärte ihnen zitternd, Martinus warte vor der Tür, sie sollten ihn hereinbitten. Aber die Diener lachten über ihren Herrn und glaubten, er habe sich durch einen Traum täuschen lassen. Deshalb sahen sie nur flüchtig nach. »Es ist niemand da«, sagten sie zu Avitianus. »In einer kalten und unfreundlichen Nacht wie dieser hält sich kein Mensch draußen auf.«

Der Richter war beruhigt und fiel wieder in den Schlaf. Aber bald wurde er noch heftiger geweckt. Er wollte seine Diener ein zweites Mal hinausschicken. Als sie zögerten, ging er selbst bis zum äußersten Tor, wo er Martinus traf. »Herr, warum hast du mir das angetan?« fragte er. »Ich kann keine Ruhe mehr finden. Geh rasch fort, denn ich habe genug gebüßt.« Weil der Heilige noch immer wartete, fügte er hinzu: »Ich weiß, was du verlangst, und werde alles nach deinem Wunsch erfüllen.«

Am nächsten Morgen rief Avitianus seine Schergen. Er befahl, den Gefangenen die Ketten abzunehmen. Dann verließ er die Stadt, in der Freude und Jubel herrschten.

Die Heiligen Severin und Ambrosius erleben den Tod Martins

Sankt Severinus, Erzbischof von Köln, umging des Sonntags nach der Frühmette die heiligen Stätten, wie es seine Gewohnheit war. Da hörte er um dieselbe Stunde, als der heilige Martin verschieden war, die Engel im Himmel singen.

Er rief seinen Archidiakon und fragte ihn, ob er etwas höre. Der sprach, er höre nichts. Da mahnte ihn der Erzbischof, er solle mit Fleiß hören; also streckte jener den Hals in die Höhe, reckte die Ohren und stand auf den Fußspitzen, auf seinen Stab gestützt. Und weil der Erzbischof für ihn betete, sprach er, daß er etliche Stimmen im Himmel höre. Da sprach der Bischof: »Mein Herr Martinus ist von dieser Welt geschieden, und die Engel tragen seine Seele gen

Himmel.« Es waren auch Teufel da, die wollten ihn zurückhalten, aber da sie nichts an ihm fanden, was ihnen zugehörte, mußten sie beschämt weichen. Der Archidiakon aber merkte sich Tag und Stunde und erfuhr später, daß Martinus um diese Zeit gestorben war.

Am selben Tag geschah es auch, daß Sankt Ambrosius, Bischof von Mailand, als er die Messe las, über dem Altar zwischen den Propheten und der Epistel einschlief. Da wagte ihn niemand zu wecken, und der Subdiakon traute sich ohne sein Gebot nicht die Epistel zu lesen. Als aber zwei oder drei Stunden vergangen waren, weckten sie ihn doch und sprachen: »Schon ist die Stunde vorüber und das Volk ist müde und wartet. So möge unser Herr gebieten, daß der Kleriker die Epistel lese.« Da antwortete Ambrosius: »Laßt euch nicht betrüben, aber wisset, mein Bruder Martinus ist gestorben, und ich bin bei seinem Begräbnis gewesen und habe es mit Feier begangen. Weil ihr mich geweckt habt, konnte ich die letzte Respons nicht vollbringen.« Da merkten sie sich den Tag und die Stunde und fanden, daß Sankt Martin um diese Zeit in den Himmel gefahren sei.

408

Der Blinde und der Lahme

Zur Zeit der Beisetzung des heiligen Martin gab es zwei Gesellen, der eine blind, der andere lahm. Der Blinde trug den Lahmen auf dem Rücken, und der Lahme wies dem Blinden den Weg. Sie bettelten miteinander und verdienten großes Gut. Da hörten sie erzählen, daß bei Sankt Martins Leichnam viele Kranke gesund geworden seien. Und weil sein Leib am Tag seiner Überführung in Prozession um die Kirche getragen wurde, waren sie bange, der Leib würde bei dem Haus vorübergetragen werden, in dem sie wohnten, und sie würden plötzlich geheilt werden. Sie aber wollten nicht geheilt werden, damit sie nicht die Ursache ihres gewinnbringenden Einkommens verloren. Darum flohen sie aus der Straße und gingen in eine andere Gasse, durch den der Leichnam, wie sie glaubten, nicht getragen würde. Aber als sie flohen, begegneten sie dem Leichenzug unversehens. Und weil Gott den Menschen manche Wohltat wider ihren Willen tut, wurden sie beide gegen ihren Willen gesund und waren doch darüber betrübt.

409

SANKT NIKOLAUS – LEGENDEN

Das Stratelatenwunder

Drei Feldherren – Nepotianos, Ursos und Herpylion – sollen im Auftrag Kaiser Konstantins Aufstände in Phrygien niederschlagen, werden aber durch ungünstige Winde nach Lykien getrieben, wo sie in Andriake, einem Nachbarort

von Myra, landen. Um Reibereien zwischen den plötzlich eingetroffenen fremden Soldaten und den Einheimischen zu verhindern, eilt Bischof Nikolaus herbei, gewinnt das Vertrauen der drei Befehlshaber und lädt sie zu sich nach Myra ein. Dort angekommen, werden die Gäste unversehens Zeugen einer weiteren politischen Intervention des Kirchenmannes, die ein schweres Verbrechen verhindert: In seiner Heimatstadt gelingt es Nikolaus nämlich, drei vom korrupten Provinzialpräfekten Eustathios (lat.: Eustachius) unschuldig zum Tod Verurteilte in letzter Sekunde vor der Hinrichtung zu bewahren, indem er dem Scharfrichter das bereits erhobene Schwert aus der Hand reißt. – Als die drei kaiserlichen Mi-

Nikolaus beschenkt drei Jungfrauen – Federzeichnung in einer Handschrift der »Legenda aurea« aus der Werkstatt Diepolt Lauberts (2. Viertel 15. Jh.). Augsburg, Staats- und Stadtbibliothek

litärs später nach siegreich erledigter Mission in die Hauptstadt zurückkehren, werden sie plötzlich selbst Opfer ungerechter Anschuldigungen: Das Intrigenspiel des perfiden Höflings Ablabios (lat.: Ablavius), der ihnen den Erfolg mißgönnt und sie beim Kaiser wegen angeblicher Zusammenarbeit mit dem Feind denunziert, führt zu ihrer Einkerkerung. Als sie in der Gefangenschaft gar noch erfahren, daß der erzürnte Herrscher sie mit dem Tod zu bestrafen gedenkt, erinnern sie sich an ihr Erlebnis mit dem Bischof von Myra und flehen durch inständiges Gebet Nikolaus um Hilfe an. Noch in derselben Nacht erscheint dieser daraufhin dem Kaiser Konstantin und dem Ablabios im Traum und kündigt beiden im Falle einer Hinrichtung oder auch nur einer weiteren Inhaftierung der drei Feldherren verheerende Konsequenzen an. Zu Tode

410

erschrocken und tief beeindruckt von der Macht des Gottesmanns verfügt der Kaiser sogleich die unverzügliche Freilassung der drei, worauf sie mit reichen Geschenken, darunter sogar kaiserlichen Anerkennungen, nach Myra reisen, um ihrem Retter persönlich Dank zu sagen.

Die Ausstattung der drei Jungfrauen

Ein vornehmer Mann ist finanziell so heruntergekommen, daß er seine drei Töchter nicht standesgemäß verheiraten kann und daher beabsichtigt, sie zur Sicherung des bloßen Überlebens dem Gunstgewerbe auf der Straße zu überantworten. Der junge Nikolaus, der gerade ein großes Vermögen geerbt hat, erfährt von dieser prekären Situation, nähert sich in drei aufeinanderfolgenden Nächten heimlich dem Haus des Verarmten und wirft allen drei Töchtern, während sie schlafen, je eine Goldkugel aufs Bett. Damit ist ihre Mitgift gesichert und eine angemessene Heirat möglich. In der dritten Nacht gelingt es dem Vater, den zuvor zweimal ungesehen verschwundenen Wohltäter einzuholen, ihn nach seinem Namen zu fragen und ihm in tiefer innerer Bewegung zu danken.

Die Stillung des Seesturms

Schiffsleute, die durch ein schweres Unwetter in Seenot geraten sind, rufen in ihrer schwierigen Lage Nikolaus um Hilfe an, weil sie von seinen Wundertaten gehört haben. Tatsächlich erscheint ihnen auch sogleich ein Mann, der mit übermenschlichen Fähigkeiten die Navigation selbst in die Hand nimmt, die Segel wieder richtig setzt und schließlich sogar den Sturm zum Abflauen bringt. Nach vollbrachter Tat verschwindet der Unbekannte genauso plötzlich, wie er gekommen ist. Als die Seeleute, glücklich gelandet, später in der Kirche von Myra für das Wunder ihrer Rettung danken, erkennen sie den dortigen Bischof Nikolaus als denjenigen wieder, der ihnen auf ihr Gebet hin in wunderbarer Weise Beistand geleistet hat. Der Thaumaturg freilich gibt sich bescheiden und belehrt die Besatzungsmitglieder, daß sie nicht etwa durch ihn, sondern durch die Kraft ihres Glaubens und die Gnade Gottes vor dem Tode bewahrt worden seien.

Die wunderbare Kornvermehrung

Während einer großen Hungersnot in Lykien erfährt der Bischof von Myra, daß in einem nahen Hafen Schiffe mit großen, zum Weitertransport bestimmten Mengen Korn festgemacht haben. Nikolaus eilt zu den Besatzungen und bittet sie dringend um die Abgabe eines Teils der Ladung, für seine vom Tod bedrohten Landsleute. Die Schiffsleute aber trauen sich zunächst nicht, dem Wunsch zu entsprechen, weil das Korn genau ausgewogen und für die kaiserlichen Scheunen in Konstantinopel bestimmt ist. Erst als Nikolaus den Verant-

411

wortlichen bei der Kraft Gottes schwört, daß ihnen im Falle ihres Entgegenkommens kein Schaden entstehen werde, leisten diese die erbetene Hilfe. Tatsächlich fehlt, als sie später in der Hauptstadt ankommen, nichts an Gewicht. Das von Nikolaus an die lykische Bevölkerung verteilte Korn aber reicht für volle zwei Jahre und kann darüber hinaus sogar noch zur Aussaat verwendet werden.

Die Rückführung des verschleppten Kindes

Ein Ehemann, der vergeblich auf die Geburt eines Sohnes hofft, unternimmt eine Reise nach Myra, wo er den heiligen Nikolaus um seinen Segen bitten will. Als er jedoch dort anlangt, trifft er den Bischof nicht mehr lebend, sondern kommt noch gerade recht zu dessen Bestattung. Im Vertrauen auf die Wunderkraft der Reliquien nimmt er eines von den leinenen Leichentüchern in seine Heimat mit und läßt dort zur Aufbewahrung des Schatzes eine Nikolauskirche erbauen. Tatsächlich wirkt das Wohlgeruch ausströmende »linteamen«-Wunder: Am 6. Dezember wird dem Ehepaar ein Sohn geboren, der den Namen »Adeodatus« [= der von Gott Geschenkte] erhält. Fortan danken die Eltern dem heiligen Nikolaus alljährlich an seinem Festtag ganz besonders intensiv für diese Gnade. Als das Kind jedoch sieben Jahre alt ist, verschleppen es die Araber zynischerweise genau am Nikolaustag nach Babylonien, und Adeodatus wird wider Willen Mundschenk im Palast des Königs. Allerdings dauert seine Ge-

fangenschaft nur zwölf Monate, denn wiederum exakt am Jahrestag der Ent-
führung wird Adeodatus, der dem Herrscher soeben einen Becher Wein zu reichen im Begriff ist, von einem wundersamen Wirbelwind erfaßt, durch die Lüfte
getragen und unmittelbar vor der Nikolauskirche abgesetzt, in der die ver-
zweifelten Eltern den Heiligen um Beistand bitten.

Das Wannen- und Säuglingswunder

Nach der Geburt des Nikolaus leben seine Eltern fortan keusch und nur in
der Liebe Gottes. Als der Säugling dann zum ersten Mal gebadet werden soll,
steht er zum allgemeinen Erstaunen bereits ohne jede fremde Hilfe aufrecht in
der Wanne. Außerdem ist das Kind schon im frühesten Alter so gottesfürchtig
und fromm, daß es an den beiden Fastentagen in der Woche, Mittwoch und
Freitag, die Brust der Mutter nur einmal nimmt.

Das wundertätige Nikolausbild

Ein reicher Jude, der die Wunderkraft des Bischofs Nikolaus hat rühmen
hören, läßt sich ein Bildnis von dem Heiligen anfertigen und befiehlt diesem,
sorgfältig über die Kostbarkeiten und Schätze in seinem Haus zu wachen. Für
den Fall der Unachtsamkeit droht er dem Bild Strafe an. Als nun der Jude einmal
abwesend ist, kommen tatsächlich Diebe und tragen all seine Habe fort; nur das
Bild lassen sie stehen. Nach Hause zurückgekehrt, macht der Bestohlene dem
Heiligen schwere Vorwürfe und traktiert, wie angekündigt, dessen Bildnis mit
Stockhieben und Peitschenschlägen. Da geschieht das Wunder: Angesichts der
ihm zugefügten Pein erscheint Nikolaus den Dieben, die gerade dabei sind, ihre
Beute unter sich aufzuteilen, und hält ihnen vor, was er um ihretwillen von dem
erzürnten Eigentümer habe erleiden müssen. Die Verbrecher zeigen sich tief er-
schreckt, zumal ihnen der Bischof von Myra auch noch ein Ende am Galgen pro-
phezeit, und bringen das gestohlene Gut dem Juden schleunigst wieder zurück
– nicht ohne ihm von der Erscheinung zu berichten. Dieser ist davon seinerseits
so beeindruckt, daß er spontan zum Christentum übertritt.

413

Die Vertreibung der Diana

Da in Lykien viele noch immer nach alter Gewohnheit die antiken Abgötter verehren und besonders einige Bauern regelmäßig unter einem der Diana geweihten Baum ihre Opfer halten, macht Nikolaus diesem Tun ein Ende, indem er den Baum umhauen läßt.

Die Vernichtung des Öls der Diana

Um sich an Nikolaus zu rächen, bereitet die erzürnte Abgöttin ein gefährliches Öl zu, das Mydiacon heißt und selbst an Steinen und im Wasser brennt. Dann spricht sie in Gestalt einer frommen Frau mitten auf dem Meer von einem Boot aus einige Pilger an, die zu Schiff nach Myra unterwegs sind, und übergibt ihnen die teuflische Substanz mit der scheinheiligen Bitte, das Öl für sie mitzunehmen und es bei der Ankunft als Zeichen der Verehrung des Heiligen an die Wände des Vorhofes seiner Kirche zu streichen. Kaum ist sie jedoch verschwunden, nähert sich dem Pilgerschiff ein anderes kleines Boot mit Nikolaus an Bord, der die von Diana verführten Passagiere warnt und sie auffordert, das Öl unverzüglich ins Meer zu schütten. Als dies geschieht, steht augenblicklich die gesamte Wasseroberfläche in Flammen. In Myra angekommen, erkennen die Pilger dort Nikolaus als den guten Geist wieder, der sie auf hoher See »vor den Listen des Teufels« (a dyaboli insidiis) gerettet hat.

Die Rettung des ertrunkenen Sohnes

Ein Vater will gemeinsam mit seinem Sohn, der ihm auf Sankt Nikolaus' Fürsprache hin geschenkt worden ist, eine Pilgerfahrt nach Myra unternehmen, um dort dem Heiligen als Dank einen teuren Becher zu opfern. Da ihm das eigens angefertigte Stück jedoch plötzlich zu wertvoll erscheint, beschließt er, es für seinen Privatgebrauch zu behalten, und gibt eine zweite, weniger edle Ausführung in Auftrag. Während der Überfahrt nun bittet der Vater seinen Sohn, ihm mit dem ersten Becher etwas Wasser aus dem Meer zu schöpfen. Dabei aber stürzt der Knabe über Bord und verschwindet mitsamt der Kostbarkeit in den Wellen. Als schließlich der Vater, der die Reise allein fortgesetzt hat, in Myra seine zweitrangige Gabe darbringen will, fällt diese, durch den Heiligen gleichsam zurückgestoßen, so lange vom Altar herab, bis am Ende völlig überraschend der Knabe samt dem Originalstück wohlbehalten in der Kirche erscheint und erzählt, daß er von Sankt Nikolaus vor dem Tod bewahrt worden sei. Da opfert der Vater beide Becher.

Die Bestrafung und Begnadigung eines Betrügers

Ein Christ, der von einem Juden Geld entliehen und beim heiligen Nikolaus versprochen hat, es pünktlich zurückzugeben, kommt den eingegangenen Zahlungsverpflichtungen schließlich doch nicht nach. Als der Pfandleiher angesichts des längst überzogenen Fälligkeitsdatums eines Tages sein Recht fordert, läßt sich der Schuldner einen schäbigen Trick einfallen: Er füllt die strittige Geldsumme in einen zuvor präparierten, hohlen Stab, zieht mit dem Juden vor Gericht und bittet diesen, ihm den Stab einige Augenblicke zu halten, während er, durch den momentanen Sachverhalt einen Meineid umgehend, den dreisten Schwur ablegt, sein Kreditgeber habe bereits alles zurückbekommen. Anschließend nimmt er das geschickt getarnte Behältnis wieder an sich, ohne daß der Geprellte etwas von der Schalkheit bemerkt. Die Strafe ereilt den Betrüger doch unversehens, denn auf dem Heimweg wird er von einem Wagen tödlich überfahren, wobei auch der Stab zerbricht und das Geld herausrollt. Da erkennt der Jude die List. Als die Leute ihn allerdings ermuntern, er solle doch die ihm zustehende Summe nun einfach an sich nehmen, entgegnet er voll Mitleid, das tue er nur, wenn der heilige Nikolaus den so hart bestraften Christen wieder zum Leben erwecke. In der Tat steht ob solcher Fürsprache der Tote alsbald auf, und der Jude läßt sich taufen.

Die Erweckung eines Knaben

Ein Mann feiert seinem Sohn zuliebe jedes Jahr das Fest des heiligen Nikolaus sehr aufwendig. Als er wieder einmal ein großes Mahl veranstaltet, zu dem viele Gäste eingeladen sind, kommt der Teufel in Gestalt eines Pilgers vor die Tür und bittet um ein Almosen. Der Sohn schickt sich an, die Gabe auszuhändigen. Weil er jedoch den Fremden nicht mehr an der Tür findet, eilt er ihm bis zu einem Kreuzweg nach. Da zeigt der Teufel sein wahres Gesicht, packt den Knaben und erwürgt ihn. Als der Vater die Schreckensnachricht vernimmt, beginnt er in seiner Verzweiflung mit dem heiligen Nikolaus zu hadern und fragt, ob das der Lohn sei für die große Verehrung, die er ihm erwiesen habe. Aber noch während seine Anklage zum Himmel schreit, öffnet der Knabe die Augen, steht auf und ist gesund.

415

Die Auferweckung der drei getöteten Schüler – I

Drei wandernde Scholaren nehmen in einem einsam gelegenen Gasthaus Quartier, um dort zu übernachten. Der wenig Vertrauen erweckende Wirt jedoch, der bei ihnen Wertsachen vermutet, lauert ihnen nach Einbruch der Dunkelheit auf und ermordet sie aus reiner Habgier kaltblütig mit Hilfe seiner Frau. Da kommt der heilige Nikolaus in Gestalt eines Bettlers, bittet ebenfalls um Unterkunft und deckt, indem er die verfängliche Frage nach frischem Fleisch stellt, das Verbrechen auf. Nachdem die Täter überführt sind, erscheint auf ein Gebet des Heiligen hin ein Engel und verkündigt, daß die drei ermordeten Schüler zum Leben zurückgekehrt und wohlauf seien.

Nikolaus und die die drei Knaben im Pökelfaß – Holzschnitt aus einer 1488 in Lyon erschienenen Ausgabe der »Legenda aurea«. Foto: Archiv des Autors

Die Auferweckung der drei getöteten Schüler – II

Drei vornehme und gut betuchte Scholaren, die eine erhebliche Barschaft bei sich hatten, kamen auf der Reise nach Athen, wo sie Philosophie zu studieren beabsichtigten, in das Land, in welchem der heilige Nikolaus als Bischof wirkte; ihn wollten sie nämlich zuerst noch sehen, um sich seinem Gebet anzuvertrauen. Als nun ein Gastwirt [der sie beherbergte] ihren Reichtum bemerkte, brachte er, vom bösen Geist besessen, die drei kurzerhand um, zerstückelte sie und legte, genauso wie man es beim Schweineschlachten macht, die Fleischbrocken in ein Salzfaß ein. Sankt Nikolaus, der von dem Verbrechen durch einen Engel erfuhr, eilte daraufhin sofort ins Haus des Wirts und sagte diesem die Tat auf den Kopf zu. Nach heftigen Vorwürfen [gegen den Mörder] erweckte der Heilige schließlich durch seine Fürbitte bei Gott die Knaben wieder zum Leben.

Der heilige Nikolaus von Myra

416

Nikolaus wurde nach der Legende zu Patara in Kleinasien von reichen und gottesfürchtigen Eltern geboren. In seiner Jugend oblag er dem Gebet, fastete häufig und las viel in der Heiligen Schrift. Herangewachsen, nahm ihn sein Onkel, der Bischof von Myra, in die Zahl seiner Kleriker auf. Nikolaus wurde Priester.

Nach dem Tode der Eltern verkaufte er seinen Besitz und gab den Erlös den Armen. Einem verarmten Edelmann, dessen drei Töchter aufs äußerste gefährdet waren, weil sie, ohne alle Mitgift, nicht verheiratet werden konnten, legte er heimlich Geld in die Wohnung, so daß sie nun Männer fanden.

Von einer Reise ins Heilige Land zurückgekehrt, wurde Nikolaus zum Bischof von Myra erwählt. Als Bischof führte er für sich das Leben eines Mönchs in Einfachheit, Frömmigkeit und strenger Abtötung. Sein hohes Amt verwaltete er mit Kraft und Umsicht. Während der Diokletianischen Christenverfolgung hatte er schwere Unbilden zu dulden. Später nahm er an der Kirchenversammlung von Nizäa teil.

Mancherlei Wundertaten werden aus dem Leben des Heiligen berichtet. Zweimal rettete er durch sein Gebet sturmgefährdete Schiffer vor dem sicheren Untergang. Drei heimlich ermordete Kinder erweckte er vom Tod und gab sie den Eltern zurück. Einer kranken Frau gab er durch das Kreuzzeichen die Gesundheit zurück.

Nikolaus starb um das Jahr 360, mit den Worten: »Herr, in deine Hände empfehle ich meinen Geist!« Sein heiliger Leib wurde 1087 nach Bari in Süditalien übertragen und ihm dort eine Kirche erbaut.

Nach P. Leonhard Goffinés »Christkatholischer Handpostille«

Nikolaus erweckt einen Knaben und die Befreiung Adeodats – Giottoschule (um 1300-05), Assisi: San Francesco, Unterkirche, Nikolauskapelle. Foto: Verlagsarchiv

Der heilige Nicolaus, Bischof von Myra

417

Der heilige Nicolaus ward zu Patara in Lycien (Kleinasien) als Kind reicher und gottesfürchtiger Eltern geboren, die lange Zeit in ihrer Ehe ohne Erben gelebt, diesen Sohn aber nach langem Gebete von Gott erhielten. Als Knabe und

Jüngling besuchte er auf das fleißigste den Unterricht, floh aber alle Gemeinschaft mit ausgelassenen und frechen Jünglingen, noch vielmehr mit dem weiblichen Geschlechte. Er mied auch die bösen Gelegenheiten, züchtigte seinen Leib mit Fasten, Wachen und Bußgürteln und las nur solche Bücher, die ihm zur Tugend oder Wissenschaft dienen konnten. Auf diese Weise bewahrte er seine erste Unschuld in allen Gefahren. Als er in der Gelehrsamkeit und in allen Tugenden Fortschritte gemacht hatte, wurde er von dem Bischofe zu Myra, seinem Onkel und Taufpaten, zum Priester geweiht. Weil er nun zu höherer Vollkommenheit sich für verpflichtet hielt, so verdoppelte er seinen Eifer in der Strenge gegen sich selbst, im Gebete und in allen anderen guten Werken. Die reiche Erbschaft, welche ihm durch den Tod seiner Eltern zugefallen war, verwendete er nur zur Linderung und zum Troste der Notleidenden. Unter diesen waren drei erwachsene Töchter, welchen ihr durch verschiedene Unglücksfälle verarmter Vater geraten hatte, sie sollten sich durch ihre unlautere Preisgebung ihr Brot verdienen, da er kein anderes Mittel wüßte, ihnen zu helfen. Als der heilige Nicolaus dies erfuhr, warf er nachts heimlich so viel Geld durch das offene Fenster in das Schlafzimmer des Vaters, als nötig war, um eine aus den besagten drei Töchtern anständig zu verehelichen. Dasselbe tat er in gleichen Zeiträumen zur Aussteuerung der zweiten und dritten. Durch dieses Werk der Barmherzigkeit war der Vater samt den Töchtern vom zeitlichen und ewigen Untergange gerettet. Nach einiger Zeit mußte Nicolaus auf Befehl seines Vetters, des Bischofs, die Leitung eines Klosters übernehmen und tat es mit großer Pünktlichkeit und Sorgfalt.

Inzwischen entstand im Herzen des heiligen Nicolaus durch seine innige Jesusliebe das Verlangen, die heiligen Orte im Gelobten Lande zu besuchen und dann in einer Einöde sein Leben zuzubringen. Kaum hatte er am Tage der Abreise das Schiff bestiegen, so prophezeite er den Schiffsleuten, daß bald ein entsetzliches Ungewitter entstehen würde. Die Schiffsleute, welche die Sache besser verstehen wollten, lachten hierzu; allein die Folge zeigte, daß der heilige Mann wahrgesagt; denn es entstand ein so heftiger Sturm auf dem Meere, daß alle Reisenden sich für verloren hielten. Sie ersuchten daher den Heiligen, weil ihm Gott vorher dieses Unwetter geoffenbart, so wolle er auch jetzt durch sein Gebet die augenscheinliche Gefahr des Unterganges, worin sie sich sämtlich befänden, abwenden. Kaum fing der heilige Nicolaus sein Gebet an, da legten sich schon die Winde, und der Sturm nahm ein Ende. Dergleichen Wunder wirkte der heilige Mann auch bei anderen Gelegenheiten öfters; deswegen wird er als ein besonderer Patron von den Schiffsleuten verehrt und angerufen.

Nach seiner Ankunft im Gelobten Lande besuchte er die heiligen Orte mit größter Andacht und nahm sich vor, in der Nähe einen Platz zu wählen, wo er

418

Gott in der Stille ruhig dienen könnte. Als er aber durch göttliche Offenbarung ermahnt worden war, seine Rückkehr zu nehmen, gehorchte er sogleich, schiffte sich ein und kam wieder zurück in das Kloster, wo er vorher gewesen war. Allein er durfte dort nicht lange bleiben; denn es wurde ihm von Gott eingegeben, sich nach Myra, der Hauptstadt von Lycien, zu begeben. Die benachbarten Bischöfe hatten sich eben damals zur Wahl eines Nachfolgers des verstorbenen Bischofs erwähnter Stadt versammelt. Als sich diese beratschlagten, wen sie erwählen sollten und ihr Gebet zum Himmel richteten, offenbarte Gott einem derselben, sie sollten denjenigen erwählen, welcher am folgenden Morgen zuerst in die Kirche treten würde, dessen Name Nicolaus wäre. Der heilige Nicolaus kam am bestimmten Tage zuerst in die Kirche, ohne etwas von dieser geschehenen Offenbarung zu wissen. Ein hierzu bestellter Bischof nahm ihn sogleich bei der Hand und führte ihn zu den versammelten Bischöfen, die ihm den göttlichen Willen anzeigten und ungeachtet seiner Tränen und Einwendungen die bischöfliche Weihe erteilten.

Nicolaus befliß sich, jetzt noch heiliger zu leben als zuvor. Er übte mehrere und strengere Bußwerke; aß täglich nur einmal, und zwar nie Fleisch, und nahm seine Nachtruhe eine kurze Zeit nur auf einem Strohsacke; die übrige Zeit verwendete er zu Andachtsübungen. Er predigte an allen Sonn- und Festtagen, besuchte alle Pfarreien sowie die Kranken, Gefangenen und Armen in der Stadt, unter welche er fast alle seine Einkünfte austeilte.

Es lebten damals noch viele Heiden in Myra und hatten ihre Götzentempel. Es kamen auch einige kaiserliche Beamte dahin, welche das Heidentum wieder einführen sollten. Um dies möglichst zu verhindern, ging Nicolaus durch alle Gassen, in alle Winkel und Häuser und munterte die Christen zur Standhaftigkeit auf, ohne daß er eine Gefahr, Verfolgung oder den Tod selbst fürchtete. Daher wurde er selbst mit vielen anderen auf Befehl der kaiserlichen Beamten ergriffen, aus der Stadt fortgeschleppt und in den Kerker geworfen, wo er vieles Ungemach ausstehen mußte und nicht eher daraus befreit wurde, als bis Kaiser Konstantin der Große zur Regierung gekommen war. Die größte Freude hatte der heilige Bischof, als dieser Kaiser erlaubte, die Götzentempel niederzureißen und christliche Kirchen zu erbauen. Er selbst legte Hand an und ruhte nicht, bis in seinem Bistume alle Götzentempel zerstört waren. Nach einiger Zeit bekam er auch Gelegenheit, wider die Arianer zu kämpfen, deren Irrlehre er in der großen Kirchenversammlung zu Nizäa 325 verdammen half.

Eustachius, ein geldgieriger Beamter, hatte unweit der Stadt Myra drei reiche Bürger unschuldig zum Tode verurteilt in der Absicht, ihre Güter an sich zu ziehen. Als der heilige Nicolaus dies erfahren hatte, eilte er dahin und traf die benannten Männer wirklich schon auf dem Richtplatze an. Der Scharfrichter woll-

419

Nikolaus mit den Gaben für die drei Mädchen – Backmodel (Ende 16. Jh.). Villingen, Rathausmuseum.
Foto: Verlagsarchiv

te schon das Schwert zücken, dieselben zu enthaupten. Nicolaus rief ihm überlaut zu, fiel ihm in die Arme, riß ihm das Schwert aus der Hand, verwies mit scharfen Worten dem ungerechten Richter seine Gottlosigkeit und befreite die Unschuldigen von dem Tode. Noch merkwürdiger ist das folgende. Der Kaiser Konstantin hatte auf falsche Anklage des Ablavius, seines Oberhofmeisters, drei vornehme Feldobersten zum Tode verdammt. Diese hatten viel gehört von der Heiligkeit des Nicolaus, des noch lebenden Bischofs zu Myra, und riefen Gott, er wolle ihnen durch denselben zu Hilfe kommen. Was geschieht? In der Nacht vor jenem Tage, an welchem das Urteil an diesen Unschuldigen vollzogen werden sollte, sah Konstantin im Schlafe den heiligen Nicolaus vor sich stehen und hörte, wie er ihm den göttlichen Zorn androhte, wenn er nicht sogleich das über die Unschuldigen gesprochene Todesurteil widerrufen würde. Auf dieselbe Weise erschien der Heilige dem gottlosen Ablavius. Beide erschraken darüber heftig, stellten die Unschuldigen auf freien Fuß und sendeten sie mit vielen Geschenken zu dem heiligen Nicolaus, sich bei demselben zu bedanken. Fast zu der nämlichen Zeit erschien der heilige noch lebende Bischof den Schiffsleuten auf dem Meere, als solche in größter Gefahr des Unterganges ihn angerufen hatten. Sie sahen alle erstaunt, wie er augenblicklich erschien, das Steuerruder selbst ergriff und das Schiff glücklich an das Land führte. Als sie sich bei ihm bedankten, sprach er: »Meine Kinder, gebet Gott die Ehre, ich bin ein armer Sünder«, führte sie aber beiseits und sagte ihnen, daß ihre Sünden, die er ihnen benannte, die Ursache der erlittenen Gefahr gewesen seien, ermahnte sie zur ernstlichen Buße und ließ sie von sich. Wegen dieser und anderer Wunder nannte man den heiligen Bischof den Wundermann seiner Zeit. Alle Lebensbeschreiber des Heiligen berichten, daß er auch viele Tote zum Leben erweckt habe. Unter diesen waren auch drei Kinder, welche grausam ermordet und in einen Zuber geworfen worden waren. Bei diesen außerordentlichen Gnadengaben blieb der heilige Nicolaus so demütig, daß er am Ende seines Lebens nur durch die Barmherzigkeit Gottes die Seligkeit erhoffte. Gott tröstete ihn aber hierüber mit den Worten: »Nicolaus, ich werde deine Treue belohnen.« Bald nachher offenbarte er ihm auch die Zeit seines Todes. Er starb in einer leichten Krankheit mit dem Troste der heiligen Sakramente am 6. Dezember im Jahre 352 zu Myra. Sein heiliger Leib wurde 1087 nach Bari in Unteritalien überführt. Aus seinen Gebeinen fließt ein heilkräftiges Öl.

Nach der »Legenda aurea«, hg. v. P. Matthäus Vogel, neu bearb. von P. Wilhelm Auer

Nikolaus-Legenden des Cäsarius von Heisterbach

Der »Dialogus Magnus Visionum Atque Miraculorum« des Cäsarius von Heisterbach, wirklich ein »Großer Dialog von Gesichten und Wundern«, wurde um 1220 – wahrscheinlich im Zisterzienserkloster Heisterbach (1192–1803) – verfaßt. Es ist eine große Summe von Wunderberichten, belehrenden und apologetischen Erzählungen und Legenden, in dialogischer Form gefaßt, literarisch nur noch dem »Simplicius Simplicissimus« des Grimmelshausen vergleichbar. Das Faktum, daß es bis zum heutigen Tage keine kritische kommentierte Textedition gibt, belegt nicht das mangelnde Interesse an diesem Text, sondern die außerordentliche Verbreitung dieses Textes: Der »Dialogus« liegt in 124 Codices vor.

Der Novizenmeister und spätere Prior belehrt erzählend seine Novizen, meist wissend oder weise lächelnd, manchmal leidenschaftlich und zornig. Cäsarius, von dem wir sonst nichts wissen, ist einer, der seine Anschauung in Geschichten faßt, ein richtiger rheinischer Geschichtenerzähler, der belehrend erzählt und mehr an Chronologie als an Theologie interessiert ist. Das vermeintlich Reale gibt ihm Zeugnis vom unbegreiflich Irrealen, das durch das Reale begreifbar wird. Wer die Geschichten des Cäsarius gehört hat, davon lebt die ganze Sammlung, kann vernünftigerweise keinen Zweifel mehr gegenüber der Transzendenz haben. Von Cäsarius selbst erfahren wir nahezu nichts; so verschlossen er für uns ist, so offen legt er das Gehörte, Erzählte, Erlebte, Gelesene vor. Das eine behandelt er distanziert, indem er feststellt, er habe es gehört oder gelesen, anderes bestätigt er ausdrücklich: er habe es selbst gesehen.

Die im Zusammenhang mit Nikolaus interessanteste Legende ist die von der Burtscheider Ikone. Sie behandelt nicht nur eine auserlesene Kostbarkeit, die außerdem noch bis in unsere Tage erhalten ist, sie verknüpft die eigene Legendenerzählung mit einer originären Legende aus dem alten griechischen Legendenstock.

Vom Zahn des Heiligen Nikolaus in Brauweiler

Als die Mönche von Brauweiler ihre Kirche erweitern wollten, schickten sie den Zahn ihres Schutzherrn, des heiligen Priesters Nikolaus, mit einigen Weltpriestern, die sich aufs Reden verstanden und Geld herauszulocken wußten, in verschiedene Gegenden. Er war in einen Kristall eingeschlossen. Als eines Tages diese gemieteten Prediger beim Umhertragen des Reliquienbehälters sich unehrerbietig benahmen, da platzte der Kristall, als könnte der ehrwürdige Bischof ihre Lästerungen nicht ertragen. Als die Mönche dies Wunder sahen, brachten sie den Zahn zurück und litten seitdem nicht wieder, daß er zu solchem Zweck ausgesandt würde. Ich habe den Riß im Kristall gesehen.

Nach der Legende von Cäsarius von Heisterbach, erzählt von Helmut Herles

Wie der Heilige Nikolaus einem Knaben seinen Tod voraussagte

Im Dorf Leichlingen, ungefähr zwei Meilensteine von Köln, ist vor sieben Jahren geschehen, was ich erzählen will. Ein einfacher Knabe hütete dort das Vieh einer Frau. Dieser liebte den heiligen Nikolaus so sehr, daß er täglich die Hälfte seines Brotes ihm zu Ehren an die Armen verteilte. Auch rief er fortwährend im Gebet sein Erbarmen an. Da der heilige Bischof an diesem frommen Dienst Gefallen fand, erschien er ihm eines Tages auf dem Felde, in Gestalt und Kleidung

Der Niklas wurde bös und wild,
Du siehst es hier auf diesem Bild!
Er packte gleich die Buben fest,
Beim Arm, beim Kopf, bei Rock
und West'.

Den Wilhelm und den Ludewig,
Den Kaspar auch, der wehrte sich.
Er tunkt sie in die Tinte tief,
Wie auch der Kaspar: Feuer! rief.
Bis übern Kopf ins Tintenfaß
Tunkt sie der große Nikolas.

eines ehrwürdigen Greises, und sagte: Lieber Knabe, führe die Herde heim. Er antwortete: Herr, es ist noch zu früh, täte ich es, so würde meine Herrin schelten. Darauf der Heilige: Tu, wie ich gesagt habe, denn heute vor Sonnenuntergang wirst du sterben. Der Knabe erschrak bei diesem Wort und fragte ihn: Herr, wer bist du? Er antwortete ihm: Ich bin der Bischof Nikolaus, zu dem du immer betest und mit dem du dein Frühstück zu teilen pflegst. Ich bin gekommen, um dich zu belohnen. Geh also nach deiner Herberge, nimm den Leib des Herrn und bereite dich, denn heute, wie gesagt, wirst du sterben. Darauf verschwand er. Als der Knabe mit den Schafen heimkam und seine Herrin fragte, warum er so früh komme, antwortete er: Ich mußte, denn vor der Nacht soll ich sterben. Darauf jene: Du faselst. Führe die Herde wieder auf die Weide, du wirst nicht sterben. Er aber legte sich

gleich zu Bett und verlangte nach einem Priester. Dieser kam, und die Frau sagte zu ihm: Ich fürchte, dieser Knabe hat irgendeinen Spuk gesehen, fragt ihn sorglich, was er gesehen hat, was ihm fehlt und warum er so redet. Der Priester tat so, und der Knabe erzählte ihm das Gesicht. Er empfing aus seinen Händen das Abendmahl und starb zur vorhergesagten Stunde.

422　　*Nach der Legende von Cäsarius von Heisterbach, erzählt von Helmut Herles*

Von dem Bilde des heiligen Nikolaus zu Burtscheid

Im Kloster Burtscheid bei Aachen ist ein ellengroßes Bild, das den seligen Bischof Nikolaus vom Nabel an aufwärts darstellt. Der selige Gregorius, der Sohn des Königs von Griechenland, jenes Klosters erster Abt und Gründer, hat es hingebracht. Es soll dasselbe Bild sein, das ein Barbar, wie man in den Wundern des heiligen Nikolaus liest, raubte und zur Behütung seines Zollhauses bestimmte, wodurch er dann zum Glauben bekehrt ward, da er seine Habe verlor und sie, als er das Bild schlug, wiedererhielt. Oft hat sich seine Kraft gezeigt, besonders bei Schwangeren. Als es einst in das Haus einer angesehenen Frau, die in Wehen lag, gebracht ward, wo man es ihr gegenüber an die Wand hängte, da sahen alle Anwesenden, wie im Augenblick der Geburt das Bild, um die Gebärende nicht zu betrachten, sich umdrehte. Es ist auf diesem Bilde das Antlitz lang und mager, sehr ernst und ehrwürdig. Die Stirn ist kahl, die Haare des Kopfes wie des Bartes grau. Als jüngst die Mönche den Ort verließen, erhielten ihn Nonnen unseres Ordens zugleich mit dem Bilde.

Nach der Legende von Cäsarius von Heisterbach, erzählt von Helmut Herles

423

Advent und Weihnachten

Unsere Vorstellung von Weihnachten ist durch die Berichte der Evangelien geprägt, die wiederum gespeist wurden von alttestamentlichen Vorstellungen. Deshalb sind nachfolgend zuerst die alttestamentlichen Bezugstexte, dann die beiden Evangelientexte von

Einkauf des Weihnachtsbaumes (um 1850) –
Foto: Archiv des Autors

Matthäus und Lukas aufgeführt. Über die kanonisierten Schriften (d. h. als Sammlung der Heiligen Schrift anerkannten Bücher) hinaus bezogen die Christen ihr Wissen über Geburt und Jugend Jesu aus außerbiblischen, evangelienähnlichen Büchern, die man apokryphe Bücher oder Proto-Evangelien nennt. Besonders wirksam war hier das Proto-Evangelium des Jakobus.

Das Wissen um die Magier, die dem Stern bis zur Krippe gefolgt sind, hat sich in Legenden niedergeschlagen, die im Laufe der Jahrhunderte immer detaillierter geworden sind. In dieses Kapitel aufgenommen wurde der Text der »Legenda aurea«.

Alttestamentliche Textzeugen

Numeri 24,17

Ich sehe ihn, aber nicht jetzt, ich erblicke ihn, aber nicht in der Nähe: Ein Stern geht in Jakob auf, ein Zepter erhebt sich in Israel.

2 Samuel 7,12–16

Wenn deine Tage erfüllt sind und du dich zu deinen Vätern legst, werde ich deinen leiblichen Sohn als deinen Nachfolger einsetzen und seinem Königtum Bestand verleihen.

Er wird für meinen Namen ein Haus bauen, und ich werde seinem Königsthron ewigen Bestand verleihen.

Ich will für ihn Vater sein, und er wird für mich Sohn sein. Wenn er sich verfehlt, werde ich ihn nach Menschenart mit Ruten und mit Schlägen züchtigen.

Meine Huld aber soll nicht von ihm weichen, wie sie von Saul gewichen ist, den ich vor deinen Augen verstoßen habe.

Dein Haus und dein Königtum sollen durch mich auf ewig bestehen bleiben; dein Thron soll auf ewig Bestand haben.

Psalm 72,10

Die Könige von Tarschisch und von den Inseln bringen Geschenke, die Könige von Saba und Seba kommen mit Gaben.

Jesaja 1,3

Der Ochse kennt seinen Besitzer und der Esel die Krippe seines Herrn; Israel aber hat keine Erkenntnis, mein Volk hat keine Einsicht.

Jesaja 7,14

... Seht, die Jungfrau wird ein Kind empfangen, sie wird einen Sohn gebären, und sie wird ihm den Namen Immanuel (Gott mit uns) geben.

Jesaja 11,1f

Doch aus dem Baumstumpf Isais wächst ein Reis hervor, ein junger Trieb aus seinen Wurzeln bringt Frucht.

Der Geist des Herrn läßt sich nieder auf ihm: der Geist der Weisheit und der Einsicht, der Geist des Rates und der Stärke, der Geist der Erkenntnis und der Gottesfurcht.

Jesaja 60,3

Völker wandern zu deinem Licht und Könige zu deinem strahlenden Glanz.

Jeremia 31,15

So spricht der Herr: Ein Geschrei ist in Rama zu hören, bitteres Klagen und Weinen. Rahel weint um ihre Kinder und will sich nicht trösten lassen, um ihre Kinder, denn sie sind dahin.

Hosea 11,1

Als Israel jung war, gewann ich ihn lieb, ich rief meinen Sohn aus Ägypten.

Micha 5,1

425

Aber du, Betlehem-Efrata, so klein unter den Gauen Judas, aus dir wird mir einer hervorgehen, der über Israel herrschen soll. Sein Ursprung liegt in ferner Vorzeit, in längst vergangenen Tagen.

Habakuk 3,2

(nach der – irrigen – Septuaginta-Übersetzung:)
Inmitten zweier Tiere wirst du dich offenbaren.

Neutestamentliche Textzeugen

Matthäus 1,18–25; 2,1–23

1,18 Mit der Geburt Jesu Christi war es so: Maria, seine Mutter, war mit Josef verlobt; noch bevor sie zusammengekommen waren, zeigte sich, daß sie ein Kind erwartete – durch das Wirken des Heiligen Geistes.

19 Josef, ihr Mann, der gerecht war und sie nicht bloßstellen wollte, beschloß, sich in aller Stille von ihr zu trennen.

20 Während er noch darüber nachdachte, erschien ihm ein Engel des Herrn im Traum und sagt: Josef, Sohn Davids, fürchte dich nicht, Maria als deine Frau zu dir zu nehmen; denn das Kind, das sie erwartet, ist vom Heiligen Geist.

21 Sie wird einen Sohn gebären; ihm sollst du den Namen Jesus geben; denn er wird sein Volk von seinen Sünden erlösen.

22 Dies alles ist geschehen, damit sich erfüllte, was der Herr durch den Propheten gesagt hat:

23 *Seht, die Jungfrau wird ein Kind empfangen, einen Sohn wird sie gebären, und man wird ihm den Namen Immanuel geben,* das heißt übersetzt: Gott ist mit uns.

24 Als Josef erwachte, tat er, was der Engel des Herrn ihm befohlen hatte, und nahm seine Frau zu sich.

25 Er erkannte sie aber nicht, bis sie ihren Sohn gebar. Und er gab ihm den Namen Jesus.

Maria mit dem Jesuskind (Fatschenkind) – Kupferstich. Vorlage: E. Deger. Stecher:- Jansen (1842). Privatbesitz.

2,1 Als Jesus zur Zeit des Königs Herodes in Betlehem in Judäa geboren worden war, kamen Sterndeuter aus dem Osten nach Jerusalem

2 und fragten: Wo ist der neugeborene König der Juden? Wir haben seinen Stern aufgehen sehen und sind gekommen, um ihm zu huldigen.

3 Als König Herodes das hörte, erschrak er und mit ihm ganz Jerusalem.

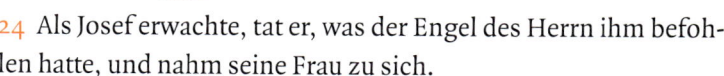

4 Er ließ alle Hohenpriester und Schriftgelehrten des Volkes zusammenkommen und erkundigte sich bei ihnen, wo der Messias geboren werden solle.

5 Sie antworteten ihm: In Betlehem in Judäa; denn so steht es bei dem Propheten:

6 *Du, Betlehem im Gebiet von Juda, bist keineswegs die unbedeutendste unter den führenden Städten von Juda; denn aus dir wird ein Fürst hervorgehen, der Hirt meines Volkes Israel.*

7 Danach rief Herodes die Sterndeuter heimlich zu sich und ließ sich von ihnen genau sagen, wann der Stern erschienen war.

8 Dann schickte er sie nach Betlehem und sagte: Geht und forscht sorgfältig nach, wo das Kind ist; und wenn ihr es gefunden habt, berichtet mir, damit auch ich hingehe und ihm huldige.

9 Nach diesen Worten des Königs machten sie sich auf den Weg. Und der Stern, den sie hatten aufgehen sehen, zog vor ihnen her bis zu dem Ort, wo das Kind war; dort blieb er stehen.

10 Als sie den Stern sahen, wurden sie von sehr großer Freude erfüllt.

11 Sie gingen in das Haus und sahen das Kind und Maria, seine Mutter; da fielen sie nieder und huldigten ihm. Dann holten sie ihre Schätze hervor und brachten ihm Gold, Weihrauch und Myrrhe als Gaben dar.

12 Weil ihnen aber im Traum geboten wurde, nicht zu Herodes zurückzukehren, zogen sie auf einem anderen Weg heim in ihr Land.

13 Als die Sterndeuter wieder gegangen waren, erschien dem Josef im Traum ein Engel des Herrn und sagte: Steh auf, nimm das Kind und seine Mutter, und flieh nach Ägypten; dort bleibe, bis ich dir etwas anderes auftrage; denn Herodes wird das Kind suchen, um es zu töten.

14 Da stand Josef in der Nacht auf und floh mit dem Kind und dessen Mutter nach Ägypten.

15 Dort blieb er bis zum Tod des Herodes. Denn es sollte sich erfüllen, was der Herr durch den Propheten gesagt hat: *Aus Ägypten habe ich meinen Sohn gerufen.*

16 Als Herodes merkte, daß ihn die Sterndeuter getäuscht hatten, wurde er sehr zornig, und er ließ in Betlehem und der ganzen Umgebung alle Knaben bis zum Alter von zwei Jahren töten, genau der Zeit entsprechend, die er von den Sterndeutern erfahren hatte.

17 Damals erfüllte sich, was durch den Propheten Jeremia gesagt worden ist:

18 *Ein Geschrei war in Rama zu hören, lautes Weinen und Klagen: Rahel weinte um ihre Kinder und wollte sich nicht trösten lassen, denn sie waren dahin.*

427

19 Als Herodes gestorben war, erschien dem Josef in Ägypten ein Engel des Herrn im Traum

Die Heiligen Drei Könige an der Krippe – Missale Romanum (1892)

20 und sagte: Steh auf, nimm das Kind und seine Mutter, und zieh in das Land Israel; denn die Leute, die dem Kind nach dem Leben getrachtet haben, sind tot.

21 Da stand er auf und zog mit dem Kind und dessen Mutter in das Land Israel.

22 Als er aber hörte, daß in Judäa Archelaus an Stelle seines Vaters Herodes regierte, fürchtete er sich, dorthin zu gehen. Und weil er im Traum einen Befehl erhalten hatte, zog er in das Gebiet von Galiläa

23 und ließ sich in einer Stadt namens Nazaret nieder. Denn es sollte sich erfüllen, was durch die Propheten gesagt worden ist: Er wird Nazoräer genannt werden. *

In dieser Form steht kein Prophetenwort im Alten Testament. Es wird vermutet, daß es sich um eine Anspielung auf Jesaja 11,1 handelt, wo vom Reis oder Sproß (hebr.: nezer) die Rede ist.

Lukas 2,1–40

2,1 In jenen Tagen erließ Kaiser Augustus den Befehl, alle Bewohner des Reiches in Steuerlisten einzutragen.

2 Dies geschah zum ersten Mal; damals war Quirinius Statthalter von Syrien.

3 Da ging jeder in seine Stadt, um sich eintragen zu lassen.

4 So zog auch Josef von der Stadt Nazaret in Galiläa hinauf nach Judäa in die Stadt Davids, die Betlehem heißt; denn er war aus dem Haus und Geschlecht Davids.

5 Er wollte sich eintragen lassen mit Maria, seiner Verlobten, die ein Kind erwartete.

6 Als sie dort waren, kam für Maria die Zeit ihrer Niederkunft,

7 und sie gebar ihren Sohn, den Erstgeborenen. Sie wickelte ihn in Windeln und legte ihn in eine Krippe, weil in der Herberge kein Platz für sie war.

8 In jener Gegend lagerten Hirten auf freiem Feld und hielten Nachtwache bei ihrer Herde.

428

9 Da trat der Engel des Herrn zu ihnen, und der Glanz des Herrn umstrahlte sie. Sie fürchteten sich sehr,

10 der Engel aber sagte zu ihnen: Fürchtet euch nicht, denn ich verkünde euch eine große Freude, die dem ganzen Volk zuteil werden soll:

11 Heute ist euch in der Stadt Davids der Retter geboren; er ist der Messias, der Herr.

12 Und das soll euch als Zeichen dienen: Ihr werdet ein Kind finden, das, in Windeln gewickelt, in einer Krippe liegt.

13 Und plötzlich war bei dem Engel ein großes himmlisches Heer, das Gott lobte und sprach:

14 Verherrlicht ist Gott in der Höhe, und auf Erden ist Friede bei den Menschen seiner Gnade.

15 Als die Engel sie verlassen hatten und in den Himmel zurückgekehrt waren, sagten die Hirten zueinander: Kommt, wir gehen nach Betlehem, um das Ereignis zu sehen, das uns der Herr verkünden ließ.

16 So eilten sie hin und fanden Maria und Josef und das Kind, das in der Krippe lag.

17 Als sie es sahen, erzählten sie, was ihnen über dieses Kind gesagt worden war.

18 Und alle, die es hörten, staunten über die Worte der Hirten.

19 Maria aber bewahrte alles, was geschehen war, in ihrem Herzen und dachte darüber nach.

20 Die Hirten kehrten zurück, rühmten Gott und priesen ihn für das, was sie gehört und gesehen hatten; denn alles war so gewesen, wie es ihnen gesagt worden war.

21 Als acht Tage vorüber waren und das Kind beschnitten werden sollte, gab man ihm den Namen Jesus, den der Engel genannt hatte, noch ehe das Kind im Schoß seiner Mutter empfangen wurde.

22 Dann kam für sie der Tag, der vom Gesetz des Mose vorgeschriebenen Reinigung. Sie brachten das Kind nach Jerusalem hinauf, um es dem Herrn zu weihen,

23 gemäß dem Gesetz des Herrn, in dem es heißt: *Jede männliche Erstgeburt soll dem Herrn geweiht sein.*

24 Auch wollten sie ihr Opfer darbringen, wie es das Gesetz des Herrn vorschreibt: *ein Paar Turteltauben oder zwei junge Tauben.*

25 In Jerusalem lebte damals ein Mann namens Simeon. Er war gerecht und fromm und wartete auf die Rettung Israels, und der Heilige Geist ruhte auf ihm.

26 Vom Heiligen Geist war ihm offenbart worden, er werde den Tod nicht schauen, ehe er den Messias des Herrn gesehen habe.

27 Jetzt wurde er vom Geist in den Tempel geführt; und als die Eltern Jesus hereinbrachten, um zu erfüllen, was nach dem Gesetz üblich war,

28 nahm Simeon das Kind in seine Arme und pries Gott mit den Worten:

29 Nun läßt du, Herr, deinen Knecht, wie du gesagt hast, in Frieden scheiden.

30 Denn meine Augen haben *das Heil gesehen*,

31 das du *vor allen Völkern* bereitet hast,

32 *ein Licht, das die Heiden* erleuchtet, und *Herrlichkeit* für dein Volk *Israel.*

33 Sein Vater und seine Mutter staunten über die Worte, die über Jesus gesagt wurden.

34 Und Simeon segnete sie und sagte zu Maria, der Mutter Jesu: Dieser ist dazu bestimmt, daß in Israel viele durch ihn zu Fall kommen und viele aufgerichtet werden, und er wird ein Zeichen sein, dem widersprochen wird.

Die heilige Familie –
Missale Romanum (1892)

35 Dadurch sollen die Gedanken vieler Menschen offenbar werden. Dir selbst aber wird ein Schwert durch die Seele dringen.

36 Damals lebte auch eine Prophetin namens Hanna, eine Tochter Penuels, aus dem Stamm Ascher. Sie war schon hochbetagt. Als junges Mädchen hatte sie geheiratet und sieben Jahre mit ihrem Mann gelebt;

37 nun war sie eine Witwe von vierundachtzig Jahren. Sie hielt sich ständig im Tempel auf und diente Gott Tag und Nacht mit Fasten und Beten.

38 In diesem Augenblick nun trat sie hinzu, pries Gott und sprach über das Kind zu allen, die auf die Erlösung Jerusalems warteten.

39 Als seine Eltern alles getan hatten, was das Gesetz des Herrn vorschreibt, kehrten sie nach Galiläa in ihre Stadt Nazaret zurück.

40 Das Kind wuchs heran und wurde kräftig; Gott erfüllte es mit Weisheit, und seine Gnade ruhte auf ihm.

430

Apokryphe Textzeugen

Gewöhnlich werden die wenig detailreichen Evangelientexte des Matthäus und Lukas für die einzigen schriftlichen Zeugnisse der Geburt Jesu gehalten. Sie sind zwar die wichtigste und einzig autorisierte Quelle für das Verständnis der bekannten Bilddetails des Geburtsbildes, aber sie enthalten nicht alle tradierten Elemente: Ochs und Esel werden nicht erwähnt, ebenso fehlen Angaben über die Hebamme und Salome, die meist in Schilderungen der Geburt Christi vorkommen. Diese Motive sind aus nichtbiblischen Quellen übernommen, den sogenannten Apokryphen. Dies sind Bücher, den kirchlich kanonisierten Texten des Neuen Testaments nach Anlage und Inhalt ähnlich, die von der Kirche nicht »kanonisiert«, also in den Kanon der heiligen Schriften aufgenommen wurden. Die Apokryphen waren vom öffentlichen und liturgischen Gebrauch ausgeschlossen. Auch Martin Luther war zu ihrer Anerkennung nicht bereit. Sie zeichnen sich durch Freude an weit ausholenden Erzählungen aus und malen besonders die Kindheitsgeschichte Jesu detailliert aus. Elemente der apokryphen Schriften waren von Anfang an Bestandteile der Erzählungen von der Geburt Christi. Als Quellentexte haben die Apokryphen hohe Bedeutung, was lange unterschätzt wurde. Das Protoevangelium des Jakobus stammt aus dem 2. Jahrhundert. Es ist Grundlage von erweiterten Übersetzungen ins Arabische, Armenische und andere Sprachen. Das lateinische Evangelium aus der sogenannten Arundel-Handschrift hat eine noch ältere Quelle in die bekannte Erzählung eingearbeitet.

Proto-Evangelium des Jakobus 17,1 – 22,2

17,1 Es wurde aber vom König Augustus ein Befehl ausgegeben, alle Einwohner Bethlehems in Judäa sollten sich aufschreiben lassen. Und Joseph sprach: Ich werde meine Söhne aufschreiben lassen, – was aber soll ich mit diesem Mädchen [= Maria] machen? Wie soll ich sie aufschreiben lassen? Als meine Frau? Da schäme ich mich. Oder als Tochter? Aber es wissen ja alle Söhne Israels, daß sie nicht meine Tochter ist. Der Tag des Herrn selbst wird es machen, wie der Herr will.

2 Und er sattelte seine Eselin und setzte sie darauf; sein Sohn zog, und Joseph folgte. Und sie näherten sich auf drei Meilen. Da wandte Joseph sich um und sah sie traurig und sprach bei sich selbst: Vielleicht bedrängt sie das, was in ihr ist. Und wiederum wandte Joseph sich um und sah sie lachen. Und er sprach zu ihr: Maria, was ist das mit dir, daß ich dein Angesicht bald lachend, bald traurig sehe? Und sie sprach zu ihm: Joseph, ich sehe zwei Völker mit meinen Augen, ein weinendes und klagendes und ein fröhliches und jauchzendes.

3 Und sie kamen halbwegs, und Maria sprach zu ihm: Joseph, hebe mich von der Eselin herab, denn das Kind in mir bedrängt mich und will herauskommen. Und

431

er hob sie dort herunter und sprach zu ihr: Wo soll ich dich hinbringen und deine Unziemlichkeit in Schutz bringen? Denn der Ort ist einsam.

18,1 Und er fand dort eine Höhle und führte sie hinein und ließ seine Söhne bei ihr stehen und ging hinaus, um eine hebräische Hebamme in der Gegend von Bethlehem zu suchen.
2 (Ich aber, Joseph, ging umher und ging doch nicht umher, und ich blickte hinauf in die Luft und sah die Luft erstarrt).

19,1 (Und siehe, eine Frau stieg vom Berge herab und sprach zu mir: Mann, wohin gehst du? Und ich sprach: Ich suche eine hebräische Hebamme. Und sie antwortete mir: Bist du aus Israel? Und ich sprach zu ihr: Ja. Sie aber sprach: Und wer ist die, die in der Höhle gebiert? Und ich sprach: Meine Verlobte. Und sie sprach zu mir: Sie ist nicht deine Frau? Und ich sprach zu ihr: Es ist Maria, die im Tempel des Herrn aufgezogen wurde, und ich bekam sie durch Los zur Frau. Und doch ist sie nicht meine Frau, sondern ihre Empfängnis ist aus dem Heiligen Geist. Und die Hebamme sprach zu ihm: Ist das wahr? Und Joseph sprach zu ihr: Komm und siehe!)
2 Und er trat an den Ort der Höhle, und siehe, eine lichte Wolke überschattete die Höhle. Und die Hebamme sprach: Erhoben ist heute meine Seele, denn meine Augen haben Wunderbares gesehen; denn Israel ist das Heil geboren. Und sogleich verschwand die Wolke aus der Höhle, und ein großes Licht erschien, so daß die Augen es nicht ertragen konnten. Kurz darauf zog sich jenes Licht zurück, bis das Kind erschien, und es kam und nahm die Brust von seiner Mutter Maria. Und die Hebamme schrie auf: Was für ein großer Tag ist das heute für mich, daß ich dies nie dagewesene Schauspiel gesehen habe.
3 Und die Hebamme kam aus der Höhle heraus, und ihr begegnete Salome. Und sie sprach zu ihr: Salome, Salome, ich habe dir ein nie dagewesenes Schauspiel zu erzählen: eine Jungfrau hat geboren, was doch die Natur nicht zuläßt. Und Salome sprach: So wahr der Herr, mein Gott, lebt, wenn ich nicht meinen Finger hinlege und ihren Zustand untersuche, so werde ich nicht glauben, daß eine Jungfrau geboren hat.

20,1 Und die Hebamme ging hinein und sprach zu Maria: Lege dich bereit, denn ein nicht geringer Streit besteht um dich. Und Salome legte ihren Finger hin zur Untersuchung ihres Zustandes. Und sie erhob ein Wehgeschrei und sprach: Wehe über meinen Frevel und meinen Unglauben; denn ich habe den lebendigen Gott versucht; und siehe, meine Hand fällt von Feuer verzehrt von mir ab!

2 Und sie beugte ihre Knie vor dem Herrn und sprach: Gott meiner Väter, gedenke meiner; denn ich bin Abrahams, Isaaks und Jakobs Same; stelle mich nicht an den Pranger vor den Söhnen Israels, sondern gib mich den Armen wieder. Denn du weißt, Herr, daß ich in deinem Namen meine Dienste erfülle und meinen Lohn von dir empfangen habe!

3 Und siehe, da stand ein Engel des Herrn vor Salome und sprach zu ihr: Gott, der Herr, hat dein Gebet erhört. Tritt herzu, faß das Kind an, so wird dir Heilung geschehen.

4 Und Salome tat so. Und sie sprach: Ich will es anbeten, denn in ihm ist Israel ein großer König geboren worden. Und Salome wurde geheilt, wie sie es erbeten hatte, und sie ging gerechtfertigt aus der Höhle hinaus. Und siehe, eine Stimme rief: Salome, Salome, verkündige nicht, was du Wunderbares gesehen hast, bis der Knabe nach Jerusalem kommen wird.

21,1 Und siehe, Joseph schickte sich an, nach Judäa hinauszuziehen. Und eine große Erregung entstand in Bethlehem in Judäa. Es kamen nämlich Magier, die sagten: Wo ist der neugeborene König der Juden? Denn wir haben seinen Stern im Osten gesehen und sind gekommen, ihn anzubeten.

2 Als Herodes das hörte, erschrak er und sandte Diener zu den Magiern und ließ die Hohenpriester kommen und fragte sie aus: Wie steht über den Messias geschrieben? Wo wird er geboren? Sie sprachen zu ihm: In Bethlehem in Judäa; so steht es nämlich geschrieben. Da entließ er sie. Und er fragte die Magier aus und sprach zu ihnen: Was für ein Zeichen habt ihr über dem neugeborenen König gesehen? Und die Magier sprachen: Wir haben gesehen, wie ein unbeschreiblich großer Stern unter diesen Sternen schien und die anderen verdunkelte, so daß sie nicht mehr schienen; und so erkannten wir, daß für Israel ein König geboren wurde. Und wir sind gekommen, ihn anzubeten. Da sprach Herodes: Gehet und suchet, und wenn ihr ihn gefunden habt, berichtet mir, damit auch ich hingehe, um ihn anzubeten.

3 Und die Magier gingen fort. Und siehe, der Stern, den sie im Osten gesehen hatten, zog vor ihnen her, bis sie zur Höhle kamen. Und er blieb zu Häupten der Höhle stehen. Und die Magier sahen das Kindlein mit Maria, seiner Mutter, und sie holten Geschenke aus ihrer Reisetasche: Gold, Weihrauch und Myrrhe.

4 Und da ihnen von dem Engel offenbart war, sie sollten nicht nach Judäa gehen, zogen sie auf einem anderen Weg in ihr Land.

433

22,1 Als aber Herodes erkannte, daß er von den Magiern hintergangen worden war, geriet er in Zorn und schickte seine Mörder und befahl ihnen, alle Kinder von zwei Jahren und darunter zu töten.

2 Als Maria hörte, daß die Kinder getötet wurden, fürchtete sie sich und nahm das Kind, wickelte es in Windeln und legte es in eine Ochsenkrippe.

Pseudo-Matthäus-Evangelium

[Erste Erwähnung von Ochs und Esel]

14 Am dritten Tag nach der Geburt unseres Herrn Jesus Christus trat die seligste Maria aus der Höhle, ging in einen Stall hinein und legte ihren Knaben in eine Krippe, und Ochs und Esel beteten ihn an. Da erfüllte sich, was durch den Propheten Jesaja verkündet ist, der sagt: »Der Ochse kennt seinen Besitzer und der Esel die Krippe seines Herrn.« So beteten sogar die Tiere, Ochs und Esel, ihn ständig an, während sie ihn zwischen sich hatten. Da erfüllte sich, was durch den Propheten Habakuk verkündet ist, der sagt: »Zwischen zwei Tieren wirst du erkannt.« Joseph blieb am gleichen Ort mit Maria drei Tage.

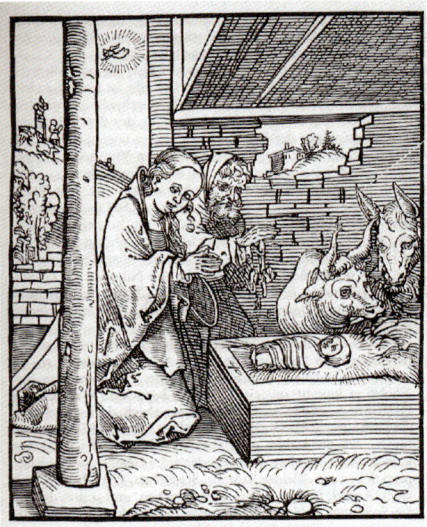

Christgeburt – Nach einem Holzschnitt von Lucas Cranach (1521). Foto: Verlagsarchiv

Arundel-Handschrift

[Bericht der Hebamme über die Geburt in der Höhle]

73 Als daher die Stunde näher kam, da trat die Macht Gottes offen in Erscheinung. Und das Mädchen (Maria) stand da, schaute zum Himmel und wurde wie eine Weinrebe(?). Denn schon war das Ende der Heilsereignisse im Vorschreiten. Als aber das Licht hervorgekommen war, betete Maria den an, von dem sie sah, daß sie ihn geboren hatte. Das Kind selbst aber sandte mit Macht Strahlen ringsumher nach Art der Sonne und war rein und höchst lieblich anzuschauen, da es allein als Friede überall Frieden verbreitend erschien. In jener Stunde aber, als er geboren wurde, hörte man eine Stimme vieler unsichtbarer Wesen, die einstimmig »Amen« sagten. Und das Licht selbst, das geboren wurde, vervielfachte sich und verdunkelte mit der Helligkeit seiner Leuchtkraft das Sonnenlicht. Und diese Höhle wurde von hellem Licht erfüllt samt dem süßesten Duft. So wurde dies Licht geboren, wie Tau vom Himmel auf die Erde herniedersteigt. Denn sein Duft riecht stärker als aller Wohlgeruch von Salben.

434

Bericht des Justinus († ca. 165)

»Joseph, der mit Maria verlobt war, hatte anfänglich Maria, seine Braut, entlassen wollen in der Meinung, daß sie infolge unehelichen Umgangs mit einem Manne schwanger sei. In einem Gesichte hatte er jedoch den Befehl erhalten, sein Weib nicht zu entlassen; der Engel nämlich, welcher ihm erschienen war, hatte gesagt: ›Vom Heiligen Geiste ist, was sie im Leibe trägt.‹ Nun hätte er sich gescheut, sie zu entlassen. Er ging vielmehr mit ihr, als damals in Judäa die erste Zensusliste unter Quirinius aufgestellt worden war, von Nazaret, wo er gewohnt hatte, hinauf nach Bethlehem, woher er stammte, um sich daselbst aufzeichnen zu lassen; denn er war gebürtig aus dem Stamme Juda, welcher jene Gegend bewohnte. Zugleich mit Maria erhält er Befehl, nach Ägypten zu gehen und dort mit dem Kinde zu bleiben, bis ihnen in einer neuen Offenbarung gesagt würde, sie sollen nach Judäa zurückkehren. Damals aber, als der Knabe in Betlehem geboren wurde, nahm Joseph, da er in jenem Dorfe nirgends Unterkunft finden konnte, in einer Höhle in der Nähe des Dorfes Quartier. Als sie damals an jenem Orte weilten, hatte Maria Christus geboren und ihn in eine Krippe gelegt. Hier haben ihn die Magier aus Arabien gefunden.«

Legenden und private Offenbarung

Die Legende von den Heiligen Drei Königen

Drei große Geheimnisse werden uns von der katholischen Kirche heute zur andächtigen Betrachtung vorgestellt, welche sich einst an diesem Tage, doch nicht in dem nämlichen Jahre, zugetragen haben. Das erste ist die Ankunft der Heiligen Drei Könige zu dem neugeborenen Heilande der Welt. Das zweite die Taufe Jesu Christi in dem Flusse Jordan. Das dritte die wunderbare Verwandlung des Wassers in Wein als das erste Wunder, welches Christus auf der Hochzeit zu Kana in Galiläa gewirkt hat. In diesen drei erzählten Begebenheiten hat Christus, der Herr, am heutigen Tag in mehreren Erscheinungen sich geoffenbart und zwar in der ersten den drei Heiden durch einen Wunderstern; in der zweiten am Jordan dem heiligen Johannes und einer großen Menge Volkes der Juden durch eine vom Himmel herabrufende Stimme des himmlischen Vaters und durch Erscheinung des Heiligen Geistes in der Gestalt einer Taube; in der dritten seinen Jüngern durch das erste Wunder, welches er zu Kana gewirkt hat und nach dem Zeugnis des heiligen Evangeliums seine Jünger bewog, daß sie an ihn glaubten. Deswegen wird das heutige Fest, welches man jederzeit als eines aus den feier-

435

lichsten des ganzen Jahres angesehen und in Ehren gehalten hat, das Fest der Erscheinung Christi genannt; das ist ein Fest, an welchem Christus, der Herr, in dem menschlichen Fleisch erschienen ist und sich den Menschen geoffenbart hat. Wegen der ersten Erscheinung, welche den drei Königen als Heiden geschehen, wird es auch das Fest der Heiligen Drei Könige genannt.

Der im Morgenlande neu aufgegangene Stern hatte einen weit größeren Glanz als alle anderen Sterne des Himmels; und Gott, der solchen als einen Verkündiger seiner Ankunft geschickt, hat auch innerlich die Herzen der drei Weisen also erleuchtet, daß sie klar erkannten, der durch die Weissagung des Propheten Balaam verkündigte Messias oder König der Juden sei wirklich angekommen. Diese drei Weisen oder Könige, welche gewöhnlich Kaspar, Melchior und Balthasar genannt werden, machten sich nach geschehener Erscheinung des Sternes ohne Verzug auf den Weg.

Der ihnen erschienene Stern vertrat die Stelle eines Wegweisers so lange, bis sie zur Stadt Jerusalem kamen; denn daselbst verschwand er auf einmal vor ihren Augen. Die Betrübnis, welche sie deswegen befiel, war nicht gering. Weil sie dennoch glaubten, in Jerusalem als in der Hauptstadt des Judenlandes würde der Ort und Aufenthalt des neugebornen Königs der Juden ohne Zweifel bekannt sein, so gingen sie ohne Bedenken in die Stadt und fragten ohne Scheu: »Wo ist derjenige, der da geboren ist, ein König der Juden; denn wir haben dessen Stern gesehen im Morgenlande und sind gekommen, ihn anzubeten.« Die Einwohner der Stadt staunten über eine so unerwartete Frage und wußten nichts zu antworten. Der Ruf von den angekommenen Weisen und ihrer Frage verbreitete sich schnell durch die ganze Stadt und kam auch zu den Ohren des Königs Herodes. Dieser, weil er ohnehin sehr herrschsüchtig war, befürchtete, er könnte durch den neugebornen König von seinem Thron gestoßen werden. Demnach berief er die Hohenpriester und Schriftgelehrten zusammen und fragte sie, wo denn der Messias sollte geboren werden? Ihre einhellige Antwort war, daß diese Geburt nach der Weissagung des Propheten Micha in Betlehem, einer Stadt des Stammes Juda geschehen müsse. Sobald der König solches vernommen, ließ er die drei Weisen zu sich kommen, befragte sie sorgfältig, wann sie den Stern, von dem sie so vieles gesprochen, gesehen, und was für Umstände sich ferner ereignet hätten. Alsdann sprach er zu ihnen: »Gehet hin nach Betlehem, und forschet fleißig nach, bis ihr erfahret, wo das neugeborene Kind sei. Wenn ihr solches gefunden habt, so zeiget es mir an, damit auch ich hingehe, dasselbe anzubeten.« Dieses sprach der arglistige König nicht mit dem Vorsatze, den neugebornen König in Wahrheit anzubeten, sondern denselben heimlich aus dem Wege zu räumen und sein Reich zu befestigen.

Indessen waren die drei Weisen durch das, was der König ihnen gesagt hatte, ganz befriedigt und begaben sich von Jerusalem hinweg nach Betlehem.

436

Kaum hatten sie die Stadt verlassen: Da zeigte sich wieder ihr himmlischer Wegweiser, der Stern, den sie im Morgenlande gesehen hatten, und schwebte vor ihnen her bis an den Ort, wo der neugeborne König war. Die Freude, welche sie
darüber empfanden, läßt sich mit Worten nicht beschreiben. Wer kann aber begreifen, wie sehr sich solche vermehrt habe, da sie sich wirklich an demjenigen
Orte sahen, wo der so eifrig von ihnen gesuchte, neugeborne König war? Dies
zeigte ihnen der Stern an, der über der Krippenhöhle still stand. Die drei Weisen
gingen mit unaussprechlicher Freude in den armen Stall hinein und sahen selbst
auf dem Schoße der jungfräulichen Mutter das göttliche Kind, welches seine Augen ganz liebreich auf sie richtete. In dem Augenblicke wurden sie innerlich von
Gott erleuchtet und gänzlich überzeugt, daß dieses Kind derjenige große König,

ja der eingeborne Sohn Gottes sei, welcher zur Erlösung der Menschen auf die Welt gekommen. Demnach fielen sie nieder auf die
Erde, beteten ihn mit gebogenen Knien und tiefster Ehrerbietung
an als ihren Herrn und Gott, öffneten ihre mitgebrachten Schätze

und opferten ihm dreifache Gaben, nämlich Gold, Weihrauch und Myrrhen;
Gold, um zu bezeugen, daß er ein wahrer König; die Myrrhen, um anzudeuten,
daß er ein wahrer Mensch; den Weihrauch aber, um zu bekennen, daß er wahrer
Gott sei. Der von ihnen so andächtig verehrte und angebetete Heiland der Welt
wird die ihm erwiesene Ehre und überreichen Schenkungen reichlich durch in-
nerlichen Seelentrost vergolten haben.

Nachdem nun die drei Weisen ihrer Andacht vollkommen Genüge geleistet, gedachten sie ihren Rückweg durch Jerusalem zu nehmen, wie es Herodes
verlangt hatte. Es erschien ihnen aber ein Engel des Herrn im Schlafe und ermahnte sie, sich nicht wieder zu diesem König zu begeben, sondern einen an-

deren Weg zurück in ihre Länder zu nehmen. Dieser Ermahnung gehorchten sie und kehrten durch andere, obwohl beschwerlichere Wege wieder dahin zurück, wo sie hergekommen waren. Durch den heiligen Apostel Thomas wurden sie getauft, später zu Priestern und Bischöfen geweiht und bekehrten sehr viele zum christlichen Glauben. Ihre heiligen Leiber werden im Dome zu Köln verehrt.

Nach der »Legenda aurea« des Jacobus a Voragine, in einer Bearbeitung von P. Matthäus Vogel von 1904

* Auer, P. Wilhelm: Goldene Legende. Leben der lieben Heiligen Gottes auf alle Tage des Jahres. Nach P. Matthäus Vogel neu bearbeitet. Köln [1904], 18–20.

Christi Geburt

Als ich mich bei der Krippe des Herrn in Betlehem befand, sah ich eine sehr schöne schwangere Jungfrau, mit einem weißen Mantel und einem dünnen Kleid angetan, das mir erlaubte, ihres jungfräulichen Leibes klar gewahr zu werden. Ihr Mutterleib war voll und sehr aufgeschwollen, denn sie war schon nahe daran, zu gebären. Mit ihr war ein sehr ehrenwerter alter Mann, und sie hatten einen Ochsen und einen Esel mit sich. Als sie in die Grotte gekommen waren, band der Alte den Ochsen und den Esel an die Krippe, ging hinaus und kam mit einem entzündeten Licht zur Jungfrau zurück, das er an der Mauer befestigte. Dann ging er wieder hinaus, denn er sollte selbst bei der Geburt nicht anwesend sein. Die Jungfrau nahm die Schuhe von ihren Füßen, entledigte sich des weißen Mantels, den sie trug, zog den Schleier vom Haupte und legte die Kleidungsstücke neben sich. So hatte sie bloß das Kleid auf sich, und ihr wunderbares, goldglänzendes Haar war über die Schultern ausgebreitet. Sie zog zwei kleine Leinen- und zwei Wollstücke hervor, sehr reine und feine, die sie mit sich geführt hatte, um damit das erwartete Kind einzuhüllen, und außerdem zwei andere kleine Leinenhäubchen, bestimmt für das Haupt des Kindes, und sie legte diese Kinderstücke neben sich, um sie benützen zu können, wenn sie ihrer bedurfte. Als alles in Ordnung getan war, fiel die Jungfrau ehrfurchtsvoll auf die Knie, um zu beten, wobei sie den Rücken gegen die Krippe wendete, erhob aber das Haupt zum Himmel, in östlicher Richtung. Mit erhobenen Händen und den Blick zum Himmel gerichtet, stand sie gleichsam in Betrachtung und Entzückung, berauscht von göttlicher Süße. Während sie auf diese Weise im Gebet versunken war, sah ich das Kind in ihrem Mutterleib sich rühren, und in derselben Stunde, ja in einem Augenblick gebar sie ihren Sohn, von welchem ein so unsäglicher Strahlenglanz ausging, daß die Sonne nicht mit ihm verglichen werden könnte. Das Wachslicht, das der alte Mann hingesetzt hatte, versprühte keinen Schein, denn der göttliche Strahlenglanz ertränkte ganz den lieblichen Schein des

438

Wachslichtes. Und so schnell und augenblicklich war die Geburt, daß ich nicht beobachten oder unterscheiden konnte, wie und mit welchem Körperteil die Jungfrau gebar.

Ich sah indessen sogleich das ehrenreiche Kind nackt und klar scheinend auf dem Boden liegen. Sein Fleisch war durchaus rein und frei von aller Unreinheit. Ich sah auch die Nachgeburt eingehüllt und sehr schön neben dem Kind liegen. Und ich hörte süß klingenden Engelgesang von wunderbarer Schönheit. Der Mutterleib der Jungfrau, der von der Niederkunft sehr aufgeschwollen war, zog sich nun zusammen, und ihr Leib schien zart und von seltsamer Schönheit. Als sie fühlte, daß sie geboren hatte, betete sie zu dem Knaben sehr geziemend ehrfurchtsvoll mit gebeugtem Haupt und gefalteten Händen und sagte zu ihm: »Sei willkommen, mein Gott, mein Herr, mein Sohn.« Da begann der Knabe zu weinen und wegen der Kälte und des harten Bodens, wo er lag, gleichsam zu beben, wendete sich sachte, streckte die Glieder aus und suchte den Schutz seiner Mutter, und die Mutter nahm ihn an der Wange und Brust mit großer Freude und zartem mütterlichem Mitleid. Sitzend auf dem Boden legte sie ihren Sohn in die Arme und nahm mit den Fingern vorsichtig seinen Nabelstrang, welcher sogleich abgeschnitten wurde, ohne daß Flüssigkeit oder Blut hervordrangen. Dann begann sie, ihn vorsichtig einzuhüllen, zuerst in Leinen- und dann in Wollkleider, wobei sie den Körper, die Beine und Arme mit einem Windelband umwickelte, das an den vier Enden des oberen Wollstückes festgenäht war. Dann hüllte sie das Haupt des Kindes in die zwei Leinenhäubchen, die sie zu diesem Zweck zur Hand hatte. Als sie dies getan war, trat der Alte ein, fiel auf die Knie, betete den Knaben an und weinte vor Freude.

Aus den Offenbarungen der heiligen Birgitta von Schweden, in: Stolpe, Sven (Hg.): Die Offenbarungen der heiligen Birgitta von Schweden. Frankfurt/M. 1961, 104–106.

FASTNACHT – FASCHING – KARNEVAL

Fastelabend in Münster/Westf. vor 1565

Da wurde auch hier zu Münster der Fastelabend mit großem Überschwang und Geckerei jährlich gehalten, daß es nicht zu sagen ist. Denn da tat ein jeder die Zeit über, was ihn gelüstete und was er liebte ungestraft, und solches wurde dem Fastelabend zugeschrieben. Da verkleideten und vermummten sich Knechte und Mägde und andere Ungenannte und fielen so bei guten Leuten ein, soffen und fraßen mit ihnen unerkannt, und solches geschah sowohl während des Tages als auch des Nachts; sie hatten bei sich Pfeifen, Trommeln, Harfen, Lauten, Violen und Fiedeln und andere Instrumente, tanzten und sprangen und stellten sich nicht anders an als wilde Tiere und unsinnige Leute. Da zogen die Frauen der Männer Kleider an und die Männer die der Frauen, damit sie nicht erkannt wurden;

»Narrensäen und Narrensamen« – Holzschnitt aus: Thomas Murner, Narrenbeschwörung (1512). Foto: Archiv des Autors

sie trugen des Nachts *tortisen* in den Händen oder ließen sich wohl Leuchten vorantragen; etliche kleideten sich als Türken, Heiden und Polen, etliche als Teufel und böse Geister. Wer solches wunderbarer und seltsamer machen konnte, das war der beste Mann; und solches geschah unter *handel faken groisse boverie*; in alle Häuser, in die sie kamen, nötigten sie die Leute zu spielen: Sie mußten ihnen einen Mummenschanz oder zwei holen. Sie hatten einen bei sich, der trug die Würfel und machte das Spiel; gewann er etwas, war es ihnen allen zum Besten, verlor er aber, da lachte er nicht laut und wurde dazu beschimpft. Während dieser den Mummenschanz hielt und spielte, waren die anderen lustig mit Tanzen und Saufen; wenn sie kamen, traktierte sie der Hauswirt großzügig mit Wein und Bier, nach Gelegenheit, und oft waren es gute Leute und waren oft Hergelaufene, daran nicht viel zu tun war. Jedoch so taten wohl auch gute Leute oft, so sie gerne beieinander waren, aber die machten sich dann bloß und gaben sich zu erkennen. Etliche soffen durch die Larven, etliche hatten zinnerne Pfeifen um den Hals hängen, wodurch sie saugten; was in den Pfeifen blieb, fiel wieder in die Kannen oder Becher, daß es einen grausen mochte, der danach daraus trinken mußte – aber solches wurde alles den Fastelabenden zugeschrieben. Alle Amtsgesellen, Jungen und Knechte, begingen auch das Fest herrlich. Ein jedes Amt wählte den an-

440

sehnlichsten unter ihnen zu einem Fähnrich, der sich darauf auch herrlich kleiden mußte. Er trug ihr Fähnchen. Mit diesen Fähnrichen kamen sie aus ihren Wirtshäusern (denn ein jedes Amt hatte auch ein besonderes Wirtshaus), die Jungen gingen vor dem Fähnrich, und die Knechte folgten ihnen nach, alle paarweise mit Pfeifen und Trommeln. Sie zogen durch die ganze Stadt zu den Häusern aller Meister und denen, bei denen sie das Jahr über gearbeitet hatten, und bettelten (sammelten wollte ich sagen) dort Geld, Fleisch und Würste, tanzten in allen Häusern mit dem Hausgesinde und wurden, wenn sie kamen, nach Gelegenheit, mit Bier traktiert. Was sie auf diese Weise an Fleisch und Würsten bekamen, bedurfte zwei starker Männer unter ihnen, die alles auf einem Tragbaum nachtrugen, so daß jedermann sehen konnte, was sie bekamen. Wenn sie aber zurückkehrten, gingen sie wieder in ihr Wirtshaus und baten dann darauf die folgenden Tage die Töchter und Mägde ihrer Meister: Sie soffen, fraßen, sprangen und tanzten ohne Unterlaß, des Nachts sowohl als des Tages, so daß solches oft seltsam abging und wohl während des Jahres mit Händen und Füßen ausbrach. Sie hatten oft mehr Töpfe und Zeug, als Personen da waren. Da versoffen und verpraßten die Gesellen oft so viel an diesen Fastelabenden, daß sie danach das Jahr wieder Kummer mußten leiden. Sie stellten sich auch oft so an mit Schlägerei und Schulden, daß ihre Gildemeister und der Rat genug daran zu tun hatten, daß sie sich wieder trennten und vertrugen. Es gab auch den einen oder anderen unter den Gesellen, der mit diesem Fressen und Saufen nichts wollte zu tun haben, der es auch nicht in der Geldbörse hatte und sich absonderte. Den holten sie, jedermann zum Spotte, auf einer Leiter mit Gewalt in das Wirtshaus. Dort wurde er vollständig mit Wasser übergossen, so daß er völlig naß wurde – und die ihn trugen, wurden auch nicht vergessen. In summa: allenthalben soff man und fraß, und allenthalben wo man durch die ganze Stadt kam, da hörte man nichts als Pfeifen, Trommeln, Violen und Fiedeln und allerhand Spiel mit großem Juchzen und Rufen.

Die Fleischhauer hatten hier des Dienstagabends einen wunderlichen Brauch, denn sie ritten und gingen den ganzen Abend durch die Stadt und besuchten alle Fleischhauerhäuser. Zwei Gildemeister ritten voran und vor ihnen jeweils eine Fahne, danach folgten alle Fleischhauersöhne, so sie echt und recht geboren waren, paarweise nach. Die so groß waren, daß sie sich allein auf den Pferden behelfen konnten, ritten alleine. Bei den anderen, die noch zu klein waren, so daß sie selber nicht reiten und das Pferd regieren konnten, ging ein Mann daneben und hielt sie auf den Pferden. Die kleinen Kinder aber, die noch in den Wagen in den Windeln lagen, wurden durch andere auf dem Sattel geführt. Sie waren alle sehr schön mit Silber und Gold geschmückt. Wenn sie dieses Reiten etliche Male mitgemacht hatten, wurden sie auf einer *rige* angeschrieben; wenn dann einer von ihren Älteren verstarb, der einen *stapel* oder *stedde*, wie sie es nannten, in der *scharne* gehabt hatte, so erbat der älteste Sohn, so seinen Ritt erstmals getan hatte, die *stedde* und *stapel* wieder. Nach diesen Pferden folgten die zwei anderen Gildemeister mit der Braut zu Fuß, danach alle anderen Fleischhauer, paarweise und nach Alter. Die Braut, die sie so umher führten, war keine Braut, sondern war die älteste Tochter, die es im Amt gab und die noch Jungfrau war. Sie wurde auch von dem Amt mit einem Kleid geehrt, wenn sie so mit umherging. Da konnten die Töchter keinen *stapel* oder *stedde* in der *scharne* erben, es wäre denn, daß sie sich an einem befreiten, den das Amt hatte. Die städtischen Spielleute ritten auch vor den Gildemeistern, die die Fahnen führten, und spielten auf allen Gassen. Sie hatten einen neben sich herlaufen, der ihnen die Pferde führte, dieweil sie während des Spiels ihrer Hände nicht mächtig waren. Nach den Fleischhauern folgten auch die Knechte und Jungen. Zwischen ihnen gingen große starke Männer mit Fackeln, so groß wie sie sie tragen konnten. Diese waren gemacht von *heiden* und alten Lumpen von altem Leintuch, das in Fett, Teer und *hasse* getränkt war. Diese Fackeln leuchten geschwind; bei jeder Fackel lief auch ein Junge mit einem Stock mit und schlug auf die Fackel, daß sie leichter brannte. Ein jeder Fleischhauer und besonders die Knechte hatten einen Kranz von einem Taschentuch oder anderem Material gemacht, in der Hand. Wenn sie vor ein Fleischhauerhaus kamen, mußte man ihnen die Eingangstüren ganz öffnen. Die auf den Pferden blieben sitzen, die Gildemeister gingen mit der Braut auf einer *rige* in das Haus und faßten so den Kranz, den sie in Händen trugen, und so zog der eine den anderen nach. Wenn die Knechte an die Reihe kamen, zogen diese dann den *swengel*, daß der eine hier und der andere da lacht, wovon sie sich viel Lachen erhoffen. Die Fleischhauer wurden in allen Häusern, in die sie kamen, mit Wein und Bier herrlich traktiert. Die vor der Tür auf ihren Pferden warteten, wurden auch nicht vergessen; den Knechten wurde auch genügend Bier gereicht, wenn sie den *swengel* gezogen hatten. Wenn sie dann in allen Fleischhauerhäusern gewesen waren (sie gingen in keine andere), ritten sie wieder zum Markt. Dort schlugen die, die zu Fuße waren, vor der *scharne* mit der Braut einen runden Kreis. Dabei faßten sie sich an den Ringen, die sie in Händen trugen. So gingen sie zwei- oder dreimal rundum und sangen ein Lied, welches niemand verstehen konnte, das sie auch niemanden lehrten, sondern sie nur vom Hören kannten. Wenn das geschehen war, gingen sie in die *scharne*, dazu zogen die Knechte und Jungen den *swengel*. Damit war es an diesem Abend getan, und ein jeder ging wieder nach Hause. Die Tage danach aber hielten sie noch eine große Zeche mit Saufen und Fressen.

442

Auf dem Domhof gab es den Brauch, daß die Domherren, die einen eigenen Hausstand unterhielten, auf Klein Fastelabend, (das ist der Donnerstag zuvor), wenn die Kompagniebrüder den Geck eingeholt hatten, am Abend nach dem Essen, ein langes Brett oder Stecken mit *schoeve* und anderem Stroh umwanden. Sie setzten ihn mit dem Ende in die Erde, gerichtet gegen ihre Türen auf dem Domhof, steckten die *schoew* oben an und unterdes, wenn die *schoeve* von oben bis zum Ende brannten, tanzten die Knechte und Mägde rundherum und machten sich lustig und fröhlich. Das nannten sie das Ausleuchten, und sie gelobten damit ihren Knechten und Mägden, auch ihren Fastelabend zu halten. Dies geschah auch auf des Fürsten Hof. Am Dienstagabend, wenn die Fleischhauer umherzogen und die Kompagniebrüder umhergingen, so geschah dergleichen Leuchten vor der Tür der Herren. Das nannten sie Einleuchten, denn dann mußten die Diener wieder ihren Herren aufwarten und die Mägde das ihre tun, was ihnen befohlen wurde. Die Domherren aber zogen gewöhnlich die Zeit über zur Stadt hinaus zu ihren Freunden und Verwandten. An demselben Dienstagabend wurden in der ganzen Stadt und besonders auf dem Markt und den Plätzen der Stadt Teertonnen aufgestellt; diese setzten sie auf große Weinfässer oder auf andere Tonnen und füllten sie mit Stroh und Holz. Sie zündeten sie oben an und ließen sie bis zum Ende brennen. An etlichen Stellen, wo die Straßen so eng waren, daß man diese Fässer wegen der Feuersgefahr nicht aufstellen durfte, hatten sie einen großen Ilexbusch. Daran hingen Kränze mit brennenden Kerzen. Um diese Teertonnen wurde auch die ganze Nacht beinahe getanzt und gespielt. Das war solch ein Feuer und leuchtete auf allen Straßen, daß einer, der es nicht wußte und davor stand, meinte, es stünde die ganze Stadt in Flammen.

Auch die reichsten Bürger hatten eine Bruderschaft unter sich, die auch zu Fastelabend gehalten wurde und sich Sankt-Anna-Bruderschaft nannte; die Brüder aber nannten sich Kompagniebrüder. Sie saßen oft vor Fastelabend zusammen, trieben auch Fastelabend viele und mancherlei böse und seltsame Geckerei. Sie hatten gleichwohl unter sich strenge Gesetze und Ordnungen, daran sie sich halten mußten. Wenn sie diese übertraten, mußte das ihr Beutel gutmachen. Sie hatten unter sich ausreichend eigene Renten und Einkommen für Gelage. Sie luden auch zu ihren Freßgelagen, die sie jeden Abend hielten, Gäste, die sie während der Nacht herrlich traktierten. Dies waren, davon geschrieben steht, die den Tag in die Nacht und die Nacht wieder in den Tag verkehrten. Denn des Nachts soffen und fraßen sie ohne Unterlaß, und des Tages schliefen sie und wußten von keinem Aufhören zu sagen. Es kamen nach hier etliche junge Kaufgesellen von Lübeck, Hamburg und Bremen und hielten die Kompagnie spaßeshalber mit. Wenn Fastelabend vorüber war, zogen sie wieder weg. Diese Kompagniebrüder betrieben auch öffentlich oft viele Geckereien und Bosartigkeiten, sowohl zu Pferde als auch zu Fuß. Sie waren allzeit vermummt, so daß man sie nicht erkennen konnte.

443

Donnerstags vor Fastelabend, kleiner Fastelabend genannt, ritten sie paar-weise in ihren Kleidern, die eigens angefertigt und bunt genug gemacht worden waren und die sie jährlich änderten, aus dem Stadttor. Sie führten einen Wagen mit sich, in dem etliche saßen, in dem schon beim Verlassen der Stadt ein Geck lag, der aus Leinentuch nach einem Mensch gemacht und inwendig mit Heu und Stroh dicht gefüllt war. Wenn sie ungefähr bis Kinderhaus gekommen waren, zogen sie den Doktor hervor, trieben seltsame Afferei mit ihm mit Willkommen heißen, küßten ihn und taten ihm viel Freundschaft und Ehre an und wußten vor großer Liebe nicht, was sie ihm tun sollten. Der eine wollte ihn vor dem anderen haben. Mit solch großer Freude und Jubel brachten sie ihn in die Stadt, ließen ihn jedermann vom Wagen aus sehen, als hätten sie ihn von fern hergeholt und daß daran gelegen wäre, daß sie ihn bekommen hätten, ritten sie mit ihm etli-che Straßen entlang, damit es jedermann gewahr wurde und ihn sah. Zuletzt ka-men sie mit ihm auf den Markt, fuhren dreimal mit ihm rundum. Danach hiel-ten sie mit ihm auf dem Wagen an. Es war eine Leine mittenquer über den Markt gespannt, aus den Fenstern und von der einen Seite bis zur anderen, daran hin-gen, mit den Füßen angebunden, Gänse. Etliche hatten vorher darum gewettet, wer den Gänsen im vollen Lauf den Kopf abreißen könnte. Sie rannten los und rissen eine nach der anderen ab. Wer das Glück hatte und den Kopf abriß, ge-wann den Brüdern die Wette; denn alle Wetten, die unter ihnen abgeschlossen wurden, galten den Brüdern zum Besten. Wenn das geschehen war, zogen sie wieder einträchtig zu dem Haus, in dem sie ihre Kompagnie hielten und emp-fingen auch dort diesen neuen Doktor mit großen Feierlichkeiten, fraßen und soffen mit großer Freude.

Sie hatten, wie vorher schon gesagt, strenge Statuten und Gesetze unter sich, damit sie gleichwohl in Zwang gehalten wurden, damit ein jeder nicht Un-höfliches und was er sich so dachte, einfach machte. Niemand unter ihnen, der es verdient hatte, blieb ungestraft. Dies geschah nicht öffentlich, sondern unter ihnen; es geschah auch nicht am Leibe, sondern am Beutel, so daß diese Kom-pagnie von vielen gelobt wurde, daß man dort wohl *einen bouen tzemmen* konnte. Die Kompagnie wurde geachtet als ein Zuchthaus und eine Schule der jungen Bürger. Oft gaben auch gute Leute ihre Kinder darein, damit sie dort etwas ge-zähmt würden. Von diesem Tag an, bis daß der Doktor wieder verbrannt wurde, wie man später hören wird, war wenig weises Volk in der ganzen Stadt, nicht al-lein in der Kompagnie und unter den Amtsgesellen, sondern es vermummten sich auch die kleinen Kinder, die kaum selber gehen konnten, und gingen so über die Gassen.

Des Dienstags am letzten Fastelabend, wenn die Kompagniebrüder gegessen hatten, gingen sie in ihrer Kleidung, die sie dafür neu hatten machen lassen

und die so bunt wie die andere sein mußte, paarweise aus der Kompagnie. Sie trugen *torsen* in den Händen durch die ganze
Stadt in die Häuser, wo sie zu Hause waren und woher sie in den vergangenen Tagen die Jungfrauen und Frauen zu Gast
gehabt hatten. Dort hielten sie Mummenschanz und tanzten, auch zwei oder drei
Tänze, und alle, die kamen, wurden herrlich traktiert mit Wein und Bier, daß sie oft
am Morgen nicht wußten, wie sie wieder
nach Hause gekommen waren. Das Pras-

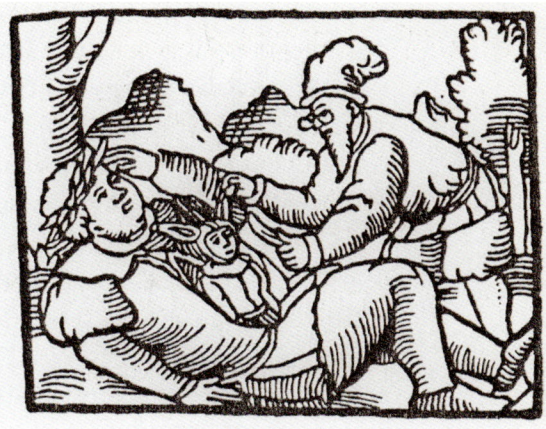

Das Narrenschneiden – Holzschnitt (Mitte 16. Jh.) zu dem
Fastnachtsspiel »Das Narrenschneiden« von Hans Sachs.
Foto: Archiv des Autors

sen und Zieren dauerte bis zum ersten Donnerstag in der Fastenzeit. Wenn dann die Diener und Untergebenen diesen Doktor sahen und merkten, daß sie von ihrem Herren betrogen und leidend
gemacht worden waren (denn sie waren alle matt und krank von
dem vielen Fressen und Saufen geworden), wurden sie zornig auf
ihn und gaben ihm alle Schuld. Es reute sie, daß sie ihm so große Ehre bewiesen
hatten, stießen und schlugen ihn ganz unbarmherzig, drohten ihm hart, warfen
ihn darnieder und behandelten ihn übel, sagten, er wäre ein Schelm, Verräter,
Mörder und Dieb; er hätte sie alle verraten, und das bedeute, er sollte und müßte
ohne Gnade sterben. Sie nahmen ihn dann wieder in der zornigen Art auf den Wagen, ehrten ihn nicht wie früher, sondern knirschten mit den Zähnen und drohten ihm sehr. Die mit ihm auf dem Wagen waren, schoben, stießen und schlugen
ihn, führten ihn durch die ganze Stadt; die anderen Brüder ritten alle mit und
achteten sorgfältig darauf, daß er ihnen nicht entkommen konnte. Wenn sie mit
ihm die Gassen auf und ab gezogen waren, kamen sie zuletzt mit ihm auf den
Markt. Dort führten sie ihn dreimal umher. Mitten auf dem Markt stand eine
hölzerne Figur, Roland genannt, die beide Hände ausgestreckt hatte. Die Figur
stand auf einer eisernen Stange, auf der sie sich drehen konnte. In der rechten
Hand hatte es eine runde Scheibe, etwas größer als ein Teller, und in der linken
Hand hatte es einen Geckenkolben hängen. Bereitgestellt waren lange Speere.
Damit rammten und stachen sie einer nach dem anderen den Roland in die rechte Hand, in der sich die runde Scheibe befand. Sogleich drehte er sich und schlug
mit der linken Hand, in der er den Kolben hatte, umher. Wenn dann derjenige, der
zugestochen hatte, nicht schnell genug fort war, kriegte er einen Schlag auf den
Rücken oder in den Nacken, so daß jedermann lachte. Sie hatten an diesem Tag
ebenso wie am vergangenen Donnerstag, als sie ihn einholten, ein kleines Kränzchen, durch das man ungefähr einen Ball durchstecken konnte. Auch danach

445

rammten sie ihre Speere. Wer im vollen Lauf durchstecken konnte, der gewann den Brüdern etwas zum Besten. Darum hatten sie Tage zuvor gewettet.

Während diese Kurzweil öffentlich geschah, hörte der Priester dem armen Sünder auf einer Seite des Marktes die Beichte. Wenn das geschehen war, nahm ein zuvor ausgewählter Richter mit zwei Beisitzern, köstlich verkleidet, mitten auf dem Markt auf einem Richterstuhl, der aufgestellt worden war, Platz. Dann wurde der Sünder vom Wagen hervorgebracht und durch den Gerichtsdiener vor dem Richter heftig angeklagt. Er wäre ein Vollsäufer, Wein- und Bierverderber, Würfler, Spieler, Lügner, Räuber, ein Anstifter aller lasterhaftigen Leute, ein Verderber der Jugend, ein *horenieger*, Erfinder und Vormacher aller Leichtfertigkeit und Geckerei, ein Zerstörer der Einigkeit und des Friedens, ein Stifter vieler Morde und Totschläger, ein Schänder der Frauen und Jungfrauen, ein Ehebrecher und Verächter aller Gebote Gottes. Und weil diese Sünden jedermann in der ganzen Welt bekannt seien, könnte man sie nicht übersehen und dürfte es auch nicht, damit nicht Gottes Zorn mehr und mehr geweckt und den *withers verzornen;* schwieg er still dazu oder schrie er jämmerlich, dann wischten ihm die dabeistehenden Diener die Tränen von den Wangen. Also wurde er durch den Richter, wiewohl er einen schwereren Tod verdient hatte, zum Feuertod verdammt. Als dieses Urteil von den Richtern gesprochen war, warfen sie ihn in das Feuer, das dort bereits angezündet worden war und brannte. Sie verbrannten ihn zu Pulver, daß die Asche über die ganze Stadt staubte. Währenddessen war beinahe das Volk der ganzen Stadt auf dem Markt anwesend, auch die Fenster rund um den Markt waren mit viel Volk gefüllt, die alle diesen Handel und diese Geckerei ansahen. Sobald dies geschehen war, ritten sie wieder einträchtig zur Kompagnie, von der sie ausgeritten waren, und schickten die Pferde wieder nach Hause und labten alsdann wieder ihre betrübten Herzen.

Den Montag danach, nämlich am ersten Montag der Fastenzeit, wenn alle diese Geckerei und willige Raserei ein Ende hatte, hielten sie ein sehr großes und herrliches Gelage und convivium, luden den ganzen Rat und die ansehnlichsten Leute der Stadt, geistliche und weltliche, und begannen dann die Fastenzeit. Was dann dort nicht Fastenspeise war, das konnte man wohl entbehren. Sie hatten in der Kompagnie zwei Alterleute, denen mußten sie gehorsam sein. Diese schlichteten alle Mißverständnisse und Uneinigkeiten. Diese Alterleute wurden jedes Jahr an diesem Tag, in Anwesenheit aller Gäste, mit Pfeifen und Trommeln und nach Überlieferung mit Handzeichen öffentlich gewählt. Diese und noch viel mehr Geckerei und willige Raserei trieben sie den Fastelabend über, die alle zu erzählen zu lange dauern würde. Die anderen jungen Gesellen, die nicht in Ämtern waren, lagen die ganze Zeit über auf dem Markt und auf den Straßen, würfelten und spielten auch ohne Unterlaß. Etliche setzten einen lebendigen Hahn auf ein

Weinfaß, das aufrecht stand, und hatten einen Ball, der ebengerade durch das Spundloch paßte. Es wurde ein Abstand von mehreren Fuß vom Weinfaß weg bemessen, wo einer stehen mußte, der dann den Ball durch den Spund in das Weinfaß schießen konnte, der dann den Hahn gewann. Für einen festgesetzten Geldeinsatz hatte man mehrere Schüsse. Schoß einer den Ball aber nicht hinein und wollte er dann weiterschießen, so mußte er mehr Geld bezahlen. Es gab auch andere, die Gleiches versuchten, bis daß der Hahn gewonnen war. Wer ihn gewann, setzte ihn oft wieder auf und ließ danach wieder um ihn schießen.

Etliche andere hatten einen anderen Hahn oder mehrere auf einem blanken Tisch stehen. Dabei lagen sechs Würfel. Auf dem ersten Würfel war ein Auge, auf dem zweiten zwei Augen, bis zu sechs Augen. Da gab es etliche, die viele Augen warfen. Jeder hatte nicht mehr als drei Würfe für sein Geld. Wollte er oder ein anderer mehr würfeln oder hoffte er eine höhere Augenzahl zu erreichen, so mußte man erneut einen Einsatz zahlen. Ein Hahn wurde in einer Stunde oder einer halben ausgewürfelt. Wer dann die meisten Augen geworfen hatte bis zu dem Zeitpunkt, wenn die Glocke schlug, der ging mit dem Hahn weg.

Andere banden einen Hahn an eine Linie mitten auf dem Markt und legten Knüppel dazu, meist einige Schritte von dem Hahn weg, wo einer stehen mußte. Dann hatte ein jeder mehrere Würfe für sein Geld; konnte er den Hahn mit den Knüppeln totschmeißen, so war der Hahn sein. Wenn nicht, so waren andere da, die anschließend danach schmissen, bis daß sie ihn getötet hatten. Wem das gelang, ging mit dem Hahn weg. Am gleichen Tag stachen sich andere vor dem St.-Illiens-Tor auf dem Sand von den Pferden. Die so zusammen stachen, hatten Rüstungen an und lange Stangen im Arm liegen. So rannten sie gegeneinander an. Wer den anderen so treffen konnte, daß er vom Pferd fiel und er dabei auf seinem sitzen blieb, der hatte gewonnen. Stürzten sie aber beide, so fing es wieder neu an.

Dieses und dergleichen noch viel mehr andere Afferei und Narretei wurden an Fastelabend über hier betrieben. Es dauerte zu lange, wollte man hier alles erzählen. Weil aber der Rat oft danach große Mühe hatte und Klagen erhielt und auch sah, daß Gott durch solches Saufen und Fressen und solchen Übermut gröblich verärgert wurde und solcher Handel auch nicht christlich und göttlich war, hat er solches Anno 1565 kurz vor der Regierung dieses Bischofs [Gemeint ist Fürstbischof Johann von Hoya (1566–1574), d. Verf.] abgeschafft. Und obwohl es in einem Jahr nicht so ganz abgeschafft werden konnte, sind noch etliche Spuren und Nachwehen davon eine Zeitlang in Gebrauch geblieben, jedoch von Jahr zu Jahr gemindert und abgeschafft worden.

447

Übersetzt ins Hochdeutsche nach: *Die Geschichtsquellen des Bistums Münster*. *Münster 1856, Bd. 3, Röchells selbständige Chronik, 32–43 [nicht entschlüsselte Begriffe sind im Text kursiv kenntlich gemacht].*

Liebe Schwestern, liebe Brüder in Christus, dem Herrn!

Wer Köln sagt, denkt an den Karneval, und wer Köln sagt, denkt an unseren Dom. Beides gehört zusammen: Karneval und Dom. Warum ist das so? Weil wir als Christen in allem Unsinn dieses Lebens an einen letzten Sinn unseres Daseins glauben dürfen, der sich in unserer Domkirche als Haus Gottes verkörpert. Deshalb haben wir Grund zum Lachen, trotz allem, wie sich die Welt gebärdet. Trotz allem können wir Karneval feiern, auch wenn die Weltgeschichte gar nicht so karnevalistisch aussieht.

1. Karneval ist keine billige Witzemacherei, sondern die tiefe Überzeugung, daß Christi Kreuz allen Unsinn in Sinn umqualifiziert hat: den Tod ins Leben, den Schmerz in Freude und die Verzweiflung in die Hoffnung. Vergessen wir nicht, das heiligste Buch der Kirche heißt »Evangelium«, d. h.: »Frohe Botschaft«, und das heiligste Tun der Kirche ist die Eucharistie, das »Opfer der Freude«. Darum sagt der Apostel Paulus uns ausdrücklich: »Freut euch im Herrn zu jeder Zeit! Noch einmal sage ich: Freut euch! Der Herr ist nahe!« (Philipper 4,4f).

Demnach gibt es für Christen keine Heidenangst, denn Heiden sind Leute, die in der Gottesferne leben. Daher kennen sie keine Freude und keinen Humor. Wie oft konnte ich das als Bürger der damaligen DDR erleben – keinen Humor, keine Freude. Das ganze Drama mit dem Staatssicherheitsdienst ist doch nur eine Folge der sozialistischen Heidenangst gewesen. Deshalb bespitzelten und beargwöhnten sie die halbe Welt. Uns aber ist die Freude gegeben, die aus der lebendigen Gegenwart Gottes aufbricht. Dafür steht der Dom unübersehbar mitten in unserer Stadt: Gott ist gleichsam ein »Kölner« geworden, der sich im Domkloster Nr. 4 niedergelassen hat. Vielleicht weiß man in Köln ein wenig besser als anderswo – einer, der von außen gekommen ist, weiß das vielleicht besser als die Kölner selbst –: Freude ist im Letzten das Empfinden der lebendigen Nähe Gottes. Gottes Nähe zum Menschen ist Freude. Das ist eine der unwahrscheinlichsten Formeln des Neuen Testamentes, und darum spürt man sie auch.

Außerhalb des Rheinlandes tut man sich mit dieser Wirklichkeit schwerer. In Preußen scheint alles viel stärker darauf hinzudeuten, daß ein gedämpfter Lebensernst unser christlicher Lebensstil ist und Freude dagegen immer etwas Verdächtiges. Auch die sogenannten Kinder dieser Welt werfen uns das als Kirche vor, oft nicht ohne tiefe Genugtuung. Der Versuch, dem biblischen Imperativ gehorsam zu sein: »Freut euch im Herrn zu jeder Zeit! Noch einmal sage ich: Freut euch!«, erhält dann einen leicht verbissenen Zug um die Mundwinkel.

448

Liebe Schwestern und Brüder, ich habe von einem Benediktinerabt gelesen, der seinen Mönchen gesagt hat, sie sollen doch wieder den alten Brauch aufgreifen, seinen Abtsring zu küssen, wenn er an ihnen vorübergeht, dann gäbe es dreihundert Tage Ablaß. Darauf sagte ein alter Pater zu seinem Nachbarn: »Du, wenn ich den Abt mit seinem Gesicht sehe, sage ich: ›Mein Jesus, Barmherzigkeit!‹ und erhalte einen vollkommenen Ablaß.« Hüten wir uns vor den »Mein Jesus, Barmherzigkeit-Gesichtern«, vor diesem verbissenen Zug um die Mundwinkel. Hier erscheint Freude gemacht und nicht gewollt. Und gerade, wo man das versucht, wird einem schmerzhaft deutlich, daß die Freude unverfügbar ist. Man kann sie weder für sich noch für andere machen. Sie steigt aus der Tiefe des menschlichen Herzens herauf an die Oberfläche unseres Bewußtseins. Sie ist ein reines Geschenk.

2. Nur der gelangt an das offene Tor der Freude, der begreift, daß die Freude eine Wirklichkeit hinter den Menschen, hinter den Ereignissen und hinter den Dingen ist, die wir oft begehren. Wir haben doch alle schon erlebt, daß alles wie am Schnürchen nach Plan ging, und die Freude blieb doch aus. Und umgekehrt: Irgendwann haben wir vielleicht bei einem ganz harmlosen, fast nichtigen Anlaß solche Höhepunkte des Lebens kennengelernt, in denen die Freude wie eine mächtige Quelle in uns ausgebrochen ist und alles überflutet hat. Fast instinktiv wußten wir dann, das ist nicht nur die Freude über einen erfüllten Wunsch, über ein erreichtes Ziel, sondern viel mehr: Hier bin ich der Quelle des Lebens selbst nahe, dem Sinn meines Daseins.

Wie ein Blitz erhellt diese Freude die wahren Proportionen des Lebens: Das Große ist dann wirklich groß und das Kleine klein, alles ist an seinem Platz, und einen Atemzug lang weiß man nicht nur, daß man lebt, sondern auch warum man lebt und wozu man lebt. Das ist die Nähe Gottes. Diese Freude, die uns zu einer heilen Einheit von Körper, Seele und Geist werden und zugleich spüren läßt, daß wir in diesem Moment nicht allein, sondern dem alles überwältigenden Ereignis der Liebe Gottes ausgesetzt sind.

3. Freude wird daher geboren wie ein Kind. Der Mensch ist dem aus der Mutter ans Licht dringenden Leben ausgeliefert. Die Karnevalisten können dabei gute Hebammendienste leisten, wobei sie alle wissen, Freude wird geboren und nicht gemacht, d. h., Gott verwandelt durch seine Nähe das Wesen des Menschen. Vielleicht opfert das Dreigestirn des Kölner Karnevals aus diesem inneren Wissen heraus in jeder Karnevalssession der schwarzen Muttergottes in der Kupfergasse eine dicke Kerze.

Es kann bei der Freude – wie bei der Geburt – auch nicht ganz ohne Schmerzen abgehen. Schmerzen – vergessen wir das nicht – sind nicht das Gegenteil

449

von Freude, Schmerz ist eine häufige Begleiterscheinung, unter der Freude geboren wird. Das zu wissen ist wichtig. Wir fliehen ganz instinktiv vor dem Schmerz und verfehlen vielleicht gerade damit das Ereignis der Freude, das sich darin ankündigt. Jeder echte Verzicht, den wir leisten, tut weh, und doch ist es in manchen Situationen der einzige Weg, um in die tiefere Schicht des Lebens zu gelangen, wo die Freude zu finden ist.

Vielleicht gehört das zu den schlimmsten und folgenschwersten Irrtümern unserer Zeit heute, daß so viele Menschen meinen, Freude entsteht dadurch, daß man auf nichts verzichtet, was einem Lust macht, und sorgfältig alles meidet, was Schmerzen verursachen könnte. Keine Zeit zuvor hat diesem menschlichen Bemühen soviel Hilfsmittel angeboten wie die unsrige. Aber wer nur nach dem Kompaß von Schmerz und Lust steuert, verfehlt ganz sicher die Freude, ohne ihrem echten Gegenteil – dem Leid – zu entgehen.

Denn wer nur die Lust oder den Schmerz im Auge behält, behält sich immer nur selbst im Auge und gelangt nie wirklich zu den anderen Menschen, zu den Ereignissen oder zu den Dingen selbst, geschweige denn zur Erkenntnis der Nähe Gottes dahinter. Wer alles nur für sich gebraucht, der mißbraucht das meiste. Wir merken das daran, daß die Freude am Erfolg in dem Augenblick erstirbt, wenn es uns die Hauptsache ist, daß wir die Erfolgreichen sind.

Unsere Freude an der Erkenntnis der Wahrheit und am Erleben des Schönen wird schal, wenn uns darin am wichtigsten die eigene Begabung wäre. Wenn wir vollends unser Verhältnis zu anderen Menschen nur unter dem Aspekt betrachten, was sie für unsere Lust bedeuten und gegen unseren Schmerz zu bieten haben, dann geraten wir bei uns selbst in die schrecklichste Gefangenschaft. Freude entsteht eben so, sagt Christus, daß ein Mensch von sich selbst wegfindet, um bei den anderen Menschen, in den Ereignissen und hinter den Dingen der Welt die Nähe Gottes zu suchen und zu erwarten. Darin geschieht die Verwandlung der Traurigkeit in Freude; und darum gibt es Karneval nicht als Einsiedler, sondern immer nur im Verein, in der Gemeinschaft mit mehreren zusammen.

4. Alle Mütter erzählen uns, wie verwandelt die Welt ist, wie vergessen alle eigene Not und Gefahr ist, wenn sie nach der Geburt das neugeborene Kind in ihren Armen halten dürfen. Jetzt sind sie nur noch für das Kind da. Bedeutet das nicht dies: Die Freude fängt in dem Augenblick an, in dem wir die Suche nach dem eigenen Glück aufgeben und es statt dessen anderen zu schenken versuchen. Das ist letztlich auch die Triebfeder des Kölner Karnevals. Wenn wir also traurig sind, sollten wir einen Augenblick innehalten und nach dem Grund der Traurigkeit forschen. Wir werden immer in der Tiefe unseres Herzens eine Spur

der Hinwendung zu uns selbst finden. Traurigkeit ist nicht Schicksal. Sie enthält immer etwas, wofür wir eigentlich Gott um Vergebung bitten müssen.

Der Weg aus der Traurigkeit führt weg von uns selbst. Der Weg der Freude nimmt seinen Ausgangspunkt nicht von den anderen Menschen, von den Ereignissen und Dingen zu uns. Er geht immer umgekehrt von uns aus und führt zu den anderen. Das ist die karnevalistische Marschrichtung: von uns zu den anderen. Deshalb geht tatsächlich der Weg von der Traurigkeit zur Freude durch ein Stück Tod in ein Stück Auferstehung hinein. In der Tiefe der Traurigkeit ist es schmerzhaft, sich von sich selber und seinem Weh loszureißen und sich einem anderen zuzuwenden. Aber in dieser Richtung wartet die Freude. Diesen Weg ist Christus gegangen durch den Tod in die Auferstehung hinein.

Geschnitzter Jeck im Rankenwerk des Chorgestühls des Kölner Doms (um 1320).
Foto: Autor

Darum sind wir heute in unserem Dom versammelt, und deshalb verstehen wir am Ende auch ein wenig besser, warum uns niemand die Freude nehmen oder zerstören kann, die auf diese Weise in uns immer wieder neu geboren wird. Darum ist der Kölner Karneval unsterblich, und darum hat der Karneval nicht nur eine große Vergangenheit, sondern auch eine gesegnete Zukunft. In der Freude, die uns in dieser Welt geschenkt wird, ist immer schon eine Spur des unzerstörbaren, durch den Tod hindurchgegangenen Lebens Jesu Christi enthalten; Freude, die einen unauflöslichen Anteil der Freude Gottes enthält, die in der Heiligen Schrift »Seligkeit« genannt wird. Darum gehört zum Karneval auch Seligkeit. Und darum gedeiht der Karneval wohl besonders gut in der Nähe unseres Domes, der Gottes Gegenwart in unserer Stadt repräsentiert. Liebe Freunde des Kölner Karnevals vor mir und hinter mir: Sorgen wir alle, daß Köln »Köln« bleibt, indem der Dom in der Stadt und der Karneval in den Herzen der Kölner bleibt. Amen. Halleluja.

+ JOACHIM KARDINAL MEISNER
  Erzbischof von Köln

451

Abkürzungen

AD	Anno Domini	MMAS	Münstersche Mittelalter-
	(lat. = im Jahr des Herrn)		Schriften, München
A.D.	Agnus Dei	mnd.	mittelniederdeutsch
	(lat. = Lamm Gottes)	ndd.	niederdeutsch
aengl.	altenglisch	ndl.	niederländisch
afrz.	altfranzösisch	Ndl.	Niederlande
ahd.	althochdeutsch	nhd.	neuhochdeutsch
a.m.	ante meridiem	nord.	nordisch
	(lat. = vormittags)	NÖ	Niederösterreich
an.	altnordisch	oberhess.	oberhessisch
angelsächs.	angelsächsisch	o.J.	ohne Jahr
arab.	arabisch	o.O.	ohne Ortsangabe
aram.	aramäisch	österr.	österreichisch
a.U.c.	anni ab Urbe condita	p.c.	post consulatum
	(lat. = des Jahres		(lat. = nach der
	seit Gründung der Stadt/Rom)		Konsulatszeit von XY)
B.M.V.	Beatae Mariae Virginis	PEK	Presseamt des Erzbistums Köln
CIC	Codex Iuris Canonici	p.m.	post meridiem
d	dies (lat. = Tag/e)		(lat. = nachmittags)
dän.	dänisch	port.	portugiesisch
d. Gr.	der Große	Rhld.	Rheinland
D.N.J.C.	Domini Nostri Jesu Christi	russ.	russisch
engl.	englisch	S.	San (Santa)
Engl.	England	schwäb.	schwäbisch
Frk.	Frankreich	schwed.	schwedisch
frühnhd.	frühneuhochdeutsch	schweiz.	schweizerisch
frz.	französisch	skand.	skandinavisch
got.	gotisch	Skand.	Skandinavien
gr.	griechisch	span.	spanisch
h	hora (lat. = Stunde)	spätlat.	spätlateinisch
hd.	hochdeutsch	spätmhd.	spätmittelhochdeutsch
hebr.	hebräisch	S.P.Q.R.	Senatus Populusque
isländ.	isländisch		Romanorum (lat. = Senat und
it.	italienisch		Volk der Römer)
kärnt.	kärntnerisch	SS.	Sanctissimi
lat.	lateinisch		(lat. = des Heiligsten)
mhd.	mittelhochdeutsch	St.	Sankt
mlat.	mittellateinisch	Thür.	Thüringen

452

Literatur

Sammelwerke

ADV: Atlas der deutschen Volkskunde

ASV: Atlas der schweizerischen Volkskunde

Auer: Auer, P. Wilhelm: Goldene Legende. Leben der lieben Heiligen Gottes auf alle Tage des Jahres. Köln 1904

BHG: Bibliotheca hagiographica graeca, hg. v. F. Halkin, 3 Bde., Brüssel 31957

BHL: Bibliotheca hagiographica latina antiquae et mediae aetatis, ed. socii Bollandiani, 2 Bde.. Brüssel 1898–1901

BHO: Bibliotheca hagiographica orientalis, hg. v. P. Peeters. Brüssel 1910

BiblSS: Bibliotheca Sanctorum, hg. v. Istituto Giovanni XXIII., 12 Bde. u. Index-Bd., Rom 1961–1970; Prima Appendice. Rom 1987

Ginzel: Handwörterbuch der mathematischen und technischen Chronologie. Leipzig 1914

Goffiné: Goffiné, Leonhard: Christkatholische Handpostille. Donauwörth 1926

HDAG: Bächtold-Stäubli, Hans: Handwörterbuch des deutschen Aberglaubens. 1927ff, 1986

LCI: Lexikon der christlichen Ikonographie. 8 Bde. Freiburg i. Br. 1968–1975

LThK (1957): Lexikon für Theologie und Kirche, hg. v. Josef Höfer und Karl Rahner. 14 Bde., Freiburg i. Br. 1957-1968

LThK (1993): Lexikon für Theologie und Kirche, hg. v. Walter Kasper u.a. Freiburg i. Br. 1993ff

MMAS: Münstersche Mittelalter-Schriften. München 1970ff

Molanus: Molanus, J.: De historia ss. imaginum. Löwen 1570

Mombritius: Mombritius, Boninus: Sanctuarium seu Vitae Sanctorum, 2 Bde. Paris 1910 (Reprint: Hildesheim 1978)

QFG.NF: Quellen und Forschungen aus dem Gebiet der Geschichte, hg. v. der Görres-Gesellschaft. Paderborn 1892, Neue Folge

RAC: Reallexikon für Antike und Christentum, hg. v. Th. Klauser u.a. Stuttgart 1941 (1950ff), Suppl.-Lfg. 1ff. Stuttgart 1985ff

RHEF: Revue d'histoire de l'église de France. Paris 1910ff

Röhrich, Lutz: Lexikon der sprichwörtlichen Redensarten, 5 Bde. Freiburg i. Br. 31996

RwZVk: Rheinisch-Westfälische Zeitschrift für Volkskunde. Bonn und Münster

TRE: Theologische Realenzyklopädie, hg. v. G. Krause / G. Müller. Berlin/New York 1976ff

WdF: Wege der Forschung. Darmstadt 1956ff

WS: Westfalia Sacra, Quellen und Forschungen zur Kirchengeschichte Westfalens, hg. v. H. Börsting / A. Schröer, Bd. 1ff. Münster 1948

ZSRG.K: Zeitschrift der Savigny-Stiftung für Rechtsgeschichte. Kanonistische Abteilung. Weimar 1911ff

Quellen

Bibliotheca hagiographica latina antiquae et mediae aetatis, ed. socii Bollandiani, 2 Bde. Brüssel 1898–1901. Suppl. editio altera. Brüssel 1911

Diaconus, Johannes: Vita s. Nicolai episcopi. In: Mombritius, Boninus: Sanctuarium seu Vitae sanctorum. Mailand um 1480. Tom. II, fol. 161v–170r. Neudruck: Paris 1910, Bd. 2, 296–309

Fortunatus, Venantius: Vita S. Martini Turonensis (metrische Bearb. der sulpicianischen Vita, um 576)

Gregor von Tours: Zehn Bücher Geschichten, bearb. von Rudolf Buchner, 2 Bde. Darmstadt 1990 (7. und 8. unveränderte Auflage)

Heisterbach, Cäsarius von: Dialogus miraculorum (= Cäsarii Heisterbacensis monachi Dialogus

453

miraculorum), hg. v. Joseph Stange, 2 Bde. Köln/Bonn/Brüssel 1950/1951. Vgl. auch die aktuelle populäre Textausgabe in Auswahl: Von Geheimnissen und Wundern des Cäsarius von Heisterbach. Ein Lesebuch von Helmut Herles. Bonn [2]1991

Paulinus von Périgueux (Petricordia): Vita S. Martini episcopi (um 470)

Sévère, Sulpice (Severus, Sulpicius): Vita s. Martini (397). Introduction, texte et traduction par Jacques Fontaine (lat./frz.). In: Sources Chrétiennes 133–135, Paris 1967-1969. Übertragung ins Deutsche bei: K.S. Frank: Frühes Mönchtum im Abendland. Zürich/München 1975, II, 20–52

Voragine, Jakobus a: Legenda aurea vulgo historia langobardica dicta, hg. v. Th. Graesse. Dresden/Leipzig [3]1890 (Neudruck: Osnabrück 1965). Deutsche Ausgabe: Die Legenda aurea. Aus dem Lateinischen übersetzt von Richard Benz. Heidelberg [12]1997

Sekundärliteratur

Ameln, Konrad / Harmsen, Hans / Thomas, Wilhelm / Vötterle, Karl: Das Quempas-Buch. Lieder für den Weihnachtsfestkreis. Kassel/Basel 1962

Angenendt, Arnold: Heilige und Reliquien. Die Geschichte ihres Kultes vom frühen Christentum bis zur Gegenwart. München 1994

Angenendt, Arnold: Geschichte der Religiosität im Mittelalter. Darmstadt 1997

Anrich, Gustav: Hagios Nikolaos. Der heilige Nikolaus in der griechischen Kirche. Texte und Untersuchungen, 2 Bde. Leipzig/Berlin 1913/17

Babrudi, Francesco: San Nicola de Bari e il suo patronato sul mare nella storia e nel folklore internationale. Bari 1964

Bausinger, Hermann: Volkskunde. Von der Altertumsforschung zur Kulturanalyse. Darmstadt 1971

Becker-Huberti, Manfred: 1600 Jahre Verehrung des heiligen Martin von Tours. Geschichte, Legenden, Sankt-Martin-Lexikon (= PEK-Skript). Köln 1996

Behland, Max: Die Dreikönigslegende des Johannes von Hildesheim. Diss. München 1968

Beissel, Stephan: Die Verehrung der Heiligen und ihrer Reliquien in Deutschland im Mittelalter. Darmstadt 1976

Beitl, Klaus: Das Klausenholz. Untersuchung der Gebetszählhölzer im vorweihnachtlichen Kinderbrauch. In: Rheinisches Jahrbuch für Volkskunde 20/1969, 7–92

Belting, Hans: Bild und Kult. Eine Geschichte des Bildes vor dem Zeitalter der Kunst. München [2]1991

Berliner, Rudolf: Die Weihnachtskrippe. München 1955

Bertrand, Régis: Crèches et santons de Provence. Avignon 1992

Betz, Otto: Elementare Symbole. Zur tieferen Wahrnehmung des Lebens. Freiburg i. Br. 1992

Bieger, Eckard: Das Kirchenjahr zum Nachschlagen. Entstehung – Bedeutung – Brauchtum. Kevelaer [3]1995

Bieler, Ludwig: Theios anér. Das Bild des »göttlichen Menschen« in Spätantike und Christentum. 2 Bde. Darmstadt 1976

Bieritz, Karl-Heinrich: Das Kirchenjahr. Feste, Gedenk- und Feiertage in Geschichte und Gegenwart. München [3]1991

Bischöfliches Gurker Ordinariat (Hg.): Jahrbuch der Diözese Gurk 1994. Klagenfurt 1994

Bode, Andreas: Weihnachten im Kinderbuch vor 1950. (Hochschule der Künste) Berlin 1982

Bogner, Gerhard: Das große Krippen-Lexikon. Geschichte, Symbolik, Glaube. München 1981

Bosch, Johannes van den: Capa, basilica, monasterium et le culte de S. Martin de Tours. Utrecht/Nijmwegen 1959

Brant, Sebastian: Das Narrenschiff, hg. v. M. Lemmer (= Neudrucke dt. Lit.werke NF 5). Tübingen 1962

Braun, Joseph: Die liturgischen Paramente in Gegenwart und Vergangenheit. Ein Handbuch der Paramentik. Freiburg i. Br. 1924

Buchner, Rudolf (Bearb.): Gregor von Tours »Zehn Bücher Geschichten«. 2 Bde (= Ausgewählte Quellen zur Deutschen Geschichte des Mittelal-

ters, Freiherr vom Stein-Gedächtnisausgabe, 2
und 3). Darmstadt 1990 (7. und 8. unveränderte
Aufl.)

Budde, Rainer (Hg.): Die Heiligen Drei Könige. Darstellung und Verehrung. Eine Ausstellung des
Wallraf-Richartz-Museums. Köln 1982 (Ausstellungskatalog)

Bützler, Theodor: Kölner Martinsfest. Köln 1946

Burgstaller, Ernst: Österreichisches Festgebäck.
Wien 1958

Buschan, Georg: Das deutsche Volk in Sitte und
Brauch. Stuttgart/Berlin/Leipzig 1922

Caillois, Roger: Der Mensch und das Heilige. Mün-
chen/Wien 1988

Cassel, Paulus: Weihnachten - Ursprünge, Bräuche
und Aberglauben. Wiesbaden o. J. (Reprint der
Ausgabe 1862)

Chiarelli, R.: Assisi und die Basilika San Francesco.
Florenz 1973

Christ, Norbert u.a. (Hg.): Der Fasenickl im Alt-
mühltal. Kipfenberg 1983

Christern, Elisabeth: Legenda trium regum – Die
Legende von den heiligen drei Königen des Johannes von Hildesheim, übertragen von Elisabeth Christern (= dtv 164). München/Köln 1963

Cipolla, Carlo M.: Gezählte Zeit. Wie die mechani-
sche Uhr das Leben veränderte. Aus dem Italienischen von Friedrike Hausmann. Berlin 1997

Colpe, Carsten: Die Diskussion um das Heilige
(= WdF 305). Darmstadt 1977

Cullmann, Oscar: Die Entstehung des Weihnachtsfestes und die Herkunft des Weihnachtsbaumes.
Stuttgart 31991

Curti, Notker: Volksbrauch und Volksfrömmigkeit
im katholischen Kirchenjahr. (= Volkstum der
Schweiz, 7). Basel 1947

Dahm, August: Das Martinsfest. Düsseldorf 1945

Daxelmüller, Christoph: Krippen in Franken. Würzburg 1978

Diederichs, Ulf: Das Große Kölner Weihnachts-
buch. Festtagsbräuche und Familienleben im
Wandel der Zeit. Köln 21994

Dinzelbacher, Peter/Bauer, Dieter R. (Hg.): Heiligenverehrung in Geschichte und Gegenwart.
Ostfildern 1990

Döring, Alois: Glockenbeiern im Rheinland
(= Beiträge zur rheinischen Volkskunde, 4).
Pulheim 21997

Drumm, Joachim (Hg.): Martin von Tours. Der Le-
bensbericht von Sulpicius Severus. Übertragung
von Wolfgang Rüttenauer. Ostfildern 21997

Duprat, C.: Charité de saint Martin (Ausstellungskatalog). Musée des Arts et traditions populaire.
Paris 1961

Ebertz, Michael N. / Schultheis, Franz (Hg.): Volksfrömmigkeit in Europa. Beiträge zur Soziologie
popularer Religiosität aus 14 Ländern (= Religion – Wissen – Kultur 2). München 1986

Eliade, Mircea: Geschichte der religiösen Ideen,
3 Bde. Freiburg i. Br. 1978-1991

Eliade, Mircea: Das Heilige und das Profane. Vom
Wesen des Religiösen. Frankfurt/M. 1990

Eliade, Mircea: Die Religionen und das Heilige.
Elemente der Religionsgeschichte. Salzburg
1954

Emmerich, Werner: Vom Nikolaus. Bayreuth 1964

Ferrari d'Occhieppo, Konradin: Der Stern von
Bethlehem aus der Sicht der Astronomie.
Stuttgart/Altstein/Frankfurt/Berlin 1994

Finch, Christopher: Norman Rockwell
[1894–1978]. 332 Magazine Covers. New
York/London/Paris 1990

Fischer, Ferdy: Dreikönige und ein Stern. Ein
Sternsingerbuch in Zusammenarbeit mit der
Sternsingeraktion. Düsseldorf 1987

Fischer, Ferdy: St. Martin feiern. Düsseldorf 1995

Fochler, Rudolf: Von Neujahr bis Silvester. Linz 1971

Forstner, Dorothea: Die Welt der Symbole. Inns-
bruck/Wien/München 1961

Forstner, Dorothea / Becker, Renate (Hg.): Neues
Lexikon christlicher Symbole. Graz/Wien/Köln
1991

Frank, Karl Suso: Frühes Mönchtum im Abendland,
Bd. 1: Lebensformen, Bd. 2: Lebensgeschichten.
Zürich/München 1975

455

Fromme Tücher. Erinnerungen an Fronleichnam. Katalog zur Ausstellung im Neusser Clemens-Sels-Museum. Neuss 1996

Fuchs, Peter / Schwering, M. L. / Zöller, Klaus: Kölner Karneval. Seine Geschichte, seine Eigenart, seine Akteure. Köln 21984

Fußbroich, Helmut: Theophanu. Die Griechin auf dem deutschen Kaiserthron 972–991. Köln 1991

Gajek, Esther: Adventskalender von den Anfängen bis zur Gegenwart. München 1988

Galler, Werner: Adventskalender. Ausstellung der Volkskundlichen Sammlung des Niederösterreichischen Landesmuseums 1980/81 (= Katalog des NÖ Landesmuseums, NF 103). Wien 1980

Galler, Werner: Mai- und Frühlingsbrauch in Niederösterreich (= Katalog des NÖ Landesmuseums, NF 99). Wien 1980

Gandow, Thomas: Weihnachten. Glaube, Brauch und Entstehung des Christfestes. München 1993

Garritzmann, Hermann u.a.: Durch das Jahr – durch das Leben. Hausbuch der christlichen Familie. München 1982

Gehmacher, Max: Stille Nacht, heilige Nacht! Das Weihnachtslied – wie es entstand und wie es wirklich ist. Oberndorf 1988

Geramb, Viktor von: Sitte und Brauch in Österreich. Graz 1948

Gilst, A. P. van: Sinterklaas en het Sinterklaasfeest. Geschiedenes en folklore. Veenendaal 1969

Gockerell, Nina: Krippen im Bayerischen Nationalmuseum. München 1993

Grabner, Elfriede: Martinisegen und Martinigerte in Österreich. Eisenstadt 1968

Graus, Frantisek: Volk, Herrscher und Heiliger im Reich der Merowinger. Studien zur Hagiographie der Merowingerzeit. Prag 1965

Grieshofer, Franz (Hg.): Krippen. Geschichte. Museen. Innsbruck 1987

Groot, Adriaan D. van: Saint Nicholas. A psychoanalytic study of his history and myth. Den Haag/Paris 1965

Groß, Werner / Urban, Wolfgang (Hg.): Martin von Tours. Ein Heiliger Europas. Ostfildern 1997

Grotefend, Hermann: Taschenbuch der Zeitrechnung des deutschen Mittelalters und der Neuzeit, hg. v. Th. Ulrich. Hannover 111971

Grün, Reinhard: Sternsinger – einst und jetzt. Aus der Geschichte des Brauchtums um den Dreikönigstag. Freiburg i. Br. 1967

Guyot, Peter / Klein, Richard: Das frühe Chrsitentum bis zum Ende der Verfolgungen. Eine Dokumentation, 2 Bde. Darmstadt 21997

Gynz-Rekowski, Georg von: Die Festtage des Lebens. Berlin 1991

Hässlin, Johann Jakob (Hg.): Das Buch Weinsberg. Aus dem Leben eines Kölner Ratsherrn. Köln 41990

Hartinger, Walter: Religion und Brauch. Darmstadt 1992

Hartke, Wilhelm: Über Jahrespunkte und Feste, insbesondere das Weihnachtsfest. Berlin 1965

Hartlaub, Gustav Friedrich: Der Gartenzwerg und seine Ahnen (= Forum Imaginum 6). Heidelberg 1962

Heim, Walter: Volksbrauch im Kirchenjahr heute (= Schriften der Schweizerischen Gesellschaft für Volkskunde, 67). Basel 1983

Heim, Walter: Weihnachtsbrauchtum. Freiburg/Schw. o. J.

Heinzelmann, Martin: Gregor von Tours (538–594). »Zehn Bücher Geschichte«. Historiographie und Gesellschaftskonzept im 6. Jahrhundert. Darmstadt 1994

Heizmann, Berthold: Die rheinische Mahlzeit. Zum Wandel der Nahrungskultur im Spiegel lokaler Berichte (= Beiträge zur rheinischen Volkskunde 7). Köln/Bonn 1994

Hemmerle, E.: St. Nikolaus, der Schutzpatron der Schiffer. Stuttgart 1938

Henrichs, Norbert: Kult und Brauchtum im Kirchenjahr. Eine kulttheologische und brauchtumsgeschichtliche Untersuchung für Schule und Seelsorge. Düsseldorf 1967

Hertling, Ludwig: Der mittelalterliche Heiligentypus nach den Tugendkatalogen. In: ZAM 8 (1933) 260–268

Hillier, Mary: The history of wax dolls. Cumber-
land, Maryland 1985

Hotz, W.: St. Nikolaus von Myra (= Rheinheimer
Texte 6). Darmstadt 1974

Hünermann, Wilhelm: Sankt Martin. Der Reiter
der Barmherzigkeit. Ein Lebensbild des heiligen
Bischofs Martin von Tours.
Innsbruck/Wien/München 1962

Hürlimann, Hans: Silversterkläuse in Urnäsch. In:
Das Jahr der Schweiz in Fest und Brauch, hg. v.
Rolf Thalmann / Fritz Höfer, fotografiert von
Josef Räber. Zürich/München 1981, 58-60

Hutter, Elfriede / Funiok, Rüdiger / Draf, Dieter:
Zuhause feiern, spielen, beten. Innsbruck/Wien
1984

Jahn, Ulrich: Die deutschen Opfergebräuche bei
Ackerbau und Viehzucht. Breslau 1935

Jauß, Hans Robert (Hg.): Die nicht mehr schönen
Künste. Grenzphänomene des Ästhetischen.
München 1968

Jones, Charles Williams: Saint Nicholas of Myra,
Bari and Manhattan. Biographie of a legend.
Chicago/London 1978

Kamper, Dietmar / Wulf, Christoph (Hg.): Das Heilige. Seine Spur in der Moderne (= Die weiße
Reihe). Frankfurt/M. 1987

Kapellari, Egon: Heilige Zeichen.Graz/Wien/Köln
1987

Kastner, Otfried: Die Krippe. Ihre Verflechtung mit
der Antike. Ihre Darstellung in der Kunst der
letzten 16 Jahrhunderte. Ihre Entfaltung in
Oberösterreich (= Denkmäler der Volkskultur
aus Oberösterreich 3). Linz 1964

Kehrer, Hugo: Die Heiligen Drei Könige in Literatur
und Kunst, 2 Bde. Leipzig 1908, Neudruck: Hildesheim 1965

Kerscher, Gottfried (Hg.): Hagiographie und Kunst.
Der Heiligenkult in Schrift, Bild und
Architektur. Berlin 1993

Killy, Walther: Deutscher Kitsch. Göttingen ²1962

Kimminich, Eva: Religiöse Volksbräuche im Räder-
werk der Obrigkeiten. Ein Beitrag zur Auswir-
kung aufklärerischer Reformprogramme am
Oberrhein und in Vorarlberg (= Menschen und
Strukturen. Historisch-sozialwissenschaftliche
Studien, 4). Frankfurt/M. u.a. 1989

King, Norbert: Mittelalterliche Dreikönigsspiele.
Eine Grundlagenarbeit zu den lateinischen,
deutschen und französischen Dreikönigsspielen
und -spielszenen bis zum Ende des 16. Jahrhunderts (= Germanistica Friburgensia 3). Frei-
burg/Schw. 1979

Kirchhoff, Hermann: Christliches Brauchtum von
Advent bis Ostern. München 1984

Kirchhoff, Hermann: Christliches Brauchtum.
Feste und Bräuche im Jahreskreis. München
1995

Kleine Bilder – Große Wirkung. Religiöse Druck-
graphik des 19. Jahrhunderts. Katalog zur Ausstellung im Clemens-Sels-Museum Neuss. Neuss
1997

Klersch, Joseph: Volkstum und Volksleben in Köln.
Ein Beitrag zur Soziologie der Stadt, 2 Bde. Köln
1965, 1967

Knörzer, Wolfgang: Wir haben seinen Stern gesehen. Verkündigung der Geburt Christi nach Lukas und Matthäus. Stuttgart 1967

Knopf, Sabine (Hg.): Weihnachten im alten Kinderbuch. Zusammengestellt und mit einem
Nachwort von Heinz Wegehaupt (= Klassische
kleine Kinderbibliothek 1). Leipzig 1992

Koenig, Otto: Klaubaufgehen. Ein Maskenbrauch
in Osttirol und in der Gastein. Veröffentlicht
aus Anlaß einer Sonderausstellung des Hambur-
gischen Museums für Völkerkunde in Zusammenarbeit mit dem Institut für Vergleichende
Verhaltensforschung der Österreichischen Aka-
demie der Wissenschaften (= Wegweiser zur
Völkerkunde 24). Hamburg 1980

Könnecker, Barbara: Wesen und Wandlung der
Narrenreiche im Zeitalter des Humanismus.
Wiesbaden 1956

Kötting, Bernhard: Ecclesia peregrinans. Das Gottesvolk unterwegs. Gesammelte Aufsätze, I und
II. Münster 1988

Kohler, Erika: Martin Luther und der Festbrauch
(= Mittelhochdeutsche Forschungen, hg. v.
Reinhold Olesch u.a. 17). Köln/Graz 1959

Kolatch, Alfred J.: Jüdische Welt verstehen. Sechshundert Fragen und Antworten. Wiesbaden ²1997

Korff, Gottfried: Weihnachten (= Brauchtums-Dokumentation im Museum Kommern 1). Kommern o.J. (um 1980)

Krein, Daniela: Wenn wir feiern – Feste des Jahres. Wemding über Donauwörth 1963

Kretzenbacher, Leopold: Santa Lucia und die Lutzelfrau. Volksglaube und Hochreligion im Spannungsfeld Mittel- und Südosteuropas (= Südosteuropäische Arbeiten 53). München 1959

Kruhöffer, Barbara: Weihnachtskrippen der Völker. Stolzenau 1987

Künzig, Johannes: Die schwäbisch-alemannische Fasnet. Freiburg i. Br. 1950

Küppers, Leonhard: Martin (= Heilige in Bild und Legende, 19). Recklinghausen 1967

Küster, Jürgen: Die Fastnachtsbräuche. Über Sinn und Herkunft der Narrenbräuche. Freiburg i. Br. 1987

Küster, Jürgen: Wörterbuch der Feste und Bräuche im Jahreslauf. Eine Einführung in den Festkalender. Freiburg i. Br. 1985

Küster, Jürgen: Spectaculum Vitiorum. Studien zur Intentionalität und Geschichte des Nürnberger Schembart-Laufes (= Kulturgeschichtliche Forschungen 2, hg. v. Dietz-Rüdiger Moser). Remscheid 1983

Lackmann, Max: Verehrung der Heiligen. Versuch einer lutherischen Lehre von den Heiligen. Stuttgart 1958

Läpple, Alfred: Kleines Lexikon des christlichen Brauchtums. Augsburg 1996

Laurentin, René: Struktur und Theologie der lukanischen Kindheitsgeschichte. Stuttgart 1967

Linden, Renaat van der: Ikonografie van Sint-Niklaas in Vlaanderen. Gent 1972

Littger, Klaus Walter: Studien zum Auftreten der Heiligennamen im Rheinland (= MMAS 20). München 1975

Maier, Hans: Die christliche Zeitrechnung. Freiburg i. Br. 1991

Mainzer, Udo (Hg.): Die Wallfahrtskirche auf dem Kreuzberg in Bonn. Geschichte und Restaurierung (= Arbeitsheft der rhein. Denkmalpflege 35). Im Auftrag des Landschaftsverbandes Rheinland. Köln 1996

Mann, U. / Velsen, V. / Kohlmann, W.: Der Adventkranz und seine Geschichte. Hamburg 1991

Markmiller, Fritz: Der Tag, der ist so freudenreich. Advent und Weihnachten (= Bairische Volksfrömmigkeit 1). Regensburg 1981

Marot, Pierre: Le culte du Saint Nicolas en Lorraine (= Arts et Traditions populaires). Nancy 1954

Méchin, Colette: Saint Nicolas. Fêtes et traditions populaires d'hier et aujourd'hui. Paris 1978. (Leicht gekürzte dt. Ausgabe:) Sankt Nikolaus. Feste und Brauchtum in Vergangenheit und Gegenwart, dt. v. Heide Werner, mit einem Vorwort von Gabriele Oberhauser. Saarbrücken 1982

Mehling, Marianne: Die schönsten Weihnachtsbräuche. München 1980

Meisen, Karl: Die heiligen drei Könige und ihr Festtag im volkstümlichen Glauben und Brauch. Köln 1949

Meisen, Karl: Nikolauskult und Nikolausbrauch im Abendlande. Eine kulturgeographisch-volkskundliche Untersuchung (= Forschungen zur Volkskunde, hg. v. Georg Schreiber 9-12). Düsseldorf 1931. Reprint mit einer Einführung von Matthias Zender und mit ergänzter Bibliographie: Düsseldorf 1981

Meisner, Joachim: Nachreformatorische Katholische Frömmigkeitsformen in Erfurt (= Erfurter Theol. Studien 26). Lepzig 1971

Mennekes, Friedhelm (Hg.): Die Zittauer Bibel. Bilder und Texte zum großen Fastentuch von 1472. Stuttgart 1998

Mertens, V.: Mi-Parti als Zeichen (= Kulturgesch. Forschungen 1). Remscheid 1983

Metken, Sigrid: Sankt Nikolaus in Kunst und Volksbrauch. Duisburg 1966

Mezger, Werner u.a.: Narren, Schellen und Marotten. Elf Beiträge zur Narrenidee (= Kulturgesch. Forschungen 3). Remscheid ²1984

Militzer, Klaus: Quellen zur Geschichte der Kölner Laienbruderschaften vom 12. Jahrhundert bis 1562/63, 2 Bde (= Publikationen der Gesellschaft für Rheinische Geschichtskunde LXXI). Düsseldorf 1997

Molen, S. J. v. d.: Levend Volksleven. Assen 1961

Moser, Bruno: Bilder, Zeichen und Gebärden. Die Welt der Symbole. München 1986

Moser, Dietz-Rüdiger: Bräuche und Feste im christlichen Jahreslauf. Brauchformen der Gegenwart in kulturgeschichtlichen Zusammenhängen. Graz/Wien/Köln 1993

Moser, Dietz-Rüdiger: Fastnacht – Fasching – Karneval. Das Fest der »Verkehrten Welt«. Graz/Wien/Köln 1986

Müller, Gerhard Ludwig: Gemeinschaft und Verehrung der Heiligen. Geschichtlich-systematische Grundlegung der Hagiologie. Freiburg i. Br. 1986

Müller, Rüdiger / Loose, Helmuth Nils: Sankt Nikolaus. Der Heilige der Ost- und Westkirche. Freiburg i. Br. 1982

Museum Heimathaus Münsterland (Hg.): Jesuskind und Weihnachtsmann. Krippenmuseum Telgte. Telgte 1995

Mykytink, B. G.: Die ukrainischen Andreas-Bräuche und verwandtes Brauchtum. Wien 1979

Nahmer, Dieter von der: Die lateinische Heiligenvita. Ein Einführung in die lateinische Hagiographie (= Das Lateinische Mittelalter. Einführung in Gegenstand und Ergebnisse seiner Teilgebiete und Nachbarwissenschaften). Darmstadt 1994

Nellesen, E.: Das Kind und seine Mutter (= Stuttgarter Bibelstudien 39). Stuttgart 1969

Nersinger, Ulrich: Die Lämmerweihe am Fest der Heiligen Agnes. Von der Wolle der Lämmer zum Pallium, dem Würdezeichen des Papstes, der Patriarchen und der Metropoliten. Klosterneuburg/Wien 1995

Nersinger, Ulrich: Seligsprechungen und Heiligsprechungen heute. Eine Information. Klosterneuburg/Wien ²1996

Neubauer, Edith: Die Magier, die Tiere und der Mantel Mariens. Über die Bedeutungsgeschichte weihnachtlicher Motive. Freiburg i. Br. 1995

Nigg, Walter: Große Heilige. Zürich 1967

Nigg, Walter / Loose, Helmuth Nils: Martin von Tours. Freiburg i. Br. 1977

Oelsner, Wolfgang / Rudolph, Rainer: Karneval ohne Maske. Köln 1987

Ornamenta Ecclesiae. Kunst und Künstler der Romanik. Katalog zur Ausstellung des Schnütgen-Museums in der Josef-Haubrich-Kunsthalle, 3 Bde. Köln 1985

Otto, Bernhard: Dreihundertjähriges deutsches Kloster-Kochbuch. Leipzig 1856 (Reprint Holzminden o. J.)

Pailler, Wilhelm: Weihnachtslieder und Krippenspiele aus Oberösterreich und Tirol, 2 Bde. Innsbruck 1881/1883

Pastoureau, Michel: Des Teufels Tuch. Eine Kulturgeschichte der Streifen und der gestreiften Stoffe. Frankfurt/New York 1995

Paterno, August: Die Fastenspeisen der Pfarrersköchinnen. Besinnliches für Leib und Seele. Freiburg i. Br. 1995

Pesch, Dieter: Das Martinsbrauchtum im Rheinland. Diss. Münster 1969

Pinomaa, Lennart: Die Heiligen bei Luther (= SLAG A 16), Helsinki 1977

Pöllath, Josef K. (Hg.): Hausbuch der Feste und Bräuche. München 1993

Pomplun, Kurt: Weihnachten und Neujahr im alten Berlin. Ein Beitrag zur Volkskunde der Großstadt (= Berliner Forum 14). Berlin 1969

Religiöse Graphik aus der Zeit des Kölner Dombaus 1842-1880. Katalog der Ausstellung im Diözesan-Museum Köln. Köln 1980

Religiöse Graphik der Düsseldorfer Nazarener. Ausstellung aus Anlaß des 87. Deutschen Katholikentages. Düsseldorf 1982

Riemerschmidt, Ulrich: Weihnachten, Kult und Brauch – einst und jetzt. Hamburg 1962

Röhrich, Lutz: Adam und Eva. Das erste Men-

459

schenpaar in Volkskunst und Volksdichtung. Stuttgart 1968

Römer, Joachim / Schmidt, Gérard: Kölsch Kaviar un Ähzezupp. Vom Essen, Trinken und Feiern in Köln – mit alten und neuen Rezepten. Köln 1990

Roller, H.-U.: Der Nürnberger Schembartlauf. Studien zum Fest- und Maskenwesen des späten Mittelalters (= Volksleben 11). Tübingen 1965

Ruland, Josef: Weihnachten in Deutschland. Bonn 1978

Sauermann, Dietmar (Hg.): Weihnachten in Westfalen um 1900. Münster 1979

Schatz, W.: Studien zur Geschichte und Vorstellungswelt des frühen abendländischen Mönchtums. Diss. Freiburg i. Br. 1957

Schayes, J.: L'église Saint-Martin de Tourinnes-la-Grosse. Brabant 1968

Schmitt, Jean-Claude: Heidenspaß und Höllenangst. Aberglauben im Mittelalter. Frankfurt/New York 1994

Schneider, Camille: Der Weihnachtsbaum und seine Heimat, das Elsaß. Stuttgart 1929. (Reprint: Dornach/Schw. ³1977)

Schnitzler, Theodor: Kirchenjahr und Brauchtum neu entdeckt. In Stichworten, Übersichten und Bildern. Freiburg i. Br. 21977

Schönfeldt, Sybil Gräfin: Das große Ravensburger Buch der Feste und Bräuche. Durch das Jahr und den Lebenslauf. Ravensburg ⁹1993

Schuhladen, Hans: Die Nikolausspiele des Alpenraumes. Ein Beitrag zur Volksschauspielforschung (= Schlern-Schriften 271). Innsbruck 1984

Schulreferat [im Haus der Evangelischen Kirche, Köln] (Hg.): Kirchenjahr – Nikolaus von Myra – Brauchtum. Texte – Lieder – Tänze – Vorschläge. Köln 1993

Schumacher, Hans-Joachim: Die Welt der Narren im Wandel der Zeit. Kitzingen 1992

Schuyter, J.: Sint Niklaas in de legende en in den volksbruiken. Antwerpen 1944

Schweitzer, Albert: Geschichte der Leben-Jesu-Forschung. Tübingen 1906, ⁶1951

Scognamiglio, Pio: La manna di S. Nicola nella storia, nell'arte, nella scienza. Bari 1925

Sevcenko, Nancy Patterson: The Life of St. Nicholas in Byzantine Art. Turin 1983

Siuts, H.: Die Ansingelieder zu den Kalenderfesten. Göttingen 1967

Soetendorp, Jakob: Symbolik der jüdischen Religion, Sitte und Brauchtum im jüdischen Leben. Gütersloh 1963

Spamer, Adolf: Weihnachten in alter und neuer Zeit. Jena 1937

Städtisches Museum Schloß Rheydt (Hg.): Alle Jahre wieder – Weihnachten bei Arm und Reich. Buchillustrationen aus der Arbeitsbibliothek Annemarie Verweyen, eine Ausstellung im Städt. Museum Schloß Rheydt vom 14. November 1993 bis 30. Januar 1994. Mönchengladbach 1993 (Ausstellungskatalog)

Stille, Eva / Pfistermeier, Ursula: Christbaumschmuck. Ein Buch für Sammler und Liebhaber alter Dinge. Nürnberg ²1985

Stille, Eva: Christbaumschmuck des 20. Jahrhunderts. Kunst, Kitsch und Kuriositäten. München 1993

Stolpe, Sven: Die Offenbarungen der hl. Birgitta von Schweden. Frankfurt/M. 1961

Strobel, August: Ursprung und Geschichte des frühchristlichen Osterkalenders. (Ost-)Berlin 1977

Sund, Horst (Hg.): Fas(t)nacht in Geschichte, Kunst und Literatur. Konstanz 1984

Thieberger, Friedrich: Jüdisches Fest, Jüdischer Brauch. Berlin 1936 [Neudruck: Berlin 1967]

Thull, Martin: Martin von Tours. Aschaffenburg 1985

Thull, Martin: Mein Buch vom Heiligen Martin. Aschaffenburg 1991

Tschizewskij, D.: Der heilige Nikolaus. Recklinghausen 1957

Usener, Hermann: Das Weihnachtsfest. Religionsgeschichtliche Untersuchungen. Bonn ³1968

460

Veit, Ludwig Andreas: Volksfrommes Brauchtum und Kirche im deutschen Mittelalter. Ein Durchblick. Freiburg i. Br. 1936

Verweyen, Annemarie / Göbel, Karin: Weihnachten im Bilderbuch (= Kleine Schriften der Freunde des Museums für deutsche Volkskunde 10). Berlin 1987

Vossen, Carl: Sankt Martin. Sein Leben und Fortwirken in Gesinnung, Brauchtum und Kunst. Düsseldorf ³1986

Vossen, Rüdiger: Weihnachtsbräuche in aller Welt. Weihnachtzeit – Wendezeit – Martini bis Lichtmeß (= Wegweiser zur Völkerkunde 33). Hamburg ³1991

Währen, M.: Der Königskuchen und sein Fest. Ein uralter Brauch in Gegenwart und glanzvoller Vergangenheit. Bern 1958

Walzer, Albert: Liebeskutsche, Reitersmann, Nikolaus und Kinderbringer. Volkstümlicher Bilderschatz auf Gebäckmodeln, in der Graphik und Keramik. Konstanz/Stuttgart 1963

Weber-Kellermann, Ingeborg: Das Buch der Weihnachtslieder. 151 Deutsche Advents- und Weihnachtslieder. Kulturgeschichte, Noten, Texte, Bilder. Mit Klavier- und Orgel-Begleitung. Musikalische Bearbeitung v. Hilger Schallehn. Mainz/London/New York/Tokio 1982

Weber-Kellermann, Ingeborg: Weihnachtslieder. Kulturgeschichte, Noten, Texte (= Goldmann-TB, 33058). München 1982

Weber-Kellermann, Ingeborg: Das Weihnachtsfest. Eine Kultur- und Sozialgeschichte der Weihnachtszeit. München 1987

Weihnachtsbrauchtum in Europa. Führer durch das Museum für Völkerkunde und das Schweizerische Museum für Volkskunde Basel (= Sonderheft der Zeitschrift »Der Hochwächter«, Dezember 1959). Bern 1959

Weinhold, Gertrud: Freude der Völker. Weihnachtskrippen und Zeichen der Christgeburt in aller Welt. München 1984

Wernecke, Herbert Henry: Christmas Customs Around the World. Folkstone 1974

Westdeutscher Rundfunk (Hg.): Singt mit uns. Liederheft … im Advent 1995. Köln 1995

Wetter, Herbert: Heischebrauch und Dreikönigsumzug im deutschen Raum. (Phil. Diss. Greifswald). Wiesbaden 1933

Wienand, Adam (Hg.): Die Heiligen Drei Könige, heilsgeschichtlich, kunsthistorisch, das religiöse Brauchtum. Köln 1973

Wolf, Gunther (Hg.): Kaiserin Theophanu. Prinzessin aus der Fremde - des Westreichs Große Kaiserin. Köln/Weimar/Wien 1991

Worschech, Reinhard: Fränkische Bräuche zur Weihnachtszeit, von Martini bis Lichtmeß. Würzburg 1978

Wynands, Dieter P. J.: Geschichte der Wallfahrten im Bistum Aachen (= Veröffentlichungen des Bischöflichen Diözesanarchivs Aachen 41). Aachen 1986

Zender, Matthias: Räume und Schichten mittelalterlicher Heiligenverehrung in ihrer Bedeutung für die Volkskunde. Die Heiligen des mittleren Maaslandes und der Rheinlande in Kultgeschichte und Kultverbreitung. Düsseldorf 1959

Zenetti, Lothar: Das Jesuskind. Verehrung und Darstellung. München 1987

Personen- und Sachregister

462

463

464

468

469

470

Obersttag 153
Ochs und Esel in der Kunst 182ff.
Ochse 98, 100, 129, 165
Odermennig 392
Ofeturli 248
Offerus 353
Oistern 302
Oktober 343, 363f., 366, 383, 387
Ölbergandacht 285
Ölbergspiel 285
Olivenöl/-zweige 134, 281
Omophorion 52f., 61
Opferbrote 154
Opfergabe 365
Opferlamm 306f.
Orakel(brauchtum) 41, 114, 117,
    122, 144, 146, 154, 158f.,
    161ff.
Oratorianer 338, 339
Orgia Bacchi 204
Origines 81, 128 168
Orléans, Philipp von 136
Ostara 302
Ostbrezel 321
Ostensorium 266, 340
Osterbeichte 256, 298, 305, 326
Osterberechnung 86
Osterbildchen 305
Osterbluemtag 263
Osterbrauchtum 315
Osterbrief 96, 168
Osterbrot 320
Osterbutter 309
Osterei 12, 280ff., 309, 338
Ostereier 312, 314ff.
Ostereierbildchen 311
Ostereierschmuck 311
Ostereiersuche 315
Ostereierverstecken 315f.
Osterente 320
Osterfahne 306f., 320
Osterfestkreis 100, 326
Osterfeststreit 300, 327
Osterfeuer 304, 312
Osterfladen 309, 320
Osterfuchs 317
Ostergebäck 314, 317
Ostergelächter 308
Ostergeschenke 272, 319
Osterglocken 321
Ostergruß 307, 316, 319
Ostergutentag 302
Osterhahn 317
Osterhase 196, 314ff., 320
Osterhenne 317, 320
Osterhymnus 303
Osterjahr 158

Osterkerze 100f., 294, 304
Osterkranich 317
Osterkringel 320
Osterkuckuck 317, 320
Osterlamm 306f., 314, 317, 320
Osterlebkuchen 320
Osterlicht 313
Osterliturgie 308
Ostermärchen 308
Ostermette 253, 297, 306
Ostermontag 155, 302, 313
Ostern 85f., 94, 100, 102, 107,
    126f., 139, 202f., 231, 256,
    280, 282, 298ff., 318, 326,
    340, 366, 370f., 371, 377, 394
Ostern anschießen 312
Osternacht 100, 281, 304f.
Osteroktav 302, 323, 326
Osterpelikan 320
Osterpflicht 305
Osterreiter 318
Osterritt 273, 318, 373
Ostersamstag 281f.
Ostersingen 318
Osterspaziergang 318
Osterspeisen 319
Osterspiel 287, 289, 320f.
Osterstil 101
Osterstorch 317, 320
Osterstrauß 321
Ostertermin 86, 96, 167, 300
Ostertriduum 94
Osterttaube 320
Ostervogel 317
Osterwasser 170, 312
Osterweck 282
Osterwoche, ausgehende 302
Osterwolf 320
Osterzeit 326
Osterzopf 320
Ostkirche 44, 46, 81
Ottonen 54
Ovid 322
Pacht-Gänse 35
Pachteier 309f.
Pachtfälligkeit 32, 101
Pachtjahr 26
Pachtzahlung 35
Palbentag 263
Palentag 263
Pallium 52, 62, 178
Palm 21, 134, 263, 278
Palmapfel 278
Palmbüchel 278
Palmbusch 313, 341, 278
Palme(n) 263, 278, 391
Palmensonntag 263

Palmersatz 278
Palmesel 279f., 293
Palmkätzchen 321
Palmostern 263
Palmostertag 263
Palmprozession 257, 263, 278
Palmsonntag 257, 263, 264, 278,
    280f., 288
Palmstrauß 278, 318
Palmtag 263
Palmtee 278
Palmweihe 257, 278
Pankoke-Kapelle 162
Pankratius, Pankraz 345
Pantoffelwerfen 159
Papa Noël 151
Papist 22
Papst Benedikt XIII. 386
Papst Benedikt XV. 371
Papst Clemens IX. 362
Papst Clemens V. 335, 339
Papst Clemens X. 362
Papst Clemens XI. 241, 363
Papst Clemens XII. 241, 374
Papst Clemens XIII. 338
Papst Eusebius 357
Papst Felix IV. 358
Papst Gregor I. d. Gr. 60, 93, 103,
    209, 211, 362
Papst Gregor VII. 365
Papst Gregor XI. 384
Papst Gregor XIII. 120, 304. 363,
    387
Papst Innocenz III. 240, 262
Papst Innocenz VI. 296
Papst Innocenz XI. 386f.
Papst Innocenz XII. 158, 390
Papst IX. 338
Papst Johannes XXII. 339
Papst Johannes XXIII. 357, 371
Papst Julius III. 254
Papst Leo III. 327, 330
Papst Leo IX. 262
Papst Leo XIII. 338, 363
Papst Liberius 81, 83 129
Papst Martin IV. 241, 304
Papst Nikolaus I. 52
Papst Paschalis II. 56
Papst Paul II. 241
Papst Paul V. 309, 362f.
Papst Paul VI. 64, 114
Papst Pius IX. 112, 387
Papst Pius V. 255, 386f.
Papst Pius VII. 339, 386f.
Papst Pius X. 362f., 387f.
Papst Pius XI. 378, 383, 390
Papst Pius XII. 272, 339, 384, 387f.,

474

475